Orbis

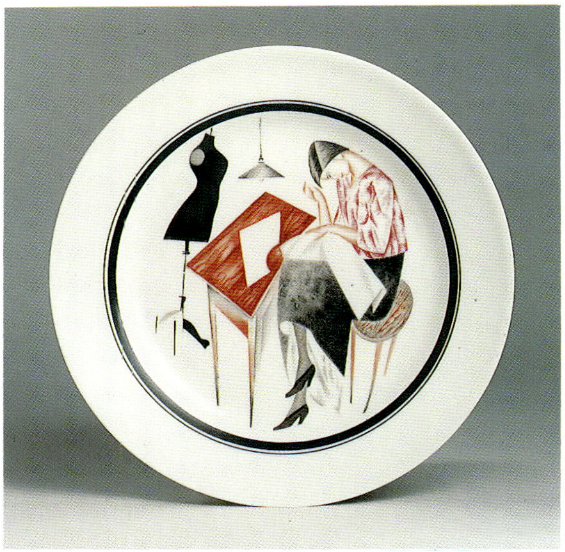

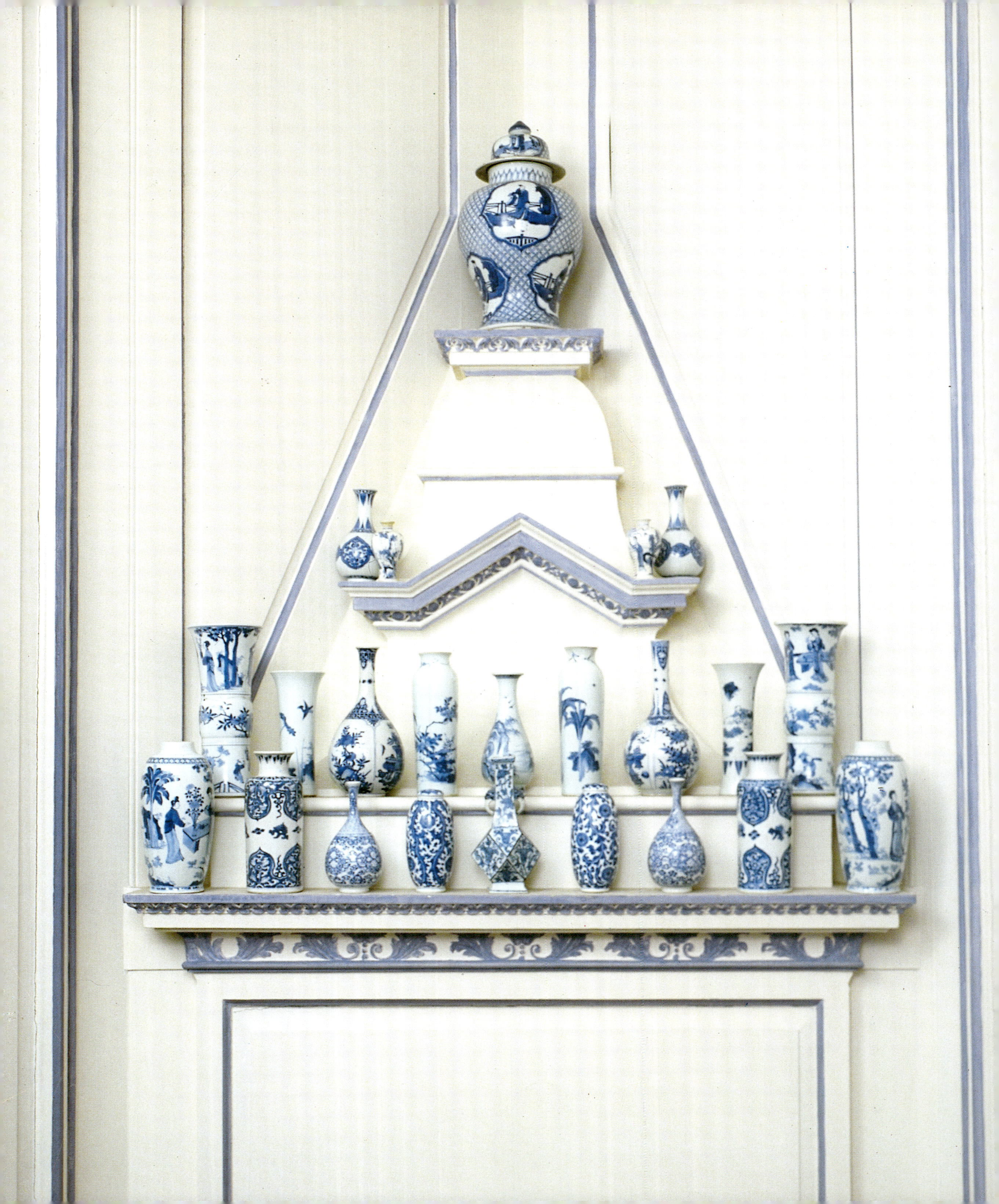

Sotheby's Grosser Antiquitäten-Führer

Porzellan

Von den chinesischen Ursprüngen bis zu den Manufakturen des 20. Jahrhunderts

Herausgegeben von
David Battie

Orbis Verlag

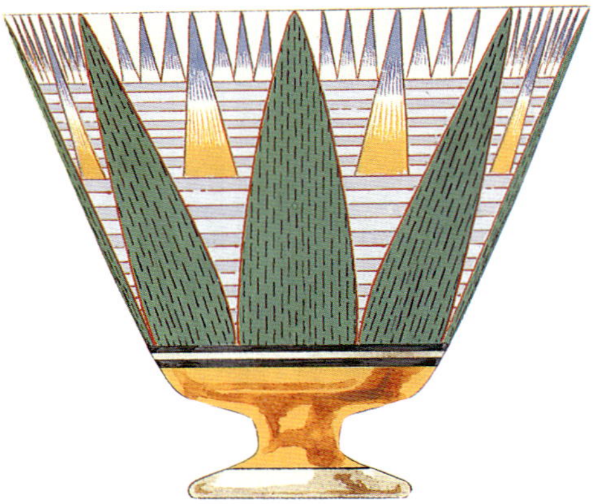

Die Originalausgabe erschien im Jahr 1990 unter dem Titel „Sotheby's Concise Encyclopedia of Porcelain" im Verlag Conran Octopus Ltd., London.
Redakteur der Reihe: Polly Powell
Gestaltung: Helen Lewis
Bildredakteur: Nadine Bazar
Redakteur dieses Titels: Sandy Shepherd
Redaktionsassistent: Christine Rickerby
Gestaltungsassistent: Mike Snell
Bildassistent: Virginia Winder
Illustrationen: Richard Natkiel Associates; Coral Mula
Herstellung: Julia Golding

Spezialaufnahmen: Ken Adlard
Der Verlag möchte sich für ihre Hilfe bedanken bei: Roy L. Davids, Leticia Roberts, Elizabeth White, Philip Howell, Lynn Pearson, Anne Pollen, Tessa Alridge, Katie Klitgaard und den Porzellanabteilungen von Sotheby's London, New York und Billingshurst.

Aus dem Englischen übersetzt von Noreen Roeder

Sonderausgabe 1995
Orbis Verlag für Publizistik GmbH, München

Redaktion der deutschen Ausgabe:
Dr. Dieter Struss, München
Satz: Fotosatz Stummer, München
ISBN 3-572-00776-3
Printed in Hongkong

Bildunterschriften für die Seiten 1-12

Seite 1: Russischer „Näherin"-Teller, 1924
Seite 2: Chinesisches Blau-weiß-Porzellan (meist Kangxi), Benigbrough Hall, Yorkshire
Seite 4: Entwurf für eine Vase, Royal Dulton, Christopher Dresser, 1867
Seite 5: Chinesisches Porzellan mit Beispielen von Qianlong, Kangxi, Yongle, Zhengde, Xuande und Yongzheng
Seite 6: Lithographie von der Pariser Ausstellung 1862
Seite 9: Deutsche Vasen von der Londoner Weltausstellung 1851
Seite 10: Tee- und Kaffeegedecke, Miles Mason, 1803-10
Seite 12: Deutsche Spazierstöcke mit Porzellangriffen, 18. Jahrhundert

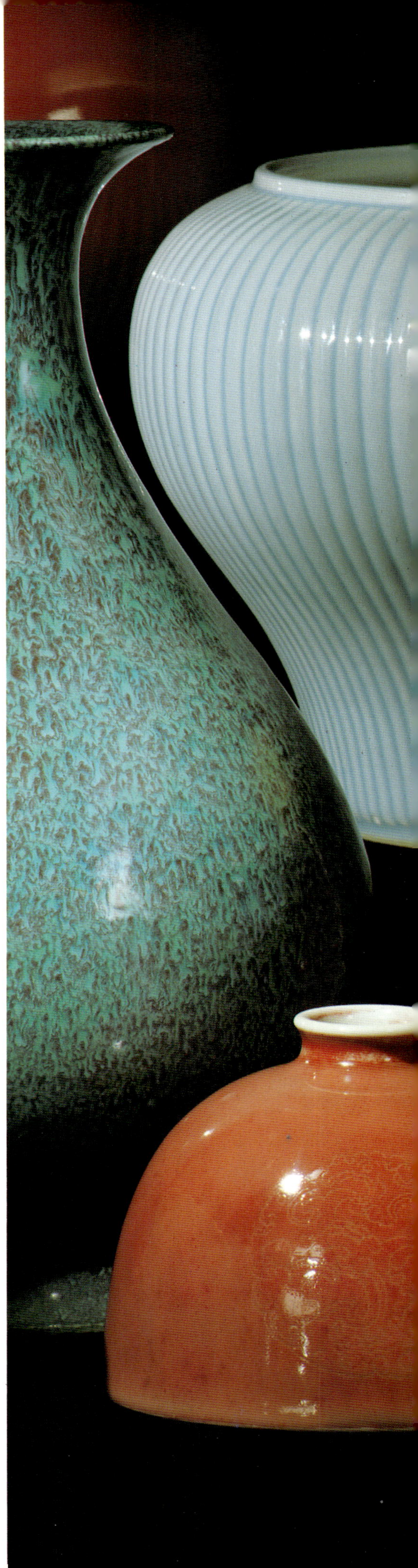

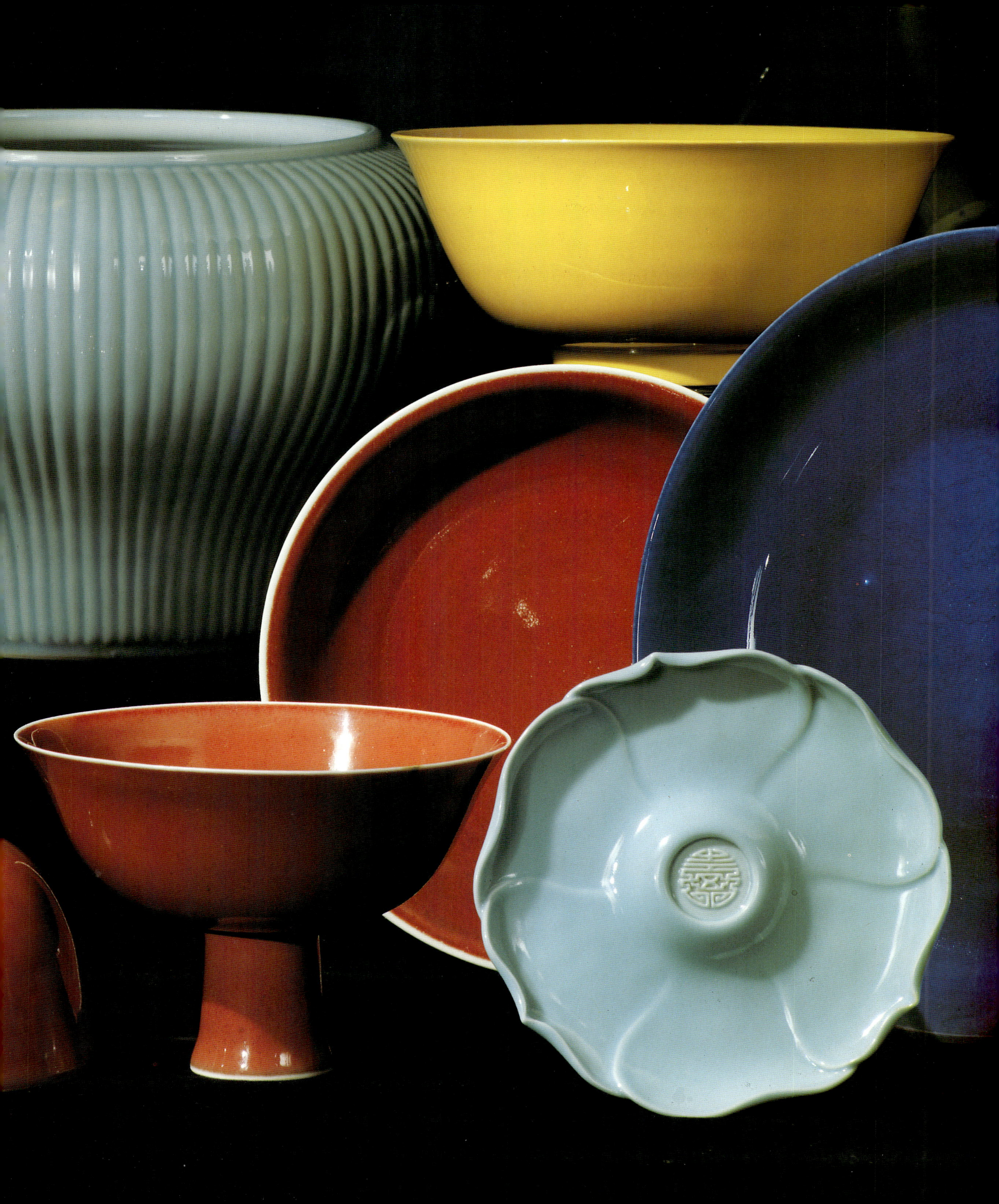

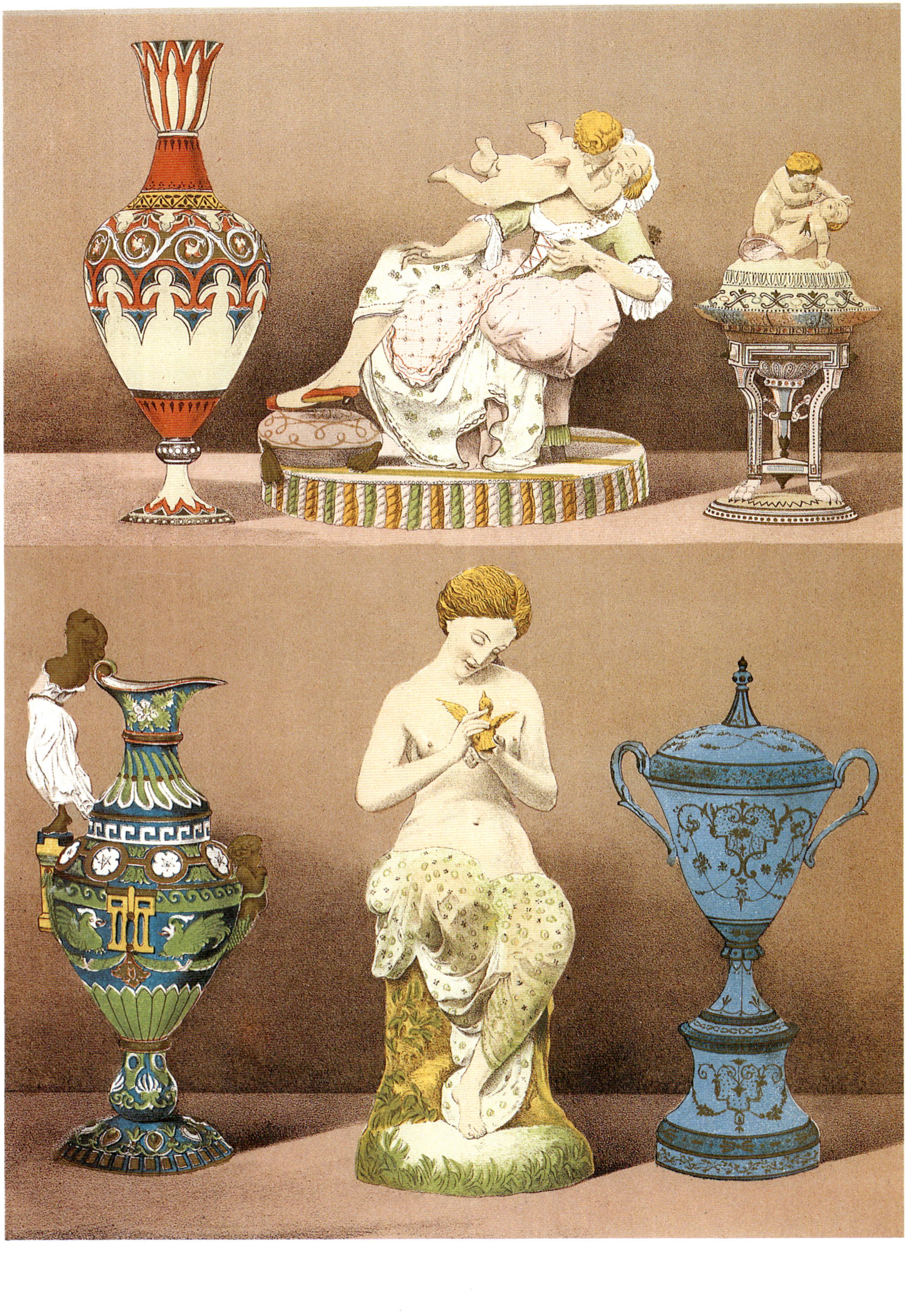

Inhalt

DIE AUTOREN

DAVID BATTIE
Fälschungen und Kopien

Seit 1967 arbeitet David Battie bei Sotheby's in London. Er durchlief mehrere Abteilungen und wurde 1976 einer der Direktoren. Ihm unterstanden die Abteilungen Keramik und asiatische Kunst. Er ist maßgeblich an der BBC-Show »Antike Routen« beteiligt und hat an zahlreichen Radio- und Fernsehprogrammen teilgenommen. Er hat Preisratgeber für britisches Porzellan und britische Töpferwaren des 19. Jahrhunderts sowie viele Artikel geschrieben und Vorlesungen in vielen Ländern gehalten.

ANTHONY DU BOULAY
Frühes kontinentales Porzellan (mit Ausnahme von Medici und Sèvres)

Ausbildung in Winchester und an der Universität Genf. Begann 1949 bei Christie's und wurde 1956 Leiter der erneut gegründeten Keramikabteilung. 1967 übernahm er die Leitung von Christie's in Genf. Ging 1980 in den Ruhestand und ist seitdem Ratgeber für Keramik des National Trust von England und Wales. Er hat weltweit Vorlesungen über Keramik gehalten, zahlreiche Artikel sowie zwei Bücher über chinesisches Porzellan verfaßt und an einigen Fernsehprogrammen teilgenommen.

GEOFFREY GODDEN
Chinesisches Exportporzellan

Geoffrey Godden ist leitender Geschäftsführer eines Familienunternehmens für Antiquitäten, das 1900 in Worthing gegründet wurde, und ist seit seiner Schulzeit Sammler. Er hält Vorlesungen und hat mehr als fünfundzwanzig Fachbücher geschrieben, darunter »Oriental Export Market Porcelains«. Er beschäftigt sich seit mehr als vierzig Jahren mit chinesischem und japanischem Exportporzellan. Er befaßt sich auch mit der Geschichte der englischen Ostindienkompanie.

OLIVER IMPEY
Japanisches Porzellan (mit Ausnahme später Stücke)

Dr. Oliver Impey ist Kustos der Abteilung für östliche Kunst im Ashmolean Museum in Oxford. Seine Forschungen haben sich besonders auf japanisches Exportporzellan und -lackarbeiten konzentriert. Er hat zahlreiche Veröffentlichungen herausgegeben. Momentan arbeitet er an einem Buch über die Öfen und Manufakturen von Arita vor der Exportperiode.

JIMMY JONES
Waliser Porzellan von 1780-1820

Jimmy Jones ist eine anerkannte Autorität auf dem Gebiet des Waliser Porzellans, bekannter Referent und lebenslanges Mitglied der »National Association of Decorative and Fine Arts«. Zusammen mit Sir Leslie Joseph hat er kürzlich ein umfassendes Buch über das Porzellan von Swansea herausgegeben.

JOAN JONES
Minton von 1820 bis heute

Joan Jones ist begeisterte Minton-Sammlerin und hat unter Reginald G. Haggar, Maler, Designer und ehemaliger künstlerischer Direktor von Minton, Keramik studiert. Seit 1977 bei Minton, ab 1979 Kuratorin des Minton Museums, hat sie in den letzten zehn Jahren zum Thema Porzellan Vorlesungen gehalten und Artikel geschrieben.

GORDON LANG
Die Entdeckung des Porzellans

Gordon Lang ist seit 1974 bei Sotheby's und steht dort der Ausbildungsabteilung vor. Er hat zwei wichtige Ausstellungskataloge herausgegeben, »The Wrestling Boys«, chinesisches und japanisches Porzellan im Burghley House, und »The Powell-Cotton Collection of Chinese Ceramics«.

TERENCE LOCKETT
Englisches Porzellan von 1780 bis 1820

Terence Lockett ist freischaffender Referent und Autor mehrerer Bücher über Rockingham-, Davenport- und viktorianische Kacheln und zahlreicher Artikel für wissenschaftliche und Sammlermagazine. Er ist Gründungsvorstandsmitglied der »Northern Ceramic Society« und Mitglied der »Royal Society of Arts«. Ebenfalls viele Fernsehauftritte.

MARK NEWSTEAD
Kontinentales Porzellan von 1780 bis 1930 (mit Ausnahme von Sèvres)

Mark Newstead ist bei Sotheby's Experte für europäische Keramik des 19. und 20. Jahrhunderts Er hat diverse Artikel verfaßt und arbeitet momentan an einem Buch über die Sang-de-boeuf-Techniken.

TAMARA PREAUD
Sèvres

Archivarin und Paläographin. Seit 1969 als Archivarin bei der Manufaktur Sèvres. Verfasserin zahlreicher Artikel, Ausstellungskataloge, eines Buches über Sèvres und eines über die Keramik des 20. Jahrhunderts Sie hat mehrere Bücher über Keramik übersetzt und viele Vorträge und Seminare auf der internationalen Keramikausstellung und für die französische Porzellangesellschaft gehalten.

DAVID PRIESTLEY
Kaiserliches Qing-Porzellan

Ausbildung im New College, Oxford. Belegte im letzten Jahr bei Mary Tregear, dem Kustos für östliche Kunst am Ashmolean Museum, chinesische Keramik. 1984 trat er bei Sotheby's in die chinesische Abteilung ein und reist heute oft nach Hongkong, wo er Sotheby's Filiale leitet. Er ist auch stellvertretender Direktor der chinesischen Abteilung bei Sotheby's in London.

Henry Sandon
Spätes englisches Porzellan

Henry Sandon war ursprünglich Berufsmusiker, aber die zufällige Entdeckung von mittelalterlicher und römischer Keramik in seinem Garten in Worcester führte zu einer Passion für Keramik. Siebzehn Jahre lang war er Kurator des Royal Worcester und des Dyson Perrins Museums. Er hat viele bedeutende Bücher über Keramik verfaßt und tritt oft im Fernsehen auf.

Simon Spero
Frühes englisches Porzellan

Antiquitätenhändler mit einem Laden in Kensington Church Street in London, der sich auf englisches Porzellan und Emailarbeiten des 18. Jahrhunderts spezialisiert hat. Seit zwanzig Jahren schreibt er regelmäßig Artikel für diverse Zeitschriften sowie Bücher, darunter »The Price Guide to 18th Century English Porcelain« (1970) und »Worcester Porcelain, The Klepser Collection« (1984).

J. Garrison Stradling
Amerikanisches Porzellan

Autor, Referent und Antiquitätenhändler. Spezialisiert auf frühe Keramik und frühes Glas. Zusammen mit seiner Frau gehört er zu den führenden Porzellanhändlern Amerikas. Sein Artikel »American Ceramics und the Philadelphia Centennial« wurde im Juli 1976 in der Zweihundert-Jahr-Ausgabe der Zeitschrift »Antiques« veröffentlicht, wurde weltweit anerkannt und wird oft als Bezugsquelle genannt.

Lars Tharp
Spätes japanisches und Medici-Porzellan

Wurde schon früh von seinem Großvater durch das Nationalmuseum Kopenhagens geführt, der dort Kustos der Antiquitäten war. Ausbildung in Gonville und am Caius College, Cambridge. Ab 1977 katalogisierte er bei Sotheby's Keramik. Momentan Direktor der Sotheby's-Filiale in Sussex. Zahlreiche Artikel und Vorträge, sowie Fernsehauftritte.

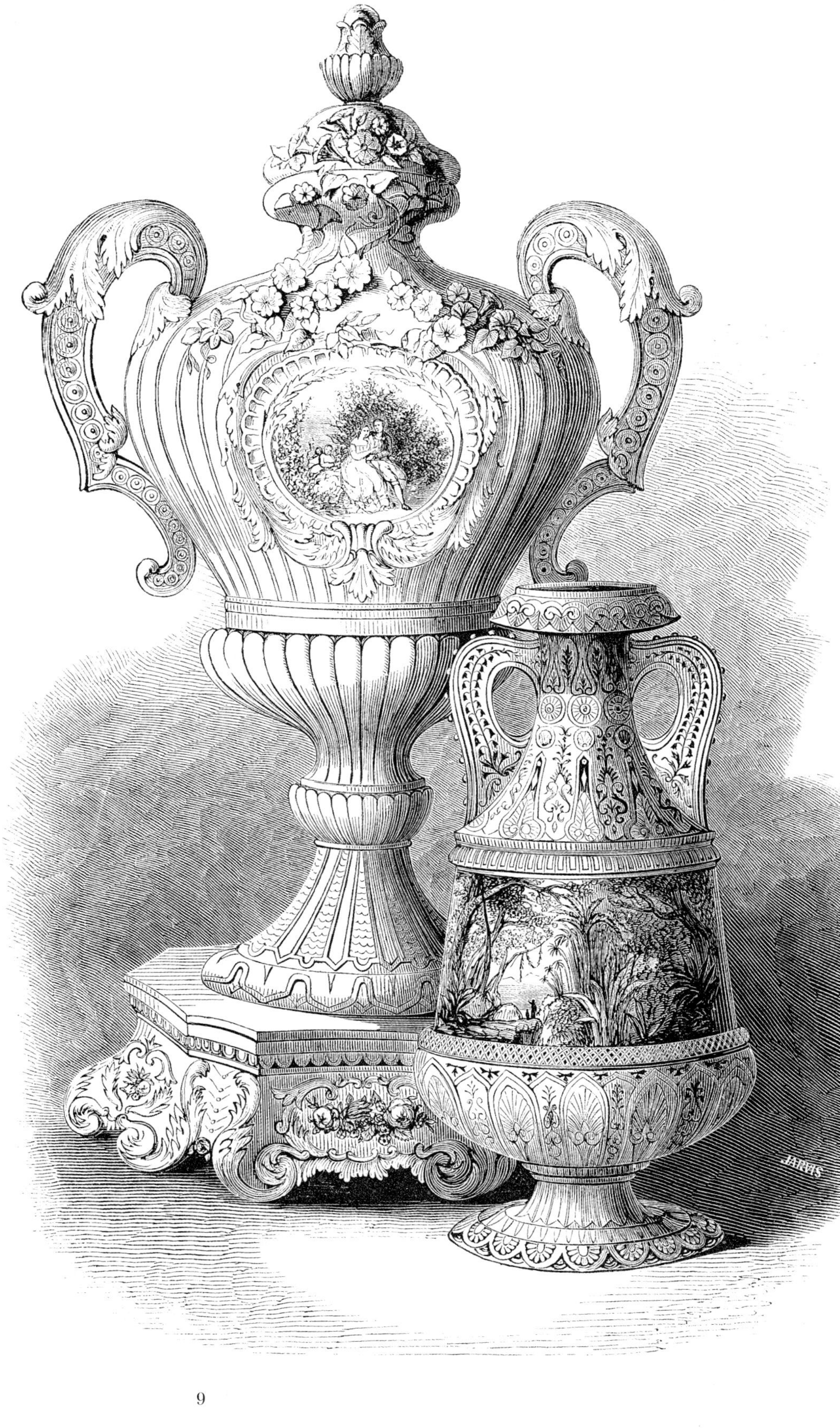

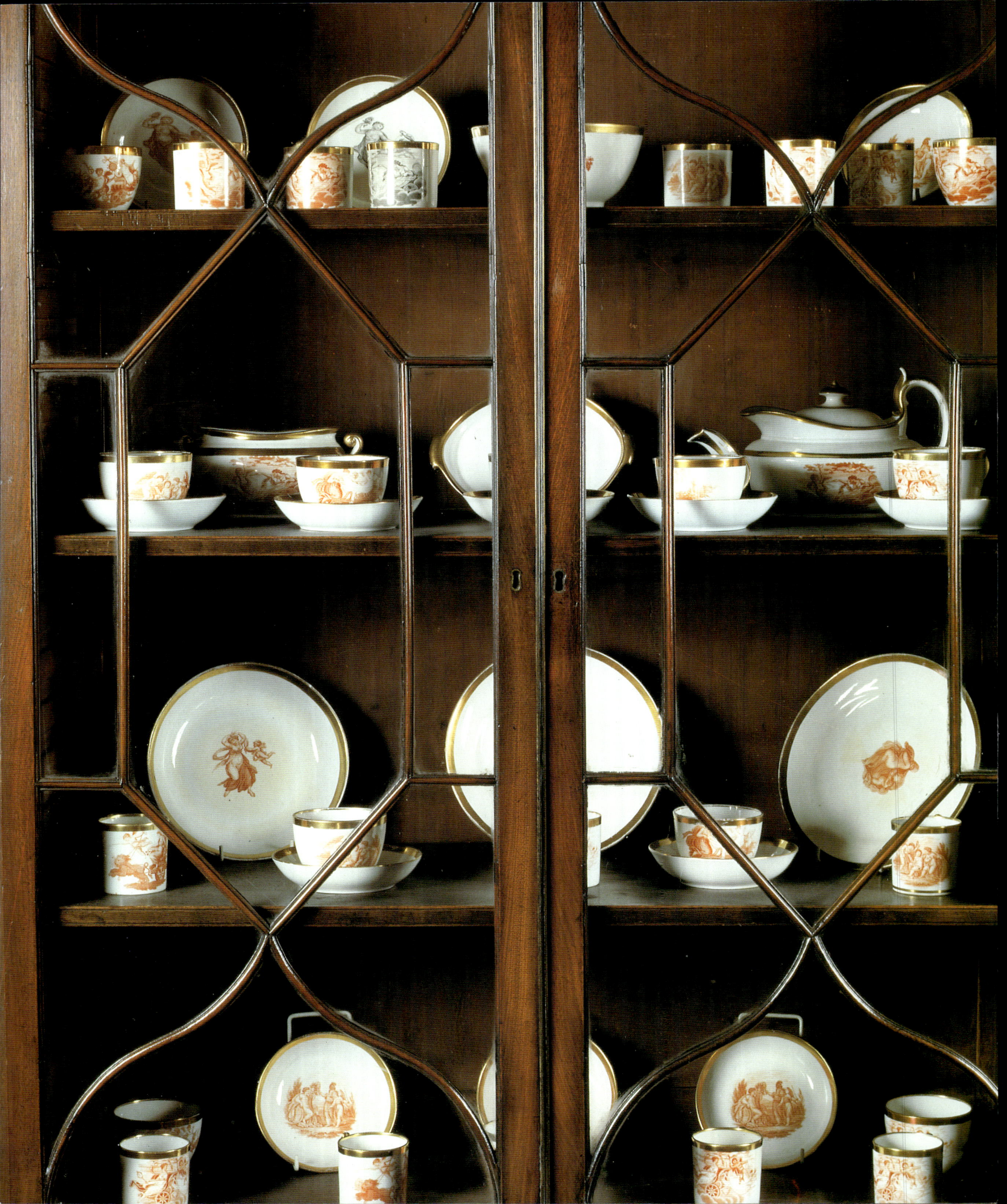

Vorwort

Seit Jahrhunderten wird Porzellan in großen Mengen und mit jedem erdenklichen Dekor hergestellt. Die ästhetische Vielfalt reicht dabei von einer schlichten Song-Schale, deren Reiz in ihrem Glanz und der Perfektion ihrer reinen Form liegt, bis hin zum kunstvoll glasierten Tafelaufsatz mit plastischer Blumenauflage, der in Meißen oder im viktorianischen England hergestellt wurde. Der gegenwärtige Wert des Porzellans ist genauso unterschiedlich wie seine Schönheit und bietet somit sowohl dem Sammler mit kleinem als auch dem mit großem Budget die Möglichkeit, eine interessante Sammlung anzulegen. Dieses Buch gibt eine Einführung und viele Informationen zu diesem faszinierenden Thema.

JULIAN THOMPSON

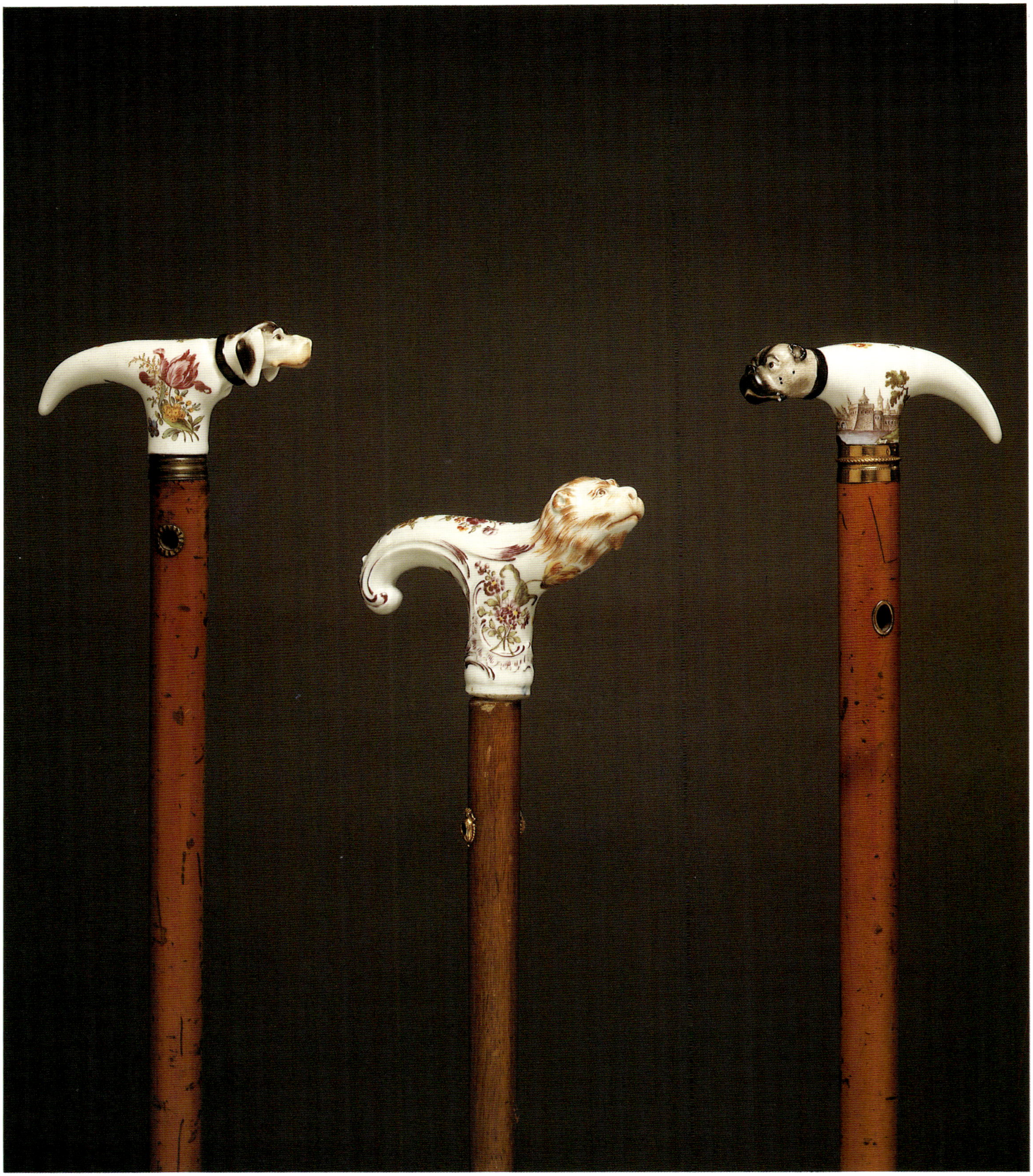

Einleitung

Trotz ihrer offensichtlichen Zerbrechlichkeit sind Keramikgegenstände doch große Überlebenskünstler. Sie waren die ersten Objekt, die ganz und gar von Menschenhand geschaffen wurden, und fast jeder noch so primitive Kulturkreis stellte sie aus leicht zugänglichen Materialien her. Sie wurden zur Lebensmittelaufbewahrung, zum Kochen und zum Wassertransport benutzt. Archäologen können mittels der Thermolumineszenzdatierung die genaue Entstehungszeit dieser Keramiken feststellen.

In China entwickelte sich langsam aus einer jahrtausendealten Keramiktradition und ständigen Experimenten eine Mischung von Porzellansand und Kaolin, die zu einem neuen Material – echtem Porzellan – führte. Es war hart, splitterte nicht und zerbrach nicht so leicht, man konnte es formen und Muster darin einritzen, konnte es hauchdünn töpfern und dann war es auch noch lichtdurchlässig. Unzählige weitere Versuche führten zu der Entdeckung, daß Kobalt, unter der Glasur aufgetragen, zu einem kräftigen Blau führte. Nach einigen Jahrhunderten kamen chinesische Vasen und Schalen nach Europa; hier wurden sie sehr bewundert und teuerer als Gold gehandelt.

Erst tausend Jahre nach der Entdeckung des Porzellans in China gelang in Europa die Herstellung echten Porzellans. Weichporzellan wurde zwar schon früher in Italien und Frankreich produziert, das erste europäische Hartporzellan aber stammt aus Deutschland.

Dieses Buch faßt die Arbeiten von 15 Autoren zusammen, von denen jeder Experte auf seinem Gebiet ist. Es wird für jedes Herstellungsland die Entstehungsgeschichte des Porzellans beschrieben, und zwar von den frühesten Anfängen bis zum 20. Jahrhundert. Die Ursachen für Erfolg oder Mißerfolg der einzelnen Manufakturen werden beleuchtet: das Handwerk, die wissenschftlichen Versuche, die Künstler und die verschiedenen Stilrichtungen. Die begleitenden Abbildungen geben Aufschluß über die immense Vielfalt des Prozellans und seiner langen Geschichte.

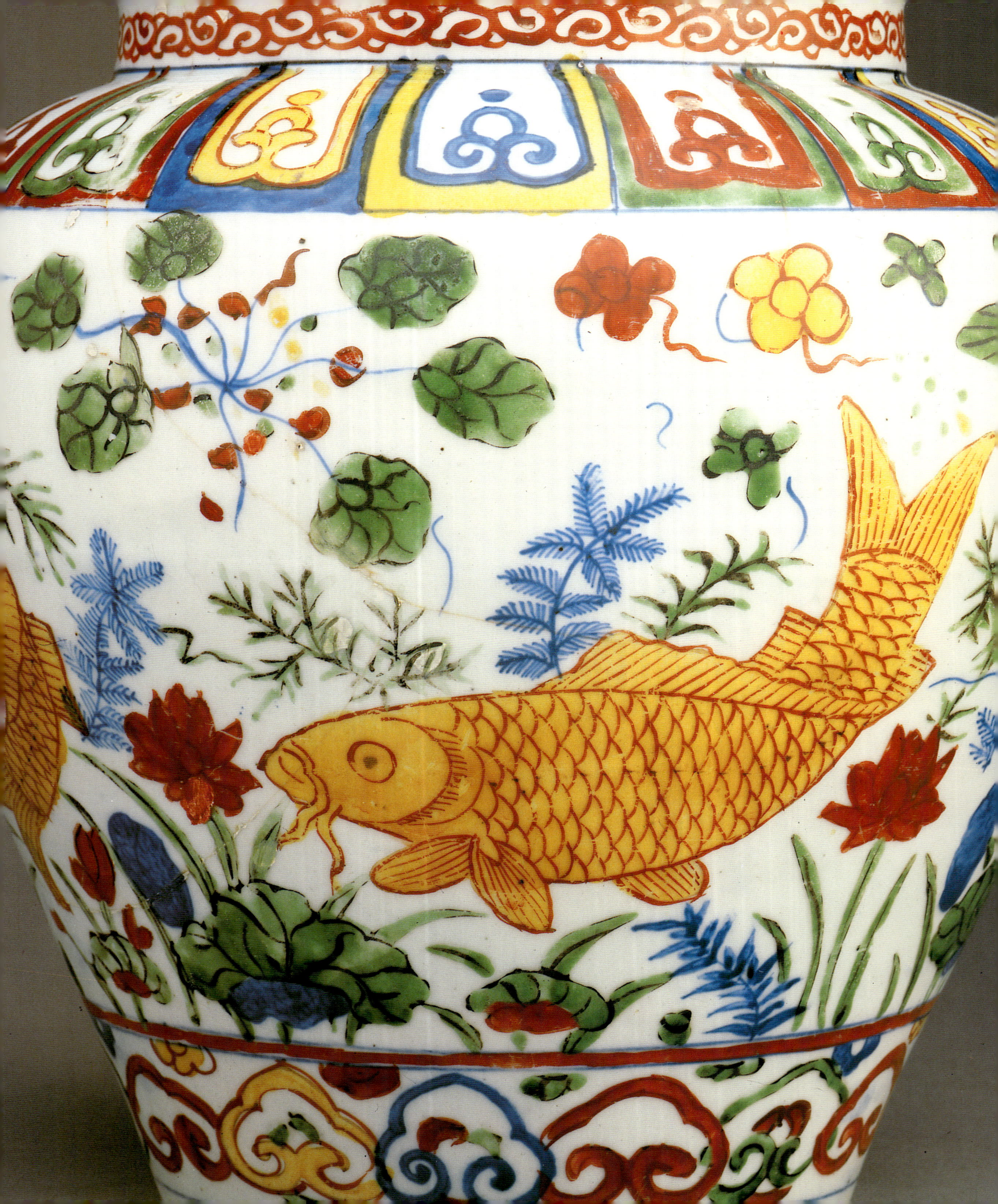

Die Entdeckung des Porzellans

Den Chinesen gelang die Entdeckung des Porzellans. Dies geschah nicht zufällig, sondern war das Ergebnis einer jahrtausendelangen Suche nach der richtigen Zusammensetzung.

Wie fast alle einfachen Kulturen entwickelten auch die Chinesen Töpferwaren zur Lebensmittelaufbewahrung, zum Kochen und zum Wassertransport. Das Vorkommen von Tonwaren zeugt von einer seßhaften Kultur, denn sogar die Herstellung des einfachsten Gefäßes erfordert Kenntnisse in der Vorbereitung des Tons und des Brennens. Irdene Waren erleichterten das Leben vieler Kulturen – so auch das der Chinesen – und hatten auch im Todesfall einen festen Stellenwert. In der Han- und Tang-Dynastie waren Begräbnisse große Ereignisse, bei denen Tonminiaturen von Tieren, Dienern und Soldaten, die den Verstorbenen im Jenseits beistehen sollten, mit ins Grab gegeben wurden. Dieser Brauch führte schließlich zu dem harten, weißen und lichtdurchlässigen Material: dem Porzellan.

Ming-Krug-Detail, Jiajing-Marke und -Periode, 1522-1566

Dieser polychrome Krug wurde in der Wucai-Palette bemalt. Die kühne, etwas grobe Pinselführung ist typisch für die späte Ming-Periode.

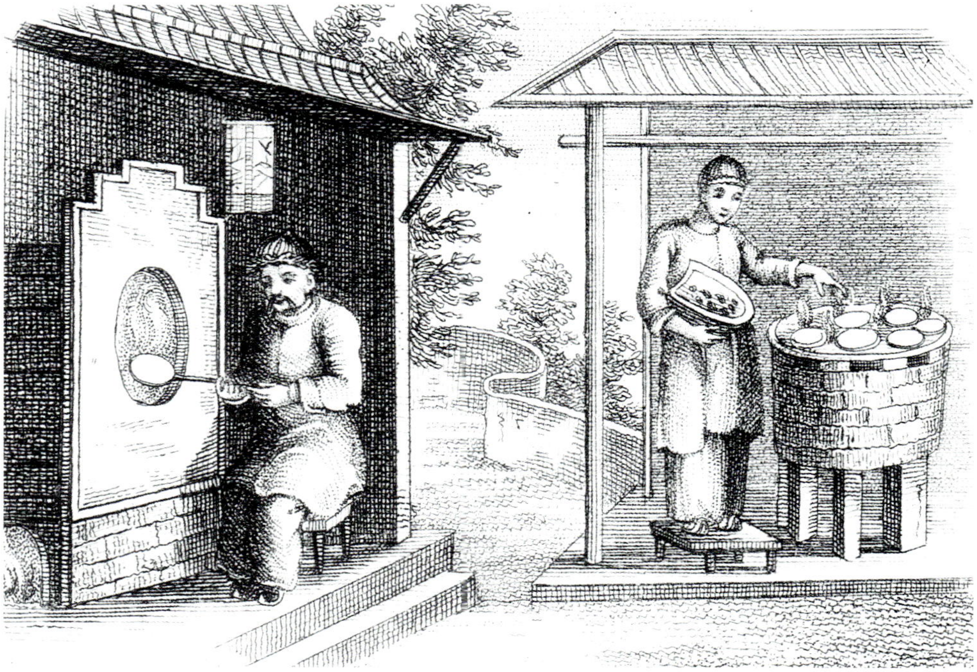

CHINESISCHER OFEN-STICH, SPÄTES 19. JAHRHUNDERT
Viele Experimente und Weiterentwicklungen waren nötig, bevor chinesische Töpfer einen Ofen bauen konnten, der die hohen Temperaturen zur Herstellung echten Porzellans ermöglichte.

IRDENWAREN

Die Entwicklung des Porzellans, einer Keramikart, beginnt in China während der Periode der spätneolithischen Kulturen des Nordens. Die frühesten Exemplare wurden in einem Gebiet, das sich im Nordosten von der Shandong-Halbinsel, im Westen entlang den Ebenen auf beiden Seiten des Flusses Huanghe und bis zum Gansu-Korridor erstreckt, gefunden.

Diese sehr frühen Tonwaren, die aus dem 5. oder 4. Jahrtausend v. Chr. stammen, sind einfache Gebrauchsgefäße zum Lagern, Kochen oder zum Wassertransport im Alltag. Sie wurden aus Tonspiralen aufgebaut, die mit der Hand oder einem hölzernen Spachtel an den Nahtstellen glattgestrichen wurden, damit keine Flüssigkeit austreten konnte. Manchmal wurde das Gefäß mit einfachen, sich wiederholenden Motiven geschmückt, die mit einem scharfen Werkzeug in den Ton geritzt wurden.

Im Neolithikum gab es nicht nur Gebrauchskeramik, sondern auch bemerkenswerte Begräbnisgefäße, die aus der Yangshao-Kultur der Provinz Gansu stammen. Viele dieser rotgrundigen Gefäße wurden mit schwarzen oder dunkelbraunen, geometrischen oder stilisierten zoomorphen Motiven bemalt. Diese Keramik aus dem 3. Jahrtausend v.Chr., weist großes Können auf, da trotz der angewandten Spiralwulsttechnik an der Oberfläche nur geringe Unebenheiten auftreten.

Der zweiten wichtigen neolithischen Kultur, der Longshan-Kultur, deren Mittelpunkt auf der Halbinsel Shandong lag, verdanken wir die Drehscheibe. Dieses Hilfsmittel, das im 3. oder 2. Jahrtausend v.Chr. entwickelt wurde, ermöglichte Gefäße mit profilierter sowie glatter Form. Die Drehscheibe verdrängte jedoch nicht die bisherige Spiralwulsttechnik, sondern wurde oft nur eingesetzt, um dem Rand oder der Basis eines Gefäßes den letzten Schliff zu geben.

Weitere wichtige Entwicklungen fanden während der Shang-Dynastie (ca. 1600-1028 v.Chr.) statt. Hierzu zählt vor allem die Konstruktion eines Brennofens, in dem die Tonwaren bei hohen Temperaturen gebrannt werden konnten. Vorbild war wohl die Bronzeverarbeitung, bei der hohe Temperaturen zum Schmelzen des Metalls erforderlich waren. Eine weitere Innovation war der Einsatz der Glasur, die zwischen den Brennvorgängen auf die Oberfläche des Gefäßes aufgetragen wurde. Anfangs war das Ergebnis noch zufällig, aber bald wurde eine gleichmäßige Glasur erreicht. Mit Hilfe der Glasur wurde die Irdenware undurchlässig. Obwohl die Shang-Dynastie eine Periode der technischen Neuerungen war, spielte die Keramik im Gegensatz zu Bronzen eine sekundäre Rolle.

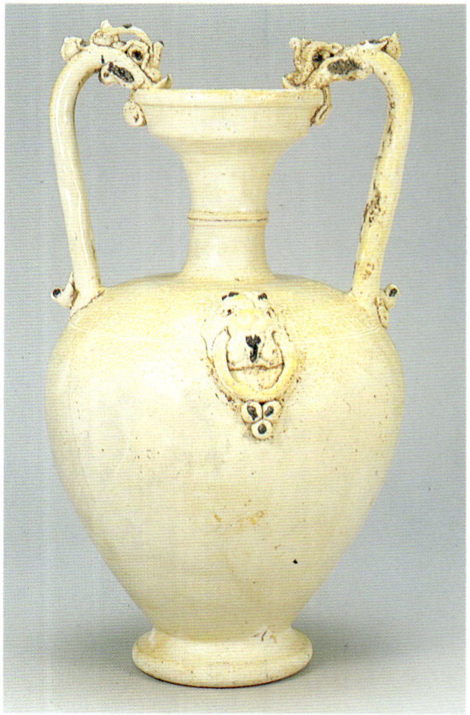

BESTATTUNGSURNE, WEISSE IRDENWARE, TANG-DYNASTIE, 618-906 (36,9 cm)
Auf dem hochschultrigen Körper dieses Stückes sitzt der schlanke trompetenartige Hals

Die nächste Entwicklung fand während der Zhou-Dynastie (1027-771 v.Chr.) statt. Jetzt wurde die Keramik bei Temperaturen von ca. 1200 Grad gebrannt; die chinesischen Töpfer hatten somit die Temperatur erreicht, die zum Brennen von Steinzeug ausreicht, das sich beim Brennen so verdichtet, daß es auch ohne Glasur undurchlässig ist.

Später in der Han-Dynastie (206 v.Chr.-221 n.Chr.) tauchen Blei-Silikat-Glasuren auf, die meist grün und manchmal bei fehlerhaftem Brennen auch gelblich waren. Die meisten dieser Glasuren sind in einzelne Schichten zerfallen und erzeugten somit einen schillernden Effekt.

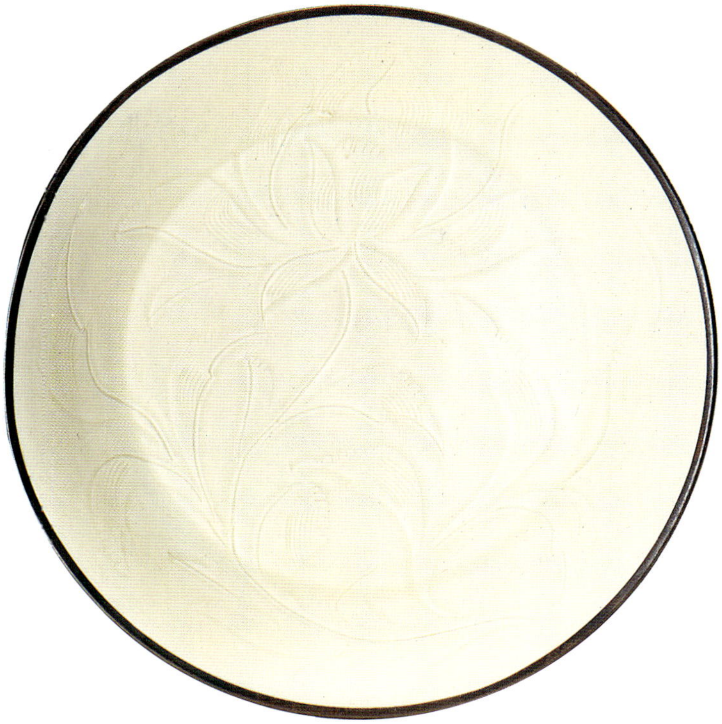

DING-YAO-SCHALE, NÖRDLICHE SONG-DYNASTIE, 960 -1127 (16,1 cm)
Im Zentrum dieser flachen Form sind Lotosblüten eingeritzt; der unglasierte Rand ist mit Kupfer eingefaßt.

DIE ANFÄNGE DES PORZELLANS

Das erste Porzellan entstand wahrscheinlich während der Sui- (581-617 n.Chr) oder Tang- (618-906 n.Chr.) Dynastie. Es entwickelte sich aus den weißen Tonwaren des Nordens, die bei hohen Temperaturen gebrannt wurden und im frühen 5. oder 6. Jahrhundert in den Öfen der Provinzen Hebei, Henan, Shanxi und Anhui, nördlich des Yangzi, entstanden.

Das frühe Porzellan scheint nicht ganz den Vorstellungen vom westlichen Porzellan zu entsprechen. Der etwas grobkörnige und kreidige Scherben und die cremige, pergamentfarbene Glasur kontrastiert stark mit dem kunstvollen Porzellan aus Meißen, Sèvres oder Spode. Der überwiegende Anteil dieses frühen Porzellans ist in der Form einfach; es sind meist Schalen, Weinkaraffen, Krüge und sogar Vogeltränken. Alle Formen sind dem 7., 8. oder 9. Jahrhundert entliehen. Als Vorbild dienten Metall- und Lackarbeiten oder auch andere Irdenwaren.

Ab der Tang-Dynastie war die Porzellanproduktion weit verbreitet und diente allen Gesellschaftsschichten. Li Zhen, ein bekannter Schriftsteller dieser Zeit, berichtet »Die weißen Tassen von Neiju (eine Form dieses nördlichen Porzellans wurde Xing genannt) werden überall von Armen und Reichen gleichermaßen benutzt«. Mit »überall« meint der Autor wahrscheinlich die Hauptstadt Chinas, aber es wurden auch bei Samarra, einer Stadt am Tigris, wo der Kalif von Abbasid einen Palast baute, und die von 836 – 883 n.Chr. belagert wurde, frühe Porzellanobjekte von deutschen Archäologen ausgegraben.

In der Abhandlung »Die Geschichte Chinas und Indiens«, einem Reisebericht eines unbekannten Arabers aus dem Jahre 851 n.Chr., wird von der Existenz des Porzellans in einer anderen chinesischen Region berichtet. Bei der Beschreibung Kantons, wo es eine Niederlassung moslemischer Kaufleute gab, steht : »Die Keramik hier ist von größter Qualität, die Schalen sind so dünn, daß jeder Wassertropfen durchscheint.« Da Keramik nicht lichtdurchlässig ist, muß es sich hierbei um Porzellan gehandelt haben.

Diese frühen Stücke besaßen meist kein Dekor oder nur vereinzelt eingeritzte Muster am Rand.

UNDEKORIERTE STÜCKE DES NORDENS UND DING-YAO-WAREN

Das weiße Porzellan der nördlichen Liao-Dynastie (907-1125 n.Chr.) war in der Regel von kleiner, einfacher Form und nur wenig oder gar nicht verziert. Es wurden hauptsächlich Teller und Schalen hergestellt. Die Schalen waren konisch mit geraden oder leicht gerundeten Seitenwänden, die sich aus einer engen Basis erhoben, die höchstens ein Drittel des oberen Durchmessers aufwies. Die Basis selbst war ziemlich flach, nicht mehr als zwei bis 2,8 Millimeter hoch. Der körnige, cremefarbene Scherben besitzt eine unregelmäßige Glasur in Grau mit einer Spur Blau. Die Glasur ist mit winzigen, bräunlichen Flecken gesprenkelt, bildet Schlieren und wird am Rand intensiver und leicht gelblich. Die Seitenkonturen treten stark hervor.

Das Porzellan der Ding-Yao-Waren ist feinkörnig und weiß und ähnelt den anderen undekorierten Waren des Nordens sehr. Am auffälligsten ist hier die Glasur, die durchsichtig und elfenbeinfarben ist und da, wo sie zu stark aufgetragen ist oder sich in Winkeln sammelt, braun oder oliv wird. Bei tiefen Schalen und Vasen rinnt die Glasur manchmal an den vertikalen Seitenwänden hinab. Die Glasur ist nicht ganz glatt, sondern weist minimale Vertiefungen auf.

Ding-Yao-Waren wurden entweder durch Gravuren oder plastische Muster verziert; letztere waren vor dem 12. Jahrhundert unbekannt. Gefäße aus dem 10. oder 11. Jahrhundert sind im Verhältnis zu denen aus dem 12. oder 13. Jahrhundert stark verziert. Vorherrschend sind Motive aus dem Bereich der Natur: Lotos- oder Päonienzweige, Fische, die zwischen Wasserpflanzen herumschwimmen oder Vögel an Ufern. Plastische Muster auf Schalen und Tellern sind viel komplizierter, sind jedoch auch der Natur entnommen; eventuell dienten hier Textilien als Vorlage. Bei der Gruppe der plastischen Gefäße glättet die Glasur die Konturen, und somit entsteht ein ebener Eindruck im Gegensatz zu den gravierten Gefäßen, die oft unregelmäßig wirken, da die jeweilige Tiefe der Gravur die Farbintensität der Glasur verstärkt.

Schalen und Teller überwogen unter den Ding-Yao-Waren. Vasen, Flaschen und andere Formen kamen seltener vor. Sie wurden beim Brennen auf Tonklumpen gestellt, wohingegen die flachen Stücke umgedreht in den Ofen gegeben wurden, wo sie in einzelnen Brennkammern für zehn oder ein Dutzend Teller gleichzeitig gebrannt wurden. Diese wirtschaftliche Methode des Brennens hatte einen Nachteil: der Rand blieb unglasiert und wurde daher nach dem Brand mit Metall eingefaßt.

Der Sinan-Schatz hat uns Aufschluß darüber gegeben, daß Ding-Waren nicht nur im Norden Chinas sondern auch im Süden produziert wurden, und zwar bis weit ins 14. Jahrhundert hinein. Diese Gefäße aus dem Süden wirkten etwas grauer, die Motive ähnelten jedoch denen des Nordens.

CHINESISCHES SELADON

Die Ursprünge der chinesischen Seladonwaren, sowohl der südlichen als auch der nördlichen, können bis zu den oliv glasierten Waren der Periode der Kämpfenden Reichen und den Yue-Waren der Han-Dynastie zurückverfolgt werden. Die nördlichen Waren, Yao-zhou genannt, sind aus grauem Steinzeug und mit den Junyao- und anderen nördlichen Waren verwandt. Die südlichen Gefäße aus der Provinz Zhejiang wurden aus feinem Porzellan, das leicht mit Eisen versetzt war – dies sollte die Intensität der Glasur verstärken –, gefertigt. Die Waren des Nordens haben eine olive Glasur auf einem groben, grauen Scherben, der, für sich gebrannt, ein dunkles Rostbraun annimmt. Die dichten Blumenmotive sind entweder eingeritzt oder plastisch.

Die Waren des Südens weisen ein kälteres Blaugrün auf; die gesuchteste Farbe wird Kinuta (japanisch für Holzhammer) genannt, aufgrund von einigen Flaschen, die so geformt waren. Ein herrliches Exemplar befindet sich im Bishamondo-Tempel in Kyoto. Die späteren Zhejiang Waren der Yuan- (1280-1368) oder der frühen Ming-Periode (1368-1644) sind im Farbton etwas wärmer oder Gelbgrün, obwohl es auch sehr schöne Exemplare mit Kinuta-Glasur aus dem 14. Jahrhundert gibt.

Die frühen Waren der südlichen Song-Dynastie (1128-1279) sind von klassischer Einfachheit ganz nach dem Geschmack des Song-Hofes. Die Formen sind meist floral, wie z.B. Lotosschalen und -vasen, oder beruhen auf alten Bronzearbeiten mit nur geringem zusätzlichen Schmuck, außer ab und zu ein zart eingeritztes Motiv.

Im allgemeinen sind Seladonwaren der Yuan- und Ming-Periode größer und komplexer. Eine Verbesserung der Zusammensetzung des Scherbens und der Technik ermöglichten große Stücke, z.B. Schalen, die einen Durchmesser von 61 Zentimetern

ZHEJIANG-SELADON-VASEN, SONG-ODER YUAN-DYNASTIE, 13. ODER 14. JAHRHUNDERT (größte: 37,5 cm)
Geschwungene Formen und Reliefdekor aus der Pflanzenwelt sind für diese Periode charakteristisch.

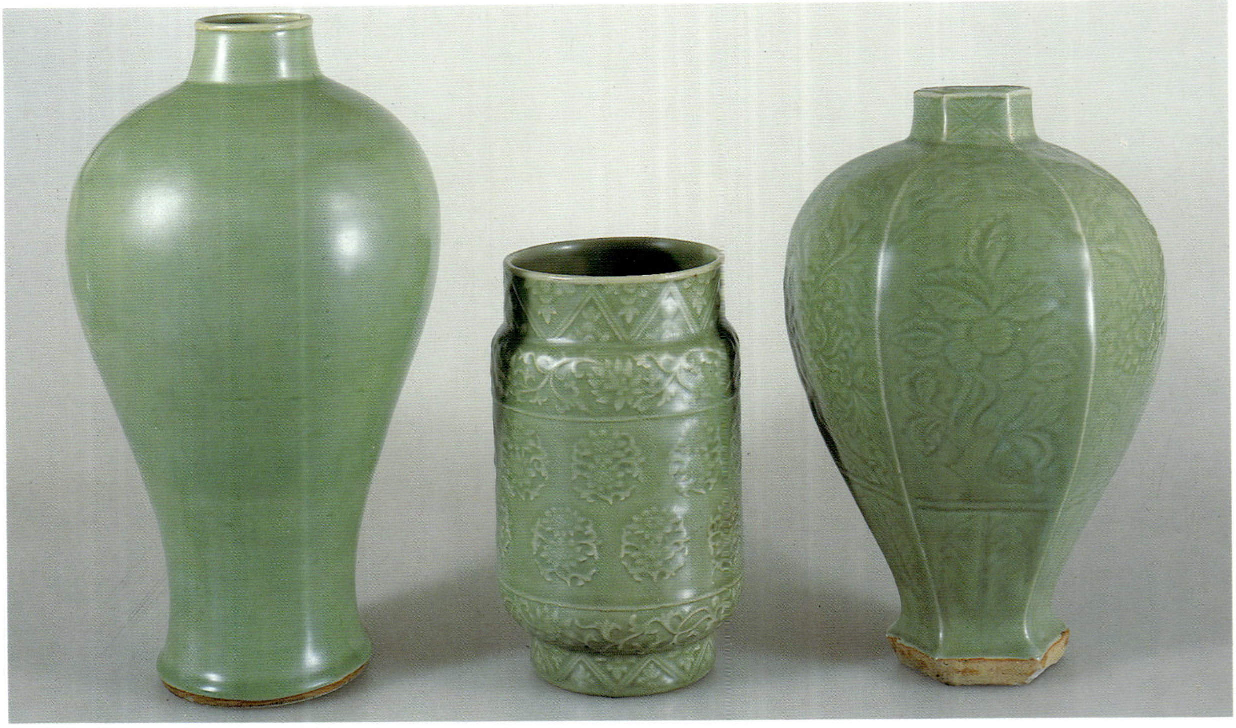

aufwiesen. (Song-Waren sind selten größer als 33 Zentimeter im Durchmesser.) Auch die Verzierung der Oberfläche wurde reichhaltiger und plastischer. Oft war das ganze Gefäß mit eingeritzten oder plastischen Motiven aus Flora und Fauna dekoriert. Vorbild waren die mit Unterglasurdekor bemalten Porzellanstücke aus Jingdezhen.

Seladonwaren wurden auch noch im 15. Jahrhundert produziert, allerdings war ihre Blütezeit bereits überschritten. Man wandte sich nun schon mehr dem farbenfrohen Jingdezhen-Porzellan zu. Produktion und Qualität nahmen ab und folgten den Gesetzen des natürlichen Marktes. Nach dem 15. Jahrhundert wurde sehr wenig bemerkenswertes Seladon hergestellt.

Qingbai, das südliche Jingdezhen-Porzellan

Qingbai-Porzellan, manchmal auch Yingqing genannt (was »wolkig«, »neblig« oder »blauer Schatten« bedeutet), wurde in der Song-Periode (960-1279) produziert und ist wahrscheinlich das Porzellan, das Marco Polo in seinen Reiseberichten erwähnt. Er schreibt, daß man »azurfarbene Schalen« sehr preiswert erstehen kann. Die intensivste Qingbai-Glasur weist eine tiefe, himmelblaue Farbe auf. In der Regel aber ist die dünne und durchsichtige Glasur blaßgrün oder -blau mit dunkleren Farbzusammenläufen. Da wo die Glasur abgegriffen oder sehr dünn ist, tauchen rostfarbene Flecken auf (ein Fehler, der auch bei frühem Bow-Porzellan zu finden ist).

Der Scherben des Qingbai-Porzellans ist grauweiß, das meist beim Brennen zu einem intensiven Rot oxydiert, wie beim blauweißen Porzellan der Yuan- und Ming-Dynastien.

Die üblichsten Qingbai-Waren sind Schalen und Teller, entweder mit schlichten oder floralen Rändern. Sie wurden wieder umgedreht gebrannt, wobei der unglasierte Rand etwas breiter als bei Ding-Yao-Waren ist. Es gab auch Flaschen, Wasserkrüge und Vasen, oft mit zehn bis fünfzehn Ausbuchtungen an der Langseite des Gefäßes. Die eiförmigen, hohen Gefäße besitzen einen trompetenförmigen Hals und sitzen auf kurzen, leicht nach außen gestellten Basen, die manchmal mit Zierleisten versehen sind. Sie wurden beim Brennen auf Tonringe oder mehrere Tonklumpen gestellt. Die Tüllen der Wasserkrüge sind sehr groß und verlaufen von der Schulter des Gefäßes zum oberen Rand. Die dünnen Henkel sind ebenfalls lang und edel und erinnern an Metallvorbilder. Das Dekor ist eingeritzt und stellt meist Lotosblumen oder Päonien mit Blattranken dar. Die früheren Stücke sind nicht so stark verziert wie die der Yuan-Dynastie (1280-1368 n.Chr.), denen oft die Harmonie fehlte. Auf manchen Stücken wirkt das Dekor überladen.

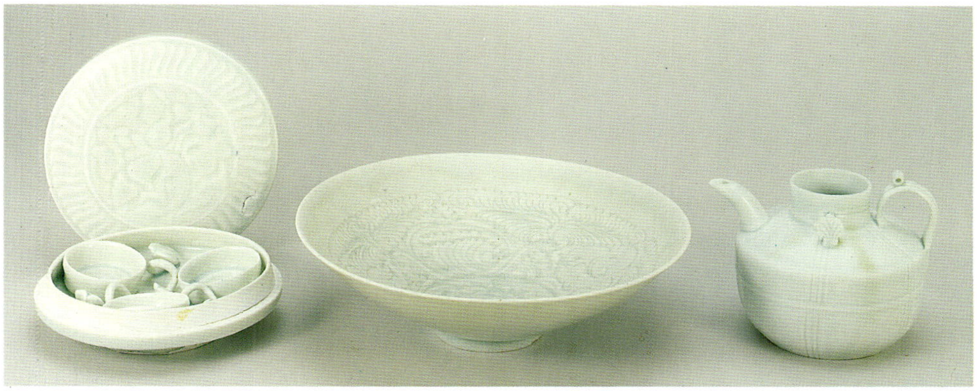

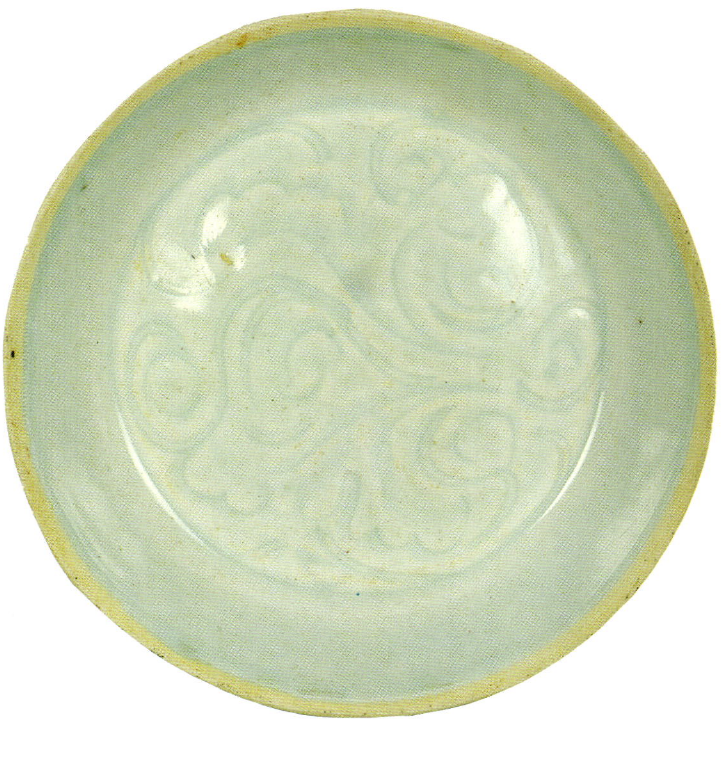

QINGBAI-PORZELLAN, SÜDLICHE SONG- ODER YUAN-DYNASTIE, 13. ODER 14. JAHRHUNDERT
Diese drei Objekte demonstrieren die Vielfalt des Qingbai-Porzellans. (OBEN)

QINGBAI-SCHALE, SONG- ODER YUAN-DYNASTIE, 13. ODER 14. JAHRHUNDERT
(14 cm)
Die blaßgrüne Glasur endet genau unter dem Rand. (LINKS)

SHU-FU-WAREN

Shu-Fu-Waren stammen ebenfalls aus Jingdezhen und sind dem Qingbai-Porzellan ähnlich. Sie haben eine dichte, grüne oder blaue, opake und gedämpftere Glasur. Die Gefäße stehen auf dicken, rechteckigen Sockeln. Die unglasierte Basis ist kegelförmig und der cremefarbene Scherben wird beim Brennen rot. Manche Stücke sind in Anlehnung an Silberarbeiten mit überlappenden Blütenblättern oder Blätterranken verziert. Manche tragen Zeichen wie z.B. je, lu, shu oder fu, wobei die beiden letzten »zentrale Regierungskanzlei« und »Wohlstand« bedeuten.

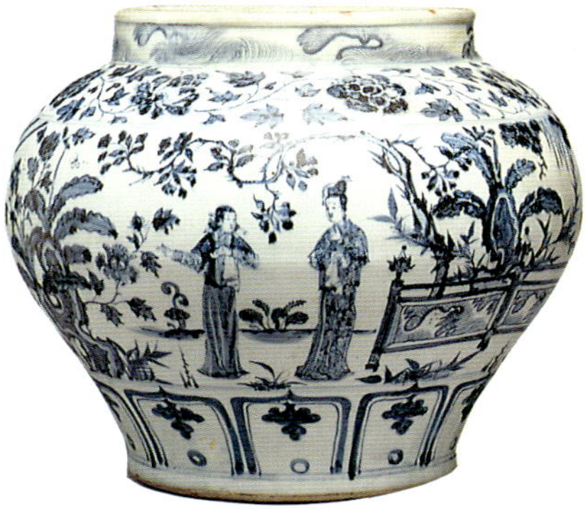

BLAU-WEISSER GUAN, YUAN-DYNASTIE, 1280-1368 (27,3 cm)
Auf dem großzügigen, knollenförmigen Körper wird eine Episode, wahrscheinlich aus dem Yuan-Drama »Die Romanze im westlichen Zimmer«, dargestellt. Die Basis wird von einem Fries geschmückt, der aus Feldern mit separaten Blättern besteht. Die Schulter ist mit einem Blumen-Mäander unterhalb des kurzen Halses mit Wellenmuster verziert.

ANDERE WAREN

Zu den Quingbai- und Shu-Fu Waren gehören auch einige, meist kleine Objekte. Dazu zählen kugelförmige Ölkannen, entweder mit oder ohne winzigen Ösen am Hals, guan-ähnliche oder gedrungene Krüge, birnenförmige Flaschen mit langen Trompetenhälsen, würfelförmige Krüge, Schalen und Teller sowie einige Figuren, die sowohl Menschen als auch Tiere darstellen können. Diese Waren sind entweder ohne Dekor oder werden mit Eisen, Kupfer oder Kobalt unter der Glasur bemalt. Diese Technik, die schon beim Cizhou-Steinzeug des 13. Jahrhunderts angewandt wurde, wurde im 14. Jahrhundert auch für Porzellan eingesetzt. Eisen wurde lediglich aufgesprenkelt, Kupferrot und Kobaltblau wurden dagegen zum Malen von Blumen, Vögeln, Tieren und Menschen benutzt. Die meisten Motive sind floral, oft werden Chrysanthemen mit vereinzelten Stielen und spitzen Blättern dargestellt. Auf größeren Gefäßen bestehen die Randmuster häufig aus spitzen Lotosblättern und an der Basis findet sich das Pendant aus gelappten Blättern und flüchtig gestalteten Ranken. Die Malerei wurde immer schwungvoll und nachlässig aufgetragen. Diese Gruppe, die wohl fast ausschließlich nach Südostasien exportiert wurde – wie häufige Funde bei Ausgrabungen belegen –, ist das Gegenstück zu den blau-weißen Yuan-Krügen und Schalen, die in Indien, dem Mittleren und Nahen Osten gefunden wurden.

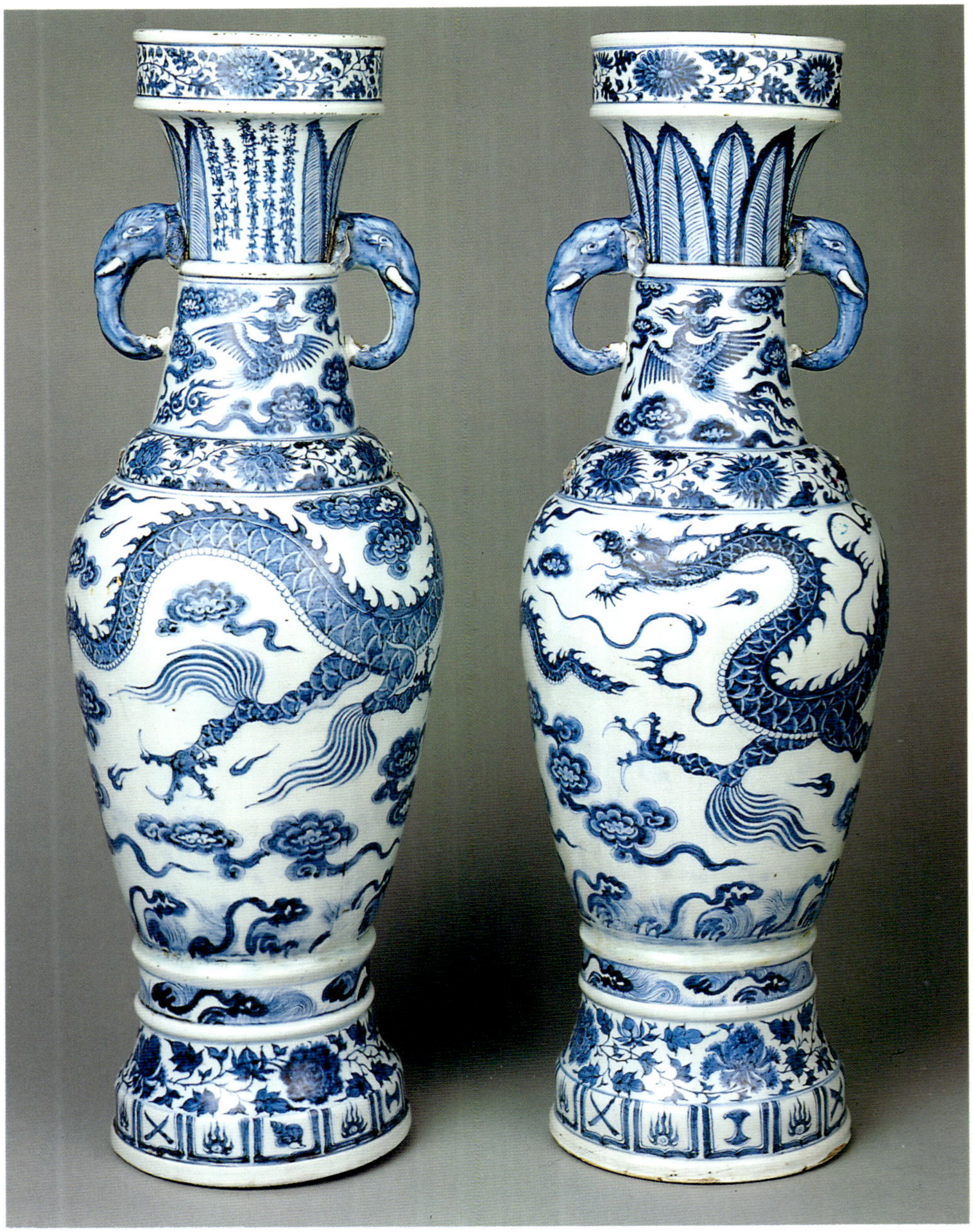

UNTERGLASURBLAUE SCHALE UND BLAU-WEISSE WASSERKANNE, YUAN-DYNASTIE, 1280-1368
(Kanne: 26,7 cm)
Im Vergleich zu früheren Stücken, scheint die Komposition des Dekors der Schale beinahe zufällig, wobei alle Elemente um Raum zu kämpfen scheinen. Die Kanne wird in acht horizontale Dekore aufgeteilt, die nicht ganz in Harmonie zu dem natürlichen Profil des Gefäßes stehen. (UNTEN)

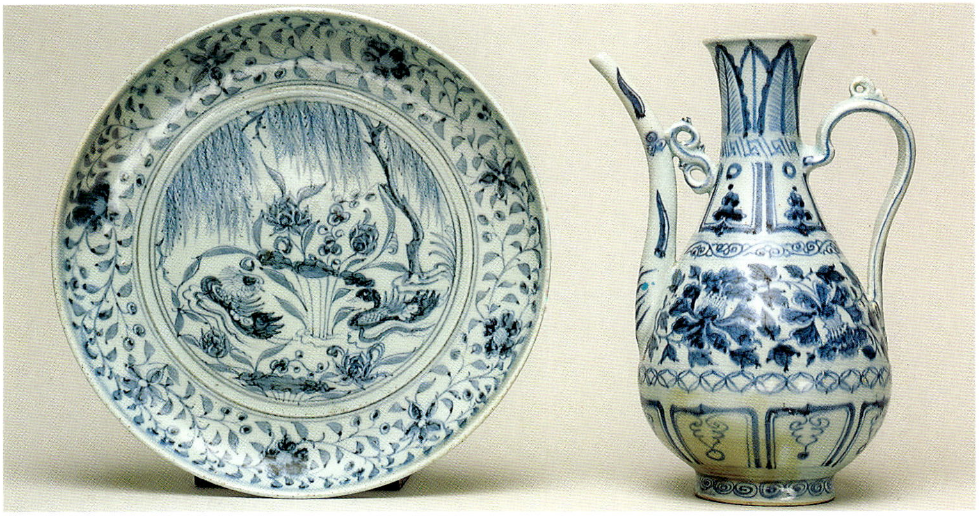

GAIGNIÈRES-FONTHILL-VASE, ca. 1300
Das erste dokumentierte, chinesische Porzellanobjekt in Europa war ein Geschenk an Karl III. von Neapel, das er 1381 von König Ludwig d. Gr. von Ungarn erhielt. Die Komplexität des Dekors mit eingeritzten und plastischen Motiven sowie die Betonung der horizontalen Anordnung, die dazu neigt, die natürlichen Linien des Gefäßes aufzubrechen, sind für diese Periode charakteristisch. (RECHTS)

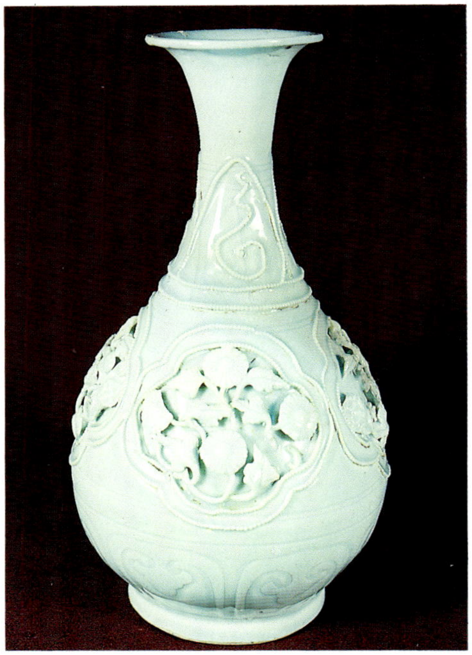

BLAU-WEISSES TEMPELVASEN-PAAR, DATIERT 1351
Bemalt mit vierklauigen, tobenden Drachen über tosenden Wellen. Die sieben Dekorbänder umfassen fast das gesamte Repertoire kleinerer Ornamente, das auf unterglasurblauem Porzellan des mittleren 14. Jahrhunderts anzutreffen ist. (GEGENÜBER)

ZWEITE HÄLFTE DES 14. JAHRHUNDERTS

Zur Percival-David-Stiftung in London gehört ein Tempelvasen-Paar, welches das Datum 1351 n.Chr. sowie eine lange Inschrift trägt, die einem daoistischen Tempel, der hundertzwanzig Kilometer von Jingdezhen entfernt ist, gewidmet ist. Beide Vasen sind ca. sechzig Zentimeter hoch und nach einer Bronzearbeit geformt. Sie sind eine der wichtigsten Belege für die Entwicklung des blau-weißen Porzellans. Der schlanke, eiförmige Körper hat einen langen Trompetenhals mit ausgestülptem Rand und sitzt auf einer hohen, leicht ausgestellten Basis. Der Hals wird auf beiden Seiten von einem Elefantenkopf und -rüssel flankiert, an denen zwei Porzellanhenkel befestigt waren, die heute allerdings fehlen. Neben dem Hauptmotiv – einem sich schlängelnden, vierklauigen Drachen inmitten stark stilisierter Wolkenanhäufungen – gibt es auf jeder Vase noch sieben untergeordnete Dekorbänder.

Es lohnt sich, bei diesen kleineren Details zu verweilen, da sie für die späte Yuan-Periode repräsentativ und zumindest eines oder zwei der Dekore auf den meisten Krügen oder Schalen dieser Periode anzutreffen sind. Der Basisfries besteht aus Blütenblättern mit leichtem Abstand, die oft kostbare daoistische Objekte umrahmen. (Buddhistische oder daoistische Symbole, die von Blättern umrahmt sind, werden oft als Dekor auf Porzellan des 14 Jahrhunderts gefunden.) Darüber ist ein Mäander aus Päonien mit Blütenköpfen zwischen großen und kleinen gezackten Blättern. Zwei weitere Blumenbänder lassen sich auf den David-Vasen finden: einmal Chrysanthemen mit Kreuzschraffierung, ähnlich dem südostasiatischen Exporttyp, mit Blättern, die an kurzes, spitz zulaufendes Farnkraut erinnern, zum zweiten Lotosblüten mit wiederum spitz zulaufenden, gelappten Blättern, allerdings mit kleinen Stacheln an der Blattbasis. Diese drei Dekore sind zweifelsohne die üblichsten floralen Muster der späten Yuan- und der frühen Ming-Periode.

Das Wellenmuster war auch sehr beliebt, meist auf dem Perimeter von Schalen oder auf den Hälsen von Krügen. Bei den ersten Formen dieses Musters wirkt der Wellenkamm wie ein buckeliges Eichhörnchen. Im frühen 15. Jahrhundert wirkt das wilde Wasser gezähmter.

Weitere Bandmuster der Yuan- und frühen Ming-Periode sind die »Donnerwolke« und das Gitter. Das erste ist ein rechteckiges Band, ähnlich dem griechischen Schlüsselmuster. Mitte des 14. Jahrhunderts ist es einzellig, Ende des 14. Jahrhunderts zweizellig und im 15. Jahrhundert oft fortlaufend. Das Gitter besteht aus einer Serie sich wiederholender Rauten. Jede Raute wird von kleinen Strichen, die sich in der Mitte treffen, geschmückt.

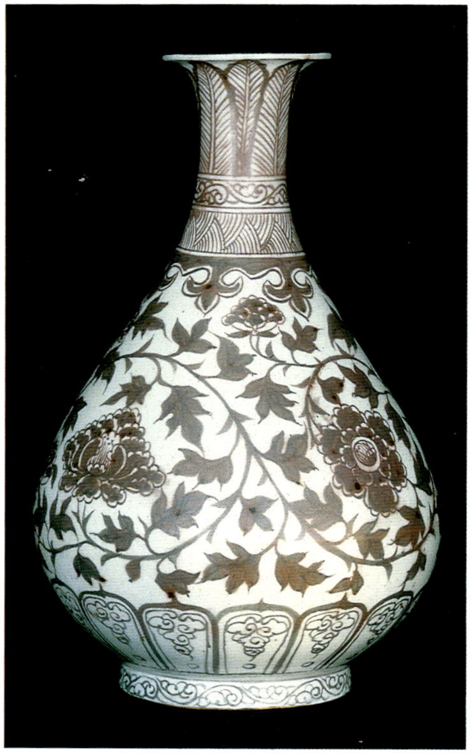

JINGDEZHEN-FLASCHE, SPÄTES 14. JAHRHUNDERT (32 cm)
Da Kobalterz schwer zu bekommen war, mußten die Töpfer der Jingdezhen-Periode Kupfer verwenden.

DEKOR UND FORM

In der zweiten Hälfte des 14. Jahrhunderts sind Lotos-, Päonien- oder Chrysanthemengirlanden, zwei Mandarinenten auf einem Lotosteich, Tiere der Sagenwelt, Fische zwischen Algen und manchmal Figuren die Hauptmotive. Bei jedem Dekor beeindruckt die kraftvoll ausgeführte Bemalung.

Die häufigsten Formen dieser Periode sind Schalen mit flachem, einfachem oder gezacktem Rand, Schüsseln mit kleinem Fußring, gerundeten Seiten und nach außen gestülptem Rand, birnenförmige Flaschen mit einem langen, engen Hals, der sich oben erweitert, Balustervasen mit hohen Schultern und sehr kleinen, engen Hälsen (Meiping). Die meisten dieser Waren sind grob getöpfert mit sichtbaren, gekitteten Nahtstellen. Der Fußrand der Schalen ist niedrig und keilförmig, wohingegen das Profil der Flaschen vielgestaltiger ist, manchmal groß und eingeschnitten und manchmal niedrig und keilförmig. In dieser Periode bleibt die Basis unglasiert und der Scherben wird somit beim Brand rot.

FRÜHES MING

Hongwu, der erste Kaiser der Ming-Dynastie (er regierte von 1368-1398), erließ ein Gesetz, das das Reisen außerhalb Chinas verbot, was sich dramatisch auf den Handel auswirkte. Kobalt, das für das weiß-blaue Porzellan unerläßlich war und wohl in der Nähe von Kashan in Persien gefördert wurde, war nun schwer erhältlich. Es wurde oft durch das leichter zugängliche Kupfererz ersetzt. Das Ergebnis war ein Unterglasurrot von nicht vorhersehbarem Farbton, der von einem klaren Rosarot bis zu einer unansehnlichen Farbe oder sogar zu einem Silbergrau reichen konnte. Die Glasur auf dem Porzellan des späten 14. Jahrhunderts ist oft wächsern und viel glasiger als bei früheren Waren. Das Dekor weicht nur wenig vom Yuan-Dekor ab: meist Blumenmotive und nur selten ein Fabeltier oder eine menschliche Figur.

Das Dekor der Hongwu-Periode ist etwas geordneter als das der vorangegangenen Periode, aber noch immer voller Kraft. Es wird weniger Wert auf die horizontale Plazierung des Designs gelegt, wie es im mittleren 14. Jahrhundert üblich war. Nun beansprucht das Hauptmotiv mehr Raum auf dem Gefäß, die unwichtigeren Elemente werden verkleinert und an den oberen und unteren Rand verbannt. Auffallend ist auch die größere Harmonie zwischen dem Hauptthema und den sekundären Motiven, im Gegensatz zur Unversöhnlichkeit der Muster der späten Yuan-Periode.

Die Form der Wasserkrüge, Vasen, Schalen und Teller verändert sich zwischen 1350 und 1400 nur wenig.

DAS FRÜHE 15. JAHRHUNDERT

Die Errichtung von Brennöfen im 14. Jahrhundert zur Produktion von Porzellan für die Kaiserstadt stellt einen bedeutenden Einschnitt in der Entwicklung des Porzellans dar. Ab dieser Periode ändert sich nicht nur die Qualität des Materials, sondern auch die Güte des Töpferns und des Dekors. Viele Fachleute bezeichnen die Stücke aus der Zeit der Herrschaft Yongles (1403-1425) und Xuandes (1426-1435) als das beste Porzellan. Sie sind vielleicht nicht so elegant und feminin wie die Stücke der folgenden Chenghua-Periode, sind dafür aber sehr kraftvoll und robust.

Die Waren des frühen 15. Jahrhunderts weisen eine perfekte Balance zwischen Dekor und dafür benötigten Raum auf. Blumen und Blätter werden nicht an den Rand der Schale gedrückt und die einzelnen Muster sind nicht so dicht zusammengedrängt wie in der späten Yuan- oder in der Folgeperiode im 16. Jahrhundert. Design und Dekor auf diesen Objekten wurden sorgfältig geplant, sind aber nicht starr und besitzen dennoch eine gewisse Energie.

Die gebräuchlichsten Motive dieser Periode stammen aus dem Pflanzenbereich: Lotos- oder Chrysanthemenranken, verschiedene saisonale Blumen, Blumen und Sträucher, die für die zwölf Monate sinnbildlich sind, Kürbisse oder Weintrauben. Auch Vögel in blühenden Zweigen, Drachen in den Wolken und der männliche und

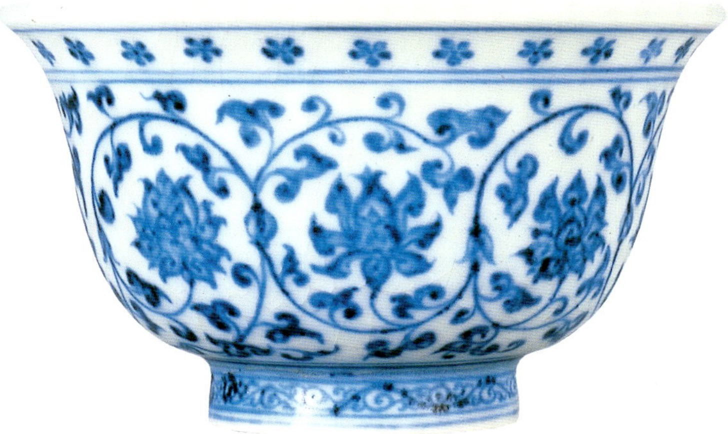

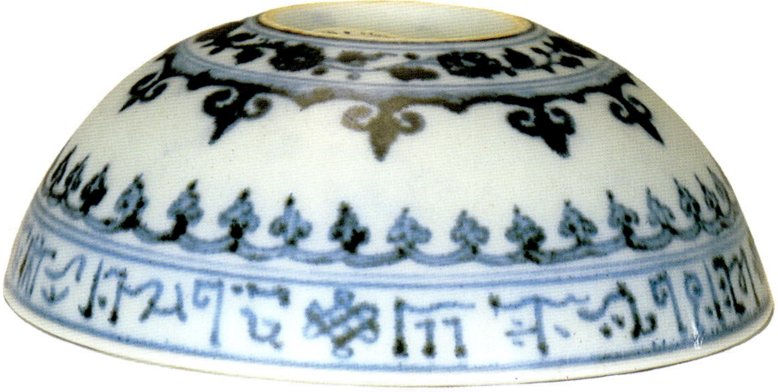

weibliche Phönix in völlig ausgewogener Kreisbewegung wurden dargestellt. Die menschliche Gestalt erscheint selten auf dem Porzellan des frühen 15. Jahrhunderts, und die wenigen Figuren wurden wohl nach Musterbüchern der damaligen Zeit gestaltet. Die Uniformität fast aller Dekore dieser Periode läßt auf den Gebrauch solcher Quellen schließen. Nur wenige Muster haben kein vergleichbares Gegenstück.

Randbordüren sind konventionell und standardisiert; die klassische Ranke schlängelt sich nicht mehr ungezwungen entlang der Basis oder dem Rand, sondern folgt einem ordentlichen und festgelegten Schema. Das Blütenblatt-Band hat sich auch radikal geändert, und während die Konturen immer noch einen spitzen Bogen darstellen, wurde das Innere vereinfacht. Das Gegenstück wurde durch ein klareres Motiv ersetzt und manchmal umgekehrt gemalt, d.h. weiß auf blauem Grund. Die Bänder sind schmäler und grenzen meist aneinander an. Das »Donnerwolken-Motiv« befindet sich in einer Übergangsphase: es gibt viele doppelzellige Versionen, aber auch fortlaufende Arrangements. Weitere Bandmotive sind das starre oder spitze Blatt und das »Wellen-und Felsen-Motiv«, wobei beide Weiterentwicklungen der Prototypen des 14. Jahrhunderts sind.

BLAU-WEISSE SCHALE, FRÜHES 15. JAHRHUNDERT (13,2 cm)
Das etwas unscharfe Unterglasurblau ist typisch für die frühen Ming-Perioden von Yongle und Xuande. Ungewöhnlich ist die arabische Inschrift. (OBEN)

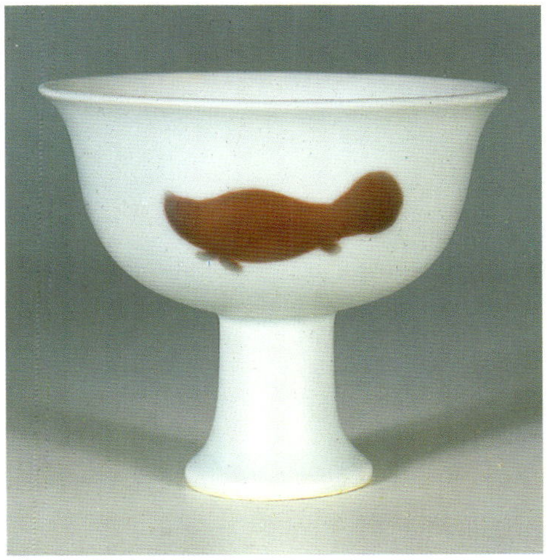

BLAU-WEISSE WEINSCHALE, YONGLE-MARKE UND -PERIODE, 1403-1425 (9,2 cm)
Im Inneren der Schale findet sich die archaische Vier-Zeichen-Marke des Kaisers Yongle. Kaiserliche Unterglasurmarken, meist sechs Zeichen, erscheinen das erste Mal im frühen 15. Jahrhundert (OBEN LINKS)

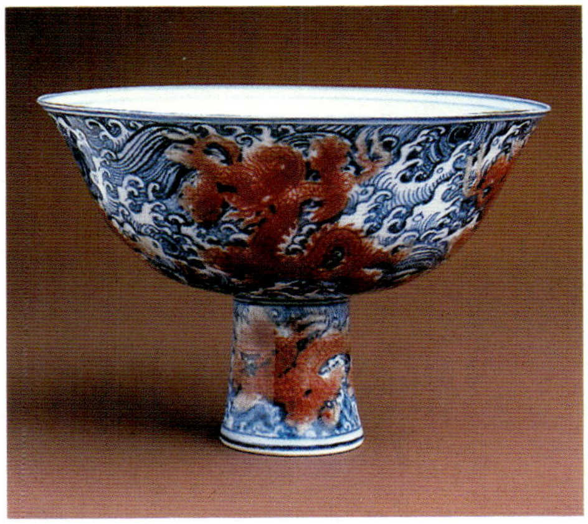

FUSS-SCHALE MIT UNTERGLASURROTEM DEKOR, FRÜHES 15. JAHRHUNDERT (Weite: 11,7 cm)
Fußschalen sind rituelle Gefäße, die zum ersten Mal in der Tang-Dynastie auftauchen. Unterglasurrot wurde im späten 14. Jahrhundert häufig benutzt. Es ist jedoch schwer zu stabilisieren und wurde schließlich nicht mehr verwendet. (OBEN LINKS)

FUSS-SCHALE, XUANDE-MARKE UND -PERIODE, 1426-1435 (Höhe: 10,5 cm)
Diese Schale ist mit fünfklauigen Drachen in Unterglasurblau und -rot bemalt. (LINKS)

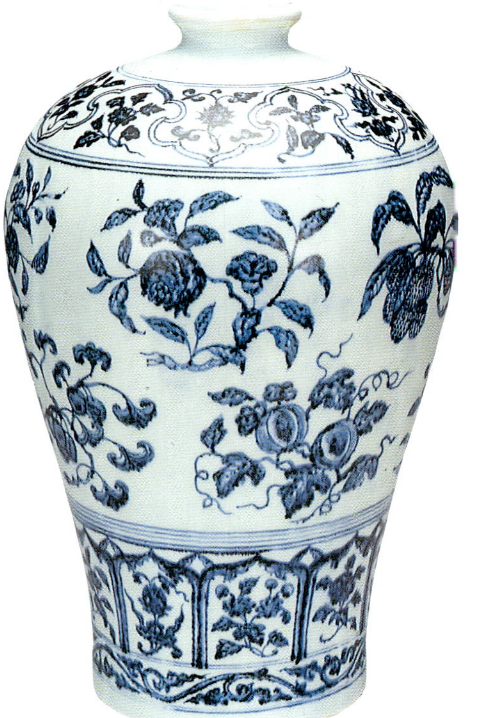

BLAU-WEISSE BALUSTER-MEIPING-MING-VASE, YONGLE-PERIODE, 1403-1425 (36,5 cm)
Leicht unscharfes, unterglasurblaues Dekor mit saisonalen Früchten und Blumen. Der sorgfältige Abstand und die fast botanische Genauigkeit des Dekors sind typisch für das frühe 15. Jahrhundert. (LINKS)

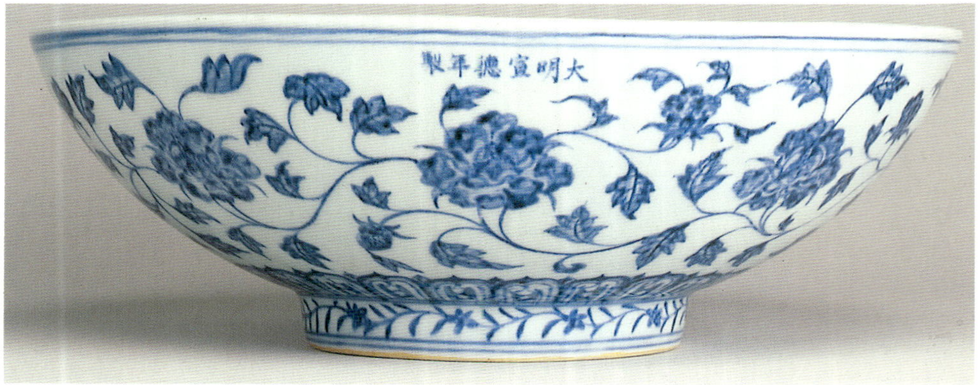

MING-SCHALE, XUANDE-MARKE UND -PERIODE, 1426-1435 (28,9 cm)
Diese Schale mit schwerem Scherben ist typisch für das blau-weiße Porzellan des frühen 15. Jahrhunderts Die wohlüberlegte Komposition des Hauptmotivs – ein zusammenhängender Blumen-Mäander – ist ein perfektes Beispiel dieser Periode. (UNTEN)

Die typische Glasur des frühen 15. Jahrhunderts ist dick, bläulich oder grünlich und mit Blasen durchsetzt, die winzige Vertiefungen in der Oberfläche verursachen. Sie wurde mit einer Orangenschale verglichen, obwohl die »Krater« viel kleiner sind. Diese strukturierte Oberfläche verzerrt das Unterglasurdekor und läßt es somit zart und sanfter erscheinen.

Yongle- und Xuande-Porzellan weist kleine braun-schwarze Mißfärbungen im Kobaltblau auf. Dies ist ein typischer Fehler dieser Periode, verursacht durch überflüssiges Kobalt, das an die Oberfläche der Glasur gelangt und somit gebrannt wird.

Das frühe 15. Jahrhundert weist auch viele neue Formen auf, wovon einige aus dem Nahen Osten stammen. Dazu gehören mondförmige Flakons, flache, scheibenförmige Gefäße mit einem Henkelpaar am kurzen, geraden Hals. Eine Abwandlung hiervon ist eine Flasche mit einem etwas größeren, geschwollenen Hals, der an eine Knoblauchknolle erinnert; die schlaufenartigen Henkel besitzen Rillen und herzförmige Abschlüsse. Vorbild dieses späteren Gefäßes war ein islamischer Metallflakon, wovon ein Exemplar aus dem 13. Jahrhundert in der Freer Gallerie der Smithsonian Sammlung in Washington D.C. zu sehen ist. Weitere nicht-chinesische Formen sind ein kolbenförmiger Humpen mit geradem Facettenhals, dessen Ursprung wohl beim ottomanischen Silber zu suchen ist, und tiefe Becken mit geraden, vertikalen Seiten und flachen Rändern, in Anlehnung an syrische oder ägyptische Glas- oder Messingformen.

Als neue chinesische Formen gelten die kleinen Schalen mit tiefen, konvexen Seiten, die von einem sehr kleinen Gefäßboden aufsteigen. Sie werden Lianzu- oder Lotosform genannt und erinnern wirklich an eine halbgeöffnete Lotosblume. Ebenfalls neu sind die Schalen mit gelappten Seiten und Fußringen, sowie abgeflachte Krüge (Guan) mit hohen Schultern und gerundeten Seiten, eiförmige Vasen mit Trompetenhals und flache Schalen mit kurzen, doppeltgerippten, konkaven Seiten.

Im frühen 15. Jahrhundert tauchen die ersten Kaisermarken auf. Sie fallen zeitlich mit der Errichtung der kaiserlichen Brennöfen zusammen. Auf einigen, sehr schönen, weißen Stücken ist die Marke des Kaisers Yongle in archaischer Schrift eingraviert. Obwohl dieselbe Schrift auch bei Objekten mit unterglasurblauem Dekor benutzt wurde, sind solche Exemplare sehr rar. Während der folgenden Herrschaft von Xuande wurden sechs oder seltener vier charakteristische Zeichen regelmäßig als Marke benutzt. Meist wurden sie in zwei Spalten an der Basis des Gefäßes geschrieben, manchmal aber auch horizontal unter dem Fußrand oder auf der Schulter eines Kruges oder Humpens.

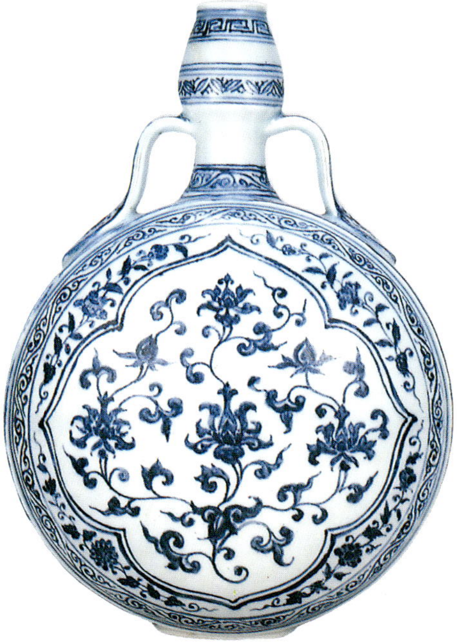

FLACHE, BLAU-WEISSE FLASCHE, FRÜHES 15. JAHRHUNDERT (50,7 cm)
Diese Flasche basiert auf einer etwas früheren Metallform des Nahen Ostens. (OBEN LINKS)

ZWEITE HÄLFTE DES 15. JAHRHUNDERTS

Die Zeit zwischen dem Ende der Herrschaft des Kaisers Xuande 1435 und der Herrschaft des Kaisers Chenghua (1465-1487) war ein Interregnum, in dem weniger Porzellan produziert wurde. Danach erhöhten die Öfen bei Jingdezhen ihre Produktion, um der großen Nachfrage des kaiserlichen Hofes und der Regierung nachzukommen. Inzwischen hatte sich der Stil des Porzellans sehr verändert; das Dekor hat sich vielleicht nicht ganz so offensichtlich gewandelt, aber neue Formen traten auf, und alte Formen wurden geschickt verändert.

Im Gegensatz zu der grünlichen, dicken Blasenglasur und dem fleckigen und dunklen, gesprenkelten Unterglasurblau des Yongle- und Xuande-Porzellans ist die Glasur der Chenghua-Periode klarer und etwas glasiger und weist einen eigenartigen, rauchigen Elfenbeinton auf. Die beste Methode, dieses Merkmal zu erkennen, ist die Gegenüberstellung von einem Chenghua-Objekt und einem früheren oder späteren Stück. Das Britische Museum und die Percival-David-Stiftung zeigen solche Vergleiche. Das Unterglasurblau der Chenghua-Periode ist eine Spur grauer, weist aber meist keine oxidierten schwarzen Flecken auf. Das Unterglasurdekor ist klarer, aber dennoch »weich« verglichen mit dem blauweißen Dekor der Kangxi-Periode (1662-1722).

Die Pinselführung dieser Periode ist sehr fein, beinahe zögerlich und obwohl sie ausgeglichen ist, fehlt ihr doch der kühne Pinselstrich des blau-weißen Porzellans des frühen 15. Jahrhunderts. Details werden seltener, dafür wird dem Raum mehr Bedeutung beigemesen. Dies ist besonders erkennbar in der lineareren Behandlung von Blumen und Laub. Motive werden generell »femininer« gemalt.

Obwohl Chenghua-Porzellan sich nur wenig von den Waren des frühen 15. Jahrhunderts unterscheidet, gibt es dennoch einige nennenswerte Ausnahmen. Da sind einmal einige herrlich geformte, ausladende Schalen mit Lotos- oder Hibiskusmäandern. Sie werden »Palastschalen« genannt und sind hervorragende Beispiele des Hofstils. Die zweite Gruppe besteht aus Waren verschiedener Form. Meiping-Vasen, Guan-Krüge und -Schalen, die mit Figuren – Studenten, Beamte und Gefolge – in einer Halbwüste mit einer Brise, die an ihren losen Gewändern zerrt, bemalt sind. Dieses Dekor wurde »vom Wind zerzauster Student« genannt und hat sich wohl während des Interregnums entwickelt.

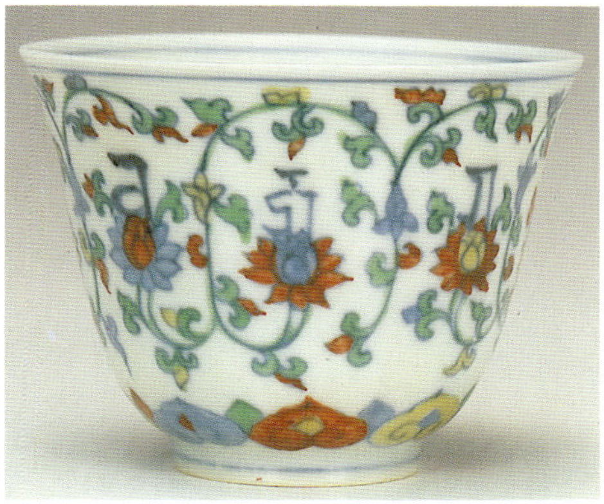

WEINSCHALE IN DOUCAI-PALETTE, CHENGHUA-MARKE UND -PERIODE, 1465-1487 (Höhe: 4 cm)
Aufglasurbemalung mit Emailfarben beschränkte sich anfangs auf kleine Objekte, wohl weil die Kontrolle des Brennvorgangs schwierig war. (OBEN)

Eine Entwicklung des 15. Jahrhunderts war der Gebrauch von Email auf der Porzellanglasur, eine Technik, die erstmals beim chinesischen Cizhou-Steinzeug im 13. Jahrhundert angewandt wurde. In der Chenghua-Periode hatte die Porzellanbemalung mit Unterglasurblau und Aufglasurfarben einen hohen Standard erreicht. Diese Palette wird Doucai genannt, was übersetzt »Kontrastfarben« heißt. Neben Unterglasurblau gehören ein weiches Manganbraun, Kupfergrün, Gelb und Schwarz zu dieser Palette. Hierbei werden die Konturen in Unterglasurblau aufgemalt. Die ausfüllenden Emailfarben auf der Glasur werden dann nochmals bei niedrigeren Temperaturen gebrannt. Fast alle so bemalten Gefäße sind klein und messen nur wenige Zentimeter im Durchmesser. Diese sehr seltenen Gefäße sind meist Fußschalen und Weinbecher. Die letzteren sind oft mit körnerpickendem Geflügel bemalt. Diese winzigen »Hühnertassen«, die zu den begehrtesten und kostbarsten Porzellanobjekten gehören, wurden während der frühen Qing-Dynastie (1644-1912) sehr akkurat kopiert und auch mit der Chenghua-Marke versehen. Weitere Emailwaren dieser und der folgenden Hongzhi-Herrschaft (1488-1505) werden in zwei Gruppen aufgeteilt. Zur ersten gehört einfach glasiertes Porzellan mit Aufglasurbemalung mit Emailfarben ohne Unterglasurblau. Die zweite besteht aus unglasiertem gebranntem Porzellan, wobei die Emailfarben direkt auf den Biskuit aufgetragen werden. Diese Art wird Fahua genannt und erinnert stark an chinesisches Porzellan in Cloisonné-Technik. Für die kühnen Muster werden bis zu sechs

Farben benutzt, wenn man Weiß dazuzählt, das ganz einfach die klare Glasur auf dem Biskuit ist. Die dominierenden Farben sind ein sattes Purpur, Kobaltblau und Türkis, wobei auch Gelb, Mangan-Purpur und Grün vereinzelt eingesetzt werden. Jedes Dekor wird mit leicht erhobenen Stegen umrissen, damit die Farben nicht zusammenlaufen. Im Gegensatz zu den winzigen und zerbrechlichen Doucai-Objekten sind die Objekte der Fahua-Gruppe in der Regel großformatig und erinnern ein wenig an die Großzügigkeit des barocken Stils.

Neben den glasierten und unglasierten Waren gibt es noch die Gruppe mit unglasiertem Dekor, das in den Biskuit eingeschnitten wird, in der Regel ein fünfklauiger Drachen. Ansonsten ist die Oberfläche glasiert. Manchmal wurde das Gefäß ohne weitere Behandlung gebrannt, so daß sich die ungeschützte, unglasierte Fläche beim Brennen in ein gelbliches Rotbraun aufgrund des Eisenanteils der Porzellanmasse verwandelte. Meist wurde das unglasierte Dekor jedoch mit grünem Email bemalt und die glasierte Fläche unbemalt belassen oder mit einer gelben Bleisilikat-Lasur behandelt. Die meisten noch vorhandenen Objekte dieser Periode sind Untertassen oder Krüge. Diese Technik war keine Innovation, sondern lediglich eine Variation der Entwicklung der Yuan-Periode.

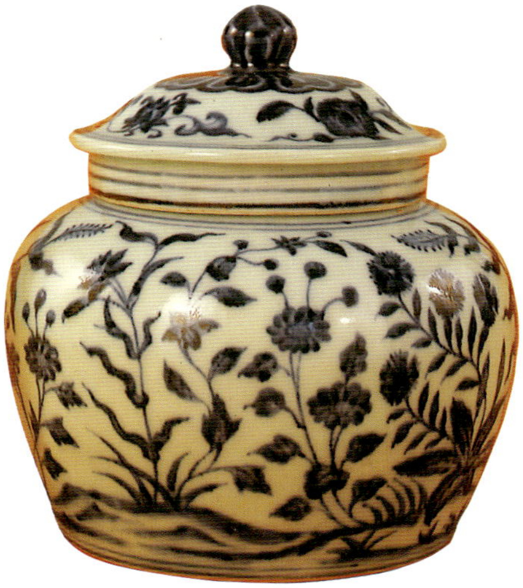

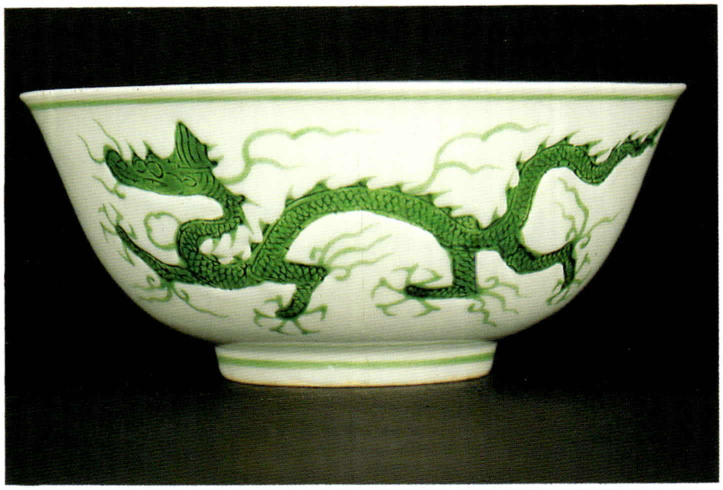

DRACHENSCHALE, MITTLERES MING, ZHENGDE-PERIODE, 1506-1521 (20 cm)
Der Drache ist in das unglasierte Porzellan eingeritzt und während des Glasierens mit Wachs abgedeckt worden. Nach dem Brennen wurde Email aufgetragen und die Schale dann nochmals gebrannt. (LINKS)

BLAU-WEISSER DECKELTOF, CHENGHUA-MARKE UND -PERIODE, 1465-1487 (14 cm)
Der geduckte Körper dieses Topfes ist mit einem unterglasurblauen Fries rankender Pflanzen bemalt. (OBEN)

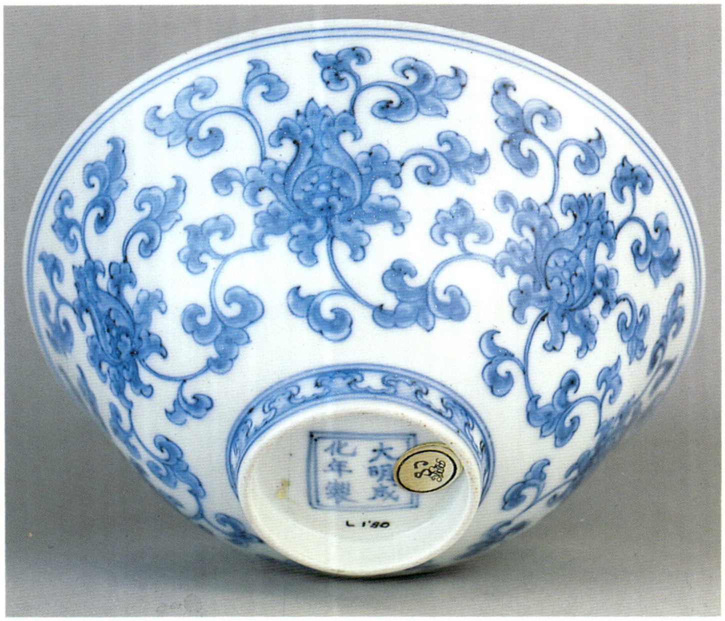

BLAU-WEISSE PALASTSCHALE, CHENGHUA-MARKE (SECHS ZEICHEN) UND -PERIODE, 1465-1487 (15,3 cm)
Das unterglasurblaue Dekor der Chenghua-Periode wirkt etwas klarer als das des frühen 15. Jahrhunderts (LINKS)

DAS 16. JAHRHUNDERT

Die meisten Fachleute stimmen darin überein, daß die klassische Periode des Ming-Porzellans mit der Herrschaft Zhengdes (1506-1521) endet. Obwohl Form und Glasur sich nur unbedeutend ändern, gibt es doch einen deutlichen Wandel in der Qualität der Pinselführung und der Anordnung des Dekors. Die Bemalung wirkt leicht, weit entfernt von den schwer »modellierten« Päonien, Chrysanthemen und Lotosblumen des 14. oder frühen 15. Jahrhunderts. Besonders die Lotosblume wird eher schematisch dargestellt, nicht mehr so naturalistisch wie zuvor. Das umrankende Laub wirkt flach oder linear und erinnert an bourbonische Lilien. Die Laubmäander lassen eher an Lückenbüßer als an ein sorgfältig geplantes Arrangement denken. In dieser Hinsicht erinnert das Dekor an die etwas kühneren und ziellosen Laubranken, die sich auf den blau-weißen Waren des mittleren 14. Jahrhunderts finden.

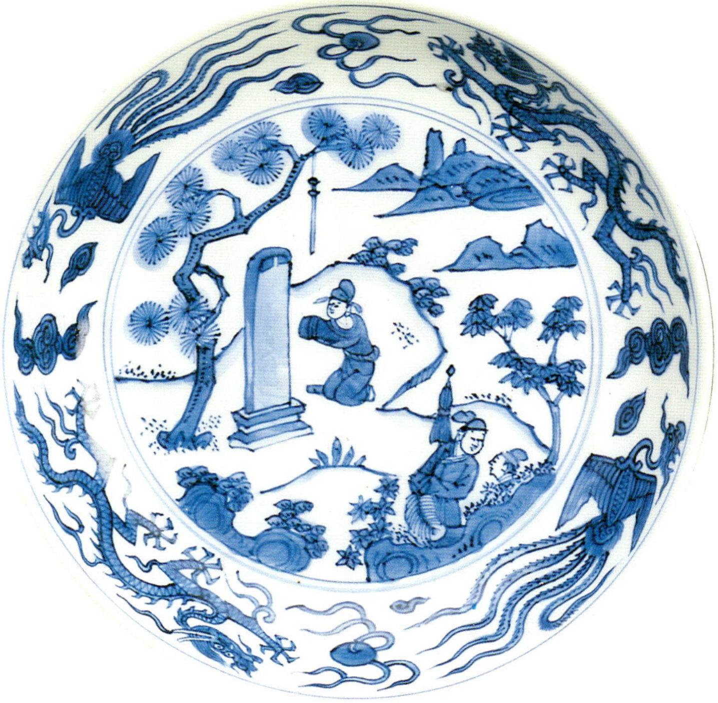

PLATTE, SPÄTES MING, WANLI-MARKE UND PERIODE, 1573-1619
(19,2 cm)
Vor dem 16. Jahrhundert sind figürliche Motive selten; ab der Jiajing-Periode (1522-1566) werden kleine Figuren vermehrt eingesetzt.

Das Dekor der konventionellen Kaiserwaren, ob Teller, Krüge oder Vasen, wirkt immer überladen. Der kaiserliche, fünfklauige Drachen verheddert sich im dichten Laub und erinnert eher an einen Tausendfüßler; er ist ein kraftloser Nachkomme des potenten Drachens von Xuande und vielleicht ein Abbild des schwachen Kaisers und seines Luxushofes. Einige Exemplare mit den vier Zeichen von Zhengde, wie die hohe Balustervase, die sich in der Percival-David-Stiftung befindet, sind doch recht schlecht getöpfert und bemalt. Sie unterscheiden sich nicht sehr von damaligen Exportwaren, die den unvermeidlichen Niedergang allen Porzellans in der zweiten Hälfte des 16. Jahrhunderts und des frühen 17. Jahrhunderts ankündigen.

Das in Jaozhou im nördlichen Jiangxi während des 15. Jahrhunderts produzierte Porzellan ist das beste der Ming-Dynastie, und alles folgende wird als nicht so vollkommen angesehen. Und dennoch weist das 16. Jahrhundert doch Interessantes auf. Die Objekte dieses Jahrhunderts sind vielfältiger und komplexer. Es gibt natürlich auch bekannte Stücke, wie z.B. die Unterteller mit einem Hibiskuszweig in der Mitte, umgeben von vier separaten Wein-, Pfirsich-, Granatapfel- und Lotoszweigen. Dieses Dekor in Unterglasurblau, mit oder ohne gelbem Fond, wurde während der Herrschaft von Xuande, Chenghua, Hongzhi und Zhengde immer wieder verwendet. Dies läßt auf die konservative Grundeinstellung des chinesischen Töpfers schließen. Jedoch sollten sich in den letzen fünfundsiebzig Jahren des 16. Jahrhunderts fremde Einflüsse bemerkbar machen.

Das Porzellan des frühen 16. Jahrhunderts erscheint blauer als das des späten 15. Jahrhunderts Die Glasur ist dick und mit winzigen Blasen übersät, die dem Unterglasurblau eine »sanfte Note« verleihen. Das Blau ist im besten Falle ein klares Himmelblau mit wenig oder gar keiner schwarzen Oxidation.

Eine ungewöhnliche blau-weiße Porzellangruppe, mit persischen oder arabischen Inschriften findet sich wärhend der Zhengde-Herrschaft. Meist sind es kleine Objekte für den Schreibtisch, wie z.B. Pinselbehälter, Tischschirme, Federschalen und Tintenfässer. Teller und Schalen sind seltener. Die Inschriften sind weltlicher, geistlicher oder philosophischer Natur. Eine Federschale in der Percival-David-Stiftung trägt die hilfreiche Aufschrift »Füllerrast« in persisch; eine andere heißt »Ich ging ziellos an einem verlassenen Ort herum, als ich plötzlich einen Schatz fand«. Diese Stücke wurden wohl von islamischen Eunuchen in Auftrag gegeben, die der kaiserlichen Regierung angehörten und große Privilegien und viel Macht besaßen. Die Produktion dieser »mohammedanischen« Waren wurde mit der Thronbesteigung des Kaisers Jiajing (1522-1566) beendet. Dieser Herrscher war dem Islam und später dem Buddhismus gegenüber intolerant. Er entledigte sich seiner moslemischen Beamten und damit auch ihrer teuren »Spielsachen«.

Das Prozellan der Jiajing-Herrschaft ist nicht schön im Sinne des klassischen 15. Jahrhunderts, besitzt jedoch eine unglaubliche Dynamik. Der Scherben ist nicht so rein, die Töpferarbeit nicht so sorgfältig und die Bemalung zu oberflächlich. Dafür entschädigt aber die größere Vielfalt der Dekore, vor allem figürliche Themen, und das satte purpurne Kobaltblau, das oft benutzt wurde.

Der Scherben von Jiajing weist Eisenspuren auf, die beim Brennen rot werden. Die Glasur ist glänzend und glasig, blau oder grün. Die glatte Oberfläche sticht von den matteren Glasuren der folgenden Periode ab. Das Blau, »mohammedanisches« Blau genannt, da es aus dem Nahen Osten importiert wurde, wahrscheinlich aus der Nähe von Kashan in Persien, ist von einer noch nie dagewesenen Intensität. Es ist warm, fast Purpurblau und hebt sich deutlich von dem Graublau der Zhengde-Herrschaft und den Herrschaften des späten 15. Jahrhunderts ab. Dekordetails gehen oft in dem naßaussehenden Kobalt verloren, woraus man schließen kann, daß es schwer kontrollierbar war.

Beim Dekor gibt es einige neue, für diese Periode typische Details. Figürliche Themen nehmen zu: spielende Kinder (ein Lieblingsthema) und Studenten und Würdenträger in ziemlich steifer Haltung, die vielleicht nach Druckvorlagen gezeichnet

BLAU-WEISSE PINSELABLAGE, ZHENGDE-MARKE UND -PERIODE, 1506-1521
(13,2 cm)
Moslemische Eunuchen, die der kaiserlichen Regierung angehörten, gaben viele Schreibutensilien in Auftrag. (RECHTS)

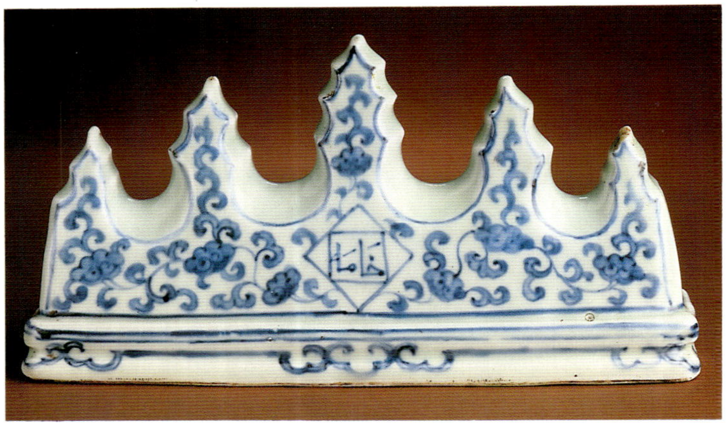

POLYCHROMER MING-TOPF, JIAJING-MARKE UND -PERIODE, 1522-1566
(34,2 cm)
Ab dem 16. Jhr wurden solche großen Stücke, die der Kaiser in Auftrag gab, in der Wucai-Palette bemalt. Ein Teil des Dekors wurde hier in Unterglasurblau ausgeführt, der Rest in eisenrotem, grünem und gelbem Email auf der Glasur. (RECHTS)

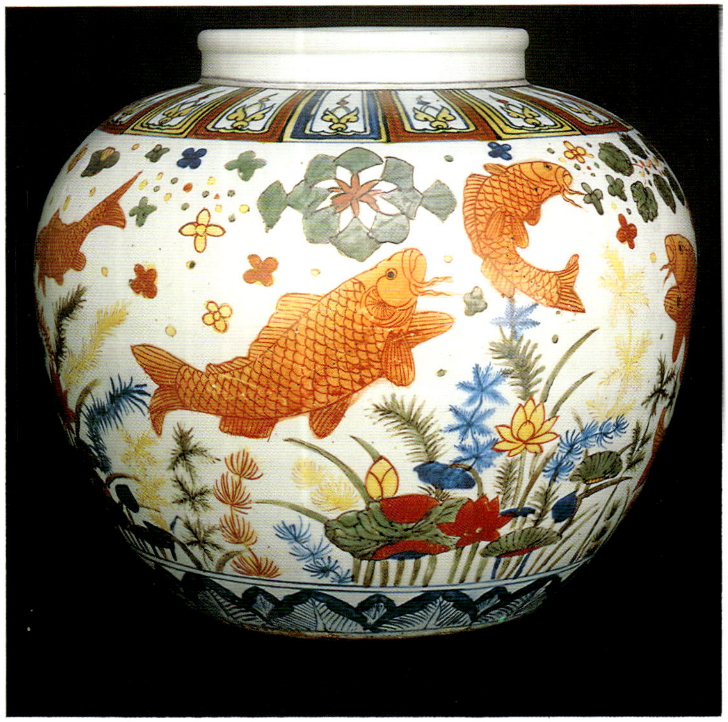

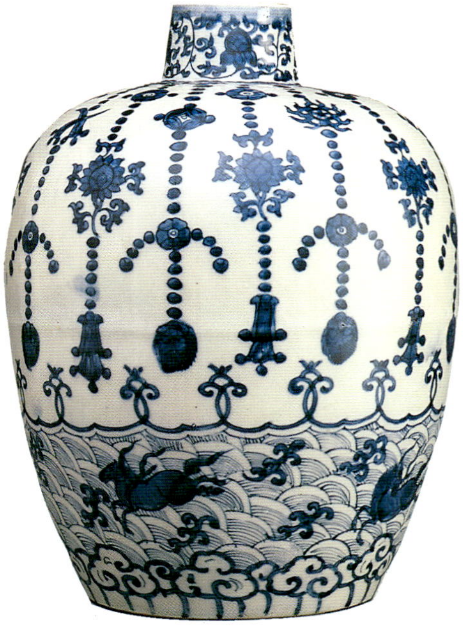

BLAU-WEISSER MING-TOPF, JIAJING-MARKE UND -PERIODE, 1522-1566
(25,3 cm)
Das hochschultrige Gefäß, das für die Mitte des 16. Jahrhunderts typisch ist, ist mit Perlen und Anhängern der acht buddhistischen Symbole bemalt. (OBEN)

wurden. Zeugnisse für die kaiserliche Vorliebe des Daoismus sind die vielen markierten und unmarkierten Stücke, die mit Pinien, Lingzhi-Pilzen, Kranichen und Wild bemalt sind. Zu diesen daoistischen Sinnbildern für Langlebigkeit gesellt sich oft Laozi, der daoistische Unsterbliche, ein Greis mit riesigem Kranich. Manche Stücke sind mit einem Shou (dem chinesischen Zeichen für Langlebigkeit) bemalt, das als verschlungener Baumstamm dargestellt wird. Daoistische Motive waren besonders auf Kraak-porselein bis zum Ende der Ming-Dynastie sehr beliebt.

Während dieser Periode orderten die Europäer das erste Porzellan aus China. Die Portugiesen umschifften 1497 als erste das Kap der Guten Hoffnung und eröffneten somit die Handelsroute nach Indien, Südostasien, China und Japan. Obwohl sie chinesische Gewässer bereits im zweiten Jahrzehnt des 16. Jahrhunderts erreichten, wurden erst Mitte des Jahrhunderts die ersten Handelsabkommen zwischen den beiden Staaten unterzeichnet. Einige Stücke dieser Zeit tragen schon europäische Wappen als Dekor.

MING-PINSELSCHALE MIT DECKEL, WUCAI-PALETTE, WANLI-MARKE UND -PERIODE, 1573-1619

(30 cm)

Dieses seltene Stück ist mit einem funkeläugigen, roten Drachen, der einen Phönix jagt, bemalt.

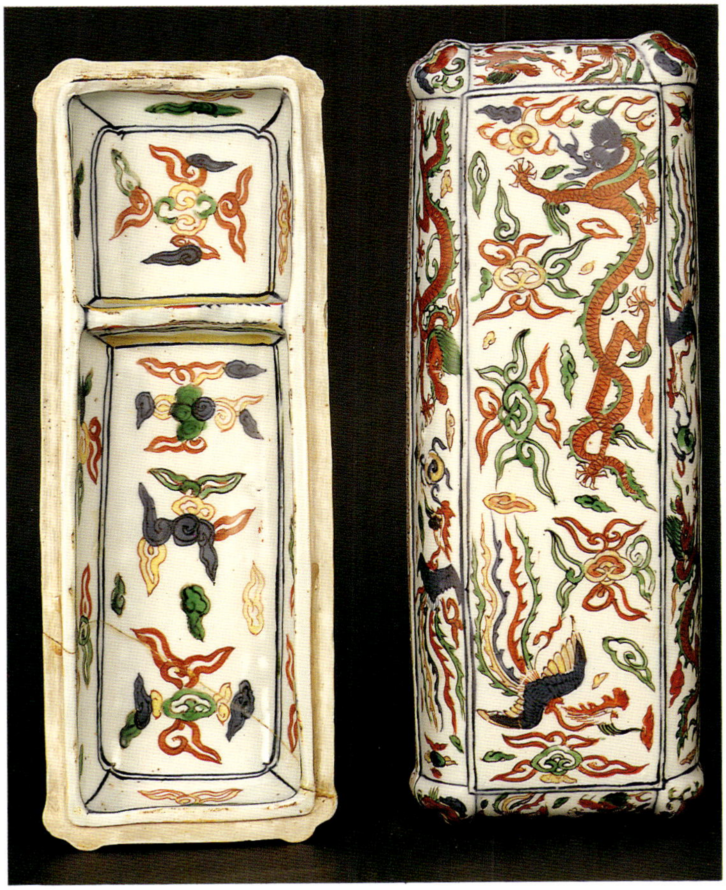

DAS FRÜHE 17. JAHRHUNDERT

Ende des 17.Jahrhunderts zeichnet sich eine Veränderung in der Anordnung des Porzellandekors ab. Mitte des Jahrhunderts waren unzusammenhängende Motive charakteristisch. Das beste Beispiel hierfür ist die »Jorge Alvares-Flasche«, datiert 1552, im Victoria-und-Albert-Museum. Um 1570 war das Design nicht nur isoliert, sondern durch Linien, die einzelne Felder bildeten, voneinander getrennt. Dieses Mittel erlaubte ungeübten Künstlern oder Kindern, die von dem Fronsystem gezwungen wurden, in den Töpfereien bei Jingdezhen zu arbeiten, sich auf ein kleines Element des Designs zu konzentrieren, so daß Können nicht unbedingt erforderlich war.

Die Randfelder der Klapmuts-Teller dieser Periode sind typisch. Alle sind auf dieselbe flüchtige Art mit Blumen, buddhistischen Sinnbildern oder Wertsymbolen bemalt. Diese Waren wurden zu Hunderten und Tausenden von den Portugiesen und später von den Holländern verschifft. Die Holländer nannten sie Kraak-porselein, da sie ursprünglich auf portugiesischen Schiffen, die auf holländisch Karracken oder Kraak hießen, nach Europa gebracht wurden. Zwei dieser portugiesischen Karracken, die »Santa Caterina« und die »San Yago« wurden 1602 und 1604 von den Holländern gekapert. Ihre Fracht wurde in Amsterdam und Middelburg versteigert. Der Verkauf der mehr als hundertfünfzigtausend Objekte war eine Sensation unter den Adeligen, Reichen und Mondänen. Unter den Käufern befanden sich Henri IV. von Frankreich und James I. von England, der dadurch die Sammlung von Elizabeth I. vergrößerte.

Diese relativ bescheidenen Waren verursachten eine solche Aufregung, daß die 1602 gegründete holländische Ostindienkompanie beschloß, neben Pfeffer, Muskatnuß und anderen Exotica auch Porzellan zu veschiffen. Obwohl es verglichen mit anderem chinesischen Porzellan drittrangig war, war es bei den Holländern doch sehr begehrt. Jeder berühmte, holländische Stillebenmaler des 17. Jahrhunderts – Breughel,

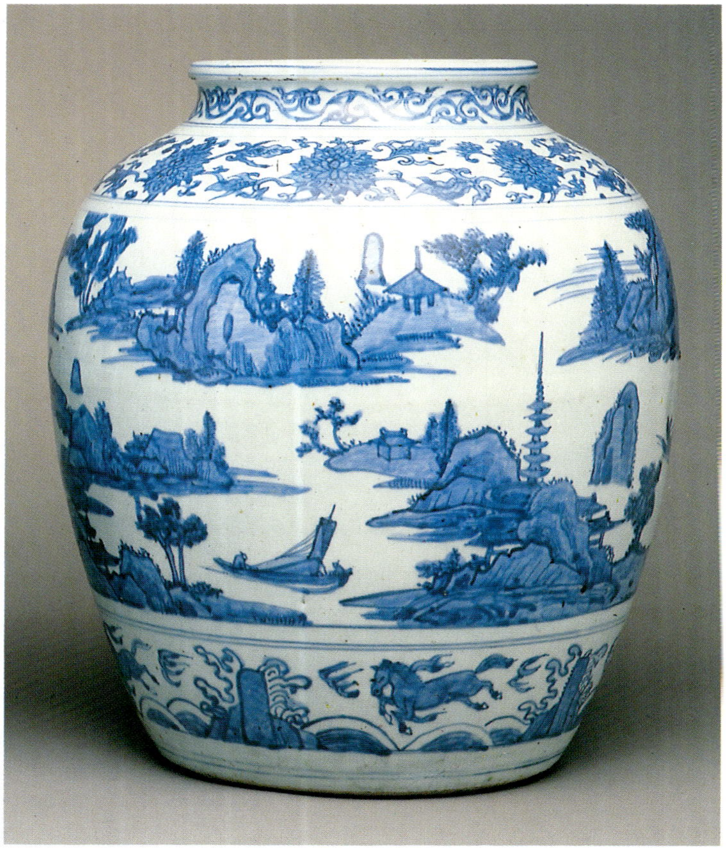

MING-TOPF, ca. 1570 (39,3 cm)
Das zentrale Motiv mit Pavillons und felsigen Inselchen wirkt unzusammenhängend und aufgesetzt; dies ist typisch für die Mitte des 16. Jahrhunderts Die schmäleren Bänder – Laub-Mäander am kurzen Hals, rankender Lotos und Pferde auf dem Schulterfries und Felsen- und Wellenmuster an der Basis – sind übliche Dekore dieser Periode.

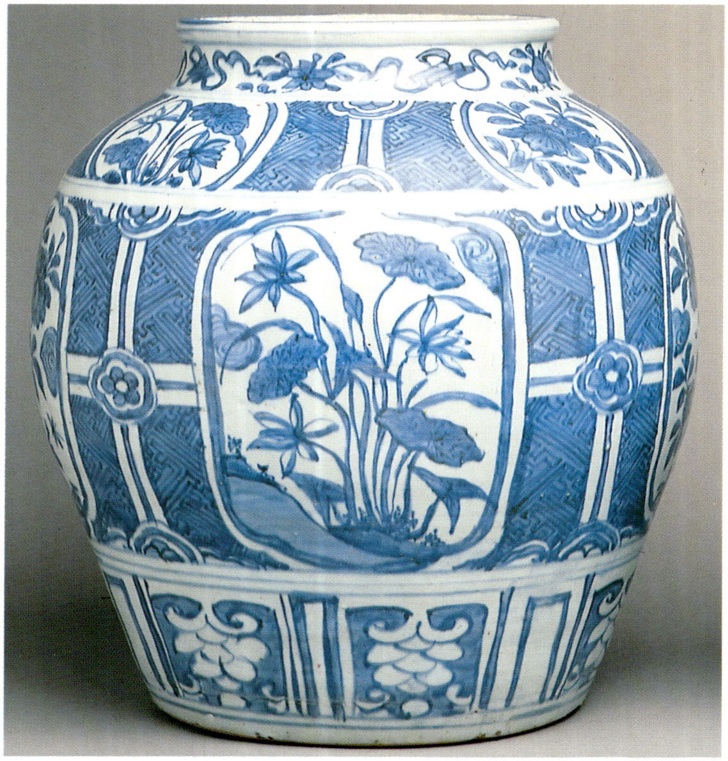

MING-TOPF, WANLI-PERIODE, 1573-1619 (36,3 cm)
Im Gegensatz zum geschwungeneren Profil früheren Porzellans ist die schwere, gedrungene Form für die späten Ming-Töpfe typisch. Die reglementierte Natur des Dekors – florale Reserven auf Gittergrund, der von vertikalen und horizontalen Linien unterbrochen wird – ist Hinweis auf die Betonung der Massenproduktion.

de Heem, Claesz, Heda, Van Rostraeten, Beert und Luttichuys – stellten späte Ming-Waren in zumindest einem ihrer Werke dar. Kraak-porselein-Teller und -Schalen voller Austern oder Früchte stehen neben Façon-de-Venise-Weingläsern, versilberten Pokalen und anderen Statussymbolen.

Kurz nachdem die Holländer 1624 eine ständige Handelsstation in Formosa (Taiwan) errichteten, erschien eine neue Form von Porzellan auf dem Markt. Ob diese auf einer unabhängigen, chinesischen Entwicklung beruhte oder auf Drängen der Holländer hergestellt wurde, ist schwer zu sagen. Im Gegensatz zu dem massenhaft produzierten Kraak-porselein mit seinen vorhersagbaren Motiven ist dieses neue Porzellan reizvoll und vollendet. Es erhielt den Namen Porzellan der »Übergangsperiode«, da seine Entstehungszeit das Ende der Ming-Dynastie und den Anfang der Mandschu- oder Qing-Dynastie überbrückte. Das »Übergangsporzellan« war kein Ersatz für das Kraak-porselein, sondern ergänzte es. Beide Arten wurden in Jingdezhen produziert und über Nanjing exportiert.

Das Hauptmerkmal des Übergangsporzellans ist sein Dekor. Hier werden sich wiederholende Motive vermieden und stattdessen naturalistische Blumen- und Tierthemen und vor allem figürliche Darstellungen bevorzugt. Es gibt figürliche Motive auf blau-weißen Yuan-Waren, die eventuell eine Episode aus der »Romanze des westlichen Zimmers« darstellen sollten. Solche Stücke waren jedoch sehr selten. Während der Herrschaft von Jiajing, Longqing und Wanli waren figürliche Darstellungen nicht selten, aber sie waren nicht aus Erzählungen, Dramen, Romanzen oder Romanen entnommen und abstrahiert worden. Die Figuren auf dem »Übergangsporzellan« sind etwas menschlicher als die steifen Darstellungen im 16. Jahrhundert. Ihre Ausstrahlung ist natürlich, sie sind harmonisch mit Freunden zusammen, studieren Bildrollen oder entspannen sich einfach in einem abgelegenen, wolkenumhüllten Berggarten. Bei jedem Motiv ist die offene Ungezwungenheit und Intimität dominierend und ermutigt uns, daran teilzuhaben.

Auch wenn die dargestellten Szenen variieren, ist der Hintergrund immer erstaunlich uniform. Er setzt sich aus Bananenstauden und Gras zusammen, die beide mit knappen Pinselstrichen gemalt werden. Der Hals und manchmal auch die Basis einiger Gefäße sind mit schmalen, kaum erkennbaren Musterbändern verziert, also einer Wiederaufnahme des frühen Anhua-Dekors oder des Geheimmusters der Ming-Periode. Diese Schmuckart findet sich am häufigsten auf Pinselbehältern, hohen, zylindrischen Vasen mit verengten Hälsen und anderen hohen Gefäßen, wovon die meisten eine flache, unglasierte Basis oder einen Fußrand, meist bei Tellern, aufweisen.

Gleichzeitig mit dem »Übergangsporzellan« tauchen neue Formen, meist aus Nordeuropa beeinflußt, auf. Es sind Gebrauchsgegenstände, wie Senftöpfe, Salzstreuer, Kerzenhalter, Humpen, Enghalskrüge und dekorative Gefäße, knollenförmige Krüge mit flachem Deckel, hohe beutelförmige Flaschen und hohe Vasen.

BLAU-WEISSE SCHALE, TIANQI-PERIODE, 1621-1627 (21 cm)
Diese Dekorform wurde von den Japanern Kosometsuke (»altes Blau-weiß«) genannt. Das Motiv ist ein Bambusfloß, das auf einem Fluß auseinderbricht.

SCHALE AUS KRAAK-PORSELEIN, ca.1600 (UNTEN)

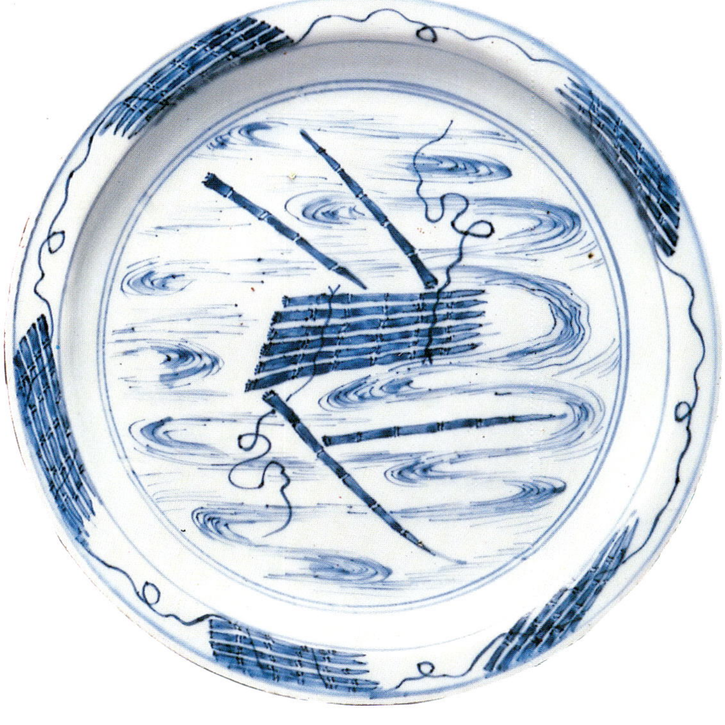

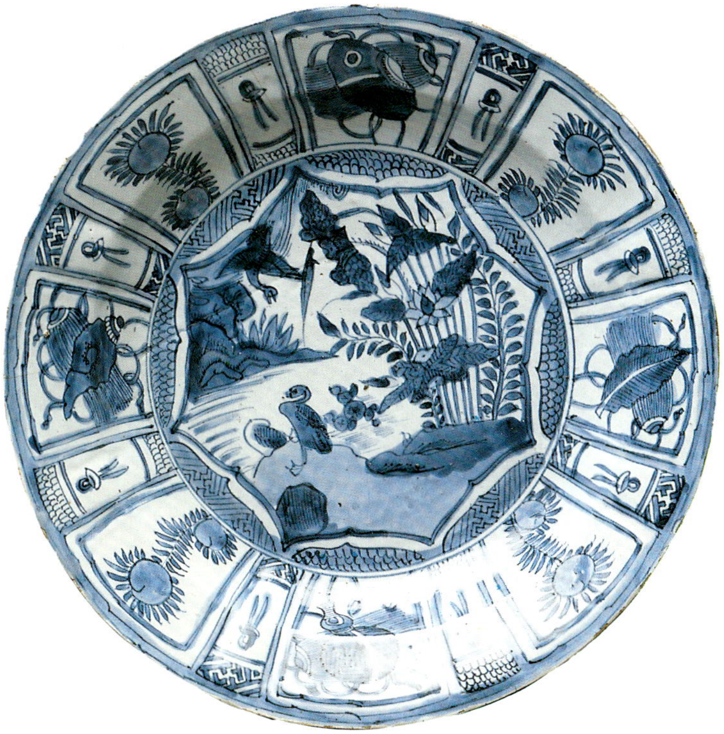

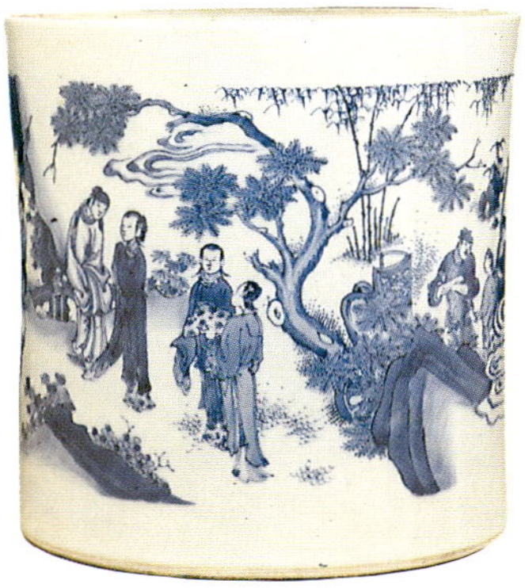

BLAU-WEISSER PINSELTOPF DER ÜBERGANGS-PERIODE, ca. 1635 (20 cm)

FRÜHE CHINESISCHE EXPORTWAREN

Lange vor Erschließung der Seerouten zur westlichen Welt gelangte chinesische Keramik schon nach Südostasien, Indien, Persien und sogar nach Ägypten. In all diesen Ländern existieren Dokumente, in denen Keramik der Tang-Dynastie (618-906) und Porzellanwaren erwähnt werden. In Samarra, wo der abbasidische Kalif einen Palast baute, den er 883 räumte, wurden bei Ausgrabungen zu Beginn unseres Jahrhunderts große Mengen an nordchinesischen Porzellanwaren gefunden sowie irdene Kopien, die aus Samarra stammen.

Der Transport über Land von solch zerbrechlichen Gegenständen war ein Hindernis für einen ausgedehnten Handel. Daher erreichten auch vor dem 16. Jahrhundert nur wenige Stücke den Mittelmeerraum. Die wenigen Einzelstücke waren wohl Geschenke der einzelnen Herrscher untereinander. In Europa wird von einigen solchen Porzellangeschenken im 15. Jahrhundert berichtet.

Italien war wohl das begünstigste Land. Das Porzellan war entweder als Geschenk oder als Anreiz, um Handelsbeziehungen aufzunehmen, gedacht. Das früheste Objekt, von dem berichtet wird, ist die »Gaignières-Fonthill-Flasche« aus Quingbai-Porzellan, die 1381 Ludwig I., der Große, von Ungarn Karl III. von Durazzo (d.i. der spätere König Karl III. von Neapel und Ungarn) schenkte. Pasquale Malipiero, der Doge von Venedig, erhielt 1461 ein Porzellangeschenk, ebenso wie 1487 Lorenzo de-'Medici, der etwa zwanzig Objekte erhielt, darunter Vasen von Adulfel Hamet, dem Sultan von Ägypten.

Da Kaufleute aus Venedig und Genua den Markt für östliche Exotika beherrschten, ist es nicht verwunderlich, daß die ver-

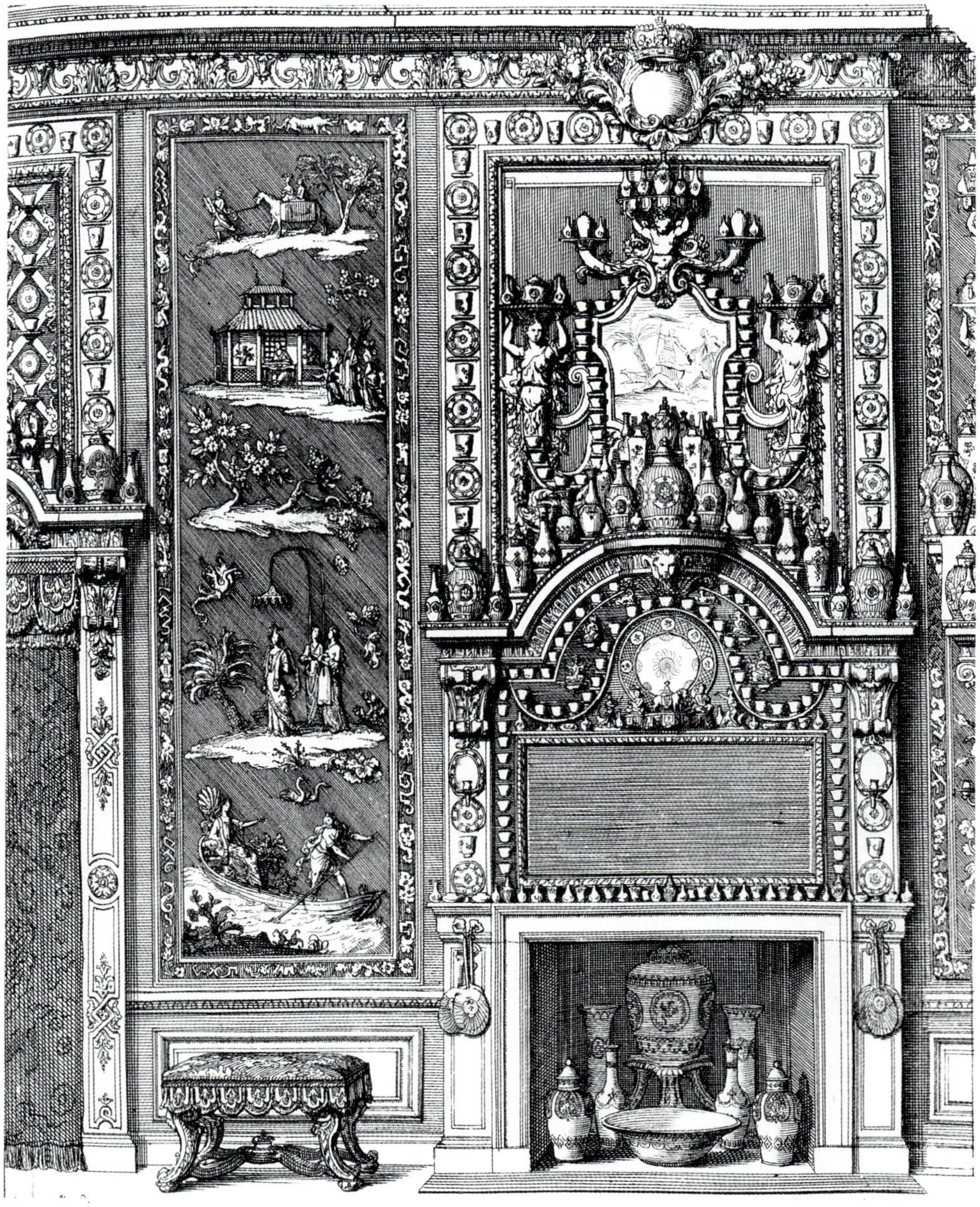

ILLUSTRATION VON DANIEL MAROT, ca. 1690

Marot schuf einige Designs, die asiatisches Porzellan als Teil des Interieurs zeigen. Der Kamin der Illustration ist mit Porzellan so dicht umgeben, daß es sich kaum vom plastischen Kamindekor abhebt – ein gutes Beispiel, wie extrem die »China-Manie« im späten Barock sein konnte. (OBEN) einzelten, chinesischen Porzellanobjekte zusammen mit Seiden und Gewürzen verschifft wurden. Die drei ersten in England dokumentierten Stücke sind diejenigen, die in Southhampton für den neu gekrönten König Henry VIII. ankamen. Etwa ein Jahrzehnt später konnte man Porzellan leichter über portugiesische Agenten beziehen, allerdings zu einem sehr hohen Preis.

1497 umrundete Vasco da Gama das Kap der Guten Hoffnung und erreichte mit Hilfe eines indischen Lotsen Bombay. 1514 erreichten portugiesische Schiffe chinesische Gewässer und eröffneten den Seeweg für den direkten Handel zwischen China und dem Westen.

anderen Exotika in die nordeuropäischen Häfen Europas – Antwerpen, Hamburg und London – verschifft wurde.

Was auch immer Holland und England erreichte, beeinflußte dort die modischen Strömungen. Allerdings wurde die Töpferkunst in diesen Ländern nicht davon beeinflußt, und man findet auf der Keramik dieser Zeit keinen asiatischen Einfluß. Man kann also davon ausgehen, daß es keine Einzelhandelsabnehmer gab, die Kopisten ermutigt hätten. Diese Situation sollte sich wandeln – spanische und portugiesische Schiffe wurden zu lukrativen Zielen für englische und holländische Freibeuter.

Mehrere iberische Schiffe wurden gekaländer Schiffe ihrer Ostindienkompanie ausschickten, um Porzellan einzukaufen. (Die holländische Ostindienkompanie wurde 1602 gegründet, zwei Jahre nachdem die englische Konkurrenz ihre eigene Kompanie gegründet hatten.) Fast während des ganzen 17. Jahrhunderts kämpften die Holländer mit den Portugiesen und Engländern um den Löwenanteil am Chinahandel.

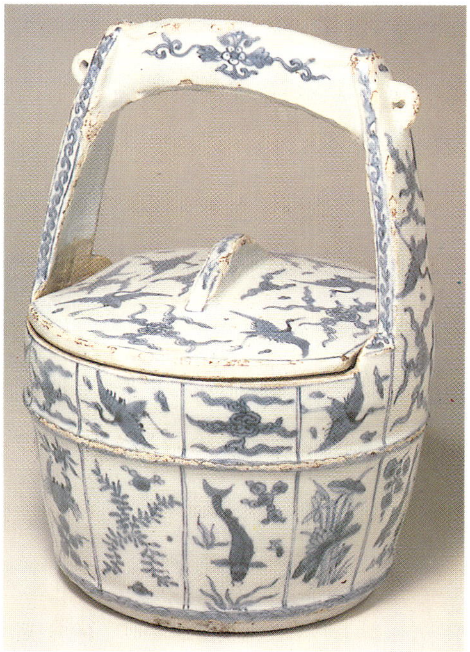

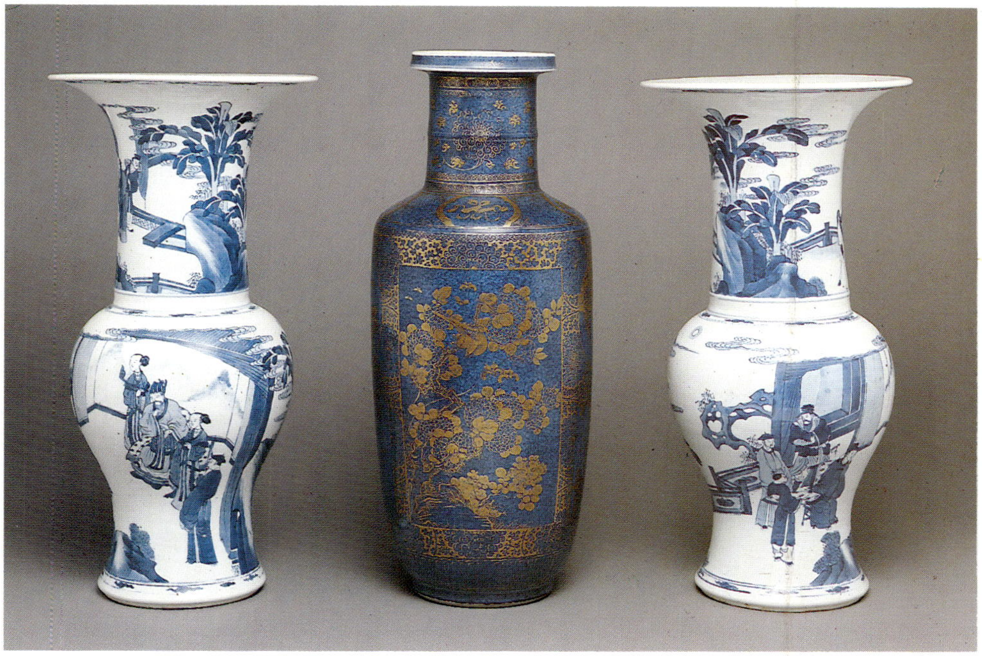

Ungefähr 1520 forderte der König von Portugal, daß mindestens ein Drittel der Fracht an Bord von Schiffen, die nach Portugal zurückkehrten, aus Porzellan bestehen müsse. Einige dieser portugiesischen Handelsschiffe, der Karracken, faßten tausend bis tausendfünfhundert Tonnen.

Diese Expansion führte dazu, daß es am Ende des Jahrhunderts ca. zehn Geschäfte in Lissabon gab, die ausschließlich mit Porzellan handelten. Man kann davon ausgehen, daß zumindest ein Teil des nach Portugal gebrachten Porzellans zusammen mit

pert, zu deren sagenumwobener Fracht auch Porzellan gehörte. Die bedeutendsten Schiffe, die gekapert wurden, waren die portugiesischen Karracken »San Yago« und »Santa Caterina« 1602 und 1604. Dieses Porzellan wurde bei Auktionen in Middelburg und Amsterdam verkauft. (Über hundertfünfzigtausend Objekte, eine Menge, die ungefähr gleichzusetzen ist mit der geretteten Fracht der holländischen »Geldermalsen«, wurden 1986 versteigert.) Die Aufregung, die der Verkauf des Porzellans verursachte, führte bald dazu, daß die Hol-

BLAU-WEISSES DECKELGEFÄSS, ZWEITES VIERTEL DES 17. JAHRHUNDERTS (26 cm)
Dieses herrliche Gefäß ist beispielhaft für den ungezwungen Charakter der Ko-sometsuke-Waren. (OBEN).

DREI VASEN, KANGXI-PERIODE, 1622-1722 (mittlere Vase: 45 cm)
Das äußere Paar sind Yen-Yen-Vasen, bemalt mit figürlichen Motiven nach Drucken; die mittlere Rouleau-Vase weist Vergoldung auf Bleu-soufflé-Fond auf. (OBEN)

KOREANISCHES PORZELLAN

1938 wurden 84 Fragmente weißen Porzellans zusammen mit typischen Koryu-Seladonen auf dem Gelände eines Brennofens in Koryu an der Westküste Koreas entdeckt. Einige waren schmucklos, andere graviert und bei den übrigen bestand das Dekor – Weiden, Kraniche oder Päonien im koreanischen Stil – aus Inatarsien. Unter den Scherben waren Teile von Schalen, Vasen, Tellern und Tassen, die entweder eine blaßgrüne oder blaue Qingbai-Glasur oder eine gelbliche, elfenbeinfarbene Glasur, die an nordchinesische Ding-Yao-Porzellanwaren erinnert, besaßen. Man nimmt an, daß dieses frühe Porzellan aus dem 12. Jahrhundert stammt. Viele frühe Waren sind sehr schön und können gut mit den chinesischen Waren konkurrieren. In westlichen Sammlungen gibt es recht wenige Exemplare; die meisten findet man in Japan, China und natürlich in Korea.

SELADON

Seladonwaren wurden in den meisten an China angrenzenden südostasiatischen Ländern hergestellt, so in Korea, Annam (im heutigen Vietnam) und Thailand. In Korea wurde die grünglasierte Keramik zuerst hergestellt, und zwar schon im 10. Jahrhundert. Anfangs wurde das Seladon der Koryo-Dynastie (918-1392) sehr von den Yue-Waren der nördlichen Zhejiang-Provinz in China beeinflußt, aber später entwickelte sich ein eigener Stil. Obwohl es Seladone gibt, die den chinesischen Gegenstücken aus den Öfen von Longquan, auch in Zhejiang, sehr ähnlich sind, handelt es sich hierbei immer um Ausnahmen. Bei genauer Betrachtung entdeckt man die Feinheit koreanischer Seladone. Die Glasur ist z.B. ein gräuliches Grün, eine Spur bläulicher als die besten Kinuta-Stücke. Auch die Formen sind dynamischer. Das Profil, besonders der hohlen Stücke, ist stärker geschwungen, und die Gefäße wirken unverhältnismäßig hoch und scheinen jeden Augenblick umzukippen, im Gegensatz zu den stabileren, chinesischen Seladonen. Zusammenfassend kann man sagen, daß koreanische Seladone nicht so konventionell und daher sehr ansprechend sind.

Der graue Scherben der koreanischen Seladone wird mit einer bläulich-grünen Glasur überzogen, obwohl sie bei falschem Brennen von einem gelblichen Grün bis zu einem blaßen Meeresgrün variieren kann. Die besten Stücke haben eine »glasige« und durchsichtige Glasur, die in der Regel gesprungen ist, im Gegensatz zur dicken, opaken Glasur aus Longquan, die in der Regel nicht zerspringt.

Fast alle Waren der Koryo-Periode des 12. Jahrhunderts basieren auf Blumen- oder Gemüseformen wie z.B. die melonenförmige Wasserflasche, die Schale, die außen mit überlappenden Lotosblättern graviert ist oder die knospenförmige Tasse. Bei Schalen und Tellern wird der florale Effekt einer halbgeöffneten Blume durch leicht eingekerbte Ränder erhöht.

Das Dekor koreanischer Seladone ist modelliert, graviert, eingeritzt oder eingelegt. Intarsien gibt es nur bei koreanischen Seladonen. Bei dieser Technik ritzt der Töpfer, seinem Dekor folgend, Kanäle in den »lederharten« Ton. Die Kanäle oder Rillen werden dann mit Tonstreifen in Kontrastfarben ausgefüllt und glattgestrichen.

Als Motive werden bei den Koryo-Seladonen meist Themen aus dem Bereich der Natur eingesetzt, wie z.B. Blumen, besonders Chrysanthemen, Lotos, Päonien oder Bambus. Vögel, Tiere oder Menschen sind sehr viel seltener.

Koreanische Seladone wurden auf drei Spornen gebrannt, wobei recht unordentlich wirkende Rückstände zurückblieben, die je nach Größe des Objektes einen Durchmesser von 9,5-19 Millimeter aufweisen können. Die Basis von Tellern, Schalen, Wassertöpfen und ähnlichem ist konvex und glasiert, bis auf die Spornabdrücke.

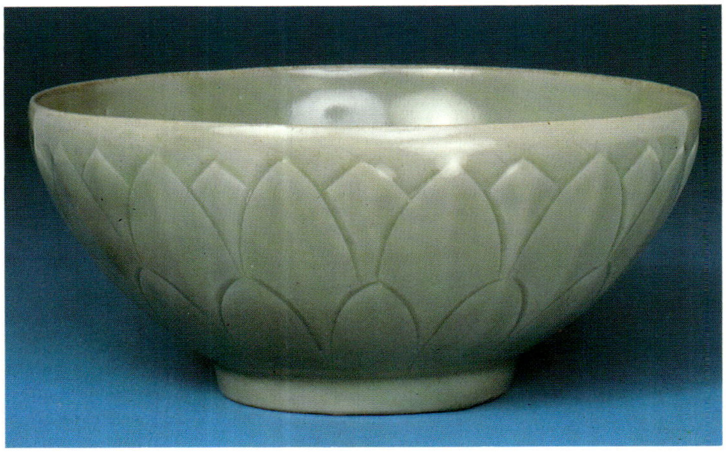

KOREANISCHE SELADON-SCHALE, 12. JAHRHUNDERT (16,5 cm)
Die ausladenden Seiten dieser Schale weisen außen überlappende Lotosblätter auf, die eingeritzt wurden.

FRÜHES PORZELLAN

In ganz Korea findet man genügend Kaolin zur Herstellung des hochwertigen weißen Porzellans. Ein großer Teil der Keramikindustrie war mit seiner Produktion beschäftigt. Bei der Volkszählung 1424/5 wurde ermittelt, daß von 321 erfaßten Töpferwerkstätten 136 mit der Produktion von Porzellan befaßt waren.

1466 erließ König Sejon ein Gesetz, daß die Herstellung weißen Porzellans nur noch für den Königshof zuließ. Es läßt sich nicht sagen, ob im Geheimen noch weißes Porzellan hergestellt wurde, aber sicher ist, daß Porzellan, verziert mit Unterglasureisen und -kupfer noch für die mittleren Gesellschaftsschichten produziert wurde.

Mitte des 15. Jahrhunderts wurden die ersten Versuche zur Herstellung von blauweißem Porzellan unternommen. In den »Sejong Sillok«, den Annalen der Herrschaftsperiode von König Sejong (1419-50), wird es zum ersten Mal erwähnt. Hier wird berichtet, daß der König fünf große und fünf kleine Teller, die blau verziert waren, als Geschenk aus China erhielt. Zwei Jahre später erhielt er noch ein Geschenk, worunter sich blau-weiße Drachenteller befanden. Diese Gaben inspirierten wohl die koreanischen Töpfer, die chinesischen Waren zu kopieren, denn 1456 bestellte König Sejo (1456-68) bei seinen eigenen Töpfern blau-weißes Porzellan.

Diese frühen Waren wurden wahrscheinlich mit Kobalt, das aus China importiert wurde, hergestellt, da das richtige Kobalterz in Korea sehr schwer zu finden war. 1464 wurde zwar Kobalt in Südkorea gefunden, das benutzt wurde, um ein Geschenk an König Sejo zu verzieren, aber dies war nur ein isolierter Fund. 1469 wurden Belohnungen für das Auffinden von Kobalt ausgesetzt, aber es wurde keines entdeckt. Das einzige noch vorhandene blau-weiße Objekt dieser Periode ist eine ausladende, kobaltblau bemalte Schale mit blühenden Pflaumenzweigen und mit den zwei Zeichen Chung Shik, dem Namen eines Mannes, der 1432 die nationalen Prüfungen erfolgreich bestand und später in der Regierung eine wichtige Position einnahm.

Aufgrund der Schwierigkeiten selbst chinesisches Kobalt zu bekommen, war die Produktion von blau-weißem Porzellan streng reglementiert. König Sejo erließ ein Dekret, daß blau-weißes Porzellan nur dem Königshof und der Militärkaste zustand. Dieses Gesetz blieb bis zur Herrschaft Myongjongs (1546-67) bestehen.

Die Produktion von blau-weißem Porzellan und anderer Keramik verringerte sich dramatisch, als das Land unter Hideyoshi in den neunziger Jahren des 15. Jahrhunderts von den Japanern überfallen wurde und die Töpfereien dem Erdboden gleichgemacht und die meisten Töpfer nach Japan verschleppt wurden. Sie wurden auf Kyushu, der östlichsten japanischen Insel, angesiedelt und mußten in und um Arita die ersten Porzellanbrennöfen errichten. Die frühen Waren dieser Region haben noch einen stark koreanischen Einschlag. 1636 brachte die mandschurische Invasion einen weiteren Rückschlag, und erst zu Beginn des 18. Jahrhunderts stabilisierte sich die koreanische Produktion wieder. Aufgrund des expandierenden Marktes wurde 1718 in Punwon, nahe bei Seoul, eine Manufaktur für blau-weißes Porzellan errichtet. Die Beamten waren nun nicht mehr die alleinigen Abnehmer. Die Punwon-Manufaktur verlor 1883 ihre Imprimatur, stellte aber weiterhin blau-weiße Waren im Wettstreit mit provinziellen Töpfereien in ganz Korea her. Das Porzellan dieser Periode ist allerdings meist von zweitrangiger Qualität. 1876 bemerkte ein japanischer Besucher das fehlende Können und die fehlende Finesse und schrieb über das koreanische, blau-weiße Porzellan »dick getöpfert und schlecht gemacht…«. Ironischerweise hatte der Einsatz von japanischen Töpfern und die moderne Massenproduktion zur Folge, daß die große Tradition des Yi-Porzellans vergessen wurde.

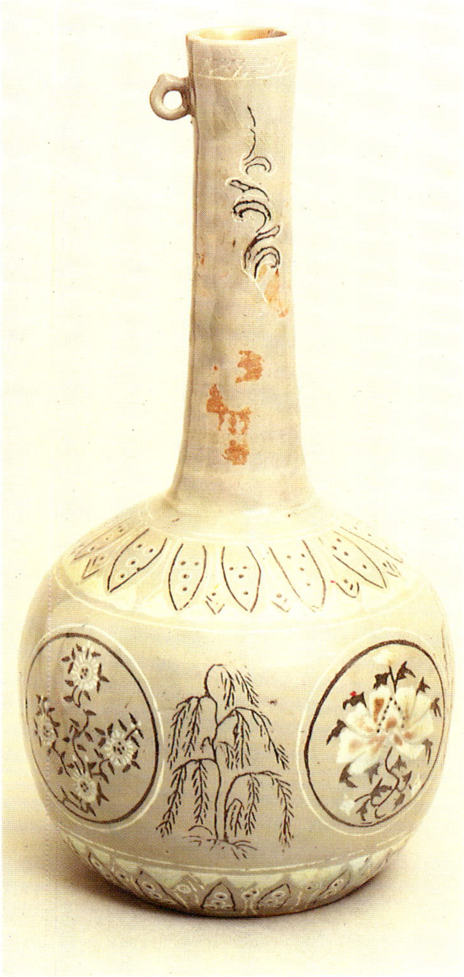

KOREANISCHE SELADON-FLASCHE, 12. JAHRHUNDERT

Auf dem kugelförmigen Körper und dem langen, Röhrenhals dieses Gefäßes sind Weiden und florale Medaillons in Weiß und Schwarz auf Seladonfond gemalt. (LINKS)

KOREANISCHER TOPF, 17. JAHRHUNDERT

Dieses hochschultrige Gefäß ist in Unterglasur-Eisenschwarz mit einem energisch dargestellten Drachen zwischen Wolken bemalt. (UNTEN)

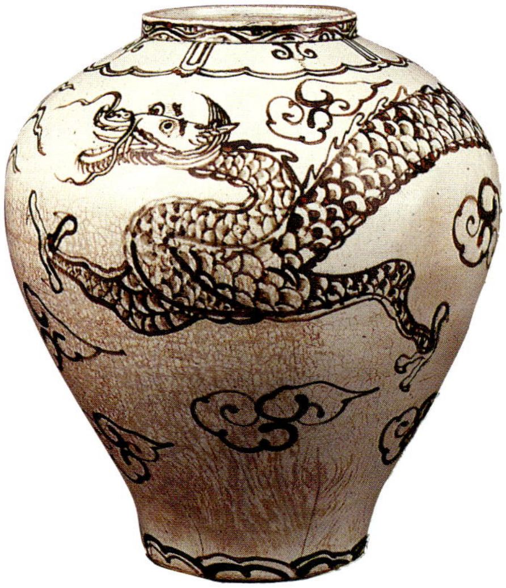

FORM UND DEKOR

Koreanisches Porzellan ist unverwechselbar, ob es sich nun um einfache Vorratskrüge oder um kleine Wassertropfer für den Schreibtisch des Studenten handelt. Fast jedes Stück vermittelt den Eindruck von Ungezwungenheit, entweder in der Form des Gefäßes oder im Dekor. Überall ist der individuelle Künstler erkennbar. Von allen asiatischen Porzellanen enthüllt das koreanische wohl am besten die wahre Kunst des Töpfers. Dies trifft auch für einige Stücke aus Arita zu, wohingegen die meisten chinesischen Waren im Vergleich konservativ und unemotional wirken.

Der Scherben des koreanischen Porzellans ist grobkörnig und gräulich und scheint nicht sehr formbar zu sein, da die Gefäße relativ dick getöpfert sind. Diese Dicke ließ

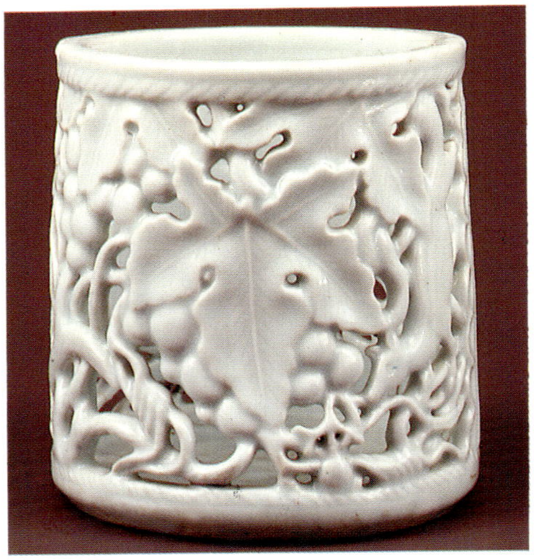

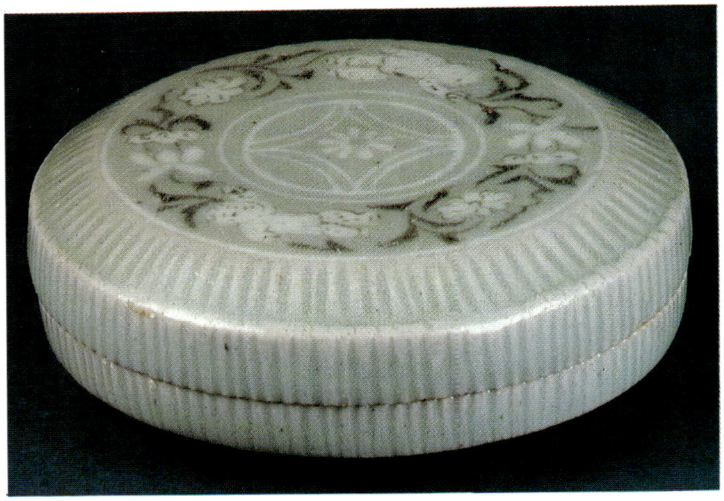

KOREANISCHE SELADON-DOSE MIT INTARSIEN, 12. JAHRHUNDERT (Durchmesser: 8,3 cm)
Auf dem Seladón-Fond ist ein Reif von Blumen in weißem und schwarzem Ton eingelegt, der von einem gefurchten Rand umgeben ist. (LINKS)

PINSELTOPF AUS KOREANISCHEM, WEISSEM PORZELLAN, 18. JAHRHUNDERT (Höhe: 14 cm)
Die Wand dieses zylindrischen Gefäßes besteht aus einer herrlich gemeißelten Weinrebe. (OBEN)

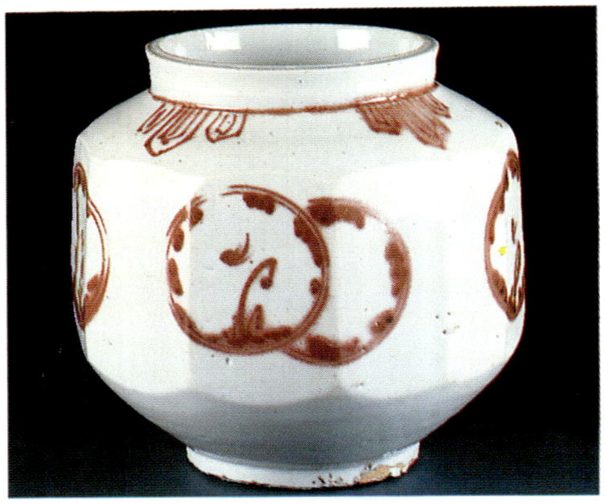

KOREANISCHER FACETTENTOPF, 16. ODER 17. JAHRHUNDERT (Höhe: 19,1 cm)
Dieser kleine Topf ist in Unterglasur-Eisenrot mit Medaillons und klingenförmigen Motiven bemalt. (RECHTS)

viele der großen Gefäße beim Brennen zusammenfallen oder schief werden. Der unglasierte Fußrand wurde mit der Zeit grau und schmuddelig, was eventuell daran lag, daß die Porzellanmasse etwas porös war, so wie bei manchen englischen Weichporzellanen.

Der Fußrand der größeren Gefäße, besonders aus dem 16. und 17. Jahrhundert, ist oft mit Rückständen aus dem Brennofen gesprenkelt. Die Konturen im Inneren der großen Gefäße sind betonter als an den Außenflächen. Unglasierte Flächen werden beim Brennen zu einem naß aussehenden, blassen Rostrot. Die Glasur ist bläulich oder grünlich, irgendwo zwischen dem Grün der Shufu- und dem intensiven Azur der Qingbai-Waren anzusiedeln. Die Oberfläche ist sehr uneben, was auf ungenügende Sorgfalt schließen läßt. Auf vielen großen Vorratsgefäßen läßt sich in der Mitte eine Fläche ausmachen, die seltsame, regelmäßige und fast rechteckige rostfarbene Sprünge aufweist, wohingegen die oberen und unteren Abschnitte relativ klar bleiben.

Das früheste, weiße Porzellan neigt unabhängig von der Farbe der Glasur zu Rissen, die entweder lang und isoliert sind oder ein dichtes Netzwerk bilden. Auch wenn die Objekte dünn und aus einer feinkörnigen Porzellanmasse getöpfert wurden, neigt die Glasur dazu, zu schuppen oder abzubröckeln. Bei diesen Stücken waren Intarsien ein beliebtes, typisch koreanisches Dekor. Da der Ton hierfür eine Kontrastfarbe aufweisen mußte, benutzte man grauen Seladonton. Die späteren Waren blieben schlicht und waren mit Reliefdekor geschmückt oder in Unterglasurblau, -rot, oder -braun bemalt.

Zum Repertoire der Töpfer gehörten hochschultrige Balusterkrüge; knollenförmige Krüge mit eher winkeligen als kugelförmigen Seiten; Vorratsgefäße mit großzügigen, eiförmigen Formen, die von den Japanern, die begeisterte Sammler koreanischer Keramik waren, Chochin tsubo (»gefaltete Papierlaterne«) genannt wurden; Weinflaschen, wovon einige beutelförmig, andere eher birnenförmig waren, aber alle hatten hohe, rohrähnliche Hälse und dicke Ränder; mittelgroße handgemachte Facettenkrüge mit acht bis zwölf Facetten; Pinselbehälter, die oft durchbrochen waren; Wassertropfer, oft in naturalistischer Form, z.B. als Pfirsich auf einem Zweig; Weihrauchgefäße; Pfeifenhalter; quadratische Flaschen; Wasserkrüge, die wie Teekannen aussehen, aber nur zum Begießen von Teeblättern in Tassen dienten; und Modelle des Heiligen Berges, in der Regel ein felsiges Eiland mit Pavillion und Fabelwesen, die an die daoistisch inspirierten Pinselbehälter der späten Ming-Periode in China erinnern.

Die Bemalung des Porzellans mit Unterglasurfarben ist kühn und schnell ausgeführt worden. Das beliebteste Motiv ist der vierklauige Drache, der oft isoliert dargestellt wird, wie er in seinem tönernen Reich patrouilliert. Andere gemalte Tiere sind u.a. der Tiger, die Schildkröte und der Kranich. Unter den Blumen befinden sich Päonien, Lotos, Chrysantheme, Bambus oder Schilf. Zitronengras erscheint oft zusammen mit Symbolen für Langlebigkeit und Fledermäusen, besonders auf den späten Waren der Li-Dynastie.

Ein anderes beliebtes Thema sind überlappende Kreise, die Gräser und Wolken einschließen, und findet sich häufiger auf hochschultrigen Facettenkrügen, entweder in Unterglasurrot oder -blau und selten in -braun.

Figürliche Themen sind vor dem 18. oder 19. Jahrhundert sehr rar, und die Bandmuster sind limitiert. Zu ihnen gehört ein starres Blatt, das an ein römisches Schwert erinnert und sich entweder an der Basis oder am Hals befindet; ein Band aus verbundenen und abwechselnd auf den Kopf gestellten »T's« und ein Kleeblatt, das wahrscheinlich auf dem chinesischen Ruyi-Kopf basiert. Es gab Reliefwaren und durchbrochene Stükke, die die gleichen Motive aufwiesen. Besonders schöne, durchbrochene Objekte sind die zylindrischen Pinselbehälter, die ganz und gar mit meditativen Motiven, wie Päonien, Bambus oder dem Phönix, dem Vogel des glücklichen Omens, oder buddhistischen Sinnbildern graviert sind.

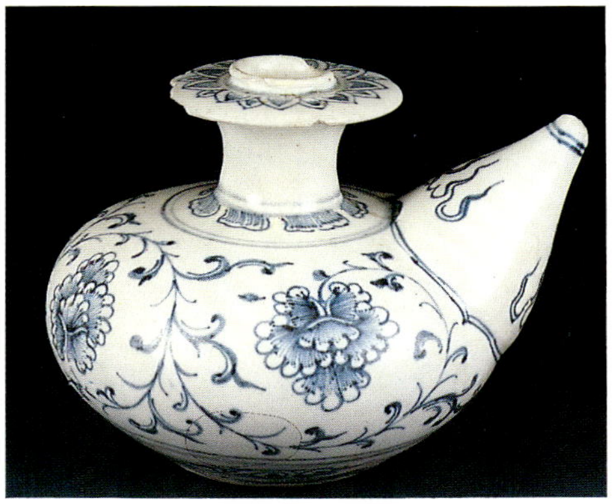

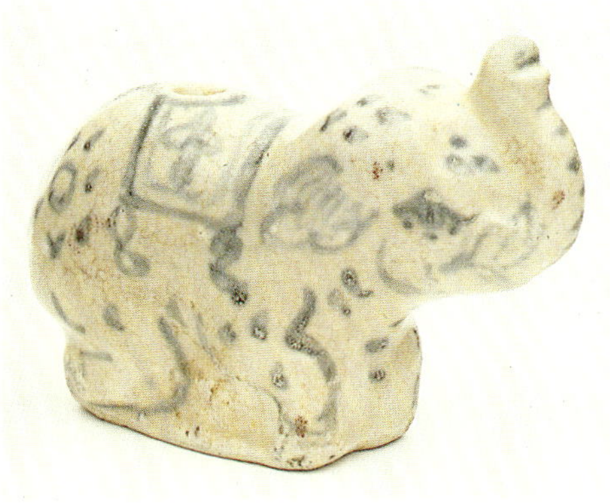

ANNAMESISCHER WASSERTROPFER, WAHRSCHEINLICH 15. JAHRHUNDERT (Länge: 8 cm)
Modelliert in der Form eines knienden Elefanten und in Unterglausrblau bemalt. (OBEN)

ANNAMESISCHER KENDI, WAHRSCHEINLICH 15. JAHRHUNDERT (Höhe: 10,8 cm)
Die komprimierten, kugelförmigen Seiten dieses Kendis sind mit Päonienblüten in importiertem Kobaltblau bemalt. (OBEN LINKS)

ANNAMESISCHES PORZELLAN

Der Begriff Annam bezog sich damals auf die nördliche Region des heutigen Vietnams, deren Mittelpunkt die Stadt Hanoi ist und einen Radius von ca. hundert Kilometer besitzt. Die Chinesen, die dieses Gebiet des öfteren besetzten, nannten es Annam, besänftigter Süden, eine Bezeichnung, die die Vietnamesen allerdings nicht benutzt hätten. Vom Anfang des 19. Jahrhunderts bis zur Mitte des 20. Jahrhunderts unterstand es französischer Kontrolle und verlagerte sich nach Süden, mit Hue als Hauptstadt. Diese Region besitzt große Vorkommen an Kaolin und Feldspat. Jedoch war es trotz der richtigen Zusammensetzung der Porzellanmasse nicht möglich, in den Brennöfen eine ausreichende Brenntemperatur zu erreichen. Man erhielt daher nur halbverglastes Steinzeug.

Fast alle annamesischen Waren sind ordentlich getöpfert und besitzen quadratische Fußränder. Ein Ölkrug mit einem Durchmesser von sieben Zentimeter steht beispielsweise auf einem ca 1,5 bis 1,3 Millimeter hohen und ca. vier Millimeter breiten Fuß. Ein chinesisches Gefäß hätte einen zweimal so hohen und etwas schmäleren Fuß. Die Waren sind glatt und fein und in der Regel grau oder leicht gelbbraun, aber sie sind nicht durchscheinend oder »klingend« wie chinesisches Porzellan.

Damit die Waren wie das chinesische Porzellan weiß aussahen, war eine dünne weiße Schicht über dem gräulichen Ton notwendig. Das Verschmelzen der Glasur mit dem Untergrund war nicht immer zufriedenstellend, so daß die Glasur dazu neigte, abzublättern. Der Rand von großen Tellern und Schalen war immer unglasiert. Ein Grund hierfür ist nicht ersichtlich. Obwohl den meisten annamesischen Waren der chinesische Einfluß anzusehen ist, gibt es doch einige Ausnahmen, besonders im Hinblick auf die Form.

TYPEN ANNAMESISCHEN PORZELLANS

Annamesisches Porzellan kann in folgende Gruppen unterteilt werden: einfarbige Stücke in Weiß, Grün oder Braun; Waren

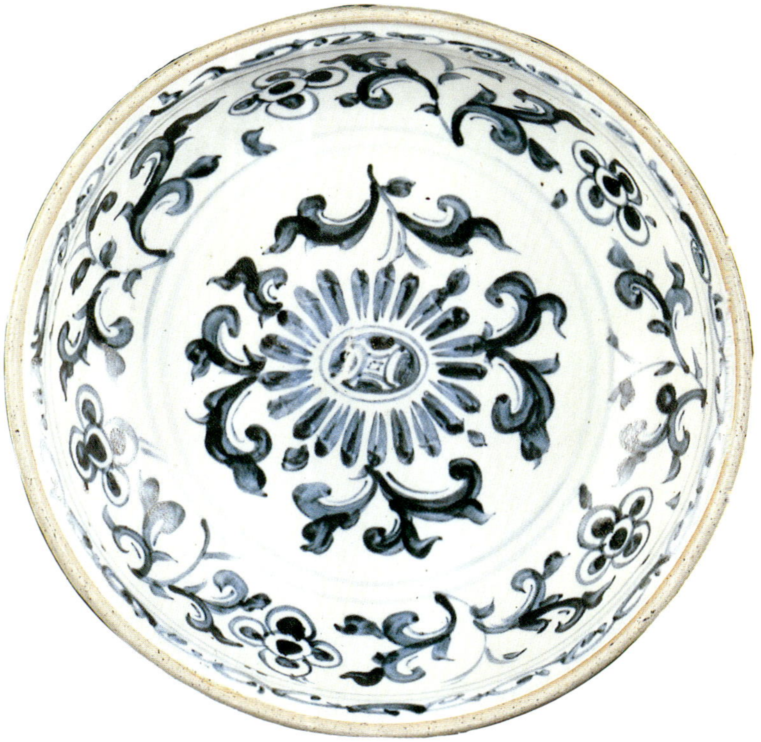

ANNAMESISCHE BLAU-WEISSE SCHALE, 15. JAHRHUNDERT (26 cm) *Diese Schale ist mit traditionellen Chrysanthemen und Blattmustern in vor Ort abgebautem Kobalt bemalt. (RECHTS)*

mit Unterglasurschwarz (meist mehr Braun als Schwarz) und -blau; sowie emaillierte Waren, die meist grün und rot bemalt sind und auch oft noch Unterglasurblau aufweisen.

Die frühesten und seltensten Stücke sind die einfarbigen; diese ähneln den chinesischen Waren der südlichen Song- und Yuan-Dynastie sowohl in der Form als auch im Dekor und haben ihren Ursprung im Qingbai- und Shufu-Porzellan oder sogar in Zhejiang-Seladonen.

Unter den Gefäßen dieser kleinen Gruppe befinden sich gravierte oder undekorierte Becher mit leicht gewölbten Seiten, die zur flachen fußlosen Basis hin abgeschrägt sind; kleine, tiefe Schalen oder Weinbecher mit nach außen gewölbten Rändern, die an der Außenseite mit Chrysanthemenblättern verziert sind; flache Kosmetikschatullen und hohe, birnenförmige Flaschen der chinesischen Yuhuchun-Form. Die etwas primitiven Brenntechniken dieser frühen Gruppe sind offensichtlich und zeigen sich in den Spornabdrücken und dem unglasierten Ring im Inneren, der aufgrund des Aufstapelns beim Brennen entstand. Diese »Fehler« finden sich nur auf Bechern, Schalen oder Untertassen und deuten wohl auf eine Herstellung vor dem 15. Jahrhundert hin, da sie auf den späteren und ausgereifteren blau-weißen Waren nicht mehr vorkommen.

Bei der Gruppe mit unterglasurschwarzem Dekor handelt es sich meist um Schalen und Untertassen mit glatten oder seltener mit blütenblattförmigen Rändern, um Becher, Ölkrüge, Deckeldosen, zoomorphe Wasserkrüge und birnenförmige Flaschen. Fast alle sind kühn mit Blumen und Laub bemalt und erinnern stark an die chinesischen, unterglasurblauen und -roten Waren. Die größeren, hohlen Stücke wie die hochschultrigen Krüge (Guan) oder birnenförmigen Flaschen sind wohl die besten Beispiele dieser Gruppe.

Das Dekor auf einem typischen Yuhuchun-Objekt wird in horizontalen Bändern angelegt, wobei folgendermaßen von der Basis aus gearbeitet wird. Zuerst ein Basisfries aus Lotosfeldern, deren Umrisse einen spitzen Bogen darstellen und eine schleifenähnliche Ranke einschließen, dann ein Band aus gewundenen Lotosblumen, Päonien oder Chrysanthemen, das den umfangreichsten Bereich des Gefäßes beansprucht, danach ein weiterer Fries aus Lotosfeldern mit buddhistischen Sinnbildern, das auf der abfallenden Schulter sitzt und bis zum engsten Teil des Trompetenhalses reicht, und schließlich umgeben aufrechte Bananenblätter die weite Gefäßöffnung. Dieses Arrangement, bei dem alle Dekorbänder gleich breit sind und das Gefäß in vier dekorative Zonen unterteilen, ist der Bemalung des ersten, chinesischen Unterglasurporzellans sehr ähnlich. Man sieht, daß viele Elemente zur Vervollständigung des Dekors beitrugen und kein Motiv dominiernd war, so wie dies im 15. Jahrhundert der Fall war. Der Einsatz von Unterglasurblau zu Beginn des 15. Jahrhunderts verdrängte anscheinend das Unterglasureisen als Dekormittel.

Unterglasurblaue Waren sind die wichtigste und größte annamesische Gruppe. Zwei Arten von Kobalt wurden verwendet. Das erste war ein einheimisches Kobalt mit hohem Mangananteil, das beim Brennen einen Graustich annahm. Es wurde in relativ dicken Strichen aufgetragen, die einen recht groben und mechanischen Eindruck hinterließen. Das zweite war Kobalterz, wahrscheinlich aus dem Nahen Osten importiert, mit niedrigem Mangananteil, das ein klares Blau ergab, das von Himmelblau bis zu einem leicht purpurnen Ton reichte. Lezteres wurde nur auf erlesenen Stücken mit feineren Pinselstrichen aufgetragen und wirkte dadurch viel zarter.

Die häufigsten Formen dieser Gruppe waren kugelförmige Ölkrüge mit einem ungefähren Durchmesser von siebeneinhalb bis zehn Zentimeter. Es wurden auch Deckeldosen mit konvexen Seiten und flachen Deckeln hergestellt, die dieselbe Größe wie die Krüge aufwiesen. Dann gab es noch Schnabelgefäße, oft in Tierform, z.B. in Gestalt von Elefanten, Hunden, Schildkröten und Enten (meist paarweise), Kendi (rituelle Wasserflaschen), Flaschen, die entweder kugelförmig mit Röhrenhals oder eiförmig mit engem Hals und nach außen gewölbtem Rand waren, Weinbecher, Schalen und Unterteller.

Die Basis der Unterteller und anderer größerer Gegenstände war manchmal mit einem eisenbraunem Anstrich versehen. Es gibt viele Spekulationen für die Ursache dieses Anstrichs. Eine Theorie besagt, daß solche Gefäße nur rituellen Zwecken dienten. Eine andere, mögliche Erklärung wäre die Absicht, diese annamesischen Waren als begehrte, chinesische Exportwaren auszugeben, deren Basis beim Brennen eine charakteristische rostrote oder eisenrote Farbe annahmen. Es dürfte jedoch keine Verwechslungen geben, da die annamesischen Waren eher die Farbe von Bitterschokolade aufwiesen und die chinesischen mehr rotbraun waren. Das Dekor des blau-weißen Porzellans ist floral, gelegentlich mit einem Vogel- oder Tiermotiv auf den bedeutenderen Objekten. Die menschliche Gestalt wird so gut wie nie abgebildet. Die meisten Themen lehnen sich an früheres Porzellan der Yuan- (1280-1368) oder der frühen Ming- (1368-1644)-Dynastie an.

Auch die unwichtigeren Randdekore sind herrliche Abwandlungen chinesischer Motive. Als Bandmuster findet man Gitter, klassische Ranken, Flechtwerk, Münzen und Wellen. Das annamesische Wellenmuster ist im Gegensatz zur chinesischen Version aufgebrochen in isolierte, bogenförmige Gruppen und nicht mehr fortlaufend. Es erscheint auch auf großen Tellern, wo es das Hauptthema im Tellerspiegel umschließt, wohingegen es bei chinesischen Tellern benutzt wird, um den äußersten Rand zu betonen. Das Wellen- und Gitterdekor wurde oft als Füllmotiv für die rechteckigen Felder auf Gefäßen eingesetzt.

DATIERUNG

Da annamesische Töpfer über lange Zeit hinweg nur ein limitiertes Dekorrepertoire hatten, ist die Datierung sehr schwierig. Das Fehlen von Herrschermarken und stichhaltigem, archäologischen Material macht eine genaue Datierung unmöglich. Die »ausgeliehenen« chinesischen Dekore geben uns einen terminus a quo, müssen aber mit größter Vorsicht betrachtet werden. Als Warnung gelte die annamesische Flasche in Istanbuls Topkapi Serail. Die Inschrift darauf besagt, daß sie von einem Künstler namens Bui von Nam Sach Chau im achten Jahr des Königs Dai Hoa (1443-1454) bemalt wurde. Doch das Hauptmotiv der Päonien zwischen verschlungenen Stielen und spitzen Blättern ist im Stil der späten, blau-weißen Yuan-Waren aus dem mittleren oder dritten Viertel des 14. Jahrhunderts gemalt. Der Basisfries besteht aus Feldern mit Blütenblättern, die Wolken einschließen und ebenfalls dieser Zeit entstammen. Diese beiden Elemente zusammen mit der klassischen Ranke werden im ganzen 15. Jahrhundert auf annamesischen Waren dargestellt, obwohl sie in China bereits seit Jahrzehnten, wenn nicht sogar seit einem Jahrhundert unmodern waren. Es überrascht, daß man nicht den moderneren Stil von Yongle (1403-1425) oder Xuande (1426-1435) auf das annamesische Porzellan angewandt hat. Dieses einzige datierte Stück aus dem 15. Jahrhundert ist von großer Bedeutung bei der Erstellung einer Chronologie für andere Waren.

Es gibt nur noch zwei datierte blau-weiße Stücke: eine Tempelvase von 1575 und ein 1665 datiertes Räuchergefäß. Zusammen mit der Flasche der Topkapi Sammlung dokumentieren diese Stücke die lange Geschichte des annamesischen blau-weißen Porzellans. Die Produktion erlebte periodische Höhepunkte, einmal während des »Keramik-Interregnums« in China von 1436-1465 und noch einmal, als China in die Mandschu-Kriege im 17. Jahrhundert verwickelt war. Besonders zwischen 1650 und 1680 konnten die Annamesen zumindest einen Teil des Ausfalls des Jingdezhen-Porzellans decken. Am meisten profitierten jedoch die Manufakturen von Arita in Japan.

Annam hatte jahrhundertelang nach Südostasien, besonders nach Indonesien und auf die Phillipinen geliefert und erfuhr durch den Ausfall des chinesischen Porzellans einen starken Aufschwung. Eine Dschunke aus Annam beförderte z.B. zehntausend Porzellanschalen. Es wird geschätzt, daß die holländische Ostindienkompanie von 1663-1682 fast eineinhalb Millionen Stücke annamesischen Porzellans nach Batavia (Djakarta) importierte. Aber dies hielt nicht lange an. Im späten 17. Jahrhundert wurde die Produktion in Jingdezhen wieder aufgenommen und rationalisiert, was zusammen mit der zusätzlichen Konkurrenz der japanischen Hersteller den Niedergang der Qualität des annamesichen Porzellans einleitete und zu verminderter Nachfrage führte.

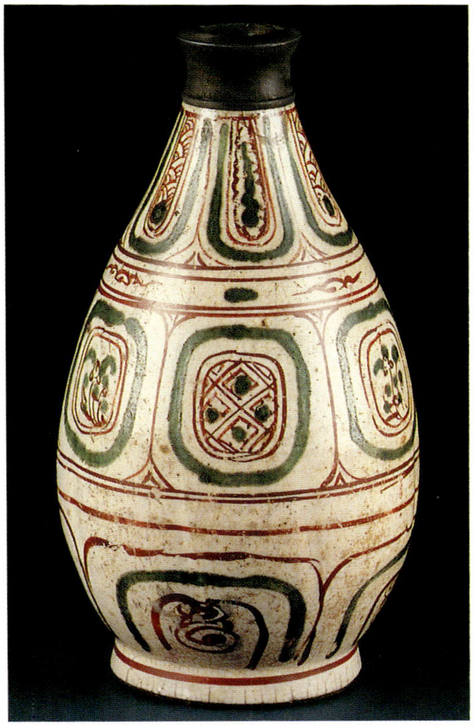

ANNAMESISCHE EMAILLIERTE FLASCHE, 16. JAHRHUNDERT
(Höhe: 8,8 cm)
Diese Flasche ist mit eisenrotem und grünem Email in Feldern mit geometrischen Mustern und stilisierten, pflanzlichen Motiven bemalt. (LINKS)

ZWEI ANNAMESISCHE KUGELFÖRMIGE GEFÄSSE, 16. JAHRHUNDERT
(5,4 cm, das größere)
Typische Bamalung in vor Ort abgebautem Kobalt, bemalt mit Gitter- und Laubfeldern. (UNTEN)

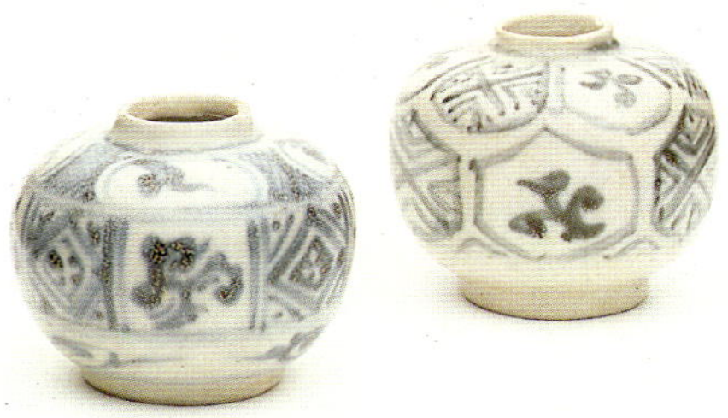

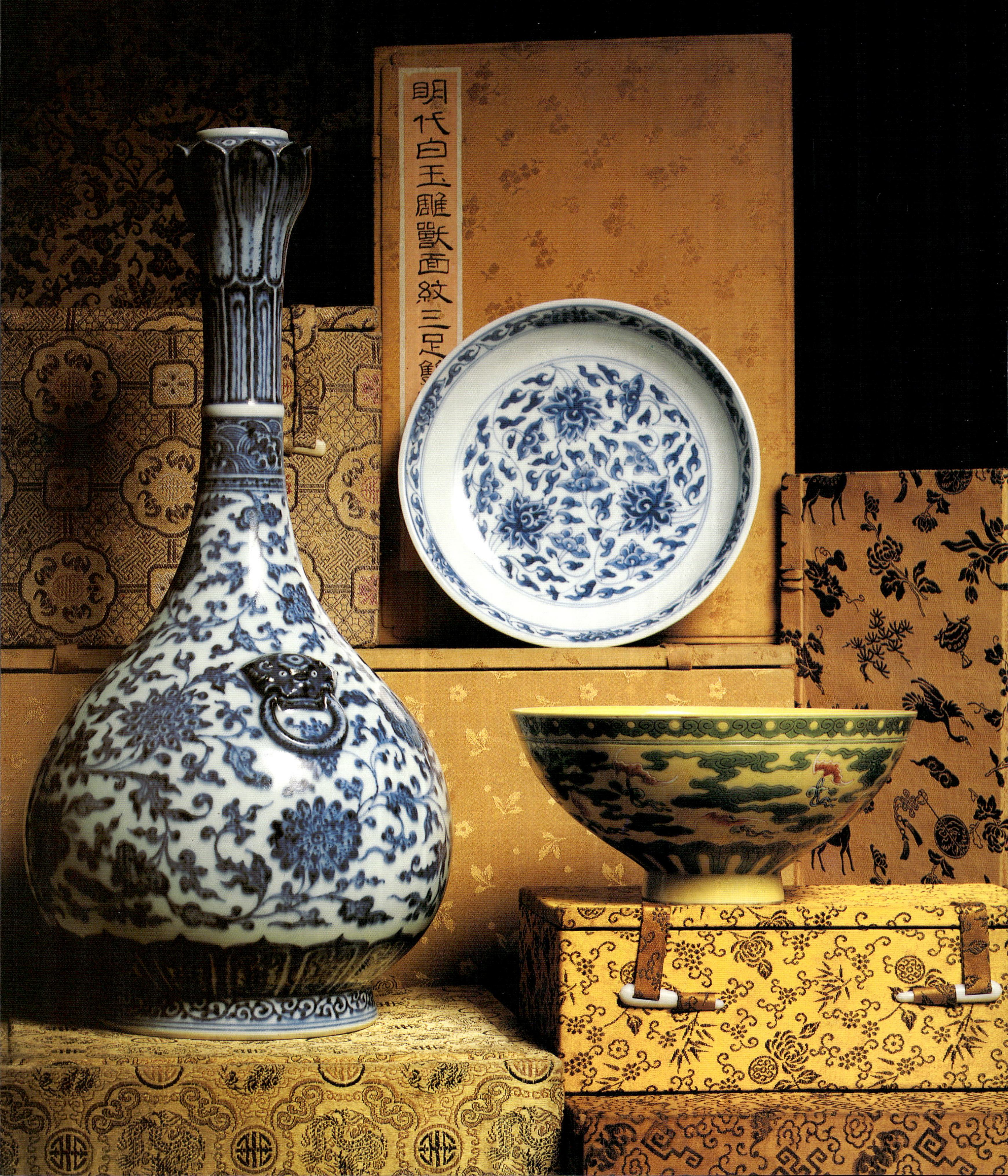
明代白玉雕獸面紋三足

Kaiserliches Qing-Porzellan

In China reicht die Geschichte der Porzellanherstellung fast ein Jahrtausend zurück und durchläuft drei wesentliche Dynastien, bevor es auf die erobernden Mandschu trifft, deren Qing-Dynastie 1644 an die Macht kam. Diese Geschichte kann einerseits als progressive Verbindung zwischen ursprünglicher Kraft und Spontaneität und andererseits als Entwicklung der Technik betrachtet werden. Mitte des 18. Jahrhunderts war diese Entwicklung soweit gediehen, daß die Waren für den Kaiser so vollendet waren, daß nur der anspruchsvolle Geschmack des Kaisers sie auf diesem hohen Niveau halten konnte.

Die Geschichte des kaiserlichen Qing-Porzellans weist einen ähnlichen Verlauf wie die der gesamten chinesischen Porzellanherstellung auf. Sie reicht von den Innovationen der Kangxi-Periode (1662-1722) bis zur ästhetischen Perfektion der Yongzheng-Periode (1723-1735) und vom streng reglementierten Dekor der Qianlong-Periode (1735-1795) bis zum etwas überdekorierten Stil der Jiaqing- (1796-1820) und Daoguang- (1821-1850) Periode. Ab diesem Zeitpunkt beginnt der Niedergang während der Regierungszeiten der zweiten Hälfte des 19. Jahrhunderts und dem ersten Jahrzehnt des 20. Jahrhunderts, als mechanische Kopien und schlechte Dekore überwogen.

Diese Gliederung ist natürlich sehr allgemein. Es ist jedoch möglich, die Entwicklung anhand von Untersuchungen der gleichen Muster aus verschiedenen Perioden auf individuellen Stücken ganz gut nachzuvollziehen. Solche Serien sind sehr häufig und belegen »Nachbestellungen« des Kaiserhofes an die kaiserlichen Brennöfen in Jingdezhen für Gegenstände des täglichen Gebrauchs.

Qing-Porzellan und dazugehörige Schatullen

Der chinesische Sammler stellte seine Stücke nicht in offenen Regalen aus. Jedes Stück wurde in einer entsprechenden Schatulle aufbewahrt, die innen mit Seide ausgeschlagen und außen mit Tuch oder Brokat überzogen war. Gezeigt wurden die Stücke dann einzeln, z.B. einem befreundeten Sammler.

Dekor

Ein typisches Beispiel für eine Serie mit gleichem Muster sind die Wucai-»Drachen-und-Phönix-Schalen«. Wucai bezieht sich auf eine beliebte Dekormethode, die während der Ming-Dynastie eingeführt wurde. Hierbei wird ein Teil des Dekors in Unterglasurblau aufgetragen, und nach dem Brennen wird der Rest mit Emailfarben ausgeführt. Das Ganze wird dann bei niedrigeren Temperaturen nochmals gebrannt. Das Motiv besteht immer aus einem roten und einem grünen Drachen, die von einem Paar Phönixe getrennt werden. Die Ausführung der Bemalung variierte jedoch von Periode zu Periode, blieb jedoch innerhalb einer Periode meist gleich.

Der Kangxi-Drache ist schlank und lang. Das erste Viertel ist leicht schmerzverzerrt, so daß der Bauch, dessen Konturen in Unterglasurblau ausgeführt sind, als Schulter erscheint, und die vorderen Klauen scheinen durch die flackernden Flammen und die behindernden Blätter nach rückwärts zu schlagen. Die dreisträhnige Mähne verdeckt eine angedeutete Beule. Im ganzen weist der Drache eine kraftvolle Entschlossenheit in seiner Suche nach der flüchtigen »brennenden Perle« auf.

Der Qianlong-Drache ist im Gegensatz dazu vereinfacht worden. Die Schleifen am Hals sind verschwunden, so daß das erhobene Vorderbein wie erwartet das linke ist. Der Körper ist kürzer, geschmeidiger und wohlgenährter; sein Antlitz wird von majestätischem Frohsinn geprägt. Der Daoguang-Drache ist dem der Qianlong-Periode verwandter als dem der Kangxi-Periode. Aber er hat viel von seiner kraftvollen Bewegung verloren, da das linke Bein nicht mehr erhoben ist. Er schwimmt oder fliegt nicht mehr, sondern trabt gemächlich dahin.

Die Farben wechseln mit den Perioden. Das Eisenrot der Kangxi-Periode ist dunkel, trocken und schnell aufgetragen, klar abgegrenzt gegen die unterglasurblaue Bauchlinie. Das Eisenrot der Qianlong-Periode ist wärmer, mehr Orange, das Unterglasurblau kommt nicht mehr auf dem Drachenkörper vor. Das Grün hat einen Blaustich. Das Daoguang-Rot ist ebenfalls orange, aber auch schnell aufgetragen, wodurch es manchmal verkratzt wirkt.

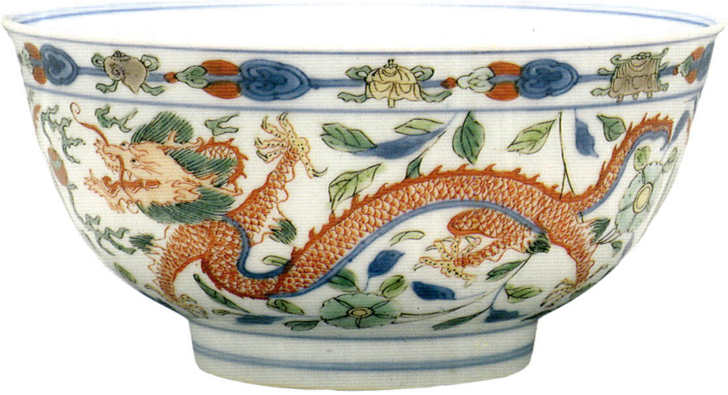

WUCAI-DRACHEN-UND-PHÖNIX-SCHALE, KANGXI-MARKE UND -PERIODE, 1622-1722
(13,2 cm)
Die Bemalung ist grob und energisch. Beachtenswert sind die verrenkten Schultern und der Einsatz von Unterglasurblau für die Bauchlinie.

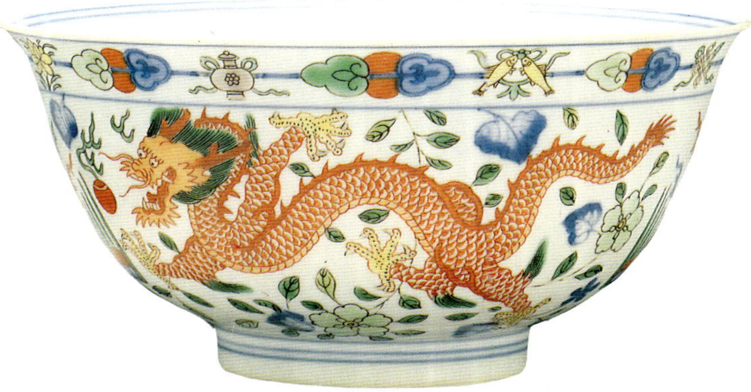

WUCAI-DRACHEN-UND-PHÖNIX-SCHALE, QIANLONG-MARKE UND -PERIODE, 1735-1795
(15,4 cm)
Einige Jahrzehnte später sieht der Drache zufriedener aus. Die Schale wirkt eher majestätisch als kraftvoll.

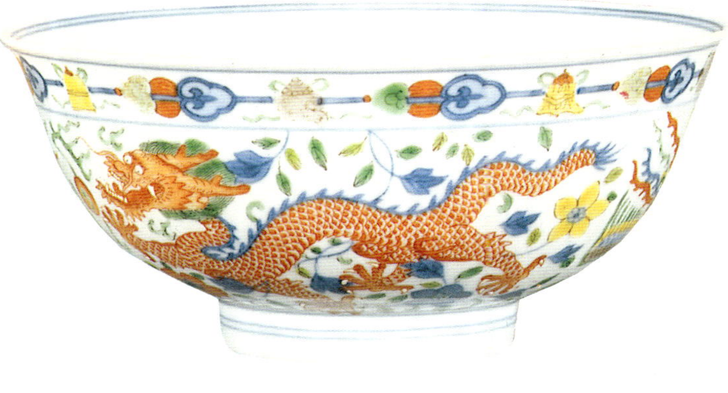

WUCAI-DRACHEN-UND- PHÖNIX-SCHALE, DAOGUANG-MARKE UND -PERIODE, 1821-1850
(14,9 cm)
Daoguang-Töpfer machten Kopien früherer Stile, aber ihren Stücken fehlt die Bewegung.

Identifizierung

Solche Vergleiche innerhalb einer Serie ermöglichen die Bestimmung des Herstellungsdatums, ohne sich auf die Marken an der Basis verlassen zu müssen, da es viele Stücke gibt, die verwirrenderweise Marken einer früheren Herstellung tragen.

Der Vergleich dient auch einem allgemeinen Verständnis des kaiserlichen Qing-Porzellans. Er erleichtert die Unterscheidung von bewußten oder unbewußten (am häufigsten) Übernahmen oder Reinterpretationen von früheren Waren. Somit können ungefähr die Hälfte der Qing-Waren danach bestimmt werden, ob sie von Ming-

Prototypen oder von Stücken der Prä-Ming-Periode oder gar aus anderen Bereichen der chinesischen Kunst, vor allem von archaischen Bronze- und Lackarbeiten, inspiriert wurden. Die zweite Hälfte des Qing-Repertoires besteht aus Waren, die mehr oder weniger eigenständige Entwicklungen sind. Die bekannteste Gruppe ist die Famille rose, die entstand, als zu Beginn des 18. Jahrhunderts rosa Email aus Goldchlorid aus Europa eingeführt wurde. Daraus entwickelten sich typische chinesische Stilarten. In den folgenden Abschnitten dieses Kapitels wird jede Kategorie für sich gesondert behandelt.

QING-WAREN, VON MING-PROTOTYPEN INSPIRIERT

Die beliebtesten Waren, die die Qing-Töpfer sammelten, um sie zu kopieren oder davon inspiriert zu werden, waren die der frühen Ming-Herrschaft von Yongle (1403-1425) und Xuande (1425-1435) und die der späteren Herrschaft von Chenghua (1465-1487). Die Qing-Töpfer bemühten sich sehr, die »klassische« Schönheit der Waren dieser Perioden sowohl in ihren direkten Kopien, die oft so gut waren, daß es schwerfällt, zu glauben, sie seien nicht als Fälschung beabsichtigt gewesen, als auch bei den Stücken, die lediglich Motive des Ming-Repertoires aufnahmen, festzuhalten. Das Kopieren eines Stils, der bereits einige Jahrhunderte alt ist, ist fester Bestandteil der chinesischen Kunst, die immer schon zum Antiquarismus neigte. Im Falle des kaiserlichen Porzellans kann man wohl annehmen, daß die Qing-Herrscher ihren Status als Herrscher Chinas bekräftigen wollten.

Während der Kangxi- und Yongzheng-Periode wurden viele Imitationen der Doucai-Waren aus Chenghua hergestellt. Das Doucai-Dekor, eine verfeinerte Art des vorher beschriebenen Wucai-Dekors, wurde während der Chenghua-Periode eingeführt. Am auffälligsten ist hierbei, daß alle Emailfarben auf der Glasur in Unterglasurblau umrissen sind, mit wenigen bzw. gar keinen isolierten blauen Flächen. Dadurch entstand eine Tiefe und Feinheit, die zurecht Doucai genannt wird, was wörtlich übersetzt »kontrastierende Farben« bedeutet. Originalstücke dieser Technik gehören zu den begehrtesten, chinesischen Keramiken und erzielen trotz ihrer Kleinheit fantastische Preise. Qing-Kopien sind oft unheimlich exakt nachgemacht, bis hin zur Herrschaftsmarke Chenghuas. Es gibt nur wenige Experten, die eine Kopie vom Original unterscheiden können. Wenn man sie jedoch nebeneinander stellt, gibt es klare Unterschiede, am offensichtlichsten beim Blau, das beim Original weicher ist, sowie im Farbton der Glasur, der beim Original einen eigenartigen, aber angenehmen Hauch von Elfenbein aufweist, den die Qing-Töpfer nie erreichten. Die Kopien haben allerdings auch einen hohen Preis, besonders, wenn sie ihren wahren Ursprung durch eine Kangxi- oder Yongzheng-Marke belegen.

Gleichzeitig mit diesen Kopien existierte eine Gruppe von Doucai-Waren, die nicht ganz so exakt den Chenghua-Dekoren folgte. Es sind meist Schalen und Teller, die eine Serie wie die Wucai-»Drachen-und-Phönix-Schale« bilden und die während der einzelnen Herrschaftsperioden aktuell blieben. Die besten Exemplare, meist Yongzheng-Waren, befinden sich unter den technisch perfekten Kreationen der Qing-Dynastie mit glitzernden, durchscheinenden Emailfarben, die klar von Unterglasurblau umrissen werden und somit sehr zerbrechlich und kostbar wirken. Spätere Stükke, selbst solche, die Mitte des 19. Jahrhunderts entstanden, weisen eine große Schönheit auf, auch wenn in der Qianlong-Periode und danach immer häufiger auch opake Famille-rose-Emailfarben eingesetzt wurden. Dies war ein fehlgeleiteter Versuch, das Dekor reichhaltiger zu gestalten.

Das blau-weiße Qing-Porzellan ist die bedeutendste Gruppe der Ming-inspirierten Waren. Die Situation wird dadurch kompliziert, daß sich im Gegensatz zu den Doucai-Waren der Ming-Ära, die fast ausschließlich in der Chenghua-Periode, mit einer kurzen Wiederbelebung in der Wanli-Periode, hergestellt wurden, die Entwicklung des blau-weißen Porzellans über alle Ming-Herrschaften, über die Übergangsperiode bis in die frühen Qing-Perioden erstreckt. Daraus resultieren viele, frühe blauweiße Qing-Waren, deren einziger Bezug zur Ming-Periode der ist, daß ihre Entstehungszeit direkt auf die Ming-Periode folgte. Viele davon weisen eine große Ähnlichkeit mit den blau-weißen Export-Qingwaren auf: das Blau ist in hellen Lasuren aufgetragen, die Glasur dünn und sehr klar, und die Motive sind oft Sagengestalten inmitten von Landschaften. Manche tragen Herrschaftsmarken, obwohl sie in der Regel nicht so starr sind, wie die auf den Stücken für den Kaiser. Der Markt für diese Waren befand sich unter der Studentenelite und nicht so sehr im kaiserlichen Haushalt.

Daneben gibt es jedoch eine Gruppe von hochqualitativen Waren, die leicht zu identifizieren sind, da sie sich direkt an Prototypen des 15. Jahrhunderts orientieren. Wie bei den Doucai-Waren zerfallen sie mehr oder weniger in zwei Gruppen: sehr gute

DOUCAI-FUSSCHALE, KANGXI-MARKE UND -PERIODE, 1662-1722 (8.2 cm)
Das Dekor ist dem auf Fußschalen der Chenghua-Periode sehr ähnlich. Chenghua-Doucai-Stücke waren immer sehr geschätzt. Diese Kangxi-Kopie ist eine Huldigung an frühere Herrscherperioden, ist aber auch Beweis dafür, daß die Qing-Töpfer ebenfalls sehr schönes, eigenes Porzellan machen konnten.

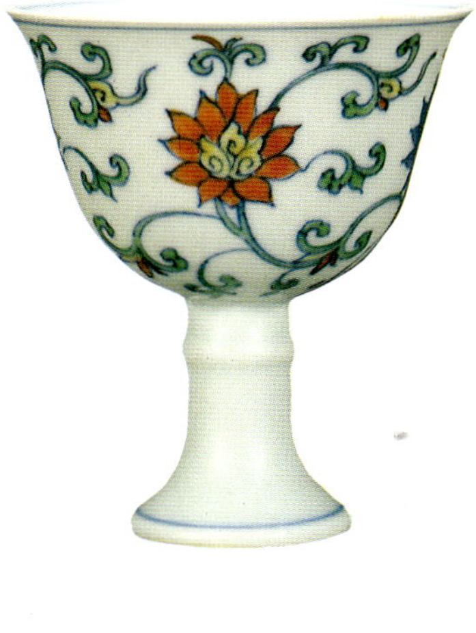

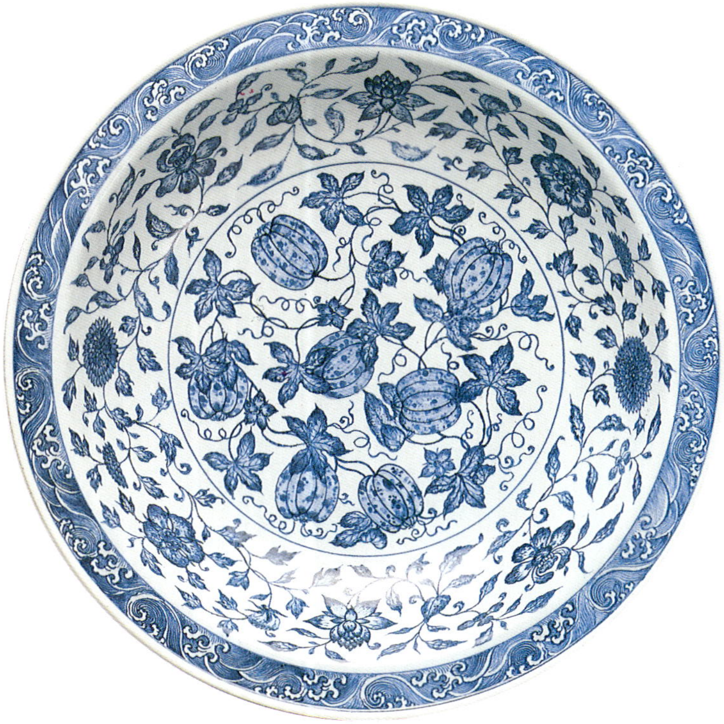

BLAU-WEISSE »MELONEN«-SCHALE. YONGZHENG-MARKE UND -PERIODE, 1723-1735 (45,2 cm)
Auch wenn man die Kopie einer Schale der Yongle-Periode erkennt, wurde das Muster doch sehr dem Qing-Geschmack angepaßt. Bemerkenswert sind die kleinen Erhebungen, die den unbeabsichtigten Effekt nachahmen, der für die kobaltblaue Bemalung früherer, blau-weißer Ming-Waren charakteristisch ist.

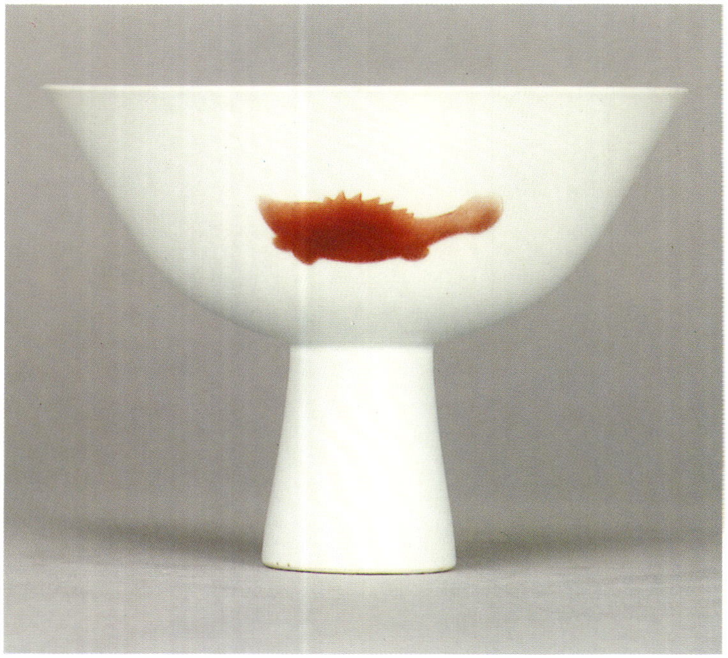

FUSSCHALE MIT KUPFEROTEM DEKOR, YONGZHENG-MARKE UND -PERIODE, 1723-1735 (15,7 cm)
Die Ming-Töpfer hatten beim Brennen von Kupferrot Schwierigkeiten, den gewünschten Farbton zu erzielen; dick und als Silhouette aufgetragen, waren die Erfolgschancen am größten. Die Hersteller dieser Qing-Version, bei der das Rot dünn und hell ist, kannten diese Probleme nicht.

Kopien, die entweder ihre eigene Herrschaftsmarke oder gar keine tragen (Yongle-Waren sind nur sehr selten markiert), oder einfachere, dekorative Serienwaren mit Mustern des 15. Jahrhunderts

Ein offensichtliches Merkmal der Qing-Kopien ist die Unfähigkeit der Qing-Töpfer, den Effekt zu erzielen, der durch den ungleichmäßigen Auftrag des Kobaltblaus entstand. Deswegen gab es Flächen mit hoher Farbkonzentration, die beim Brennen dunkle Flächen nahe der Oberfläche oder auf der Glasur verursachten. Ist dieser Effekt zufällig, dann kann er eine Bereicherung des Dekors sein, wie dies auch bei den modellierenden Punkten und Strichen chinesischer Landschaftsmaler der Fall ist. Das Kobaltblau der Qing-Dynastie war vollendeter und erzielte diesen Effekt nicht, daher fügten die Porzellanmaler selbst kleine Punkte hinzu.

Diese simulierten »Erhöhungen« kann man auf weniger bedeutenden Hofwaren sehen, und die Art und Weise, wie dieser Effekt erzielt wurde, ist hilfreich im Hinblick auf die Datierung. Bei Yongzheng- und Qianlong-Waren sind die Punktansammlungen kompakt und gut plaziert, wohingegen sie auf späteren Waren des 19. Jahrhunderts immer mechanischer aussehen.

Mit Unterglasurrot dekorierte Ming-Waren wurden ebenfalls während der Qing-Dynastie kopiert, wenn auch nicht so häufig.

EINFLÜSSE DURCH DIE PRÄ-MING-PERIODE SOWIE ANDERE CHINESISCHE KÜNSTLER

Das herrliche Porzellan der Song-Dynastie (960-1279) nimmt einen Ehrenplatz unter der gesamten, chinesischen Keramik ein. Die offiziellen Song-Waren, Ruyao- und Guanyao-Stükke, sind die schönsten, dicht gefolgt von anderen Objekten.

Die Song-Keramik mit ihren klaren Formen und feinen Glasuren eignete sich her-

VASE MIT »TEESTAUB-GLASUR«, QIANLONG-MARKE UND -PERIODE, 1735-1795 (33,5 cm)
Diese Vase ist die Kopie von einer Steinzeugkopie eines archaischen Bronzegefäßes aus der Song-Dynastie (960-1279), dem sogenannten Hu. Die »Teestaub-Glasur« erinnert an die Patina bei Bronze. Es existieren aber auch ähnliche Vasen in anderen Farben. (RECHTS)

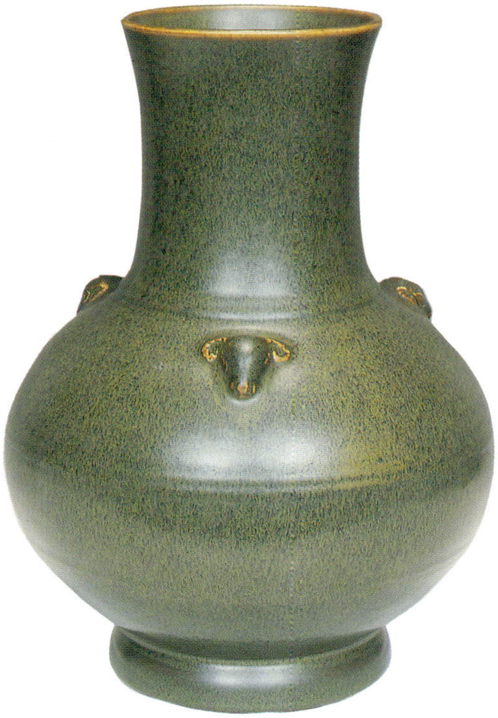

VASE MIT BLAUER GLASUR, QIANLONG-MARKE UND -PERIODE, 1735-1795 (27,7 cm)
Diese Vase ähnelt einer Form der Song-Dynastie (960-1279), die wiederum von der neolithischen Jadeform Cong übernommen wurde. Die Cong soll ein Symbol für Erde sein. Hier ist sie noch mit acht magischen Zeichen verziert. Die Glasur jedoch ist eine Qing-Innovation. Sie ist ein gutes Beispiel für die chinesische Vorliebe für das Antike. (RECHTS)

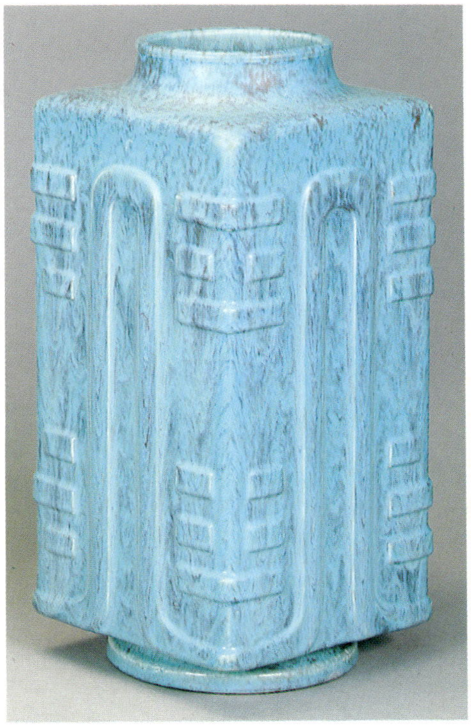

vorragend zum Erstellen von Kopien. Hinzu kommt, daß viele Song-Waren von früheren Bronze- oder Jadeformen inspiriert wurden. Der Qing-Kopist konnte daher den antiken Zauber vermitteln und gleichzeitig mit monochromen Glasurtechniken experimentieren, die während des 18. Jahrhunderts immer beliebter wurden.

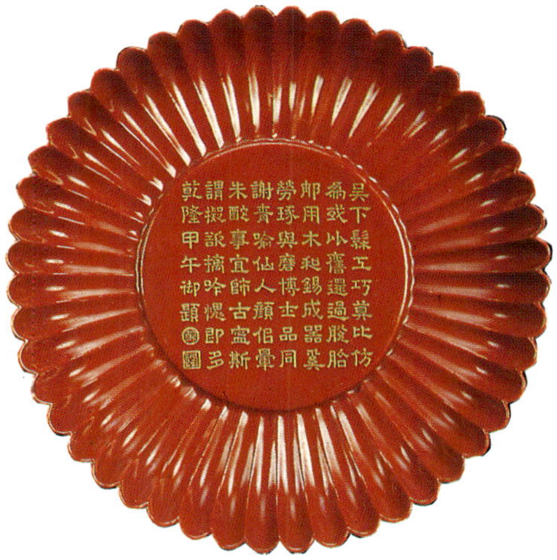

CHRYSANTHEMEN-SCHALE MIT KORALLENROTER GLASUR, QIANLONG-MARKE UND -PERIODE, 1735-1795 (16,5 cm)
Diese Schale wird durch eine damalige Fujian-Lackarbeit inspiriert und erreicht auch fast deren Zartheit. Das Gedicht in der Mitte stammt von Kaiser Qianlong und ist eine Huldigung an die Schale. (OBEN)

INNOVATIONEN DER QING-DYNASTIE

Obwohl die Kaiser Kangxi, Yongzheng und Qianlong eine starke Vorliebe für die Vergangenheit hatten, waren sie genauso darauf bedacht, daß auch unter ihrer Regierungszeit großartige Kunstwerke hervorgebracht wurden. Hierfür wurden die kaiserlichen Brennöfen am Ende des 17. Jahrhunderts völlig umorganisiert, und ein Kommissar wurde zur Überwachung der Produktion berufen, der mehr oder weniger dem Kaiser unterstand.

DEKOR

Anfang des 18. Jahrhunderts wurde das rosafarbene Email aus Europa eingeführt. Zuerst wurde dieses neue Material, mit dem jeder gewünschte Rosaton erzielt werden konnte, auf Metallkörpern benutzt. In die-

FAMILLE-ROSE-VASE, QIANLONG-MARKE UND -PERIODE, 1735-1795 (19,7 cm)
Die Gruppe, zu der diese Vase gehört, stammt aus der Blütezeit der Qing-Töpferkunst. Die Rückseite trägt eine Inschrift mit einem passenden Verspaar in schwarzem Email. (RECHTS)

SCHALE MIT ROSA FOND, FAMILLE-ROSE-YUZHI, KANGXI-MARKE UND -PERIODE, 1662-1722 (15 cm)
Kangxi-yuzhi-Schalen, so benannt nach ihrer speziellen Kaisermarke, bilden die erste Gruppe von Famille-rose-Waren. Sie sind kühn mit formalem, floralen Dekor auf farbigem Fond bemalt. (RECHTS)

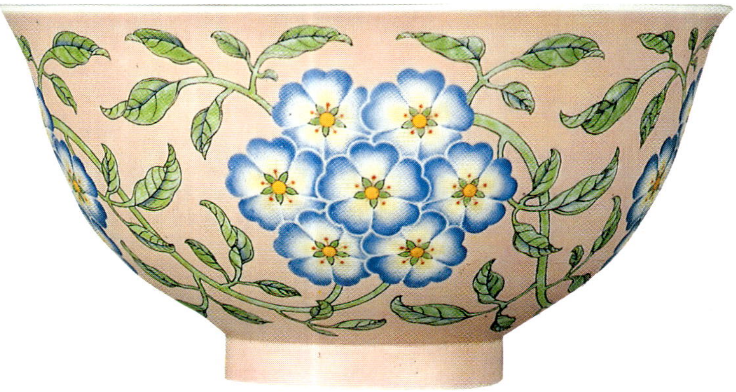

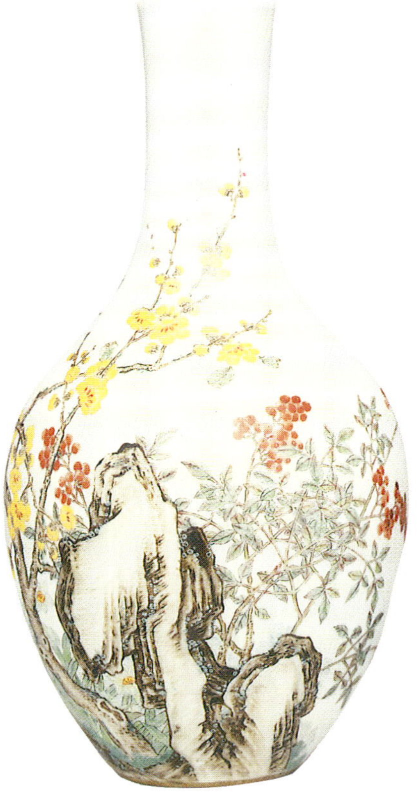

sem Stadium wurden die meisten Experimente durch die jesuitischen Pater am Hofe ausgeführt. Kurz danach tauchte das echte Famille-rose-Porzellan auf.

Die früheste Gruppe dieses Porzellans waren die Kangxi-yuzhi-Waren, benannt nach den vier Zeichen Kangxi yuzhi (für den Kaiserhof in den Jahren der Kangxi-Periode gemacht), die auf der Basis emailliert waren. Diese frühen Waren wurden undekoriert und ohne Außenglasur an den Kaiserhof gesandt und dort dekoriert, also nicht in den kaiserlichen Manufakturen fertiggestellt. Wie so oft, wenn neue Medien eingeführt werden, zählen die ersten Exemplare, trotz der technischen Schwierigkeiten, zu den besten.

Interessant ist, daß westliche Wissenschaftler diese Gruppe von Schalen bis vor kurzem noch dem späten 18. oder dem 19. Jahrhundert zuordneten. Im Nachhinein ist diese falsche Annahme schwer zu verstehen. Der Grund hierfür war wahrscheinlich, daß die Famille-rose-Waren, die nicht am Hof emailliert wurden, eine andere Entwicklung nahmen. Hier erschien das rosa Email erstmals Ende der Kangxi-Periode auf Waren, die eher an die Famille-verte-Porzellane erinnerten. Sie ähnelten Wucai-Waren, lediglich das Unterglasurblau wurde durch Emailblau ersetzt, und wiesen selten die Qualität der Kaiserwaren auf (allerdings gibt es einige bemerkenswerte Ausnahmen). Die Unterschiedlichkeit der beiden Gruppen führte wohl zu der Schlußfolgerung, daß sie nicht aus derselben Periode stammen konnten.

Die Entwicklung der am Hof emaillierten Waren schritt fort, und die Yongzheng- und die Qianlong-Periode brachten Stücke von außergewöhnlicher Qualität hervor. Das Porzellan weist eine diamantene Brillanz auf, und die Emailfarben sind mit großer Feinheit abgestuft. Blumen mit und ohne Vögel sind die Hauptmotive, obwohl man auch Figuren und Landschaften antrifft. Eines der Merkmale dieser Porzellanbemalung, die durchaus mit der Hofseidenmalerei konkurrieren konnte, ist ihr Beginn an der Basis mit einem meisterlich beherrschten Wirrwarr von Laub, Felsen und Baumstümpfen, das sich nach oben hin auflöst und eine große, weiße Fläche freiläßt, auf der in schwarzem Email ein Verspaar passend zum Motiv geschrieben wurde. Auch zu selteneren Motiven fand man passende Gedichtinschriften. Alle Objekte trugen kleine Signets in rosa Email.

Diese Gruppe wird in der Regel Guyue Xuan (»Alter Mondpavillion«) genannt. Nicht alle am Hofe emaillierten Waren gehören zu dieser Gruppe. Technisch gesehen, führt der Begriff Guyue Xuan in die Irre, da er sich auf eine nicht-kaiserliche Pekinger Werkstatt für Glasemail-Arbeiten des späten 18. und frühen 19. Jahrhunderts bezieht.

Die Gruppe der Famille-rose-Waren, die in Jingdezhen emailliert wurden, ist sehr umfangreich; obwohl man sie in einzelne Familien unterteilen kann, kann man doch selten eine Gruppe durch mehrere Perioden hindurch verfolgen.

Man kann bis ins 19. Jahrhundert hinein Famille-rose-Porzellan von hoher Qualität antreffen, aber sie werden im Laufe der Zeit seltener. In der Jiaqing-Periode wird es aber noch oft hergestellt. Es gibt z.B. eine Menge

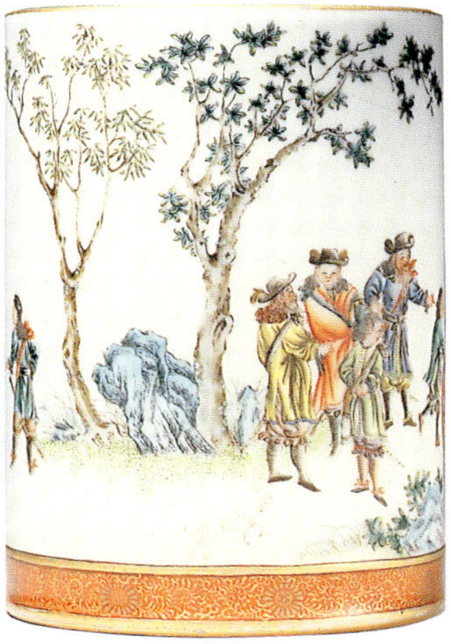

FAMILLE-ROSE-PINSELTOPF, QIANLONG-MARKE UND -PERIODE, 1735-1795 (12,1 cm)
Nur selten werden Europäer auf Stücken, die für den chinesischen Markt hergestellt wurden, dargestellt. Die Qualität der Bemalung und die traditionelle, chinesische Form zeigen eindeutig, daß dieses Stück nur für den Palast bestimmt war. (RECHTS)

FAMILLE-ROSE-TABLETT MIT TEEGEDICHT, JIAQING-MARKE UND -PERIODE, 1796-1820 (Breite: 15,9 cm)
Famille-rose-Waren von höchster Qualität wurden noch bis ins 19. Jahrhundert hergestellt. Das lange Gedicht in der Mitte ist ein Lobgesang auf den Tee und wird Kaiser Jiaqing zugeschrieben. (UNTEN)

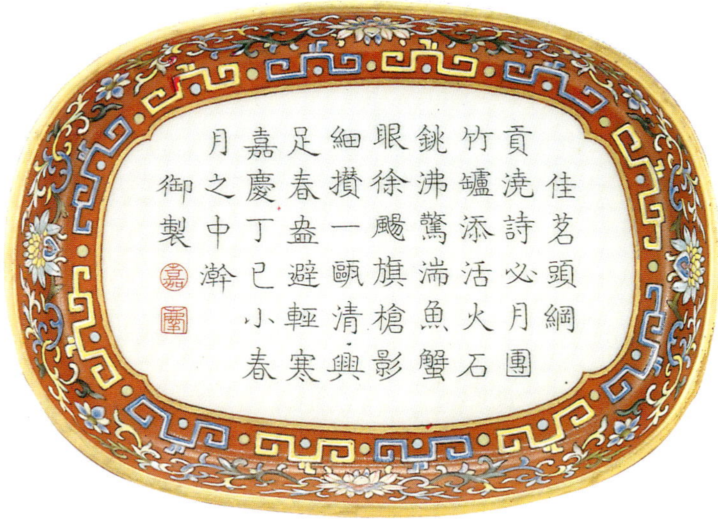

CHRYSANTHEMEN-VASE MIT PFIRSICHFARBENER GLASUR, KANGXI-MARKE UND -PERIODE, 1662-1722 (21,5 cm)
Diese Vase ist ein schönes Beispiel für die pfirsichfarbene Glasur, eine der schönsten monochromen Qing-Glasuren, die nur für einige Formen benutzt wurde. (UNTEN)

kleiner, meist ovaler Teller, die als »Teegedicht-Tabletts« bekannt sind. Alle sind in der Mitte mit einem langen Hohelied an den Tee beschriftet, waren meist ein Geschenk an den Kaiser Jiaqing und datieren aus dem Jahre 1797. Die Gedichte sind natürlich älter als das Geschirr. Die Qualität der emaillierten Inschriften läßt erkennen, daß die vollendetsten Waren wohl nicht mehr nach der Qianlong-Periode produziert wurden.

MONOCHROME WAREN

Abgesehen von den Famille-rose-Waren, fanden die wichtigsten Entwicklungen während der Qing-Dynastie bei den monochromen Waren statt. Nachdem die Qing-Töpfer, oder die ihnen zur Seite stehenden Chemiker die einfarbigen Song- und Ming-Glasuren erfolgreich kopiert hatten, erweiterten sie ihr Farbrepertoire immens, sowohl durch Einführen neuer Materialien als auch durch das fantasievolle Einsetzen alter Materialien, wie Kupfer, Kobalt und Eisen. Die bekannteste Glasur ist die »Pfirsichblüten-Glasur« der Kangxi-Periode, die auf Kupfer basiert und je nach Brennzyklus ein samtiges Pfirsichrot wurde oder sich stellenweise in ein Graugrün verwandelte.

Es gibt viele Diskussionen über den erstrebenswertesten Farbton. Die große Vielfalt dieser Glasur wird klug durch ihren Einsatz für bestimmte Gegenstände, wie z.B. wissenschaftliche Objekte, Wasserbehälter und Schalen zum Auswaschen von Pinseln, Siegeldosen und kleine Vasen, limitiert, wobei jede Gruppe für sich identisch in Form und Größe ist. Die große Unbeständigkeit dieser neuen Glasur verlangte nach Standardisierung der Formen, damit die Interaktion zwischen der Glasur und den einzelnen Formen ganz und gar verstanden werden konnte.

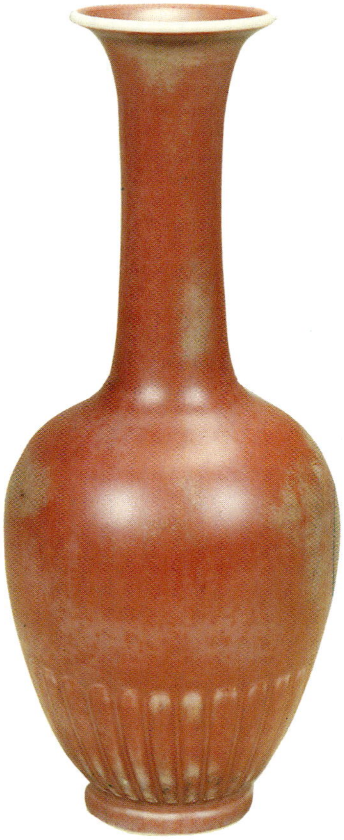

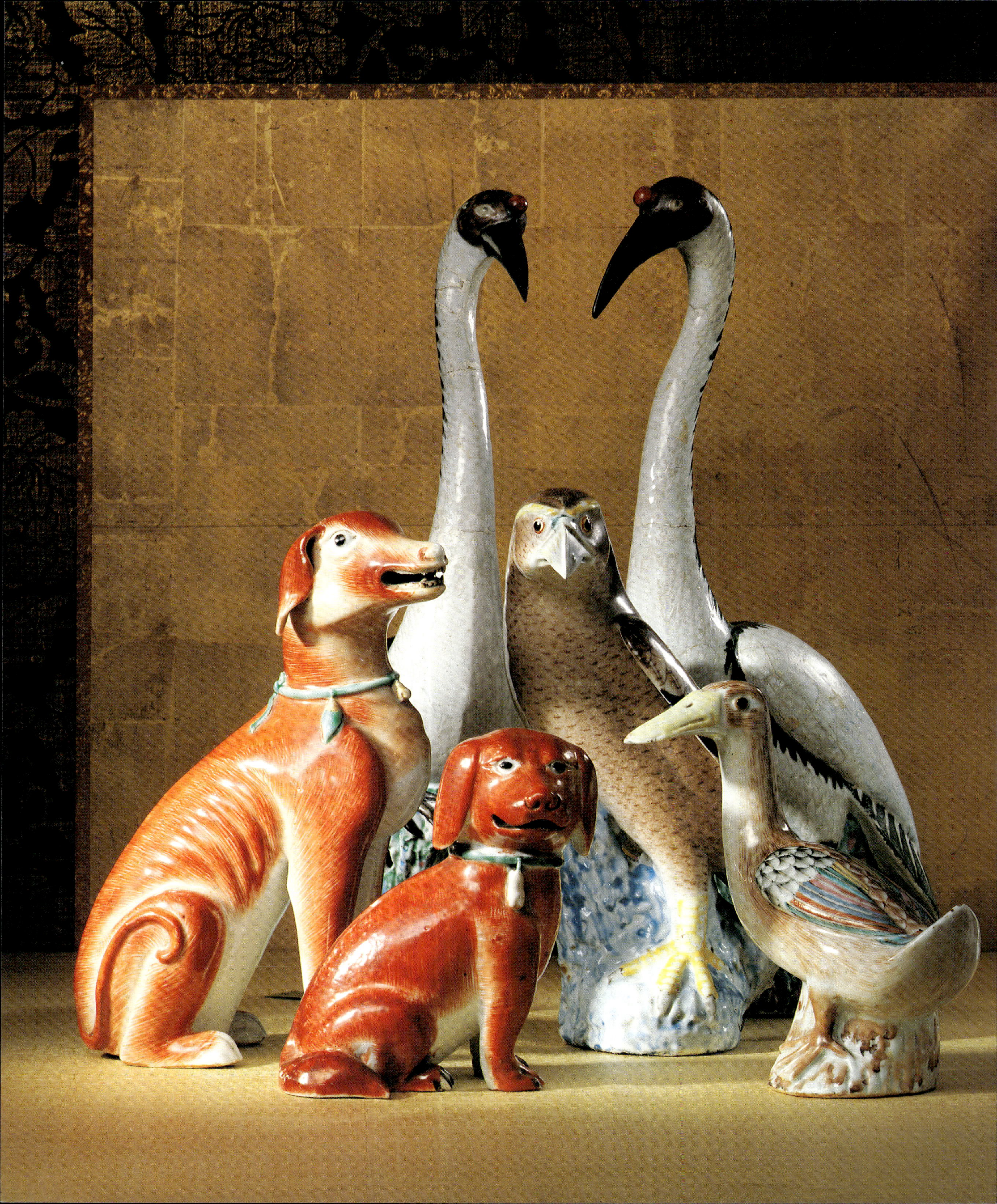

CHINESISCHES EXPORT-PORZELLAN

Man kann nicht genug auf die Bedeutung chinesischen Exporthandels mit Keramik hinweisen, besonders im 17. und 18. Jahrhundert Ebenso muß man sich immer die riesigen Mengen an Gebrauchs- und Zierporzellan, das sich aus Asien über Europa ergoß, vor Augen halten. Der weitreichende Einfluß dieses Imports erstreckt sich bis in die heutige Porzellanherstellung und deren Dekor. Die mit einer Zinnglasur versehenen Irdenwaren (Delftwaren), die in England hergestellt wurden, bevor und nachdem die Engländer um 1745 versuchten, ihr eigenes Porzellan herzustellen, waren Imitationen des importierten, chinesischen blau-weißen Porzellans, das damals den Markt beherrschte. Die Herstellung mag zwar billiger gewesen sein als der Import des chinesischen Porzellans, teilweise weil Steuern darauf lagen, aber es war weder so hart noch so angenehm in der Verwendung noch so attraktiv wie die chinesischen Originale.

Chinawaren (der ursprüngliche Begriff für importiertes chinesisches Porzellan) waren nur ein kleiner Prozentsatz der nach England heimkehrenden Fracht, wohl weniger als zehn Prozent an Quantität und Wert. Tee war die Hauptfracht, und die Beliebtheit des Teetrinkens war teilweise für die Beliebtheit der Chinawaren verantwortlich. Die zahlreichen Gemälde des 18. Jahrhunderts, die Familien am Teetisch abbilden – eine Situation, die man zur Darstellung der Prosperität geeignet fand –, zeigen alle chinesisches (und nicht europäisches) Teegeschirr.

Es gibt noch große Mengen an asiatischem Geschirr. Nicht jedes Stück weist museale Qualität oder großen historischen Wert auf, aber selbst die bescheidensten Stücke sind gut gemacht. Sie besitzen einen attraktiven, weißen Scherben, der nicht fleckig war, und eine glatte, gefällige Glasur, die mit Ausnahme von Huashi-Waren nicht zersprang. Die Objekte waren in der Regel gut geformt, leicht, lichtdurchlässig und erfüllten ihren Zweck sehr zufriedenstellend.

GRUPPE CHINESISCHER EXPORTTIERE, QIANLONG-PERIODE, 1735-1795

Diese Figuren wurden in großen Mengen für den europäischen Markt hergestellt.

DIE OSTINDIEN-KOMPANIEN

Die 1600 gegründete englische Ostindienkompanie vertrat ihre immensen wirtschaftlichen Interessen hauptsächlich in Indien. Der Handel mit China war nur ein unbedeutendes und spätes Unterfangen der Kompanie. Viele Schiffe der Kompanie segelten nie nach China; die Waren wurden zuerst nach Indien verschifft und erst von dort nach Europa. Das Unternehmen besaß ein Monopol auf den Handel mit Indien und dem Osten. Dieses Privileg brachte jedoch Einschränkungen beim Verkauf der Importe mit sich, sowie festgesetzte Quoten von britischen Gütern, die ausgeführt werden mußten.

Die meisten europäischen Länder besaßen eigene Handelskompanien, wobei die holländische eine wesentliche Rolle im Handel mit chinesischem (und japanischem) Porzellan spielte, aber auch die Franzosen, Schweden, Dänen, Spanier und Protugiesen waren große Importeure. Die einzelnen Kompanien trieben auch untereinander Handel.

Die Chinesen unterschieden nicht zwischen den einzelnen europäischen Ländern – für sie waren alle »fremde Teufel« –, und für alle wurde mehr oder weniger dasselbe Porzellan hergestellt und von den chinesischen Kaufleuten in Kanton, dem größten und offiziellen Zentrum für den Handel mit Europa, gelagert.

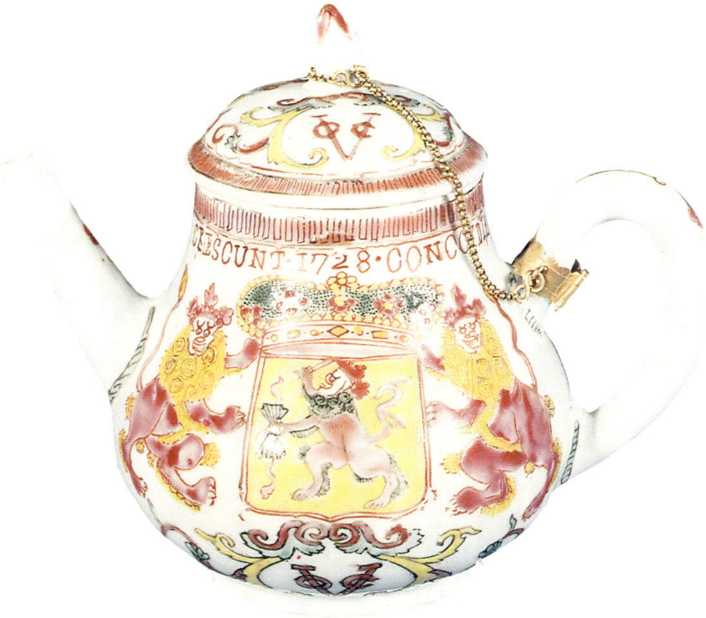

FAMILLE-ROSE-TEEKANNE, ca. 1730 (11,5 cm)
Das Dekor wurde nach der neuen Prägung der holländischen Ostindienkompanie des Jahres 1728 gestaltet.

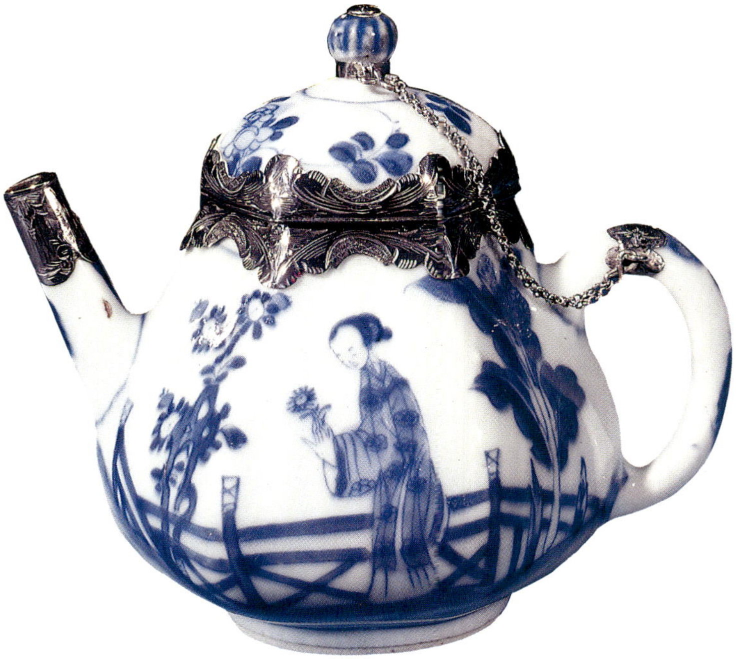

BLAU-WEISSE TEEKANNE, ca. 1730-40 (11,5 cm)
Die Teekanne ist mit Figuren in einem Garten in Unterglasurblau bemalt. Die Silbermontierung ist europäisch.

DIE IMPORTE DER OSTINDIENFAHRER

Das heimgeführte Porzellan unterteilte sich in zwei Gruppen. Die erste bestand aus den offiziellen Importen der Ostindienkompanie, die in der Regel in großen Posten, wie z.B. dreißig Tonnen, bestellt wurden. Diese großen Mengen hatten oft einen sehr mondänen Charakter. Gefragt waren Objekte, die sich platzsparend verfrachten ließen.

Die zweite Gruppe an Importwaren war für die Briten von größter Bedeutung – es war der offiziell genehmigte, private Handel. Diese Waren wurden auf eigenes Risiko der Schiffsbesatzung (ca. hundert Mann) und des Frachtaufsehers erstanden, der im Namen der Direktoren der Kompanie handelte und lediglich für den kommerziellen Erfolg der Reise verantwortlich war. Sie verkauften die auslaufende Fracht und kauften chinesische Waren zum günstigsten Preis ein. Sie mußten natürlich wissen, was gefragt war, aber sie hatten kein spezielles Wissen über Porzellan und kauften in großen Mengen, was erhältlich war, ein.

Alle Sonderanfertigungen wurden vom privaten Handel abgewickelt. Diese Stücke waren von besserer Qualität und Form, und das Dekor war individueller als bei den en gros eingekauften Waren der Kompanie. Darunter befanden sich Wappen, mit Initialen verziertes Porzellan und Stücke, auf denen die Schiffe der Ostindienkompanien und europäische Figuren dargestellt waren.

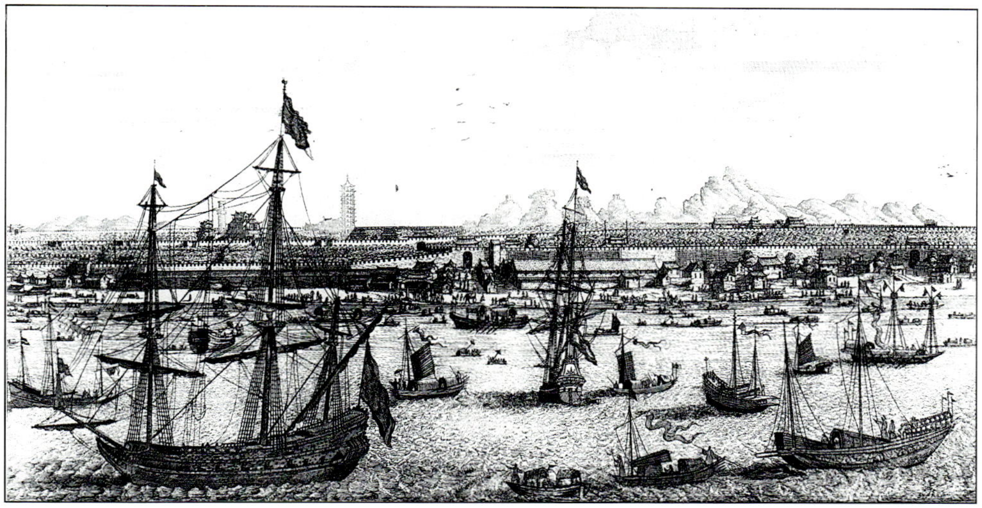

HAFEN VON KANTON, STICH 18. JAHRHUNDERT

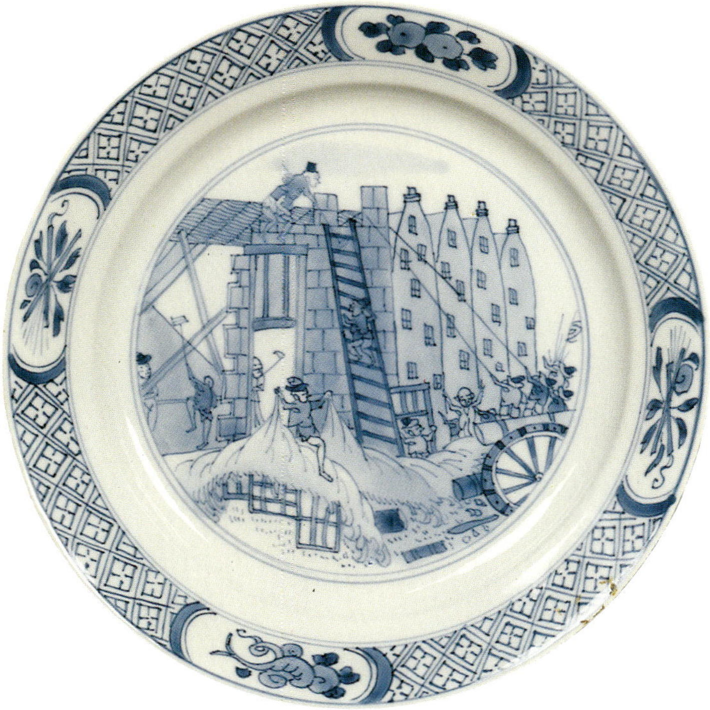

BLAU-WEISSER TELLER, KANGXI-PERIODE, 1662-1722 (20,5 cm)
Dieser Teller erinnert an die Amsterdamer Aufstände 1690, trägt aber die Chenghua-Marke (1465-1487). Die Szene ist von einem Silbermedaillon kopiert und stellt den Abbruch des Hauses des Gerichtsvollziehers dar.

Die meisten wurden von den Frachtaufsehern und ihren Kapitänen in Auftrag gegeben, die entweder im eigenen Namen handelten oder im Auftrag von Händlern oder einzelnen Personen in London. Die Mannschaft dagegen kaufte Standardwaren. Die Kompanie erhielt entsprechend dem erzielten Erlös in den gesellschaftseigenen Auktionshäusern ihren Anteil.

DIE FRACHT DER OSTINDIENFAHRER

Der Import chinesischen Exportporzellans ist nur eine Seite des Ost-West-Handels. Die Rundreisen der Ostindienfahrer waren sehr rentabel, da die Schiffe mit voller britischer Fracht nach China oder anderswohin segelten. Tief unten im Frachtraum befanden sich schwere, wasserfeste Waren, wie z.B. Feuerstein, damit das Schiff seetüchtig wurde. Dies Fracht war kommerziell und nicht nur Ballast, der bei Ankunft in China über Bord geworfen wurde. Die meisten englischen Schiffe brachten Feuerstein nach China, manche bis zu hundert Tonnen. Dort wurde es für zehn Pfund per Tonne verkauft, mit einer sehr beachtlichen Gewinnspanne. Es ist nicht bekannt, wofür der Feuerstein eingesetzt wurde, aber wahrscheinlich war er eine Komponente der Porzellanmasse oder der Glasur.

Neben Feuerstein befanden sich in den unteren Laderäumen Eisen, Zinn und Bleiplatten. Des weiteren befanden sich unter der Fracht Glaswaren, Laternen, Uhren, Spiegel, Hasenfelle, Pistolen, Schwerter, Brillen, Fensterglas, Messingdraht und Besteck. Mechanisches Spielzeug oder sehr komplizierte Uhren wurden als Geschenke benutzt, um einen profitablen Handel zu eröffnen.

Auch wenn es einen Tauschhandel gab, wurde doch der Löwenanteil des Handels gegen Geld oder dem international anerkannten Silber oder Gold abgewickelt.

Auf der Heimfahrt mußte die profitable, aber sperrige Fracht von hundert Tonnen Tee und dreißig Tonnen Seide über der Wasserlinie verladen werden, damit sie in den durchlässigen hölzernen Schiffen auf der langen Reise trocken blieben. Da Porzellan jedoch schwer und wasserfest ist, konnte es knapp über dem Ballast verstaut werden. Daher bildete es einen notwendigen, wenn auch nicht unbedingt rentablen Teil jeder Ladung.

Das Schiff lud, was erhältlich war, denn es mußte in der vorgeschriebenen Zeit segeln, um die nordöstlichen Monsunwinde ausnutzen zu können. Wenn diese versäumt wurden, konnte es Verspätungen bis zu einem Jahr geben.

Eine typische Anweisung an den Frachtaufseher hätte lauten können:

»Wir legen keinen Wert auf bestimmte Farben, Größen oder Formen der Chinawaren, sondern überlassen dies Ihnen, da Sie am besten wissen, was erhältlich ist – …«
(Diese Anweisung trägt das Datum 11. November 1699 und bezog sich auf die nach Kanton auslaufende »Wentworth«.)

Manche Bestellungen wiesen jedoch

mehr Details auf. Im folgenden findet sich der Teil einer Bestellung, die im Januar 1709 aufgegeben wurde:

40 Tonnen Porzellan
der unten genannten Sorten:
50.000 Teetassen mit verschiedenen Mustern
50.000 Untertassen dito
5.000 Teekannen mit geraden Tüllen
5.000 kleine, tiefe Untersetzer für die Teekannen
8.000 Milchkännchen
12.000 Teelöffelablagen
2.000 kleine Teedosen
3.000 Zuckerschalen
3.000 Schalen, die ca. 1,5 l fassen
Diese Teewaren sollen immer in Serien mit einem Muster geliefert werden.

Desweiteren wurden in dieser Bestellung aufgeführt:

8.000 kleine Tassen mit einem Henkel für Kaffee oder Schokolade
10.000 einfache Kaffeetassen
10.000 einfache Schalen oder Haferbreischalen
3.000 Halbliter-Schüsseln
3.000 Schalen dito
3.000 1-Liter-Schüsseln
3.000 Schalen dito
1.000 3-Liter-Schalen für Punsch
1.000 4,5-Liter Schalen für dito
200 6-Liter-Schüsseln
3.000 kleine, tiefe Teller zum Backen.

Diese Bestellung für die Saison 1710-1711 bestand aus 234.000 Artikeln, die alle zum Gebrauch bei Tisch bestimmt waren. Es ist nicht bekannt, welche Muster verschifft wurden, da die Verkaufskataloge nicht das Dekor, sondern nur die Artikel beschrieben. Man kann jedoch davon ausgehen, daß zwei Drittel jeder Ladung mit einfachen Landschaften oder floralen Mustern in Unterglasurblau bemalt war.

In der Saison 1751-1752 ankerten mindestens 16 europäische Schiffe in Whampoa flußabwärts bei Kanton. Zusammen wog die Fracht 3.200 Tonnen und bestand aus 3.200.000 Porzellanobjekten. Diese Zahl berücksichtigt aber nicht die spanischen und portugiesischen Schiffe, die von Macao aus verkehrten, noch die »Regionalschiffe«, die Warenladungen nach Indien zur weiteren Verschiffung brachten. Der Import von chinesischen Gütern nach Europa war also sehr umfangreich.

DIE QUALITÄT DES EXPORT-PORZELLANS

Als 1985 die Fracht des holländischen Schiffes »Geldermalsen« geborgen wurde, kam das typische Dekor und das gewaltige Ausmaß des »alltäglichen« importierten Porzellans ans Tageslicht. Die »Geldermalsen« sank auf ihrer Heimfahrt von Kanton am 3. Januar 1752 mit einer Fracht von 223.303 chinesischen Porzellanobjekten, die 220 Tonnen wog und in China 9.000 Pfund gekostet hatte. Von dieser Fracht (die auch Goldbarren und Tee beinhaltete) wurden mehr als 150.000 Porzellanobjekte geborgen, die in so gutem Zustand waren, daß sie auf einer Auktion 1986 in Amsterdam verkauft werden konnten.

Wenn man die große Zahl der beförderten Stücke bedenkt, war die Fracht der »Geldermalsen« erstaunlich profan und beschränkt mit ihrem blau-weißen Dekor. Ebenfalls überraschend war, daß viele Stücke sowohl in Unterglasurfarben als auch teilweise mit Aufglasurfarben oder Vergoldung versehen waren. Dieser Imari-Stil des Dekors steht nicht in den prinzipiellen britischen Aufträgen, wurde aber zweifelsohne in großen Mengen importiert, da es noch viele Beweisstücke gibt. Englische Manufakturen besonders die in Bow, Vauxhall, Worcester und Liverpool stellten auch ähnliche, gemischte Dekore her.

Auf der »Geldermalsen« befand sich auch viel »Batavia-Porzellan«, benannt nach der Hauptniederlassung der holländischen Kompanie auf Java. Es war ziemlich großzügig in Blau-Weiß bemalt, allerdings wurde die Außenseite der Schalen und Teller mit einer braunen Lasur versehen. Es handelte sich in der Regel um Teewaren einfacher Qualität. Die meisten Exemplare, die sich jetzt noch in Europa finden, scheinen aus der Periode vor dem Untergang der »Geldermalsen« zu stammen. In den Verkaufsaufzeichnungen des frühen 17. Jahrhunderts tauchen »braune Teetassen« in Massen auf. »Batavia-Waren« sind das einzige chinesische Porzellan, das in England nicht kopiert wurde, obwohl es als Perlware und in Meißen imitiert wurde.

Die geringe Qualität der Fracht der »Geldermalsen« überrascht viele heutige Sammler, deren Vorstellungen sich an den außergewöhnlichen Stücken in Museen oder Bildbänden orientieren. Aber diese stehen nicht stellvertretend für das Gros des produzierten Porzellans. Einige Jahre vor dem Untergang der »Geldermalsen« hatten die Engländer Grund, sich über die Qualität ihres en gros gekauften Porzellans zu beschweren:

»...Das Porzellan, das in den letzten zwei bis drei Jahren heimgebracht wurde, war sehr plump und gewöhnlich, kaum besser als Delftware. Sie müssen sehr darauf achten, daß Sie jetzt etwas besseres erhalten, und lassen Sie die Kaufleute wissen, daß Sie in Zukunft nur bessere Waren kaufen werden...«
Aus den Anordnungen für den Frachtaufseher, datiert 21. Dezember 1748.

DER VERKAUF DES EXPORT-PORZELLANS

Aufgrund der Satzung mußten alle Importe der Kompanie auf Auktionen verkauft werden. Das Porzellan in England wurde in großen, gemischten Posten verkauft und nicht als Einzelstücke. So konnte die Kompanie ihre Importe mit einem Minimum an Kosten und Aufwand veräußern. Die Käufer mußten auch alle Mängel hinnehmen. Sogar Posten zerbrochenen Porzellans fanden ihre Käufer. Die Regierung erhielt ihren Anteil über die Zollbehörde.

Die Großhandelsposten wurden nur grob beschrieben. Oft stimmte die Anzahl der Tassen und Unterteller nicht überein, wie aus einem Beispiel von zwei Posten der »Dashwood«, die im April 1703 versteigert wurden, ersichtlich ist:

1330 Teetassen
1480 Untertassen

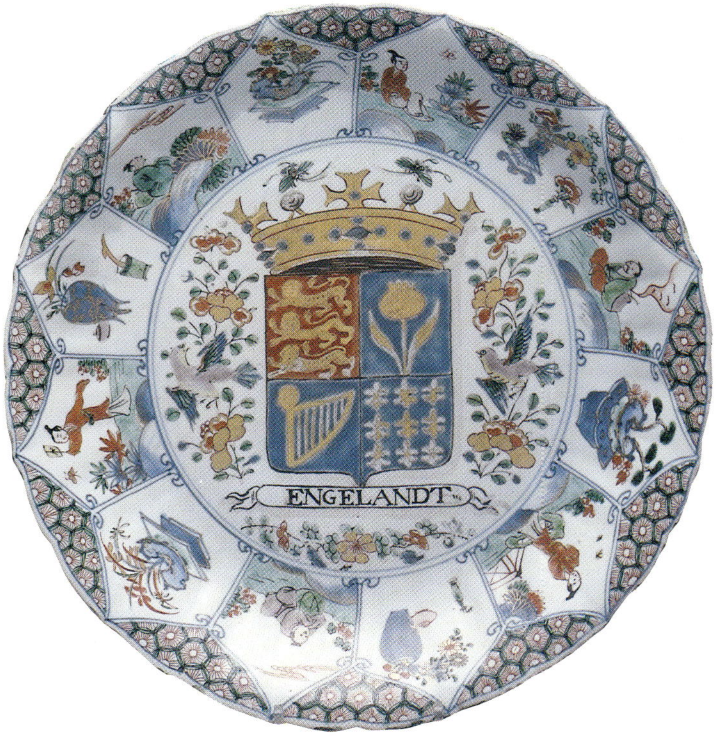

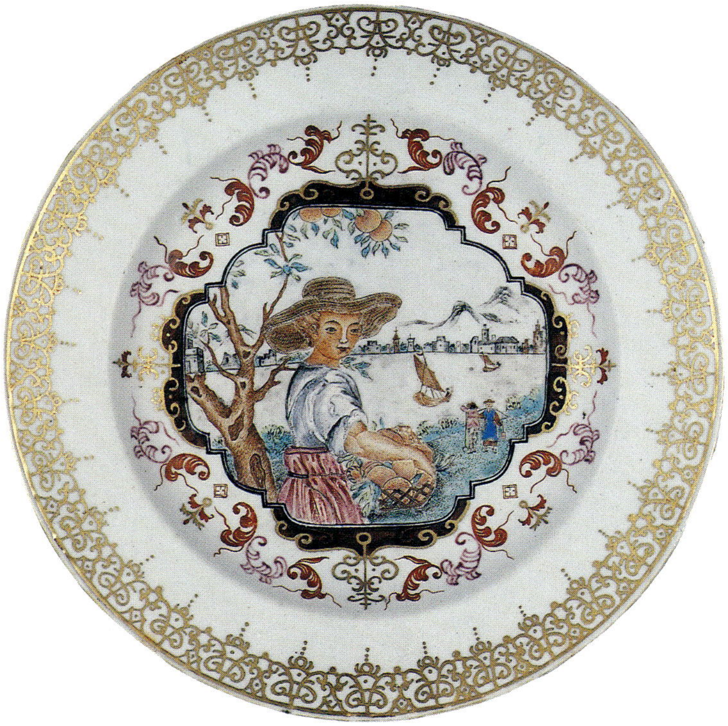

2760 Teetassen
2420 Untertassen

Die hier beschriebenen »Teetassen« waren wahrscheinlich die traditionellen chinesischen Teeschalen.

Porzellanhändler kauften diese Posten, um sie in kleineren Mengen wiederzuverkaufen. So konnte ein Posten von hundert Teekannen auch hundert einzelne Käufer finden sowie durch viele Hände laufen und weit über die britischen Inseln verstreut werden. Unter den Aufträgen oder anschließenden Verkäufen der frühen Importe befand sich nur sehr selten ein komplettes Tee- oder Tafelservice. Diese wurden erst später von den Händlern zusammengestellt. Ungefähr ab 1765 wurden jedoch komplette Service geliefert. Private Aufträge, z.B. für Wappen konnten etwa ab 1690 bedient werden.

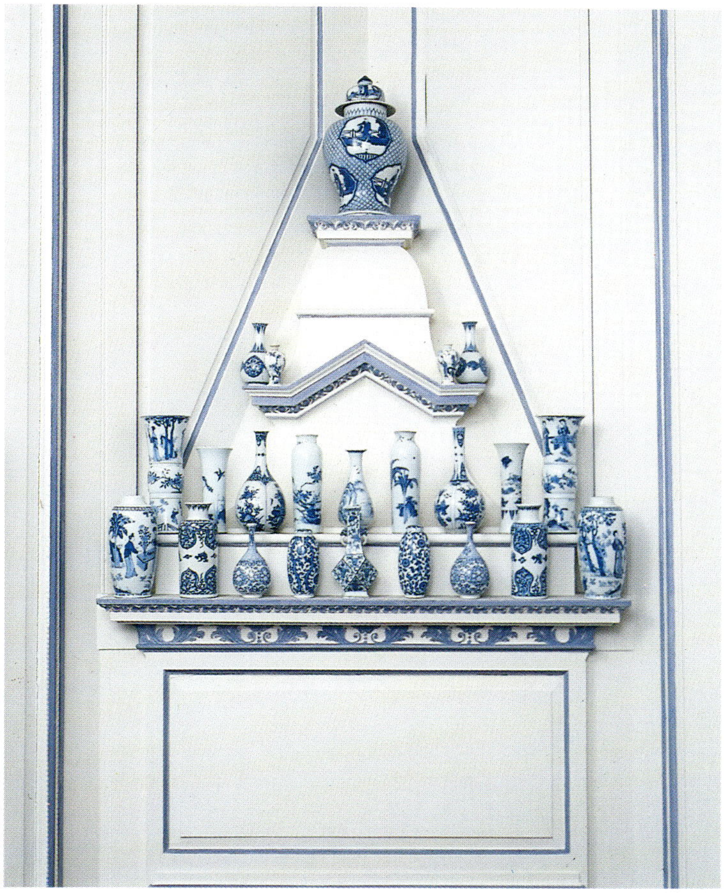

FAMILLE-ROSE-TELLER IM MEISSENER STIL, QIANLONG-PERIODE, 1735-1795 (23 cm) *(OBEN)*

FAMILLE-VERTE-SCHALE, KANGXI-PERIODE, 1662-1722 (34 cm) *(OBEN LINKS)*

BLAU-WEISSES PORZELLAN, MEIST KANGXI-PERIODE, ca. 1700
Diese Sammlung präsentiert sich im Stile des 18. Jahrhunderts

DIE KOSTEN DES EXPORT-PORZELLANS

Genaue Angaben über den Preis eines Objektes, wie z.B. einer Teeschale mit Unterteller, einer Teekanne oder sogar eines Tellers, sind schwer zu machen, aber im allgemeinen war chinesisches Porzellan verhältnismäßig billig. Es gab auch keine festen Preise. Der Preis richtete sich immer nach der Menge oder der Qualität des Dekors, nach dem Verkaufsort und danach, wieviele Zwischenhändler daran verdienten. Die empfohlene Handelsspanne eines Londoner Großhändlers an einen Einzelhändler in Bath betrug beispielsweise dreiunddreißig Prozent, wobei der Großhändler seine Kosten und seinen Gewinn bereits berechnet hatte. Eine farbig glasierte Tasse würde ca. fünfzig Prozent mehr als eine einfache, blau-weiße kosten, und ein chinesisches Service kostete weniger als ein vergleichbares englisches. Japanisches Porzellan dagegen war wiederum teuerer als chinesisches.

Das Gestz von Angebot und Nachfrage galt auch für chinesische Waren. Manchmal war der Markt überschwemmt, z.B. als die »Geldermalsen« auf dem Weg nach Kanton war, war der englische Markt mit chinesischem Porzellan gesättigt. Dann gab es wieder Engpässe, da Schiffe verspätet waren oder verloren gingen. All dies wirkte sich auf den Preis aus.

Die Porzellanpreise in Kanton waren sehr niedrig, z.B. kosteten 1755 10.236 blau-weiße Teller 112 Pfund. Der Aufrufpreis für einen Teller bei englischen Großhandelsversteigerungen lag zwischen acht Pence und einem Shilling, wobei Steuern, Kommissionen und Gewinnspannen die Grundkosten steigerten. Der Endpreis betrug wohl für einen blau-weißen Teller durchschnittlicher Qualität ca. einen Shilling und mehr. Beschädigte Waren kosteten weniger, ließen sich aber dennoch gut verkaufen.

Auch wenn die chinesischen Importe teuerer als die vergleichbaren blau-weißen Teller aus Bow oder anderen englischen Manufakturen gewesen wären, hätte der Käufer wohl dennoch die asiatischen Waren bevorzugt. Sie waren technisch ausgefeilter und angenehmer im Gebrauch; sie waren nicht verzogen, und die Glasur wies keine Blasen oder schwarzen Flecken auf.

FAMILLE-ROSE-TELLER UND BLAU-WEISSER SUPPENTELLER, MITTLERES 18. JAHRHUNDERT (23,2 cm)

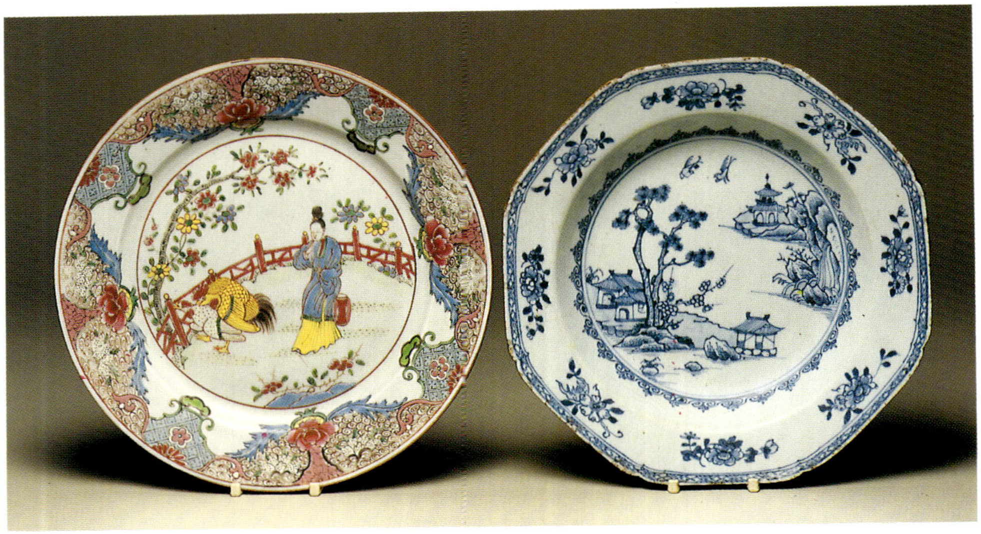

SELADONE UND SWATOW-PORZELLAN

Einen weiteren, großen Anteil der Exportwaren bildeten die Seladone. Die frühesten Seladone, eine Entwicklung von Yueh, gehen auf die Song-Dynastie zurück und wurden nach Indien, Persien und Ägypten geliefert. Die dem westlichen Auge wohl vertrautesten Seladone sind die aus der Umgebung von Longquan und Hangzhou in der Provinz Zhejiang, die während der südlichen Song-, der Yuan- und Ming-Dynastie entstanden. Diese Waren wurden nach Südostasien, Afrika, dem Mittelmeerraum, nach Japan und auf die Philippinen exportiert.

Die Longquan-Seladone waren stark konzentriert (vielleicht blieben deswegen soviele Stücke unversehrt) und wurden bei einer hohen Temperatur (1280-1350 Grad) gebrannt. Die grüne Glasur ist dick und bedeckt in der Regel die Basis, abgesehen von einem zentralen, unglasierten Ring, der beim Brennen zu einem kräftigen Orange wird. Es wurden herrlich geformte Schalen (einige mit einem Durchmesser von fünfzig Zentimeter), Schüsseln und Vasen produziert mit eingepreßtem oder eingraviertem Fisch-, Drachen- oder Blumendekor.

In Jingdezehn wurden Seladone noch bis zum Ende des 14. Jahrhunderts hergestellt, um dann den blau-weißen Waren zu weichen. Sie wurden jedoch während der Qing-Dynastie wieder produziert, wobei die Glasur ein typisches, feines, transparentes Olivgrün aufwies, das den Gefäßkörper klar erkennen ließ. Es wurden auch sehr schöne Kopien von früheren Seladonen angefertigt, die selbst das Expertenauge täuschen können.

Swatow-Porzellan wurde wahrscheinlich in der Provinz Fujian hergestellt und wurde ab dem 16. Jahrhundert in großen Mengen nach Japan, Indonesien, Malaysien, Indien und dem Nahen Osten exportiert. Einige Stücke wurden eigens für den europäischen Markt produziert. Das Dekor wurde meist in Unterglasurblau gehalten, manchmal aber auch mit Aufglasurrot, -grün und -türkis ergänzt. Zu den Themen gehörten Landschaften und häufiger Tiere, Vögel und Fische sowie Wild, Kraniche, Phönixe und Drachen. Die Motive sind frei und spontan gezeichnet und gefallen besonders dem modernen Betrachter. Oft bedeckt das Dekor das ganze Objekt. Die Glasur ist jedoch dick aufgetragen und zerspringt leicht, wodurch das Dekor verwischt erscheint. Große Krüge mit Haltegriffen an den Schultern, Teller, Deckeltassen und Ölkrüge wurden für den täglichen Gebrauch produziert, aber in Europa findet man am häufigsten große Teller, manchmal mit Wellenrand, mit einem mittleren Feld, in dem ein Kranich oder ein Phönix dargestellt wurden.

SPÄTES MING- UND FRÜHES QING-EXPORT-PORZELLAN

In Übersee gab es bereits vor der Herrschaft des Ming-Kaisers Wanli (1573-1619) Zeugnisse über chinesisches Porzellan, in Europa gab es aber erst ab diesem Zeitpunkt einen bedeutenden Import dieser Waren.

Das Wanli-Porzellan wurde in Unterglasurblau bemalt und spiegelt in Form und Dekor eher den chinesischen als den europäischen Geschmack wider. Am Ende dieser Periode scheint das Blau schlechter zu werden; es wird blasser und hat einen Graustich. Es werden Schalen, Wasserflaschen, Kendis (oft in Form eines Elefanten oder Frosches und im Mittleren Osten oft als Wasserpfeife benutzt) und Weinkaraffen produziert. Aber die häufigste Form ist die Schale mit abwechselnd breiten und schmalen Feldern, die von einem sechseckigen Medaillon strahlenförmig ausgehen, deren Dekor aus Blumen und Felsen, oft mit Vögeln und manchmal mit Grillen oder Tieren besteht. Die glasierte Basis weist manchmal radiale Spuren auf, und ab und zu befindet sich am Fußrand Sand. Diese Merkmale findet man nicht bei späteren chinesischen Kopien oder bei ähnlichen Stücken aus Arita (Japan) des späten 16. Jahrhunderts, die man meist an ihren Spornabdrücken an der Basis erkennen kann. Solche Importstücke waren typisch für das Kraak-porselein.

Das Wanli-Dekor folgt meist auf das früherer Ming-Perioden, wobei aber der menschlichen Gestalt und Sagentieren sowie daoistischen und buddhistischen Symbolen mehr Bedeutung beigemessen wird. Es wurden auch polychrome Waren exportiert, entweder in drei Farben (Sancai) oder in fünf Farben (Wucai) bemalt.

Die Zeit vom Tode des Kaisers Wanli bis zur Thronbesteigung des Qing-Kaisers Kangxi 1662 wird als »Übergangsperiode« bezeichnet. In dieser turbulenten Periode wurden die Ming-Herrscher von den Mandschu abgesetzt und zettelten daraufhin Rebellionen gegen diese an. Somit unterstand die Porzellanindustrie nicht mehr dem kaiserlichen Schutz. Manche Öfen, wie z.B. 1675 die von Jingdezhen, wurden zerstört. Die Manufakturen versuchten den Verlust an kaiserlichen Aufträgen dadurch auszugleichen, daß sie Dekor und Form an die Wünsche in Übersee anpaßten, wovon dann große Mengen exportiert wurden.

Dem fremden Geschmack entsprechend wurden auch neue Objekte hergestellt – z.B. Schnabelkrüge, Humpen, Kerzenhalter und Senftöpfe. Blau-weiß dominierte wie zuvor, aber das Blau war dunkler mit einem leicht violetten Stich auf klarem, weißen Porzellan. In den vierziger und fünfziger Jahren des 17. Jahrhunderts war der Scherben oft fleckig oder gräulich. Grund hierfür war ein Fehler des Ofens, sodaß während des Brennens feiner Staub oder Sand auf die Glasur gelangte. Die früheren Vasen, Flaschen, Wasserkrüge u.ä. hatten meist eine flache, unglasierte Basis, die grob mit einem Messer abgeschnitten war. Ungefähr ab 1645 wurde sie ordentlicher auf der Drehscheibe bearbeitet. Eine weitere Innovation war ein braune Lasur auf den Rändern, wohl als Verstärkung gedacht. Alles chinesische Porzellan, mit Ausnahme der weichen Huashi-Waren, ist hart.

Die Holländer kontrollierten von Batavia aus den größten Anteil des Exports nach Europa, oft erscheint daher eine stilisierte Tulpe auf den Schalen und anderen Objekten. Die häufige Verwendung chinesischer Formen und Dekore auf holländischen Delftwaren des späten 17.Jahrhunderts belegt die hohe Wertschätzung der chinesischen Importe. Der Handel zwischen China und Japan war ebenfalls beträchtlich. Für den japanischen Markt wurden Hunderte von Dekoren, sowohl in blau-weiß als auch polychrom, geschaffen, ebenso für Malaysien, Indonesien und den Nahen Osten. In diesem Zusammenhang ist die Bergung eines ca. 1645 gesunkenen Handelsschiffes im südchinesischen Meer durch Kapitän Hatcher 1983/4 von besonderer Bedeutung: unter der Ladung befand sich chinesisches Porzellan, das Formen aufwies, die bis dato nicht mit der Übergangsperiode in Verbindung gebracht worden waren, sowie Objekte, die normalerweise nicht nach Europa exportiert wurden. Abgesehen von den Kraak-Tellern, Flaschen, Schalen und den allgegenwärtigen Kendis gab es Grillenkäfige, Betelnußdosen, Obstimitationen, Teekannen mit geradem Ausguß und viele andere Objekte für den täglichen Bedarf.

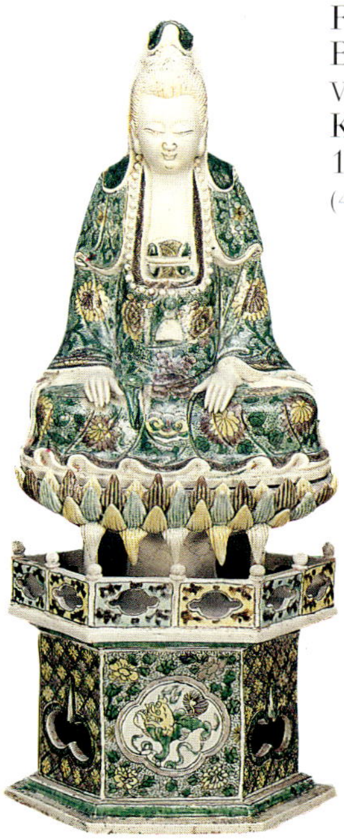

FAMILLE-VERTE-BISKUIT-FIGUR VON GUANYIN, KANGXI-PERIODE, 1662-1722
(40,6 cm)

Die Herrschaft des zweiten Qing-Kaisers Kangxi dauerte von 1662 bis 1722, aber die ersten zwanzig Jahre sind der Übergangsperiode zuzurechnen. 1683 übernahm der Hof wieder das Patronat und die Kontrolle über die Manufaktur in Jingdezhen und ernannte einen Direktor. Die schönsten Stücke wurden wiederum für den kaiserlichen Gebrauch gemacht. Auch viele der exportierten Stücke wiesen eine im Westen noch nicht dagewesene Qualität auf. Manche Experten betrachten das blau-weiße Kangxi-Porzellan als das technisch brillanteste Porzellan, dessen Qualität nie mehr erreicht oder übertroffen wurde.

Anfang des 17. Jahrhunderts, als der Hafen Kanton für den Handel geöffnet wurde, nahmen die Exporte nach Europa sehr zu. 1715 erhielt die englische Kompanie die Erlaubnis, einen Handelsposten auf dem Festland zu errichten. Anfangs bezogen sich die meisten Aufträge auf unterglasurblaues Porzellan. Im letzten Jahrzehnt des 17. Jahrhunderts wurde Dekor in der Famille-verte-Palette verwendet, das sich von dem früheren Wanli-Wucai-Dekor ableitete, allerdings mit Emailfarben auf der Glasur anstelle des traditionellen Unterglasurblaus der Ming-Periode. Diese Stücke wurden fast ausschließlich in den privaten Manufakturen von Jingdezhen produziert.

Weitere Neuerungen dieser Periode, die auch in gewissem Ausmaß exportiert wurden, waren Stücke in Puderblau (bleu soufflé), manchmal vergoldet und manchmal mit Feldern in Unterglasurblau oder Famille verte, Waren in Famille-noire-Palette, wobei üder den schwarzen Überzug eine durchsichtige, grüne Glasur gelegt wurde, und am Ende der Periode Stücke in Famille-rose-Palette mit dominierendem Rosa, das aus Goldchlorid gewonnen und aus Europa eingeführt worden war. Es wurden ebenfalls viele einfarbige Objekte hergestellt. Zu den Farben gehörten Grüntöne, das viel bewunderte Gelb, Claire de lune, die Farbe der Pfirsichblüte, Sang de boeuf und Spiegelschwarz. Eine weitere Innovation war die »Ei-und-Spinat-Dekorform«, die sich aus einem gesprenkelten Gelb, Grün und Aubergine zusammensetzte.

Jede vorstellbare Form, die in Übersee gewünscht wurde, konnte in Jingdezhen aus Porzellan hergestellt werden. Meist waren es jedoch Gegenstände des täglichen Bedarfs: Teller mit Gewürzrand, Teeschalen und -tassen mit Untertellern, Teekannen und seltener Kaffee- uund Schokoladekannen, Nachttöpfe, Salzstreuer, Senftöpfe, Kerzenleuchter, Humpen, Wasserkrüge und Waschschüsseln und Garnituren von drei oder fünf Vasen, Bechern und Schalen. Zu den bewundertsten Stücken gehörten aber wohl die zylindrischen Balustervasen und Deckelkrüge, die mit Hof- und Jagdszenen, mit Prätiosen, mit den acht Unsterblichen und ihren Attributen, mit blühenden Pflaumenzweigen und -blüten und mit Szenen der Literatur dekoriert waren.

FAMILLE-VERTE-TERRINE, KANGXI-PERIODE, 1662-1722 (33 cm)
Diese Terrine wurde einer europäischen Silberarbeit nachempfunden.

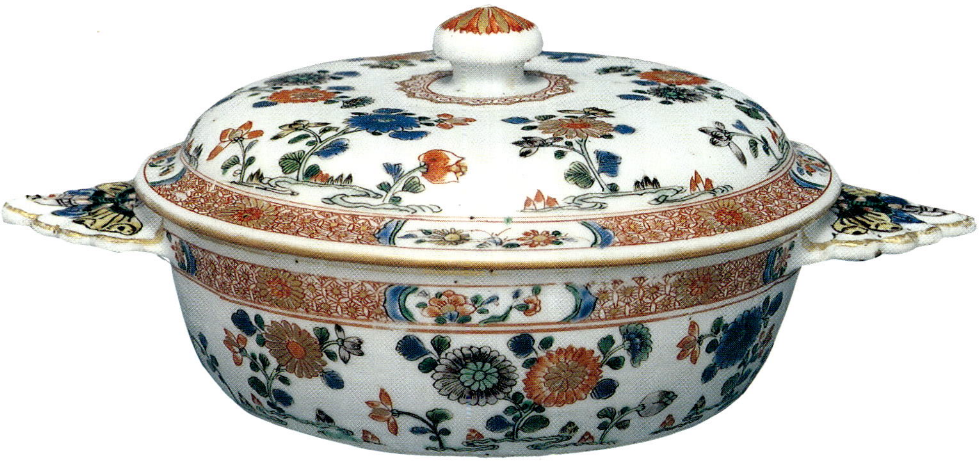

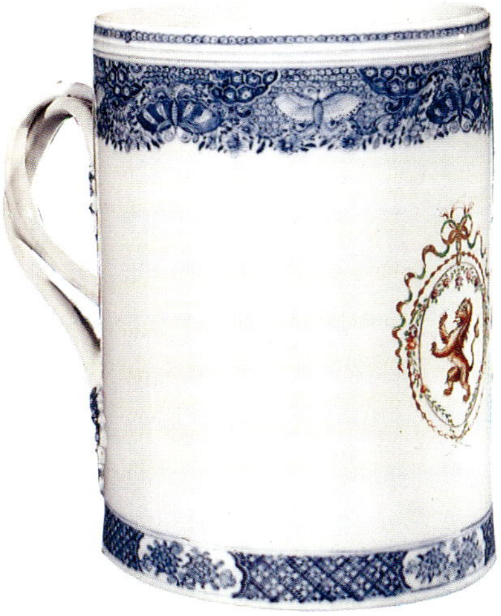

HUMPEN, ca. 1785-95 (22,2 cm)
Die unterglasurblauen Fitzhugh-Ränder schließen ein Wappen in der Famille-rose-Palette ein, das in Kanton auf diesen Jingdezhen-Humpen gemalt wurde. Der verschlungene Henkel ist für diese Periode typisch.

EXPORT-PORZELLAN DES 18. JAHRHUNDERTS

Die Nachfolge des Kaisers Kangxi trat 1722 dessen vierter Sohn Yongzhen an, dessen Herrschaft bis 1735 andauerte. Während dieser Periode nahmen die Exporte der Famille-verte- zugunsten der Famille-rose-Porzellane ab. Blau-weiße Stücke wurden etwas weniger produziert und blieben in Form und Dekor unverändert. Objekte der Famille rose wiesen dagegen eine sehr hohe, danach nicht mehr erreichte Qualität auf. Bemerkenswert sind die Teller und Schalen, die beinahe so dünn wie Eierschalen waren, die wunderbar mit einfachen, aber harmonischen Szenen, wie z.B. Vögel auf Ästen, langschwänzigen Fasanen, blühenden Pflanzen und früchtetragenden Zweigen, Familienszenen mit Erwachsenen und Kindern, bemalt waren. Die meisten waren im sog. chinesischen Stil dekoriert. Bei manchen Stükken war Fond und Rückseite in Rubinrot gehalten. Das Porzellan bestand aus einem klaren, weißen Scherben, der eine ideale Oberfläche für die feine Bemalung aufwies. Bemerkenswert sind auch die Teller mit mehreren Rändern, deren Bemalung zwar noch immer von hoher Qualität ist, allerdings dichter und eher dem westlichen Geschmack angepaßt ist.

Garnituren wurden weiterhin exportiert, auch wenn sich die Form der Becher wandelte und es manchmal sieben anstatt der herkömmlichen fünf Stücke waren. Die Fußränder sind meist breiter als in der Kangxi-Periode.

Während dieser Periode wurde es auch anderen ostindischen Kompanien erlaubt, sich auf dem Festland niederzulassen, 1728 den Franzosen, 1729 den Holländern, 1731 den Dänen und 1732 den Schweden. Kanton blieb der wichtigste Hafen. Einige der in Jingdezhen angefertigten Porzellanobjekte wurden während dieser Periode zum Bemalen und nochmaligen Brennen in den Muffelöfen nach Kanton gesandt, wo es bereits eine beachtliche Industrie zur Emaillierung von Metallobjekten gab, vor allem für Famille-rose-Objekte. Die Stücke in Unterglasurblau und in der Famille verte- oder Imari-Palette (s. S. 52) wurden weiterhin am Ort der Herstellung bemalt.

Kaiser Qianlong bestieg 1735 den Thron und regierte wie sein Großvater Kangxi 60 Jahre lang. In dieser Periode verstärkte sich der europäische Einfluß. Im Laufe der Herrschaft verschlechterte sich aber auch zusehends die Qualität des exportierten Porzellans. Dennoch wurde es in großen Mengen ausgeführt und blieb auf den Überseemärkten aufgrund seines relativ geringen Preises und seiner Haltbarkeit bis zum Ende des 18. Jahrhunderts dominierend, obwohl es nun auch schon heimische Porzellanindustrien gab.

Die Famille-rose-Palette war dominierend, knapp gefolgt von Unterglasurblau, besonders bei großen Tee- und Tafelservicen. Die rosa Glasurfarben besitzen nicht mehr ihre Durchsichtigkeit, und ihre Harmonie wurde durch den Einsatz eines Aufglasur-Eisenrots zerstört.

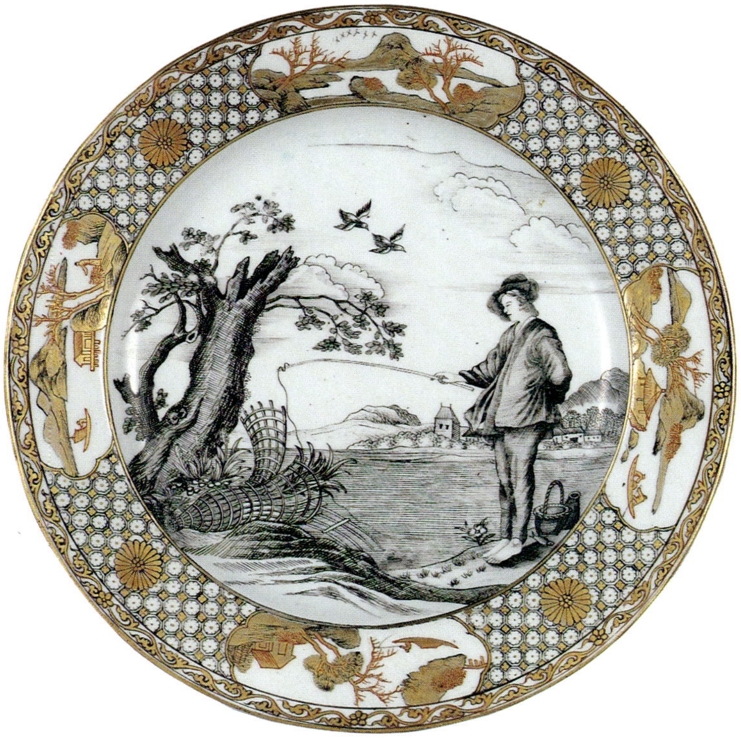

PLATTE MIT GRISAILLE-DEKOR, ca. 1750 (23 cm)
Das Dekor dieser herrlichen Platte entstand nach einem Stich von C.J. Visscher, der ihn nach einer Zeichnung Abraham Bloemaerts anfertigte.

In dieser Periode gab es keine bedeutenden Innovationen, obwohl die Flambé-Glasuren ihren Höhepunkt mit Schattierungen von Türkis bis zu einem warmen und dunklen, roten Purpur erreichten. (Die Glasur ist oft etwas gesprungen oder hat sich am Fußrand gesammelt.) Weitere monochrome Stücke waren Türkisblau, Grün, Korallenrot und Saphirblau.

Zu dieser Zeit erhielten die Ostindienkompanien die Erlaubnis, ihre eigenen »Fabriken« (Hongs) in China zu errichten. Die erste wurde kurz nach 1749 eröffnet (die Amerikaner errichteten 1784 nach dem Unabhängigkeitskrieg ihre eigene); sie wurden 1822 niedergebrannt und nach dem Wiederaufbau 1855 nochmals durch Feuer zerstört und danach nicht mehr aufgebaut.

1796 bis 1820 folgte die Jiaqing-Herrschaft. Der Handel mit Europa nahm weiter ab, teilweise als Antwort auf die napoleonischen Kriege, aber auch aufgrund der Errichtung von Porzellanmanufakturen in Europa.

DIE PRODUKTIONSZENTREN

Am bedeutendsten war der riesige Komplex in Jingdezhen in der Provinz Jiangxi. Ideal gelegen aufgrund seiner Binnenwasserwege und seiner Nähe zu Porzellanrohstoffen. Viele Beschreibungen der Manufakturen wurden überliefert, aber die umfassendste geht wohl aus den Briefen des französischen Jesuiten-Missionars, Pater d'Entrecolles, hervor, der Ende des 17. Jahrhunderts nach China ging und 1741 in Beijing starb. In seinen vielzitierten Briefen von 1712 und 1722 beschreibt er die »langen Reihen von Barracken, in denen viele Arbeiter leben und arbeiten, die alle eine bestimmte Aufgabe haben. Jedes Porzellanstück ... geht durch die Hände von mehr als zwanzig Personen... Es wird gesagt, daß ein gebranntes Stück die Hände von siebzig Arbeitern durchläuft.« Er berichtet auch von dreitausend Brennöfen, deren Schein in der Nacht die Stadt erleuchteten.

Jingdezhen wurde von einem kaiserlichen Beamten regiert. Die Hauptaufgabe war die Herstellung des feinsten Porzellans für den Kaiser, seine Familie und den Hof. Es gab auch unzählige kleinere, private Brennöfen (oder Manufakturen), die neben den kaiserlichen Aufträgen auch private annehmen durften; hier wurde das meiste Exportporzellan produziert.

Dehua in der Provinz Fujian war das Zentrum der Herstellung des Blanc de Chine (obwohl auch blau-weißes Porzellan hergestellt wurde), das wohl schon jahrhundertelang produziert worden war, bevor es im Lauf des 17. Jahrhunderts in den Westen exportiert wurde. Es wurde viel bewundert (siehe die Johannes-Sammlung in Sachsen) und in Meißen, in St. Cloud, Chantilly und Vincennes in Frankreich, in Bow, Bristol und Chelsea in England kopiert.

Der Scherben ist cremigweiß, glasig und besonders lichtdurchlässig. Die glänzende Glasur erscheint in vielen weißen Tönen, manchmal mit einer Spur Gelb oder Blau oder sogar Rosa. Beim Brennen entstandene Sprünge sind häufig, besonders bei größeren Figuren und Gruppen. Kendis, Weinkaraffen, Vasen, Teekannen, Weihrauchgefäße, Wasserkrüge und vieles mehr befanden sich unter dem Blanc de Chine, aber dem westlichen Betrachter sind wohl, abgesehen von den sog. Opferschalen, die Figuren und Gruppen am vertrautesten: Abbildungen von Buddha, den daoistischen Unsterblichen, Guanyin und vielen anderen Göttern, aber auch von Menschen (ein Adam und Eva benanntes Paar ist noch heute bekannt), Tieren, Schlangen und Vögeln. Am amüsantesten sind die einzelen Figuren europäischer Familiengruppen mit ihren unmöglichen Gesichtszügen.

DEKORSTILE

Die Grisaille-Waren, auch Jesuitenwaren genannt, wurden im ganzen 18. Jahrhundert ab der Yongzheng-Herrschaft nach Europa exportiert. Ihren Namen verdanken sie den vorherrschenden Grau- und Schwarzschattierungen, sie können aber auch Goldverzierungen oder fleischfarbene Töne aufweisen. Diese Palette wurde benutzt, um Drucke oder Stiche wiederzugeben, sie findet sich oft auf Teegeschirr, Tellern, Schalen und Vasen. Sie wurde zur Bemalung von Wappen und vielen anderen Objekten eingesetzt. Manche Dekorszenen weisen großes Fachkönnen auf, andere besitzen eine liebenswerte Naivität.

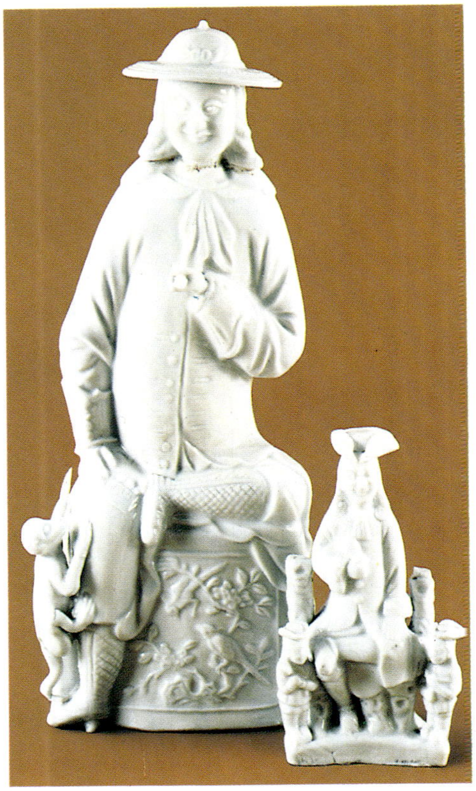

ZWEI BLANC-DE-CHINE-FIGUREN, DIE EUROPÄER DARSTELLEN, ca. 1700-10 (die größere Figur 31,8 cm)

Auch aus der Yongzheng-Periode stammt die Glasurfarbentechnik bianco sopra bianco. Hierbei werden die Stücke teilweise oder ganz mit weißer Glasur auf der Glasur verziert. Das Lotosdekor mit seinen konzentrischen Bändern von fein gezeichneten, überlappenden Blütenblättern taucht häufig auf, meist in reinem Rosa. Im Gegensatz hierzu steht das Tabakblattmuster mit seinem überschwenglichen, floralen Design (manchmal auch mit Figuren) in tiefem Unterglasurblau und hellen Glasurfarben auf einem Großteil der Oberfläche. Ab dem Ende des 18. Jahrhunderts war auch das »Fitz Hugh-Muster« beliebt, meist in Unterglasurblau, aber auch in Orange, Grün, Gelb und anderen Farben.

DER PRIVATE HANDEL

Auf einer Bestellung aus dem Jahre 1741 ist u.a. folgendes vermerkt: »Fünfhundert Saucièren wie das »Steinzeugmuster« Nr. 15 werden für ein weiteres Jahr bestellt.« Als Muster wurden wohl salzglasierte, englische Saucièren nach China geschickt, um kopiert zu werden, was darauf schließen läßt, daß nicht rechtzeitig für die laufende Saison produziert werden konnte und daher zur Auslieferung im nächsten Jahr bestellt wurde.

Nachdem chinesische Töpfer die Musterstücke englischen Steinzeugs in Jingdezhen kopiert hatten, hörte die Produktion nicht bei den bestellten fünfhundert auf. Es ist eher wahrscheinlich, daß viel mehr produziert und in Kanton auch anderen Ländern zum Kauf angeboten wurde, da es zu jener Zeit noch keine Urheberrechte gab.

Es gab auch Bestellungen für Porzellan, das sich in Muster und Form an Silber- und Glaswaren orientieren sollte. Spätestens 1710 stellte die Kompanie Joshua Bagshaw ein, um hölzerne Musterstücke für Porzellan anzufertigen.

Wahrscheinlich wurde bei den meisten Stücken, die die Kompanie en gros einkaufte, das Dekor den Chinesen überlassen, da die Engländer chinesische Designs den europäischen vorzogen. Wappen, Ziergegen-

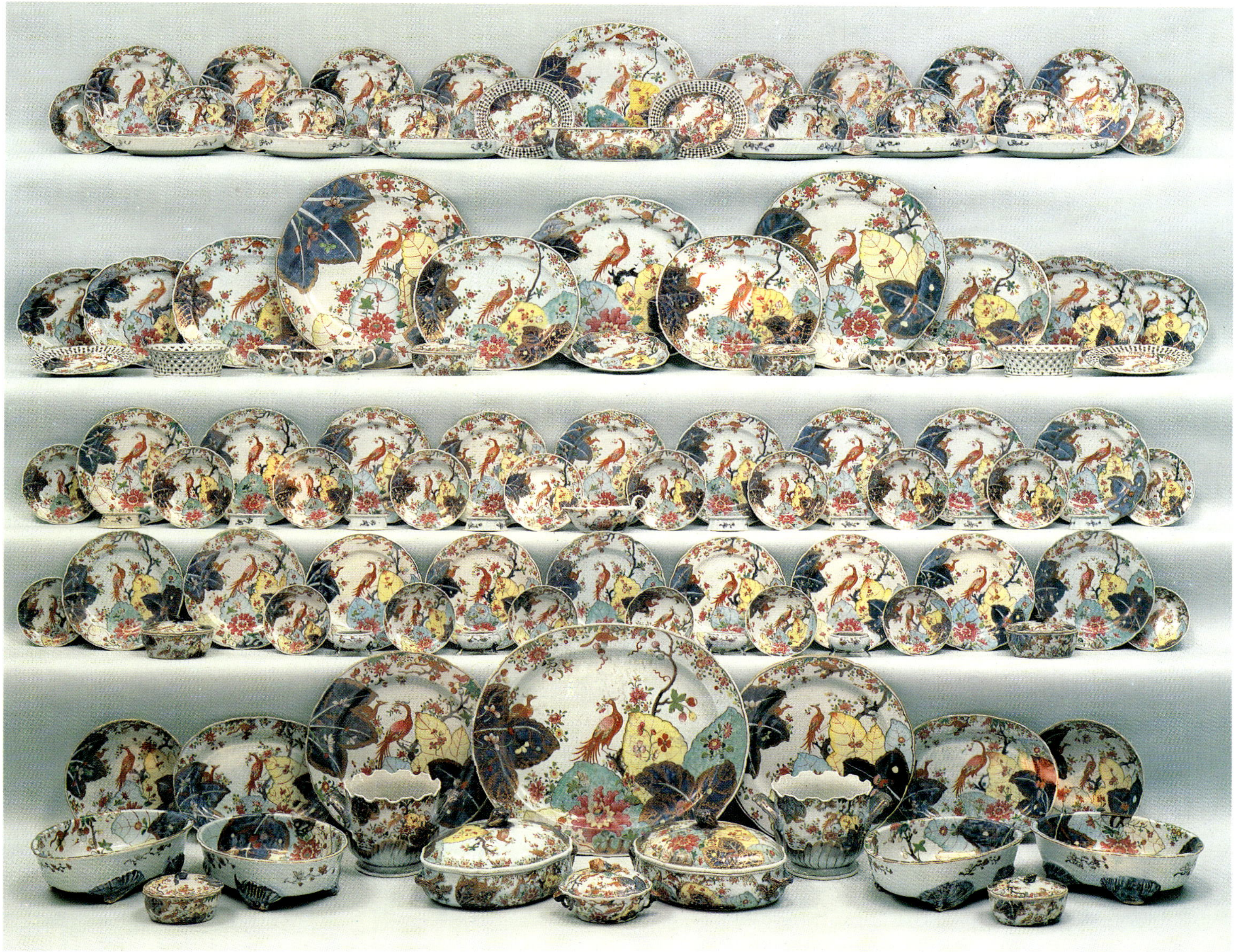

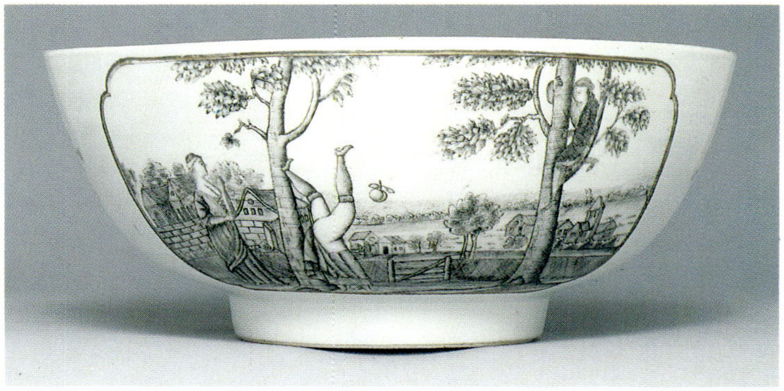

TAFELSERVICE MIT »TABAKBLATT-DEKOR«, QIANLONG-PERIODE, 1735-1795 *(OBEN)*

PUNSCHSCHALE MIT GRISAILLE-DEKOR, QIANLONG-PERIODE, 1735-1795 (29 cm) *(RECHTS)*

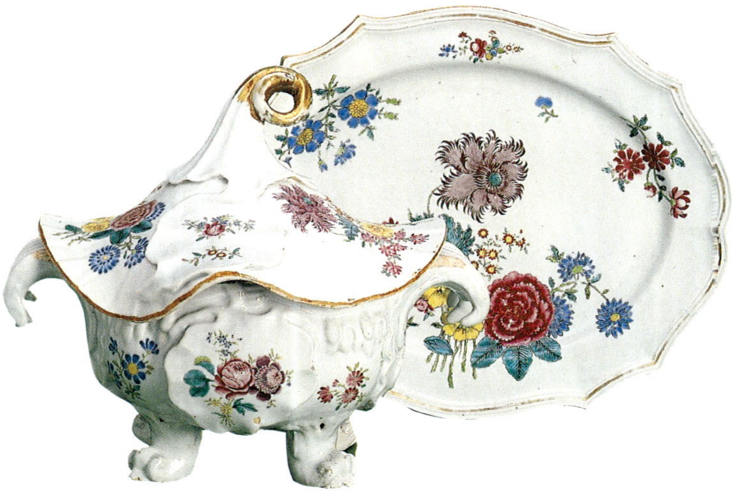

TERRINE, DECKEL UND UNTERSATZ MIT FAMILLE-ROSE-DEKOR, QIANLONG-PERIODE, 1735-1795 (43,2 cm)
Diese Rokoko-Terrine wurde einer europäischen Fayence nachempfunden. Bestellt wurden diese Stücke von den europäischen Ostindienkompanien.

stände mit Initialen, Stücke mit europäischen Szenen wie z.B. Jagdszenen waren doch Ausnahmefälle im privaten Handel. Für solche Bestellungen wurden Drucke oder Buchillustrationen nach China gesandt. Oft ist sofort erkennbar, daß die Chinesen jedes Detail minuziös kopierten, auch wenn oft ein einfacher Pinselstrich treffender gewesen wäre.

Exlibris, Zeichnungen oder Gemälde von europäischen Wappen wurden oft als Vorlage verwendet. Bei manchen Wappenaufträgen, die aus China geliefert wurden, mußte der Besitzer feststellen, daß seine Anweisungen zu genau genommen worden waren. Wenn ein Besitzer die Farbanweisungen – Rot, Gelb usw. – direkt auf die dafür vorgesehen Stelle geschrieben hatte, wiederholte der chinesische Maler lediglich diese Worte, die für ihn natürlich keinen Sinn hatten. In einem anderen Fall hatte der Besitzer auf das Exlibris »Unser Wappen« geschrieben, was vom chinesischen Künstler ebenfalls übertragen wurde.

Für das schönste chinesische Wappenservice, das je gemacht wurde – um 1740 von Leake Okeover in Auftrag gegeben –, malte der berühmte Künstler Devis die Vorlage des Familienwappens. Dieses Bild trägt den übersetzten Titel: »Das Wappen von Leak Oakover (sic!) Esq von Oakover.. eine Vorlage für chinesisches Porzellan, Vorlage bitte zurück.« Es wurde tatsächlich zurückgesandt und ist auf dem Familiensitz zusammen mit der Rechnung, die Devis für die Vorlage ausstellte, aufbewahrt worden. Nicht jede Familie machte solche Umstände, aber immer wurde ein Druck, eine Zeichnung oder ein Gemälde als Muster mitgeschickt, da die chinesischen Maler das europäische Alphabet nicht kannten, was ohnehin oft zu komischen Fehlern führte.

Man weiß wenig darüber, wie die Aufträge an die Kapitäne oder Frachtaufseher weitergeleitet wurden. Die führenden Porzellanhändler müssen irgendwie mit den Frachtaufsehern Kontakt aufgenommen haben. Es wurden wohl auch Aufträge in den Londoner Kaffeehäusern, einem Treffpunkt der Kapitäne, übergeben, wo auch die offiziellen Verkaufsankündigungen der Kompanie angeschlagen wurden. Garraways Kaffeehaus war eine der frühesten Einzelhandelsquellen für Tee (auch Teewaren waren erhältlich) und wird oft in den aufschlußreichen Berichten der Kompanie erwähnt:

»4.000 Kaffeetassen mit einer blauen Blume am Grund, außen und innen mit einem blauen Rand, so wie die, die in Garraways Kaffeehaus benutzt werden.«

Wahrscheinlich hatten die führenden Porzellanhändler, die Sonderaufträge annahmen, auch Muster von beliebten Formen, Bordüren, Positionen der Wappendetails usw. zur Auswahl. Verschiedene chinesische Mustertafeln aus dem 18. Jahrhundert sind erhalten geblieben.

Ungefähr ab 1720 wurde das Aufglasurdekor in Dekorwerkstätten in Kanton ausgeführt. 1769 berichtet Kapitän Hickey:

»Es wurden uns die verschiedenen Prozesse für das Dekor des Porzellans gezeigt. In einer langen Galerie waren mehr als hundert Menschen damit beschäftigt, die verschiedenen Ornamente auf jedem einzelnen Stück anzubringen, wobei manche Arbeiten von sehr alten Männern ausgeführt wurden und andere von Kindern, die erst sechs oder sieben Jahre alt waren…«

Die Chinesen waren ausgezeichnete Kopisten, und jede Zeichnung, jeder Druck und jedes Bild konnte auf Porzellan übertragen werden. Die Holländer sandten sowohl Zeichnungen als auch ihre Delftware nach China, um sie in Hartporzellan kopieren zu lassen. Darunter befanden sich Farbzeichnungen von Cornelis Pronk, »Mal- und Zeichenmeister« in Amsterdam. Seine Entwürfe waren meist figürlich, wie z.B. »La Dame au Parasol« und »La Visite des Docteurs«, innerhalb komplexer Umrahmungen und waren wahrscheinlich zu teuer, um ein kommerzieller Erfolg zu werden.

Am meisten wurden Service mit Familienwappen über den freien Handel in Auftrag gegeben, ca. 2.900 verschiedene Service können zurückverfolgt werden. Das ungefähre Herstellungsdatum kann aufgrund der Veränderungen des Wappens bei Heiraten leicht festgestellt werden. Der Vergleich der Stile der einzelnen Bordüren läßt eine ungefähre Datierung bei Porzellanobjekten ohne Wappen zu.

Meist wurden nur Teile des Wappens dargestellt und das volle Wappen nur auf den größeren und wichtigen Stücken abgebildet. Ungefähr ab 1770 wurden Initialen

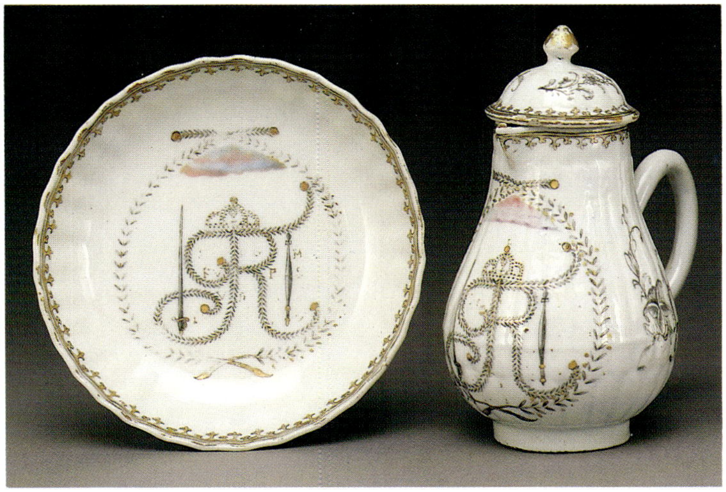

MILCHKRUG UND UNTERSATZ, datiert 1762 (Krug: 13 cm) *Das bekrönte Monogramm »FR« ist das von Friedrich d.Gr. mit seinem Schwert und Zepter.*

in das Dekor eingebaut, manchmal mit einem Schild mit wappenähnlichem Dekor.

Es überrascht, daß viele Aufträge nach China gesandt werden mußten, obwohl die englischen Manufakturen florierten. Selbst Londoner Zünfte, von denen man erwartet hätte, daß sie heimische Industrien unterstützten, bestellten in China ihre Punschschalen u.ä. Ein Grund war wohl, daß die Präsentationsobjekte ein gewisses Gütesiegel hatten, wenn sie in China produziert wurden. Es muß auch zugegeben werden, daß besonders bei Punschschalen die chinesischen Töpfer größere und bessere Exemplare als ihre englische Konkurrenz liefern konnten. Der Unterschied im Preis war nicht ausschlaggebend, da er nur gering war.

Das von den Europäern bestellte Porzellan umfaßte die verschiedensten Dinge – Hochzeitsservice, Krüge für schottische Bankiers oder für Gasthäuser in Kent und sogar Objekte mit politischem Dekor. Mindestens ein Teeservice trägt als Dekor minuziös kopierte Stiche aus einem medizinischen Buch des mittleren 18. Jahrhunderts – kaum das richtige Design für einen erlese-

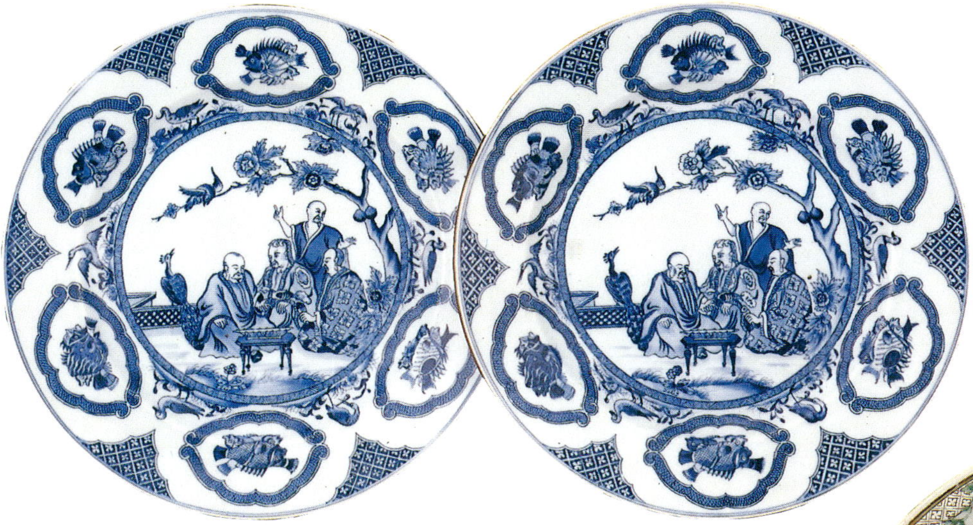

TELLERPAAR, BEMALT MIT »DER VISITE DES DOKTORS« NACH CORNELIS PRONK, YONGZHENG-PERIODE, 1723-1735 (23,1 cm)

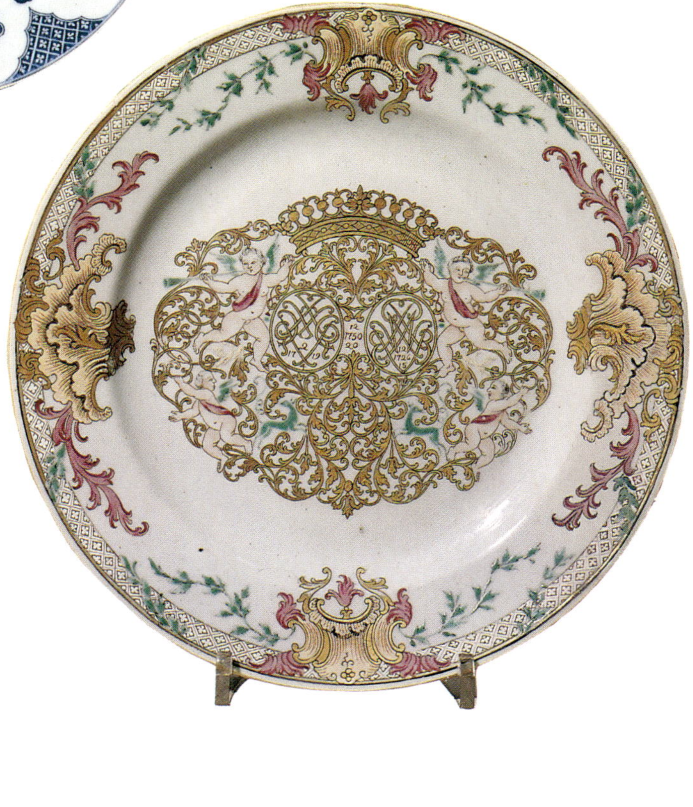

HOCHZEITSPLATTE MIT FAMILLE-ROSE-DEKOR, datiert 20. Dezember 1750 (22,2 cm) *(RECHTS)*

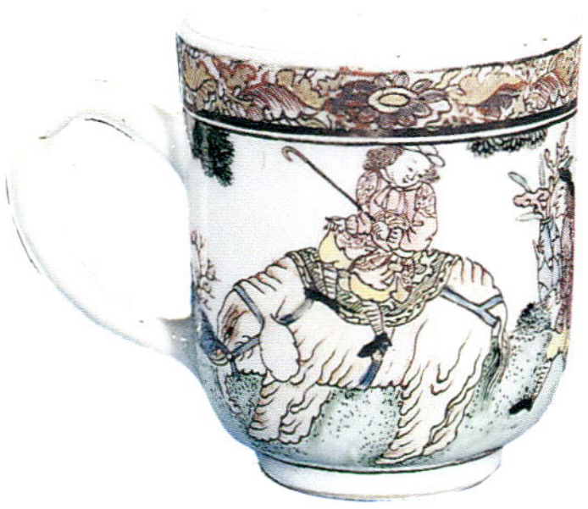

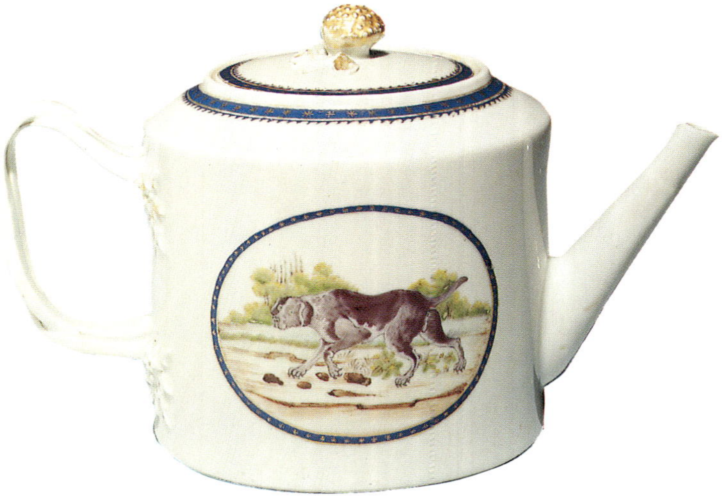

TEEKANNE, BEMALT MIT EINEM HUND, ca. 1790, (Höhe 14 cm) *(LINKS)*

TEETASSE, FAMILLE-ROSE-DEKOR MIT DREI EUROPÄERN, EINER DAVON AUF EINEM ELEFANTEN, ca. 1745 *(LINKS AUSSEN)*

nen Salon. Auch erotische Themen waren nicht ausgeschlossen, versteckt unter einer Schüssel oder im Inneren einer Tabatiere.

Stücke des privaten Handels waren in der Regel schön verziert und sind nicht nur mit Grisaille-Malerei versehen, sondern oft in der Famille-rose-Palette und seltener in Eisenrot und Gold gehalten. Die Themen sind weitgefächert: am häufigsten wird das Urteil des Paris, die Kirschpflücker, die Näherin und Juno mit Fasan dargestellt. Dann gibt es Schäferszenen nach Boucher und Watteau und mythologische Motive wie Neptun, Venus, Europa und der Stier sowie Apollo und Diana. Auch Don Quijote, Ernte- und Jagdszenen, Schotten im Kilt und Gebäude wie das Mansion House, Ironmongers Hall und Burghley House in London wurden dargestellt.

Einige Stücke wurden in Auftrag gegeben, um lokale Ereignisse festzuhalten. Als Beispiele seien genannt: die Aufstände in Rotterdam, die im späten 17. Jahrhundert stattfanden, oder der Vertrag von Fredericksburg, der 1720 zwischen Dänemark und Schweden unterzeichnet wurde, und die Enthüllung des Reiterstandbildes 1775 von König João I. von Portugal in Lissabon. Es gibt auch eine große Punschschale, die nach einem Stich aus dem Jahre 1783 bemalt ist, der unter dem Titel »The Aerostick Stage Balloon« bekannt ist und auf satirische Art eine Gruppe von Männern (Politikern?) mit ihren Damen darstellt, die in einem Ballon mit der Inschrift »EITELKEIT« aufsteigen wollen (oder losgeschnitten werden).

Schiffsmotive waren ebenfalls sehr beliebt. Es war üblich, daß der Kapitän sein Schiff auf einer Schale oder einem Teller darstellen ließ.

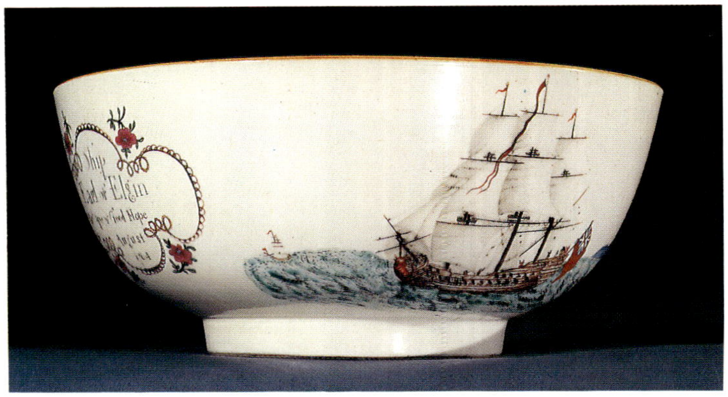

PUNSCHSCHALE, datiert 1764 (26 cm)
Die Schale erinnert an Graf Elgin, einen Ostindienfaher, der 1764 wohlbehalten das Kap der Guten Hoffnung umsegelte. (LINKS)

Zahlreich sind auch die biblischen und religiösen Themen sowie Porträts von religiösen Figuren wie z.B. Martin Luther und dem holländischen Geistlichen Pieter Boudaan. Geräte der Freimaurer und Wappen einiger Logen wurden ebenfalls abgebildet, ebenso Motive aus der Welt des Sports.

Die europäischen Fabriken oder Hongs auf dem chinesischen Festland erscheinen manchmal, besonders auf ausladenden Schalen, wobei das Hissen einer Fahne Aufschluß für die Datierung geben kann.

FIGUREN

Vom 17. bis zum 19. Jahrhundert wurden sehr viele Figuren hergestellt, wobei die für den Export bestimmten meist in Blanc de Chine oder mit Dekor in Famille verte und häufiger noch in Famille rose versehen waren.

Gestalten aus der asiatischen Religionswelt fanden in Europa einen willigen Markt sowie gertenschlanke Mädchen und »lächelnde Knaben«. Europäer wurden dargestellt (manchmal tanzend) und erinnerten oft an den holländischen Gouverneur Duff und seine Frau oder aber auch an Louis XIV. und Madame de Montespan (oder de Maintenon). Es gab auch viele Figuren und Gruppen aus der chinesischen Sagenwelt und Folkore.

Tierfiguren wurden in großer Zahl expor-

FIGUR EINES HOLLÄNDERS, QIANLONG-PERIODE, 1735-1795
(44,8 cm)
Die häufige Identifizierung dieser Figur als »General Duff« ist unwahrscheinlich.

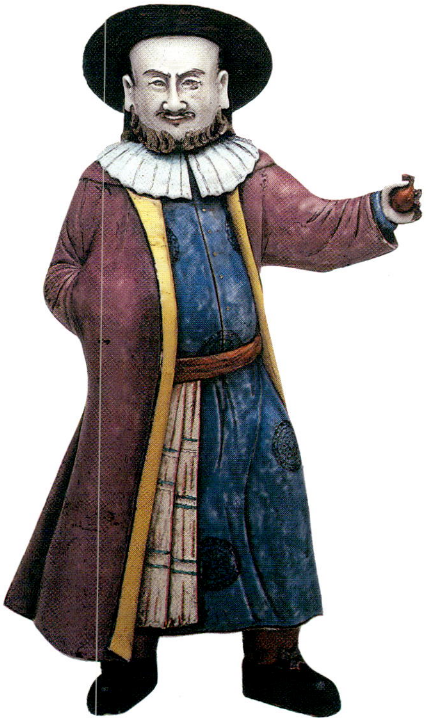

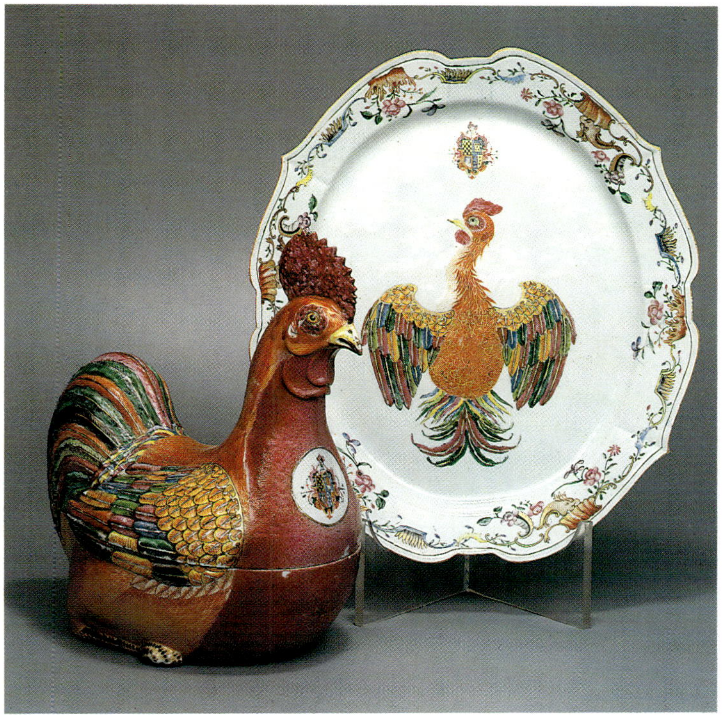

HAHNTERRINE DECKEL UND UNTERSATZ, ca. 1770-80
(Untersatz: 48,9 cm)
Dieses Beispiel für die Pracht und Qualität der Exportstücke ist mit dem Wappen der Familie Bermudez von Galizien im nordwestlichen Spanien geschmückt.

tiert: Kühe, Affen, Elefanten, Ziegen, Enten, Hähne, Kraniche, Papageien, Habichte, Phönixe, Eulen, Wachteln, Fasane und vieles mehr. Als Hunde wurden häufig ruhende Möpse dargestellt, die oft Weihrauchgefäße oder Halter für Räucherstäbchen stützten (Elefanten übernahmen auch oft diese Funktion). Buddhistische Löwen tauchen paarweise auf (wobei die in Famille-verte-Palette am eindrucksvollsten sind), sowie Löwen, die als Weinkaraffe geformt sind; kleine Frosch-Blumenbänke und Nachtlichter in Form von Katzen werden ebenfalls hergestellt. Auffalend ist, daß Drachen, die als Dekor auf chinesischem Porzellan auftauchen, bei den modellierten Tierfiguren fehlen. Terrinen wurden auch in der Form von Ochsen- und Eberköpfen, Hühnern, Schildkröten, Rebhühnern und Gänsen produziert, sogar ein Exemplar in Form einer Haselmaus mit ihren Jungen.

EXPORTE IN NICHT-EUROPÄISCHE LÄNDER

Die Aktivitäten der englischen Ostindienkompanie trugen mit zum Verlust der nordamerikanischen Kolonien bei, da die Kompanie auf die Rückzahlung ihrer Verluste (7.532 Pfund), die sich aus der »Bostoner Tea Party« 1773 ergeben hatten, drängte.

Nach dem Unabhängigkeitskrieg verloren die Amerikaner erstaunlich wenig Zeit bei der Erschließung des Handels mit China, um die vorher aus Europa importierten Güter nun selbst zu importieren. Aus britischen Berichten geht hervor, daß die ersten amerikanischen Schiffe ab 1784 in Kanton verkehrten und Amerika ab dem frühen 19. Jahrhundert Europa als wichtigsten Markt für chinesisches Porzellan abgelöst hatte.

Die Amerikaner gaben neue Dekore in Auftrag – das amerikanische Adlermotiv und die Wappen der einzelnen Staaten waren sehr beliebt. Eines der bekanntesten Wappenservice trägt das Wappen von Cincinnati und wurde 1784/85 verschifft. Besitzer war George Washington. Stücke mit diesen Designs sind heute sehr teuer. Reproduktionen und Fälschungen wurden angefertigt, von denen manche schon wieder zu den Antiquitäten zählen.

In Amerika versteht man unter dem Dekor »Kanton« ein Standarddekor aus unterglasurblauen Landschaften mit stilisierten Randmustern aus dem späten 18. und frühen 19. Jahrhundert In Europa bezieht sich »Kanton« auf die farbenfrohen Blumen und Figuren in Feldern auf goldenem und grün umranktem Fond. Dieses Dekor wird in in Amerika Rosenmedaillon genannt.

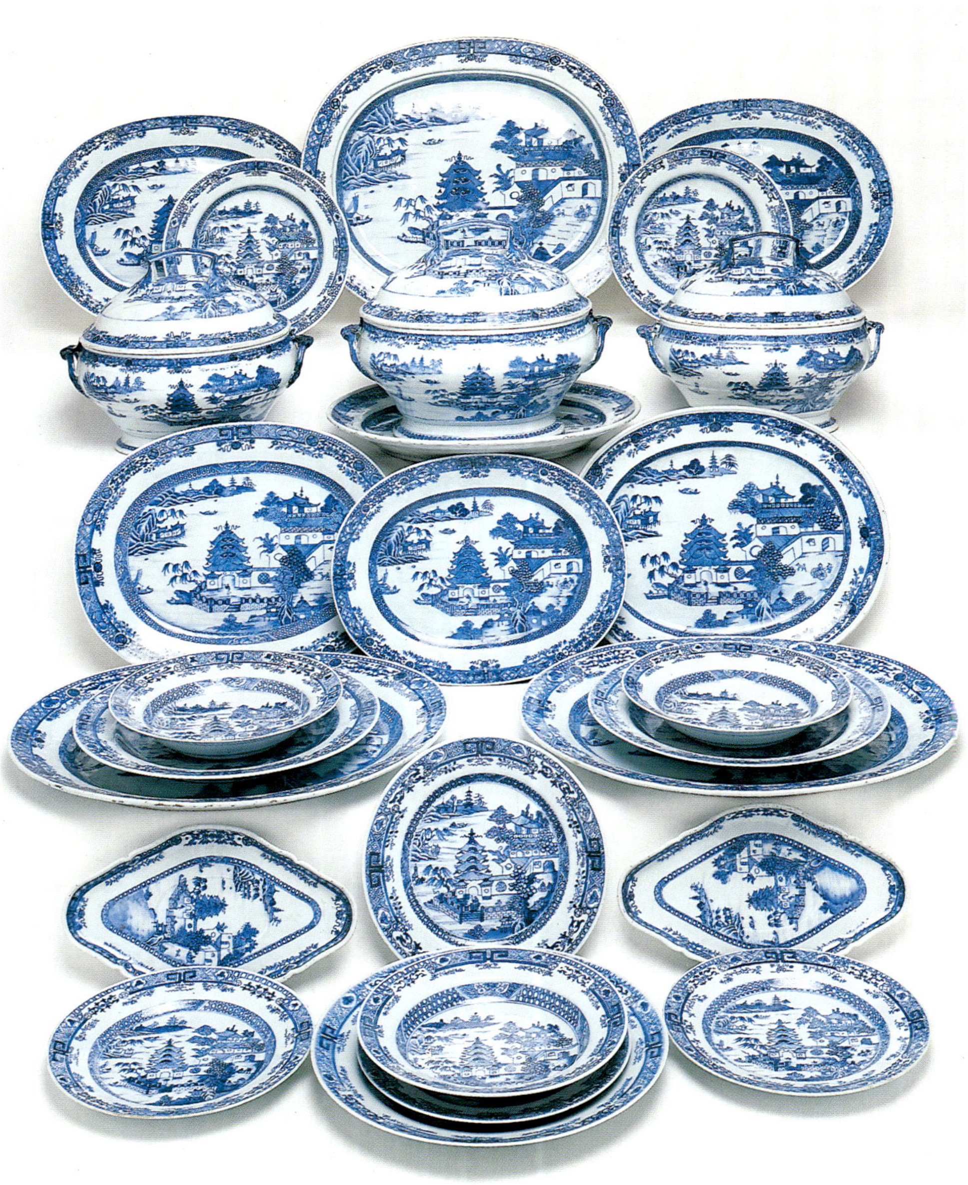

TEIL EINES GROSSEN SERVICES, ca. 1770
Das Design ist eine entfernte Variation des sogenannten Weidendekors mit einer Dame im Rollstuhl, von einem Diener geschoben. Viele dieser Service wurden nach Europa und Amerika exportiert, wo das Muster »Kanton« genannt wurde.

Spätestens ab dem 13. Jahrhundert gab es zwischen China und Indien einen regen Handel. Porzellan (besonders Seladone und blau-weiße Stücke) und Seide wurde gegen Pfeffer und andere Gewürze, Perlen und Edelsteine, Weihrauch, Rosenwasser und Korallen ausgetauscht. Zuerst war der Import von Porzellan nach Indien durch das Hindu-Vorurteil gegen keramische Gefäße limitiert. Aber die Mogul, die im 16. und 17. Jahrhundert in Indien eindrangen, schätzten das Porzellan, und es finden sich noch Stücke im »Mogul-Stil«.

Im frühen 18. Jahrhundert wird von importierten Wasserpfeifen berichtet, und etwas später tauchen oft Famille-rose-Stücke auf, die mit einem Elefanten verziert sind. Damals wurde der Handel jedoch von den Portugiesen und dann von der englischen Ostindienkompanie beherrscht, und die Importe orientierten sich eher am europäischen als am indischen Geschmack.

Weiter im Westen gab es bedeutenden Handel mit Persien und den arabischen Ländern, und es existieren viele Stücke mit kalligraphischen Inschriften und Versen aus dem Koran. Diese Inschriften, die oft datiert sind, erscheinen auch auf großen Schalen und anderen Stücken, die im Kanton-Stil des 19. Jahrhunderts verziert wurden.

Das Topkapi-Palast-Museum in Istanbul beherbergt eine riesige Sammlung asiatischer Keramik, wovon das meiste aus der Ming-Periode stammt. Wie weit diese Sammlung auf direkte Importe aus China zurückgeht, ist unbekannt; vieles wurde offensichtlich durch Eroberungen oder als Tribut eroberter Gebiete erbeutet (in seiner Blütezeit dehnte sich das ottomanische Reich weit über den Nahen Osten aus und erreichte im Norden beinahe das Kaspische Meer und im Westen die Tore Venedigs und in Nordafrika Tanger).

DER NIEDERGANG DES EXPORTHANDELS

Aus den Anweisungen an die Frachtaufseher, die jede Saison von den Direktoren der Kompanie ausgegeben wurden, geht klar hervor, daß der Engros-Markt für chinesisches Porzellan ab 1770 zurückging und englische Porzellanmanufakturen mehr und mehr den heimischen Markt eroberten. Bei einem Verkauf wurden nur fünfhundert von tausendachthundert Posten verkauft. In der Saison 1779-1780 wurde kein neues chinesisches Porzellan bestellt. Ein Faktor war die Steuer auf importiertes chinesisches Porzellan, die fast fünfzig Prozent und später (1799) hundert Prozent betrug.

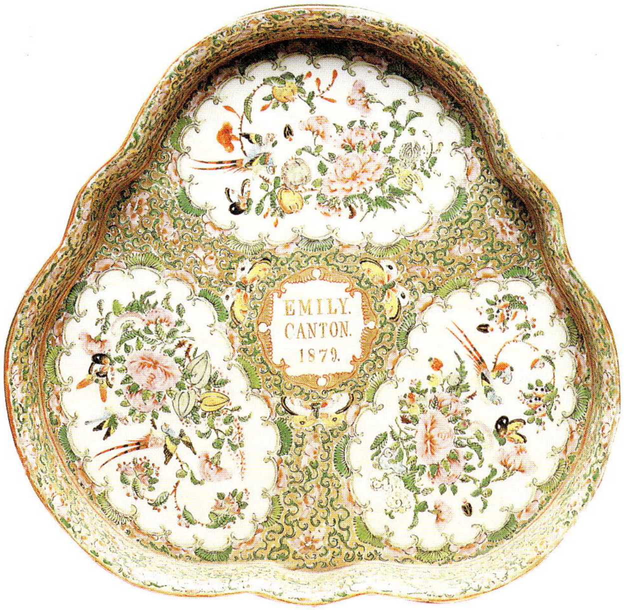

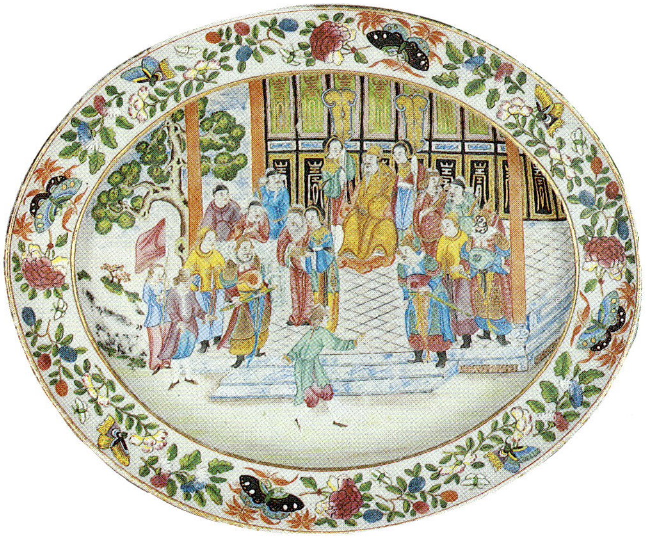

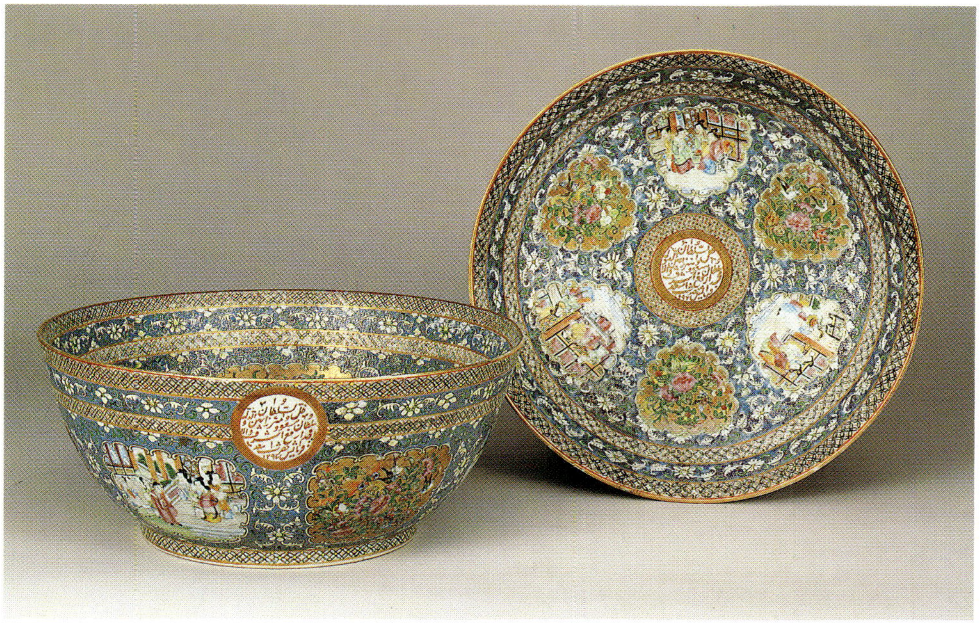

KANTON-SCHALE, JIAQING-PERIODE, 1796-1820 (40 cm)
Auf diesem schönen Stück wird eventuell eine Audienz des Grafen Macartney, Gouverneur von Madras und Botschafter Chinas von 1792-93 beim Kaiser Qianlong dargestellt. (OBEN)

KANTON-SCHALE, datiert 1879 (26 cm)
Die wenigen datierten Stücke mit Inschriften dieser Periode ermöglichen die Chronologie der wechselnden Stile des Kanton- oder Rosenmedaillon-Dekors. Emily mag der Name der Liebsten eines Mitglieds der Schiffsmannschaft oder der Schiffsname gewesen sein. (OBEN LINKS)

KANTON-SCHALE UND UNTERSATZ FÜR DEN PERSISCHEN MARKT, datiert AH 1297 (AD1882) (33,5 cm)
Der blaue Fond ist für diese Stücke typisch. (LINKS)

1791 beschlossen die Direktoren der englischen Ostindienkompanie, ihre Großeinkäufe von Porzellan einzustellen, die sich zu diesem Zeitpunkt auf zwei Millionen Stück per Jahr beliefen. Die Entscheidung der Direktoren wurde einige Zeit geheimgehalten, da die Kompanie große Lagerbestände hatte, die sie als neue Importe verkaufen wollte. Erst 1795 ersuchten die Porzellanhändler die Kompanie, den Handel wieder aufzunehmen oder ihnen zu erlauben, den Import auf eigene Verantwortung zu übernehmen, aber die Kompanie lehnte ab. Die Einstellung der Großeinkäufe von Importwaren um 1790 war für die englischen Keramik- und Porzellanherstellern ein großer Ansporn, die Lücke durch gesteigerte Produktion zu füllen. Das Monopol der englischen Ostindienkompanie auf den Handel mit China endete 1833 und öffnete den Markt für alle Händler und kommerziellen Unternehmen.

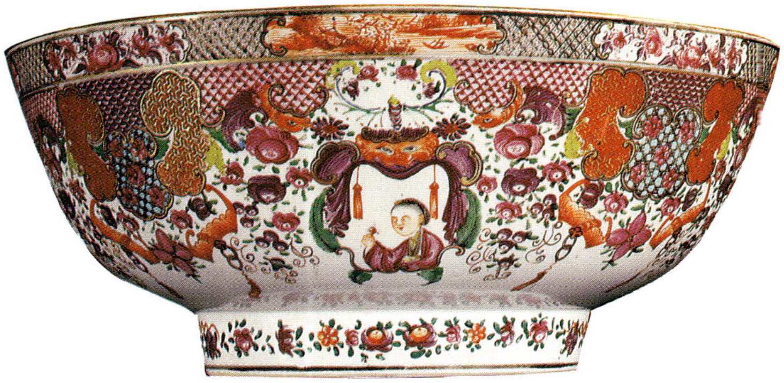

PUNSCHSCHALE, ca. 1775 (Durchmesser: 28,6 cm) *Beim Dekor herrscht Rot vor. Die Vergoldung und die komplexen Rauten- und Blumenfelder sind typisch für diese Periode.*

CHARAKTERISTIKEN DES EXPORT-PORZELLANS

Eine chinesische Teekanne oder Schale kann man zuverlässig von englischen Kopien derselben Zeit unterscheiden: das chinesische Porzellan ist hart, wurde bei Temperaturen zwischen 1280 und 3500 Grad gebrannt und ist voll verglast, mit einer dünnen, harten, enganliegenden Glasur. Englische Kopien sind aus weichem Porzellan. Die chinesische Glasur bildet im Gegensatz zur englischen nirgends Ansammlungen und sollte keine Blasen aufweisen, zumindest nicht auf der Oberfläche. Sie ist wasserdicht, wird nicht fleckig und verfärbt sich nicht. Das dünne Porzellan ruht auf einem geraden Fuß – der Teller darf auf dem Tisch nicht wackeln.

Der Fuß bei einem Teller von durchschnittlicher Größe wird nicht gesondert angefertigt, sondern sieht aus, als ob er aus der Mitte heraus geformt wurde. In der Mitte kann man oft Ringe erkennen, die von der Arbeit an der Drehscheibe herrühren. Der Fuß ist von der Glasur befreit. Der unglasierte Rand des Fußes ist meist mit einer leichten, grünen oder braunen Lasur versehen. Wenn man die beiden Unterseiten zweier chinesischer Teller aneinanderreibt, erhält man ein lautes und knirschendes Geräusch. Man wird keine Spuren von Spornen oder Stützen finden, die oft englisches Porzellan verraten.

Die Ränder chinesischer Teller sind dünn, und die Glasur neigt zu Sprüngen, die aber, wenn die darunterliegende Oberfläche sauber ist, einen weißen und nicht tonfarbenen Scherben freilegen. Haarsprünge auf chinesischem Porzellan sind sehr selten. Die Glasur sollte keine Sprünge aufweisen, es sei denn als Mittel der Dekoration.

Wenn das Stück in Unterglasurblau bemalt ist, sollte das Blau nicht mit der Glasur verlaufen, sondern klar und statisch bleiben. Das Dekor wurde mit der Hand gemalt und nicht aufgedruckt. Bei den Emailfarben sitzen die Pigmente eher an der Oberfläche, wobei manche Farben dazu neigen, stellenweise abzubröckeln. Bei bestimmtem Lichteinfalll scheinen chinesische Emailfarben ein leichtes Halo zu besitzen. Die Vergoldung sieht dünn und ziemlich wäßrig aus.

Manche importierten, blau-weißen Stücke wurden »überarbeitet«. Dieser meist abfällig benutzte Begriff beschreibt das Emaillieren und Vergolden auf der Glasur zusätzlich zum bestehenden Dekor – meist in Unterglasurblau – in dem Bemühen den Wert des Stückes zu steigern. Solche späteren Zusätze haben für den modernen Sammler die gegenteilige Wirkung. Hingegen wird der vergoldete Rand, der in der Periode zwischen 1775 und 1800 in England auf chinesischem blau-weißen Porzellan aufgebracht wurde, geschätzt. Er sollte dem Porzellan eine gewisse Individualität verleihen, da die meisten Stücke dieselben sich wiederholenden Muster aufwiesen. Die meisten Vergoldungsarbeiten wurden in England vorgenommen, es gibt aber auch einige Importwaren, die bereits in China vergoldet wurden.

Bei chinesischen Teekannen ist die Einfüllöffnung und der Innenrand des Deckels ohne Glasur, So konnte die Kanne mit aufgesetztem Deckel gebrannt werden, ohne daß beide Teile durch die Glasur zusammenklebten. Viele chinesische Teekannen weisen an der Basis der Tülle nur ein großes Loch und nicht mehrere kleine auf, besonders häufig bei den Stücken, die vor 1740 produziert wurden.

Am aufschlußreichsten für eine chinesische Teekanne ist jedoch ein Blick unter den Henkel an der Stelle, wo man ihn beim Eingießen hält. Hier findet man fast immer ein kleines Loch für das Ausweichen der Luft aus dem hohl geformten Henkel.

Da Tee im 18. Jahrhundert in Relation zu einem Wochenlohn sehr teuer und nicht wie im 19. Jahrhundert Bestandteil einer Hauptmahlzeit war, waren die Teekannen auch sehr klein verglichen mit den heutigen. Die Teeschalen waren ebenfalls klein mit leicht ausgestelltem Rand. Der Scherben und die Glasur blieben lange Zeit unverändert, nur die Grundform und das Dekor erlauben Hinweise zur Datierung. Die frühen Untertassen waren sehr flach, mit einem Durchmesser von vierzehn Zentimeter oder weniger. Sie waren so flach, daß es beinahe unmöglich war, Tee daraus zu trinken.

Nach diesen Hinweisen zur Erkennung chinesischen Porzellans, muß darauf hingewiesen werden, daß englische Kopien zumindest auf dem englischen Markt begehrter und teurer sind als chinesische, es sei denn, das Dekor ist beosnders selten oder fein. Es gibt viel mehr chinesische Teller oder Teekannen aus dem 18. Jahrhundert als Kopien aus Bow oder Worcester. Aber selbst wenn frührere Exemplare seltener

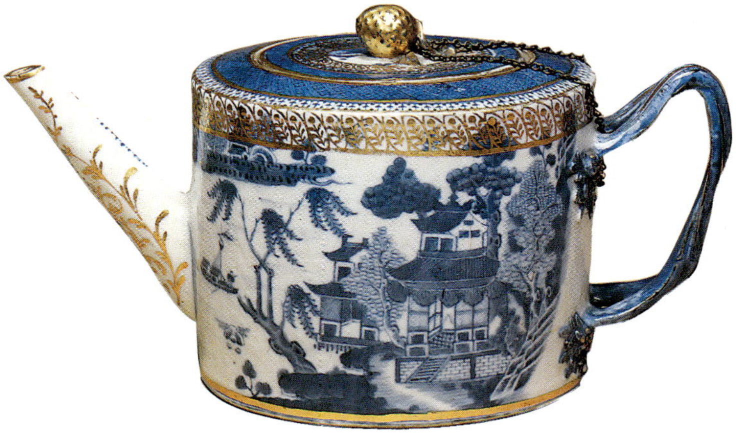

BLAU-WEISSE TEEKANNE, ca. 1790 (Höhe: 12 cm)
Solche Teekannen wurden meist in England vergoldet, wobei der Vergolder oft seine Nummer (hier 44) unter dem Fußrand anbrachte.

sind, müssen sie nicht unbedingt auch wertvoller sein. Spätere seltene Dekore oder Formen sind oft begehrter als Standardstücke, die hundert Jahre zuvor produziert wurden.

Manchmal wird die Qualität des Töpferns und des Dekors als Indikator für das Alter genannt, wobei man behauptet, daß die älteren Stücke von 1720-1750 den späteren Waren überlegen sind. Dies trifft im allgemeinen auch zu, aber es gibt in jeder Periode auch schlechtes Porzellan, und manche Stücke nach 1800 besitzen eine hervorragende Qualität. Z.B. werden die sog. »Eierschalen-Teewaren« und andere typische Objekte aus der Periode von 1720-1750 von viel späteren, japanischen Exemplaren zumindest in Hinblick auf die Dünnheit erreicht und oft übertroffen.

Als grobe Regel gilt, daß blau-weißes Porzellan mit nachträglich vergoldeten Rändern oder anderen Verzierungen fast sicher nach 1780 zu datieren ist. Ovale Teekannen, Terrinen oder Schalen datieren ab 1760, meist 1790-1810, und Teller mit einem leicht konkaven Zutatenrand ab 1790. Man muß daran erinnern, daß in der zweiten Hälfte des 19. Jahrhunderts und sogar heute noch große Mengen an chinesischem Porzellan, meist in blau-weiß, nach Europa importiert wurden und werden. Die meisten Importe nach 1850 basierten auf blau-weißen Kangxi- und Qianlong-Waren. Balustervasen, Ingwertöpfe und Trompetenvasen sind am häufigsten. Eine 1910 erschienene Anzeige im Katalog von Liberty & Co. preist das blau-weiße Nanjing-Porzellan an, es sei von »hoher Qualität, geeignet als Ziergegenstand für Hallen, Gallerien, Zimmer, Bibliotheken, Rauchzimmer usw...«

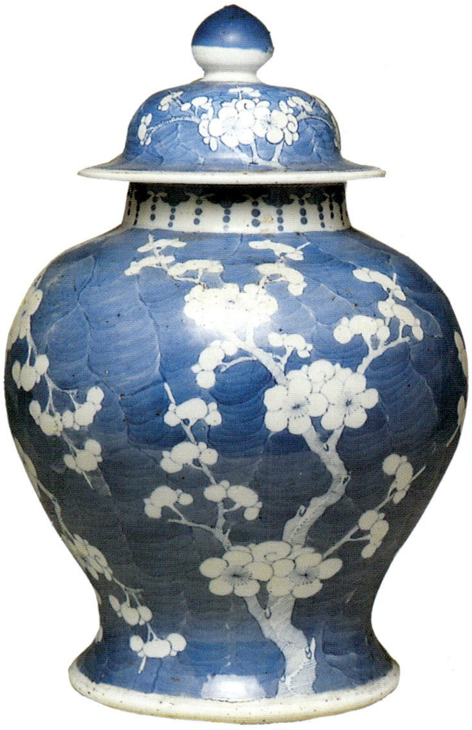

BLAU-WEISSE DECKELVASE, ca. 1880 (35,5 cm)
In der zweiten Hälfte des 19. Jahrhunderts wurden solche Vasen, aber auch Ingwer-Töpfe und Becher, die mit Pflaumenbäumen, oft auf »gesprungenem« Fond, bemalt waren, in großer Zahl in den Westen exportiert. Viele tragen die Marke des Kaisers Chengua (1465-1487) oder des Kaisers Kangxi (1662-1722).

Nach 1891 tragen einige Exemplare den Stempel »CHINA« an der Basis, und »MADE IN CHINA« findet man oft nach 1920, das heißt aber nicht, daß alle Stücke so markiert wurden. Manchmal wurden solche Zeichen später auch wieder entfernt.

Mitte des 18. Jahrhunderts wurde über den privaten Handel auch undekoriertes Porzellan nach Europa importiert, das erst dort verziert wurde. Besonders in den fünfziger und sechziger Jahren des 18. Jahrhunderts entstanden in England schöne Blumen-, Landschafts- und figürliche Motive. Einige Stücke sind auch im Umdruckverfahren dekoriert. Das bekannteste Dekorstudio war das von James Giles in Soho, aber es gab wohl mehr als ein Dutzend weiterer Dekorateure für englisches und chinesisches Porzellan, die oft einen hohen Standard erreichten. Auch auf dem Kontinent gab es bemerkenswerte Dekorateure, vor allem in Holland und Deutschland, obwohl die holländischen Arbeiten etwas gröber sind.

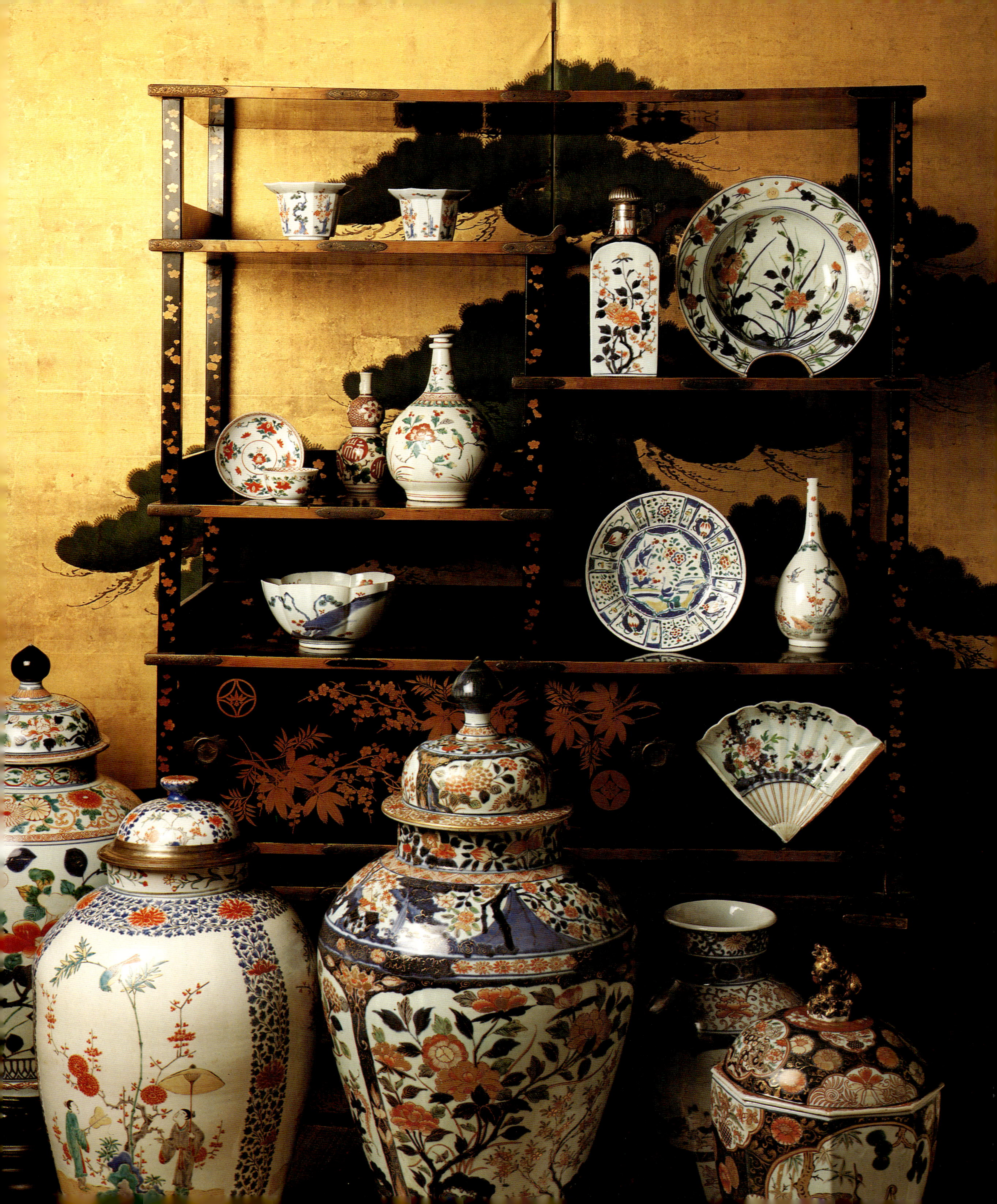

JAPANISCHES PORZELLAN

In Japan wird seit gut dreizehntausend Jahren Keramik hergestellt. In der frühen Periode, ca. 7500 v.Chr., ähnelten die Töpferwaren den neolithischen Waren anderer Kulturen. In der Jomon-Periode wurde das Dekor mit Rollrädchen-Gravierung immer kunstvoller, bis die oberen Flächen mit fantastischem, halb-abstrakten Dekor versehen wurden. Ende der Jomon-Periode setzte sich der Einfluß vom Festland durch, und es wurden einige puppenhafte Figuren, wahrscheinlich Fruchtbarkeitssymbole, hergestellt. Nach der Yayoi-Periode (300 v.Chr.-300 n.Chr.) brachten die Eroberer die Drehscheibe vom Festland mit. Das Dekor wurde immer auf der Glasur angebracht. Für die Grabhügel der Kofun-Periode (300-600 n.Chr.) wurden große röhrenartige Figuren, Haniwas, als äußerer Schmuck benutzt.

Steinzeug wurde im 5. Jahrhundert aus Korea eingeführt und im 8. Jahrhundert Glasurtechniken aus China. Steinzeug- und Porzellanimporte aus China hatten einen starken Einfluß auf das japanische Steinzeug des 12. bis 15. Jahrhunderts und dann wieder im 17. Jahrhundert. Ab dem 12. Jahrhundert wurde in Japan glasiertes Steinzeug hergestellt.

JAPANISCHES EXPORTPORZELLAN

Hier sind frühe emaillierte Imari-, Kakiemon- und Kakiemon-ähnliche Stücke einer ca. siebzigjährigen Zeitspanne abgebildet. Die Vase links in der ersten Reihe wurde sicherlich vor 1695 hergestellt, als ein ähnliches Stück in einem Deckengemälde im Schloß Oranienburg dargestellt wurde.

DIE ANFÄNGE DER PORZELLANINDUSTRIE

Ende des 16. Jahrhunderts wurde Japans lange Tradition der Steinzeugproduktion durch den Einfluß koreanischer Töpfer wieder belebt. Diese Männer wurden, entweder als Immigranten oder Gefangene, von den Eroberungen in Korea mitgebracht. Da im späten 16. Jahrhundert nur wenig Porzellan hergestellt wurde und fast kein blau-weißes, muß es sich um Steinzeugtöpfer gehandelt haben, die die Punch'ong-Waren machten.

Viele dieser Töpfer siedelten nordwestlich von Kyushu in der Nähe des Hafens Karatsu und des Ausgangspunktes der Invasionen. Einer ihrer wesentlichsten Beiträge war die Einführung des Noborigamas, des terrassenförmigen, in einzelne Kammern unterteilten und ansteigenden Ofens. Dieser Ofen ermöglichte die Kontrolle über Atmosphäre und Temperatur beim Brennen und breitete sich von Karatsu nach Seto und Mino auf Honshu aus. Die Steinzeugindustrie florierte ca. zwanzig Jahre in Karatsu, bis ca. 1620 einige Karatsu-Brennöfen im Süden, einem Gebiet, das wir heute Arita nennen, gleichzeitig Porzellan und Steinzeug herstellten. Verschmolzene Scherben beider Keramikarten wurden in zwei Öfen dieser Region gefunden, die das gemeinsame Brennen belegen.

Die Produktion von Steinzeug und Porzellan ist ja fast identisch – nur das Material ist unterschiedlich. Porzellanerde ist verwitterter Granit, und dieses Material wurde in der Gegend von Arita gefunden. Wahrscheinlich haben die Karatsu-Töpfer diese Porzellanerde als Komponente für ihre spezielle, durchsichtige Glasur verwendet.

Das früheste Porzellan aus diesen Öfen, das früheste Porzellan Japans, ähnelte den Karatsu-Waren verständlicherweise in Form und Dekor. Formen waren meist benötigte Schalen, Flaschen und kleine Teller, die entweder bildlich oder mit Mustern bemalt waren. Das Dekor wurde mit dem Pinsel in Metalloxid unter der durchsichtigen Glasur ausgeführt. Bei den Karatsu-Waren erfolgte dies in Eisenbraun, beim Porzellan in Unterglasurblau.

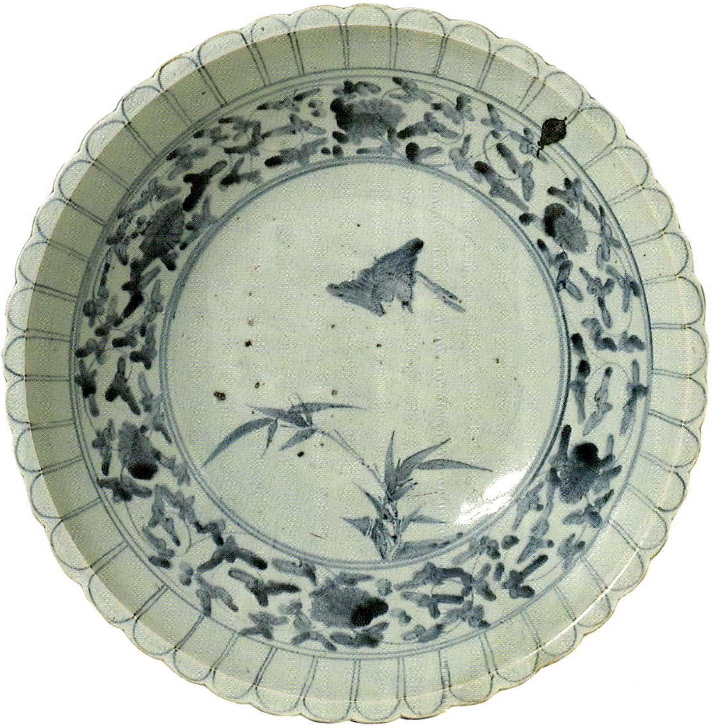

BLAU-WEISSE, TIEFE SCHALE, SHOKI-IMARI, ca. 1620-40

Die verschiedenen Randmuster, formal am äußersten Rand, Ranken weiter innen und im Spiegel ein etwas flüchtig gemaltes Vogel- und Blumenmotiv, sind typisch für einige der frühen Stücke.

Der Legende nach ist der Koreaner Ri Sampei für die Entwicklung der Porzellanindustrie verantwortlich, aber es ist wohl wahrscheinlicher, daß die Industrie aufgrund eines neuen Bedarfs entstand. Es scheint eine Nachfrage nach preiswertem, blau-weißem Porzellan oder Seladonen bestanden zu haben. Diese einfachen Arita-Waren – Shoki-Imari (frühes Imari) – wurden immer anspruchsvoller in Form und Muster, trotz des Trends zur Massenproduktion. Die Konkurrenz aus China in Form des sog. Tainqi-Porzellans – des Kosometsuke (altes Blau-weiß) –, das in Jingdezhen für den japanischen Markt produziert wurde, war ebenfalls eine Herausforderung.

Im zweiten Viertel des Jahrhunderts expandierte die Porzellanindustrie in Arita stark. Erneute Nachfrage nach Porzellan, teilweise aufgrund der Akzeptanz als »Teegefäß«, führte zur Eröffnung neuer Brennöfen und führte zu einer Erhöhung der Qualität und der Produktpalette. Meist konkurrierten die importierten Ko-sometsuke- und die einheimischen Shoki-Imari-Waren auf demselben Markt und beeinflußten sich gegenseitig. Seladone, die die von Zhejiang imitierten, wurden hergestellt und geringfügig nach Südostasien exportiert. Dieser Handel regte wiederum die Produktion von Emailporzellan für denselben Markt an. Die ersten Stücke wurden in dunklen Emailfarben gehalten und werden »Kutani« genannt.

In den späten vierziger Jahren des 17. Jahrhunderts wurden Importe von Ko-sometsuke-Waren deutlich eingeschränkt, da Jingdezhen in die Bürgerkriege, die zum Sturz der Ming-Dynastie zugunsten der Qing (Mandschu)-Dynastie führten, verstrickt war. Arita profitierte von dieser Lücke und verstärkte wiederum seine Produktion und Produktpalette. Der Gebrauch von farbigen Glasuren, Seladon und Temmoku war in Arita weit verbreitet. Nun experimentierte man mit Unterglasur-Kupferrot, was man aber nach Mißerfolgen wieder aufgab. Spezielle Formen für die Teezeremonie und dem dazugehörigen Kaiseki-Mahl wurden in mehreren Manufakturen hergestellt.

Nicht alle der etwa dreißig Arita-Öfen

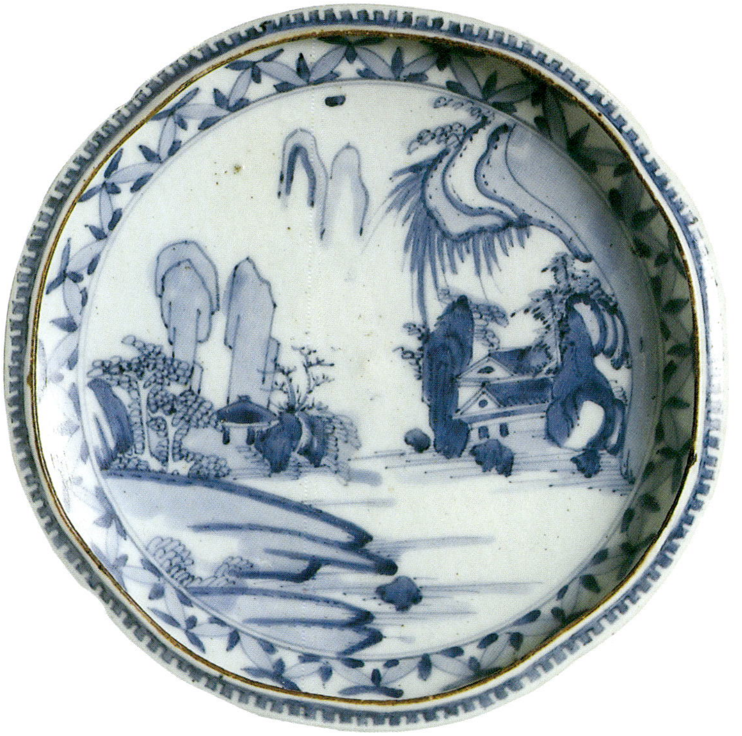

Blau-weisse Platte mit Landschaft, Shoki-Imari, ca. 1630-50 (22 cm)
Der umgestülpte Rand ist ungewöhnlich. Das Landschaftsdekor ist dagegen recht typisch, das eher an japanische Malerei im chinesischen Stile (Kano-Schule) als an reine chinesische Malerei erinnert.

konnten hochqualitative Waren herstellen, und im Laufe der Jahre hatten sich die einzelnen Öfen spezialisiert. Manche stellten nur ein oder zwei Formen her, während die anspruchsvollsten eine Vielfalt von Formen beherrschten.

Um 1650 schliefen die Importe von chinesischem Porzellan vollständig ein. Inzwischen hatte die holländische Ostindienkompanie, die bedeutendste europäische Kompanie im Fernen Osten und die einzige, die direkten Handel mit Japan treiben durfte, begonnen, kleine Mengen Porzellan zu kaufen. Vorher hatten die Holländer chinesisches Porzellan, das eigens nach ihren Aufträgen in Jingdezhen angefertigt wurde, gekauft. Jetzt, da Porzellan aus Jingdezhen nicht mehr erhältlich war, konnten die Holländer nur südchinesisches Porzellan kaufen, das anscheinend nicht in den gewünschten Formen produziert werden konnte. Da der japanische Exportmarkt für Südostasien sich an die gewünschten Formen und Farben anpassen konnte, wendeten sich die Holländer nun dem japanischen Markt zu.

1650 wurde das erste dokumentierte, einfache Porzellan von den Holländer eingekauft, um dann kurioserweise nach Tonkin gesandt zu werden. 1653 wurden spezielle Formen in Auftrag gegeben. Bis 1656 hatten die Holländer japanisches Porzellan für ihre zahlreichen »Fabriken« in ganz Asien bestellt, aber nur für den Eigenbedarf und nicht zum Wiederverkauf. D.h. die Holländer setzten das japanische Porzellan noch nicht mit dem chinesischen gleich.

1657 wurden einige Muster an die Gouverneure der holländischen Ostindienkompanie in Holland gesandt. Darunter befanden sich auch emaillierte Waren. Sie fanden wohl Zustimmung, denn 1659 erfolgte die erste große Bestellung für japanisches Porzellan; belief sich die Bestellung 1656 auf 4149 Stücke, so waren es 1659 schon 64.866. Dies war der Anfang des Exports von japanischem Porzellan nach Europa sowie in viele andere asiatische Länder, der sich dann bis in die Mitte des 18. Jahrhunderts fortsetzte.

Exporthandel: die frühe Periode

Als Mitte des 16. Jahrhunderts die Portugiesen nach Japan kamen, brachten sie sowohl Jesuiten als auch Gewehre und Handel mit. Ihre Absichten waren ebenfalls zweigeteilt: Bekehrung und Profit. Die Holländer, die 1600 ankamen, waren Protestanten oder Kalvinisten. Die Spannungen zwischen den Christen verstärkten sich durch spanische Franziskaner. Anfangs waren die Japaner den Christen gegenüber noch tolerant oder ihnen sogar gewogen, dann aber fürchteten die japanischen Behörden eine europäische Invasion, was zum ersten Massaker sowohl unter Europäern als auch unter konvertierten Katholiken und dann zur generellen Ausweisung der Fremden führte.

Strengere Bestimmungen für fremde, anlegende Schiffe und japanische auslaufende Schiffe führten 1639 dann zur Schließung der Grenzen (Sakoku). Danach teilten sich die Holländer und die Chinesen das schwierige Handelsmonopol für den direkten Handel mit Japan.

Die Holländer hatten einen dreifachen Vorteil aus dem Handel mit Japan: erstens hatte kein anderes europäisches Land Zugang zum japanischen Markt, zweitens konnten die Japaner jede gewünschte Form, Größe und Stilrichtung herstellen und drittens konnte das Porzellan nach holländischen Angaben koloriert werden.

Sowohl die Holländer als auch die Chinesen durften jeweils mit einer einzigen Manufaktur einen streng limitierten Handel betreiben. Ungefähr ab 1640 befanden sich beide Manufakturen im Hafen von Nagasaki. Die Bedingungen, unter denen die Holländer arbeiteten, waren sehr hart, und nur der große Gewinn aus diesem Handel veranlaßte sie, weiterzumachen. Europäische Länder konnten japanische Waren nur über die Holländer oder Chinesen kaufen. Die Chinesen verschifften viel japanisches Porzellan in europäische Länder, außer nach Holland.

Die Holländer wollten vor allem Imitationen chinesischen Porzellans, da sie dies am besten verkaufen konnten. Der bevorzugte

GROSSE, BLAU-WEISSE SCHALE IM KRAAK-STIL, ca. 1660-70 (54 cm)
Die Kopie einer sogenannten Kraak-Schale der chinesischen Wanli-Periode. (RECHTS)

BLAU-WEISSER KRUG IM ÜBERGANGSSTIL MIT EUROPÄISCHEM DECKEL, ca. 1660-70 (16 cm)
Der chinesische Übergangsstil wird hier japanisch verzerrt wiedergegeben. (RECHTS AUSSEN)

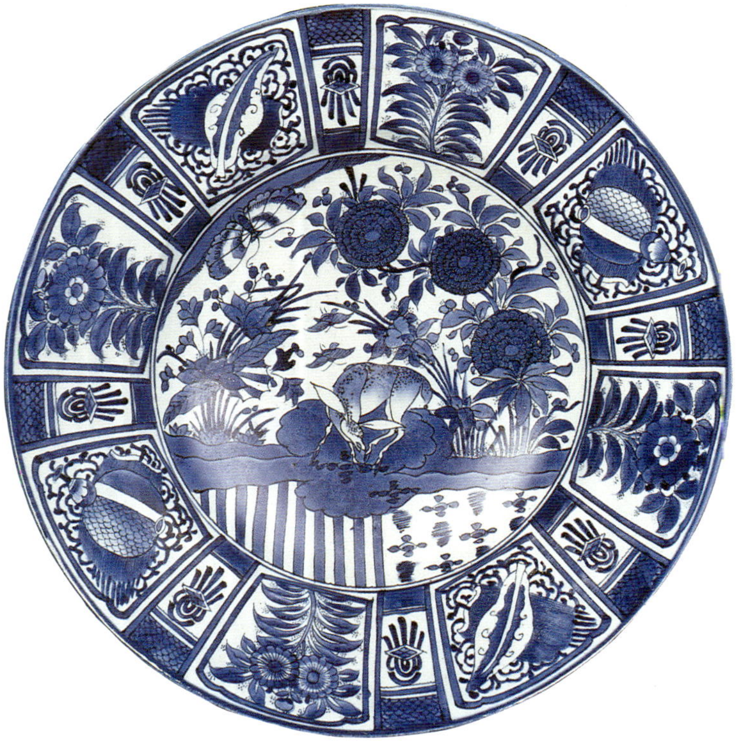

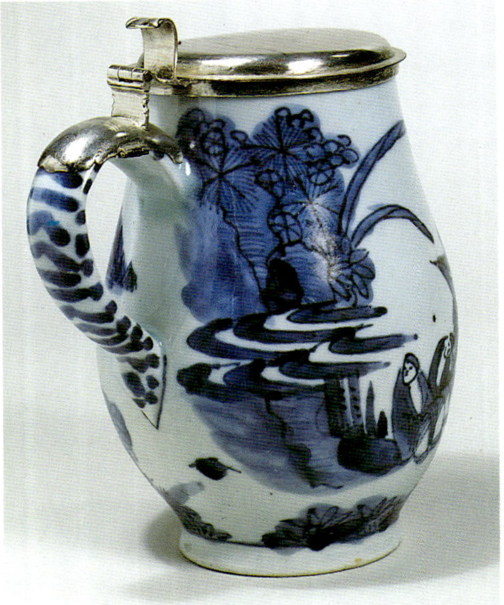

Stil im mittleren 17. Jahrhundert waren der Wanli-Kraak-porselein-Stil und der sog. Übergangsstil, der sich zwischen der Ming- und der Qing-Periode durchsetzte. Beim ersteren wurden in Japan offene Formen, Schalen und Teller, mit einem zentralen Bildelement, das von einzelnen Randmotiven umgeben war, hergestellt. Diesen Stil nannte man in Japan Fuyo-de, da die breiteren Felder Blumenblüten darstellten. Dies war eine Stilrichtung des späten 16. und des beginnenden 17. Jahrhunderts, findet sich aber noch bis weit ins 19. Jahrhundert hinein auf japanischem Porzellan. Der Übergangsstil basierte mehr auf offenen Blumen- oder Landschaftsmotiven und findet sich auf geschlossenen Formen wie Krügen, Flaschen und Vasen.

Die chinesischen Originale der Übergangsperiode wurden sehr sorgfältig und wunderschön in einem bildhaften Stil bemalt. Ihre japanischen Kopien hingegen wurden doch recht grob und oberflächlich ausgeführt. Aber wir wissen aus schriftlichen Quellen, das die japanischen Töpfer die chinesischen Originale nie zu Gesicht bekamen, sondern nur die aus Holland gesandten hölzernen Modelle. Diese Holzkrüge wurden wahrscheinlich von Töpfern aus Delft bemalt, so daß es kaum überrascht, daß die seltsam verrenkten Figuren und flaschenähnlichen Bäume kaum an die chinesischen Vorbilder erinnern; sie waren japanische Versionen europäischer Persiflagen chinesischer Originale, die bereits Konzessionen an den europäischen Geschmack gemacht hatten. Im Laufe der Jahre erhöhte sich die Zahl der von den Holländern georderten Formen, und gleichzeitig entfernten sich die japanischen Töpfer immer mehr von den Originalen.

Das meiste chinesische Porzellan für Europa war blau-weiß. Seladone waren auf dem Markt im Nahen Osten besser bekannt, aber in Europa dachte man bei Porzellan sofort an blau-weißes Dekor, und die Majolikatöpfer in Holland, England und anderswo in Europa imitierten es, indem sie ihre Bleiglasuren mit Zinnoxid opaker machten (Delft-Waren oder zinnglasierte Irdenware). Einige emaillierte, chinesische Porzellanobjekte waren vor dem mittleren 17. Jahrhundert nach Europa gekommen (einige Kinrande-Waren sind 1596 in Schloß Ambras inventarisiert worden), aber sie waren selten und die Farben dunkel. Frühe japanische, emaillierte Stücke waren ähnlich dunkel; 1657 müssen sie schon so hell wie die ersten bekannten Stücke für den holländischen Markt gewesen sein. Hierzu gehören die klaren und strahlenden Farben, zu denen das bis dato auch in China unbekannte Aufglasurblau zählte. Das erste japanische, emaillierte Porzellan in Europa muß daher eine Offenbarung gewesen sein; dieses Porzellan besaß dieselben strahlenden Farben wie die Majolikawaren.

In England wurde es Usus, das blau-weiße Porzellan als Arita-Waren und das farbige entweder als Imari- oder Kakiemon-Waren zu bezeichnen. Dies ist eine bequeme Katalogisierung, aber sie verschleiert die Wahrheit. Die Arita- und Imari-Waren wurden zur gleichen Zeit in den gleichen Öfen produziert (Imari war der Namen des Hafens, in dem das Porzellan nach Nagasaki verschifft wurde), während das Wort Kakiemon eher einen Stil als das Produkt eines Ofens beschreibt. Zwar wurde das meiste Kakiemon in einem Ofen hergestellt, aber es wurde auch in konkurrierenden Öfen produziert, und man kann nicht immer eindeutig feststellen, welches Stück aus welchem Ofen kommt.

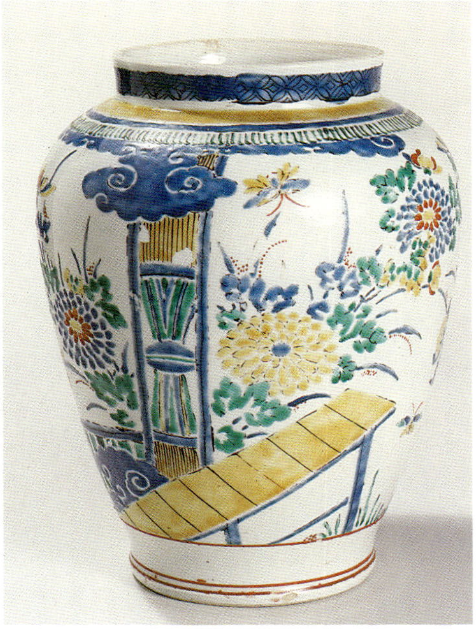

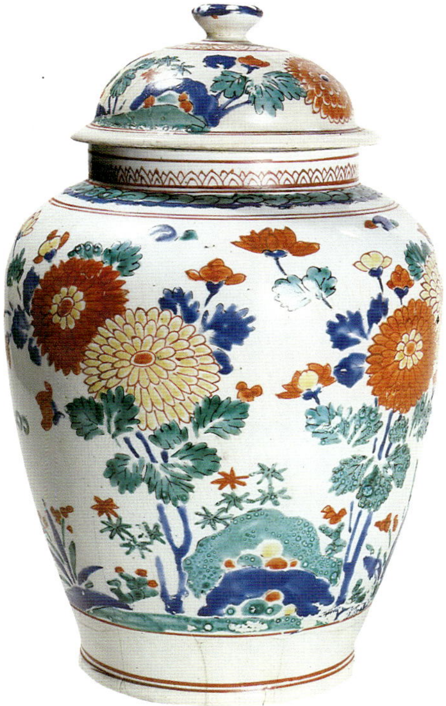

DECKELTOPF MIT EMAILLIERTEN CHRYSANTHEMEN, ca. 1660-80 (27,5 cm)
Wahrscheinlich wurde dieser Deckeltopf in Kakiemon emailliert, zu einer Zeit als der Kakiemon-Brennofen in Nangawara noch nicht errichtet war. (LINKS)

VASE MIT EMAILLIERTER LANDSCHAFT, ca. 1660-75 (21,4 cm)
Bei den ersten Exportporzellanen benutzten die einzelnen Werkstätten offensichtlich verschiedene Farbpaletten. (LINKS AUSSEN)

BIRNENFÖRMIGE FLASCHE MIT EMAILLIERTER LANDSCHAFT, ca. 1660-80 (27 cm)
Der Einsatz des geometrischen Musters in mattem Rot über der Landschaft in dunklen Farben weist auf den Einfluß der Imari-Waren hin. Solche Stücke wurden früher den Kutani-Öfen zugewiesen. (UNTEN)

Zuerst wurden die verschiedensten Emailfarben auf den Imari-Waren verwendet. Sie waren eine Weiterentwicklung der Waren im »Kutani-Stil« der vierziger und fünfziger Jahre des 17. Jahrhunderts, wobei sie an Brillanz und Lichtdurchlässigkeit gewannen. Nur das Rot war matt und opak. Anscheindend wurden jeweils verschiedene Pigmente oder Emailfarben-Paletten von den einzelnen Arbeitsgruppen benutzt, die man bis zu einem gewissen Grade klassifizieren kann. Im wesentlichen zerfallen sie in zwei Gruppen, eine, die zu den Imari-Waren und eine, die zu den Kakiemon-Waren führt. Selbst nach dieser Entwicklungsperiode gibt es 1670 und 1680 noch große Unterschiede innerhalb jeder Gruppe. Es stellte nicht nur jeder Ofen eine große Vielfalt an Waren für die verschiedenen Ansprüche des Marktes her, sondern es gab auch modische Neuerungen, die schnell imitiert wurden und für den Forscher große Probleme aufwerfen.

Am häufigsten waren europäische Gebrauchsformen; die Holländer bestellten Becher, Krüge, Flaschen, Kendis, Schalen, Teekannen, Tassen, manche mit Untertel-ler, Tierfiguren und menschliche Figuren usw. Wahrscheinlich konnten auch die Chinesen Formen zum Wiederverkauf an europäische Kunden bestellen, und es ist wohl kein Zufall, daß man in den Ländern, die keinen direkten Zugang zum japanischen Markt hatten, eher das Kakiemon-Porzellan, das dem Geschmack der Chinesen eher entspricht als das Imari-Porzellan, antrifft, wohingegen man in Holland mehr auf Imari-Waren trifft.

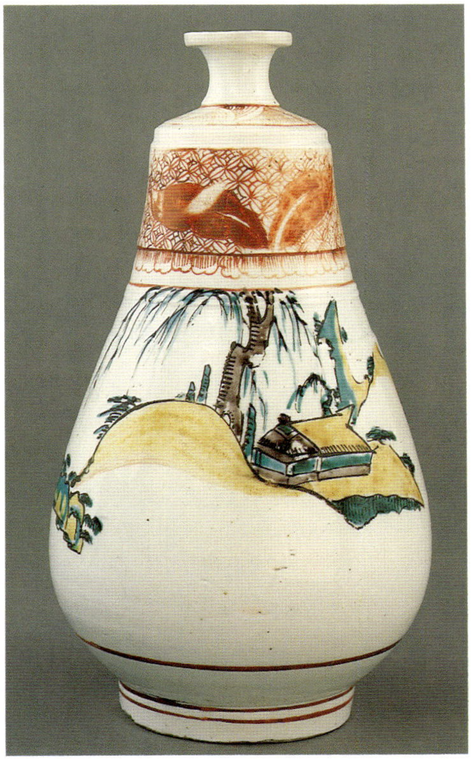

ARITA UND IMARI

Wie bereits erwähnt, werden beide Namen für Waren aus Arita benutzt, wobei die Engländer die emaillierten Waren als Imari bezeichneten. Man könnte eventuell die beiden Gruppen auch noch nach den Öfen ihrer Herstellung unterteilen, aber dies ist sehr schwierig, da es soviele Überschneidungen gibt. Wir wissen nicht, ob diese Tatsache auf der Verteilung der großen Aufträge durch die Regierung beruht oder aufgrund von Imitationen und Wettbewerb zwischen den rivalisierenden Öfen entstand. Es ist wesentlich einfacher, diese große und heterogene Gruppe nach den Paletten der verwendeten Emailfarben zu gliedern.

Die ersten Maler, die mit Emailfarben arbeiteten, machten von verschiedenen Farben Gebrauch: dominierend war ein kräftiges Aubergine mit etwas Unterglasurblau. In diesem Stadium wurde das Unterglasurblau für die Konturen der Muster eingesetzt, die das Objekt in einzelne Zonen aufteilten, die dann mit Emailfarben bemalt werden konnten. Diese Emailflächen waren meist um das Zentrum von Schalen angelegt, um einzelne Kartuschen abzugrenzen, oder aber auch auf Tellerspiegeln, obwohl Teller auch einen emaillierten Rand aufweisen konnten. Erst später mußte der Emailleur sich an die vorgegebenen Konturen in Unterglasurblau halten, die spezifischen Raum für bestimmte Muster freiließen (wie z.B. eine Blume bestimmter Größe und Form). Diese Methode setzt eine enge Beziehung zwischen Töpfer (denn Unterglasurblau wird auf das ungebrannte Gefäß gemalt) und Emailleur voraus. Diese Technik findet auch bei den Kakiemon-Porzellanen Anwendung.

Porzellan mit Unterglasurdekor war das häufigste, weil billigste Porzellan, da es nur einmal gebrannt werden mußte, wobei aber die Qualitäts- und Preisunterschiede durchaus enorm sein konnten. Die Farbunterschiede waren vielleicht sogar noch größer; die üblichsten und wahrscheinlich billigsten Imari-Waren verwandten nur Unterglasurblau, -rot und -gold, mit Schwarz für die Konturen wie bei den meisten Objekten. Am anderen Ende der Skala befanden sich Imari-Waren mit Unterglasurblau, dem besten Rot, Blau, Gelb, zwei Grüntönen, Aubergine und Schwarz.

RECHTECKIGE IMARI-VASE MIT EMAILLIERTEN, PLASTISCHEN BLUMEN, ca. 1670-1700 (29 cm)

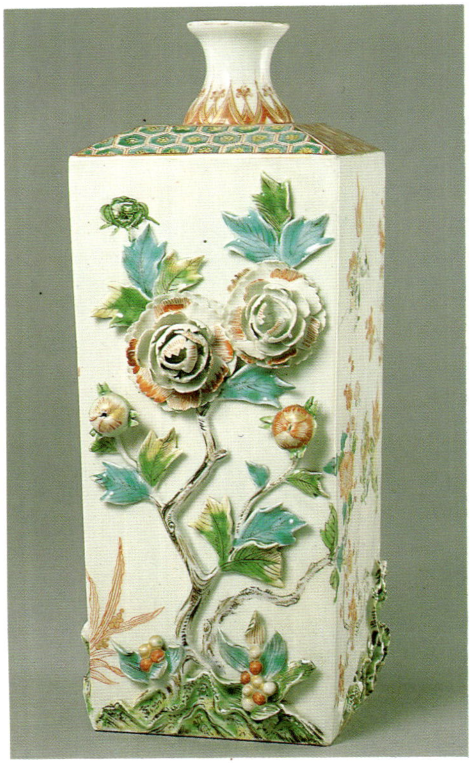

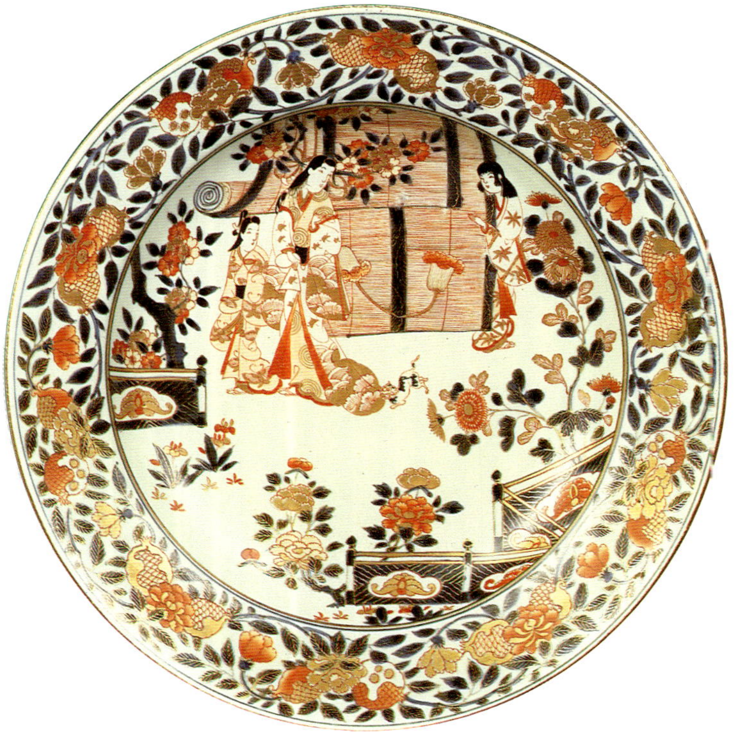

GROSSE IMARISCHALE, EMAILLIERT MIT EINER KURTISANE UND IHREN DIENERINNEN, ca. 1700 (46,7 cm)

Dargestellt wird eine angesehene Kurtisane mit ihren beiden Kamuro in einem Garten vor den Jalousien eines »grünen Hauses«. Das üppige Dekor ist typisch für die Genroku-Periode, das manchmal noch üppiger und farbiger sein konnte.

Viele der schönsten Imari-Waren weisen gar kein Unterglasurblau auf, vielleicht, um mit den besten Kakiemon-Waren zu konkurrieren, die ebenfalls auf Unterglasurblau verzichteten. Manche Exemplare dieser Gruppe sind polychrom, andere wiederum beschränken sich auf eine Farbpalette, z.B. Rot, Gold oder Grün.

Bei den Imari-Waren wird das Unterglasurblau sowohl für die Konturen als auch für die Basis des Bilddesigns eingesetzt. Kontrastierende Flächen kommen zum Einsatz; sehr auffällig ist die Verwendung von ausgesparten Formen auf Bleu-soufflé-Hintergrund. Einige der frühesten Imari-Waren für Holland weisen nur Gold- und Silberbemalung auf blauem Fond auf. In anderen Fällen wird Unterglasurblau für untergeordnete Ornamente und Blumen des primären Dekores eingesetzt.

Beim unterglasurblauem Porzellan sind wohl Landschaften und Blumen gleich oft anzutreffen. Bei den polychromen Stücken sind Menschen dominierende Elemente in einem beliebigen, dekorativen Schema. Solche Dekorationen werden im Laufe der Zeit immer häufiger, d.h. die späteren Objekte sind reichhaltiger und kühner verziert. Es zeigt sich eine Tendenz zur Überdekoration, die zuviel Aufhebens von sich macht. Dies ist besonders gut bei den charakteristischen, großdeckeligen Krügen, die zu dritt, zusammen mit zwei trompetenförmigen Vasen, die Standard-Kamingarnitur bildeten, erkennbar. Hier sind die Objekte nicht nur überdekoriert, sondern auch die Deckel und Deckelknäufe sind von der Proportion her zu groß. Oft wurden solche Knäufe in Mensch- oder Tierform modelliert. Freistehende Figuren gab es in allen Perioden.

Die billigeren, blau-rot-goldenen Imari-Waren wurden am häufigsten von den Chinesen als chinesisches Imari kopiert, obwohl auch bessere polychrome Stücke kopiert wurden. Die Herstellung chinesischer Imari-Waren mag durchaus auch zum Niedergang des japanischen Exporthandels im mittleren 18. Jahrhundert beigetragen haben.

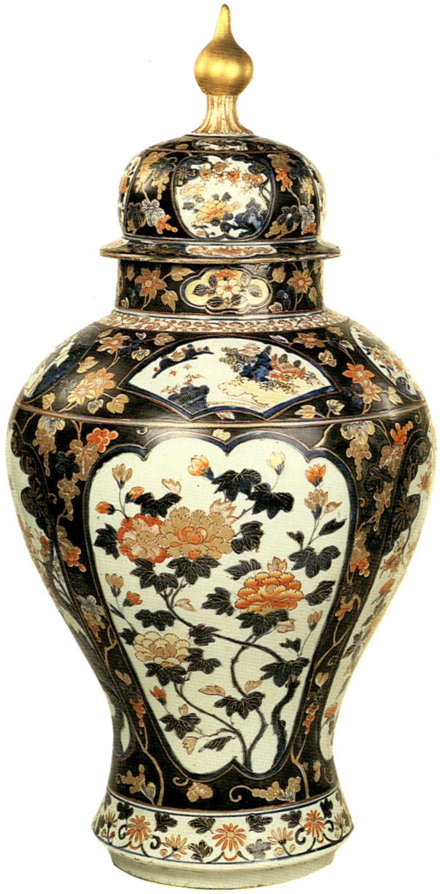

ELEFANT, EMAILLIERT IM KAKIEMON-STIL, ca. 1680

Diese Figur wurde 1688 im Burghley House vorgestellt und ist daher eines der frühesten Stücke japanischen Exportporzellans, das genau datiert werden kann. Der japanische Töpfer kannte keine Elefanten und modellierte ihn nach etwas abstrusen, chinesischen Illustrationen. (UNTEN)

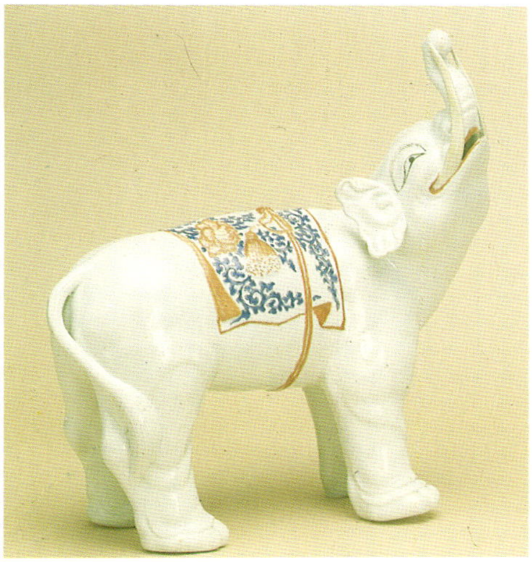

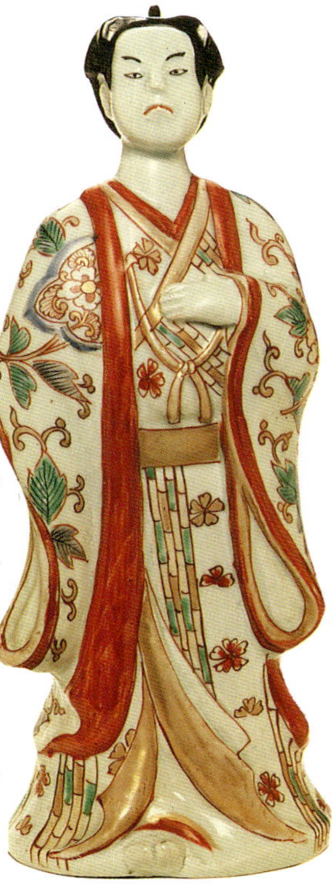

IMARI-FIGUR EINES MANNES, ca. 1700-20 (32,4 cm)

Solche Figuren gibt es freistehend oder als Deckelknauf. Exotische Figuren, ob Mensch oder Tier, waren sehr beliebt und bildeten einen wesentlichen Bestandteil des Exporthandels.

GROSSE IMARI-DECKELVASE, ca. 1690-1700 (58,7 cm)

Teil einer Garnitur von drei Deckelvasen und zwei Trompetenvasen. Diese Vase trägt das übliche Imari-Dekor mit unterglasurblauer Bemalung, die Raum für späteres Emaillieren bei niedrigeren Temperaturen freiläßt. (OBEN)

KAKIEMON-WAREN

Wir haben die Produktion von Arita in zwei Gruppen unterteilt; die zweite Gruppe, die Kakiemon-Waren, ist kleiner und nicht so vielfältig wie die große Imari-Gruppe.

Sie erhält ihren Namen von dem Töpfer Sakaida Kakiemon, einer fast legendären Gestalt, der als Erfinder der Emailfarben in Japan gilt. Heute umfaßt der Begriff einen mehr oder weniger einheitlichen Stil des Dekors und das Einsetzen einer bestimmten Palette leuchtender, durchlässiger Emailfarben. Die meisten Stücke stammen wohl aus dem Kakiemon-Ofen.

Es ist sehr wahrscheinlich, daß diese Gruppe anfangs eine von vielen Gruppen emaillierten Porzellans war und von konkurrierenden Emailleuren hergestellt wurde. Die Palette wurde um 1680 festgelegt, und höchstwahrscheinlich wurde auch der Kakiemon-Ofen zu dieser Zeit errichtet.

In diesem Ofen wurde das berühmte milchig-weiße Porzellan (Nigoshide) hergestellt, das ein für Arita-Waren einzigartiges Weiß mit einer fast farblosen Glasur aufwies. Dieses Porzellan besaß daher nicht den blauen Schimmer der übrigen Arita-Waren und wohl fast ausschließlich für Schalen und Teller benutzt. Solche Stücke wurden nur gering bemalt, wobei die asymmetrischen Muster den herrlichen weißen Hintergrund voll ausnutzten.

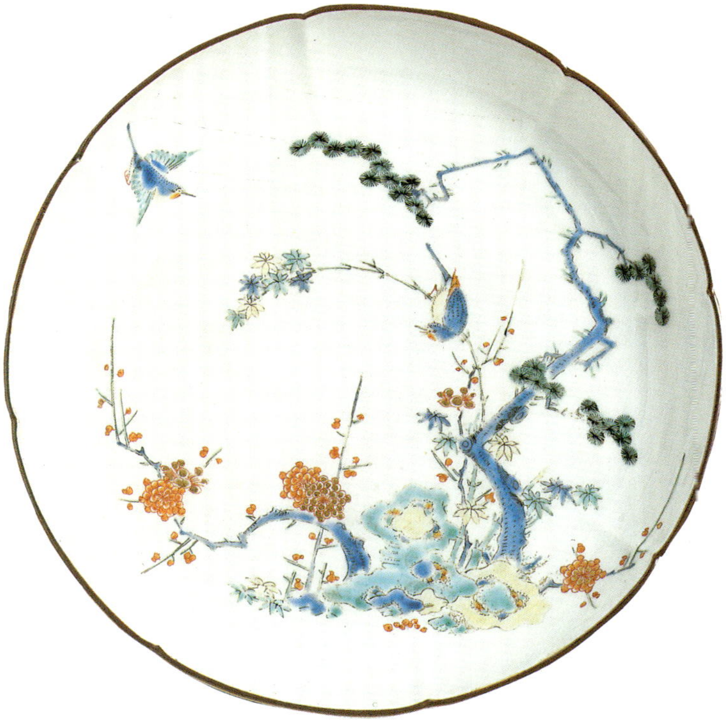

KAKIEMON-SCHALE MIT DEN »DREI FREUNDEN«, ca. 1690-1710 (21,2 cm)
Klassische Kakiemon-Schale mit »braunem Rand«, milchig-weißer Nigoshide-Scherben mit fast farbloser, transparenter Glasur. Zartes, asymmetrisches Dekor in den durchlässigen Kakiemon-Emailfarben. (RECHTS)

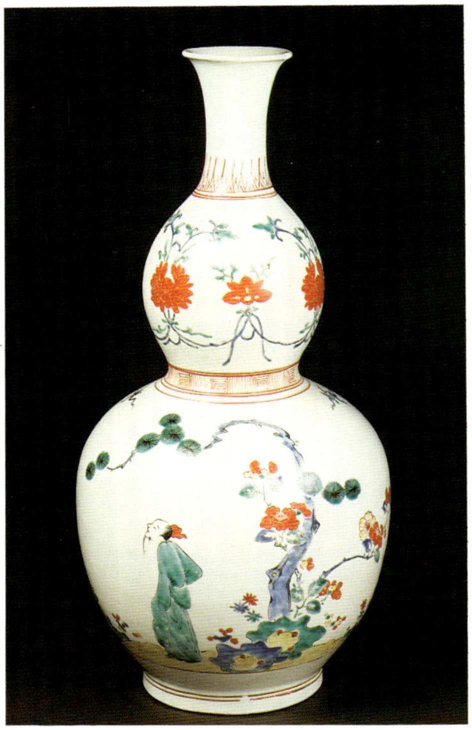

DOPPELKÜRBIS-FLASCHE, IM KAKIEMON-STIL EMAILLIERT, ca. 1670-1700 (45 cm)
Da geschlossene Formen nicht im Kakiemon-Ofen gebrannt wurden, muß dieses Stück von auswärts zur Dekoration gebracht worden sein. Dieses Verfahren war durchaus üblich. Die Weisen und die »drei Freunde« (Kiefer, Pflaume und Bambus) sind chinesischen Ursprungs. (OBEN)

Die Motive waren meist floral oder stellten Landschaften dar – eine berühmte Ausname ist das Muster »Knabe im Brunnen« – aber auch formalere Muster waren üblich. Die Bemalung hatte eine hohe Qualität sowohl auf den Nigoshide-Waren als auch auf anderen Produkten erreicht. Dazu gehörten sowohl emaillierte Waren ohne Unterglasurblau und solche mit ausschließlich unterglasurblauem Dekor.

Funde auf dem Gelände des Ofens haben nur offene Formen (Schalen, Schüsseln usw.) zutage gebracht. Geschlossene Formen (Flaschen, Krüge usw.) müssen von anderen Manufakturen zum Emaillieren gekauft worden sein, wobei nur weiße und klar glasierte Waren, die dem echten Nigoshide am ähnlichsten kamen, gekauft wurden. Es ist nicht bekannt, aus welchen Öfen sie stammen.

Das zart bemalte Kakiemon-Porzellan steht im Kontrast zu den prächtigen Imari- und den kühneren Arita-Waren in Unterglasurblau. Dies mag wohl an der Anpassung an den chinesischen Geschmack gelegen haben, wohingegen das Imari-Porzellan mehr den Holländern entsprach.

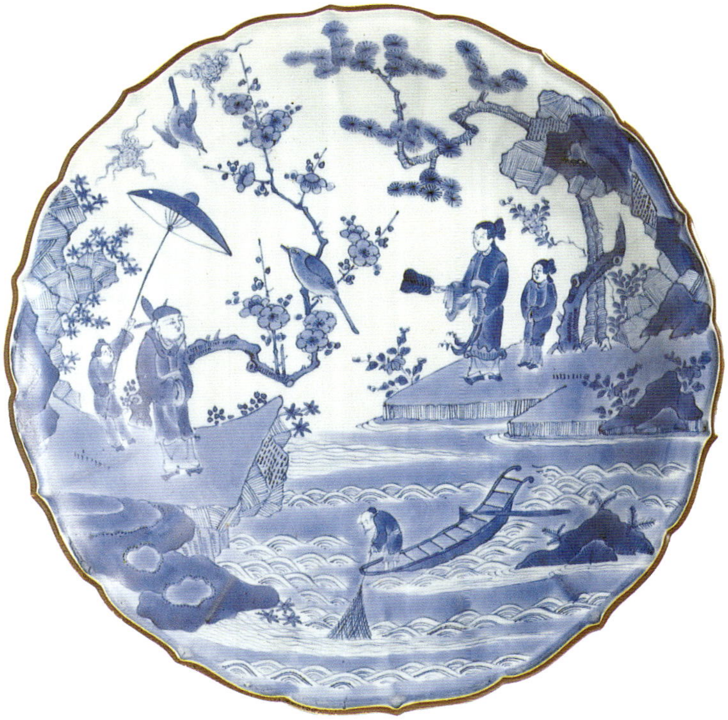

BLAU-WEISSE KAKIEMON-SCHALE, ca. 1690-1710 (31,5 cm)
Unterglasurblaue Scherben in diesem schönen Stil wurden auf dem Gelände des Kakiemon-Ofens in Nangawara südöstlich von Arita zusammen mit undekorierten Nigoshide-Scherben gefunden. (OBEN)

Kakiemon-Porzellan wurde oft imitiert. Scherben von Nigoshide-Schalen wurden manchmal bei zwei anderen Arita-Öfen gefunden. Der Stil der Malerei wurde zwar auch anderswo imitiert, und die Farbpalette konnte wiederum bei anderen Stilarten als Imitation gefunden werden, auch zusätzlich zu anderen Farben, die nicht bei Kakiemon-Waren benutzt wurden (wie z.B. das braune Email auf den sechseckigen »Hampton Court-Krügen«). In China wurde dieser Stil selten kopiert, aber die Porzellanmanufakturen in Frankreich, Deutschland und England eiferten ihm stark nach.

DAS ENDE DES EXPORTHANDELS

Im dritten Jahrzehnt des 18. Jahrhunderts nahm der Export aus Arita ab. Ein Grund hierfür war, daß japanisches Porzellan auf dem europäischen Markt teurer als vergleichbares chinesisches war. Nachdem es seinen Reiz als etwas Neues verloren hatte, eroberte das billigere und meist genauso gute oder sogar bessere chinesische Porzellan den Markt. Daher ist es eigenartig, daß der Kakiemon-Stil in der ersten Hälfte des 18. Jahrhunderts und der Imari-Stil in der zweiten Hälfte des 18. Jahrhunderts einen so großen Einfluß hatte.

Die Holländer versuchten das Interesse für japanisches Porzellan wieder zu beleben, indem sie 1734 japanisches Porzellan in Auftrag gaben, das nach den Entwürfen von Cornelis Pronk, einem holländischen Maler, zu bemalen war. Selbst dies schlug fehl, da die Chinesen bessere Versionen zu einem niedrigeren Preis herstellten. Zu diesem Zeitpunkt produzierten die Chinesen ja auch große Mengen an Wappenservicen nach europäischen Anweisungen. Solche Service aus Japan datieren um 1700 oder früher und sind eher selten.

Ab 1740 gab es nur noch einen unbedeutenden privaten Handel mit japanischem Porzellan. Die Öfen bei Arita mußten daher Einbußen hinnehmen, bis sich Ende des Jahrhunderts der heimische Markt wieder belebte.

KUTANI

Der Begriff Altes Kutani, ko-Kutani auf Japanisch, wurde auf viele Porzellanarten angewandt, die nicht alle zeitlich oder geographisch zusammengehören. Aber sie besitzen eine gemeinsame Emailfarben-Palette, bei der dunkle, opake Töne mit Aubergine (das oft bis zu einem tiefen Purpur variieren kann), Dunkelgrün und Gelb kombiniert werden. Das Blau ist meist voll und dunkel, Unterglasurblau ist äußerst selten.

Unterglasurblau ist meist auf die Rückseite von Schalen beschränkt, entweder ringförmig oder als Dekor, in der Regel Blumen.

Die meisten ko-Kutani-Waren sind große Schalen, obwohl es auch kleinere Schalen, Krüge, Flaschen und einige andere Formen gibt. Meist ist die Oberfläche fast ganz mit dem Dekor überzogen, oft stark asymmetrisch oder bildhaft mit kühnen Motiven. Manchmal wird die Fläche in geometrische Zonen aufgeteilt, die Raum für bildhafte Darstellung lassen oder auch frei bleiben.

Eine Gruppe dieser Waren wird grünes Kutani, ao-Kutani, aufgrund des dominierenden Grüns genannt, obwohl Gelb fast ebenso häufig vorkommt. Bei diesen Waren ist die Rückseite der Schalen ganz mit gelbem oder grünem Email innerhalb von schwarzen Dekorlinien bedeckt. Diese Schalen sind so dünn glasiert, daß sie wie Biskuit wirken. Manchmal weisen sie Anzeichen eines ungenügenden Brandes auf. Die Oberfläche der Schalen ist ganz und gar mit Emailfarben bedeckt und oft mit einem groben Dekor geschmückt.

Ausgrabungen beim Kutani-Ofen in Kaga auf Honshu belegen, daß es in der Mitte des 17. Jahrhunderts dort einen Ofen gab. Dies war wohl der einzige Ofen dieser Zeit, neben dem in Kyushu, in dem Porzellan gebrannt wurde. Die Scherben lassen jedoch nicht auf das üblicherweise im 17.

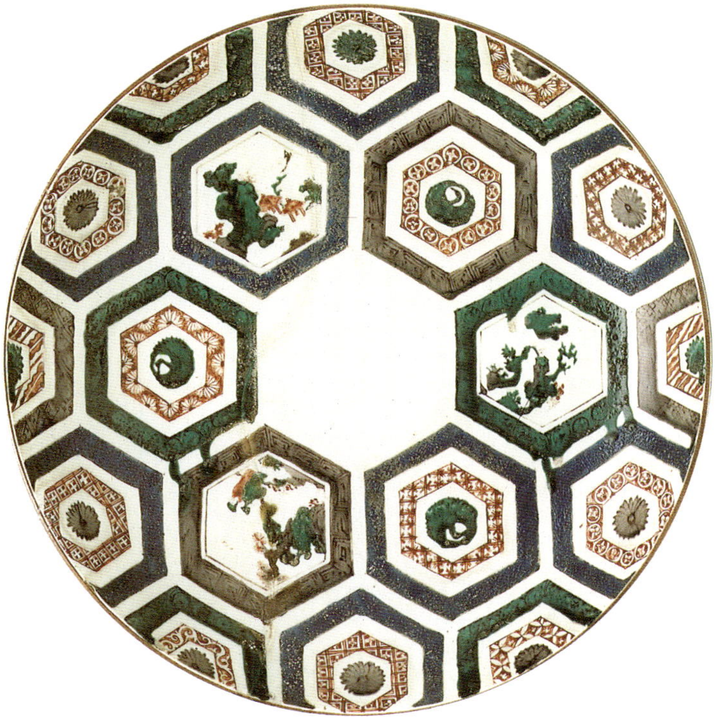

GROSSE, EMAILLIERTE SCHALE IM GEOMETRISCHEN KUTANI-STIL, MITTLERES BIS SPÄTES 17. JAHRHUNDERT, (54 cm)
Die dunklen Farben und das geometrische Muster dieser und anderer Schalen haben zu der Bezeichnung Altes Kutani (ko-Kutani) geführt; sie wurden aber höchstwahrscheinlich in Arita hergestellt.

Jahrhundert hergestellte Porzellan schließen. Es gibt zwar Scherben größerer Schalen, aber sie sind schlecht getöpfert, tragen kein Unterglasurblau und unterscheiden sich daher von fast allen ko-Kutani-Waren.

Ausgrabungen in Arita belegen jedoch, daß zumindest ein Teil des ko-Kutani-Porzellans in Arita hergestellt wurde. Drei Öfen in Arita haben sich offensichtlich mit der Produktion von großen Schalen befaßt, und zwar im zweiten und drittel Viertel des Jahrhunderts (die Öfen Maruo, Yamabeta und Cho-kichi-dani), während andere wohl auch kleinere Schalen, ähnlich den Shoki-Imari-Waren, bemalt mit der Kutani-Palette, herstellten. Es ist wahrscheinlich, daß all diese Sorten für den südasiatischen Markt gemacht wurden und zwar ungefähr ab 1640.

Scherben mit verräterischem Unterglasurblau und der typischen dünnen, gräulichen Glasur der meisten ko-Kutani-Waren wurden in Maruo und Yamabeta gefunden, während man die weißeren Stücke in Yamabeta und Cho-kichi-dani fand. Scherben emaillierter ko-Kutani-Waren wurden in Yamabeta und auch in Aka-e-machi, dem Viertel der Emailleure gefunden.

Es wurden sowohl Waren im ao-Kutani-Stil als auch bildhafte Stücke (ein Scherben zeigt einen Tiger) gefunden. Die kleinen Schalen mit V-förmigem Fuß, die ähnlich emailliert, allerdings ohne Unterglasurblau bemalt sind und einen weißeren Scherben aufweisen, stammen aus dem Ofen Otaru in Arita.

Die Kontroverse über den Ursprung des ko-Kutani-Porzellans ist noch lange nicht beigelegt. Wir können nur vermuten, daß das meiste ko-Kutani-Porzellan des 17. Jahrhunderts aus Arita stammt. Vieles davon wurde aber sicherlich später hergestellt, und zwar wahrscheinlich in Kaga. Es gibt jedoch auch einige Waren, die anscheinend aus dem 17. Jahrhundert stammen, die jedoch weder in Kutani noch Arita produziert wurden.

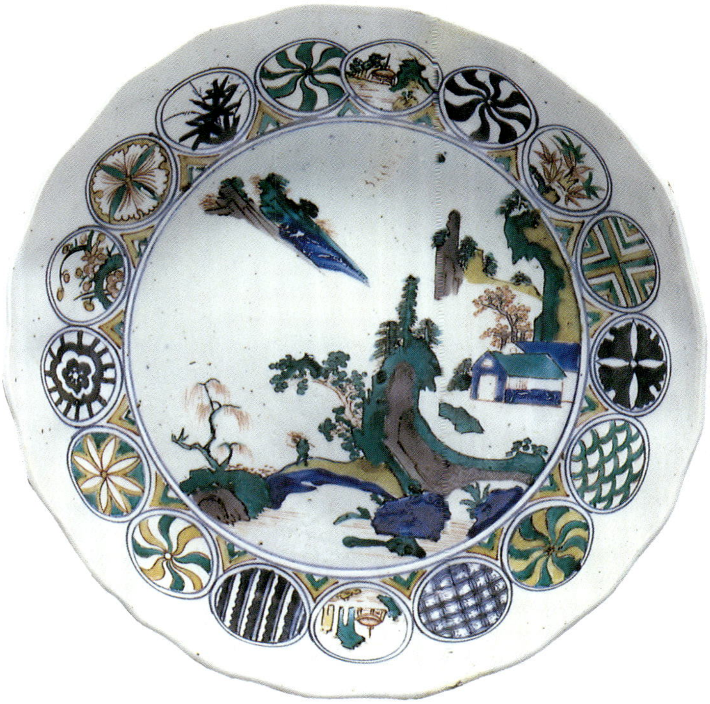

TIEFE SCHALE, IM KUTANI-STIL EMAILLIERT, MITTLERES BIS SPÄTES 17. JAHRHUNDERT (31,1 cm)
Der Stil der Landschaft zusammen mit dem geometrischen Rand weist auf ein früheres Datum, eher Mitte als Ende des Jahrhunderts, hin.

NABESHIMA

Ende des 17. Jahrhunderts gelangten die Nabeshima-Herrscher von Hizen (heute Saga-ken) zu der Auffassung, daß Porzellan sich gut als Geschenk für den Shogun und Hofbeamte eignete. Exportporzellan war allerdings aufgrund der fremden Formen und der unpassenden Dekore nicht angebracht. Die Legende berichtet, daß der erste Ofen für diese Geschenke in Iwayakawachi im Südwesten Aritas lag, die Arbeiter wurden später nach Okawachi acht Kilometer nördlich von Arita verlegt.

Ausgrabungen geben keinen Hinweis darauf, daß irgendein Ofen in Iwayakawachi die Wiege des Nabeshima-Porzellans war. Aller Wahrscheinlichkeit nach entwickelte sich der Stil der Nabeshima-Waren aus einem Stil Aritas, bei dem die Gefäße auf einem relativ hohen Fuß standen. Diese Waren wurden Matsugatani-Waren genannt. Mehrere Öfen in Arita machten solche Stücke; einer davon, Sarugawa, befindet sich in der Region Iwayakawachi, daher vielleicht die Legende.

Das Ende des im 17. Jahrhundert in Okawachi hergestellte Nabeshima-Porzellans zeichnet sich durch perfekte Form und sorgfältiges, wunderschönes Dekor aus. Körper und Glasur ähnelten den Arita-Waren, da nicht versucht wurde, die Weiße der Kakiemon-Nigoshide-Waren zu erzielen.

Es ist kennzeichnend, daß die besten Nabeshima-Stücke – zuerst in der ersten Hälfte des 18. Jahrhunderts angesiedelt – Schalen in dreierlei Größen sind, mit einem Durchmesser von ca. 30, 20 und 15 Zentimeter. sie hatten meist ein gewölbtes Profil auf einem hohen vertikalen Fuß. Größere Schalen ruhen manchmal auch auf drei geformten Füßen. Auch Tassen sind nicht selten, entweder eimerförmig oder mit schmälerem und kunstvollerem Querschnitt. Geformte Schalen sind relativ selten. Auf dem Gelände des Okawachi-Ofens wurden Scherben großer Seladon-Figuren gefunden, die selten ganz erhalten blieben. Man kann auch eine Entwicklung der »Standardformen« feststellen, wobei die früheren Schalen anscheinend etwas flacher im Profil waren.

Das Dekor des Nabeshima-Porzellans beruht auf einem sehr gekonnten Einsatz der Glasur und der Wu-tsai-Technik, die

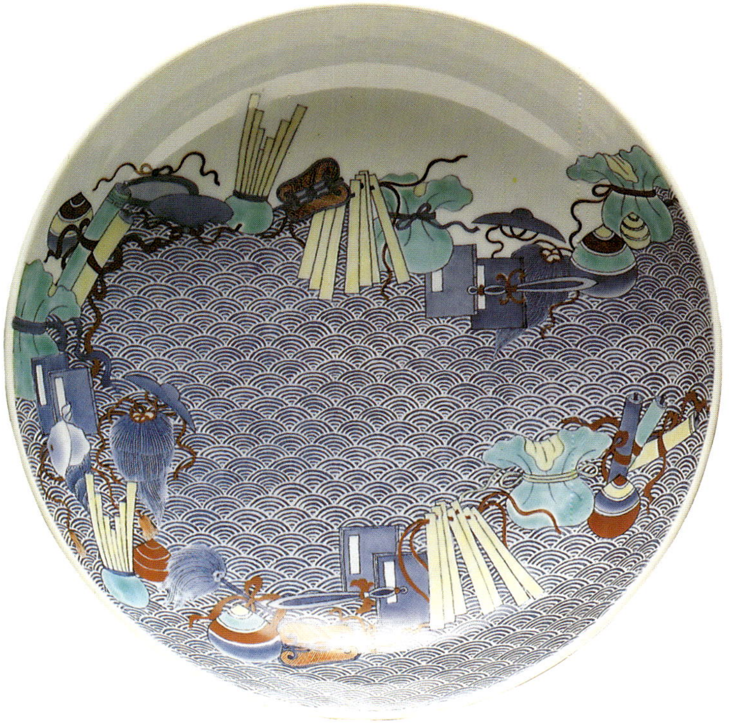

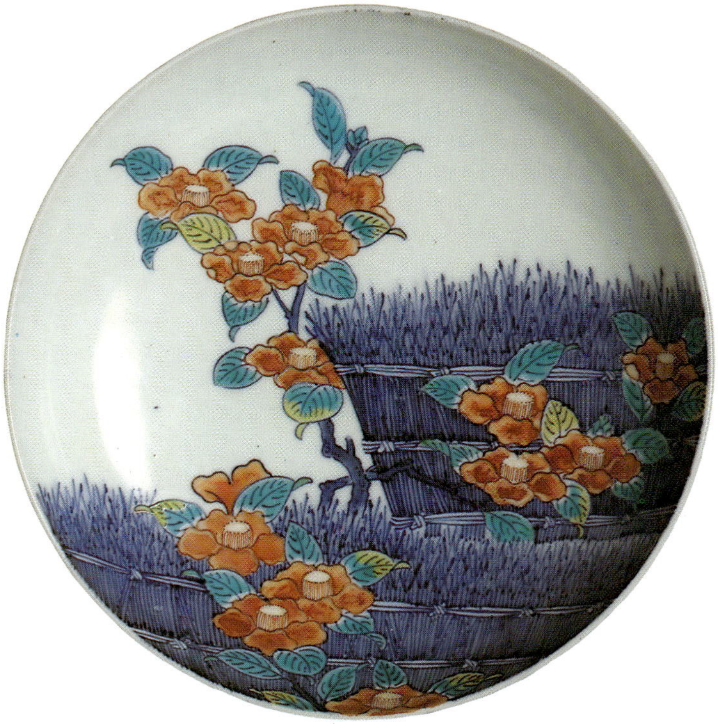

Unterglasurblau einsetzt, um eine später zu emaillierende Fläche abzugrenzen, eine Technik, die bei den Arita-Waren fast unbekannt ist. Die Nabeshima-Seladonglasur war besonders schön, und obwohl sie oft dick aufgetragen wurde, wurde sie ganz und gar unter Kontrolle gehalten, was besonders im Anschluß an den Fußrand deutlich wird. Oft wurden Seladone in Verbindung mit Blau-Weiß oder mit Eisenbraun und anderen Emailfarben eingesetzt. Manchmal wurde Kobaltblau für die Seladone und manchmal Email auf ihnen benutzt.

Häufiger werden bei Nabeshima-Schalen Blau und Weiß, mit oder ohne zusätzlichem Aufglasuremail, eingesetzt. Bei solchen Stücken ist die Rückseite immer in Unterglasurblau gehalten. Auf den früheren Stücken kann die Rückseite mit kühnen Blumenranken und der hohe Fuß mit einem regelmäßigen Muster versehen sein. Auf den typischen Stücken ist das Dekor der Rückseite meist dreigegliedert; es stellt oft ein zusammenhängendes Münzmuster oder ein ziemlich flüchtiges Blumenmuster dar. Der Fuß trägt fast immer das berühmte kammähnliche Muster. Es gibt keine Marken.

Das gemalte Dekor des Nabeshima-Porzellans ist sehr sorgfältig und äußerst anspruchsvoll; die Bemalung, sowohl in Unterglasurblau als auch mit Emailfarben erfolgte sehr kunstvoll. Unterglasurblau für den Hintergrund wurde entweder als Lasur oder als sorgfältiges Schablonenmuster aufgetragen.

Die Motive des Dekors variieren stark, basieren in der Regel aber auf formalen und manchaml geometrischen, abstrakten Mustern, auf leblosen Objekten oder auf Bäumen und Pflanzen. Die Muster sind entweder um den Perimeter arrangiert oder asymmetrisch über die ganze Oberfläche verteilt. Es gibt selten ein umrahmtes zentrales Motiv. Zwei Hintergrundflächen können eine Schale ungefähr in zwei Hälften aufteilen oder von einem darüberliegenden Motiv unterteilt werden. Eine klare Vorliebe für Muster ist erkennbar.

Die schwächeren Designs werden allgemein den späteren Perioden zugeschrieben; ab dem 19. Jahrhundert wurden Imitationen in Hirado und anderswo angefertigt.

Ausgrabungen auf dem Gelände des Okawachi-Ofens zeigen, daß hier nicht nur die offiziellen Nabeshima-Waren gemacht wurden, sondern auch große Mengen an Haushaltswaren. Aller Wahrscheinlichkeit nach wurden die Nabeshima-Objekte in zwei Kammern im Zentrum eines großen Noborigamas gebrannt. Die Ruinen des Ofens auf dem Gelände sind zu umfangreich, um diejenigen eines Ofens aus dem 18. Jahrhundert zu sein.

NABESHIMA-SCHALE MIT KAMELIEN UND GEBUNDENER HECKE, FRÜHES 18. JAHRHUNDERT (20 cm)
Auf Nabeshima-Porzellan sind Blumen stärker vertreten als leblose Objekte oder abstrakte Muster. (OBEN)

NABESHIMA-SCHALE MIT »GLÜCKSVERHEISSENDEN SCHÄTZEN«, FRÜHES 18. JAHRHUNDERT (31 cm)
Die chinesischen »glücksverheißenden Schätze« sind in Unterglasurblau gemalt; typisch für die Nabeshima-Methode ist die unterglasurblaue Konturenführung der Farbflächen. (OBEN LINKS)

ANDERE ÖFEN

SUISAKA

Bestimmte Temmoku und unterglasurblaue Schalen, manchmal mit Emailfarben, meist von nicht-runder Form, wurden in der Vergangenheit dem Suisaka-Ofen in Kaga zugeschrieben. Dieses Gelände ist nur aus Literaturquellen bekannt, aber wo es liegt, ist unbekannt. Mindestens einige dieser Waren sind aus Arita; die frühen und plumpen Stücke wurden in mindestens drei Öfen hergestellt, die späteren und anspruchsvolleren wurden in einem Ofen in Arita gefunden. Natürlich ist es auch möglich, daß solche Waren in Suisaka gemacht wurden, aber es gibt keinen Beweis hierfür.

MATSUGATANI

Wie die Suisaka-Waren sind die Matsugatani-Waren eine heterogene Gruppe kleiner Porzellanschalen von nicht-runder Form, die einer Manufaktur zugeordnet werden, ohne dafür Beweise zu haben. Auf dem Gelände des Matsugatani-Ofens, das zwischen Arita und Saga liegt, wurden keine Scherben dieser Gefäße gefunden. Andererseits sind sog. Matsugatani-Scherben bei einigen anderen Öfen in Arita nicht so selten, und es ist offensichtlich, daß die meisten, wenn nicht sogar alle Stücke aus Arita stammen.

Oft wird ein Zusammenhang zwischen den Matsugatani- und den Nabeshima-Waren von Okawachi gesehen. Wenn sie auch sehr wohl durch den frühen Nabeshima-Stil inspiriert sein könnten, gibt es doch keinen eindeutigen Zusammenhang. Ihr Stil ist wunderschön. Sie sind ausdrucksvoll bemalt, wobei die Bemalung manchmal ein plastisches Muster des Gefäßkörpers mißachtet.

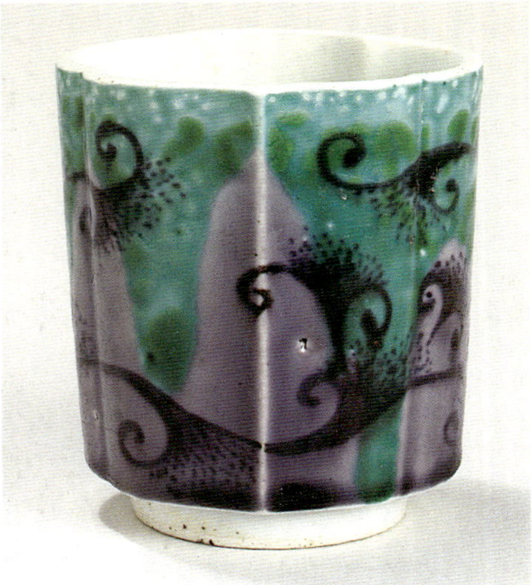

NABESHIMA-MUKOZUKE-SCHALE MIT ABSTRAKTEM MUSTER, FRÜHES 18. JAHRHUNDERT (Höhe: 6,5 cm)
Die Form dieser kleinen Speiseschale ist bi-, nicht radial symmetrisch.

SHIBUEMON

Der Shibuemon-Stil bezeichnet ein sorgfältig mit Emailfarben bemaltes Porzellan. Sein Dekor läßt sich nicht in bekannte Kategorien einordnen, sondern wird manchmal als Verbindung zwischen dem Kakiemon-Stil, dessen Emailfarben es einsetzt, und dem Nabeshima-Stil, dessen stilistische Elemente ihm zugrundeliegen, betrachtet. Es wird manchmal sogar Kaki-nabe genannt.

Die Shibuemon-Waren werden in der Regel dem späten 17. Jahrhundert zugewiesen, da einige Stücke Inschriften tragen, die vage die Genroku-Periode (1688-1703) angeben. Shibuemon ist angeblich der Name eines Verwandten der Sakaida-(Kakiemon)-Familie. Es ist jedoch wahrscheinlicher, daß sie aus dem späten 18. Jahrhundert stammen und die besten Stücke Aritas in dieser sonst schlechten Zeit waren. Sie wurden nicht für den Exportmarkt, sondern für einen luxuriösen heimischen Markt hergestellt.

SPÄTERES JAPANISCHES PORZELLAN

Die Probleme der Nomenklatur und der Chronologie der Arita-, Imari- und Kutani-Waren in der Mitte des 18. Jahrhunderts ziehen sich noch bis ins 19. Jahrhundert hinein. Die Anregung des heimischen Marktes durch den japanischen Exportmarkt wurde in der Mitte des 18. Jahrhunderts immer schwächer, da die billigeren Produkte aus China Japan als Lieferanten für verschiedene europäische Ostindienkompanien ablösten. Die Situation wurde durch eine Politik der Isolierung kompliziert, die erst ca. 1850 gebrochen wurde, als es den Amerikanern gelang, einen Handelsvertrag abzuschließen. Japan eignete sich sehr gut als Station auf der Handelsroute zwischen Shanghai und dem neu erworbenen Staat Kalifornien. Es folgten die Briten, Holländer, Franzosen und Russen mit ihren eigenen Verträgen.

Aufgrund des internationalen Drucks führten politische Reformen in Japan dazu, daß es an den Weltausstellungen teilnahm. Der Einfluß der Weltaussstellung 1867 in Paris, bei der erstmals japanische Kunstgegenstände vertreten waren, auf die europäischen Künstler war sehr stark. Asiatische Gegenstände machten Furore. Die Vorliebe für alles Japanische, Chinesische und Ästhetische führte ca. 1900 zum Jugendstil. Die geöffneten Tore Japans erlaubten den Austausch von künstlerischen und technischen Einflüssen in beiden Richtungen, so daß Japan die Grundsteine zu einem Industriestaat legen konnte. Der Export von japanischer Keramik wurde nach mehr als hundert Jahren wieder aufgenommen.

IMARI

Zu den bekanntesten Exportgütern gehörten die Imari-Waren: Porzellan, das erst mit Unterglasurblau bemalt wurde, dann glasiert und gebrannt und danach mit Emailfarben bemalt (wozu mindestens ein opakes Eisenrot gehörte), danach vergoldet und nochmals gebrannt wurde. Diese Gruppe folgte einem in Arita am Ende des 17. Jahrhunderts entwickeltem Stil, der für den hei-

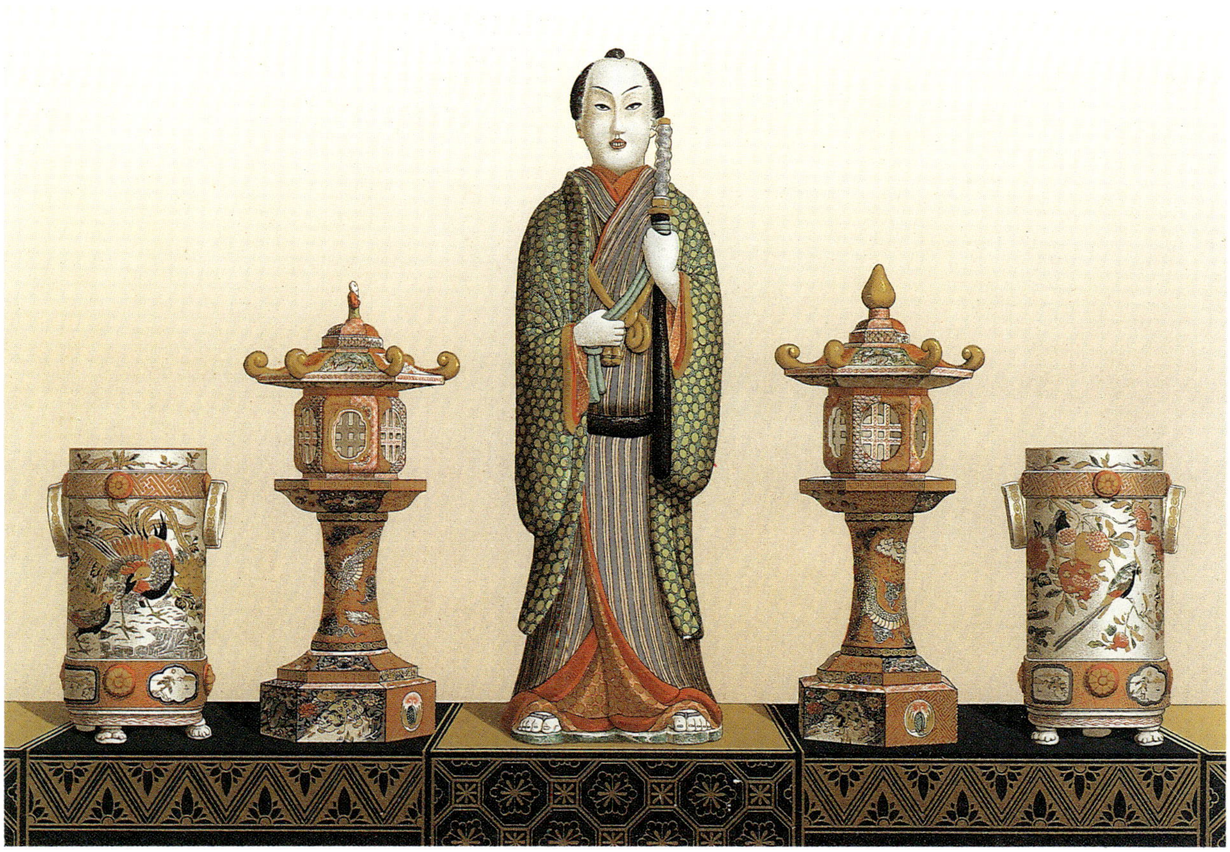

HIZEN-WARE, AUS »CERAMIC ART OF JAPAN« VON G. A. AUDSLEY UND JAMES LORD BOWES, 1875 *(LINKS)*
Solche Hizen-Waren würden heute Arita zugeschrieben werden.

mischen Markt während der Periode der Isolierung im 18. und 19. Jahrhundert produziert worden war. Die Qualität variiert sehr, von schlechten Stücken, bei denen die blauen Konturen mit Stempeln aufgedruckt und dann mit schlechten Farben ausgefüllt wurden, bis hin zu technisch und künstlerisch perfekten Objekten, die in der Manufaktur Fukagawa in Hizen hergestellt wurden.

1879 gründete Eizaiemon Fukagawa, der achte Sohn einer Töpferdynastie, eine Manufaktur in Arita. Unter dem malerischen Namen »Duftende Orchidee-Gesellschaft« produzierte die Manufaktur eine Vielfalt an Produkten mit Aufglasurfarben und Unterglasurblau und -grau. Durch den erfolgreichen Einsatz der drei Ebenen, Aufglasur, Glasur und Unterglasur erhält die Bemalung oft einen optischen Eindruck von Tiefe und von Dreidimensionalität. Dieser Effekt kann noch durch eingedrückte oder plastische Muster verstärkt werden.

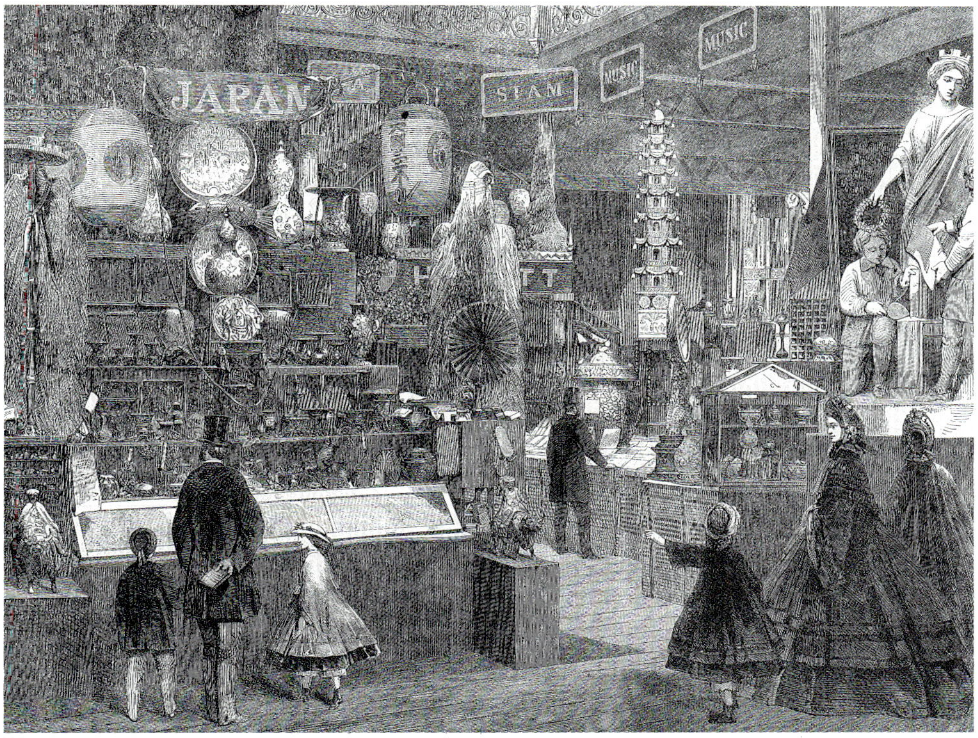

JAPANISCHER STAND AUF DER WELTAUSSTELLUNG 1862 IN LONDON, STICH
Große, internationale Ausstellungen halfen bei der Verbreitung des »Japonismus«. (UNTEN)

BLAU-WEISSE HIRADO-FLASCHE, 1835
(22 cm)
Dieses Stück weist unterglasurblaues Dekor mit dem Wappen der Familie Wakigawa auf.
(UNTEN)

IMARI-SCHALEN UND VASEN, SPÄTES 17. JAHRHUNDERT
In Europa war das Imari-Dekor sehr beliebt.
(UNTEN)

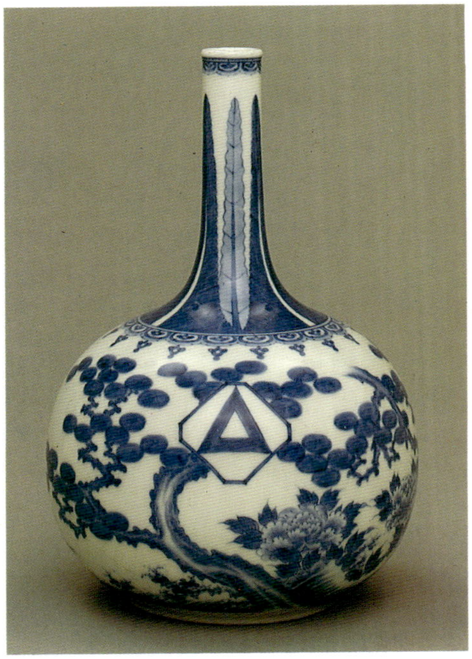

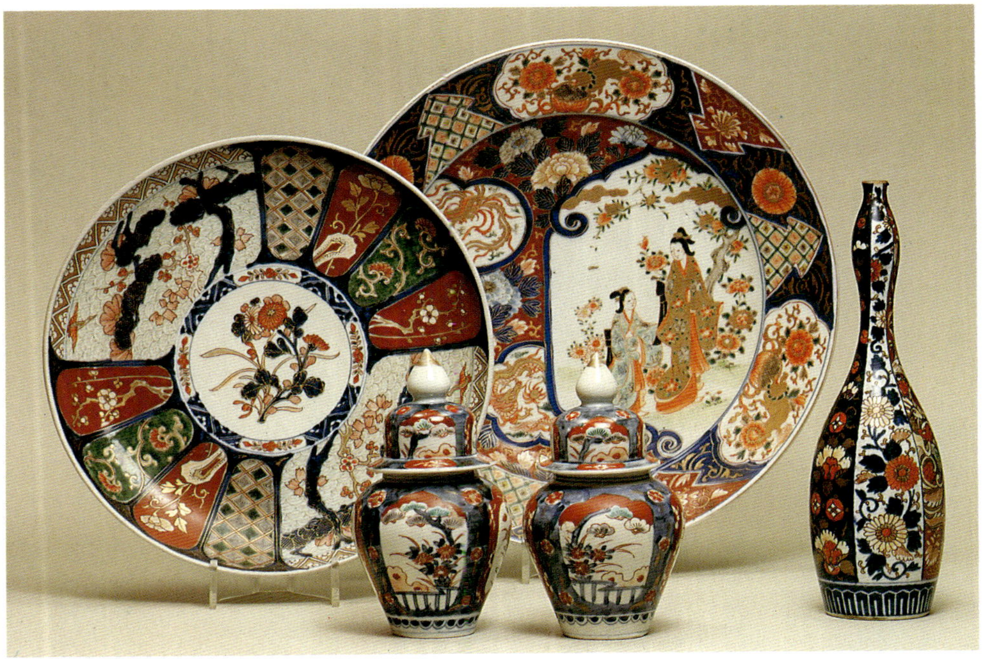

ANDERE MANUFAKTUREN

Die Palette der Unterglasurfarben wurde von anderen Manufakturen erweitert, vor allem von der Gruppe »Makuzu Kozan«, deren Arbeiten durch den Einsatz von perfekten Blauschattierungen und sanften Rottönen den Nabeshima-Stil des 18. Jahrhunderts ins 20. Jahrhundert transportierten. (Fast zur gleichen Zeit fand eine ähnliche Erweiterung der Farbpalette in der Königlichen Manufaktur in Kopenhagen statt, auch vom japanischen Porzellan inspiriert.)

Eine weitere Gruppe von Manufakturen befand sich in Hirado. Ihre Anfänge liegen wohl in der Mitte des 18. Jahrhunderts; ihre Spezialität war unterglasurblaues Dekor. Hirado ist eine kleine Insel nordwestlich von Kyushu, eine kurze Seefahrt von Arita, Imari und Nabeshima entfernt. Das zu dieser Gruppe gehörende Porzellan ist viel feiner als das anderer Manufakturen, und da wo das Biskuit die Glasur durchbricht (meist am Fußrand) zeigt sich ein typischer oranger Farbton aufgrund der Oxidation. Das Porzellan ist sehr weiß. Diese Qualitäten erinnern an das chinesesiche Porzellan von Fujian (die Blanc-de-Chine-Waren). Obwohl in Hirado sicherlich auch flache Waren produziert wurden, sind die Formen, die man mit diesen Öfen verbindet, komplexer, so z.B. Räuchergefäße in Tierform, Sakeflaschen und Teekannen in Form von Knaben, die Welpen im Arm halten oder in Form einer Minogame (einer verheißungsvollen Meeresschildkröte). Bei diesen Stükken ist die Form an sich schon dekorativ. Der Einsatz von Kobaltblau wird oft verringert, um die gewaltige Anstrengung des Töpfers nicht zu mindern. Aus dem gleichen Grund können kleinere Details wie Augen, Mund und Hände unglasiert sein, um so den Effekt der orangen Oxidation zu verstärken.

Bei einfacheren Hirado-Formen, können Felder ausgespart sein, die mit Landschaften im chinesischen Stil des späten 17. und frühen 18. Jahrhunderts bemalt sind.

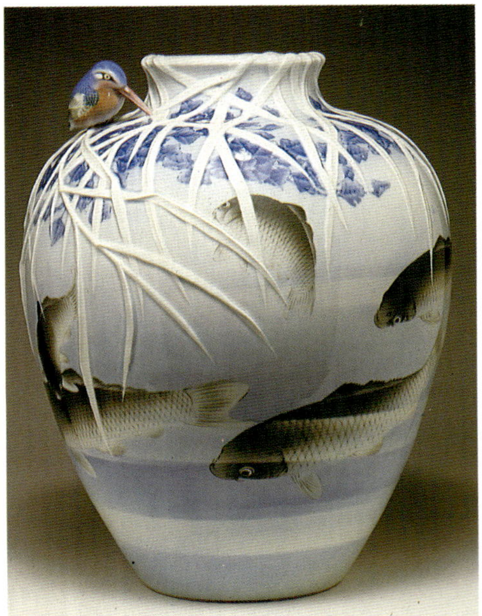

FUKAGAWA-VASE,
SPÄTE MEIJI/TAISHO-PERIODE,
ca. 1900-20 (44,5 cm)

DREIFÜSSIGES RÄUCHERGEFÄSS, MAKUZU KOZAN, MEIJI-PERIODE, 1868-1912 (Durchmesser: 28,5 cm)
Dieses Stück trägt die Signatur »Makuzu yo Kozan sei«, unterglausrblaues Dekor mit Drachen und Lotosblüten in Email. (UNTEN)

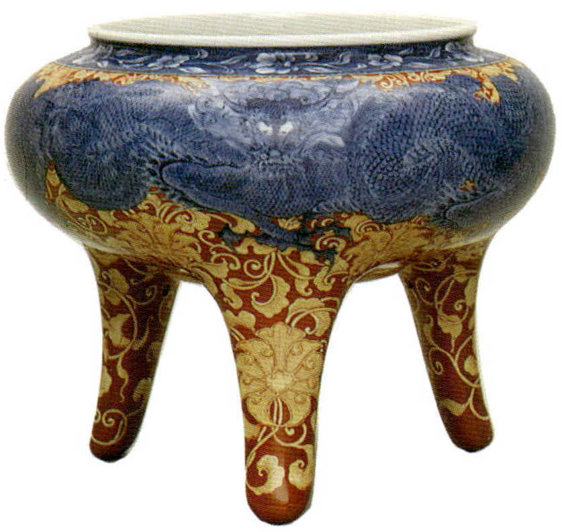

Ungefähr von 1880 an wurde der komplexe Begriff Kutani-Waren (s. S. 77) weiter durch die Kutani-Marke kompliziert, die nicht nur auf lichtdurchlässigem Porzellan erschien, sondern auch auf opaker, haferfarbener Irdenware. In beiden Fällen war das Dekor überwiegend in Eisenrot, das durch Vergoldung betont wurde und oft mit schwarzen oder Grisaille-Details verziert wurde. Zusätzliche klare Emailfarben können in den Feldern oder Randmotiven vorkommen, dagegen kommt Unterglasurblau nie vor. Die Qualität der Imari-Waren des 19. Jahrhunderts variiert; manche Stücke sind eindeutig Massenware (dazu gehören auch die europäischen Teewaren), andere dagegen sind sorgfältig bemalte Einzelstükke. Die Entstehung der Kutani-Waren des 19. Jahrhunderts ist unklar, aber die Vielfalt der Scherben, die ähnliche Farbpaletten und Malstile aufweisen, deutet auf mehrere verschiedene Töpfer und Emailleure, die in einem »Stil« arbeiteten, hin.

Dieses Verschmelzen einzelner »Keramik-Familien« wird weiter belegt durch die Übertragung des Stils der Satsuma-Irdenwaren auf Porzellanobjekte. Diese Kreuzungen sind Symptom eines Landes, das durch die Industrielle Revolution einem rapiden Wandel unterliegt. Es reflektiert aber auch die wachsende Nachfrage nach Porzellan aus Europa.

China hatte Europa mit großen Mengen an Exportwaren während des ganzen 18. Jahrhunderts versorgt; nun begann auch Japan im 20. Jahrhundert die Massenproduktion von Teewaren für den westlichen Markt. »Eierschalen-Porzellan«, das fast so dünn wie Papier war, befriedigte die Nachfrage.

Das meiste war von minderer Qualität, wobei die Motive oft innerhalb vorher aufgedruckter Konturen aufgemalt wurden. Heute gibt es noch circa fünfzig Service, die eine hohe Qualität sowohl in der Form als auch im Dekor aufweisen. Das Dekor besteht meist aus verschiedenen Figuren im Freien, üppigen Gartenblumen oder exotischen Vögeln an einer Küste.

Genauso wie die Chinesen, die Ende des 18. Jahrhunderts ihre Exportwaren an europäische Formen und Dekore angepaßt hatten, so folgten auch die japanischen Manufakturen bald englischen Originalen.: so produzierte z.B. Noritake, die wohl berühmteste Manufaktur, Stücke, die eindeutig durch die Arbeiten von »Royal Worcester Works« sowohl im Dekor und in der Form beeinflußt wurden.

Auch wenn Japan nach den Jahren der Isolation wieder bemüht war, zur internationalen Gemeinschaft der sechziger Jahre des 18. Jahrhunderts zu gehören, bleibt es doch eine traditionsverbundene Nation. Im 20. Jahrhundert waren die schlichten Formen, Linien und Dekore der vorindustriellen Periode wieder aktuell.

Obwohl es noch nicht ganz klar ist, wie Elemente der Keramiktradition des 18. Jahrhunderts in Exportwaren des späten 19. Jahrhunderts gelangten, ist es offensichtlich, daß Japans Töpfer während all der Jahre der Isolation ihr mannigfaches, einheimisches Porzellan, ihre Irden- und Steinwaren beibehalten und weiter entwikkelt haben. Der heimische Markt wurde weiterhin mit traditionellen Teewaren versorgt, wobei eine Tradition bewahrt wurde, die in der zweiten Hälfte des 20. Jahrhunderts eine Rückkehr und Neuinterpretation der chinesischen Song-Dynastie – dem Ausgangspunkt des Porzellans – erlaubte.

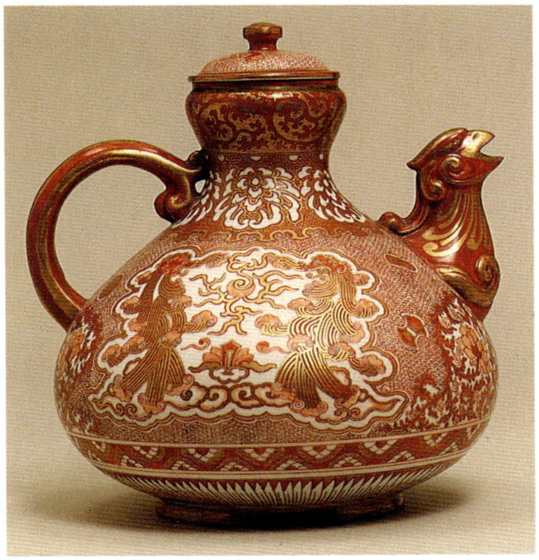

KUTANI-TEEKANNE UND DECKEL, MEIJI-PERIODE, 1868-1912 (Höhe: 18,5 cm)
Diese Tee- oder Wasserkanne ha einen Vogelkopf als Ho-o-Tülle. (UNTEN RECHTS)

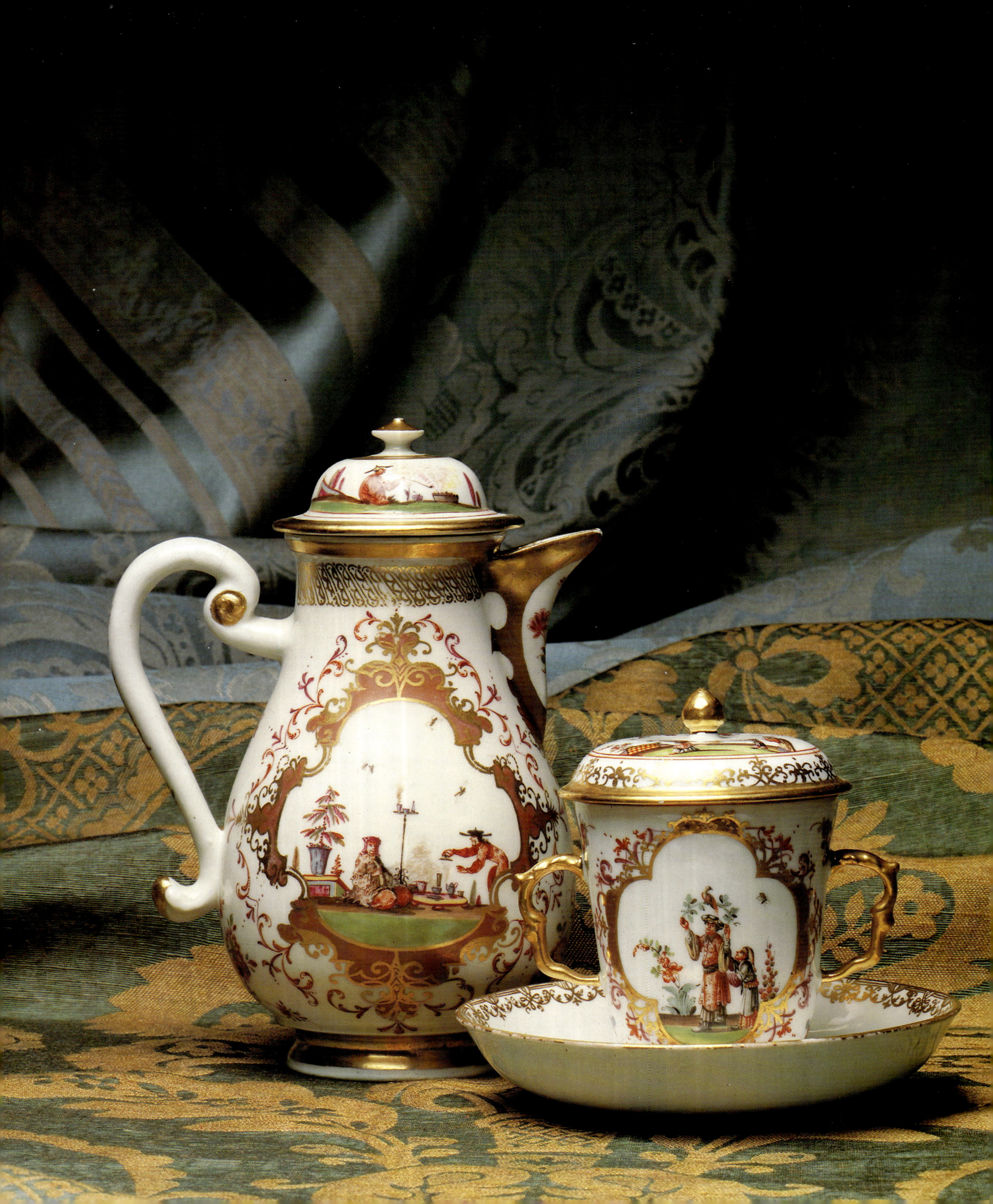

Frühes Europäisches Porzellan

Nach dem kurzen Bestehen der Medici-Porzellanmanufaktur in Florenz gab es lange Zeit niemanden, dem es in Europa gelang, diese Lücke durch echtes oder künstliches Porzellan zu schließen. Während dieser Periode stieg der Import aus China sehr an, da die holländische Ostindienkompanie den Portugiesen und Spaniern im gesamten 17. Jahrhundert den ersten Platz unter den Importeuren aus dem Fernen Osten streitig gemacht hatten. Große Mengen an Porzellan, besonders das blau-weiße, erreichten Europa, obwohl es auch polychrome und seltener monochrome Stücke gab. Es wurde für nordeuropäische Herrscher, besonders in Deutschland und Holland, Mode, Porzellankabinette einzurichten, in denen auf jedem Möbelstück Porzellangefäße der verschiedensten Formen und Größen standen.

MEISSENER KAFFEEKANNE UND SCHOKOLADENTASSE MIT CHINOISERIEN, ca. 1730 (Kaffeekanne: 20,3 cm)

Die Bilder sind von Lambrequins aus Böttger-Lüster umgeben.

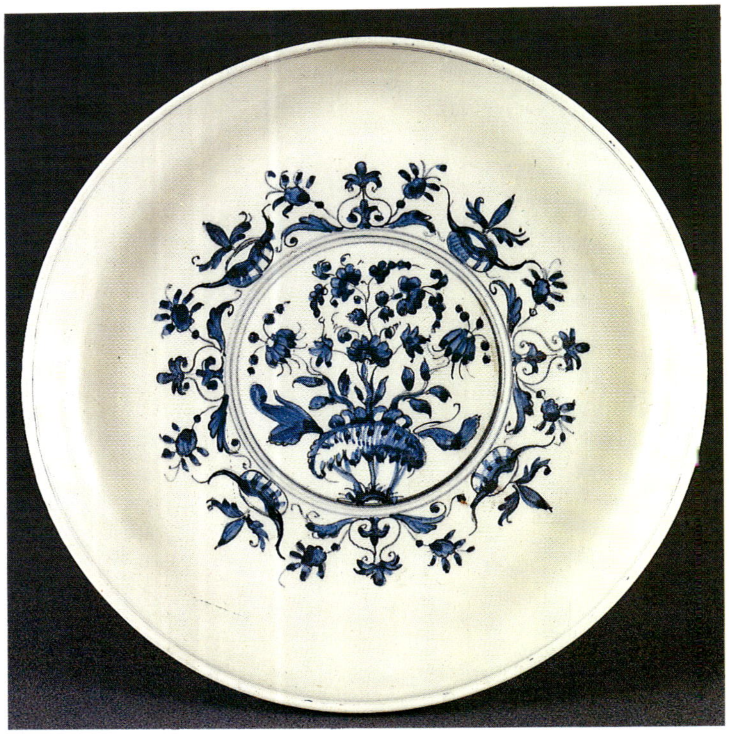

MEDICI-TELLER, ca. 1575-87 (24 cm)
Die unterglasurblaue Bemalung wirkt auf den ersten Blick chinesisch. Der Künstler hat jedoch auf eine türkische Version zurückgegriffen. (RECHTS)

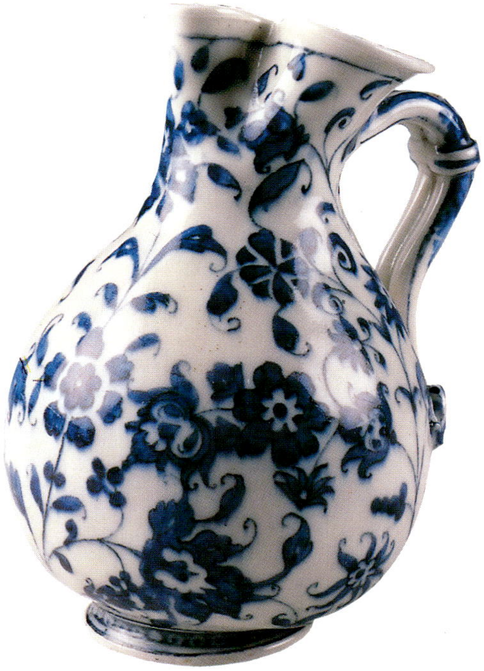

MEDICI-KRUG, ca. 1575-87 (14,6 cm)
Hier kann man gut die Risiken der hohen Brenntemperaturen erkennen. Das Gefäß hat sich im Ofen etwas »gesetzt«. (RECHTS AUSSEN)

MEDICI-PORZELLAN

Es ist nicht verwunderlich, daß eine Reihe italienischer Fürsten der Renaissance angeblich versucht haben, das Geheimnis der Herstellung eines seltenen und teuren Materials, daß so kostbar war, das nur Prinzen und Herrscher es sich leisten konnten, zu ergründen. Es ist bekannt, daß Florenz, Padua, Ferrara und Venedig Experimente zur Porzellanherstellung durchführten.

Nur Florenz gelang eine anerkannte Produktion, von der nur ungefähr 64 Stücke identifiziert wurden. Diese Stücke repräsentieren eine Periode von ungefähr zwölf Jahren, von 1575 bis 1587. So bescheiden dies ist, belegt es doch, daß die Medici-Experimente zur ersten erfolgreichen Porzellanherstellung in Europa führten.

In China hatte sich die Produktion von Hartporzellan über viele Jahre hinweg aus lokalen und geeigneten Materialen entwikkelt. Es war unwahrscheinlich, daß sich eine solche Entwicklung anderswo wiederholen würde, ohne genaue Kenntnis (oder Inspiration) der zu suchenden und zu verwendenden Materialen. Wenn die Experimente auf Inspiration basierten, konnte auch ein völlig anderes Produkt entstehen. So war es auch beim Medici-Porzellan; die Zusammensetzung des Materials unterschied sich vom chinesischen, und somit entstand ein »künstliches« oder weiches Porzellan. Es ähnelte nicht dem Porzellan, daß der Venezianer Marco Polo während seines siebzehnjährigen Aufenthalts am Yuan-Hof des Kubilai Khan gesehen hatte (ca. 1280), also dreihundert Jahre zuvor.

Drei Männer werden als wesentlich für die erste europäische Porzellanherstellung genannt. Der wichtigste war zweifelsohne Großherzog Francesco I. de Medici, selbst Alchemist und an vielen angewandten Kunstarten interessiert. Gemäß Andrea Gussoni, dem damaligen venezianischen Botschafter in Florenz, wurden bereits schon zehn Jahre lang Experimente zur Herstellung eines lichtdurchlässigen, keramischen Materials durchgeführt, bevor 1574 die ersten Erfolge erzielt wurden. Mit anderen Worten, die Forschungsarbeiten können schon 1564 begonnen haben, als Francesco wegen der Trauer seines Vaters Cosimo I. über den Tod seiner Gattin Regent wurde. Aufgrund seiner wissenschaftlichen Interessen kann Francesco nicht nur als Sponsor, sondern auch als aktiver Mitarbeiter an dem Unternehmen der Porzellanherstellung betrachtet werden.

Cosimos distinguierter Diener, Giorgio Vasari, berichtet in seiner Biographie der Künstler über das Gelingen der Porzellanherstellung und schreibt diesen Erfolg im wesentlichen Bernardo Buontalenti zu, der hauptsächlich aufgrund seiner Zeichnungen und Bühnenbilder für Opern und mechanische Gartenvergnügungen berühmt war. Vasari nennt ihn zusätzlich noch als Produzenten des »indischen Porzellans«. Gussoni jedoch gibt an, daß ein »Levantiner« den Schlüssel zur Entdeckung des neuen Materials besaß.

Es ist unwahrscheinlich, daß ein Mann allein alle verschiedenen Faktoren des Florentiner Porzellans entdeckte. Bis das Gegenteil bewiesen ist, kann man wohl davon ausgehen, daß Francesco, Buontalenti und der »Levantiner« gemeinsam einen wesentlichen Teil zur Herstellung des Porzellans beitrugen.

TECHNOLOGIE

Die Zusammensetzung des florentischen Porzellans unterscheidet sich vollständig von jeder anderen einheimisch italienischen oder chinesischen Formel: 15-25 Prozent sind weißer Ton, vermengt mit glasähnlichem Quarz. Dieses Material ähnelt dem persischen Frittenporzellan; die Kenntnis darüber mag der »Levantiner« nach Florenz gebacht haben. Doch stammt die Quarzkomponente aus der Glasur; Laboranalysen haben gezeigt, daß dies der Formel Piccolpassos aus dem Jahre 1557 für eine italienische Majolika-Bleiglasur sehr nahe kommt. Scherben und Glasur des Medici-Porzellans ergeben verschmolzen ein Material mit einer italienischen Irdenwarenglasur, das an das persische Porzellan erinnert. Das Verschmelzen erfolgte beim Brennen bei 1100 Grad, also weit über 959 Grad-1000 Grad, den zuvor maximal erreichten Temperaturen bei der Herstellung von einheimischen Majolika-Waren. Bei dieser Temperatur hätten sich die nicht isolierten Majolika-Öfen verbogen.

Eine große Gefahr war auch, daß die Stücke beim Brennen zerbrachen. Die Tatsache, daß nur 64 Objekte dokumentiert wurden, ist ein weiterer Beweis dafür, daß die Produktion experimenteller Natur war. Auch wenn sie unvollkommen waren, repräsentieren sie doch eine echte, wenn auch teuere und temporäre Neuerung in der europäischen Tradition. Daß ein fehlerhaftes Stück, zumindest nach Maßstäben des 20. Jahrhunderts, einem hohen Würdenträger geschenkt wurde (eine 1581 datierte Reiseflasche war für Philip II. von Spanien bestimmt und trug sein Wappen), zeigt, wie hoch es in der Wertschätzung ihrer Hersteller stand. Das Unterfangen wurde nach dem Tode Francescos eingestellt, da seinen Nachfolgern die Porzellanherstellung wohl zu extravagant war.

FORM UND DEKOR

Die Töpfer schufen kühne Kreationen. Zu den Formen zählten Schalen und Teller mit nach außen gebogenen Rändern, doppelte Gewürzflaschen, Pilgerreise-Flaschen, Renaissance-Wasserkrüge und Weinkrüge mit Henkeln und Tüllen. Erhabene Zierleisten (von Metallarbeiten kopiert), geprägte Zierränder, Bügelhenkel, bogenförmige Tüllen und groteske Masken, in vollem Relief modelliert, weisen großes Vertrauen in die Handhabung des Materials auf, ganz gleich welche Überraschungen beim Brennen eventuell auftraten. Ganz selten tauchen beim Brennen entstandene Sprünge an den Nahtstellen auf, ein Fehler, der oft genug auf vielen Porzellanstücken des 18. Jahrhunderts zu sehen ist.

Die Stücke wurden in Unterglasurblau bemalt, wobei die Konturen oft in Mangan ausgeführt wurden. Der Gebrauch dieser Farbe, bei der chinesischen Porzellanherstellung weit verbreitet, verwundert nicht, da sie auch bei der Majolika-Herstellung eingesetzt wurde. Das Blau variiert von Stück zu Stück. Meist hat es einen gräulichen, unklaren Ton, aufgrund der Millionen winziger Bläschen in der weichaussehenden Glasur. Manchmal weist es einen schwärzlichen Ton auf und erinnert an das Kraak-porselein, das in China produziert und zur gleichen Zeit von den Portugiesen importiert wurde.

Die Bemalung erfolgte in einem neuen, selbstbewußten Stil, der die Elemente der Blumenmäander des Nahen Ostens mit den zeitgenössischen »grotesken« und anthropomorphen Ranken mit spitzen Chrysanthemenblüten vereinte. Manchmal betont das Blau nur die modellierten Formen durch Konturen und Schatten. Chinesische Motive wurden anscheinend nicht übertragen.

Medici war das erste europäische Porzellan und war seinen französischen Nachfolgern über hundert Jahre voraus und zeigt den Willen der Renaissance, Materie zu manipulieren. In seinem kompromißlosen Streben nach schwierigen Formen demonstriert es eine erfolgreiche und attraktive Fusion von Wissenschaft und Kunst.

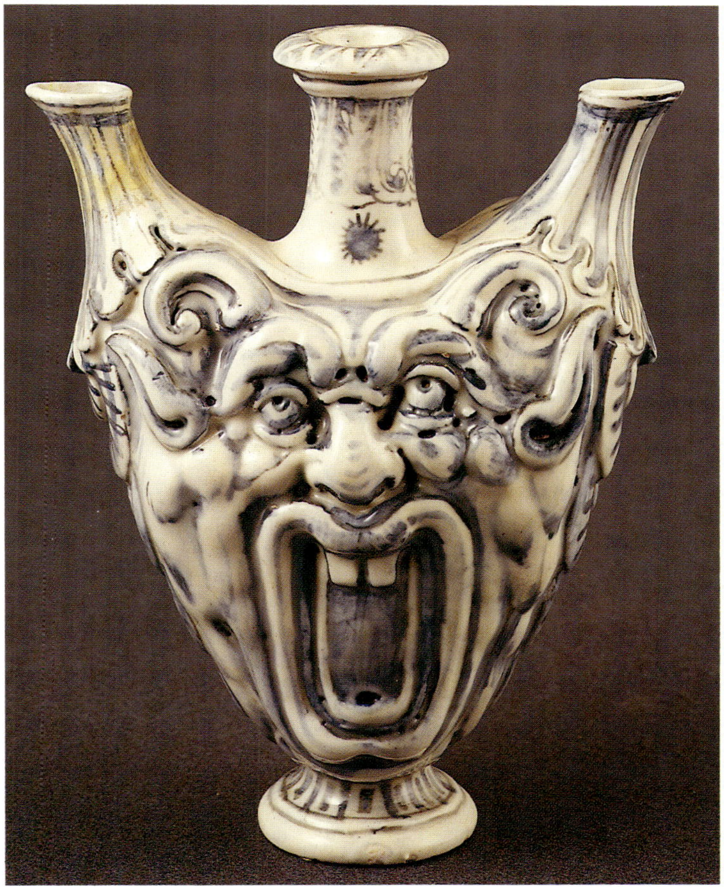

MEDICI-VASE ODER -FLASCHE, ca. 1575-87
(Höhe: 19,7 cm)
Die komplexe Form der grotesken Pan-Maske ist bemerkenswert für eine Manufaktur, die nur mit experimentellem Material arbeitete. Sie spiegelt auch den Einfluß des Majolika-Designs wider.

SEITE AUS DEM SCHULTZ-KODEX, ca. 1720
Dieses Illustrationsbuch von Johann Gregor Herold lieferte in den zwanziger und dreißiger des 17. Jahrhunderts Motive für die Chinoiserien auf Meißener Porzellan (RECHTS)

BLAU-WEISSE VASE, MEISSEN, ca. 1725
Dieses Stück wurde von Johann Ehrenfried Stadler mit Motiven nach dem Schultz-Kodex bemalt. (RECHTS UNTEN)

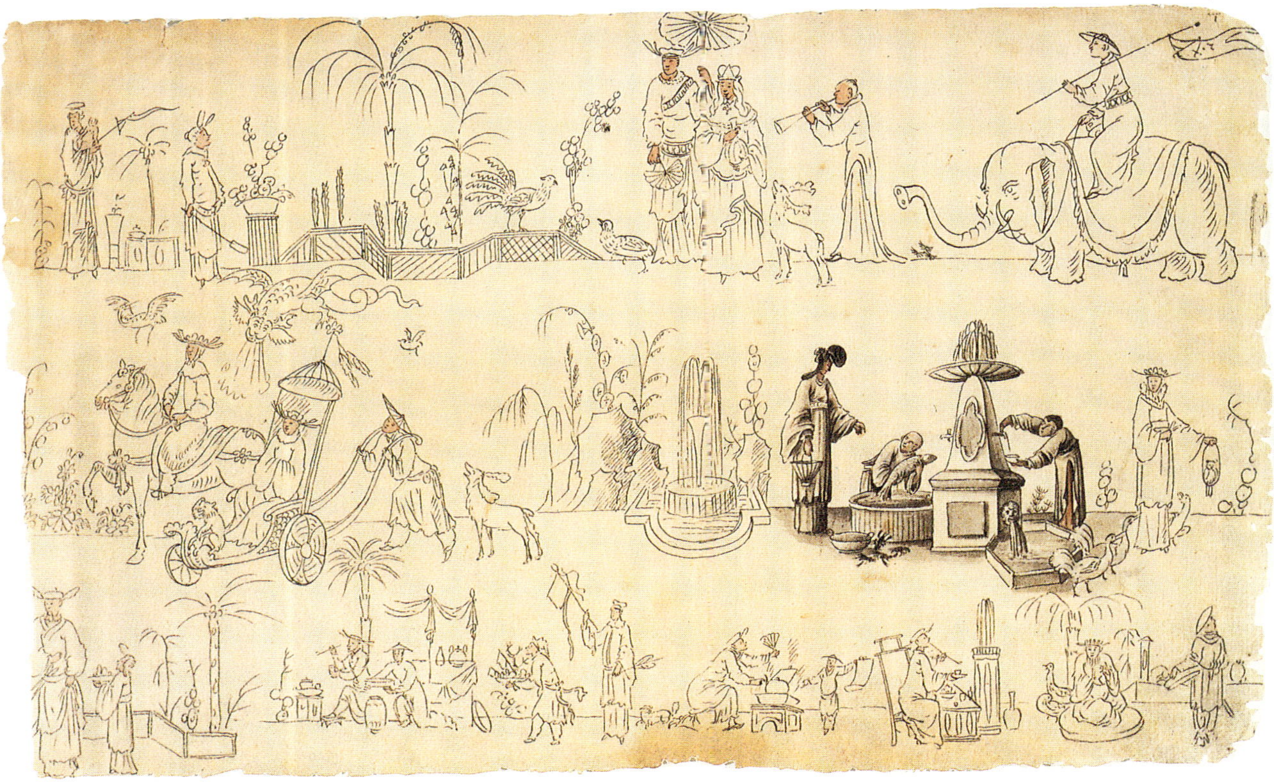

MEISSEN

Schon 1675 experimentierte Graf Ehrenfried Walter von Tschirnhausen (1651-1708) mit Strahlungswärme und einem reflektierendem Spiegel, um den Schmelzpunkt hitzebeständiger Materialien, wie z.B. Kaolin, zu finden. Dies ist ein wesentlicher Bestandteil echten Porzellans und muß im Ofen 1450 Grad erreichen. Es mag ihm vielleicht gelungen sein, eine Art Weichporzellan oder künstliches Porzellan herzustellen, aber es gelang ihm nicht das Geheimnis echten Porzellans zu entdecken, bevor er sich mit Johann Friedrich Böttger (1682-1719) zusammentat, der sein Berufsleben als Alchemist unter Friedrich I. von Preußen begann. Böttger konnte diese unmögliche Aufgabe nicht erfüllen und floh 1700 aus Berlin, wurde aber von August von Sachsen gefangengenommen und auf sein Schloß, die Albrechtsburg, gebracht, wo ihm befohlen wurde, von Tschirnhausen bei dessen Suche nach dem Geheimnis des Porzellans zu unterstützen. 1708 stellte er seine ersten experimentellen Waren her und 1710 gelang ihm die erste echte Produktion. Zu diesem Zeitpunkt machten die beiden Forscher bereits Fayencen und experimentierten mit rotem Steinzeug.

Rotes Steinzeug, meist Teekannen, wurde in großen Mengen aus Yixing in China importiert und im späten 17. Jahrhundert vom Delfter Töpfer Arij de Milde kopiert. Böttgers Steinzeug war härter als das chinesische und als die Delfter Kopien. So konnte es poliert werden, bis es wie Jaspis glänzte, wonach es dann auch benannt wurde; die Oberfläche konnte graviert und geschnitten werden. Die Werkstatt produzierte auch weicheres Steinzeug, das von Martin Schnell glasiert und dekoriert wurde und auf chinesischen und Delfter Modellen basierte.

Die Porzellanerde kam ursprünglich aus Kolditz, aber in Aue wurde eine bessere Kaolinerde gefunden, die dann bis zum 19. Jahrhundert benutzt wurde. Das frühe Böttger-Porzellan ist cremig und dünn getöpfert mit einem leichten Grünton am Fußrand. Zu Beginn wurden Steinzeugmodelle benutzt, besonders solche mit Akanthuslaub-Bordüren am unteren Gefäßteil. Bemalt wurde mit Farben und Gold. Eine der er-

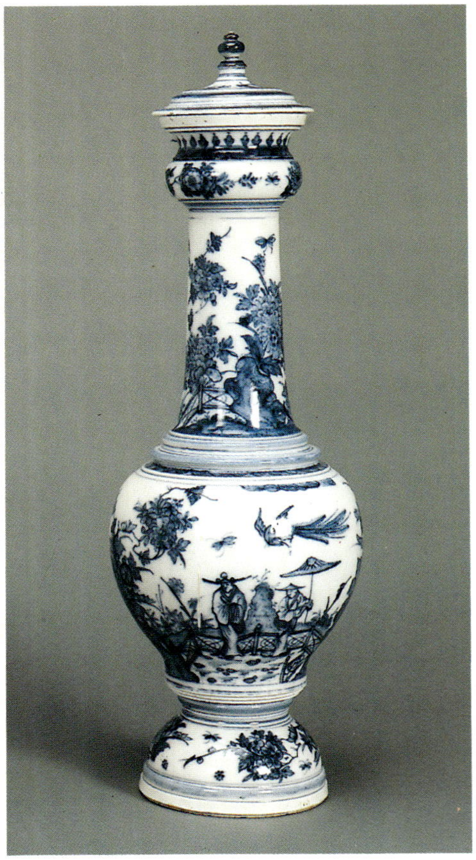

sten Farben war ein ungewöhnliches, schimmerndes Rosa, bekannt als Böttger-Schimmer. Mitte der zwanziger Jahre des 17. Jahrhunderts wurde die Formel geändert, die Glasur wurde nun viel weißer und blieb mehr oder weniger so bis zum Siebenjährigen Krieg 1756. Die Glasur hat eine leicht ölige Oberfläche und am Übergang zu unglasierten Flächen am Fuß oder an der Basis verdickt sie sich – was sich bei späteren Stücken aus Meißen oder auch bei den besten Imitationen nicht findet.

MEISSENS MALER

1719 starb Böttger mit 37 Jahren und hinterließ die Manufaktur in einem finanziell schlechten Zustand. 1720 brachte Stölzel, der 1719 nach Meißen wechselte, Johann Gregor Herold von der Manufaktur du Paquier bei Wien nach Meißen, wo dieser 1723 zum Hofmaler ernannt wurde. Einer der begnadeteren Maler, die Herold einstellte, war David Köhler, der den Einsatz von Unterglasurblau perfektionierte und bis zu seinem frühen Tod 1723 einige schöne, große Vasen bemalte. Danach wurde Unterglasurblau nur noch für Tafelgeschirr eingesetzt.

Herold bereicherte die Meißener Palette und beherrschte besonders Chinoiserien. Er machte seine eigenen Zeichnugnen nach Drucken früherer Künstler und danach dekorierten die ihm unterstellten Maler die Objekte mit kleinen Figuren auf Terrassen, oft innerhalb spitzenartiger Kartuschen, bekannt als Laub- und Bandelwerk, die ersten nur in Eisenrot und Gold, später kam noch ein Braunrot hinzu. Tee- und Kaffeeservice waren sehr beliebt, die ersten blieben ohne Marke. 1724 wurde die KPM-(Königliche Porzellanmanufaktur)-Marke eingeführt, und 1725 begann die Manufaktur die Schwertermarke in Unterglasurblau zu benutzen (die heute noch verwendet wird) sowie vergoldete Ziffern, die vom Dekorateur hinzugefügt wurden.

Bei den ersten Landschaften nach chinesischem Vorbild wurden im Hintergrund Wolken gemalt, die aber ab 1725 verschwanden. Seltener waren europäische Landschaften und Hafenszenen ebenfalls mit Wolken.

In den späten zwanziger und in den dreißiger Jahren des 18. Jahrhunderts wurden Kopien japanischer Kakiemon-Waren beliebt, die nach den Originalen in der Sammlung August des Starken gefertigt wurden. Die Meißener Maler entwickelten auch eine Mischung der Kakiemon- und der chinesischen Famille-verte-Palette, die für die Blumenmalerei, bekannt als Indianische Blumen, eingesetzt wurde.

Die Stücke im Kakiemon-Stil trugen oft die Schwertermarke in Aufglasurblau. Bis 1733 war auf bestimmten, großen Vasen das Monogramm AR (Augustus Rex) in Unterglasurblau zu finden, auf kleinen Stücken ist es sehr selten. Manche Vasen blieben unbemalt und wurden dann um 1740 dekoriert, manche allerdings erst im späten 19. Jahrhundert, wobei das Dekor dem Original sehr nahekam. Dresdner Kopien werden in Kapitel zehn beschrieben.

Japanische Imari-Muster waren viel seltener und wurden, wenn überhaupt, nur für Gebrauchsgegenstände benutzt; sie waren jedoch für den Export in den Nahen Osten am Ende des 18. Jahrhunderts sehr beliebt. Die chinesische Famille verte wurde ebenfalls kopiert, aber wiederum recht selten. Um 1730 ercheinen bunte Grundfarben, am häufigsten sind Gelb, Seegrün, bekannt als Seladon-Fond und Flieder; andere Farben waren u.a. Orange, Blau, Braun, Gold und Limonengrün.

Einer der bekanntesten Maler, der schon mit zwölf Jahren in Meißen begann, war A.F. von Löwenfinck, der Tiere und Chinoiserien nach Schenk malte. Er ging 1736 nach Bayreuth.

J. Stadler gehörte auch zu den Malern unter Herold, der sich auf Chinoiserien spezialisierte, aber etwas freier als Löwenfinck malte. Ein anderer war C.F. Herold, ein Verwandter des ersten Malers, der sich auch auf Chinoiserien spezialisiert hatte, aber auch Landschaften malte. J.G. Heintze, der etwas jünger als beide Herolds war, malte in den späten dreißiger und frühen vierziger Jahren des 18. Jahrhunderts hauptsächlich

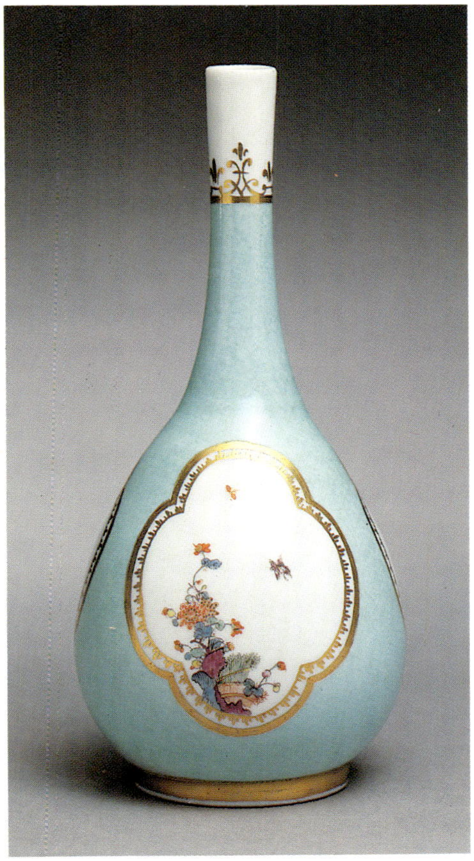

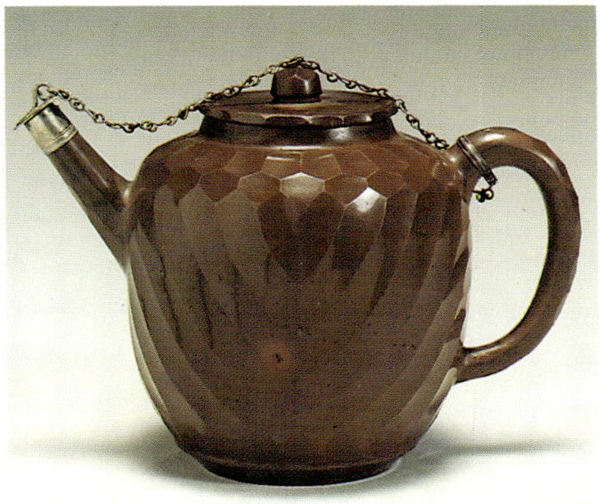

FACETTIERTE TEEKANNE, ROTES BÖTTGER-STEINZEUG, ca. 1715 *(OBEN)*

MEISSENER FLASCHE, ca. 1730 (19,5 cm)
Form und Dekor der Reserve basieren auf einem japanischen Kakiemon-Original, der türkise Fond ist eine Meißener Erfindung. Die Flasche trägt die Marke des Japanischen Palais' von August dem Starken. (LINKS)

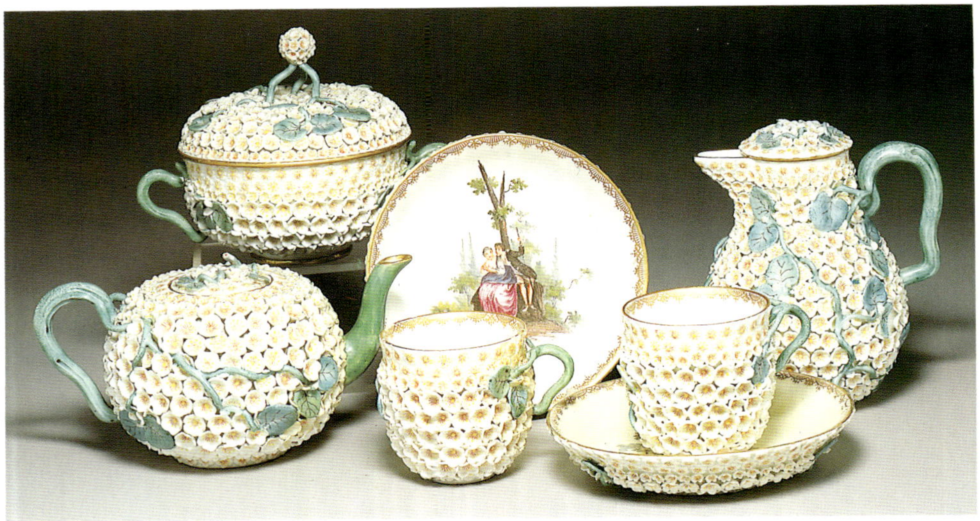

Landschaften, während B.G. Häuer bekannt für Bergbauszenen war. Zu dieser Zeit tauchten auch Schlachtfeldszenen nach Rugendas auf sowie Parklandschaften nach Watteau und Jagdmotive.

Um 1730 begannen sich europäische Blumen als Dekor zu zeigen. Der beste Vertreter hierfür war J.G. Klinger. Seine frühen Blumen waren besonders schön, gemalt im botanischen Stil, bekannt als Ombrierte Deutsche Blumen, mit Schattierung und zusätzlichen Insekten.

In den vierziger und besonders in den fünfziger Jahren des 18. Jahrhunderts wandte sich die Blumenmalerei, die das häufigste Dekor auf Meißener Porzellan war, von der deutschen Blume den Manier-Blumen zu, die in einem freieren und naturalistischem Stil gemalt wurden. Vögel waren als Dekor für Tafelservice fast ebenso beliebt wie Blumen.

Um 1730 wurden einige Wappenservice für August von Sachsen angefertigt, die ersteren im Kakiemon-Stil. Später wurden Teeservice für deutsche, venezianische und andere europäische Familien hergestellt, entweder mit Chinoiserien oder Landschaften auf der Rückseite. Das berühmteste dieser Wappenservice war 1738 das Schwanenservice für Graf Brühl. (Graf Brühl wurde 1733 mit der Aufsicht der Manufaktur beauftragt.)

Als der Siebenjährige Krieg 1763 endete hatte Meißen viele Arbeiter nach Berlin verloren und war nicht mehr die dominierende Manufaktur in Deutschland. Herold wurde pensioniert, und C.W. Dietrich wurde künstlerischer Berater. Die Periode von 1763 bis ca. 1780 wurde als die akademische oder »Punkt-Periode« bekannt, genannt nach dem kleinen Punkt, der zwischen den Schwertgriffen der Marke auftaucht. Ab 1780 bis zum frühen 19. Jahrhundert, bekannt als Marcolini-Periode, benannt nach dem Direktor der Manufaktur, wurde der Punkt in einen Stern verwandelt. Neben den blauen Marken gab es auch verschiedene, die auf die Glasur geprägt wurden. Um 1730 findet man Zeichen der Künstler in der Nähe des Randes an der Unterseite. Etwa ab 1740 wurden sie durch zweistellige Zahlen ersetzt.

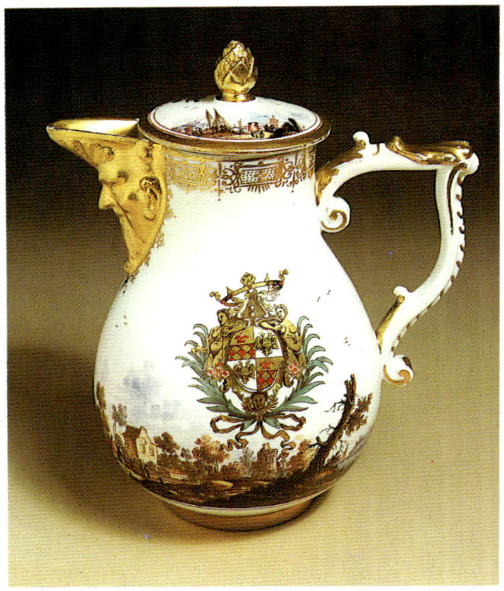

KRUG FÜR HEISSE MILCH, ca. 1740 (15,2 cm)
Zwischen 1725 und 1745 war dieses Dekor für Tee- und Kaffeeservice fast so beliebt wie Chinoiserien. Hier ist der Krug mit dem Wappen einer venetianischen Familie und mit Landschaftsszenen bemalt. (OBEN)

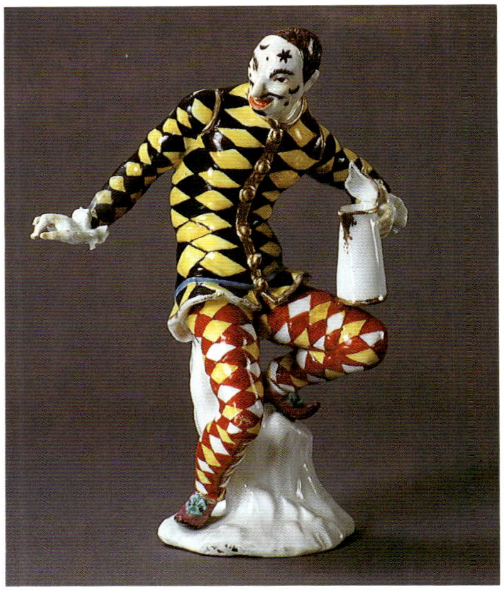

MEISSENER HARLEKIN, ca. 1733 (16,1 cm)
Die Commedia-dell'Arte-Figuren J.J. Kändlers gehören zu seinen schönsten Arbeiten. Bei manchen Stücken trägt der Krug das Datum und die gekreuzten Schwerter. (OBEN)

TEILE EINES MEISSENER SCHNEEBALLEN-SERVICES, ca. 1745
Dieses Dekor, bei dem die Stücke mit plastischen Blüten überzogen sind, taucht 1740 zum ersten Mal auf; in J.J. Kändlers »Arbeitsbericht« des Jahres 1740 wird ein Schneeballen-Service beschrieben. Die Bemalung erfolgte nach galanten Szenen Watteaus. (OBEN)

Meissener Figuren

Meißen ist für seine Figuren und Gruppen genauso berühmt wie für sein Geschirr. Die frühesten, die aus rotem Steinzeug gemacht wurden, waren entweder Kopien des chinesischen Blanc de chine oder Bernini-Heilige. Es gab auch Figuren der Commedia dell'Arte, Zwerge und kleine sitzende Chinesen. Der erste beschäftigte Bildhauer war G. Fritzsche, bald gefolgt von J.G. Kirchner. Kirchner bagann 1727 mit dem Modellieren und wurde beauftragt, die sehr großen, weißen Vogel- und Tierfiguren für Augusts Japanisches Palais in Dresden zu schaffen, das 1721 begonnen und 1728 erweitert wurde. 1733, dem Todesjahr von August, trat 1775 Modellmeister. 1735 kam J.F. Eberlein hinzu, der 1749 starb. 1743 trat P. Reinicke in die Manufaktur ein, wo er bis 1768 arbeitete. F.E. Meyer kam 1748 und blieb bis 1761, um 1762 nach Berlin zu gehen.

Um 1740 tauchten Figuren und Gruppen elegant gekleideter Damen und Herren des Hofs, oft in Begleitung ihrer Diener, auf. Commedia-dell'Arte-Figuren waren ebenfalls beliebt, besonders eine wunderschöne Serie von Harlekinen, die von Kändler zwischen 1738 und 1744 modelliert wurde.

Im Laufe der Zeit wurden diese Figuren immer wieder neu produziert, entweder einzeln oder als Gruppen. In den vierziger und fünfziger Jahren des 18. Jahrhunderts gab es eine Vielfalt verschiedener Figuren. P. Tempest nach M. Laroon modelliert wurden. Hier finden sich Rokoko-Ranken als Sockel. Seltener ist eine kleine Serie chinesischer Figuren und Figuren aus dem Nahen Osten nach einem Buch von de Ferriol, dem französischen Botschafter am türkischen Hofe. Um 1750 waren auch Figuren berühmter mythologischer Motive beliebt; es wurde auch eine schöne Serie religiöser Figuren hergestellt, die um 1730 modelliert wurde. Solche Figuren besaßen meist individuelle Auftraggeber.

1753 erschien die als Affenorchester bekannte Serie, die Kändler modellierte und Reinicke nach den Zeichnugnen C. Huets bemalte und die dann in Chelsea und vielen Manufakturen des 19. und 20. Jahrhunderts

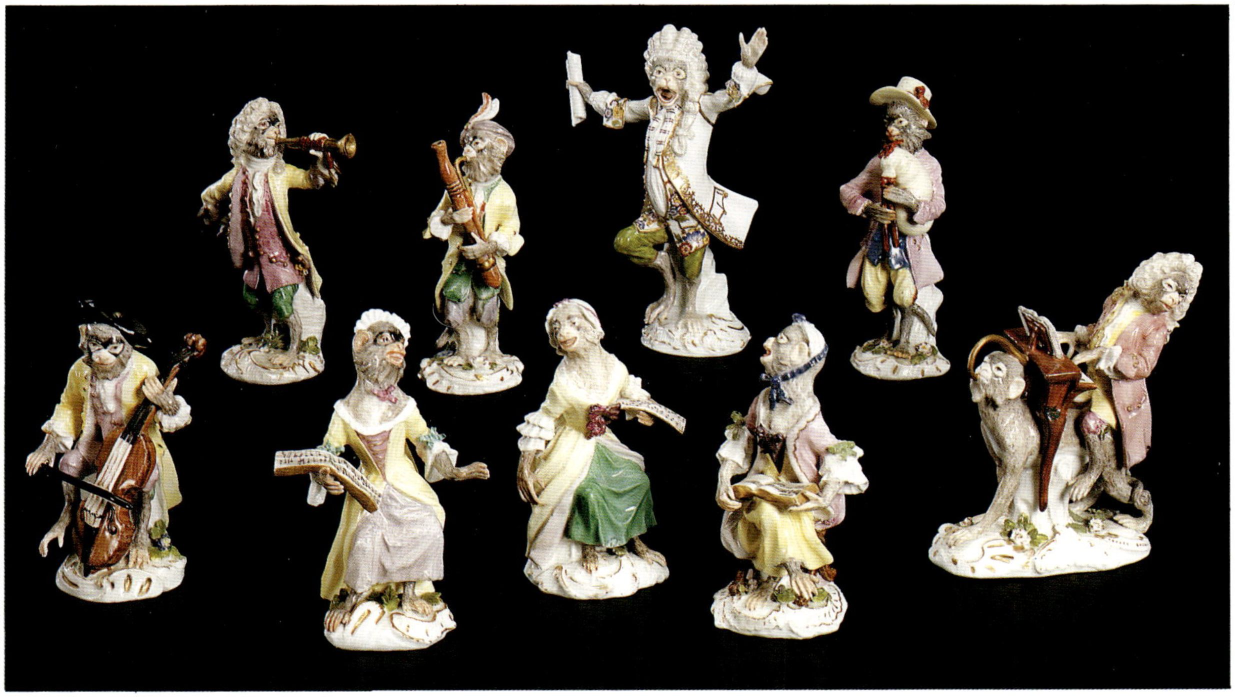

Affenorchester aus Meissener Figuren, 1753-66 (12-14 cm)
J.J. Kändler und P. Reinicke modellierten diese Figuren 1753/4 nach Zeichnungen Christophe Huets. Alle Figuren, außer Dirigent und Flötist, wurden zwischen 1753 und 1755 geschaffen. Die beiden letzteren stammen aus einer Serie, die 1765/6 »repariert und ausgebessert« wurde.

J.J. Kändler, vielleicht der bedeutendste Porzellanmodelleur aller Zeiten, die Nachfolge Kirchners an; die meisten der großen, weißen Tiere dieser Periode sind Kändlers Arbeiten.

Kändler war die Herstellung der großen Figuren bald zu kompliziert, und auf denen, die erhalten geblieben sind, finden sich Sprünge, die während des Brennens entstanden. Kleine Figuren waren als Tischdekor beliebt. Kändler blieb bis zu seinem Tod 1750 entstand eine umfangreiche Serie von Bergarbeitern, die berühmten Meißener Schäfer und Schäferinnen sowie Handwerker und Straßenhändler. Die ersten Serien von Straßenhändlern um 1750 haben einen schlichten oder mit Blumenzweigen belegten Sockel. Sie wurden nach Zeichnungen E. Bouchardons modelliert, während eine zweite Serie entweder nach den »Pariser Ausrufern« nach Entwürfen von C. Huet oder nach den »Londoner Ausrufern« von kopiert wurde. Die drei Hofnarren – Fröhlich, Schmiedel und Schindler – waren ebenfalls Motiv für Figurenserien in den späten dreißiger und frühen vierziger Jahren des 18. Jahrhunderts Eine der beliebtesten Figuren aber war Graf Brühls Schneider, gekleidet im Hofstaat, auf einer Ziege reitend oder als Paar mit seiner Frau.

Aber nicht nur Menschen, sondern auch Tiere und Vögel waren beliebt und wurden nach Drucken und Zeichnungen model-

MEISSENER TABATIERE MIT PORTRÄT, 1748

Das Porträt von Lady Caroline Fox wurde von ihrem Gatten Henry Fox zur Geburt eines Erben in Auftrag gegeben und wird dem Miniaturenmaler Johann Martin Heinrici zugeschrieben, der 1741 in Meißen begann. Die Goldarbeiten wurden ebenfalls in Dresden ausgeführt. (RECHTS)

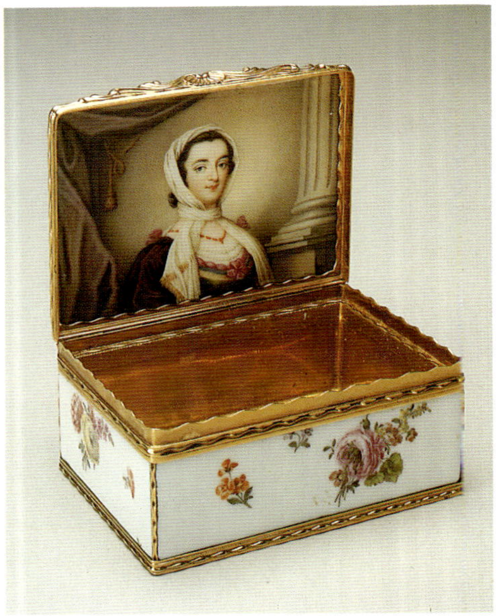

INDISCHES SITTICHPAAR, MEISSEN, ca. 1745 (der größere 35,3 cm)

Die vergoldeten Louis-Seize-Bronzesockel wurden von J.J. Kändler modelliert und tragen die gekrönte »C«-Marke, die ihre Herstellung zwischen 1745 und 1749 belegt. Mitte des 18. Jahrhunderts war es üblich, Porzellan auf kunstvolle, vergoldete Bronzesockel zu stellen. (UNTEN)

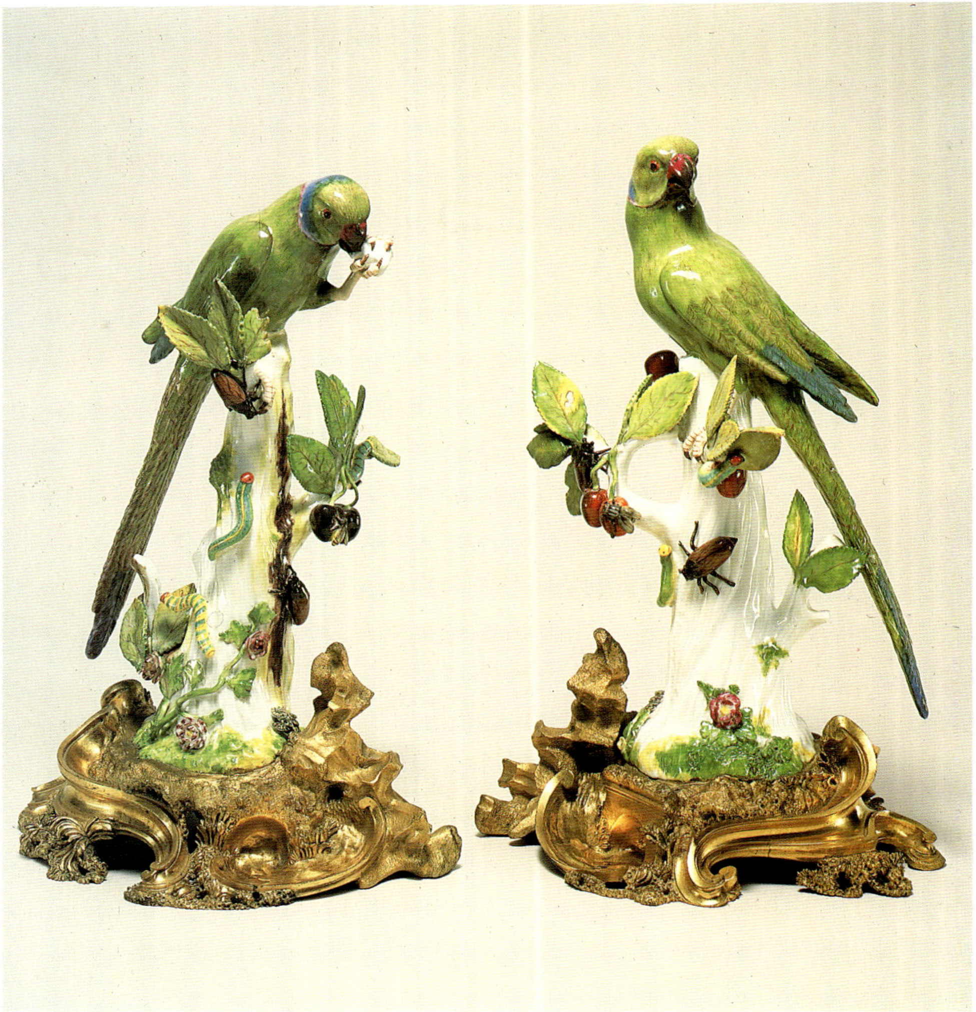

liert. Besonders beliebt waren farbenprächtige Papageien. Hunde, Katzen und viele andere Tiere wurden ebenfalls hergestellt. Am beliebtesten war der Mops, ein Symbol des Freimaurertums, das August von Sachsen für die Hofdamen erfand. Damen mit Möpsen repräsentierten Mitglieder dieses Ordens.

Um 1730 waren die Felsensockel entweder schlicht oder mit Blumen belegt, die in der Regel türkise Blätter hatten. Ca. 1740 wurden sie dann naturalistischer in Grün bemalt. Bei einigen frühen Figuren standen die Beine frei, oder sie hatten nur sehr kleine Sockel. Um 1740 wurden diese Figuren feststehend modelliert. Ca. 1750 wurde der Sockel aus Rokoko-Ranken gebildet, der manchmal eine beachtliche Höhe erreichen konnte.

Um 1735 waren die Unterseiten der Figuren oft glasiert und markiert, dagegen war um 1740 eine unglasierte Basis mit Luftloch üblich. Die Marke wurde oft beim Glattschleifen der Basis entfernt; um 1750 wurde sie sehr klein an der Rückseite oder an der Seite aufgemalt. Um 1760 wurde wieder eine hohle, glasierte Basis eingeführt.

Nach der Wiederaufnahme der Produktion um 1760 wurde der Stil immer klassizistischer, aber es war Kändler unmöglich, sich diesem neuen Stil anzupassen. Die Manufaktur stellte daraufhin zwei neue Meistermodelleure ein, einen Franzosen namens M.V. Acier, der 1764 nach Dresden kam und bis zu seinem Tode 1795 blieb; der andre war J.C. Schönheit, der im Alter von fünfzehn Jahren 1745 zur Manufaktur kam und bis zu seinem Tode 1805 blieb. Da Meißen nicht mehr die führende Porzellanmanufaktur war, folgten diese klassizistischen Designs und Modelle der Führung Sèvres oder basierten auf kitschigen, französischen Bildern von Greuze oder Moreau le Jeune.

HAUSMALER UND KOPISTEN

Ab dem ersten Jahrzehnt der Produktion, wurde Meißener Porzellan nach Augsburg gesandt, um in Silber gefaßt oder versilbert zu werden; zusätzlich wurden einige Böttger-Stücke an unabhängige Maler, bekannt als Hausmaler, gesandt. Am berühmtesten

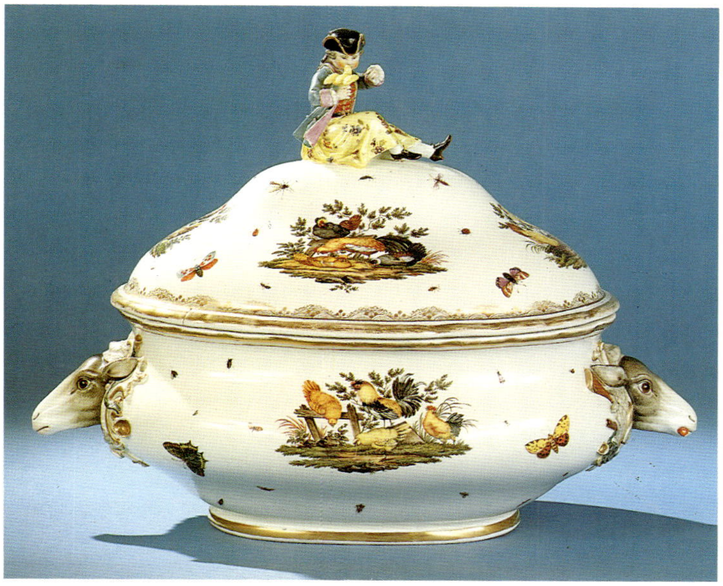

MEISSENER TERRINE, ca. 1760
Dieses Modell wurde zum ersten Mal 1750 von J.J. Kändler geschaffen und ist hier zart mit Federvieh, Schmetterlingen und anderen Insekten bemalt. (RECHTS)

MEISSENER BUTTERDOSEN ODER AUFLAUFFORMEN UND EINE TEESCHALE MIT UNTERTASSE, ca. 1730
Das Golddekor dieser Stücke wurde in Augsburg entweder von der Werkstatt Seuter oder Aufenwerth angebracht. ca. 1730 (UNTEN)

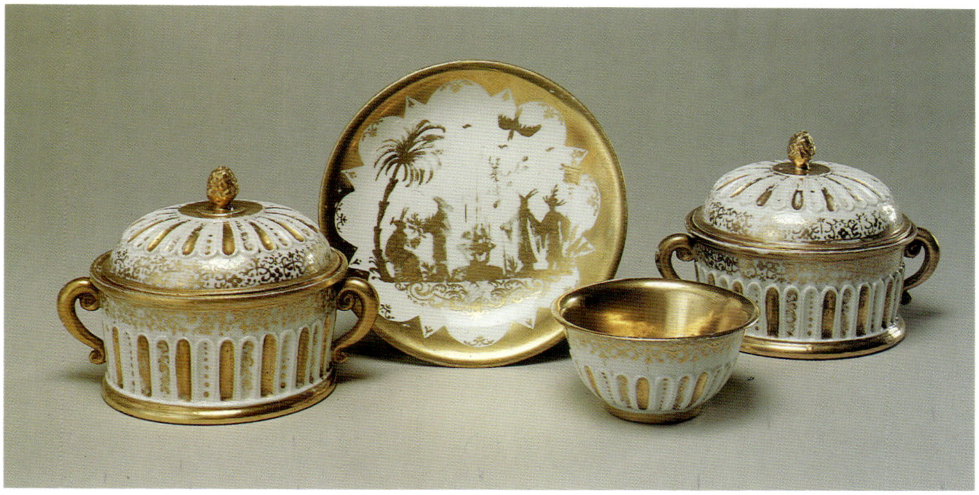

MEISSENER FIGUR, 1772 (27,7 cm)
Obwohl die Figur einer Gemüseverkäuferin auf einem früheren Design beruht, wurde sie 1772 von J.J. Kändler neu modelliert. (OBEN)

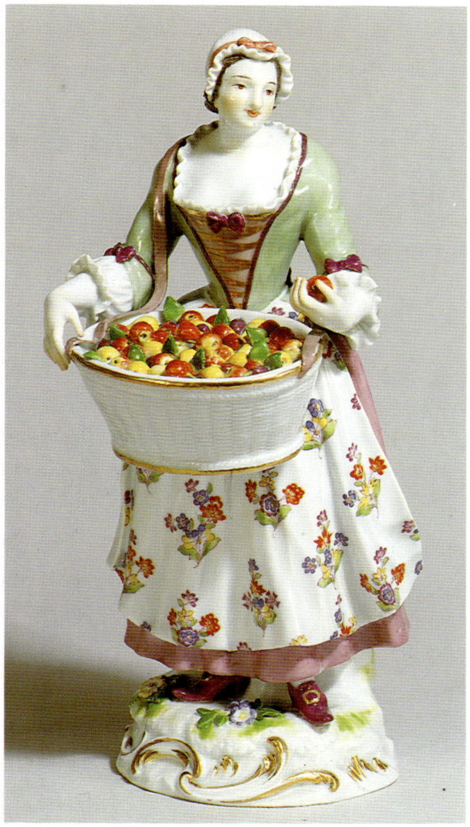

war die Familie Seuter, die sich auf die Vergoldung von Chinoiserien und Jagdfiguren in einem recht groben Stil spezialisiert hatte. Ein anderer bedeutender Augsburger Maler war J. Auffenwerth, der mit seinen Töchtern Meißner Porzellan in einem recht oberflächlichen Stil bemalte. Der wichtigste Hausmaler aber war Böttengruber in Breslau, allerdings sind seine Arbeiten heute sehr selten. Ignaz Preißler arbeitete auch in Breslau und ist besonders berühmt für seine wunderschönen und genauen, kleinen Szenen in Schwarz. Sein Stil war dem J. Helchis sehr ähnlich, der besonders schöne Hafenszenen malte. Unter Böttengrubers Schülern befand sich H.G. Breßler.

Auch in Bayreuth gab es einige unabhängige Dekorateure, die hauptsächlich an undekorierten Stücken aus Meißen arbeiteten. Der berühmteste war J.F. Metsch. Für ihn waren ordentliche, etwas steife barocke Rankenkartuschen, die Chinoiserien oder Hafenszenen oder andere Landschaften umschlossen, charakteristisch. Er malte auch oft in Schwarz (Schwarzlot). Der wohl bekannteste Maler, der mit Metsch arbeitete, war J.P. Darnhofer, der Chinoiserien und Jagdszenen malte. Dann war da noch

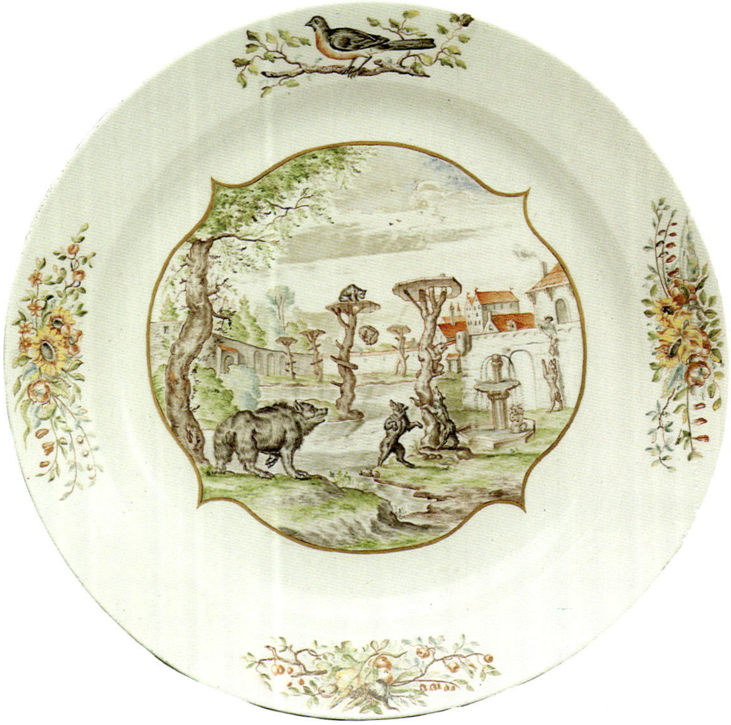

MEISSENER TELLER, MITTLERES 18. JAHRHUNDERT
Das Stück wurde von dem Hausmaler Franz Ferdinand Mayer aus Preßnitz bemalt und stellt wohl den berühmten Berner Bärenzwinger dar. Die Bemalung entstand ca. 1750, der Teller selbst ist wahrscheinlich älteren Datums.

F.F. Mayer, der von ca. 1740 – 1770 in Preßnitz arbeitete. Sein Stil war recht eigenwillig. Seine Randmotive zeichneten sich durch unverwechselbare Blumenbouquets oder durch vergoldete Ranken aus. Seine Landschaften, oft am Rand von Schalen oder im Tellerspiegel, weisen ein individuelles helles Grün auf.

Mayer etwas ähnlich war ein Dekorateur namens F.J. Ferner, dessen Arbeitsplatz bis heute unbekannt ist und der vielleicht bei Mayer assistierte. Ferner ist besonders bekannt dafür, daß er blau-weißes Porzellan aus Meißen kaufte und es dann mit Vergoldung und farbenprächtigen Blumen zusätzlich verzierte. Es gibt auch Stücke von ihm mit Sportmotiven.

Der Amateur Auguste von dem Busch (1704-1779) benutzte eine ganz andere Technik. Er war Kanonikus der Katholischen Kirche, arbeitete in Hildesheim und hatte sich darauf spezialisiert, seine Motive mit einem Diamanten einzugravieren und dann mit Schwarz auszufüllen.

Ungefähr ab 1765 trug jedes Stück, das Meißen undekoriert verkaufte, eine eingravierte Linie durch die Schwertermarke. Die unabhängigen Dekorateure dieser Zeit können qualitativ nicht mehr mit denen des mittleren 18. Jahrhunderts gemessen werden, aber sie setzten ihre Arbeit im ganzen 19. Jahrhundert fort und existieren sogar heutzutage noch.

Meißener Porzellan und seine Marke wurden in vielen Teilen Europas kopiert. Die thüringische Marke von Volkstedt kann leicht mit der aus Meißen verwechselt werden, obwohl sie eigentlich gekreuzte Heugabeln darstellt. Die französische Marke von de la Courtille zeigt gekreuzte Pfeile, und im 19. Jahrhundert benutzten einige Manufakturen, darunter Sitzendorf und Carl Thieme von Potschappel gekreuzte Stöcke oder Linien.

Edmé Samson stellte in Paris sehr gute Kopien Meißener Porzellans her, besonders von den Stücken mit verdeckten Sockeln. Es gibt einige leicht feststellbare Anzeichen für Fälschungen. Wenn die Modelleure des 19. Jahrhunderts Formen des 18. Jahrhunderts benutzten, war die Farbpalette meist nicht korrekt: das Dekor von 1730 – 1740 ist kräftig, das Dekor ab 1740-1750 jedoch in Pastellfarben gehalten.

DIE WIENER MANUFAKTUR

Die Wiener Manufaktur wurde von dem Hofbeamten Claudius I. du Paquier, einem gebürtigen Flamen, gegründet. Aus Meißen kam auf Bitten C.K. Hunger nach Wien, nachdem er vorbereitende Experimente zum Brennen von China-Erde gemacht hatte, allerdings war er darin nicht erfolgreich. 1719 jedoch kam Samuel Stölzel, Böttgers Ofenmeister, nach Wien, und sofort wurde mit der Porzellanproduktion begonnen. Leider verließ Stölzel 1720 die Manufaktur, da er mit der Bezahlung unzufrieden war und kehrte nach Meißen zurück, worauf ihm J.G. Herold folgte. Obwohl das Wiener Porzellan sehr schön ist, war es finanziell nie ein großer Erfolg; 1744 wurde die Manufaktur von Kaiserin Maria Theresia übernommen.

Manche Stücke lassen sich nur schwer vom frühen Meißener Porzellan unter Böttger unterscheiden, jedoch ist der Farbton oft etwas blauer und rauchiger. Das Dekor der du Paquier-Periode unterscheidet sich von dem Meißener, auch waren die Formen

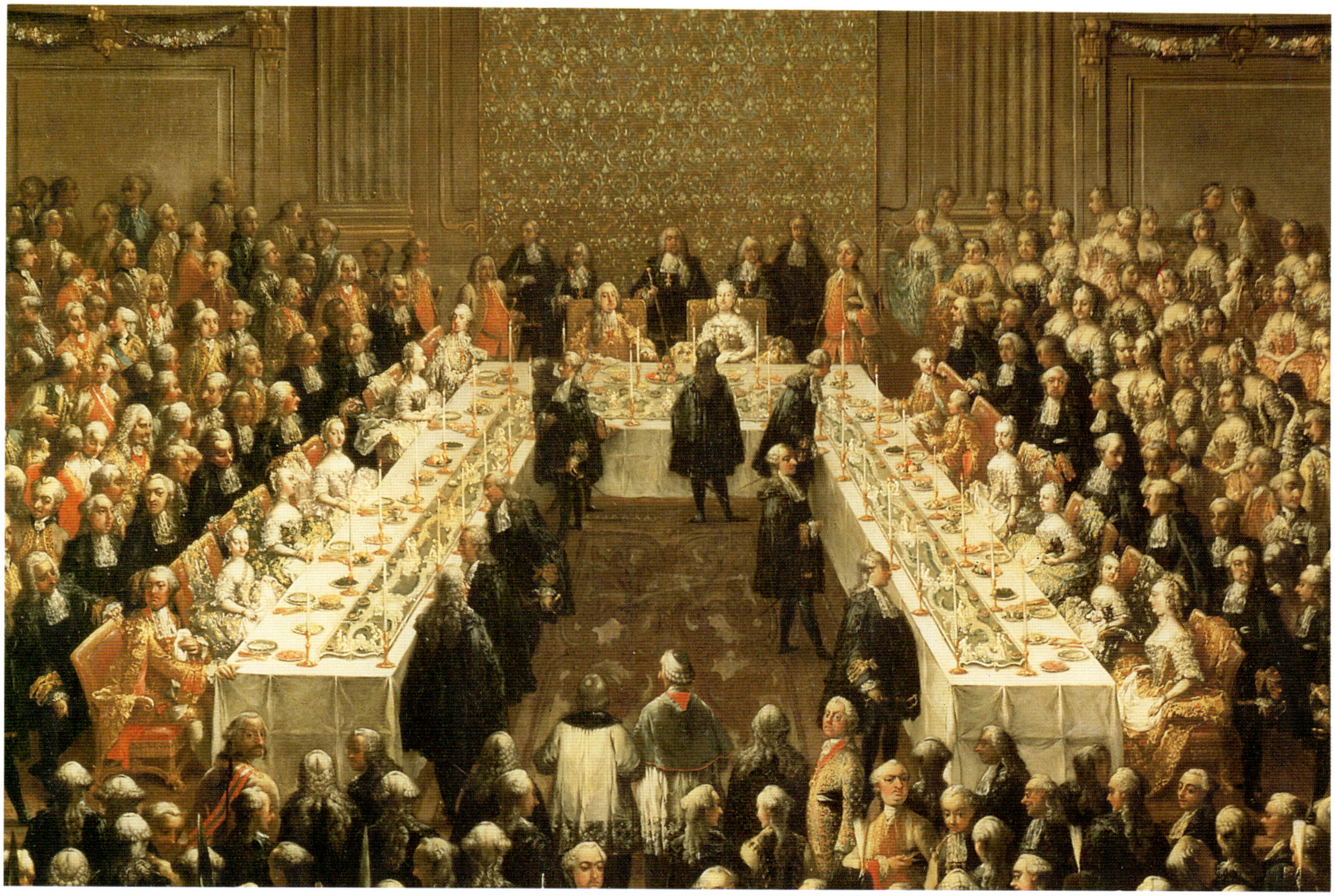

ungewöhnlicher und phantasievoller. Der Stil ist meist barock, und ein Großteil der Bemalung ist in Schwarz und Gold gehalten.

Schon 1730 wurden europäische Blumen als Dekor verwendet, also früher als in Meißen, sehr schön und präzise dargestellt. Chinoiserien und Landschaften von A. Anreiter und Z. Schulz sind ebenfalls typisch für diese Periode, wobei das asiatische Dekor eher an japanisches Imari- als an Kakiemon-Porzellan erinnert. Neben Schwarzlot wurde Braunrot und Eisenrot einfarbig benutzt sowie eine Farbpalette, die nicht so umfassend wie die Meißener war. Schlachtszenen nach Rugendas und Jagdszenen nach J.E. Riedinger waren beliebt. Zu den bekanntesten Waren der Wiener Manufaktur zählen unter anderem ein Chinoiserie-Tafelservice für die kaiserliche Familie und ein Jadgservice, das von J. Helchis in Schwarz bemalt war. J.J. Ringler begann in Wien als Maler, entdeckte aber durch seine Freundschaft mit der Tochter des Direktors das Geheimnis der Porzellanherstellung, das er noch vielen am Anfang stehenden Manufakturen vermittelte. In dieser frühen Periode waren Figuren selten, aber es gibt ein berühmtes Porzellankabinett im Österreichischen Museum für Kunst und Industrie in Wien, in dem modellierte Figuren zu sehen sind.

1744 wurde Wien eine staatliche Manufaktur. Unter den Künstlern befanden sich C.D. Busch und J.G. Klinger, der 1746 aus Meißen kam und bis zu seinem Tode 1781 blieb. Der berühmteste Modelleur war J.J. Niedermayer, der ab 1747 bis zu seinem Tode 1784 der Manufaktur angehörte. Zu ihm gesellte sich L. Dannhauser, der 1786

BILDAUSSCHNITT, DER DAS BANKETT IN SCHÖNBRUNN ANLÄSSLICH DER HOCHZEIT DES KAISERS JOSPEH II. MIT ISABELLA VON PARMA IM JAHRE 1760 DARSTELLT, GEMALT VON MARTIN VAN MEYTENS

Die Tafel ist mit Rokoko-Porzellansevices gedeckt und zeigt, wie diese im 18. Jahrhundert benutzt wurden.

starb; 1778 folgte Anton Grassi Niedermayer als Modelleur. Zu diesem Zeitpunkt war der Stil der Manufaktur klassizistisch und Niedermeyers Figuren viel steifer und formeller als die früheren Stücke.

Aufgrund seiner Nähe zum ottomanischen Reich exportierte Wien Waren in die Türkei, besonders im dritten Viertel des 18. Jahrhunderts; diese Stücke waren prächtig bemalt, allerdings nicht so sorgfältig wie für den heimischen Markt. Der Höhepunkt betrug 120.000 Stück pro Jahr. Die Marke der staatlichen Periode und späterer Perioden ist ein bienenkorbförmiges Schild, entweder eingeprägt oder in Blau aufgemalt.

Das Herstellungsdatum wurde bei jedem Stück an der Basis eingeprägt, wobei 1783 mit 83 begonnen wurde und im 18. Jahrhundert mit 801 usw.

1784 gab es eine finanzielle Krise. Konrad von Sorgenthal (gest. 1805) wurde Leiter der Manufaktur, der sie völlig umstukturierte. Sorgenthal führte ein farbenprächtiges, klassizistisches Dekor ein, mit minutiös gemalten klassischen Figuren und Arabesken in Feldern auf farbenfrohen Fonds, die sich etwas an Sèvres orientierten. Diese Mode blieb im ganzen 19. Jahrhundert bis ins 20. Jahrhundert bestehen und wurde 1864 von kleineren Manufakturen in Böhmen nach der Schließung der Wiener Manufaktur weitergeführt. Diese späteren Waren fielen jedoch viel gröber aus.

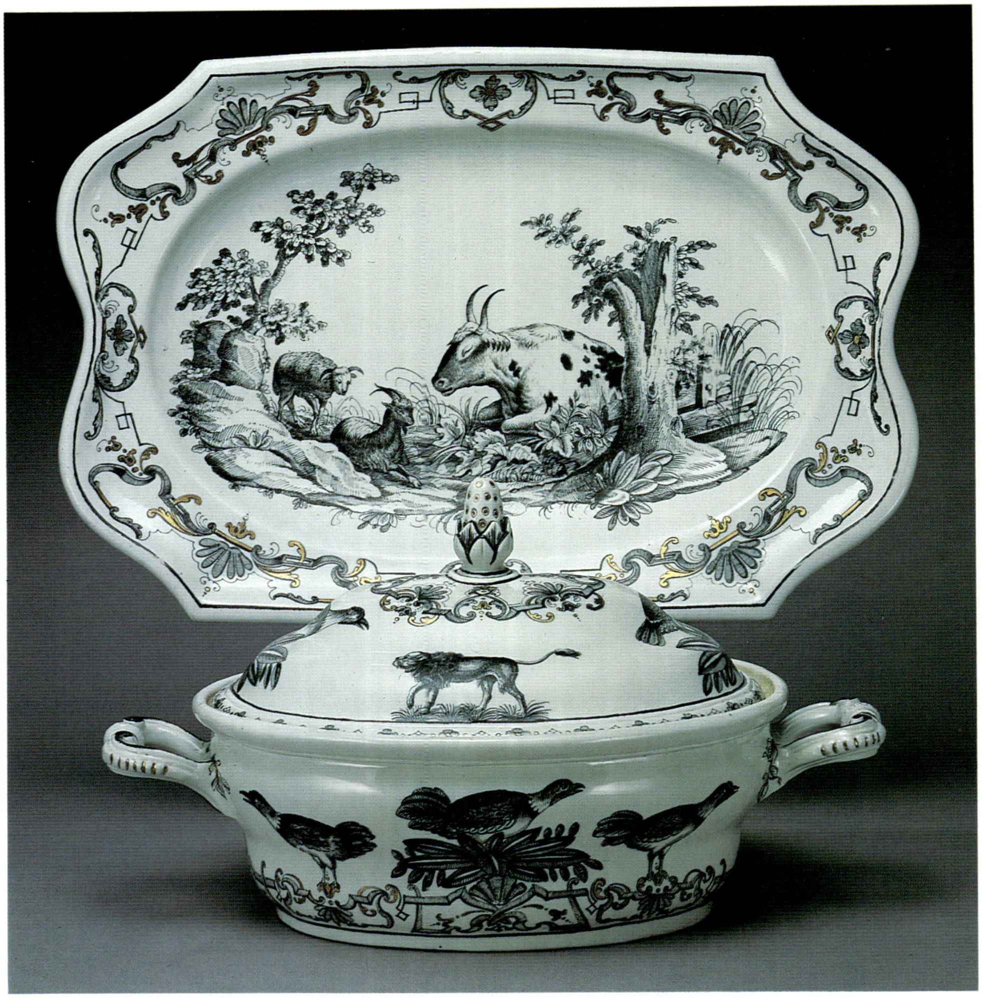

HÖCHST

Um 1740 entstanden in ganz Europa viele Manufakturen, und dieselben Namen tauchen immer wieder auf, da die Künstler besonders zu Anfang dieser Periode oft ihren Arbeitsplatz wechselten, um aus ihren Geheimnissen Kapital zu schlagen. Am 18. Februar 1746 wurde die Höchster Porzellan-Manufaktur gegründet. A.F. Löwenfinck kam 1743 aus der Fuldaer Fayencemanufaktur und blieb bis 1749. J.J. Ringler, der Arkanist aus Wien, war ebenfalls zwischen 1750 und 1752 in der Manufaktur und ermöglichte eine ernsthafte Porzellanproduktion. Wirtschaftlich wurde die Manufaktur von J.G. Goltz gelei-

WIENER DECKELTERRINE, ca. 1740; UNTERTELLER ca. 1730 (Durchmesser: 45 cm)
Diese Stücke gehören zu einem Jagdservice, das in Paquiers Manufaktur, wahrscheinlich für den kaiserlichen Hof, gefertigt wurde.

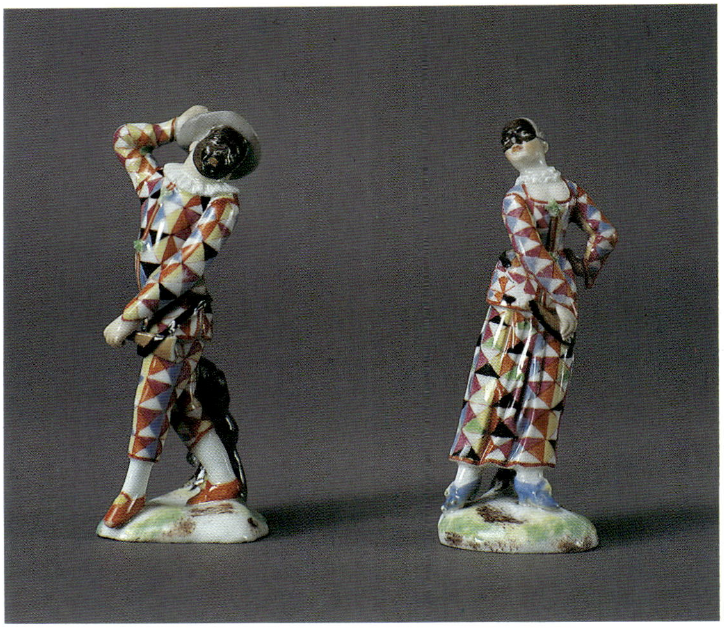

MINIATURENPAAR, HARLEKIN UND KOLUMBINE, HÖCHST, ca. 1750-55 (8,1 cm)

tet, der 1757 starb; sein Stiefsohn J.F. Clarus übernahm diese Position.

Zu den frühen Malern bei Höchst gehörte C.W. von Löwenfinck, der 1748 ging, und J.P. Darnhofer, der 1747 aus Bayreuth kam und bis 1751 blieb. 1749 wurde Louis de Farty Direktor, ihm folgte 1751 J.K. Benckgraff. Der bekannte Maler J. Zeschinger arbeitete auch hier, ging aber 1753 zusammen mit Benckgraff nach Fürstenberg. Simon Feiler begann seine Karriere in Höchst, und er hat wohl die schöne Höchster Serie von Commedia-dell'Arte-Figuren auf Sockeln modelliert. Er ging 1753. L. Russinger modellierte in Höchst zwischen 1759 und 1767, als ihm J.P. Melchior folgte. Diese beiden modellierten Kinderfiguren auf farbigen, grasbewachsenen Sockeln sowie Schäferszenen und mythologische Figuren, die unter Bäumen schliefen und sich an berühmten französischen Künstlern wie z.B. Boucher orientierten.

Das frühe Höchster Porzellan hat eine weiche, milchige Glasur über einem groben grau-weißen Scherben. Die Marke war ursprünglich ein Rad in Rot oder Rotbraun, das später in Unterglasurblau ausgeführt wurde. Die Formen wurden verkauft. Die Fayencefabrik in Damm kopierte im späten 19. Jahrhundert einige Modelle von Melchior. Anfang des 20. Jahrhunderts benutzte sie eine Passauer Manufaktur.

NYMPHENBURG

Als Maria-Anna Sophia, die Enkelin von August dem Starken von Sachsen, Prinz Max II. Joseph von Bayern heiratete, eröffnete dieser aufgrund ihres Interesses an Porzellan eine Manufaktur in Neudeck. Als Töpfer wurden F.I. Niedermayer und als Maler J. Helchis, der im Herbst 1747 aus Wien kam und bis 1750 blieb, eingestellt. Obwohl Niedermayer der Inspirator der Manufaktur war, wurde er für kurze Zeit entlassen, kehrte aber 1749 zurück, wo sich ihm 1753 Graf S. von Haimhausen anschloß. J.J.Ringler war von 1754 bis 1757 tätig. Ihm folgte der Chemiker P.R. Härtl, der 1761 entlassen wurde.

Wohl der bedeutendste europäische Porzellanmodelleur nach Kändler war F.A. Bustelli, der 1754 nach Nymphenburg kam. Er wurde von dem Holzbildhauer Ignaz Günther beeinflußt; viele seiner Figuren und Gruppen basieren daher auf Holzoriginalen. Am berühmtesten sind Bustellis sechzehn Commedia-dell'Arte-Figuren.

1761 zog die Manufaktur nach Nymphenburg in das Schloß des Kurfürsten. Leider starb der vielversprechende Bustelli bereits 1763; D. Aulikzek folgte ihm im Januar 1765 als Modellmeister. Der Pfälzer übernahm 1770 die Manufaktur. 1797 waren J.P. Melchior und D. Aulikzek jr. Meistermodelleure. Als Frankenthal 1799 geschlossen wurde, übergab es viele seiner Formen an Nymphenburg, wo von diesem Zeitpunkt an sowohl alte Frankenthaler als auch Nymphenburger Modelle wieder hergestellt wurden.

Das frühe Nymphenburger Porzellan hatte einen leicht cremefarbenen Scherben, der im letzten Viertel des 18. Jahrhunderts etwas grauer wurde. Die Kopien des 19. und 20. Jahrhunderts sind jedoch in weißem, reinem Porzellan ausgeführt. Es ist nicht genau bekannt, wieviele Nymphenburger Figuren erst zu einem späteren Zeitpunkt bemalt wurden. Dies und die Tatsache, daß sie noch immer in den sechziger und siebziger Jahren des 18. Jahrhunderts produziert wurden, lassen eine genaue Datierung der Herstellung und/oder Bemalung der früheren Gruppen und Figuren nur schwer zu. Die späteren Stücke jedoch kann man am veränderten Scherben und an der eingeprägten Marke eines bayerischen Schildes erkennen. Aus Nymphenburg stammen zwei königliche Service, eines mit europäischen Blumen, umgeben von blau-goldenen Rokoko-Rändern, aus dem Jahre 1760, das andere von Aulikzek, klassizistisch, mit monochromen Landschaftsvignetten mit Perlrändern. Bekannte Dekore waren das »Chintz-Muster« und Trompe l'oeils von Drucken auf gemaserten Fonds.

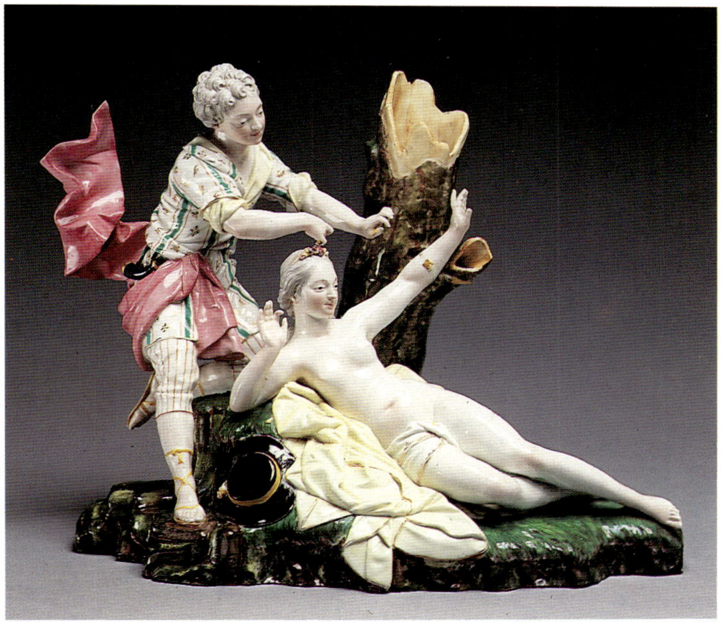

AMYNTHAS-UND-SILVIA-GRUPPE, HÖCHST, ca. 1770 (Höhe: 26,1 cm)
Dieses Stück wurde von Johann Peter Melchior nach einem Stich von René Guillard modelliert, der wiederum nach einem Bild François Bouchers zu dem Stück »Aminta«, geschrieben 1573 von Torquato Tasso, gearbeitet war. Die Marke ist ein blaues Rad an der Basis.

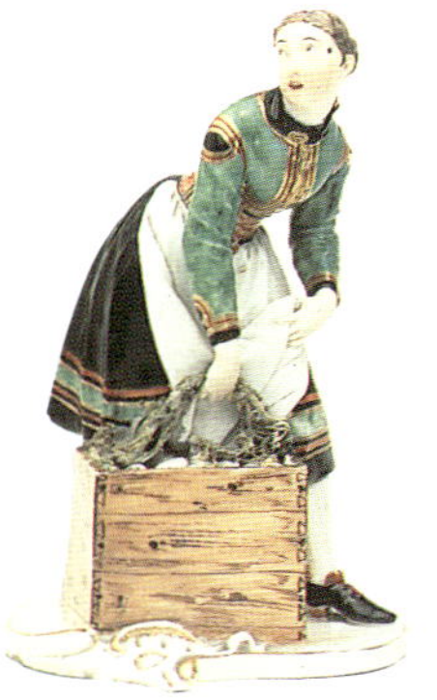

NYMPHENBURGER FIGUR, ca. 1755 (14,5 cm)
Franz Anton Bustelli schuf einige entzückende Figuren, darunter diese Eierverkäuferin und die berühmteren Commedia-dell'Arte-Figuren.

STRASSBURG UND FRANKENTHAL

Ca. 1709 gründete Charles-François Hannong eine Fayence-Manufaktur in Straßburg. Auch wenn Porzellan in den Aufzeichnungen genannt wird, ist es doch unwahrscheinlich, daß es vor 1752 produziert wurde, als der allgegenwärtige J.J. Ringler sich mit Hannong zusammentat und ihm das Geheimnis echten Porzellans verriet. Zwei Jahre lang produzierte er einige interessante Figuren und Gruppen, bis 1754 Louis XV. jegliche Konkurrenz zu seiner Manufaktur in Vincennes verbot. Hannong verlegte daraufhin seine Porzellanherstellung nach Frankenthal vor den Toren Mannheims und behielt nur die Fayence-Fabrik in Straßburg. J.W. Lanz, der bereits in Straßburg arbeitete, wurde Meistermodelleur in Frankenthal. Er schuf alle üblichen deutschen Motive dieser Periode, bevorzugte aber Szenen aus dem Alltagsleben. Seine Straßburger Figuren standen meist auf modellierten Grassockeln, in Frankenthal setzte er sie auf Sockel, die vom Rokoko etwas angehaucht und mit kleinen braunroten Girlanden versehen waren.

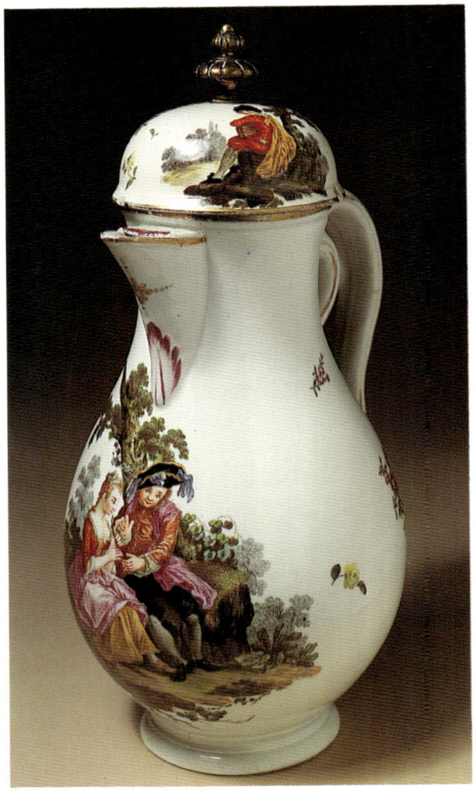

1757 kam J.F. Lück wohl zur Manufaktur und machte Figuren und Gruppen im Lanz-Stil, unterstand aber wahrscheinlich der Leitung von G.G. Riedel (1757-1759), der auch in Höchst arbeitete. Riedel war anfangs verantwortlich für das Modellieren des Dekors für Tafelgeschirr. Im selben Jahr starb Carl Hannong, der die Manufaktur in Frankenthal für seinen Vater leitete, worauf Hannong seinen zweiten Sohn Joseph-Adam als Nachfolger sandte.

Wie soviele Manufakturen in Europa erbrachte Frankenthal keine Gewinne, daher wurde die Manufaktur 1762 an den Kurfürsten verkauft, der Adam Bergdou, der zuvor in Höchst war, als technischen Direktor einstellte. Ihm folgte um 1770 Simon Feilner, der allerdings erst 1775 zum Direktor ernannt wurde.

1762 wurde der Hofbildhauer Konrad Linck (1732-1793) Meistermodelleur und

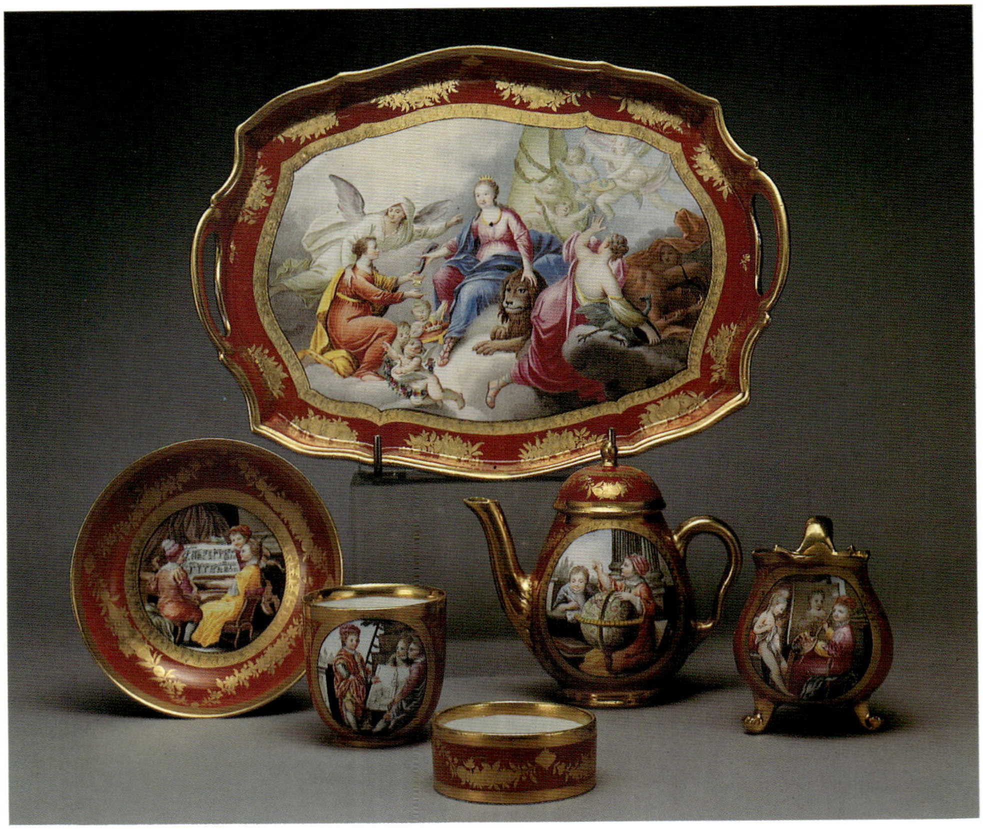

KAFFEEKANNE MIT DECKEL, FRANKENTHAL, ca. 1770 (25,5 cm)
Dieses Stück wurde eventuell von Osterspey mit einem Liebespaar in einer Landschaft nach Antoine Watteau bemalt. (OBEN)

DEJEUNER-GARNITUR, FRANKENTHAL, DATIERT 1777
Diese Stücke sind mit Allegorien der Kunst nach einem Stich von Etienne Fessard bemalt. (RECHTS)

führte einen klassizistischeren Stil ein. Seine Figuren zeichneten sich durch die bildhauerische Qualität ihrer Kleidung aus, und die Sockel waren mit vergoldeten Girlanden umrahmt und wurden von Gras in leuchtendem Gelb und Grün mit dazwischenliegnden Erdbrocken verziert. Zur Zeit Lincks gehörte K.G. Lück, ein Verwandter J.F. Lücks, zu den herausragenden Modelleuren der Manufaktur, der ungefähr von 1756 bis 1775 dort arbeitete und 1766, als Linck seine Stellung aufgab, Meistermodelleur wurde. Lück führte Lincks Techniken und Stil fort, aber seine Figuren und Gruppen sind stärker vom Rokoko beeinflußt. Wie soviele andere Porzellanmodelleure basierten seine Motive auf Drucken von Gemälden sowie auf europäischen Sujets nach Greuze. Er schuf einige sehr amüsante Chinesenfiguren und -gruppen sowie Jagdmotive, die alle fein modellierte Köpfe mit spitzem Kinn aufweisen. Diese Figuren trugen oft gestreifte und getupfte Kleider, die mit Blütenzweigen verziert waren.

Von 1777 bis 1779 schuf Adam Bauer mythologische Szenen und Kinder, die Bauern und Schäfer darstellten. 1779 kam J.P. Melchior nach Frankenthal und begann mit seinen Biskuit-Figuren und -Reliefs.

Einige hervorragende Maler, darunter J. Osterspei (1730-1782), der 1759 kam, spezialisierten sich auf mythologische Szenen. Diese Motive waren beim Frankenthaler Porzellan besonders beliebt und wurden auch von 1762 bis 1782 von J.B. Magnus und von 1758 bis 1781 von Winterstein bemalt.

Das Frankenthaler Porzellan wies ein schönes, cremefarbenes Weiß mit einer gut verschmolzenen Glasur auf. Diese Qualität wurde schlechter, als 1774 ein billigerer Ton eingeführt wurde. Um 1790 war der Ausstoß der Manufaktur erheblich zurückgegangen, und nach der französischen Besatzung 1794 wurden die Formen und Modelle nach Nymphenburg gebracht. Die frühe Marke ist ein eingeprägtes »P H«, dann folgte ein aufgerichteter Löwe und das Pfälzer Wappen in Blau. Ab 1762 wurde eine Krone über dem Monogramm »C T« benutzt; manchmal wurden zwischen 1770 und 1788 die beiden letzten Ziffern der Jahreszahl hinzugefügt.

BERLIN

Die Berliner Porzellanmanufaktur wurde 1751 von W.K. Wegely gegründet, allerdings gibt es relativ wenige Stücke von ihm. Während des Siebenjährigen Kriegs (1756-1763) hoffte er, die Arbeiter und das Geheimnis aus Meißen zu bekommen, aber da Friedrich d. Gr. anscheinend nicht gewillt war, hierzu seine Zustimmung zu geben, gab er 1757 auf. Das Berliner Porzellan dieser Periode war weiß mit einer dünnen Glasur. Die Bemalung erfolgte in Emailfarben, die zum Abbröckeln neigten. Die Modelle orientierten sich an Meißen. Marke war ein »W« in Blau.

Nachdem Sachsen in diesem Krieg besiegt worden war, konnten Friedrich und die Preußen Porzellan aus der Meißener Manufaktur beziehen, aber 1761 erlaubte Friedrich d. Gr. J.G. Gotzkowsky seine eigene Manufaktur in Berlin zu gründen. Gotzkowsky machte allerdings 1763 Konkurs, woraufhin der König seine Manufaktur kaufte. Meistermodelleur war F.E. Meyer, der aus Meißen kam und von 1766 bis 1785 von seinem Bruder W.C. Meyer unterstützt wurde. Als Meyer 1785 starb, wurde J.G. Müller für kurze Zeit Modellmeister; auf ihn folgte dann J.C.F. Riese (1789-1834).

Das Berliner Porzellan des 18. Jahrhunderts war sehr fein, fast weiß mit einem blaßgelben, leicht grauen Stich. Die Bema-

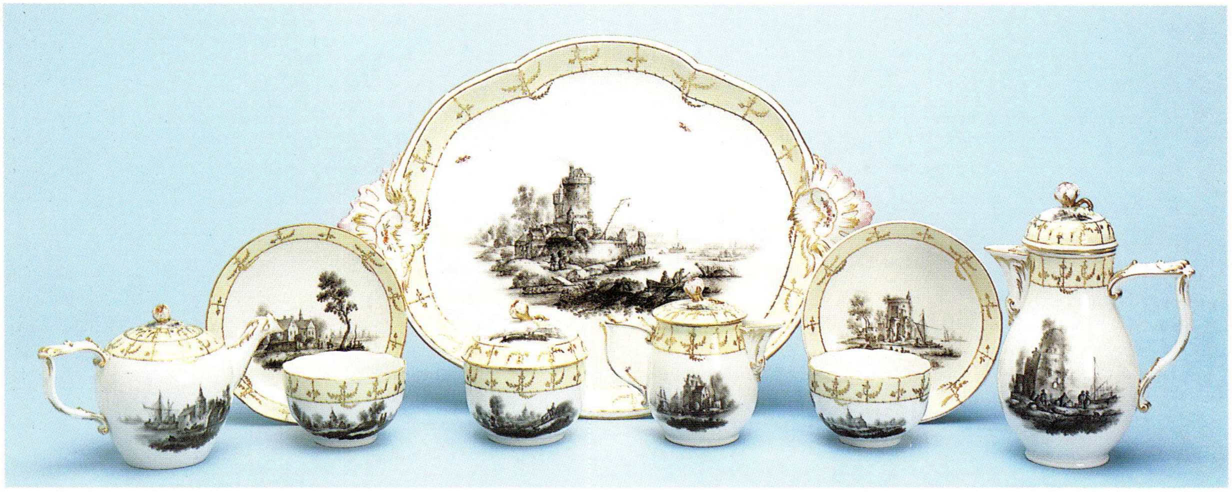

DEJEUNER-GARNITUR, BERLIN, ca. 1767
Das schöne Weiß des Berliner Porzellans läßt die Landschaftsbemalung in Grisaille besonders fein wirken.

lung war besonders zart. Anfangs wurde sie noch von Ozier-Rändern eingerahmt. Später fanden dann klassizistische Dekore Anwendung. Die Manufaktur ist besonders für seine Tafelservice bekannt. Marke war ein blaues Szepter.

FÜRSTENBERG

Herzog Carl I. von Braunschweig hatte zwischen 1744 und 1747 Experimente zur Porzellanherstellung durchgeführt, aber erst 1747 wurden die Arbeiten nach Fürstenberg verlegt und eine Manufaktur gegründet, in der die Experimente fortgesetzt wurden. 1753 kam J. Benckgraff zusammen mit J. Zeschinger und Simon Feilner aus Höchst. Benckgraff starb zwar in jenem Jahr, aber im darauffolgenden Jahr stellte die Manufaktur echtes Porzellan her. Feilner wurde Meistermodelleur und ist besonders berühmt für seine Figurenserie der Commedia dell'Arte auf flachen Sockeln, die er 1754 modellierte, sowie für eine Serie von Bergleuten aus dem Jahre 1757. Das Porzellan war aber nicht von bester Qualität und wies oft schwarze Flecken und Unreinheiten auf. Zwei weitere Modelleure schlossen sich Feilner an – J.C. Rombrich, der über dreißig Jahre bis 1794 blieb, und A.K. Lupau, der 1765 dazukam und 1776 nach Kopenhagen ging.

Einige Fürstenberger Modelle waren direkte Kopien von Meißener Stücken, aber etwa ab 1760 konzentrierte sich die Manufaktur mehr auf Eigenproduktionen. In den siebziger Jahren wurden die Figuren wieder aufgelegt, darunter kleinere Versionen der Komödien- und Bergleute-Serie. Die Stükke hatten oft Reliefränder und Rokoko-Schnörkel als Verzierung, um die Fehler des Scherbens zu verbergen.

1774 wurden die Malarbeiten in das herzogliche Schloß verlegt und gleichzeitig verbesserten sich die Farben. Arbeiten aus Bronze und Elfenbein dienten als Anregung für Biskuit-Figuren und -Reliefe. Ab 1790 gab es eine starke Hinwendung zum Dekor der Antike. Die häufigste Marke war ein unverwechselbares, kursives »F« in Blau.

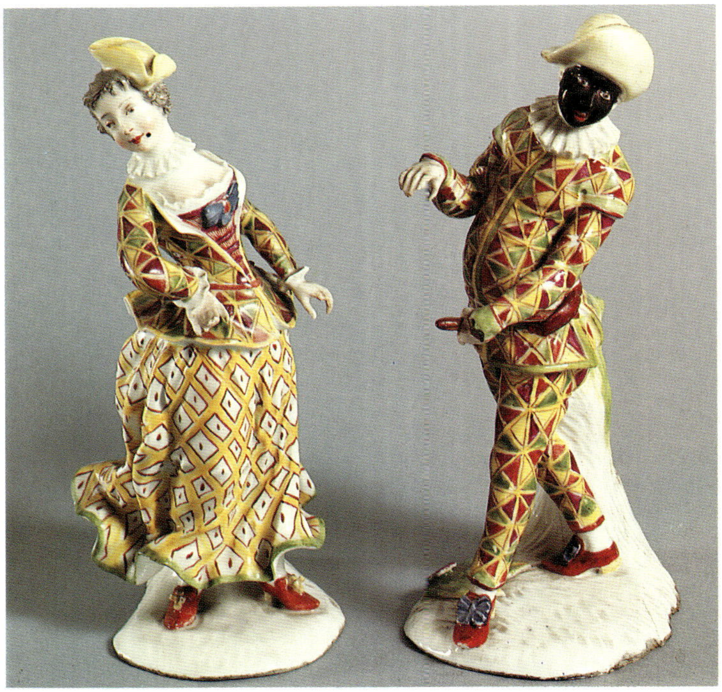

FÜRSTENBERGER FIGURENPAAR, HARLEKIN UND KOLUMBINE, ca. 1755
Auch wenn Simon Feilner weder die barocke Meisterschaft von Kändler noch das Rokoko-Genie Bustellis besaß, schuf er doch eine vitale Serie von Commedia-dell' Arte-Figuren.

LUDWIGSBURG

Wie soviele andere Herrscher wollte auch Herzog Karl Eugen von Württemberg eine eigene Manufaktur besitzen. Seine ersten Bemühungen 1737 waren vergebens, und erst 1759, als J.J. Ringler Direktor wurde, gelang es, echtes Porzellan herzustellen. Dies war die letzte Arbeitsstätte Ringlers; er blieb vierzig Jahre. Mit ihm kamen G.F. Riedel aus Frankenthal, dessen Einfluß an den Modellen der frühen Periode klar erkennbar ist.

Die Blütezeit der Manukaftur war von 1764 bis 1775. Als danach der Hof nach Stuttgart zurückkehrte, begann der Niedergang der Manufaktur, und 1824 mußte sie endgültig schließen.

Der Scherben von Ludwigsburg ist viel grauer und rauchiger als der der meisten anderen bereits erwähnten Manufakturen. Die Figuren besaßen einen naiven Charme. Der erste der bekannten Modellmeister war J.J. Louis, der den Posten ab 1762 bis zu seinem Tode 1772 innehatte. Wahrscheinlich hat er und nicht sein Nachfolger J. Göz (1759-1762) eine Serie ziemlich steifer, aber attraktiver Tänzer in Anlehnung an das Hofballett modelliert sowie Miniaturfiguren und -gruppen nach dem Entwurf von Riedel. Eine Serie von bäuerlichen Figuren und eine mit Musikern wurde wahrscheinlich unter dem Einfluß J.C.W. Beyers, der von 1761 bis 1767 in der Manufaktur arbeitete, erstellt.

Alle Figuren waren empfindsam modelliert und sorgfältig in Pastellfarben, die sich am rauchigen Ton der Glasur orientierten, bemalt. Viele Stücke wurden wunderbar mit Rokoko-Schnörkeln verziert und schlicht mit Blumen bemalt, obwohl auch detailliertere Szenen bekannt waren. Die häufigste Marke war das verschlungene »C«-Monogramm mit einer blauen Krone darüber.

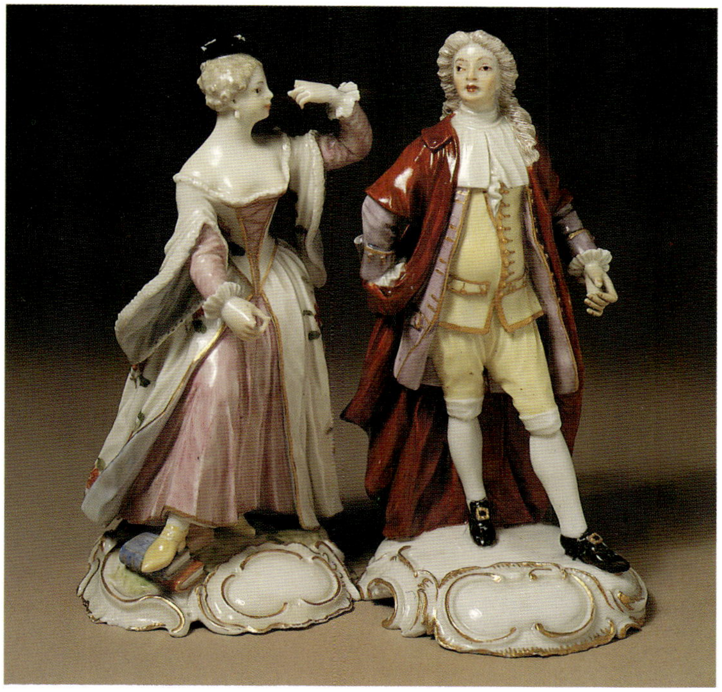

LUDWIGSBURGER FIGURENPAAR, ca. 1760 (15 cm)
Die zarte Bemalung der Tänzer, die wohl ein Menuett tanzen, und ihr Charme sind charakteristisch für den romantischen Stil, der Mitte des 18. Jahrhunderts vorherrschte.

DIE KLEINEREN DEUTSCHEN MANUFAKTUREN

Seit Anfang des 18.Jahrhunderts gab es in Ansbach eine Fayencemanufaktur, aber erst um 1760 gründete der Markgraf von Brandenburg mit dem jungen J.F. Kändler, einem Verwandten des berühmten Modelleurs aus Meißen, eine Porzellanmanufaktur. Ihr Porzellan ist sehr selten und hervorragend. Es erinnert eher an das Porzellan Berlins als an das aus Meißen, woher die meisten Handwerker kamen. Kändler starb 1791, und die Manufaktur mußte bald darauf schließen. Die häufigste Marke war ein blaues »A«.

Eine weitere Manufaktur war Kelsterbach im Besitz des Landgrafen von Hessen-Darmstadt, die zusammen mit einer Fayencemanufaktur unter der Direktion von C.D. Busch aus Meißen bestand. Ihre Figuren wurden von K. Vogelmann modelliert und waren eher barock und kantig. Die Manufaktur produzierte von 1761 bis 1768 und von 1789 bis 1802. In der späteren Periode wurden nur einige mittelmäßige Stücke hergestellt.

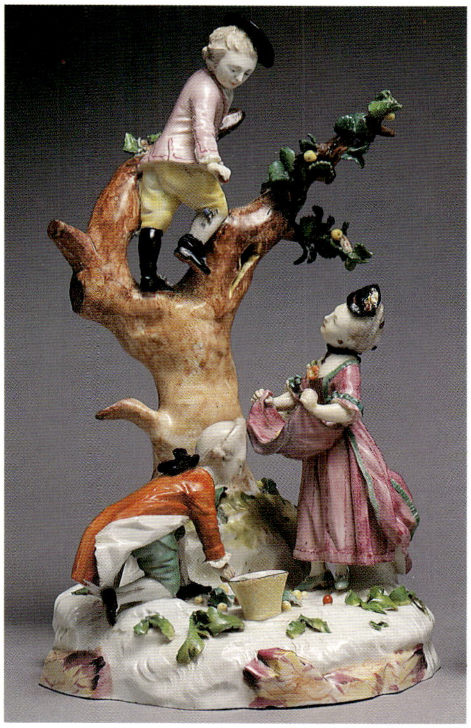

FULDAER GRUPPE, »DIE APFELPFLÜCKER«, ca. 1778 (26,4 cm)
Dieses von Neu modellierte Stück basiert wahrscheinlich auf einem Bild von Boucher oder Lancret.

Die kleine Manufaktur des Bischofs von Fulda, die von 1764 bis 1789 bestand, war besonders für ihre Figuren des Fuldaer Hoforchesters und der Cris de Paris bekannt, die von G.L. Bartolème aus Ansbach modelliert wurden, der 1770 nach Fulda kam und dessen Arbeiten an die von K.G. Lück in Frankenthal erinnern. Wenzel Neu schuf sowohl Jagd- und Bauernfiguren als auch Komödiengruppen. Die früheren Figuren erinnern an Höchst mit hohlen Sokkeln und schlanken, länglichen Gesichtern mit sentimentalem Ausdruck. Auch Blumen, Landschaften und Vögel erschienen als Dekor. Biskuit-Büsten des Bischofs und anderer bedeutender Personen wurden angefertigt. Die frühe Marke besteht aus einem blauen Kreuz, dem das Monogramm »F F« mit einer Krone darüber folgte.

Auch in Kassel wurde von 1766 bis 1788 nach Modellen von J.B. Xaveri Porzellan hergestellt. Es bestand meist aus blau-weißen Waren im Kakiemon-Stil. Das Porzellan ist sehr rauchig und unvollkommen, und die Marke ähnelt der von Frankenthal, ein aufrechter blauer Löwe. Allerdings hat der Kasseler Löwe einen Doppelschwanz. In Pfalz-Zweibrücken (1767-1775) gab es eine von L. Russinger aus Höchst geführte Manufaktur sowie die nahegelegene Manufaktur Ottweiler (1764-1794), die ähnliche Waren produzierte. Die Manufaktur in Würzburg (1775-1788) stellte sowohl Tischwaren als auch religiöse und andere Figuren im geringen Umfang her. Auch in Ellwangen wurde 1758 von J.J. Ringler Porzellan hergestellt, aber es kann bis heute nicht zufriedenstellend identifiziert werden.

THÜRINGEN

Im 18. Jahrhundert wurden in Thüringen einige Manufakturen gegründet, die auch einen gewissen Erfolg hatten. Die erste war in Gotha, die von 1756 bis 1834 bestand. Sie produzierte hauptsächlich Speise-, Tee- und Kaffeeservice, die von Fürstenberg beeinflußt waren und einen feinen, cremefarbenen Scherben aufwiesen. In Wallendorf, gegründet 1764, ging G. Greiner mit J.W. Hammann eine Partnerschaft ein. Die Marke war ein blaues »W«,

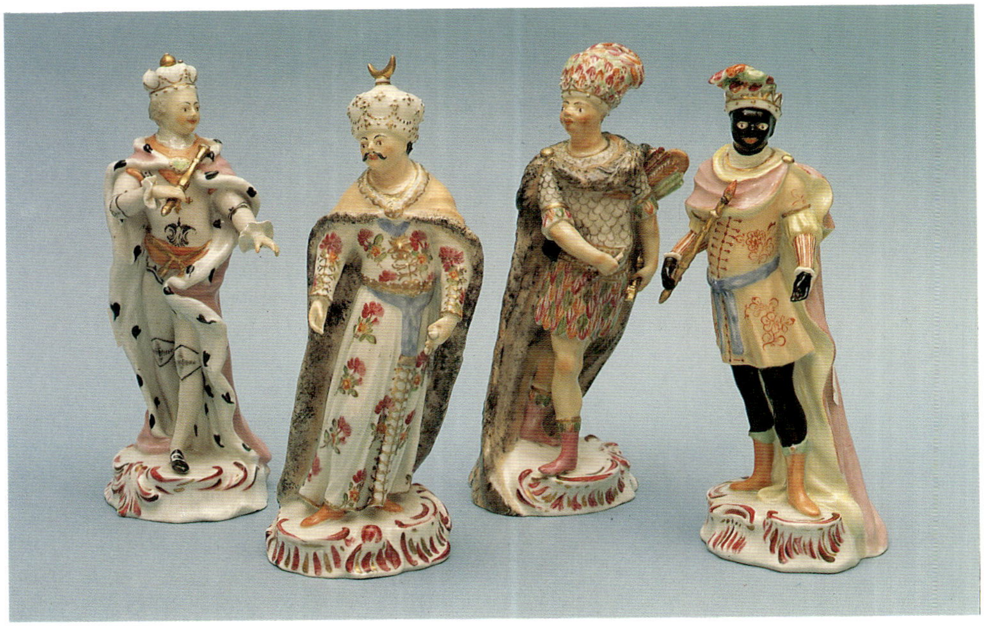

LIMBACHER FIGURENGRUPPE, ca. 1775 (20 cm)
Diese provinziellen Figuren, Sinnbilder der Kontinente, sind steif mit puppenähnlichen Gesichtern modelliert, besitzen aber dennoch naiven Charme.

VEZZI-TEEKANNE, VENEDIG, 1725
Das ungewöhnliche Dekor erinnert an Intarsienarbeiten in Stein der Mogul-Periode.

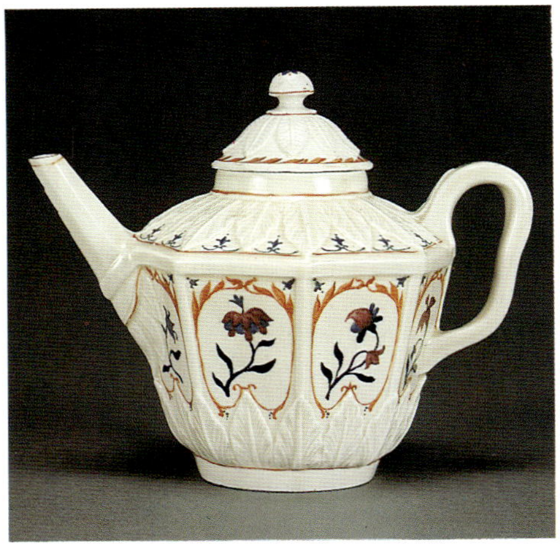

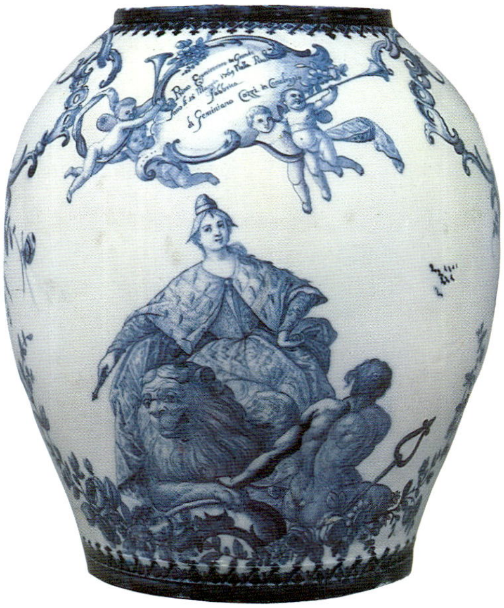

COZZI-VASE, VENEDIG, 1769 (40,6 cm)
Dieses Stück ist mit einer allegorischen Figur Venedigs und dem Löwen von St. Markus bemalt und trägt folgende Inschrift: »Primo Esperimento in Grande fatto li 15 Maggio 1769 nella Privil (egiata) Fabbrica di Geminiano Cozzi in Canalregio.« Auf der Rückseite ist eine Ansicht von St. Markus, die Neptun-Pendantvase und eine Landschaft, wahrscheinlich von Bassano, abgebildet.

anfangs unleserlich geschrieben, so daß der Eindruck von gekreuzten Schwertern entstand. Wie das meiste thüringische Porzellan besaß es einen grauen Scherben. Greiner ging 1772 nach Limbach, wo als Marke ein gekreuztes »L« mit einem Stern darunter benutzt wurde, das ganz bewußt den gekreuzten Schwertern von Meißen nachempfunden war, sowie ein »LB«-Monogramm. Später wird als Marke ein Kleeblatt verwendet, und der Scherben wird viel grauer. Limbach spezialisierte sich auf steife, puppenähnliche Figuren von naivem Charme. Die Familie Greiner besaß auch Manufakturen in Großbeitzenbach (von 1777 bis in die Gegenwart), deren Waren aus dem 18. Jahrhundert nicht von denen aus Limbach zu unterscheiden sind.

In Kloster-Veilsdorf befand sich die berühmteste Manufaktur Thüringens, die von 1760 bis heute floriert. Eine bezaubernde Serie von Commedia-dell'Arte-Figuren wird Wenzel Neu zugeschrieben, bevor er nach Fulda ging. Ebenso sind klassische Figuren auf recht- oder vieleckigen Sockeln zu erwähnen. Der Scherben ist weißer und feiner als bei anderen Manufakturen in Thüringen. Bis 1797 war die Marke ein »CV«-Monogramm, dann wurde die Manufaktur von der Familie Greiner gekauft.

Volkstedt (ca. 1760 bis 19. Jahrhundert) produzierte zuerst Weichporzellan, aber entdeckte bald das Geheimnis des Hartporzellans, wurde auch von den Greiners gekauft und war im 19. Jahrhundert für die Herstellung von Imitationen und Fälschungen bekannt. Der Scherben des 18. Jahrhunderts ist grau, und die Figuren sind naiv. Die meisten Waren sind grobe Kopien der Marcolini-Periode in Meißen, und die Marke einer Heugabel kann mit der Markierung Meißens verwechselt werden.

DIE MANUFAKTUREN VENEDIGS

In Venedig wurde die dritte Manufaktur Europas gegründet, die echtes Hartporzellan produzierte, von Francesco Vezzi (1651-1740), einem Goldschmied. Ihm schloß sich 1720 C.C. Hunger aus Meißen und Wien an, der dort bis 1727 Porzellan herstellte. Es erinnerte an das Porzellan Meißens und Wiens, war aber nicht ganz so vollendet. Es kann weiß oder cremefarben sein, aber meist ist es grau, sehr lichtdurchlässig und sehr dünn getöpfert. Es wurde in Gold, kräftigem Rotbraun, hellem Blattgrün und anderen Farben nit Chinoiserien und Imari-Dekor bemalt. Meist wurden Tassen und Unterteller, manchmal auch Teekannen und seltener Teller produziert. Es gab einige ungewöhnliche Formen, allerdings existieren heute nur noch etwas mehr als hundert Stücke. Ca. 1735 wurde die Manufaktur geschlossen. Marke ist meist eine Abkürzung von Venezia, »Vena«.

Nach dreißigjähriger Pause wurde von 1758 bis 1763 eine weitere kleine Manufaktur von N.F. Hewelke betrieben. Dieses Porzellan ist noch seltener als das der Vezzi-Manufaktur, bestand aus einem harten, leicht gelben Scherben und war mit einem »V« markiert.

1764 eröffnete G. Cozzi eine dritte Manufaktur in Venedig, die weitaus erfolgreicher war und bis 1812 bestand. Die Stücke waren aus einem dünnen, harten, grauen Scherben mit einer glänzenden, feucht wirkenden Glasur. Die Farben waren kräftig, aber grob. Bemerkenswert sind das Eisenrot, Violett und Smaragdgrün. Die Objekte wurden sowohl mit klassischen als auch mit zeitgenössischen Motiven bemalt. Es wurden einige Commedia-dell'Arte-Figuren hergestellt. Cozzi benutzte eine Ankermarke, häufig in Rot, aber viel größer als die von Chelsea.

Um 1752 eröffnete P. Antonibon, der bereits eine Fayence-Manufaktur hatte, in Le Nove in der Nähe von Bassano mit der Hilfe J.S. Fischers, der aus Dresden und Wien kam, eine Porzellan-Manufaktur. Seine Produktion ähnelte der Cozzis. Als Marke galt ein Stern.

DOCCIA

Die bedeutendeste Manufaktur Italiens ist Doccia in der Nähe von Florenz. Sie wurde 1735 vom Marchese Carlo Ginori gegründet und blieb in den Händen der Familie Ginori bis 1896. Ginori engagierte J.C.W. Anreiter, einen Hausmaler aus Wien, und seinen jungen Sohn Anton, der bis 1746 in der Manufaktur blieb, um dann nach Wien zurückzukehren. Der Meistermodelleur war G. Bruschi, der bis 1778 blieb. Die ersten Stücke zum Verkauf wurden wohl nicht vor 1746 hergestellt. 1757 starb Carlo Ginori; ihm folgte sein Sohn Lorenzo, der die Firma von 1757 bis 1791 leitete.

Der frühe Scherben der Manufaktur war als Masso bastardo bekannt, eine harte, graue und grobe Masse mit klebriger, verschmierter Oberfläche, die beim Brennen sehr anfällig für Risse war. Zwischen 1770 und 1790 wurde der Scherben sehr verbessert und erhielt eine opake Zinnglasur. Einige der frühen Stücke sind doppelwandig in Anlehnung an das Blanc de Chine-Porzellan Dehuas. Als Besonderheit gilt die Dekoration a Stampino mittels Schablone in blau-weiß. Die Farben wurden oft getupft, und obwohl dies auch in den venezianischen Manufakturen Cozzi und Le Nove gemacht wurde, ist es doch bei Doccia ausgeprägter. Man setzte diese Technik ein, um fleischfarbene Töne sowohl an Figuren und bei figürlicher Bemalung anderer Stücke zu erhalten.

Die beiden bekanntesten Muster sind bekannt als »a Tulipano«, eine stilisierte rote Tulpe, und »a Galletto«, einem Hahn in Rot und Gold im chinesischen Stil.

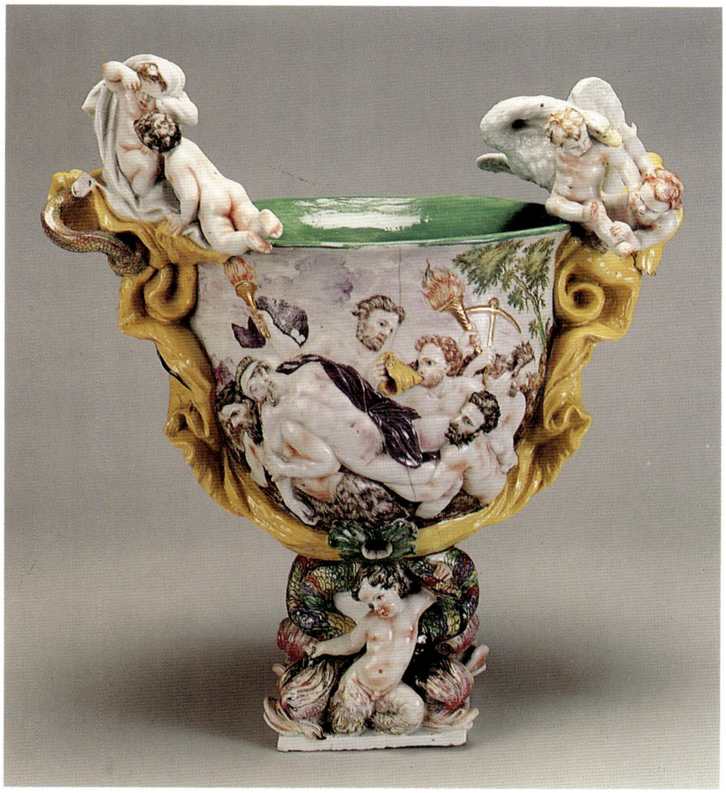

DOCCIA-MITTELSTÜCK EINES SECHZEHNTEILIGEN TAFELAUFSATZES, ca., 1755-58 (Höhe: 42 cm)

Das Reliefdekor auf diesem Stück, das für den Grafen von Bristol angefertigt wurde, diente in der zweiten Hälfte des 19. Jahrhunderts als Vorlage für Doccia und andere Manufakturen.

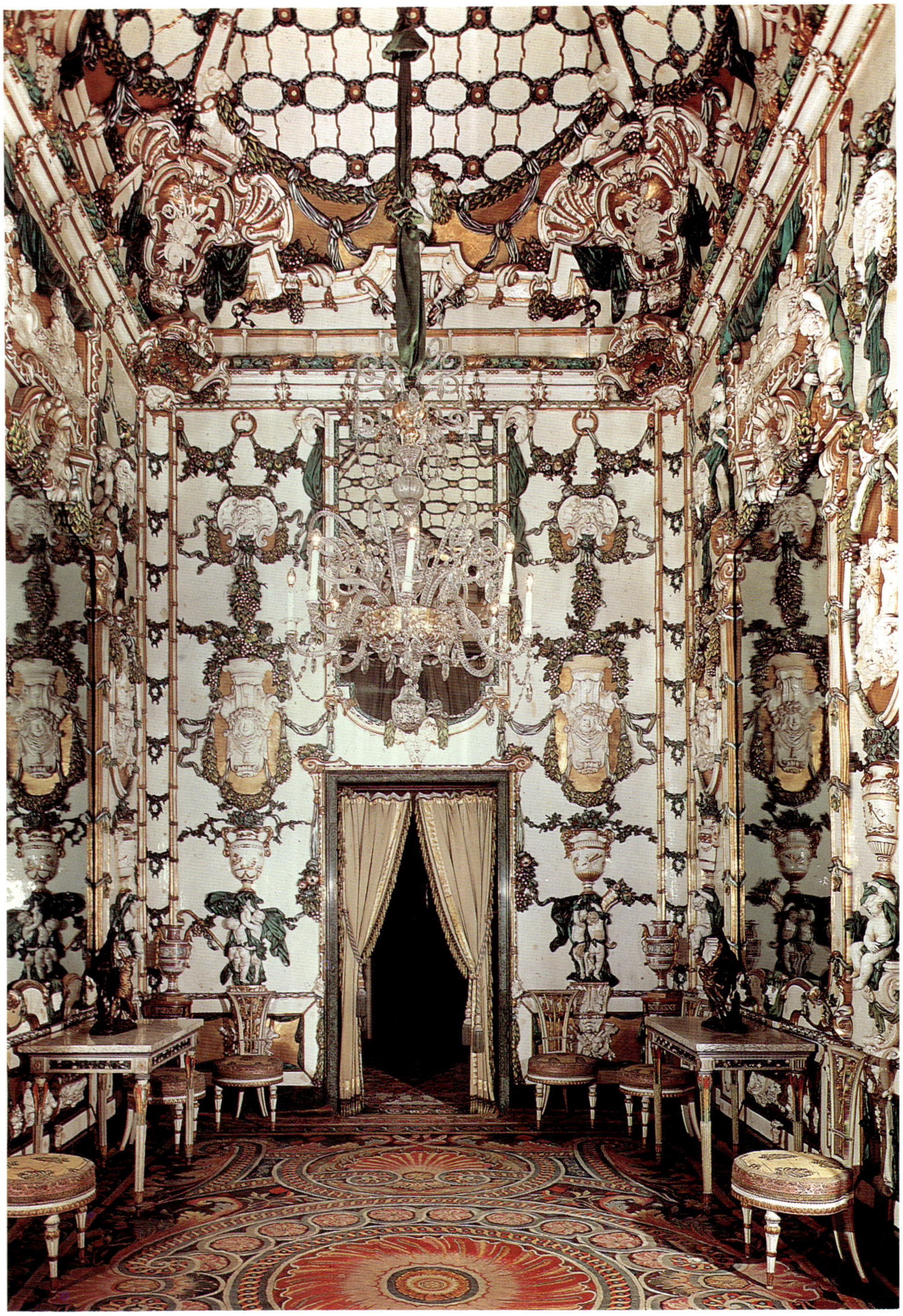

DAS PORZELLAN-KABINETT IM PALACIO REAL, MADRID, ca. 1770

Zwischen 1757 und 1759 schuf Guiseppe Gricci ein Chinoiserie-Kabinett für den Palast Capo di Monte und zwischen 1763 und 1765 eines für Aranjuez, wobei das letztere 571.555 spanische Reales kostete. Das hier abgebildete Kabinett ist kleiner und im klassizistischen Stil eingerichtet und stammt von Carlos Schepers und entstand um 1770. Der Preis betrug 256.958 Reales.

Doccia ist auch bekannt für sein Flachreliefdekor aus weißem Masso-bastardo-Porzellan für klassische Objekte. Eines der bedeutendsten Stücke dieses Stils ist ein Tafelaufsatz, der mit Relieffiguren und Muscheln verziert ist. Ein komplettes Exemplar existiert noch in Ickworth, Suffolk, das für George William, dem zweiten Earl von Bristol und Gesandter in Turin zwischen 1755 und 1758, angefertigt wurde.

Zu den Doccia-Figuren zählen Komödienfiguren, klassische, volkstümliche und zeitgenössische Motive.

CAPODIMONTE, BUEN RETIRO UND NEAPEL

Das berühmteste italienische Porzellan stammt aus Capodimonte (1743-1759). König Karl III. von Neapel und Sizilien heiratete 1738 Maria Amalia von Sachsen und war sehr daran interessiert, sein eigenes Porzellan herzustellen. Obwohl er versuchte, das Hartporzellan aus Deutschland zu imitieren, gelang es ihm nie. Jedoch ist das Weichporzellan Capodimontes schöner, wenn auch schwieriger zu Brennen als jedes Hartporzellan. Der hervorragende Scherben wurde von G. Schepers erfunden.

Modellmeister war Guiseppe Gricci, erster Maler Giovanni Caselli, der 1752 starb. Ihm folgte J.S. Fischer, der 1754 aus Le Nove kam und bis zu seinem Tod 1758 blieb. Griccis Arbeiten sind denen Kändlers in Meißen und Bustellis in Nymphenburg gleichzusetzen, wobei sie sich durch das herrliche, durchlässige Weichporzellan Capodimontes unterscheiden. Er modellierte eine Serie sehr gut beobachteter zeitgenössischer Figuren, meist mit kleinen Köpfen, sowie kühne Commedia-dell'Arte-Figuren und -Gruppen. Seine klassischen Figuren waren nicht so erfolgreich, aber ihm verdanken wir das berühmte Chinoiserie-Kabinett im Palast in Neapel, das ganz aus Porzellan besteht.

Caselli und seine Nichte Maria malten sowohl die herrlichsten Blumen und Früchte als auch zeitgenössische Figuren in Landschaften, während G. della Torre sich auf Schlachtenszenen, Landschaften und Figuren spezialisierte. Diese Szenen sind besonders leicht an den Wolken in Violett und blaßem Orangerot zu erkennen. Die Marke bestand aus der blauen Lilie der Bourbonen, im Relief an der Basis in einem Medaillon.

1759 trat der König die Nachfolge seines Vaters Karl III. von Spanien an und ließ seinen jungen Sohn Ferdinand IV. als König von Neapel und Sizilien zurück. Er verlegte die gesamte Manufaktur mit den Arbeitern nach Madrid in seinen Palast Buen Retiro (1759-1808), wo er weiterhin Porzellan herstellte, sich aber auf Figuren konzentrierte. Das bedeutendeste Werk ist ein Porzellankabinett von Gricci in seinem Palast in Aranjuez, das dem in Neapel ähnlich ist.

Später verschlechterte sich die Qualität des Porzellans, und 1803 wurde ein Hartporzellan eingeführt. 1812 wurde die Manufaktur von den Briten zerstört. Einige der Waren, die zwischen 1770 und 1783 hergestellt wurden, ähnelten dem in Wedgwood hergestellten cremefarbenen königlichen Waren.

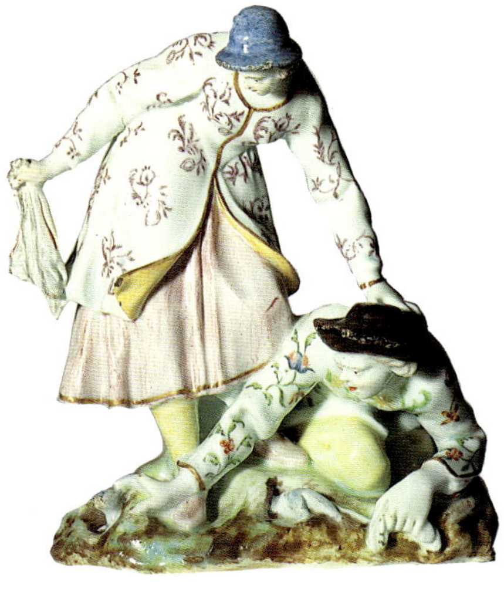

KANINCHENFÄNGER, CAPO-DI-MONTE-GRUPPE, ca. 1750 (Höhe: 16,5 cm)
Guiseppe Gricci ist der Modelleur dieses Stückes; er kann durchaus mit Kändler und Bustelli verglichen werden. Der Maler ist unbekannt, hat aber auch andere, schöne Capo-di-Monte-Gruppen bemalt.

Ferdinand IV. gründete in Neapel wieder eine königliche Manufaktur (1771-1806). Das Geheimnis des Scherbens wurde von G. Tucci, der in Capodimonte gearbeitet hatte, entdeckt. F. Celebrano war bis 1781 Modellmeister. Erst als 1779 der erste Direktor Peres starb, brachte sein Nachfolger Venuti der Manufaktur Erfolg. Das Porzellan war ähnlich dem der früheren Manufaktur sehr durchlässig, glasig und weich und wurde nun im klassizistischen Stil geformt. Biskuit und glasierte Figuren wurden mit klassischen Motiven verziert, die auf den Funden von Pompeji und Herkulaneum basierten. Ländlich gekleidete Figuren, Vögel und Tiere wurden ebenfalls produziert. Auch Tee-, Kaffee- und Tafelservice sowie Vasen wurden angefertigt. Sie wurden ähnlich mit lokalen Szenen, klassischen Ruinen und Bauern in Tracht bemalt. Die übliche Marke ist eine Krone über einem blauen »N«.

VINOVO

Vinovo (1776-1820), ca. zehn Kilometer von Turin entfernt, wurde von G.V. Brodel gegründet. Brodel engagierte Paul-Anton Hannong, das schwarze Schaf der Familie, der seinen Bruder in Straßburg und Frankenthal betrogen hatte und fliehen mußte. Vinovo weist einen ziemlich cremigen Scherben, der an Weichprozellan erinnert, auf, und ist im französischen Stil bemalt.

Es gab noch einige kleinere Manufakturen in Norditalien; eine war Este, die 1781 von G.B. Brunello gegründet wurde, der aus Le Nove kam. Este machte auch Fayencen, aber nur wenige Stücke können mit Bestimmtheit dieser Manufaktur zugerechnet werden.

PORTUGAL

In der zweiten Hälfte des 18. Jahrhunderts wurde in der Fayencemanufaktur in Alcora versucht, Porzellan herzustellen. Die wenigen Stücke datieren jedoch nur von 1784-1786.

FRANZÖSISCHES PORZELLAN

In den frühen französischen Manufakturen wurde eher Weich- als Hartporzellan hergestellt. Das Geheimnis des echten Porzellans wurde, wie bereits erwähnt, allein 1708 in Meißen entdeckt. Die frühen Forscher glaubten, daß Porzellan eine Art Glas wäre und vermischten daher Glas mit weißem Ton und anderen Materialien. Das gewonnene Porzellan war von großer Schönheit, brachte aber große Nachteile mit sich, da viele Stücke beim Brennen brachen oder sich so verformten, so daß sie nicht mehr zu benützen waren.

1673 erhielt Louis Poterat, der Sohn Edmés, der bereits als Fayence-Hersteller bekannt war, das königliche Privileg zur Eröffnung einer Porzellanmanufaktur in Rouen.

Einige Stücke, die den blau verzierten Stücken aus St. Cloud sehr ähnlich waren, wurden Rouen zugeschrieben, wovon aber heute die meisten St. Cloud zugeordnet

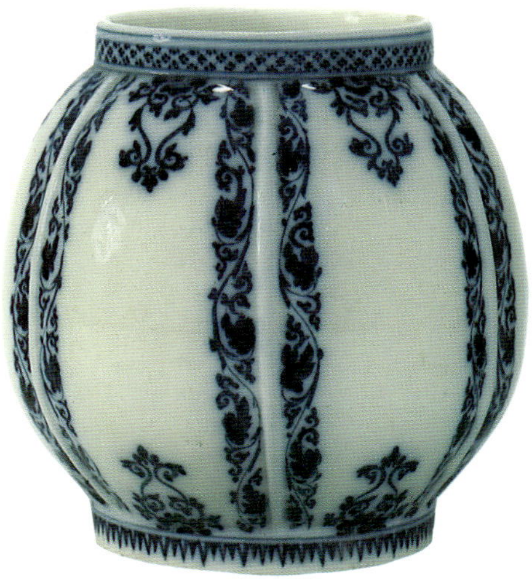

BLAU-WEISSE VASE, ST. CLOUD, WAHRSCHEINLICH VOR 1700 (15 cm)
Der Bérainesque-Stil dieser Vase ähnelt dem der wenigen Stücke, die noch immer Rouen zugeschrieben werden, aber der Scherben läßt eher auf St. Cloud als Entstehungsort schließen.

werden. Ein silberbeschlagener Senftopf im Sèvres-Museum stammt mit großer Wahrscheinlichkeit aus Rouen. Die Glasur ist etwas blauer oder grüner als die von St. Cloud, und das Blau ist dunkel und tintenartig. Die Ränder sind mit Arabesken mit feinen Punkten verziert.

KRUG FÜR HEISSE MILCH, ST. CLOUD, CA. 1725 (15,2 cm)
In St. Cloud wurden plastische Pflaumenzweige auf europäischen Formen in Blanc-de-Chine gesetzt.

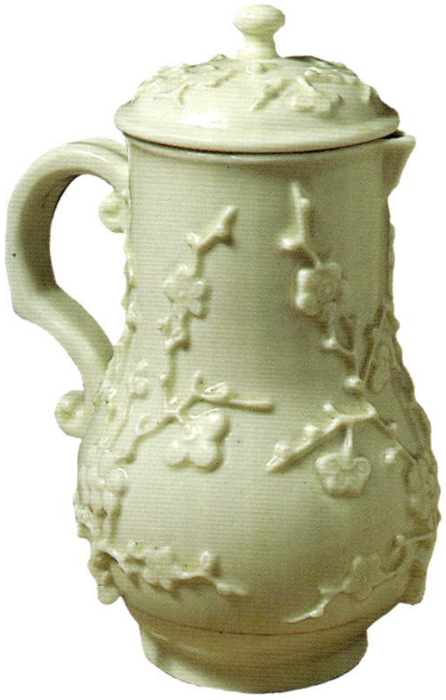

ST. CLOUD

Obwohl angeblich bereits 1678 in St. Cloud Porzellan hergestellt wurde, erhielt die Witwe von P. Chicaneau, die 1679 H.-C. Trou heiratete, erst 1702 das Privileg zur Porzellanherstellung, nachdem Trou die Unterstützung des Herzogs von Orlèans erlangt hatte. Später trennten sich die Familien Trou und Chicaneau, wobei letztere in Paris eine Zweigstelle eröffnete.

Der Scherben von St. Cloud ist eher creme- oder elfenbeinfarben, mit einer weichen, glänzenden Oberfläche. Die Stücke sind schwierig zu datieren, aber die ersten Dekore waren wahrscheinlich die in Unterglasurblau. Lambrequins, die auf textilen Originalen beruhten, sowie andere Bérainesque-Dekore waren gebräuchlich. Einige der Formen und Muster finden sich auch bei den Fayencen aus Rouen.

Im zweiten Viertel des 18. Jahrhunderts wurde das Porzellan vielfach weiß belassen und mit Reliefs versehen. Diese Stücke wurden oft mit Silber beschlagen.

Bei der Malerei wurden im Gegensatz zu anderen französischen Manufakturen Imari- und Famille verte-Muster sowie Kakiemon-Dekore verwendet.

Figuren, die sich hauptsächlich an chinesischen Motiven orientierten, wurden im zweiten Viertel des Jahrhunderts hergetellt und ca. Mitte des Jahrhunderts entstanden herrliche Potpourri-Vasen, die mit plastischem Blumendekor überzogen waren und auf felsenähnlichen Sockeln standen. Sie waren eine Spezialität der Manufaktur. St. Cloud produzierte auch Tabatieren, Griffe für Messer und Gabeln, Spazierstock-Knäufe und andere kleine Objekte. Manche Stücke wiesen Vergoldungen und Felder in Emailbemalung im Stile Hungers auf. Die Marke war meist ein »St.C.«, das über einem »T« eingraviert wurde.

CHANTILLY

Der Prinz von Condé (1692-1740) gründete 1725 eine Manufaktur in Chantilly, erhielt aber erst 1735 ein Patent. Bis 1751 war C. Cirou sein Direktor. Die berühmtesten Stücke sind im Kakiemon-Stil bemalt. Der Prinz von Condé besaß eine große Sammlung japanischen Kakiemon-Porzellans, das der Manufaktur als Inspiration diente und auch als Vorlage für direkte Kopien. Es wurden auch Stücke aus Meißen kopiert. J.-A. Fraisse veröffentlichte 1735 eine Serie chinesischer Zeichnungen, die von der Manufaktur als Quellenmaterial benutzt wurde. Somit wird klar, warum manche Stücke nicht nur vom Kakiemon-Stil, sondern auch von der chinesischen Famille verte beeinflußt sind. Die Figuren vereinten auch japanische und chinesische Elemente, oft mit japanischem Dekor auf einer ganz und gar chinesischen Form. Einige Figuren müssen jedoch auf unbekannte japanische Originale zurückgehen.

Porzellan aus Chantilly läßt sich bis ca. 1750 von anderen damaligen Manufakturen an seiner opaken Zinnglasur unterscheiden. Dann wurde eine übliche Bleigla-

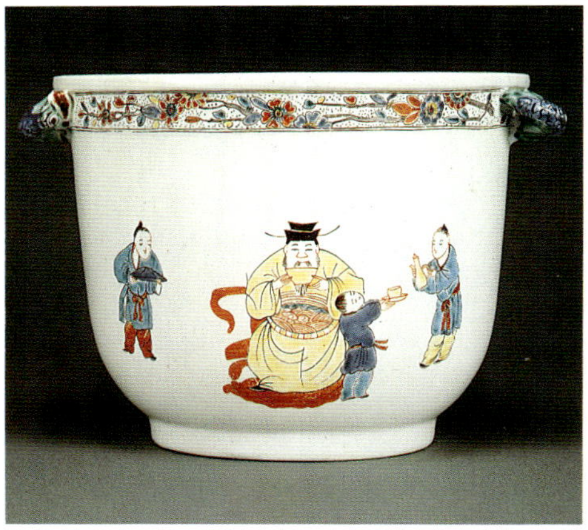

ÜBERTOPF, CHANTILLY, ca. 1735-40 (13,9 cm)
Dieses Stück ist in einer Kakiemon-inspirierten Palette bemalt. Das Design basiert auf einem Stich im »Livre de Dessins Chinois Tirés d'après des Originaux de Perse, de la Chine et du Japon« von J.-A. Fraisse, Maler des Prinzen de Condé.

sur, die einen leicht gelben oder cremefarbenen Stich hatte, verwendet, auch wenn noch manche späteren Stücke die Zinnglasur aufweisen. Da der Wettbewerb mit der königlichen Manufaktur in Vincennces verboten wurde, entstanden nach 1755 nur noch wenige bedeutende Stücke. Allerdings wurden viele Tischwaren mit unterglasurblauem Dekor produziert sowie Muster in Emailrosa oder -blau. Das schönste Service ist mit Blumen auf einem blau-goldenem Gitterfond bemalt. Chantilly machte auch Tabatieren und andere kleine Gegenstände. Marke war ein rotes Jagdhorn.

MENNECY

Die Manufaktur in Mennecy wurde von François Barbin (1689-1765) gegründet. Barbin begann mit einer kleinen Fayence-Manufaktur auf dem Grund und Boden des Herzogs von Villeroy. 1734 kaufte er ein Haus in der Rue de Charonne in Paris, benutzte es jedoch wohl nur als Dekorationswerkstatt und produzierte weiterhin das Porzellan in Villeroy in der Nähe von Mennecy.

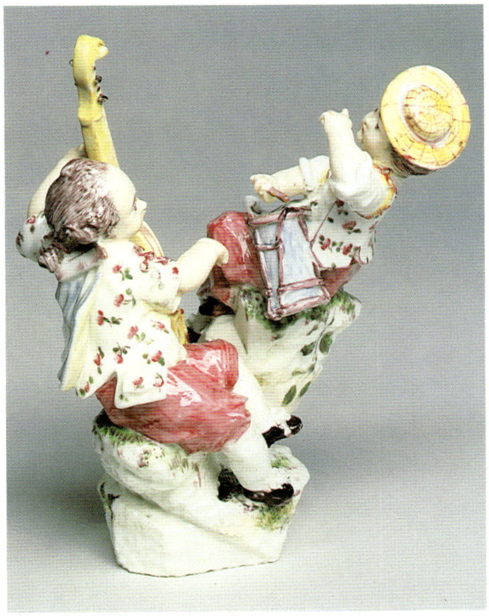

KINDERGRUPPE, MENNECY-STIL, ca. 1760 *(OBEN)*

1748 wurde auf Druck von Vincennes die Werkstatt in Paris geschlossen, Barbin mußte seine Öfen nach Mennecy verlegen. Er wurde von seinem Sohn Jean-Baptiste unterstützt, jedoch starben beide 1765. Die Manufaktur wurde dann von J. Jullien und S. Jacques gekauft, die auch in Sceaux Porzellan herstellten. 1773 verließen sie Mennecy und eröffneten in Bourg-la-Reine.

Das frühe Mennecy-Porzellan kann leicht mit dem von St. Cloud vewechselt werden. Es hat denselben cremefarbenen Ton mit einer grünlichen Oberfläche, besonders wenn es im Kakiemon-Stil bemalt ist. Die Manufaktur stellte auch einige wunderschöne Chinesenfiguren her. Nach dem Umzug nach Mennecy änderte sich der Stil und lehnte sich eher an Vincennes-Sèvres mit seinen europäischen Blumen an. Vergoldung wurde nicht verwendet, und die Ränder wurden meist in Rosa und manchmal in hellem Blau bemalt. Senftöpfe mit Deckeln und Miniatur-Campana-Vasen wurden in großer Zahl produziert. Blumen, Vögel und bäuerliche Figuren in Landschaften waren gängige Dekormotive. Später gab es die beliebten Kindergruppen auf Felssockeln. Modellmeister dieser Figuren war Nicolas Gauron. 1753 kam er nach Mennecy und ging später nach Tournay und Derby. Es wurden viele Tabatieren, Messergriffe und Spazierstock-Knäufe gemacht. Marke ist ein eingraviertes oder aufgemaltes »DV«.

VINCENNES

Die Manufaktur Vincennes wurde 1740 als Experimentierwerkstätte, die Weichporzellan produzierte, gegründet. Fünf Jahre später erhielt die Manufaktur das Monopol zur Herstellung von »Porzellan im Stile Sachsens, bemalt und vergoldet mit menschlichen Figuren…«. In anderen Worten, es sollten Stükke im Stile der 1710 gegründeten Manufaktur in Meißen geschaffen werden, die als erste in Europa Hartporzellan herstellte, mit einer Palette von opaken Farben, die bildhafte Darstellungen ermöglichten. Vincennes wurde von zwei Aktiengesellschaften, gegründet von Charles Adam (1745-1752) und Eloy Brichard (1752-1759), sowie durch Zuschüsse aus der Staatskasse finanziert. 1756 wurde die Manufaktur in ein eigens dafür gebautes Gebäude in Sèvres verlegt, einem Dorf, das ideal zwischen Paris und Versailles lag. 1759 unterstand sie ganz der königlichen Regierung.

Als Experimentierwerkstatt mußte Vincennes alles selbst entdecken. 1710 ermöglichte die Entdeckung von Kaolin (dem wesentlichen Bestandteil echten Hartporzellans) in Sachsen die Gründung der Manufaktur Meißen, in Frankreich wurde es erst 1768 entdeckt. Bis dahin wurde ein Ersatzmaterial produziert, eine Art opakes Glas mit der gleichen Lichtdurchlässigkeit und Härte des Glases. Dieses Produkt wurde Weichporzellan genannt, einfach weil seine Glasur sehr leicht verkratzt werden konnte.

Weder in St.Cloud noch in Chantilly, den einzigen Porzellanmanufakturen bis 1740, konnte ein zufriedenstellendes Weichporzellan hergestellt werden. Die Werkstatt in Vincennes war die erste, die einen ganz weißen Scherben mit einer feinen, transparenten Glasur produzierte. Claude-Humbert Gérin, dem dies zu verdanken ist, mußte erst einen Ofen zum Brennen der Töpferware und der Glasur entwickeln. Erst 1746

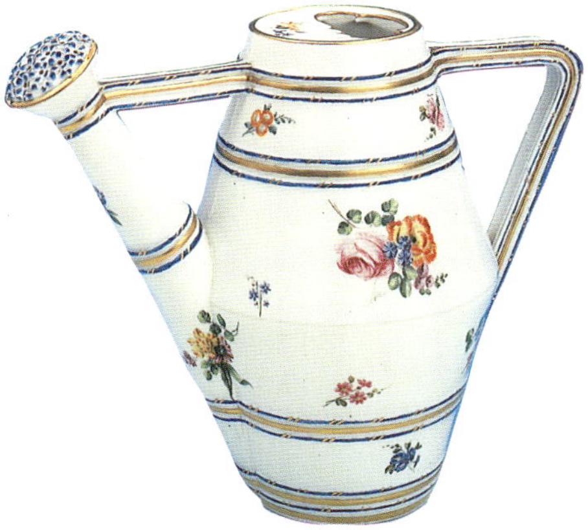

GIESSKANNE AUS WEICHPORZELLAN, VINCENNES, 1753 (20 cm)
Bardets herrliche Bemalung ist typisch für die Romantik vieler Stücke aus Vincennes, die Mitte des 18. Jahrhunderts entstanden.

gelang ihm das Brennen von Biskuit und Glasur. 1748 erfand er dann einen Ofen, der Dekor bei niedrigen Temperaturen brennen konnte.

Während St. Cloud und Chantilly nur mit transparenten, ungemischten, flachen Farben auf der Oberfläche dekorierten, engagierte Vincennes Emailleure, die zwischen 1744 und 1748 Emailfarben zu einer perfekten Farbpalette entwickelten, die mit passenden Fonds gemischt und abgestuft werden konnten. 1748 wurde das Geheimnis der Goldfonds und ihrer Fixierung entdeckt.

Anfangs wurden in Vincennes zahlreiche Porzellanblumen, eine gute Kopie von vielen natürlichen Arten, hergestellt, die auf Metallzweigen montiert wurden. Lampen, Lüster, Wandleuchter usw. wurden damit dekoriert. Es wurden auch kleine Figuren, die emailliert und oft farbig bemalt waren, produziert. Darunter befanden sich Vögel und Tiere, Nymphen, Jäger und Kinder, einzeln oder in Gruppen. 1749 schenkte Marie-Josèphe von Sachsen ihrem Vater ein großartiges Objekt, das aus einer Porzellanvase mit Blumen bestand, die von zwei, die Künste symbolisierenden Figurengruppen flankiert wurden, wobei alles auf einem vergoldeten Bronzesockel stand.

Unter dem Einfluß des Goldschmieds Duplessis, der 1748 engagiert wurde, um zeitgenössische Formen zu kreieren, erweiterte sich die Produktion langsam. Zuerst wurden Tafelgeschirr und Gegenstände zum Servieren von heißen Getränken sowie Toilettengarnituren hergestellt. Das Dekor wurde durch chinesische (Reliefs von Pflaumenblüten) oder sächsische (Spitzenwerk) Motive beeinflußt oder aus der Goldschmiedekunst entliehen, wobei eine Vorliebe für Objkekte nach der Natur (Muscheln und Schilfrohr) bestand. Diese frühe Periode des Dekors stand auch unter dem Einfluß Meißens. Es gab lebhafte Landschaften und steife Blumen mit dunklen Konturen nach Drucken, die in gedämpften Farben oder monochrom dargestellt wurden.

Das Jahr 1751 brachte bedeutende Veränderungen für Vincennes mit sich. J.J. Bachelier, ein Blumenmaler, wurde als erster Maler engagiert. Nach dem Tode J.L. Orry de Fulvys, dem ersten Direktor der Manufaktur, beauftragte Louis XV. J. Hellot, Direktor der Akademie der Wissenschaften, mit der Niederschrift und Verbesserung aller Formeln. Gleichzeitig wurde der Rat von Experten eingeholt, um die Produkte der Manufaktur mehr dem Geschmack der Kunden anzupassen. Daraus resultierten vielfältigere Formen und Dekore, die von aktuellen Themen beherrscht und in klaren, reinen Farben ausgeführt wurden. Es entstanden Kinderfiguren im Stile François Bouchers und phantastische Vögel.

1751 perfektionierte J. Hellot ein leuchtendes Blau (Bleu beau) und einen perfekten kobaltblauen Fond auf Biskuit. Die Fixierung und die Zusammensetzung erforderten viele Versuche, bis Farbton und Fixierung zufriedenstellend waren. Da dieser blaue Fond dazu neigte, an den Kanten zu verlaufen, vertuschten die Dekorateure diesen Fehler durch Golddekore. Die Grundfarben – 1753 Violett und Türkis (Bleu celeste) und 1756 Grün (vert) – zusammen mit dieser Vergoldung und lebhaftem polychromen oder ein en-Camaieu-Dekor, wurden in symmetrischen Kartuschen angebracht und waren für die zweite Periode der Produktion in Vincennes (1752-1756) charakteristisch.

Ebenfalls 1751/1752 fand eine weitere wichtige Veränderung statt, dieses Mal bei der Modellierung. Die erste Generation der Modelleure hatte direkt mit Ton gearbeitet, was zu Produkten von ungleicher Qualität führte. Man entschloß sich daher, erfahrene Modelleure zu engagieren, die Stücke nach vollrunden Plastiken von François Boucher schufen. Um nichts von der Qualität der Originale zu verlieren, wurden diese Skulpturen nach genauen Formen hergestellt, die exakte Kopien ermöglichten. Diese Figuren wurden vor dem Brennen nicht glasiert, der unglasierte Biskuit wurde leicht poliert, eine Erfindung, die bald in ganz Europa kopiert wurde.

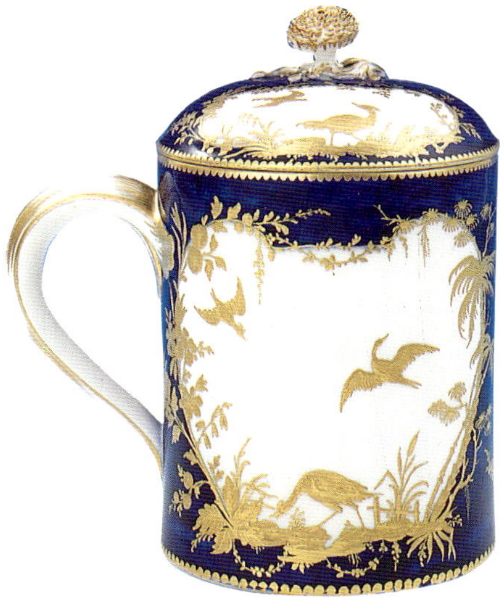

HUMPEN AUS WEICHPORZELLAN, VINCENNES, ca. 1752 (15,3 cm)
Die Vögel und die Vegetation, die dieses Deckelgefäß schmücken – sind typische Motive für das mittlere 18. Jahrhundert

SÈVRES

Das erste Jahr in Sèvres war eine Weiterführung der Arbeiten von Vincennes. 1757 wurde ein hellrosa Fond eingeführt, der nach Madame de Pompadour, der Geliebten Louis' XV. und Patronin der Manufaktur, benannt wurde. Die Form der Vasen wurde mannigfacher, entweder zum Gebrauch oder als Dekoration, allerdings im selben gemäßigten barocken Stil, trotz solch extravaganter Kreationen wie die Vase à têtes d'éléphants oder die Potpourri Vaisseau. Langsam setzte sich der klassizistische Stil bei den sich ständig wandelnden Formen der Vasen durch. Auch das Dekor entwickelte sich. Die reiche Goldverzierung wich den farbigen Fonds, und nur noch die Bildmotive wurden mit Goldbändern eingefaßt. Das Dekor der Vasen wurde durch Gemälde Teniers, Berchems oder Bouchers inspiriert, es sei denn, das Motiv war rein ornamental (wie z.B. Vögel, Bouquets oder Trophäen). Tafelgeschirr wurde meist mit floralen oder geometrischen Mustern geschmückt.

Die Maler hatten sich fast alle auf ein Thema spezialisiert. Unter ihnen befanden sich Ch.N. Dodin und Ch.E. Asselin, die Figuren in Schäfer-, mythologischen und militärischen Szenen malten; J.L. Morin, der Seeszenen malte; A.V. Vielliard, der Kinder und kleine, lebhafte Landschaften malte; F.J. Alconcle und E. Evans, die sich auf Vögel konzentrierten; J.J. Dieu und L.F. Lecot, die Chinoiserien produzierten. Es gab noch viele andere, darunter die virtuosen Vergolder E.H. Le Guay und H.F. Vincent.

Das wichtigste Ereignis dieser Periode war 1768 die Entdeckung von Kaolin-Lagern im Limousin. Somit konnte echtes Hartporzellan produziert werden. Aufgrund dieses neuen Materials konnten die Palette der Fondfarben und das Dekor erheblich erweitert werden. So z.B. ungewöhnliche Emaildekore auf Goldfolie, die um 1780 Mode waren. Bis 1804 wurden noch beide Porzellansorten hergestellt, dann nur noch Hartporzellan. Ungefähr ab 1770 verringerte sich die Produktion von Vasen, dafür wurde mehr Tafelgeschirr gemacht, das seit den Tagen in Vincennes vernächlässigt worden war. Ein Service im »etruskischen Stil« wurde für Kaiserin Katharina II. von Rußland kreiert. Es gab Déjeuner-Service von J.J. Lagrenée le Jeune, der ab 1785 künstlerischer Direktor war.

Am Ende des Jahrhunderts erschienen neue Dekore. Hierzu gehörten Darstellungen von Blumen und Vögeln, die getreu nach Naturkundebüchern angefertigt wurden, sowie unzählige Variationen polychromer Muster, die auf Ausgrabungen in Italien und auf »etruskischen Figuren« basierten.

Die Porzellantafeln für dekorative Möbelstücke und andere Ziergegenstände (Uhren, Barometer usw.) erschienen nur zögerlich in Vincennes, waren jedoch in Sèvres sehr erfolgreich und wurden in großer Zahl von Marchands merciers gekauft, die sie von den besten Möbelschreinern montieren ließen.

Bei der Modellierkunst war die Entwicklung ähnlich. E.M. Falconet war von 1757 bis 1766 für die Werkstatt verantwortlich. Er setzte die Produktion von Kindergruppen im Stile Bouchers fort, führte aber auch anspruchsvollere Biskuitfiguren ein, wie

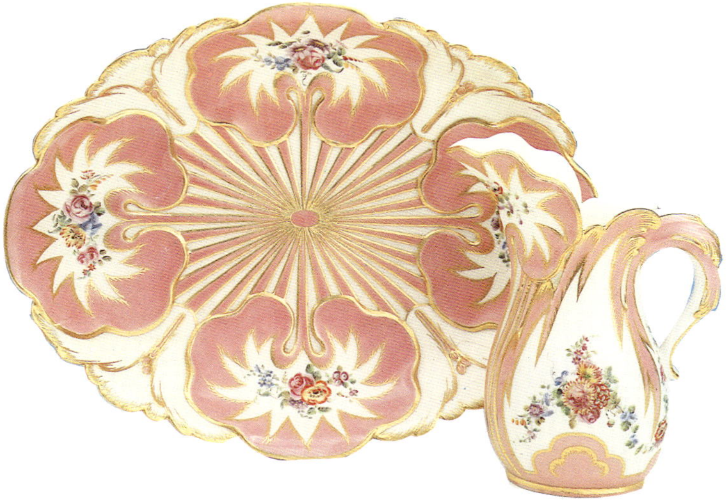

WASSERKANNE UND SCHALE AUS WEICHPORZELLAN, SÈVRES, BEMALT VON A.T. CORNAILLES, ca. 1757 (Wasserkanne: 17,1 cm) *(LINKS)*

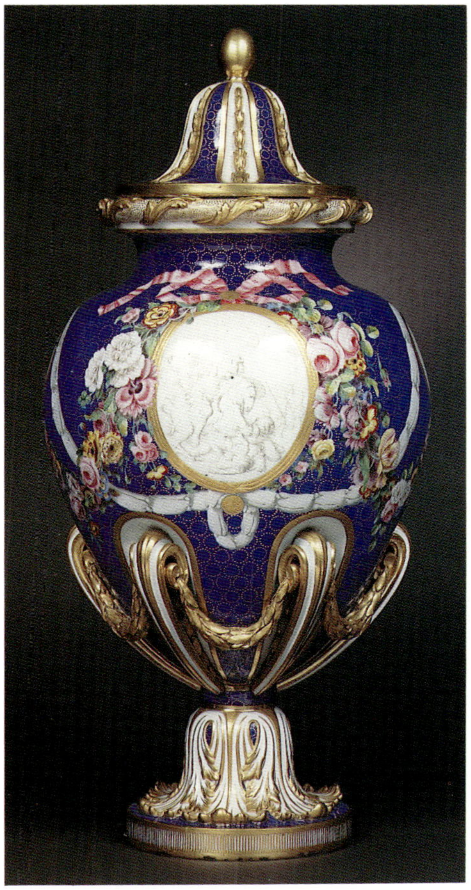

URNE AUS WEICHPORZELLAN, SÈVRES, 1769 (49,4 cm)
Die schöne Bemalung dieses Stückes stammt von J.B.E. Genest und Mérault jr. (OBEN)

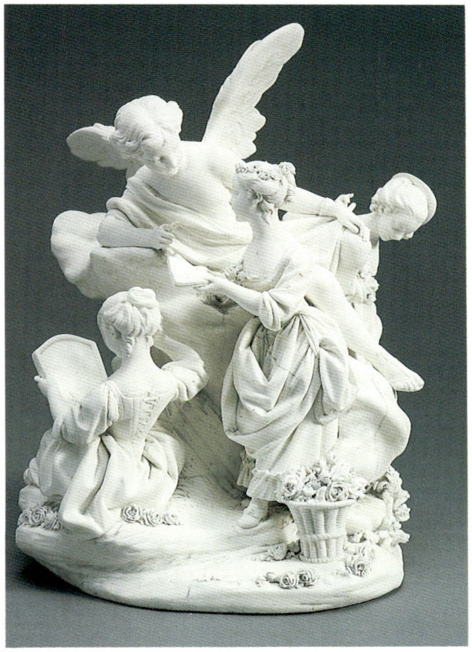

BISKUITGRUPPE, »L'EDUCATION DE L'AMOUR«, 1763 (32 cm)
Diese Figurengruppe zeigt die Kompositionsfähigkeiten von E.M. Falconet. (OBEN)

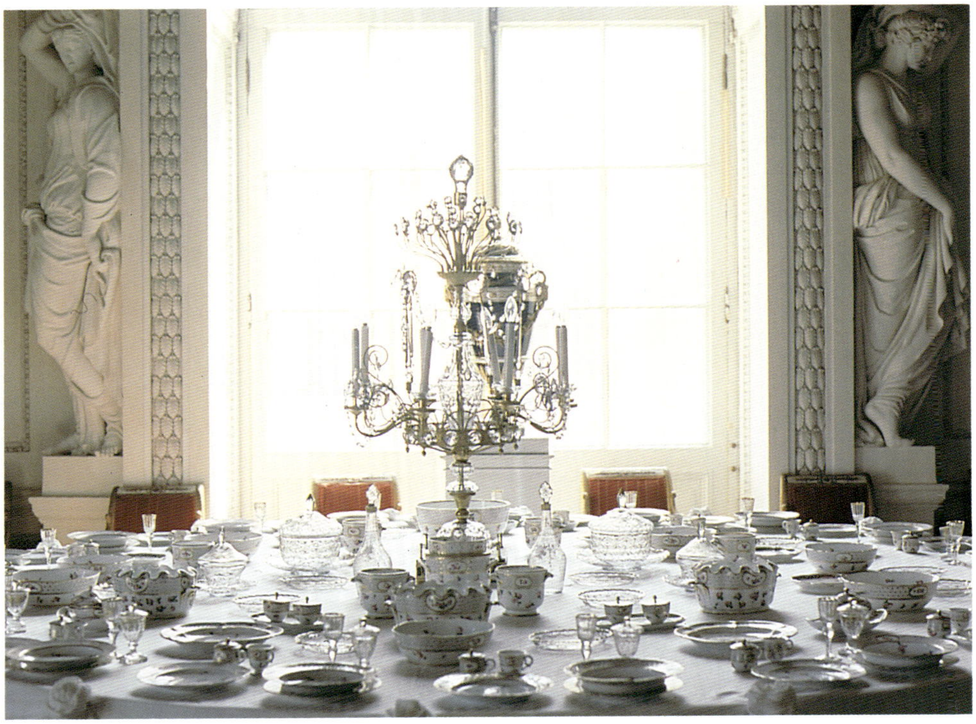

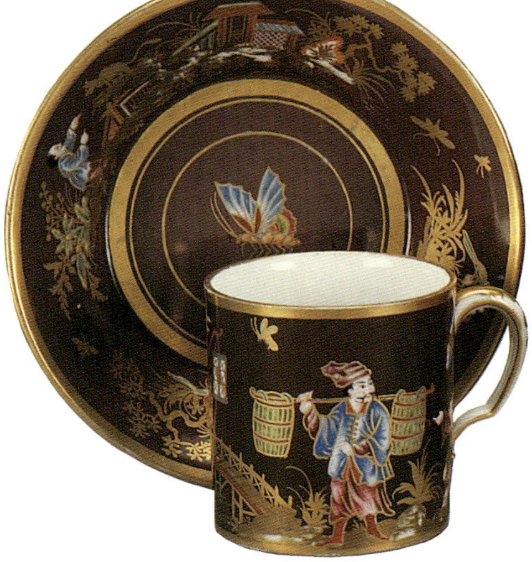

ENTWURF FÜR EINE TASSE VON JEAN-JACQUES LAGRENÉE D.J., SÈVRES, 1788
Diese Tasse war für die Molkerei Marie Antoinettes in Rambouillet bestimmt. (RECHTS)

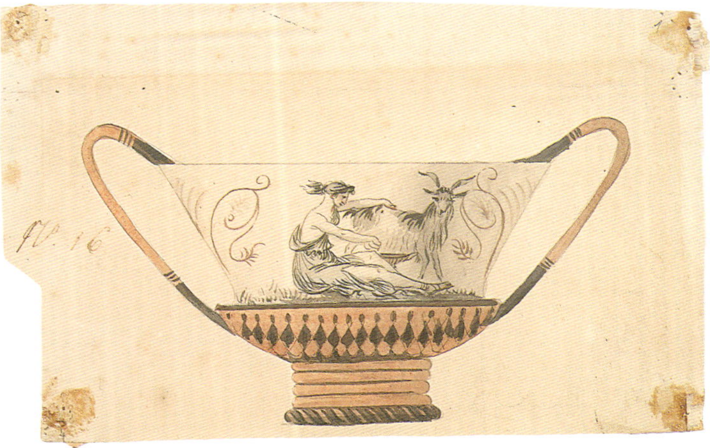

TASSE UND UNTERTASSE AUS HARTPORZELLAN, SÈVRES, ca. 1778
Die Motive auf dieser Tasse und Untertasse sind typische, europäische Chinoiserien.

SPEISESAAL, PAVLOVSK, RUSSLAND
Die Tafel ist mit dem Sèvres-« Rosen-Service« aus dem 18. Jahrhundert gedeckt. (OBEN LINKS)

seine gefeierte »Baigneuse«. Als er nach Rußland ging, wurde die Werkstatt Bachelier unterstellt, der selbst einige Objekte entwarf, aber auch Modelleure wie Lemoyne, Saly oder Pigalle engagierte. 1773 übernahm L.S. Boizot die Leitung und setzte seinen etwas steifen, klassischen Stil durch.

Louis XV. und Louis XVI. zeigten ihr Interesse für die Manufaktur deutlich durch großzügige Geschenke an andere Herrscher und Diplomaten in Form luxuriöser Service und Ensembles, so daß die Perfektion der französischen Kunst auf der ganzen Welt zur Geltung kommen konnte. Unter den Beschenkten befanden sich die Könige von Dänemark, 1756 und 1768; Kaiserin Maria-Theresia von Österreich 1758 und Kaiser Joseph II. von Österreich 1777; der Herzog von Bedford, damals englischer Botschafter, 1763. Eine Toilettengarnitur wurde für die zukünftige Kaiserin Rußlands 1782 bestellt. Pfeifen und Spucknäpfe wurden den Botschaftern von Tipu und dem Sultan von Mysore 1788 überreicht.

Abgesehen von Aufträgen für ihre eigenen Schlösser – das luxuriöste war 1783 das Zeremonialservice für Versailles – organisierten die Könige an jedem Neujahrstag in Versailles eine Porzellanausstellung mit Stücken aus Sèvres. So gaben sie der Manufaktur Gelegenheit, ihre jüngsten Kreationen auszustellen und zu verkaufen.

Die Revolution

Die Zeit der Revolution wird als sehr schwierig für die Manufakturen angesehen, die hauptsächlich Luxusgegenstände produzierten. Zu jener Zeit konnte man nur holländische oder englische Händler als Kunden finden. Dies erklärt auch, warum man nur sehr wenige Stücke findet, die von den Ideen der Revolution inspiriert sind, wenn überhaupt dann von der Terrorperiode (Herbst 1793); in der Regel waren die meisten von der Antike inspiriert oder rein dekorativ. Es überrascht daher, daß man mit der Produktion reich verzierter Chinoiserien begann, die gold- und platinfarbene Designs auf schwarzem Grund aufwiesen.

KLEINERE FRANZÖSISCHE MANUFAKTUREN

1762 kehrte J.-A. Hannong von Frankenthal nach Frankreich zurück und stellte unter gewissen Schwierigkeiten um 1768 Hartporzellan her. Kinderfiguren im Fayence-Stil waren am häufigsten, aber er produzierte auch klassizistisches Tafelgeschirr. Als Dekor setzte er meist Blumen ein.

Die Waren der Niderviller Manufaktur erinnern an die aus Straßburg. Sie wurde als Fayence-Manufaktur um 1770 von Baron de Beyerlé gegründet und von Comte de Custine gekauft, der 1793 unter der Guillotine starb. Die Produktion wurde von seinem Partner C.-F. Lamfrey fortgeführt. Am bekanntesten sind die schönen Biskuitfiguren, die von P.-L. Cyfflé aus Lunéville angefertigt wurden, dessen Formen 1780 nach Niderviller gebracht wurden. Der Modelleur Lemire wurde ebenfalls von der Manufaktur engagiert. Marke ist ein doppeltes »C«-Monogramm unter einer Krone, ähnlich der aus Ludwigsburg.

Von 1766 bis 1777 wurde in Lunéville Terre-de-Lorraine- und Terre-cuite-Porzellan hergestellt, allerdings wurden die Bestände 1780 an die Manufaktur in Niderviller verkauft. Von 1733 bis 1793 wurde Porzellan auch in der Fayence-Manufaktur von J.G. Robert bei Marseille hergestellt.

TOURNAY

Die Waren aus Tournay in Flandern ähneln dem französischen Porzellan, besonders dem aus Sèvres, sehr, können aber auch mit denen Chelseas in Verbindung gebracht werden. Die Manufaktur wurde 1751 von F.J. Peterinck gegründet. 1753 wurde R. du Bois Direktor, der wohl das Geheimnis des Weichporzellans einbrachte. 1799 starb Peterinck, und sein Sohn, dem sie 1797 bis 1799 gehörte, konzentrierte sich auf Irdenwaren.

Der erste Maler H.-J. Duvivier (1763-1771) war berühmt für seine exotischen Vögel, die sehr an die auf Porzellan aus Chelsea und Worcester erinnern. Ihm werden auch die beliebten Landschaftsvignetten in Rosa zugeschrieben.

Das Porzellan aus Tournay ist etwas grauer als das französische, wird aber später weißer mit einem leichten Gelbstich. Die schönsten Stücke können einen gesprenkelten, dunkelblauen Fond aufweisen, ähnlich denen aus Chelsea während der Goldener-Anker-Periode, sowie einen königsblauen Grund, der 1787 für das Buffon-Service für den Grafen von Orlèans benutzt wurde. Nach Duvivier wurden Vögel meist von J.G.-J. Mayer gemalt, der 1774 erster Maler wurde. Die Modellmeister waren N. Lecreux, J. Willems, der während der Roter-Anker-Periode auch in Chelsea arbeitete, A. Gillis und N. Gauron (1758-1764). Eine Reihe früher Figuren erinnert an die von Mennecy, und spätere Figuren, besonders, wenn sie weiß belassen sind, an die Biskuitfiguren von Derby. In der Mitte des 19. Jahrhunderts stellte Tournay die Produktion ein. Marke waren gekreuzte Schwerter mit Sternen oder Turm, beides in Gold, aber auf einfachen Waren auch in Blau.

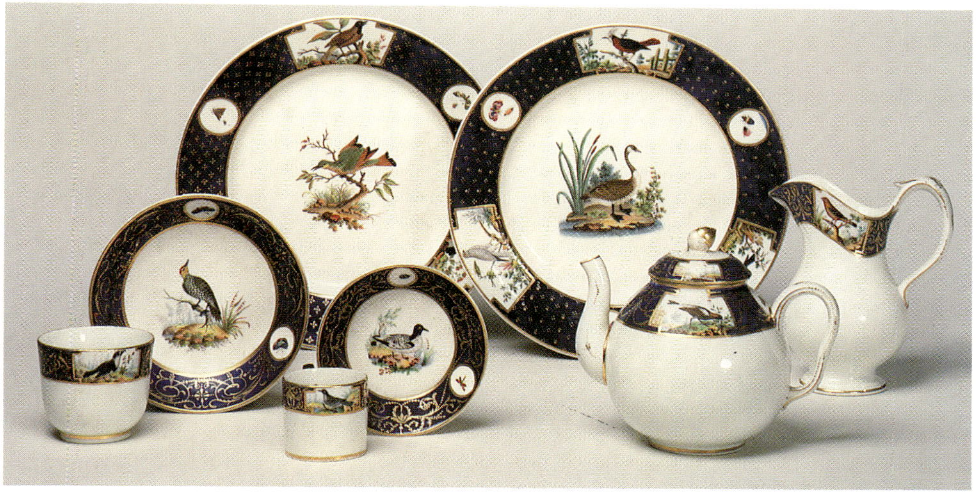

Teil eines Tournay-Services, 1787
Dieses Service wurde für Louis-Philippe, den Herzog von Orléans, hergestellt. Es ist mit Vögeln nach Buffons »Naturgeschichte« meist von Jean-Ghislain-Joseph Mayer bemalt. Es ist die schönste Arbeit der Manufaktur Tournay; viele Teile befinden sich heute in der Königlichen Sammlung.

Es gab zwei kleinere Manufakturen in dieser Region, Arras (1770-1790) und St. Amand (1771-1778). Zu dieser Zeit stellten sie einfache blau-weiße Waren her. Später fertigte de Bettignies, der in Tournay gearbeitet hatte, einige Fälschungen im Stile Sèvres, Tournays und anderer Weichporzellane her.

HOLLAND

Die Manufaktur in Den Haag begann damit, das weiße Porzellan Tournays zu bemalen und ist berühmt für ihr Geflügel und ihre blauen Ränder. Später wurde Hartporzellan, das im Stil an Tournay erinnerte, produziert. Sie wurde von A. Lyncker geleitet. Nach seinem Tod übernahm sein Sohn Johann 1781 die Manufaktur und leitete sie bis zur Schließung 1790. Marke war ein blauer Emailstorch.

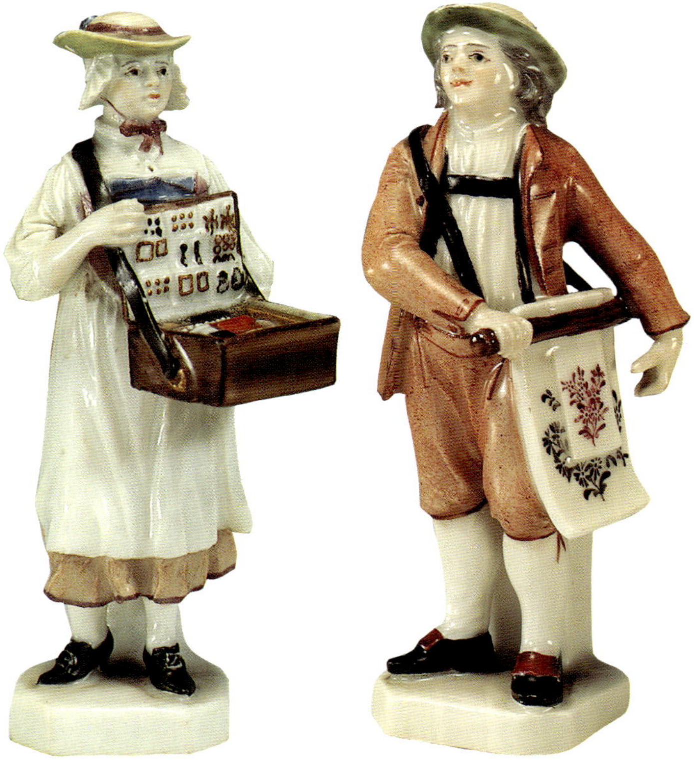

ZÜRICHER MINIATURFIGUREN, ca. 1773
(Musterverkäufer: 9,5 cm)
Solche Figuren wurden zu dieser Zeit überall in Europa gesammelt.

WEESP, OUDE LOOSDRECHT UND AMSTEL

Die Manufaktur in Weesp wurde 1757 von D. McCarthy, der aus Kopenhagen kam, gegründet. Aber er verkaufte sie 1759 an den Grafen Gronsveldt-Diepenbroek, der mit Hilfe N.Pauls, der später nach Fulda ging, Hartporzellan herstellte. 1771 wurde die Manufaktur an J. de Mol verkauft, der von L.V. Gerverot unterstützt wurde. Dann wurde sie nach Oude Loosdrecht verlegt. Nach de Mols Tod 1782 wurde sie der Direktion F. Däubers unterstellt und nach Amstel verlegt; sie schloß 1820. Es wurde hauptsächlich Tafelgeschirr hergestellt und anfangs einige Figuren, die von N. Gauron, der aus Tournay kam, modelliert wurden. Das Porzellan besaß einen schönen, weißen und harten Scherben. Dekor waren Landschaften mit Bauern, bei den Farben dominierte Braun. Marke war bis ca. 1780 »M:O.L.« und dann »Amstel«.

SCHWEIZ

1763 wurde in Schoren bei Zürich eine Manufaktur gegründet. Der Dichter und Maler S. Gessner (1739-1778) gehörte zu den Gründern. Direktor war A. Spengler, dessen Sohn J.J. Spengler einer der Modelleure war und später nach Derby ging. Nach A. Spenglers Tod 1790 wurde die Manufaktur 1793-1800 von seinem Schwiegersohn M. Nehracher geleitet.

Anfangs wurde Weichporzellan produziert, das aber sehr selten ist, ab ca. 1765 Hartporzellan aus Kaolin, das aus der Lorraine eingeführt wurde. Es erinnert etwas an Ludwigsburg mit einem rauchigen Ton, entweder leicht bräunlich oder grüngrau.

Zwischen 1771 und 1781 malten Gessner und Heinrich Füßli Landschaften, die oft mit weichen Grün- oder Brauntönen mit einer Spur Blau und Rot gesprenkelt waren. Auch europäische und asiatische Blumen gehörten zur Bemalung. Es entstanden ebenfalls blau-weiße Waren, die besonders das Meißener Zwiebelmuster nachahmten.

Züricher Figuren sind sehr attraktiv. Der beste Modelleur war J.V. Sonnenschein, der in Ludwigsburg arbeitete, aber von 1775 bis 1779 nach Zürich kam. Diese Figuren erinnern oft an die Ludwigsburger Originale und stellen meist Bauern und Fischer sowie Soldaten, Schäfer, Musiker usw. dar. Klassische Motive sind seltener. Gegen Ende des 19. Jahrhunderts stellte die Manufaktur ihre Produktion ein. Marke war ein »Z« in Unterglasurblau.

Ca. 1780 gründete F. Müller, der angeblich aus Frankenthal kam und dessen Partner J. Dortu in mehreren anderen Manufakturen gearbeitet hatte, in Nyon eine Manufaktur. Es wurde weißes Hartporzellan hergestellt, das an Paris erinnerte. Auch der Stil wurde von Paris übernommen. Marke war ein blauer Fisch.

DÄNEMARK

Die erste Kopenhagener Manufaktur wurde von L. Fournier, der erst in Vincennes und Chantilly gearbeitet hatte, geleitet. Viele berühmte Namen tauchen kurzfristig in Kopenhagen auf, darunter C.C. Hunger um 1730, J.C.L. Lück und D. McCarthy um 1750. Fournier machte Weichporzellan, meist schlicht und mit Blumen im französischen Stil bemalt. Die Königliche Manufaktur wurde um 1770 unter F.H. Müller gegründet, der 1774 eine Aktiengesellschaft bildete mit der Königin als Hauptäktionärin; 1779 wurde sie vom König übernommen. Die Manufaktur erlebte im frühen 19. Jhr. einen Niedergang, wurde aber 1885 wieder belebt.

Fourniers Weichporzellan war cremefarben, dagegen war das frühe Hartporzellan der Königlichen Manufaktur blaugrau. Wie bei so vielen anderen europäischen Manufakturen wurde der Ozier-Rand sowie Blumen als Dekor benutzt. Eines der bekannteren Kopenhagener Motive ist die Silhouette eines Porträtkopfes. Aber auch Vasen mit aufgemalten, historischen Figuren in Reserven waren um 1780 sehr beliebt.

Am bekanntesten ist das Flora-Danica-Service, das 1789 für Katharina II. von Rußland begonnen und erst 1802 vollendet wurde. Die Motive wurden einem Buch Oeders entnommen. Die Bemalung wurde von J.C. Bayer aus Nürnberg ausgeführt. Dieses Service wird heute noch hergestellt. Klassizistische Figuren, norwegische Bauern und andere Volkstypen, Bergleute (denen aus Fürstenberg ähnlich) und Büsten von Königen wurden produziert. Die bekanntesten Modelleure waren J.J. Holm und A. Luplau aus Fürstenberg. Die Biskuitfiguren von Thorwaldsen stammen aus der Produktion des späten 19. Jahrhunderts. Marke waren drei blaue Wellenlinien.

SCHWEDEN

Die Manufaktur Marieberg wurde von einem Deutschen, J.L.E. Ehrenreich, 1759 gegründet und stellte anfangs Weichporzellan her. Sie produzierte wenig echtes Porzellan und konzentrierte sich auf Fayencen. 1776 kam P. Berthevin, ein Modelleur aus Mennecy nach Marieberg, und viele Waren, besonders Sahnekännchen mit Blumendekor dieser Zeit, erinnern an Mennecy mit seinem cremefarbenen Weichporzellan. 1769 ging Berthevin, dafür kam H. Sten von der Konkurrenz in Rörstrand und machte halbhartes Porzellan. 1777 kam J. Dortu nach Marieberg und stellte bis 1782, als die Manufaktur geschlossen wurde, echtes Porzellan her. Es gibt einige Figuren, die schwedische Bauern darstellen.

RUSSLAND

Hunger, der Stockholm 1744 verließ, experimentierte in St. Petersburg, um Porzellan herzustellen. Ihm folgte D. Vinogradoff, dem kleine Objekte wie Riechfläschchen gelangen. Aber erst 1758 gelang es dem Sachsen J.G. Müller, ernsthaft Porzellan herzustellen. Die Manufaktur unterstand A. Tschepotieff bis zu seinem Tod 1773, dann Prinz Viazemski bis 1792 mit der Unterstützung des Alchemisten J. Regensburg aus Wien. Am bekanntesten sind die Tafelservice für Katharina II. sowie ein Service für Graf Orlov. D. Racette, der erst 1779 engagiert wurde, modellierte russische Bauern. Im 18. Jhr. bestand die Marke aus einem blauen »EII«.

Um 1765 gründete Francis Gardner, ein Engländer, in Moskau eine Manufaktur, deren Qualität fast so gut wie die der kaiserlichen Manufaktur war. Am bekanntesten sind vier Service für die kaiserlichen Orden St. Georg, St. Andrew, St. Alexander Nevskii und St. Vladimir zwischen 1777 und 1785 mit Medaillons im Tellerspiegel und Schleifen am Rand. Marke war ein »G« in Unterglasurblau. Eine nicht so bekannte Manufaktur war die von A. Popoff, die hauptsächlich im 19. Jahrhundert produzierte.

TEEKANNE UND DECKEL, ST. PETERSBURG, ca. 1762 (19 cm)
Dieses Stück stammt aus dem Service, das Katharina d.Gr. für Grigory Grivozevich Orlov in Auftrag gab. Es trägt sein Monogramm in kyrillischer Schrift. Die Szenen malte Gavriila I. Kozlov.

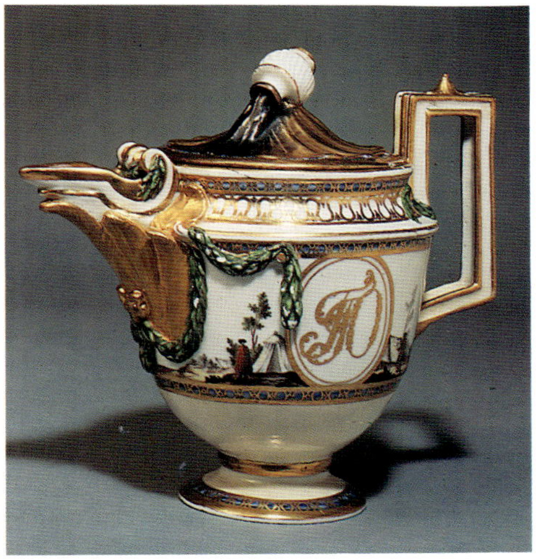

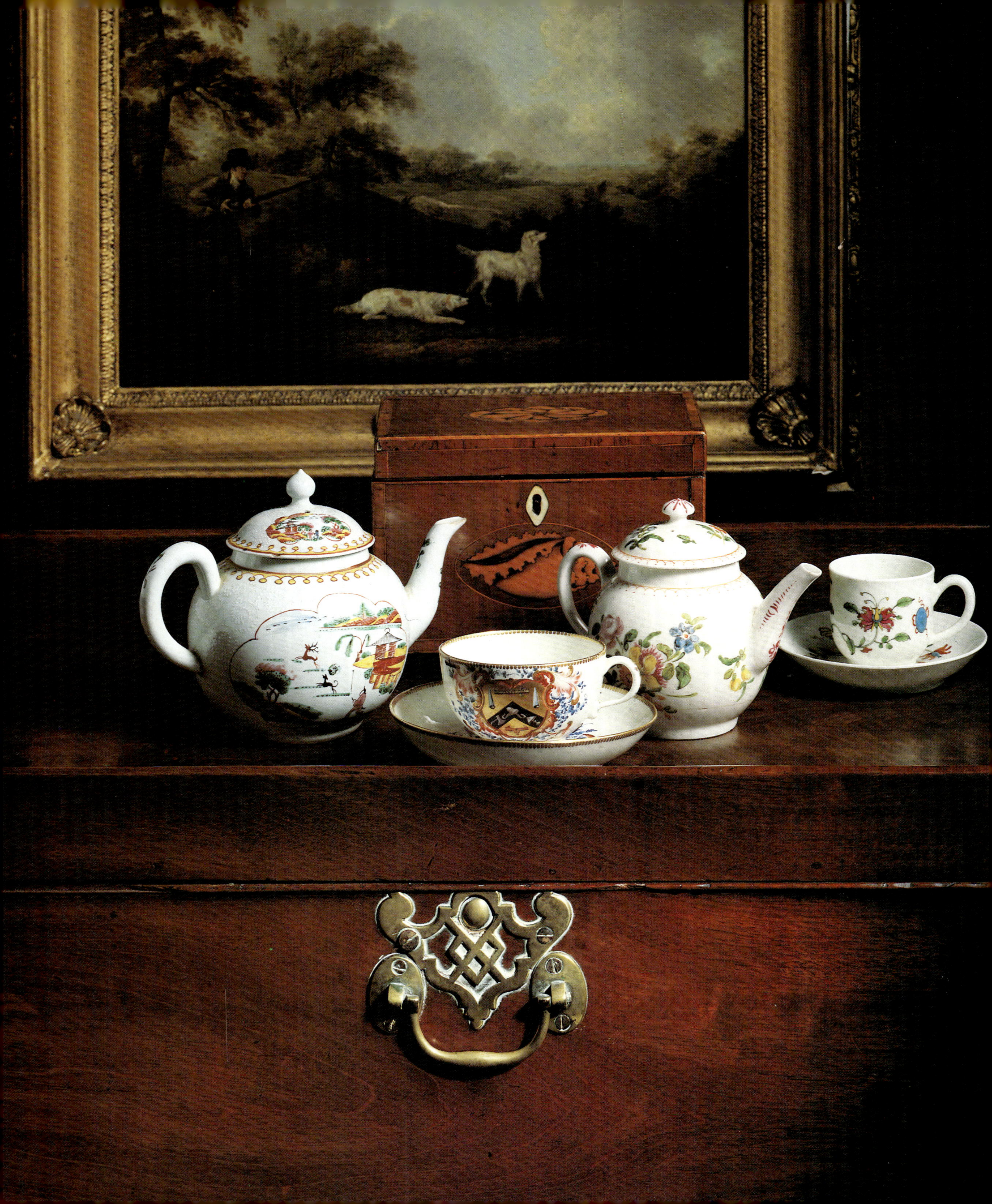

Frühes Englisches Porzellan

Aufgrund der wirtschaftlichen Faktoren erklären sich viele Unterschiede zwischen englischem und kontinentalem Porzellan. Die englischen Manufakturen waren private Unternehmen und wurden nicht, wie ihre französischen, deutschen oder italienischen Pendants, vom Königshaus oder dem Adel unterstützt. Daher hing ihr Überleben nur vom wirtschaftlichen Erfolg auf einem stark wettbewerbsorientierten Markt ab. Von den ca. fünfzehn Manufakturen, die vor 1780 gegründet wurden, konnten nur zwei ihre Produktion bis ins 19.Jahrhundert hinein fortsetzen. In der frühen Pionierzeit von ca. 1740-1760 wurde ständig mit der Zusammensetzung des Scherbens und der Glasur experimentiert, und manche Manufakturen konnten nur ein oder zwei Jahre überleben.

Nur wenige englische Manufakturen konnten mit den Figuren und dem Gebrauchsporzellan der größeren Manufakturen auf dem Kontinent konkurrieren. Dennoch besitzen die englischen Formen eine angenehme, direkte Qualität, die darauf beruht, das sie sich oft an Irdenwaren orientierten. So spiegelte auch die naive Qualität des Dekors, sowohl in der Konzeption als auch in der Ausführung, den Geschmack und die Vorlieben einer viel breiteren Gesellschaftsschicht wider, als dies auf dem Kontinent der Fall war. Auf der einen Seite produzierten Manufakturen wie Chelsea, Derby und Worcester herrliches Porzellan, das an Meißen und Sèvres erinnerte, andererseits konzentrierten sich Manufakturen wie Bow, Lowestoft und die in Liverpool auf viel schlichtere Formen und Dekorstile.

Englisches Teeporzellan, ca. 1760-70

Von links nach rechts: Teekanne, Liverpool; Tasse und Untertasse, Worcester; Teekanne, Bow; Tasse und Untertasse, Worcester.

FRÜHES PORZELLAN

Trotz der langen Töpfertradition, die bis ins 17. Jahrhundert und weiter zurück reichte, eiferte England nur langsam den anderen europäischen Ländern in der Porzellanherstellung nach. Obwohl in Frankreich und Deutschland Porzellanmanufakturen seit dem Anfang des 18. Jahrhunderts blühten, wurden in England erst 1744 zwei Manufakturen, beide in London, eröffnet.

Mitte der vierziger Jahre des 18. Jahrhunderts gab es in England eine ungeheure Nachfrage nach Porzellan, durch die Beliebtheit des Teetrinkens entstanden. Zuvor konnte dieser Bedarf nur durch importiertes China-Porzellan befriedigt werden. Die ersten englischen Manufakturen versuchten, diese Waren zu kopieren. Besonders in Bow wurden fast nur asiatische Muster benutzt. Da das meiste importierte Porzellan blau-weiß war, wurde Unterglasurblau bald zum Grunddekor der meisten frühen Manufakturen. Es konnte relativ günstig hergestellt werden, da es in der Herstellung einfacher als polychrome Waren war. So versuchten die englischen Manufakturen, das chinesische Importporzellan zu unterbieten, das seit dem 17. Jahrhundert den Markt beherrscht hatte. Gleichzeitig konnte man mit den Delfter Manufakturen, deren zinnglasierte Irdenwaren nicht so haltbar und technisch nicht so ausgereift wie echtes Porzellan waren, konkurrieren und sie schließlich ersetzen.

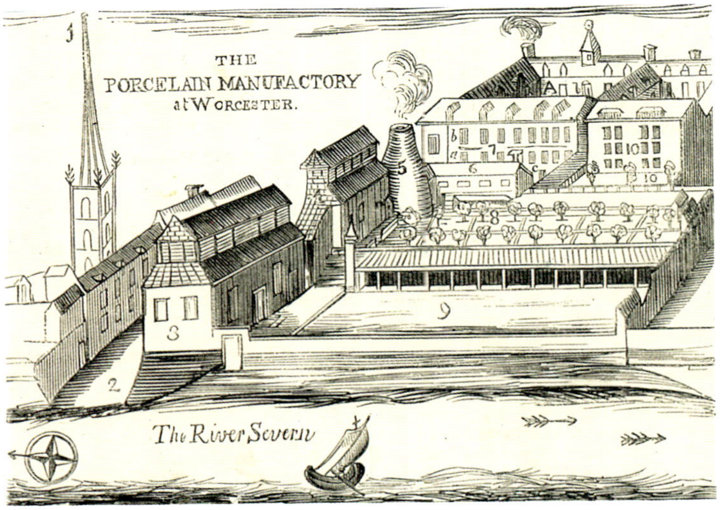

»Manufaktur in Worcester«, Stich

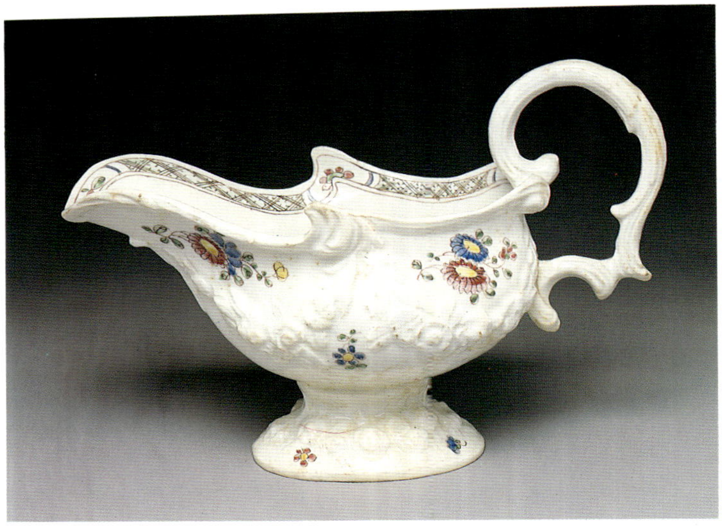

Sauciere, Bow, ca. 1752-54
(Höhe: 14,5 cm)
Form und plastisches Dekor zeigen den Einfluß von George-II.-Silberarbeiten.

Technologie

Vor 1780 verwandten die meisten englischen Manufakturen Weichporzellan, im Gegensatz zu den Manufakturen Asiens, Deutschlands und den meisten in Italien, die »echtes« oder hartes Porzellan herstellten. Das englische Prozellans bestand im wesentlichen aus einer Mischung aus weißem Ton und zerriebenem Glas, wobei die Zusammensetzung von Manufaktur zu Manufaktur variierte. Hartporzellan wurde bei 1400 Grad gebrannt, Weichprozellan dagegen bei 1100 Grad.

Ab den vierziger Jahren des 18. Jahrhunderts suchten die Töpfer ständig nach neuen Zusammensetzungen des Scherbens und der Glasur sowie nach neuen Techniken des Brennens. Manche Manufakturen, besonders Bow und Lowestoft, fügten Knochenasche, eine äußerst vielseitige Substanz, hinzu, die die Gefahr des Kollabierens im Ofen, eine ständige Gefahr bei der Herstellung von Weichporzellan, reduzierte. Eine weitere, noch effektivere Innovation war die Verwendung von Speckstein bei der Komposition des Scherbens, der somit Temperaturschwankungen ausgesetzt werden konnte. Dies wurde 1750 in Bristol und ein Jahr später in Worcester eingeführt und war eine entscheidende Verbesserung, besonders im Hinblick auf die Produktion von Teegeschirr.

Nach langjährigen Experimenten wurde das erste harte oder »echte« Porzellan 1768 in Plymouth erzielt. Obwohl die Geschichte des »echten« Porzellans in England kurz und wirtschaftlich ohne Erfolg war, war seine Zusammensetzung die Grundlage für das englische »Knochenporzellan«, dem noch heute gültigen Standardscherben.

Zwei Grundmethoden des Töpferns wurden für die Herstellung heimischer Waren eingesetzt: »werfen und drehen«, meist für hohle Gegenstände, und das »Preßverfahren« in einer Gipsform. Eine Alternative zum »Preßverfahren« war das »Gießverfahren«, wobei flüssiger Masseschlicker in eine poröse Gipsform gegossen wurde. Figuren wurden modelliert und dann vom Modellmeister zerlegt, so daß Formen für die einzelnen Figurteile angefertigt werden konnten, die dann von einem erfahrenen Handwerker, dem Bossierer, zusammengefügt wurden. Manchmal mußte noch etwas mit der Hand nachmodelliert werden, bevor die Figur zum Brennen und Dekorieren bereit war.

Dekor

Mehrfarbige Dekore auf Figuren und Gebrauchsgeschirr wurden immer mit der Hand auf die Glasur gemalt. Trotz früher Versuche mit Mangan war die einzige Unterglasurfarbe des 18. Jahrhunderts Blau, das aus Kobaltoxid gewonnen wurde. Manchmal wurde Unterglasurblau zusammen mit Farben auf der Glasur benutzt, z.B. beim blaugrundigen Dekor Worcesters in den sechziger und siebziger Jahren des 18. Jahrhunderts.

Mitte der fünfziger Jahre des 18. Jahrhunderts wurde in Worcester und Bow die Technik der Übertragung von Drucken, das Umdruckverfahren, entwickelt, zuerst auf der Glasur, dann in Unterglasurblau. Im wesentlichen bestand dieses Verfahren aus dem Tränken von Kupferstichplatten mit feuerfester Farbe, danach wurden die Motive auf Papier übertragen. Solange die Farbe noch feucht war, wurde das Dekor auf die Oberfläche des Porzellans aufgedruckt. Dieser Prozeß senkte natürlich die Kosten erheblich, und die besten Maler wurden nach und nach fast überflüssig. Die Entwicklung des Umdruckverfahrens war eine der wenigen echten Innovationen der englischen Keramikindustrie in ihren frühen Jahren. Leider führte diese Technik zu einem Verlust an künstlerischer Qualität und zu großen finanziellen Schwierigkeiten für die Porzellanmaler, die nun oft brotlos waren und sich anderen Beschäftigungen zuwenden mußten.

Form und Dekor des englischen Porzellans waren in fast jeder Hinsicht Nachahmungen ohne Eigenständigkeit. Chinesische und japanische Muster wurden bereitwillig übernommen und eingesetzt, sowohl direkt oder durch den Einfluß Meißens. Manufakturen wie Chelsea, Worcester und Derby folgten schnell den Stilrichtungen für Formen und Dekor aus Meißen, sowohl beim Gebrauchsgeschirr als auch bei den Figuren. In den späten sechziger Jahren des 18. Jahrhunderts wich der Einfluß Meißens dem aus Sèvres, der in den folgenden zwei Jahrzehnten dominierend bleiben sollte. Aber auch die englischen Delft-Waren machten ihren Einfluß auf die heimische Porzellanherstellung geltend. Von dieser seit langem etablierten Industrie, deren Niedergang sich zu diesem Zeitpunkt bereits ankündigte, bezogen die Porzellanmanufakturen einen großen Anteil des erforderlichen Wissens und Könnens sowie alle Porzellanmaler und -handwerker. Die Übernahme der Angestellten der Manufakturen, die Delft-Waren produzierten, in die Porzellanmanufakturen zeigt sich sehr deutlich am unterglasurblauen Dekor, das ein wesentliches Element der Waren der meisten frühen Manufakturen war.

Figuren

Auch wenn sich der leicht rustikale Einfluß der englischen Irdenwaren und des englischen Steinzeugs beim Gebrauchsporzellan zeigt, ist er doch bei den modellierten Figuren nicht offensichtlich. Die Modelleure orientierten sich fast ausschließlich am Stil des europäischen Kontinents. Fast alle Figuren, die von 1750 bis 1780 entstanden, sind an Meißen oder Sèvres angelehnt. Nur wenige englische Figuren sind eigenständige Kreationen.

Englische Porzellanfiguren treten immer paarweise oder als Gruppe (z.B. die »Vier Jahreszeiten« oder die »Vier Kontinente« usw.) auf oder sie sind als Komponenten einer Serie konzipiert. Klassische Themen, Figuren der Commedia dell'Arte und allegorische Motive waren sehr beliebt. Die frühen Figuren der fünfziger Jahre des 18. Jahrhunderts waren etwas zurückhaltend modelliert, obwohl die besten Stücke voller Bewegung und Vitalität waren. Die Farben waren meist gedämpft, und viele Stücke wurden weiß belassen. Sie standen meist auf flachen Sockeln, mit oder ohne einfacher Girlandenverzierung, ganz im Gegensatz zu den späteren Sockeln aus kunstvoll modellierten Girlanden. Ab den sechziger Jahren des 18. Jahrhunderts war man mehr dem späten Rokoko zugeneigt, und die Figuren wurden sowohl in der Farbe als auch in der Form aufwendiger. Die sparsame Vergoldung bei den früheren Figuren wurde nun überreichlich angebracht. Der Einfluß des Klassizismus Mitte der siebziger Jahre des 18. Jahrhunderts fegte die Exzesse des Rokoko, wie sie sich in den Figuren der späten sechziger Jahre von Bow und Chelsea zeigen, hinweg.

CHELSEA-FIGUR, ca. 1754-55 (19,8 cm)
Diese Figur eines Tischlers wurde von Joseph Wilems modelliert. Im Gegensatz zu den meisten anderen Figuren der Roter-Anker-Periode, die sich an Meißen orientierten, scheint diese Figur eine Originalkreation zu sein und gehört zu den schönsten Modellen aus Chelsea. Sie trägt die Rote-Anker-Marke.

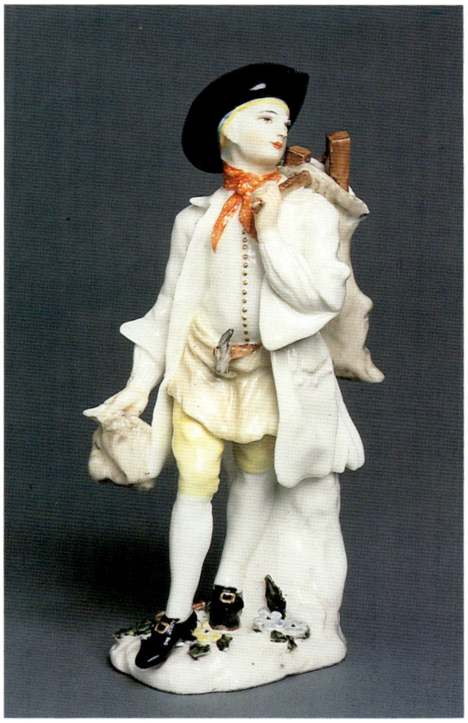

PORZELLANWAREN

Die heimischen Formen der fünfziger und sechziger Jahre des 18. Jahrhunderts spiegelten bis zu einem gewisen Maße die kontinentalen Formen wider, aber noch stärker wurden sie durch Silberarbeiten beeinflußt. Die vom Rokoko geprägte Silberschmiedekunst ist in den frühen Jahren Chelseas ganz eindeutig erkennbar und zeigt sich ganz allgemein in bestimmten Formen. Fast alle Saucieren, Terrinen, Kaffeekannen und -tassen von 1745 bis 1765 ähneln früheren, silbernen Prototypen, und in einzelnen Fällen kann die Porzellanform bis zu ihrem genauen Silbergegenstück zurückverfolgt werden. Zu den bezauberndsten Eigenschaften des englischen Porzellans gehört diese sympathische Verschmelzung asiatischer und kontinentaler Dekore mit Formen der Silberschmiedekunst.

Heute kennen wir nur wenige Namen der frühen Modelleure und Porzellanmaler, da nur sehr wenige Aufzeichnungen und Dokumente der Manufakturen des mittleren 18. Jahrhunderts heute noch existieren. Dennoch ist es möglich, manche Arbeiten einem bestimmten Modelleur oder Maler aufgrund ihrer hohen Qualität oder spezieller Eigenheiten zuzuweisen.

CHELSEA

Die Manufaktur in Chelsea ist in der Geschichte des englischen Porzellans des 18. Jahrhunderts einmalig, da sie die einzige Manufaktur war, die ausschließlich Luxusporzellan herstellte.

Nicholas Sprimont, Eigentümer und künstlerischer Impulsgeber der Manufaktur, war ein hugenottischer Silberschmied, der 1716 in Lüttich geboren wurde. Daher ist es nicht verwunderlich, daß er sich auf die Porzellanherstellung für die reichen und anspruchsvollen, höheren Gesellschaftsschichten Londons konzentrierte. Diese Absicht legte er in vielen Annocen klar, so z.B. mit den Begriffen »Die Qualität und Gentry« und »Adel«. Die Lage der Manufaktur in Chelsea, in der Nähe der beliebten Ranelagh-Lustgärten, die 1742 für die Allgemeinheit geöffnet wurden, unterstützte

KAFFEEKANNE UND DECKEL, WORCESTER, ca. 1754-55 (Höhe: 17,5 cm)
Die Form wird stark von damaligen, englischen Silberarbeiten beeinflußt, das Dekor dagegen ist im chinesischen Stil gehalten.

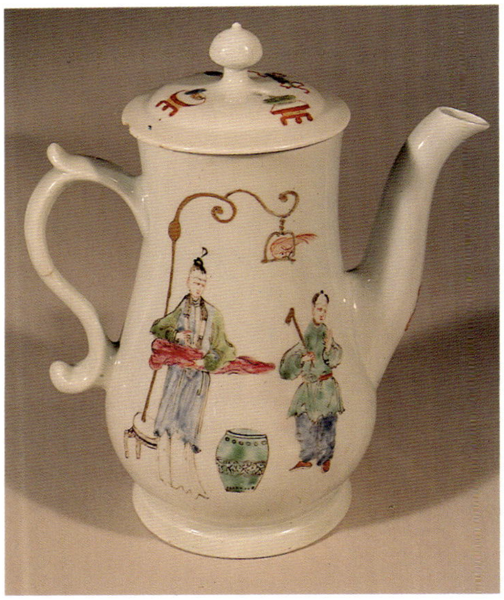

ihn hierin. Obwohl Sprimont keinen Mäzen für sein Unternehmen besaß, hatte er doch einflußreiche Beziehungen, u.a. zu Sir Everard Faulkener, dem Sekretär des Herzog von Cumberland.

Die Geschichte der Manufaktur in Chelsea läßt sich in vier Perioden gliedern, wovon jede eine eigene Marke besitzt. Auch die Zusammensetzung des Scherbens und der Glasur wurde von Zeit zu Zeit geändert und wahrscheinlich auch in größerem Umfang als bei anderen Manufakturen.

TRIANGEL-PERIODE

Spirmonts früheste Porzellanformen mit ihren fließenden Linien, Muschel- und Marinemotiven und asymmetrischen Kurven spiegeln die Saucieren, Schalen und Salzfässer wider, die er selbst in Silber gestaltet hatte. Der asiatische Einfluß zieht sich durch das erste Jahrzehnt der Manufaktur und zeigt sich in Form von Tee- und Erdbeerblatt-Reliefs auf Kaffeekannen, Bechern und Teegeschirr. Zurückhaltende Bemalung im europäischen, chinesischen und japanischen Stil wurde zur Betonung des kräftigen Rhythmus der plastischen Dekore verwendet. Ein großer Teil der frühen Chelsea-Waren wurde weiß belassen. Diese erste Periode, in der ein eingravierter Triangel als Marke benutzt wurde, endete im März 1749, als Sprimont den Porzellanverkauf einstellte und die Manufaktur in die Lawrence Street verlegte.

RELIEF-ANKER PERIODE

Die Wiedereröffnung der Manufaktur wurde im »Daily Adviser« am 9. Januar 1750 angekündigt, wobei die »große Vielfalt von Dekorstücken in einem völlig neuen Stil« der neuen Bestände gepriesen wurde. Eine Rezeptur für einen neuen Porzellanscherben, der sich für viele Formen eignete und sich mehr daran orientierte, welchen Zweck er erfüllen sollte, wurde entwickelt. Auch eine neue Marke wurde eingeführt: ein Relief-Anker in einem ovalen Medaillon.

Sowohl in künstlerischer als auch in wirtschaftlicher Hinsicht waren die Jahre von 1750 bis 1756 für die Manufaktur sehr erfolgreich. Formen, Muster und Figuren wurden vom Einfluß Meißens durchdrungen. Gleichzeitig verlieh der weiche, weiße Scherben mit seiner wächsernen Glasur, die durch Zugabe von Zinnoxid weiß wurde, diesen Chelsea-Waren eine ertastbare Qualität, die mit Hartporzellan nicht erreicht werden konnte. Drei Hauptmotive beeinflußten das Dekor: der Kakiemon-Stil, florales Design und Landschaftsszenen.

Kakiemon-Muster, inspiriert durch japanisches Porzellan des späten 17. Jahrhunderts, waren seit 1720 in Meißen beliebt. Die Dekore setzten sich aus Blumen, gebundenen Hecken, asiatischen Vögeln, Bäumen und Bambus zusammen, die alle in der Kakiemon-Palette gemalt wurden, die Eisenrot, Dunkelgrün, Gelb, Türkis und Blau umfaßte und oft durch dezente Vergoldung weiter verziert wurde. Florales Dekor war entweder am Stile Meißens oder an der kraftvollen Palette und den botanischen Details aus Vincennes angelehnt. Landschaften und Hafenszenen ähnelten leicht

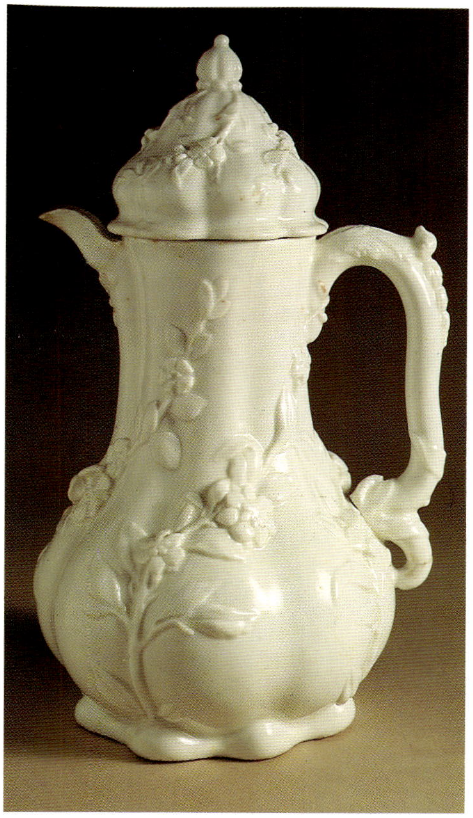

KAFFEEKANNE UND DECKEL, CHELSEA, ca. 1744-49 (Höhe: 22 cm)
Die klassische Chelsea-Form beruht wohl auf ziseliertem Silber und kann auch für heiße Schokolade bestimmt gewesen sein. Die plastische »Teepflanze«, manchmal mit Emailfarben betont, wurde nur in den ersten Jahren von Chelsea, in der Triangel-Periode, verwendet.

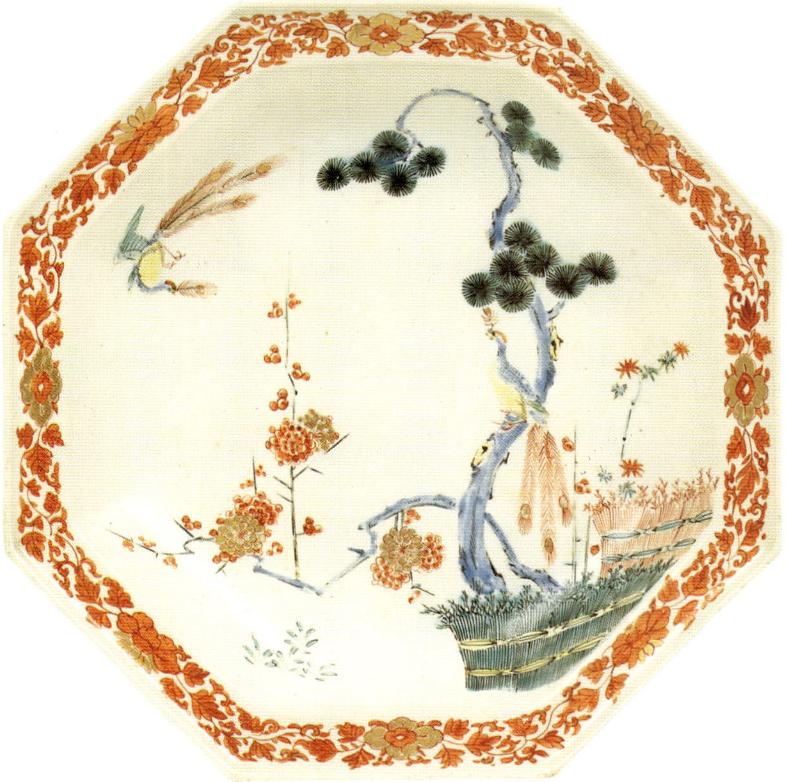

CHELSEA-TELLER, ca. 1752 (20 cm)
In den frühen fünfziger Jahren des 17. Jahrhunderts war Dekor im Kakiemon-Stil, inspiriert von japanischem Porzellan des späten 17. Jahrhunderts und direkt von Meißen übernommen, sehr beliebt. Die Formen waren meist acht- oder sechseckig. Die Farbpalette wurde von einem herrlichen Eisenrot mit zarter Vergoldung dominiert.

denen von C. F. Herold in Meißen, entweder in Emailfarben oder einfarbig in Braunrot. Eine Besonderheit der Manufaktur war die Darstellung von Fabelwesen nach den Illustrationen von Francis Barlow zu Aesops Sagen, die 1687 veröffentlicht wurden. Jefferyes Hamett O'Neale, ein erfahrener Miniaturenmaler, dessen Fabelwesen einen liebenswerten, humorvollen Gesichtsausdruck besitzen, führte den größten Teil dieser Dekorbemalung aus.

Einige Formen waren japanischen Ursprungs, die aber den Umweg über Meißen nahmen, während andere durch Silberarbeiten inspiriert wurden. In den fünfziger Jahren des 18. Jahrhunderts richtete sich die erweiterte Produktion von Figuren, Vögeln und Tieren fast ausschließlich nach dem Vorbild aus Meißen. Die meisten Stükke sind dem Modellmeister Joseph Willems zuzuschreiben. Seine Kreationen waren keine bissigen Karikaturen ihrer deutschen Prototypen, stattdessen wurde eine sanfte Ironie durch runderes Modellieren und weichere Konturen erzielt. Die Farben waren gedämpft und wurden spärlich eingesetzt. Die Figuren Chelseas der mittleren fünfziger Jahre des 18. Jahrhunderts gehören zu den schönsten englischen Figuren.

ROTER-ANKER-PERIODE

Um 1753 wurde eine neue Marke eingeführt, dieses Mal ein roter Anker. Ungefähr ein Jahr später wurde auch eine neue Porzellanrezeptur entwickelt, die sich den anspruchsvolleren Formen, die jetzt in Mode kamen, anpaßte. Die Glasur wurde transparenter und neigte zu Rissen, was vielleicht auf ungenügendem Brennen beruhte. Dieser neue Scherben hatte jedoch den Vorteil, daß er viel dünner getöpfert werden konnte und die Stücke dadurch leichter wurden.

Zu diesem Zeitpunkt war der Ausstoß der Manufaktur erheblich gestiegen und sowohl die Quantität als auch die Vielfalt der Waren hatte sich erhöht. Die berühmten Obst- und Gemüseformen sowie die Tier- und Vogelterrinen gehören dieser Periode an. Die Vornehmheit der Chelsea-Waren geht aus einem erhalten gebliebenen Katalog zur zweiten Auktionsreihe hervor, die Sprimont im St. James' Hay Market im

März 1755 abhielt. Neben den Gebrauchswaren, Vasen und Figuren des vorangegangenen Jahres sind Rebhuhnterrinen, Objekte in Form von Sonnenblumenblättern, Kopfsalat und »Artischocken« aufgeführt. Noch exotischer waren Terrinen in Form von Kampfhähnen, Karpfen, Aalen, Eberköpfen und sogar in Form eines lebensgroßen Schwanes. Diese Betonung naturalistischer Motive spiegelt den fortdauernden Einfluß Meißens wider.

Dagegen sind die botanischen Dekore, hautpsächlich auf Tellern und Schalen, eigenständig und zählen zu den wichtigsten Errungenschaften der Manufaktur. Die Produktion botanischer Motive wurde durch die Nähe des Chelsea-Physick-Gartens von Hans Sloane stimuliert. Trotz des Eindrucks wissenschaftlicher Exaktheit wurden diese botanischen Abbildungen nur zu Dekorzwecken eingesetzt. Viele Motive stimmen jedoch mit den Illustrationen des ersten Bandes von »Figures of Plants«, London 1755, von Philip Miller, dem Kurator des Gartens, überein, während andere als Kopien von botanischen Illustrationen nach Georg Dilnysius identifiziert wurden. Eine Anzeige der Chelsea-Manufaktur in Faulkner's »Dublin Journal« am 1. Juli 1758, lautet »Teller, Suppenteller und Dessertteller, emailliert mit Pflanzen von Hans Sloane«.

Ab 1750 wurden die sogenannten Chelsea-Toys, kleine Riechflaschen, Siegel, Etuis und Bonbonnieren eine Spezialität Chelseas. Diese herrlichen Stücke wurden auch in der sagenumwobenen »Girl-in-a-Swing-Manufaktur« hergestellt, so benannt nach ihrer berühmtesten Figur. Diese mysteriöse Porzellanmanufaktur produzierte von ca. 1752 bis 1754. Neben den sogenannten »Toys« beschränkte sich die Produktpalette auf wenige Figuren und sehr wenige Gebrauchswaren.

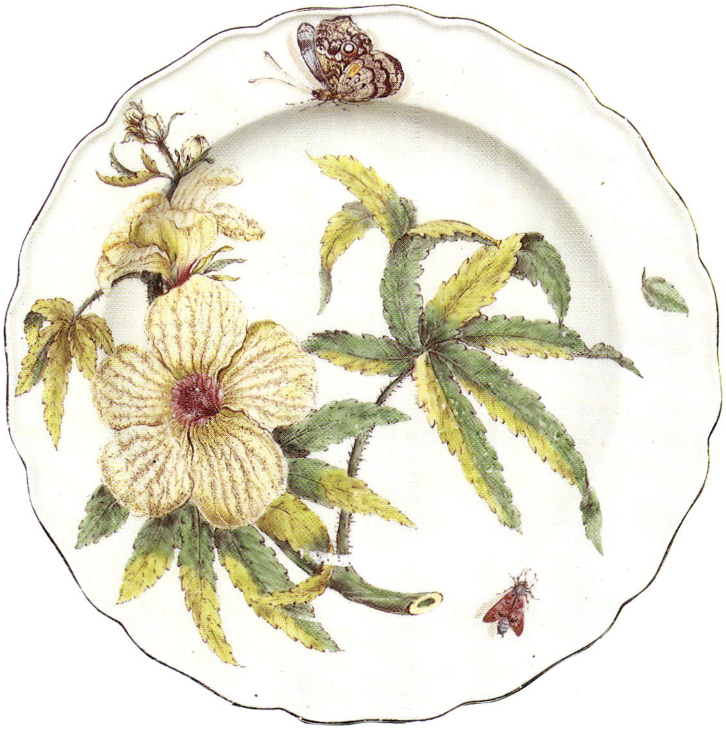

CHELSEA-TELLER, ca. 1755 (24 cm)
Mitte bis Ende der fünfziger Jahre waren botanische Motive eine Spezialität Chelseas. Es wurden Früchte, Gemüse, Blumen, Blätter und Insekten, manche auf damaligen Buchillustrationen basierend, sowie exotische Pflanzen dargestellt. Dieses Stück trägt eine Rote-Anker-Marke.

GOLDENER-ANKER-PERIODE

Anfang 1757 führte Sprimonts schlechtes Befinden zu einem Einbruch der gut gedeihenden Manufaktur in Chelsea. Als er sich ein Jahr später erholt hatte, hatte der Einfluß aus Sèvres den aus Meißen abgelöst. Diese letzte »Goldener-Anker-Periode« wurde durch das Hinzufügen von Knochenasche zur Porzellanmasse, einem verstärkten Einsatz der Vergoldung, der Einführung von Fondfarben, darunter das gefeierte »Mazarine-Blau«, und einer Entwicklung der Formen und Farben für Tafelgeschirr und Vasen, gekennzeichnet.

Vögel und Früchte waren weiterhin als Dekor beliebt und wurden mit großem Elan gemalt, wie auch die Chinesenfiguren im Stile Watteaus. Garnituren von drei, fünf und sogar sieben Vasen waren oft sehr prunkvoll, wobei die letzten Exzesse des Rokoko langsam der klassizistischen Symmetrie von Sèvres wichen. Figuren, die sich sowohl an Meißen und Sèvres anlehnten, wurden umfassender und farbiger bemalt, oft mit üppiger Vergoldung. Diese letzte Periode ging zu Ende, als Sprimont 1769 die Manufaktur verkaufte.

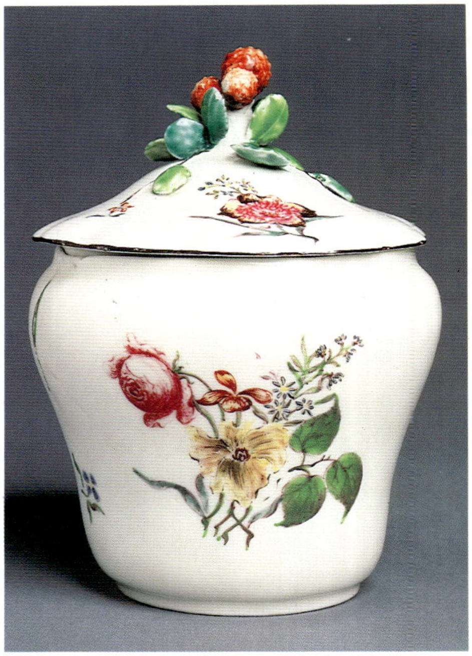

ZUCKERDOSE MIT DECKEL, »GIRL-IN-A-SWING-MANUFAKTUR«, ca. 1752-54 (Höhe:13,4 cm)
Dieses mysteriöse Porzellan besteht meist aus Miniaturstücken oder »Spielsachen« und Figuren.

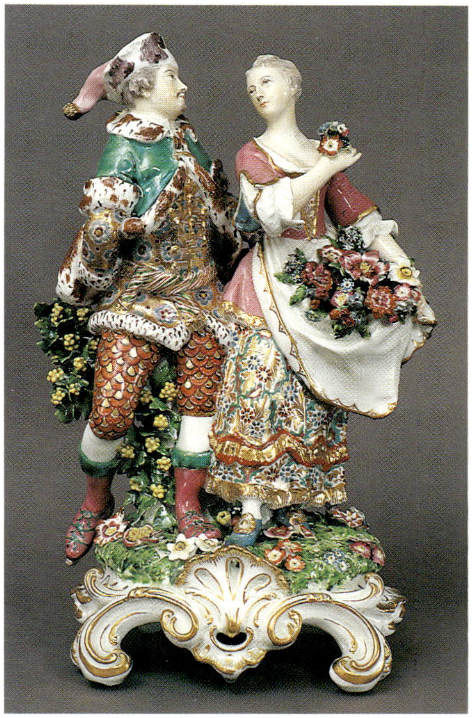

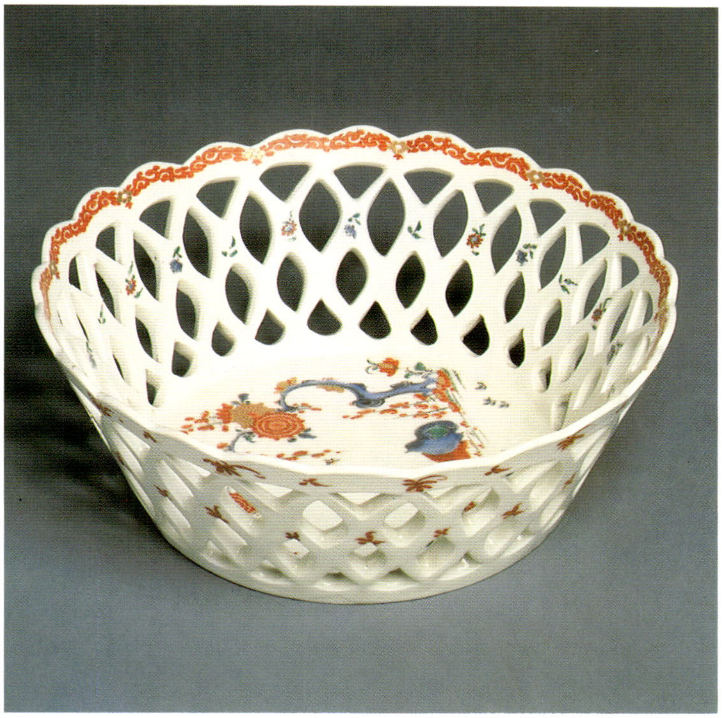

KORB,
BOW, ca. 1754-56
(Durchmesser: 23 cm)
Das »Rebhuhn«- oder »Wachtel-Muster« wurde von Meißen übernommen, stammt aber ursprünlich aus Japan. Es wurde in Bow von ca. 1750 bis 1765 für viele Objekte eingesetzt. Durchbrochene Körbe wurden in drei Größen hergestellt.

CHELSEA-GRUPPE,
ca. 1765
(Höhe: 32,5 cm)
Ein Paar aus einer Jahreszeitengruppe mit Goldener-Anker-Marke. Die realtiv kleinen Köpfe sind typisch für Chelsea-Figuren. (OBEN)

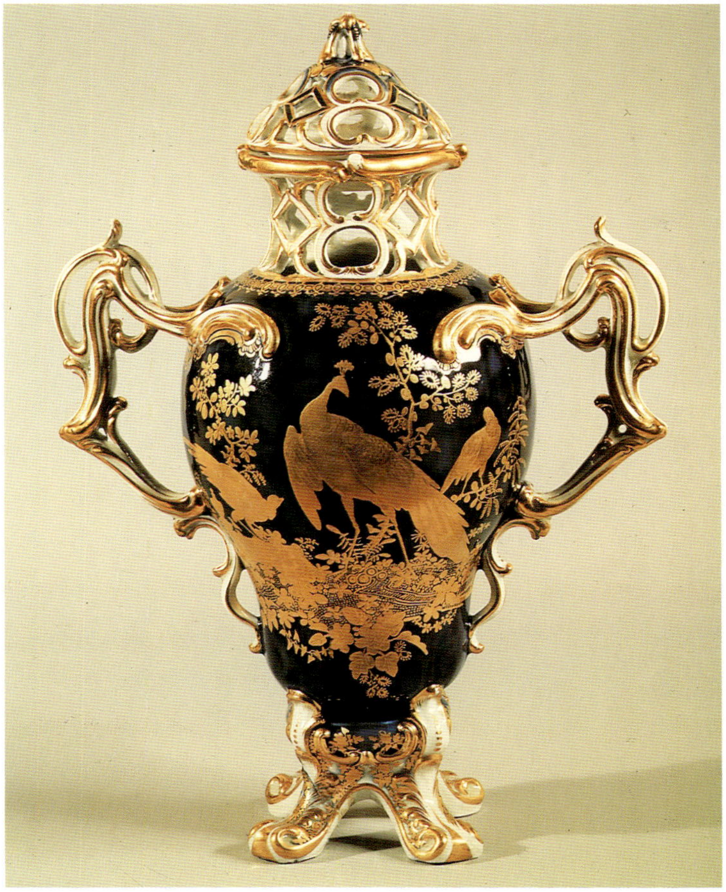

CHELSEA-VASE,
ca. 1765
In dieser kunstvollen Form ist der Einfluß von Sèvres klar erkennbar. Blauer Fond und reiche Vergoldung mit exotischen Vögeln bilden das Dekor. Die Vase trägt die Goldener-Anker-Marke. (RECHTS)

BOW

Die Bow-Manufaktur wurde 1744 von Thomas Fyre und Edward Heylyn gegründet und gehörte mit Chelsea zu den beiden ersten Manufakturen Englands. Bow bediente allerdings einen breiteren Markt. Die Produktpalette reichte von feinen Figuren und Vasen bis zu einem großen Ausstoß an relativ billigem, blau-weißen Porzellan. Die Größe und die Zahl der Mitarbeiter Bows läßt darauf schließen, daß sie wohl die größte englische Manufaktur des 18. Jahrhunderts war. Die Verschiedenartigkeit ihrer Waren bezüglich Qualität, Quantität und Marketing läßt vermuten, daß Bow und Chelsea sich bis zu einem gewissen Grade ergänzten und nicht in Konkurrenz zueinander standen. Bow produzierte meist Porzellan im japanischen und chinesischen Stil für den Exportmarkt. Das Äußere der Manufaktur wurde genau nach dem ostindischen Warenhaus in Kanton kopiert, und die Manufaktur wurde im Stil »Neues Kanton« eingerichtet. Das Dekor wurde fast durchweg im asiatischen Stil gehalten, und erst im letzten Jahrhundert ihres Bestehens dominierten in der Manu-

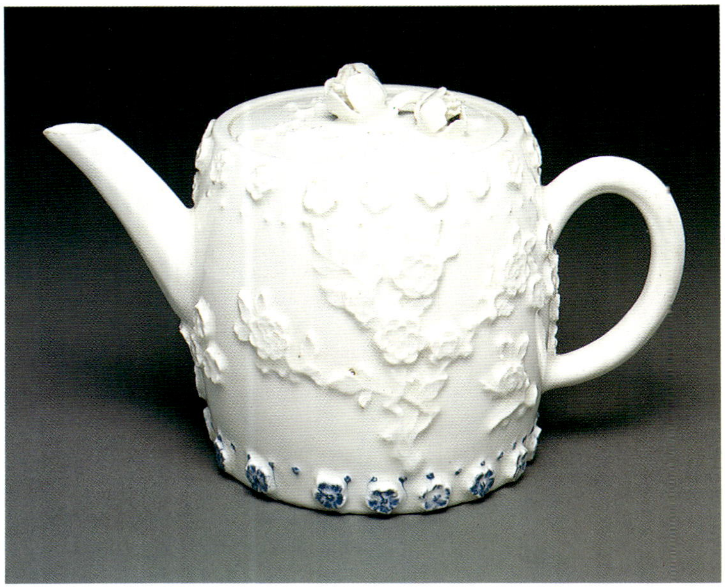

TEEKANNE MIT DECKEL, BOW, ca. 1758-62 (Höhe: 10,5 cm)
Ein relativ spätes Exemplar mit Pflaumenblüten oder Ranken in Reliefdekor im Stile chinesischen Porzellans aus Fukien. Dieses Dekor war in den fünfziger und frühen sechziger des 17. Jahrhunderts in Bow sehr beliebt. Die Reliefblumen in Unterglasurblau an der Basis sind sehr selten.

faktur Bow europäische Sujets. Bow benutzte Knochenasche für seine Porzellanmasse, was ein wichtiger Faktor für die erfolgreiche Produktion von Figuren werden sollte.

Vor 1750 war Bows Produktpalette eher gering, meist wurde im Famille-rose-Stil oder in Unterglasurblau dekoriert. 1749 schlossen sich John Weatherby und John Crowther der Manufaktur an; ab diesem Zeitpunkt nahm die Produktion rapide zu. Neben dem Famille rose beherrschten Reliefzweige mit plastischen Pflaumenblüten, abgeleitet vom Porzellan aus Fukien, Imari-Muster in Unterglasurblau und Aufglasur-Eisenrot sowie Kakiemon-Motive das Dekor. Letztere wurden auf vielen Vasen und Humpen von höchster Qualität mit großem Elan und auf den großen Mengen an Gebrauchsgeschirr, die immer noch mit dem beliebten Rebhuhn- oder Wachtelmuster bemalt waren, angebracht. Aufglasurdekore wurden ab 1754 im Umdruckverfahren ausgeführt, allerdings nicht in dem Ausmaß wie in der Manufaktur Worcester.

Den größten Anteil der Produktion bildete in den fünfziger Jahren des 18. Jahrhunderts das blau-weiße Porzellan, besonders Teller und Schalen, für die sich der Scherben mit Knochenasche besonders gut eignete. In den frühen fünfziger Jahren war das Unterglasurblau leuchtend und lebhaft, aber im Laufe der Jahre wurde es immer dunkler. Die Muster waren meist im chinesischen Stil gehalten, auch wenn der Einfluß englischer Delft-Waren häufig offensichtlich ist. Die Formen folgten asiatischen Vorbildern, aber auch Züge der Silberschmiedekunst können ausgemacht werden, besonders bei Saucieren und Humpen. Tafelaufsätze mit aufgelegten Muscheln und Seetang, entweder in weiß belassen, farbig oder in Unterglasurblau, waren sehr beliebt.

Europäische Blumen im Stile Meißens wurden wohl von Chelsea übernommen und wurden in den späten fünfziger Jahren in Bow beliebt. Andere nicht-asiatische Motive dieser Periode sind Blattreliefs, Vogeldekore und botanische Sujets, wobei alle Themen von Chelsea inspiriert wurden, ohne jedoch deren Vollkommenheit zu erreichen. Im folgenden Jahrzehnt wurde die Darstellung asiatischer Figuren beliebt, jedoch konnte sich die Qualität nicht mit der Worcesters messen. Tafelservice und Besteck waren weiterhin die Spezialität. Blauweißes Porzellan machte immer noch einen erheblichen Anteil der Produktion in den sechziger Jahren aus. Hierbei waren wohl die Bleu-soufflé-Motive nach chinesischem Porzellan des frühen 18. Jahrhunderts am herausragendsten. Jedoch zeigte sich in den späten sechziger Jahren eine allgemeine Verschlechterung der Qualität. Worcester-Muster wurden mit mehr Begeisterung als Sorgfalt imitiert, und die Palette Bows artete oft ins Grelle aus.

FIGUREN UND TIERE

In den fünfziger und sechziger Jahren wurde eine große Anzahl an Figuren und Tieren produziert, die an Quantität, aber nicht immer an Qualität jede andere Manufaktur übertrafen. Klassische Themen waren stark vertreten, aber auch andere beliebte Modelle wie Paare von »Sportlern«, Köchen, Musikern, Mönchen und Nonnen sowie allegorische Themen waren vertreten. Die Jahreszeiten, die Kontinente und die Elemente gehörten zu den vierteiligen Gruppen.

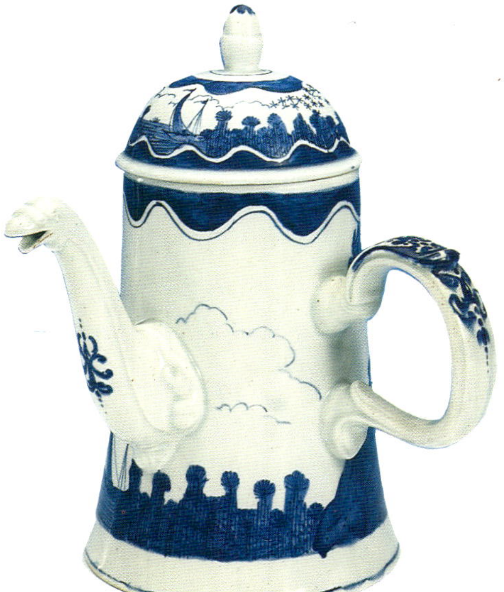

KAFFEEKANNE MIT DECKEL, BOW, ca. 1752 (23 cm)
Diese seltene Kaffee- oder Kakaokanne weist mehrere Züge frühen, georgianischen Silbers auf. Das unterglasurblaue Dekor basiert auf dem sogenannten »Van-Frytom-Stil« holländischer Delft-Ware um 1680.

Die Figuren Bows entstanden im Preßverfahren und waren daher recht schwer. Einige frühe Figuren weisen eine bildhauerische Qualität auf, die sie zu den schönsten englischen Figuren zählen läßt, wobei die meisten durch ihren bäuerlichen Charme gewinnen. Eine Figurenserie beinhaltet die Musen mit ansprechend einfacher Erscheinung, schweren Augenlidern und affenähnlichen Gesichtszügen. Diese schweren, dick glasierten und oft weiß belassenen Figuren wurden von dem sogenannten »Musenmodelleur«, dessen Namen man nicht kennt, angefertigt.

Erst 1753-1754 wurde der Einfluß Meißens auf Figuren aus Bow offenkundig. Die direkten Imitationen der Figuren von Kändler und Eberlein weisen mit ihren frischen Farben, ihrem unschuldigen Ausdruck und ihren flachen Sockeln eine liebenswerte, hausbackene Naivität auf. Zur typischen Palette Bows Mitte der fünfziger Jahre gehörte ein opakes Hellblau, Gelb, Purpur und ein transparentes Smaragdgrün, Farben, die auf den menschlichen Figuren und besonders bei den Vogelfiguren funkelten. Dieser Überschwang des Dekors der Figuren aus Bow entschädigte oft für die sorglose Modellierung. In den siebziger Jahren hatte die Palette jedoch ihre Frische verloren, und die Modellierung hatte sich weiter verschlechtert. Figuren wurden auf hohe Rokoko-Sockel gestellt und oft von Gebüsch umgeben, die Oberfläche war ganz und gar bemalt.

In Bow wurde keine Marke benutzt, obwohl manchmal eingravierte und aufgemalte Zeichen existierten, darunter die Anker-und-Dolch-Marke der sechziger Jahre. Die Existenz von ca. vierzig datierten Stücken erleichtert die Chronologie der Formen und Dekorstile. Die Manufaktur, deren Niedergang in den frühen sechziger Jahren begann, wurde 1775 endgültig verkauft.

VAUXHALL

Die »Vauxhall China Works« waren die dritte, große Porzellanmanufaktur Londons und bestanden etwa von 1751 bis 1764. Nach einer Ausgrabung auf dem Werksgelände 1988 wurde eine Porzellanart, die William Ball aus Liverpool zugeschrieben worden war, wieder Nicholas Crisp von Vauxhall zugewiesen. Der Scherben bestand aus einer Specksteinrezeptur, die bessere Teewaren als die aus Bow ermöglichte.

Der Ausstoß in Vauxhall bestand hauptsächlich aus blau-weißem Porzellan, das im chinesischen Stil dekoriert war, aber auch große Ähnlichhkeit mit den Delft-Waren aufwies, ein unvermeidbarer Einfluß aufgrund der Nähe zu der Töpferei Lambeth, die Delft-Waren produzierte. Der Farbton des Unterglasurblaus variierte, aber meist war er hell und lebhaft und hinterließ den Eindruck, als ob er gerade aufgemalt worden wäre. Die getöpferten Formen deuten auf viele Einflüsse: Delft-Waren, Steinzeug mit Salzglasur, Silber, chinesisches Porzellan und Porzellan aus Bow. Die relativ kleine Manufaktur besaß eine erstaunliche Produktpalette, darunter Kerzenleuchter, Blumentöpfe, Mörser, »Ziege-und-Biene-Sahnekännchen« und sogar Tabatieren. Neben Teegeschirr waren wohl die Saucieren am erfolgreichsten – über zwanzig verschiedene Arten sind bekannt.

Die farbigen Waren lassen sich in drei Gruppen gliedern, wovon eine in Unterglа-

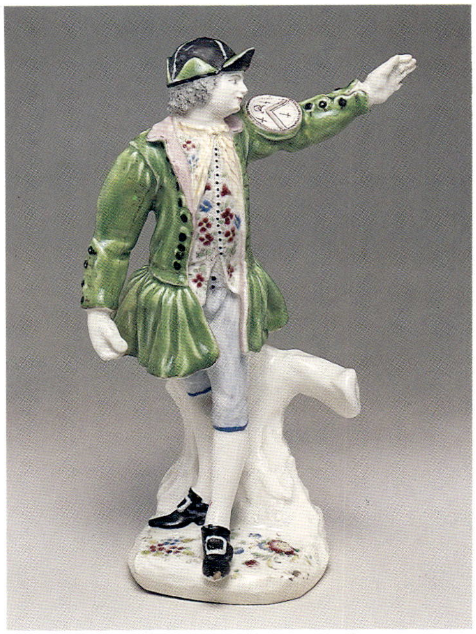

BOW-FIGUR, ca. 1754-56 (20,5 cm)
Der Themse-Schiffer kann anhand seines Mantels mit dem Abzeichen auf dem Arm identifiziert werden. Das Grün des Mantels und das florale Dekor auf der Weste und Basis sind für Bow besonders typisch in dieser Periode.

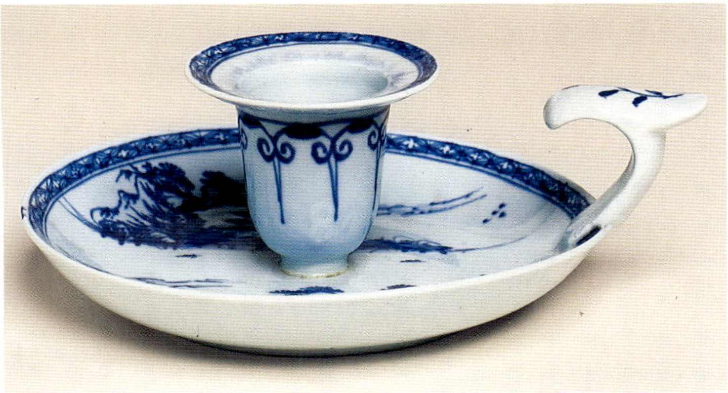

KERZENLEUCHTER, VAUXHALL, ca. 1755-60 (Höhe: 5 cm)
Das helle, lebhafte Unterglasurblau, das fließende, delftähnliche Dekor und die sorgfältig getöpferte Form sind für Vauxhall typisch.

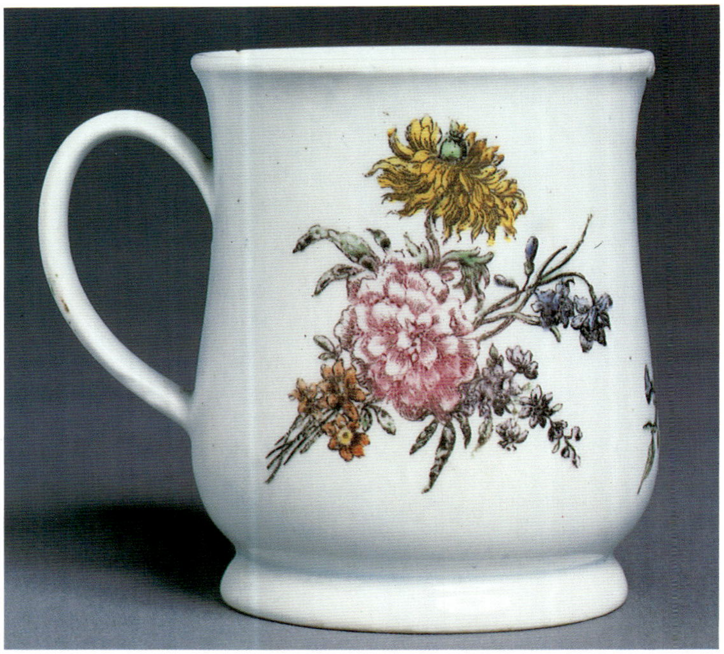

BECHER, VAUXHALL, ca. 1755-60 (7,2 cm)
Die Form ist eindeutig von damaligen Silberarbeiten beeinflußt. Die Konturen des Dekors sind aufgedruckt und dann mit Emailfarben übermalt, eine Technik die zu dieser Zeit fast nur in Vauxhall angewandt wurde.

surblau ausgeführt ist, die mit Aufglasur-Eisenrot und Vergoldung verziert ist, also eine Imari-Palette, die zur gleichen Zeit auch häufig in Bow verwendet wurde. Das konventionellere, handgemalte, polychrome Dekor war entweder im chinesischen Stil gehalten oder bestand aus europäischen, floralen Mustern und wies manchmal eine hervorragende Qualität auf. Viele Motive weisen Parallelen mit frühem Derby, »Girl-on-a-Swing-Porzellan« und mit in London bemaltem Porzellan auf. Einige Formen und Dekore Vauxhalls deuten auch schon auf Plymouth hin. Eine Innovation in Vauxhall war das mehrfarbige Druckdekor; dabei wurde in zwei oder drei Konturfarben gedruckt, die dann mit Emailfarben übermalt wurden.

Aus damaligen Anzeigen in der Tagespresse geht hervor, daß in Vauxhall auch Figuren hergestellt wurden, obwohl bis heute noch keine eindeutig identifiziert werden konnten. Es ist gut möglich, daß einige späte Stücke, die Longton Hall zugeschrieben werden, in Zukunft wieder Vauxhall zugeordnet werden können. Nach der Schließung der Manufaktur 1764 scheint Nicholas Crisp eine andere in Bovey Tracey, in der Nähe von Exeter, eröffnet zu haben, wo er dann 1774 starb.

LIMEHOUSE

Beinahe unser gesamtes Wissen über die Limehouse-Manufaktur am Themse-Ufer im East End Londons beziehen wir aus Anzeigen im »Daily Advertiser« zwischen September 1746 und Juni 1748. Sie war wahrschienlich von 1745 bis 1748 in Betrieb, und die dort ausgeführten Experimente waren wegweisend für die erfolgreicheren Manufakturen des folgenden Jahrzehnts. Aus den Anzeigen geht hervor, daß die Limehouse-Manufaktur sich auf blau-weißes Porzellan konzentrierte, darunter »eine große Auswahl an Saucieren, Teekannen usw.«. Vor den Ausgrabungen auf dem Gelände der Manufaktur im Frühjahr 1990 konnten die Exemplare nicht eindeutig identifiziert werden. Es wurden Scherben des Porzellans gefunden, das bis dato William Reids Manufaktur in Liverpool zugeschrieben wurde. Diese Waren, hauptsächlich Teekannen, Saucieren und muschelförmige Schalen, die fast alle in Unterglasurblau dekoriert waren, konnten somit nun endgültig der Limehouse-Manufaktur zugeschrieben werden. Gleichzeitig mit der Triangel-Periode in Chelsea, wurde in der Limehouse-Manufaktur das erste englische, blau-weiße Porzellan produziert und höchstwahrscheinlich wurde in Limehouse die Specksteinrezeptur zum ersten Mal angewandt. Viele Formen können mit dem damaligen salzglasierten Steinzeug und den Silberformen Georges II. verglichen werden, während andere schon Vorboten früher Stücke aus Bow und Lunds Bristol sind.

LUNDS BRISTOL

Mitte bis Ende der vierziger Jahre des 18. Jahrhunderts wurden in London, Staffordshire und Bristol Versuche zur Porzellanherstellung unternommen. 1970 wurden bei Ausgrabungen auf dem Gelände der »Pomona Potworks« in Newcastle-under-Lyme in Staffordshire Abfallwaren, darunter eine Porzellanschale in Unterglasurblau, datiert »25. Juli 1746«, entdeckt. Dies ist das früheste bekannte Stück dieser Art. Jedoch wiesen diese Stück Brennschäden auf, und bis jetzt gibt es keine eindeutigen Beweise, daß in den vierziger Jahren erfolgreich Porzellan produziert wurde.

Dennoch führten die Experimente 1750 zum Erfolg, als Benjamin Lund seine Manufaktur in Redcliffe Backs am Fluß Severn in Bristol eröffnete. Mit Hilfe der Specksteinformel und der Mitarbeiter aus Limehouse konzentrierte sich Lund auf blau-weiße Waren. Zu den Formen gehörten Teekannen, Becher, Kaffeekannen und Pastetenformen, aber keine Teeschalen, Kaffeetassen und Unterteller. Einige Sahnekännchen, Saucieren und Figuren von Lu Tung-Pin, dem chinesischen Unsterblichen, tragen auf der Basis die Prägemarke »Bristol« und das Datum 1750. Lunds Porzellan war gut getöpfert mit einer etwas schweren Glasur, und das Unterglasurblau neigte zum Verlaufen, wodurch der Eindruck eines unscharfen Dekors entstand. Es ist nie eindeutig geklärt worden, ob polychrome Dekore in der Manufaktur ausgeführt wurden oder nicht.

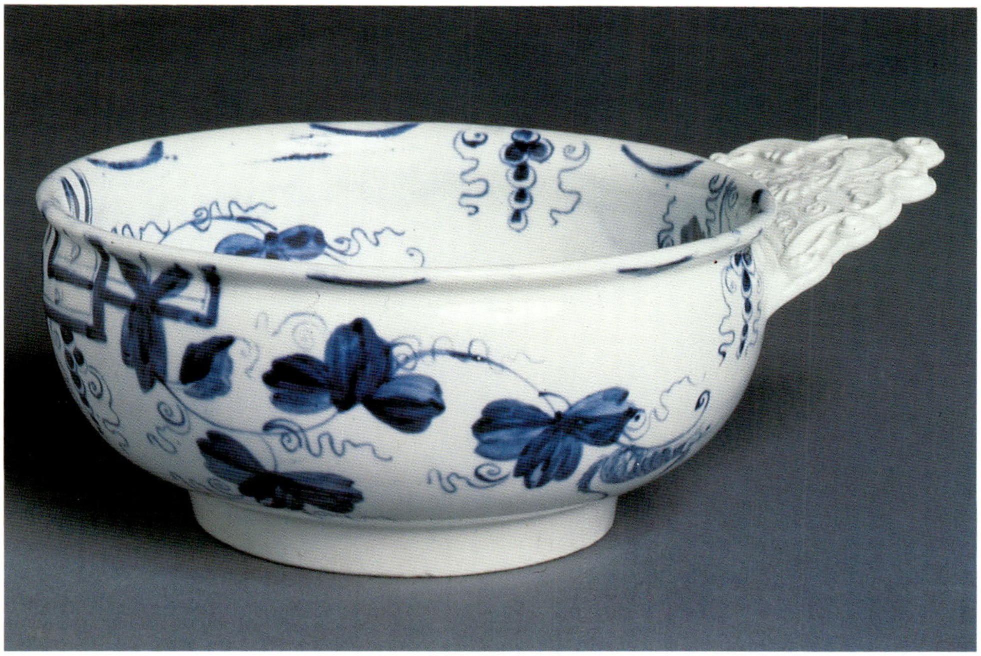

Aderlasschale, Worcester, ca. 1754-56 (Durchmesser: 13,5 cm)
Diese seltene Form wurde von einem silbernen Original beeinflußt, aber das Muster, manchmal auf englischer Delft-Ware anzutreffen, kann bis ins frühe 18. Jahrhundert zurückverfolgt werden, wo es auf chinesischem Porzellan zu finden ist. Bis ca. 1760 wurde für Worcester-Porzellan keine Marke verwendet. Dieses Stück trägt allerdings die Marke des Malers.

WORCESTER

Anfang 1752 wurde Benjamin Lunds Manufaktur mit der Manufaktur Worcester, die 1751 von Dr. John Wall und vierzehn Partnern gegründet wurde und sich auf dem Gelände von Warmstry House am Ufer des Severn befand, »vereinigt«. Die kurzen Jahre der Experimente in Bristol sind verantwortlich für das hohe Niveau, das sich fast von Anbeginn in der Produktion Worcesters zeigt. Das Dekor wurde im wesentlichen von der chinesischen Famille verte und in geringerem Umfang von japanischem Porzellan beeinflußt. Phantasievolle Chinoiserie-Szenen wurden kreiert, die eine märchenhafte Atmosphäre aus Figuren in losen Gewändern, kranichartigen Vögeln, Blütenmäandern und Miniaturinseln schufen. Diese zarten und schwer zu beschreibenden Kompositionen verzierten eine stattliche Ansammlung herrlich getöpferter Formen, manche asiatischen Ursprungs, andere aber wiederum auf Silberarbeiten basierend, darunter besonders Saucieren, Humpen und Apfelweinkrüge. Viele der frühen Formen der Teewaren, darunter Sahnekännchen und -schalen und Kaffeetassen mit ihren gelappten Formen, kursiven Rändern und Rokoko-Henkeln waren sehr erfolgreich im ästethischen, wenn auch nicht im praktischen Sinne. Um 1755 wurden die Konturen einfacher und viel funktioneller.

Diese Veränderungen fielen mit einer rapiden Expansion zusammen, gefördert durch die Einführung des Umdruckverfahrens auf Glasur, das einen erhöhten Ausstoß an blau-weißen Waren ermöglichte und vor allem durch die Produktion von Teegeschirr, das kochendem Wasser standhielt. Der Specksteinscherben zusammen mit einer harten, haltbaren Glasur gaben Worcester gegenüber seinen Konkurrenten einen gewaltigen Vorsprung. Sowohl Muster als auch Formen standen unter dem starken Einfluß Meißens. Die Rokoko-Formen, die Chelsea, Longton Hall und Derby übernommen hatten, fanden bei den Modelleuren Worcesters keine Resonanz, wohl weil sie sich nicht für die Specksteinformel eigneten. Florale Muster und Vogeldekore spiegelten Chelsea wider, asiatische Muster wurden von Meißen und nicht direkt von den Chinesen übernommen.

Das Umdruckverfahren auf der Glasur wurde zwischen 1753 und 1754 in Worcester entwickelt, und innerhalb von zwei Jahren beherrschte die Manufaktur diese Technik meisterhaft, was hauptsächlich Robert

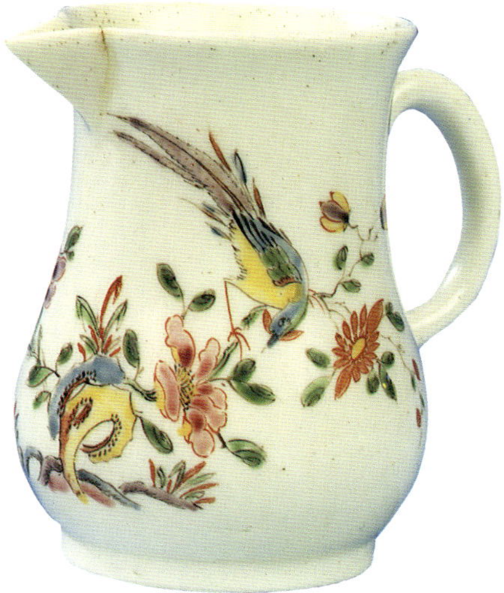

Sahnekännchen, Worcester, ca. 1752 (5,7 cm)
Das Kännchen mit »Sperlingsschnabel« ist in leuchtender, aber subtiler Famille-rose-Palette bemalt. Der Dekorstil, der oft zusammen mit kunstvollen Formen anzutreffen ist, beschränkte sich auf die ersten Jahre der Produktion.

»KÖNIG-VON-PREUßEN-BECHER«, WORCESTER, ca. 1757-58 (11,8 cm)

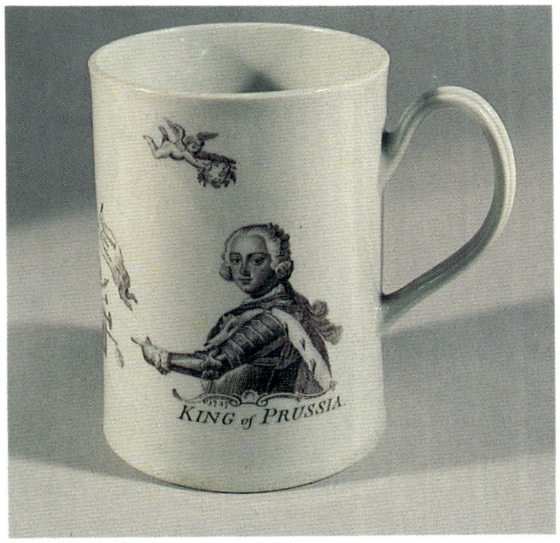

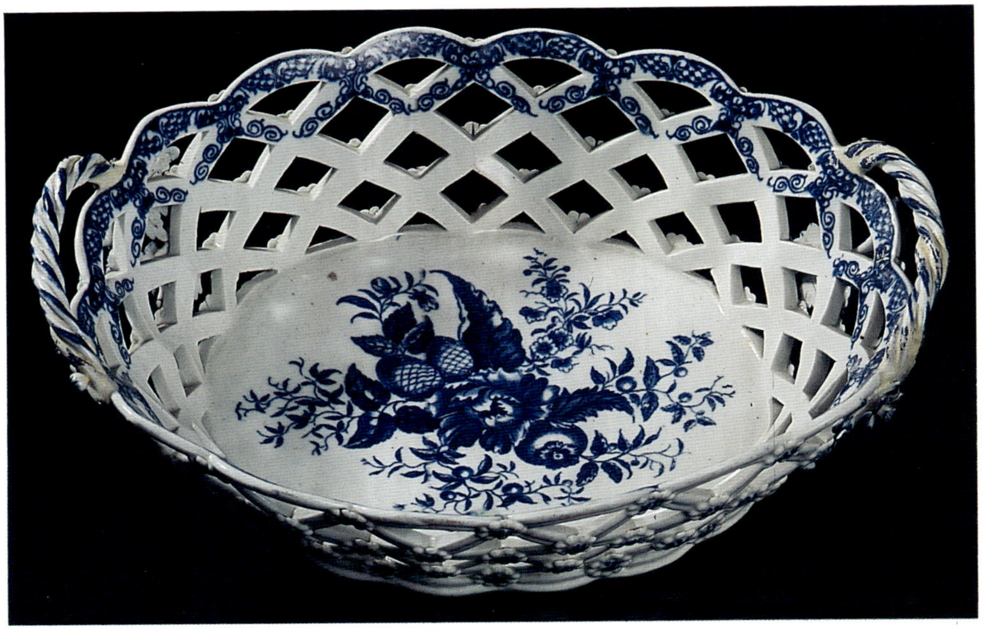

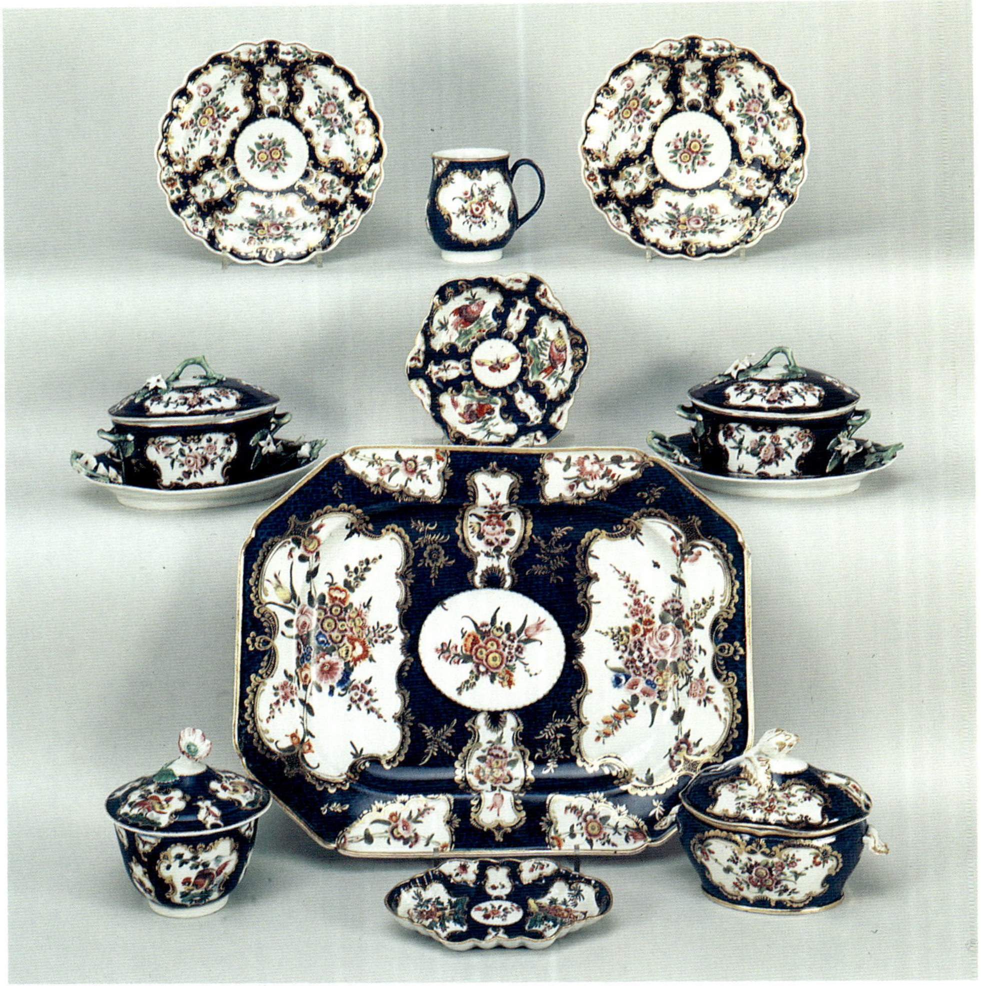

DURCHBROCHENER KORB, WORCESTER, ca. 1770-72 (25 cm)
Das »Kiefernzapfen-Muster« war der beliebteste, unterglasurblaue Aufdruck in Worcester. In den siebziger Jahren wurde er prinzipiell auf Tellern, Schalen und Körben benutzt und wurde von anderen Manufakturen, darunter Lowestoft und Caughley, kopiert. Dieses Stück trägt die Halbmondmarke. (OBEN)

BLAUES DEKOR, WORCESTER, ca. 1768-72
Dies ist der bekannteste der drei unterglasurblauen Fonds von Worcester. Die anderen sind Gros bleu und Bleu soufflé. Alle drei treten in Zusammenhang mit europäischen Blumen, exotischen Vögeln, orientalischen Blumen und manchmal mit Figurenmalerei auf. Diese Stücke sind mit einem Halbmond, einem Quadrat und »W« markiert. (LINKS)

Hancock, der später Teilhaber der Manufaktur werden sollte, zu verdanken ist. Mitte der fünfziger Jahre bis Anfang der siebziger Jahre des 18. Jahrhunderts wurde der Standard dieses Verfahrens von keiner anderen Manufaktur erreicht. Muster in Unterglasurblau, meist im chinesischen Stil, spiegeln den Stil der englischen Delft-Waren wider, die ungefähr ab 1760 immer häufiger aufgedruckt und nicht mehr per Hand aufgemalt wurden.

In den späten sechziger Jahren wurde das Dekor Worcesters immer üppiger. Neben den Blumenmustern und den chinesischen Figurenmotiven wurden »japanische« Muster und Dekore nach Sèvres immer beliebter. Auch die farbigen Fonds, darunter Bleu soufflé und gros Bleu gewannen an Beliebtheit. Diese kräftigen, unterglasurblauen Töne wurden zusätzlich mit runden, ovalen und spiegelförmigen Feldern mit Aufglasurdekoren verziert, deren Motive von Blumen bis zu exotischen Vögeln, von Landschaften bis zu asiatischen Mustern reichten und mit reicher Vergoldung geschmückt waren. Noch aufwendiger waren die Aufglasurfonds in Weinrot, Gelb, Grün und Türkis. Das Porzellan wurde immer mehr zur Leinwand für gemaltes Dekor, und die Balance zwischen Form und Dekor hatte sich radikal gewandelt. Die allmähliche Einführung dieser farbigen Fonds zusammen mit der zunehmenden Ausschmükkung der Dekormotive fiel mit dem Niedergang und der Schließung der Manufaktur in Chelsea zusammen.

Wahrscheinlich bewog der Niedergang Chelseas die Inhaber Worcesters zur Eröffnung einer Verkaufsstelle in London. 1767 traf die Manufaktur mit James Giles, einem unabhängigen Dekorateur, eine Vereinbarung, die ihm die Lieferung von weißem Porzellan zum Emaillieren in seiner Werkstatt in der Berwick Street in Soho zusagte. Vier Jahre lang wurde im Atelier von Giles ein großer Anteil des aufwendigen Dekors Worcesters ausgeführt. Giles schmückte nicht nur die einfachen Fonds in Unterglasurblau, sondern er war auch für viele farbige Fonds und Randdekore auf der Glasur verantwortlich. Seine Früchte, Blumen und Vögel zeichneten sich durch eine freiere Komposition als die der Manufaktur aus, da er unverwechselbare Elemente wie aufgeschnittenes Obst, aufgescheuchte Vögel und üppige Vergoldung einsetzte. Die Arbeit Giles erinnert oft eher an Meißen als an Sèvres, und die besten Stücke übertreffen die Dekore Worcesters der gleichen Periode.

Von 1751 bis 1776, dem Todesjahr Dr. Walls, zeichnete sich die Manufaktur Worcester in fast allen Gebieten der Porzellanherstellung aus. Nur in der Figurenherstellung war sie unzulänglich, da der Specksteinscherben für dieses Medium ungeeignet war. Die wenigen Stücke waren in der Haltung hölzern und wirkten leblos, auch wenn sie aufgrund ihrer Seltenheit hohe Preise unter Sammlern erzielen.

Worcester ist die einzige englische Manufaktur des 18. Jahrhunderts, die heute noch in Betrieb ist. Im Gegensatz zu ihren frühen Konkurrenten wurden schon ab Mitte der sechziger Jahre Marken verwendet. Die bekanntesten waren ein Halbmond, ein »W« und ein Quadrat, alle in Unterglasurblau.

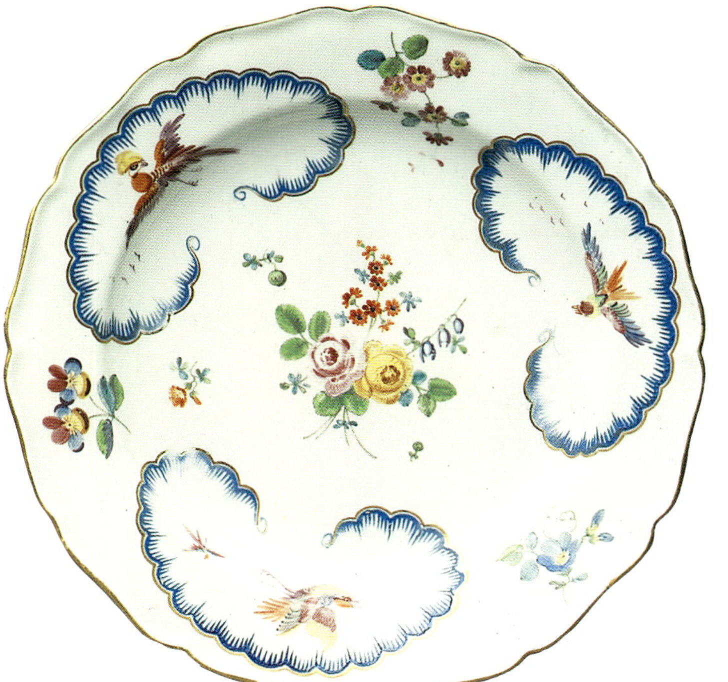

WORCESTER-TELLER, ca. 1770-72 (22,4 cm)

Dieses Stück wurde von einem Original aus Sèvres inspiriert. Das Dekor wurde extern in dem Londoner Atelier von James Giles angefertigt. Seine Arbeit kann durch das lose gebundene Bouquet im Spiegel, die unverwechselbaren Blumenzweige am Rand und den charakteristischen Stil der Vögel identifiziert werden.

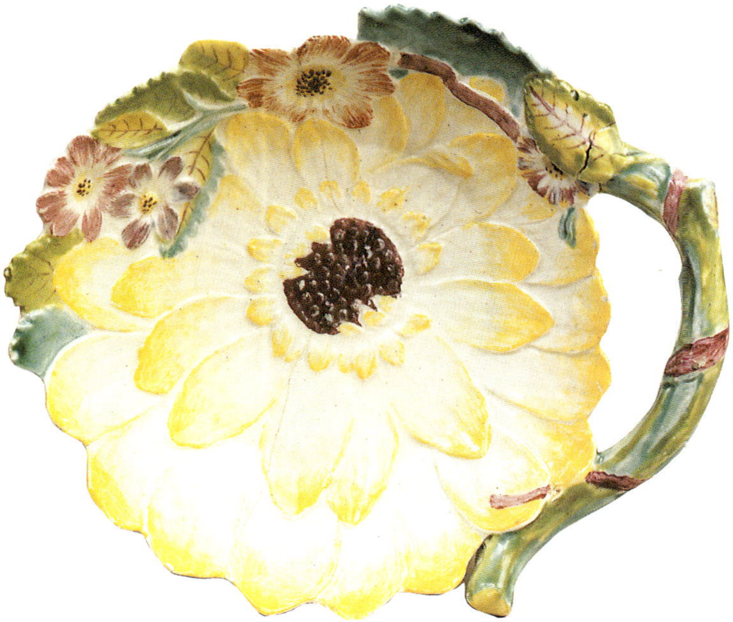

SONNENBLUMENSCHALE, DERBY, ca. 1756
(Durchmesser: 16,5 cm)
Naturalistische Formen dieser Art, Kopien aus Meißen um 1740, sind Mitte der fünfziger Jahre in Derby, Longton Hall und Chelsea sehr beliebt. Das opake Gelb ist für frühes Derby-Porzellan charakteristisch.

DERBY

Die Manufaktur Derby, die 1750 mit der Produktion begann, war einzigartig unter den frühen englischen Manufakturen, da sie in den ersten sechs Jahren fast ausschließlich Figuren, Vasen und Ziergegenstände herstellte. Erst als William Duesbury sie 1756 übernahm, wurde die Produktion konventioneller. In den folgenden zwölf Jahren durchdrang der Einfluß Meißens Formen und Dekor, so daß die Manufaktur in Zeitungsannoncen als »...zweites Dresden...« beschrieben wurde. Von 1756-1765 gehörten runde und ovale durchbrochene Körbe, asymmetrische Rokoko-Vasen, blattförmige Teller und Schalen, Saucieren, Becher und konische Kaffeekannen zu den gebräuchlichen Formen. Teegeschirr war bis 1760 selten, da das Porzellan beim Übergießen mit kochendem Wasser zum Zerspringen neigte, ein Problem das Derby noch in den nächsten zwanzig Jahren beschäftigen sollte.

DEKOR

Als Dekor wurden in Derby meist frei gemalte Blumenmuster eingesetzt, wobei Eisenrot dominierte. Nachtfalter, Schmetterlinge und sogar Obst wurden am Rand verstreut, der Vogel- und Landschaftsszenen umgab. Beachtenswert für englisches Prozellan ist, daß das Dekor für Geschirr mit dem der Figuren in vielen Punkten übereinstimmte. Blattförmige Dessertschalen, Weinlaubschalen und Obstformen erinnerten oft an die Roter-Anker-Periode Chelseas.

Kennzeichnender für die Manufaktur Derbys waren winzige Figuren in Landschaften, die auf charakteristsichen Formen Derbys, wie z.B. Schreibtischgarnituren, Potpourri-Vasen und Salzfässern mit Dekkeln und Maskenhenkeln, anzutreffen waren. Basisränder waren meist flach, und Geschirr, wenn es ans Licht gehalten wurde, ließ »Monde« oder eingeschlossene Luftblasen im Scherben erkennen, ein Phänomen, das sich auch bei Waren aus Chelsea zeigt. Bis zum Ende der sechziger Jahre war die Palette Derbys frisch, zart und leicht pastellfarben und paßte vorzüglich zu den ornamentalen Formen, die sie schmückte.

Unterglasurblaues Dekor, erstmals 1758 eingesetzt, erlangte nie die wirtschaftliche Bedeutung wie in Worcester, Bow und anderswo. Anfangs wurde es auch für die ansonsten farbig dekorierten Körbe, Dessertschalen, Butterdosen und Muschel-Tafelaufsätze benutzt. Das Blau war strahlend und kräftig und wirkte in den Randdekoren dieser Periode sehr eindrucksvoll. Seltener war das Umdruckverfahren in Unterglasurblau, das ca. 1764 eingeführt wurde und sowohl technisch als auch künstlerisch nicht sehr erfolgreich war.

CHELSEA-DERBY

Im Februar 1770 erwarben Duesbury und sein Partner Heath die kurz zuvor geschlossene Manufaktur Chelsea. Während der folgenden vierzehn Jahre, der sogenannten »Chelsea-Derby-Periode«, waren beide Manufakturen in Betrieb. Erstmals wurde eine Manufakturmarke eingeführt, ein »D«, verbunden mit einem Anker. Durch den Kauf Chelseas wurde der Scherben durch Knochenasche, die in Chelsea seit 1758 benutzt wurde, verbessert. Der Einfluß Sèvres' hatte nun das Vorbild Meißens abgelöst und zeigte sich sowohl in den klassizistischen Formen der siebziger Jahre als auch in den formalen Mustern klassischer Urnen, Blumengirlanden und Putten. Gleichzeitig erschienen die ersten »japanischen« Muster Derbys, ein Stil, der in den nächsten hundert Jahren stark mit der Manufaktur verbunden bleiben sollte. Weinrote und türkise Fonds waren häufiger, erreichten aber nur selten die Qualität ihrer Gegenstücke aus Chelsea oder Worcester.

FIGUREN UND TIERE

Von Anfang an waren Figuren ein wesentlicher Bestandteil der Produktion Derbys, und in den ersten zwanzig Jahren konnte nur die Manufaktur Bow mit dem Ausstoß konkurrieren. Die ersten Stücke modellierte Andrew Planche, dessen Figuren und Tiere, die oft weiß belassen wurden, zu den hervorragendsten Beispielen englischer Fi-

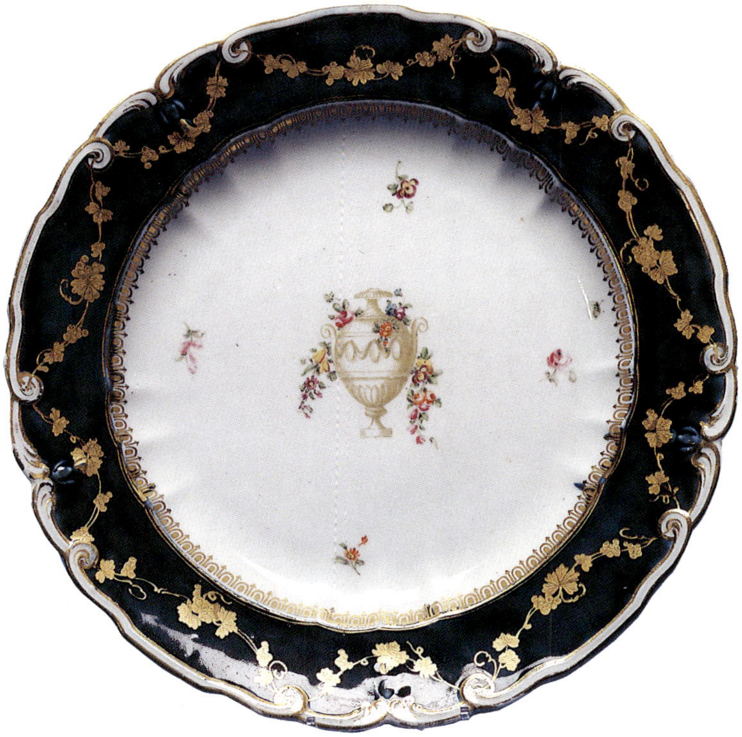

TELLER, CHELSEA-DERBY, ca. 1775 (23,6 cm)
Dieser Teller trägt die Goldener-Anker-Marke.

guren gehören. Sie verkörpern die Vitalität und Spontaneität der besten kontinentalen Figuren und besitzen eine dynamische Energie und Haltung, wodurch sie sich hervorragend für Skulpturmotive wie »Pluto und Cerberus«, die »Florentinischen Eber«, die »Angreifenden Stiere« und das »Ziegenpaar« eignen. Chinoiserie-Gruppen, die die fünf Sinne darstellen, sowie Schäfer, Jahreszeiten und klassische Sujets besitzen eine Kraft und einen Rhythmus, die völlig frei von der statischen und arrangierten Sentimentalität vieler englischer Figuren sind. Planches Figuren werden meist Waren mit »trockenem Rand« genannt, eine Beschreibung, die sich aus der charakteristischen, unglasierten Fläche an der Basis der meisten Figuren ergibt.

Wie alle Figuren Derbys wurden auch die Modelle der fünfziger Jahre im Gießverfahren hergestellt. Viele dieser Stücke wurden in schönen, zarten Farben bemalt. Sie waren leicht, und ihre Glasur hatte oft einen blauen Stich. Meißen wurde imitiert, und

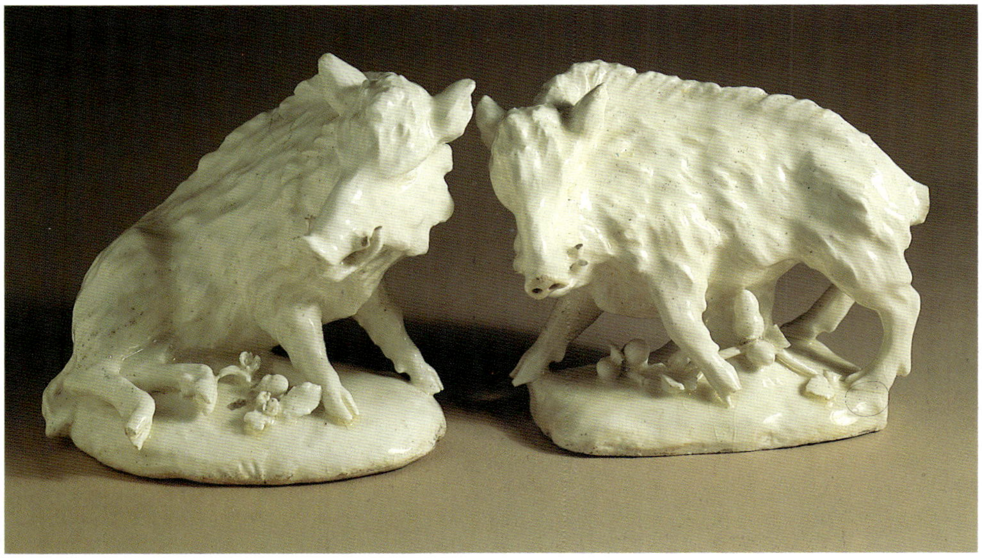

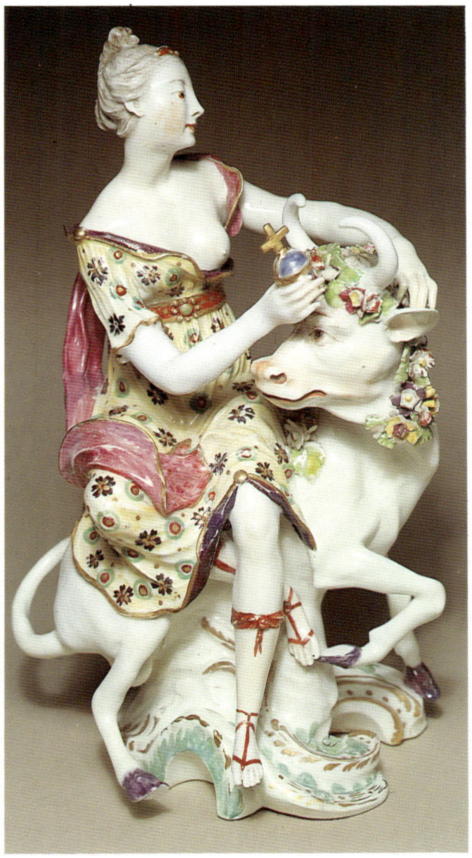

PAAR FLORENTINISCHER EBER, DERBY, ca. 1750-54 (Länge: 12,7 cm)
Diese großartigen Eber besitzen die Kraft und Vitalität der frühen, modellierten Figuren aus Derby. (OBEN)

«EUROPA UND DER STIER«, DERBY, ca. 1765-68 (Höhe: 28 cm) *(RECHTS)*

sowohl menschliche Gestalten als auch Vögel wurden offen als »nach den schönsten Modellen Meißens modelliert« gepriesen. Ungefähr ab 1760 wurde die Palette kräftiger, und die Modellierung verlor etwas von ihrer Feinheit und Vitalität. Viele Motive wurden in mehreren Größen hergestellt. Das Dekor wurde immer üppiger. Mitte der sechziger Jahre wurden die Sockel höher, und Girlanden und Gebüsche traten als Verzierung in den Vordergrund. Klassische Themen blieben weiterhin beliebt, so wie auch die Motive aus dem damaligen Alltagsleben, wenn auch in etwas idealisierter Form. Vergoldung wurde im Gegensatz zum vorangegangenen Jahrzehnt sehr großzügig angebracht, wodurch der Eindruck verstärkt wird, daß der niedrige Standard des Modellierens durch üppiges Dekor vertuscht werden sollte. Die flickenförmige Marke an der Basis der Figuren war ein Charakteristikum Derbys, das dadurch entstand, daß die Figuren beim Brennen der Glasur auf Tonblöcken standen.

Die Sujets für die Figuren der sogenannten »Chelsea-Derby-Periode« waren eine Weiterführung des vorangegangenen Jahrzehnts, auch wenn der Einfluß Sèvres' immer mehr zu bemerken war. Unglasierte Modelle, als »Biskuit« belassen, waren von einmaliger Qualität, da sie nicht die unvermeidbare Unschärfe der Details aufgrund der flüssigen Glasur aufwiesen. Eine weitere Innovation in den siebziger Jahren war die Vorliebe für Nationalhelden wie John Wilkes und General Conway, Motive aus der Theaterwelt und vor allem allegorische Gruppen wie Leda und der Schwan. Manche Figuren, wie Apollo sowie Venus und Cupido, entstammten ursprünglich der Planche-Periode und wurden in den siebziger Jahren wieder aufgelegt, obwohl ihre bildhauerische Kraft und rhythmische Vitalität nicht mehr zu erkennen waren.

LONGTON HALL

Die motivierende, kreative Kraft der Manufaktur Longton Hall, die 1750 gegründet wurde, war William Littler. Seine frühesten Produkte waren weiße Vogel-, Tier- und menschliche Figuren, die aufgrund ihrer dicken Glasur, ihres glasigen Scherbens und der schwach betonten Gesichtszüge als »Schneemann-Familie« bekannt wurden. Dies war die erste, experimentelle Phase einer Entwicklung, die höchstwahrscheinlich zur ersten Manufaktur Staffordshires führte, der die Herstellung von Porzellan gelang. Es war auch der illustre Anfang einer langen und hervorragenden Porzellantradition.

Ab 1755 verloren die Figuren und das Geschirr viel von ihrer einfachen Erscheinung, obwohl sowohl Dekor als auch Form deutliche Hinweise auf Littlers Erfahrung als Modelleur von salzglasiertem Steinzeug geben. Die heimische Produktion zeichnete sich durch eine schöne Serie von blattförmigen Tellern, Schalen, durchbrochenen Körben, Saucieren, Obst- und Gemüseformen und erdbeerförmigen Flachwaren aus. Obwohl an Meißen angelehnt, verleiht die Frische der gelblich-limonengrünen Blättermodellierung und die bezaubernde Blumen- und Vogelbemalung diesen Stücken eine unverwechselbare, englische Note. Idyllische, ländliche Szenen von Burgen und Ruinen in typisch englischer Landschaft verstärken diesen Eindruck. Die Muster im chinesischen Famille-rose-Stil besitzen eine kecke Vitalität, besonders bei den gänseartigen Vögeln. Das Blumendekor im Stile Chelseas dagegen weist eine gewinnende, verhaltene Qualität auf. Die Palette Longton Halls hat viel von den Salzglasurfarben übernommen und unterscheidet sich von der jeder anderen Manufaktur. Die Formen wurden frei von Meißen, salzglasiertem Steinzeug und manchmal direkt von chinesischen Waren übernommen; als Henkelformen wurde oft eine komplizierte und rustikal wirkende Doppelgirlande verwendet. Das Bedrucken auf der Glasur wurde selten angewandt und wenn, dann eher von Sadler in Liverpool als in Longton Hall. Blau-weißes Porzellan wurde fast immer produziert, wobei die gemalten Dekore meist im chinesischen Stil ausgeführt wurden, so wie er auf englischen Delft-Waren interpretiert wurde. Das Dekor in Unterglasurblau wurde in der Regel frei und ansprechend ausgeführt, auch wenn die Bemalung zum Verlaufen neigte.

Die charakteristischsten Figuren Longton Halls wiesen einen herrlichen, fließenden Rhythmus auf und sind voller exzentrischer Bewegung. Motive wie Blumenverkäufer, Zechbrüder und Traubenverkäufer lehnen in übertriebenen und unwahrscheinlichen Winkeln an ihren etwas plumpen Rokoko-Sockeln. Wenn auch nicht sehr

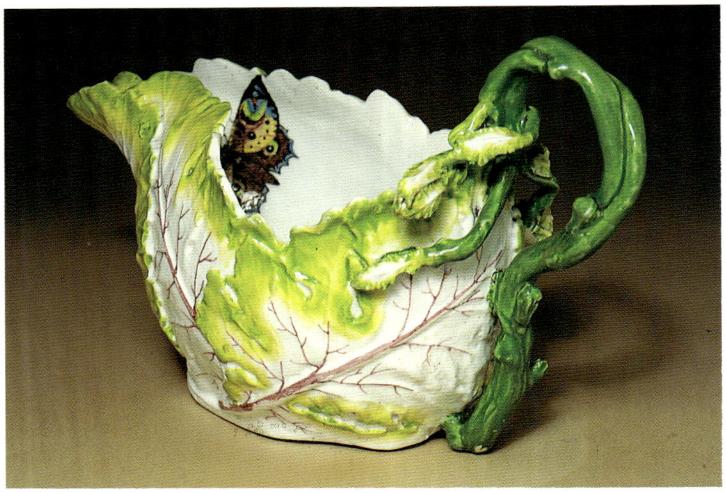

SAUCIERE, LONGTON HALL, ca. 1755-58
(Höhe: 11,5 cm)
Charakteristische, rustikale Form aus Longton Hall, die auch mit unterglasurblauem Dekor hergestellt wurde. Die braunroten Adern und das Limonengrün sind für diese Manufaktur typisch.

anspruchsvoll, besaßen sie doch eine echte, unverfälschte Ausstrahlung, die anderen englischen Figuren fehlt. Konventionellere Modelle waren an Meißen angelehnt und manchmal auch direkt von Salzglasurwaren inspiriert worden. Auch Skulpturen dienten als Anregung, was sich im bekannten Figurenpaar »Herkules und der nemeische Löwe« und in dem Cupido-Paar auf gallopierenden Pferden zeigt. Zu den typischen Farben der Longton-Hall-Figuren gehören Gelbgrün, Purpurrosa und das dunkle »Littler-Unterglasurblau«. Die späteren Figuren, eventuell von Stücken der Goldener-Anker-Periode Chelseas beeinflußt, sind oft viel größer, mit untypischem Scherben und untypischer Glasur. Diese Figuren, die manchmal mit einem »K« markiert sind, werden wohl bald der Manufaktur Vauxhall zugeschrieben werden.

Nach der Schließung von Longton Hall zog Littler nach West Pans in der Nähe von Musselburgh in Schottland. Dort produzierte er zusammen mit seiner Frau Jane von 1764 bis ca. 1775 einige Gebrauchswaren, die oft auf früheren Formen aus Longton Hall basierten, wobei der Scherben aber viel gröber und körniger war. Das Dekor besaß ein charakteristisches ultramarines Unterglasurblau, wohingegen das schön ausgeführte Aufglasurdekor eine etwas fade Palette aufwies. Wie in Longton Hall wurde keine Manufakturmarke verwendet, auch wenn einige Stücke ein energisch durchgestrichenes »L« in Unterglasurblau als Marke aufweisen.

LIVERPOOL

Es ist erwiesen, daß es zwischen 1754 und 1799 mindestens vier oder fünf verschiedene Manufakturen in Liverpool gab, obwohl noch vieles über ihre Eigentümer und ihre genaue Lage und in ein oder zwei Fällen über die Art ihres Porzellans unbekannt ist.

Gilbody

Samuel Gilbodys Manufaktur, in Betrieb von 1754-1761, brachte das schönste Liverpooler Porzellan hervor. Exemplare sind sehr selten und nicht immer leicht zu identifizieren, da die Qualität seiner Produkte sehr schwankte. Vasen und Becher waren etwas verstärkt vertreten. Das Dekor war meist von Salzglasurwaren beeinflußt; dieser Einfluß erstreckte sich auch auf viele Formen und Henkel. Zu den typischen Farben gehörte ein sanftes Rosa, ein warmes Gelb und ein kräftiges Braun. Das Dekor war manchmal von ausgezeichneter Qualität. Ausgrabungen auf dem Gelände haben Scherben hervorgebracht, die die Produktion blau-weißen Porzellans belegen, das wahrscheinlich mindestens zwei Drittel der Produktion ausmachte. Das Unterglasurblau war meist dunkel, leicht tintenfarben und neigte zum Verlaufen, wodurch das Dekor verzerrt wirkte. Das Umdruckverfahren auf der Glasur wurde auch ausgeführt, allerdings in geringem Umfange und wohl am häufigsten bei Bechern. Einige Figuren sind bekannt, darunter ein Schäfer nach einem Derby-Original, Minerva und eine

FIGUREN, LONGTON HALL, ca. 1756-58
(Höhe: 14 cm die größere)
Die lebhafte Gestik, die Cherubs-Gesichter und das gelbliche Grün der Ranken an der Basis sind charakteristisch für die rustikalen Themen von Longton Hall. Wenn auch nicht so vollkommen wie die Figuren aus Meißen, besitzen sie doch große Kraft und Sinn für Bewegung.

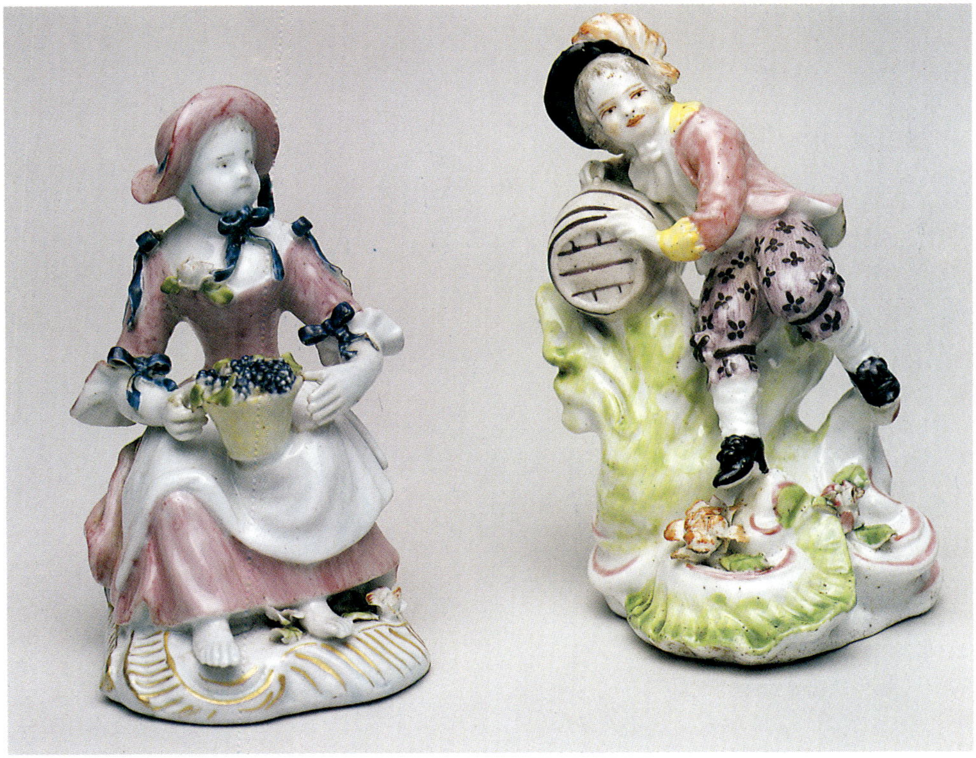

Version der »Bäuerlichen Jahreszeiten«. In seiner Blütezeit hatte der phosphathaltige Scherben eine glatte, glänzende Glasur, die sich seidig anfühlt. Aufgrund der technischen Schwierigkeiten wiesen aber bei weitem nicht alle Stücke hohe Qualität auf. Wie bei allen Porzellanherstellern Liverpools wurde keine Marke benutzt.

Chaffers

Richard Chaffers Liverpooler Manufaktur vertritt die wesentliche Tradition der Porzellanherstellung der Stadt. Die Manufaktur, die nicht weit vom Gilbody Gelände auf Shaw's Brow lag, produzierte ungefähr von 1754 bis 1765 Porzellan. Anfangs wurde Knochenasche für die Porzellanmasse verwendet, aber nach ca. zwei Jahren übernahm Chaffers die Specksteinrezeptur. Die erfolgreichsten und ehrgeizigsten Dekore sind chinesisch angehaucht, Chinesenfiguren und Vogeldekore, am besten auf Bechern und großen Apfelweinkrügen zu sehen. Florale Muster waren eigenständiger als die zahlreichen asiatischen und »japanischen« Motive, die sich an Worcester orientierten. Aus Worcester wurden auch viele Formen übernommen, die aber dennoch meist auch unverwechselbare Liverpooler Züge aufwiesen, wie z.B. die abgeflachten Riemchenhenkel an Kaffeekannen, Bechern und Kaffeetassen und die breiten, gerundeten und oft nach außen gewölbten Ränder von Apfelweinkrügen. John Sadler führte Umdruckverfahren auf der Glasur aus, die sich durch ihren Sepiaton auszeichneten. Wie bei den anderen Manufakturen Liverpools war das unterglasurblaue Dekor ein wesentlicher Bestandteil der Produktion, manchmal mit einem Zusatz von Eisenrot und Vergoldung, ein Schmuck, der eher wirtschaftliche als künstlerische Aspekte vertrat. Landschaften wurden energisch und oft recht einfach gezeichnet. Das Motiv »Springender Knabe« findet sich oft auf adrett getöpferten, achteckigen Teewaren.

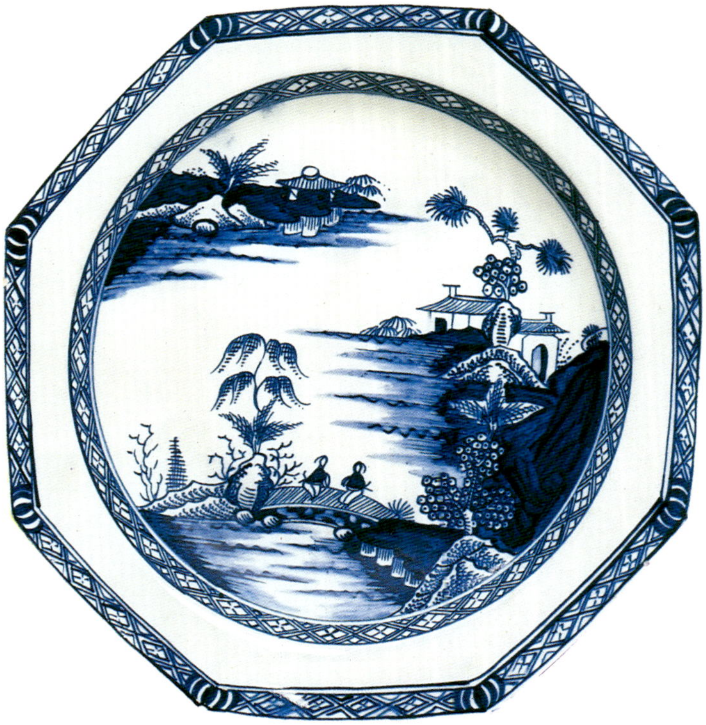

Teller, Liverpool, ca. 1760-65 (22 cm)
Der Einfluß der englischen Delft-Ware zeigt sich deutlich in der Komposition und im Dekor dieses achteckigen Tellers von Chaffers. Das dunkle Unterglasurblau, der doppelte Randdekor und die getüpfelten Punkte in der linken Ecke sind charakteristisch für diese Manufaktur.

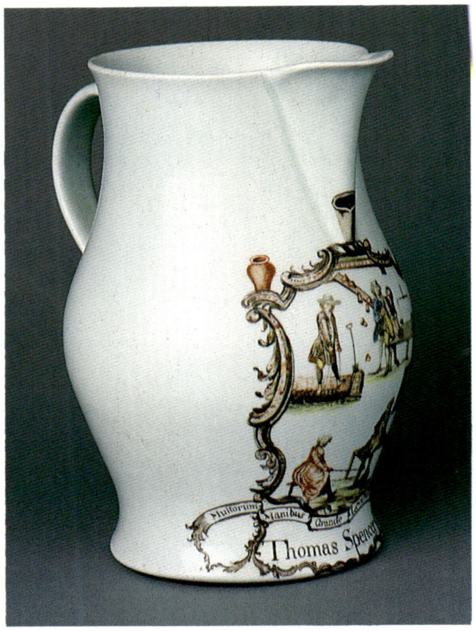

Apfelweinkrug, Liverpool, ca. 1762-65 (17,5 cm)
Schöner Krug von Chaffers mit der Inschrift »Thomas Spencer« und Szenen vom Töpferhandwerk.

Die Christian-Manufaktur

Nach Chaffers Tod 1765 führte sein Partner Philip Christian die Produktion fort. Die polychromen Muster waren meist einfache Blumenmotive oder chinesische Figuren, alles sehr im Stile Worcesters gehalten. Im allgemeinen war die Palette kräftiger als in der Chaffers-Periode, mit einem lebhaften Grün, einem hellen Gelb und einem charakteristischen, malvenfarbenen Purpur. Dazu gesellte sich ein freierer Einsatz von weißem Email. Umdruckverfahren wurden, anders als bei Sadlers Arbeiten, in grauem Farbton ausgeführt und erschienen hauptsächlich auf Teewaren. Im Vergleich zu Chaffer wurde das blau-weiße Dekor sorgfältiger ausgeführt, mit feineren Konturen und Mustern, die oft mit Punkten übersät waren. Das Unterglasurblau war blasser als bei Chaffers, obwohl die späteren Aufdrukke eher schwer und dunkel und nicht mehr so zufriedenstellend sind. Modellierte Kaffee- und Teegeschirre waren eine Spezialität. Saucieren, Krüge und manche Becher hatten kunstvolle Henkel in Form einer beißenden Schlange. Das Porzellan war dünnwandig und hervorragend getöpfert.

Gebrüder Pennington (und Andere)

Das Porzellan, das gegenwärtig den Brüdern Pennington – James, John und Seth – zugeschrieben wird, ist so ungleich in Bezug auf Scherben, Glasur, Dekor, technischer Qualität und allgemeinem Aussehen, daß es fast sicherer ist, es letztendlich mindestens drei Manufakturen zuzuschreiben. Einer der drei Brüder führte die 1776 von Philip Christian verlassene Manufaktur weiter, während ein anderer, eventuell James, eine Manufaktur in Brownlow Hill innehatte. Diese verworrene Situation kann man ordnen, indem man das Porzellan aus Liverpool in drei Gruppen unterteilt, die alle einen Scherben mit Knochenasche aufweisen. Die früheste dieser Gruppen, die die charakteristischsten Liverpooler Formen und Dekore beinhaltet, scheint aus den Jahren von 1765-1780 zu stammen. Diese Gruppe kann jedoch nicht in der Manufaktur auf Shaw's Brow produziert worden sein, da diese die meiste der fraglichen Zeit von Philip Christian belegt war. Eher scheint eine andere Gruppe mit bemerkenswertem, polychromen Blumendekor und chinesischen Figuren auf Shaw's Brow hergestellt worden zu sein. Noch später datiert die Gruppe schlecht getöpferter Liverpooler Waren, die vielfach mit minderwertigen »Wachtel-« und »Fischer-Mustern« in Unterglasurblau bedruckt waren. Viele datierte Exemplare dieser Gruppe weisen auf ein Herstellungsdatum in den beiden letzten Jahrzehnten des 18. Jahrhunderts hin.

LOWESTOFT

Die Lowestoft-Manufaktur in einem Fischerdorf an der Küste Suffolks war von den wichtigen Keramikzentren Englands isoliert, was zur individuellen Note ihrer Produkte und zur relativ langsamen Entwicklung ihres Stils beitrug. Sie wurde 1757 von vier Partnern – Philip Walker, Robert Browne, Obed Aldred und John Richman – gegründet, wobei Browne die Leitung der Manufaktur übernahm. Für damalige Verhältnisse war die Manufaktur sehr klein, mit nur siebzig Angestellten, manchmal sogar noch weniger, dennoch gibt es aufgrund des langen Bestehens viele erhaltene Stücke. Ähnlich wie in Bow wurde Knochenasche verwendet.

In den ersten zehn Jahren wurde ausschließlich Porzellan mit unterglasurblauem Dekor hergestellt. Die Muster waren chinesisch, zeigen einen herrlichen, befruchtenden Einfluß der Delft-Waren und waren meist in dunklem, tintigem Unterglasurblau ausgeführt. Plastisches Dekor wurde auf Formen wie z.B. Apfelweinkrügen, Saucieren und manchmal auch auf Teegeschirr verwendet, zusammen mit reizenden asiatischen Miniaturlandschaften in ovalen oder runden Reserven. Die getöpferten Formen lehnten sich an salzglasierte Waren an. Bis in die siebziger Jahre war der Einfluß anderer Manufakturen auf das Dekor eher gering. In der ganzen Zeit ihres Bestehens war die Manufaktur für Stücke mit Inschriften, die sich auf Geburten, Heiraten und auf Städte und Dörfer im Osten Englands bezogen, bekannt. Diese datierten Stücke, von denen mehr als zweihundert bekannt sind, sind eine gute Quelle für die Chronologie der Formen, Dekore und Veränderungen des Scherbens über einen Zeitraum von vierzig Jahren hinweg.

Ab den vierziger Jahren verlor das blauweiße Dekor viel von seiner Frische und Individualität. Zu den Formen Lowestofts gehörten Breiwärmer, Schnabeltassen, Flakons, Einmachgefäße und vor allem Geburtstafeln. Sie wurden sowohl farbig als auch in Unterglasurblau angefertigt und trugen den Namen des Kindes und das Geburtsdatum, allerdings ist man sich noch über die eigentliche Funktion unklar.

Becher, Lowestoft, ca. 1762-65
(11,5 cm)
Dieser glockenförmige Becher besitzt, wie so oft bei Lowestoft-Porzellan, ein schlichtes, fast kindliches Dekor und trägt die Nummer des Malers. Bei späteren Exemplaren wird das Unterglasurblau heller und das Dekor stilisierter.

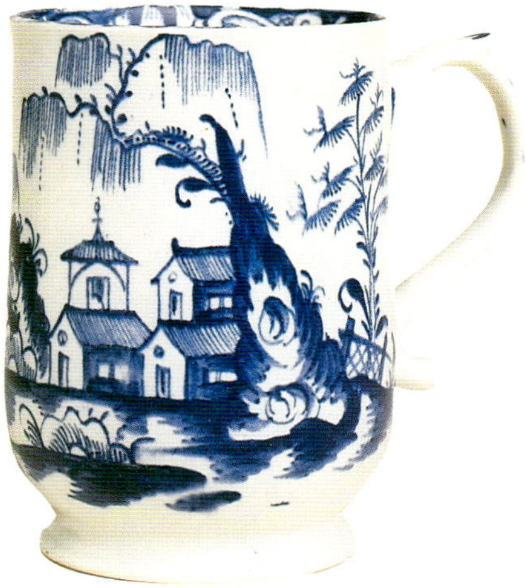

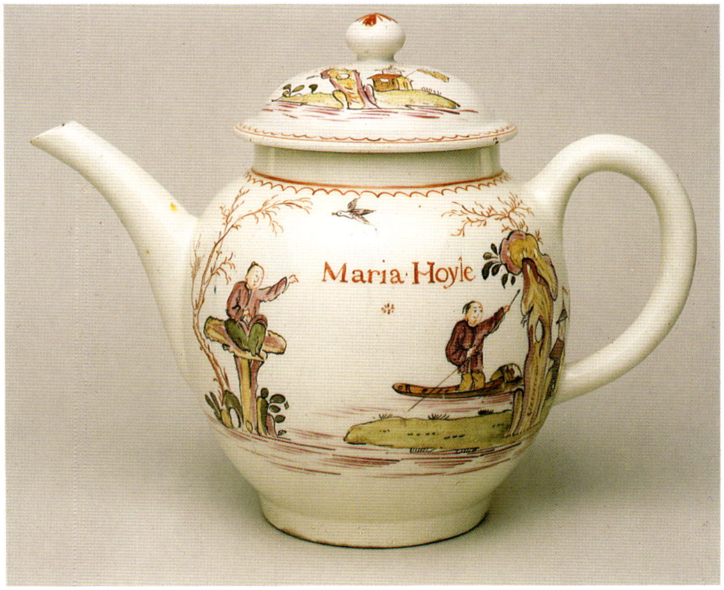

Teekanne, Lowestoft, 1774
(Höhe: 14,5 cm)
Diese Kanne mit der Inschrift »Maria Hoyle« und »Norwich 1774« ist ein Beispiel für den naiven Stil der Bemalung dieser relativ kleinen Manufaktur, die hauptsächlich für den lokalen Markt produzierte. Der größte Teil des Dekors war im chinesischen Stil gehalten.

Farbiges Dekor, das in den späten sechziger Jahren vereinzelt eingesetzt wurde, wurde nach und nach immer wichtiger. Neben dem »Redgrave-Mustern« dominierten florale und chinesische Dekore in Unterglasurblau und Aufglasurrot mit Vergoldung. In den siebziger Jahren fertigte der anonyme »Tulpenmaler« für kurze Zeit hervorragende Blumenmuster an, die oft eine vollerblühte Tulpe darstellten. Ansonsten war die farbige Bemalung meist alltäglich und wiederholte sich. In den späten achziger Jahren waren sie chinesischem Exportgeschmack angepaßt, und wenig später fand man neben den noch immer beliebten Mandarinmustern französisches Zweigdekor. Unter den wenigen Figuren, hauptsächlich aus den achziger Jahren, befinden sich Paare von Musikern, tanzende Putten, Schafe, Katzen, Möpse und Schwäne.

Ab 1770 weist das Porzellan Lowestofts wenig künstlerische Qualität auf, besitzt jedoch, aufgrund der Abhängigkeit von einem recht isolierten Markt, die liebenswerte Einfachheit der Volkskunst.

CAUGHLEY

Die Manufaktur Caughley, etwa 64 Kilometer flußaufwärts von Worcester, begann 1772 mit der Porzellanherstellung. Einer der Partner, Thomas Turner, soll in Worcester gearbeitet haben, und daher ist es verständlich, daß der Einfluß Worcesters überall sichtbar ist. Besonders in den siebziger und Anfang der achziger Jahre bestand ein großer Teil der Produktion Caughleys aus Imitationen von Worcester-Waren. Unter den vielen »ausgeliehenen« unterglasurblauen Mustern befand sich das »Kiefernzapfen-« und »Fischer-Muster«. Viele handgemalte Blumendekore waren in einem hellen Unterglasurblau und wiesen den Stil Chantillys auf, einer Manufaktur, die Turner sehr bewunderte. In den achziger und neunziger Jahren wurden die Muster des konkurrierenden, importierten blau-weißen »Nankin-Porzellans« kopiert. Dennoch waren die chinesischen Importwaren aufgrund der wirtschaftlichen Situation immer noch billiger als die Kopien aus Caughley.

Diese Konzentration auf Imitationen blau-weißen Porzellans anderer Manufakturen wurde nur durch einige Erinnerungsstücke, wie z.B. Becher und Apfelweinkrüge und einige Dessertschalen, die wunderschön mit Landschafts- und architektonischen Szenen nach Aquarellen Paul Sandbys bemalt waren, unterbrochen. Die Töpferkunst in Caughley war von hoher Qualität und übertraf schließlich die Worcesters. Die Produktpalette war breit; zu ihr gehörten »Puppen-Teeservice« und für damalige englische Manufakturen ungewöhnliche Formen wie Blumentöpfe, Sorbetbecher, Essigflaschen, Artischockentassen und sogar Knöpfe.

Farbiges Porzellan wurde in viel geringerem Umfang produziert, wobei oft Unterglasurblau lediglich mit Aufglasurvergoldung verziert wurde, oft im klassizistischen Stil. Florale Muster waren nicht so anspruchsvoll, auch wenn es einige ehrgeizige Kompositionen gab, die wohl in Chamberlains Manufaktur in Worcester entstanden. Im Gegensatz zu den anderen englischen Manufakturen des 18. Jahrhunderts gab es in Caughley häufig Marken, entweder ein »C« oder ein »S«, bei Flachwaren auch das Wort »Salopian«. 1799 wurde die Manufaktur unter dem Namen »Royal Salopian Porcelain Manufactory« von den Besitzern der nahegelegen Coalport-Manufaktur übernommen.

PLYMOUTH UND BRISTOL

Nach mehr als zwanzigjähriger Experimentierzeit wurde in Coxside bei Plymouth die erste wirtschaftlich erfolgreiche Manufaktur Englands für echtes Hartporzellan gegründet. Der Eigentümer, William Cookworthy, Quäker und Chemiker, hatte seit den vierziger Jahren nach einer Rezeptur für Hartporzellan geforscht. Die ersten Produkte waren verständlicherweise technisch noch nicht ausgereift und wiesen auch Mängel wie Rauchflecken und Verformungen beim Brennen auf. Cookworthy hatte große Schwierigkeiten beim Brennen von Tellern und Untertassen, doch gelangen ihm im Gegensatz dazu Figuren und große Dekorvasen. Bestimmte Aufglasurfarben verdarben immer beim Brennen, und das Unterglasurblau erhielt einen unbeabsichtigten schwarzen Ton. Blumen, Figuren und Landschaften im asiatischen Stil waren die häufigsten Dekore, obwohl es auch typische Vogeldekore gab, die sich leicht an Sèvres anlehnten und auf Bechern, Vasen und Apfelweinkrügen auftauchten. Formen und die meisten gemalten Dekore folgten Prototypen aus Worcester, obwohl manche auch noch auf die Vauxhall-Manufaktur zurückgingen. Salzstreuer und Tafelaufsätze wurden mit plastischem Seetang und Muscheln überzogen und sowohl farbig, blau-weiß als auch wie in Bow ohne Bemalung hergestellt. Figuren, meist auf hohen Girlandensockeln, stachen in Braunrot hervor und waren manchmal von imposanter Größe, wie z.B. bei den »Vier Kontinenten«, allerdings neigten sie sehr zur Verformung beim Brennen, wodurch sie sich leicht auf die Seite neigten. Die meisten Modelle aus Plymouth waren im Stile des Rokoko, wenn auch nicht so protzig und übertrieben wie ihre späten Gegenstücke aus Chelsea und Bow.

1770 verlegt Cookworthy seine Manufaktur nach Castle Green in Bristol, einer Stadt mit langer Töpfertradition. Cookworthy, der nun Mitte sechzig war, war nicht mehr so aktiv an der Leitung beteiligt, ab 1774 hatte Richard Champion die Führung ganz übernommen. Im Vergleich zu Plymouth war Champions Produktion konventioneller und bestand hauptsächlich aus Tee- und Kaffeeservice, wobei sowohl Form als Dekor von Meißen und Sèvres beeinflußt waren. Klassizismus, dem Plymouther Stil völlig fremd, war ein Hauptthema der Produktion Champions, der viel jünger als Cookworthy war und diese neue Richtung schnell annahm, die sich in den »Namens-Servicen« für seine speziellen Freunde und Kunden offenbarte. Vergoldung von höchster Qualität gehörte zu den Merkmalen Bristols. Sie wurde auf zinnoberrotem Grund »aufgelegt«. Es ist kein Zufall, daß dies meist in Zusammenhang mit klassizistischen Mustern nach Sèvres eingesetzt wurde, wohingegen die einfacheren Meißener Kompositionen schlichte, rotbraune Ränder aufweisen. Neben diesen klassizistischen Prestigewaren wollte Champion auch ein-

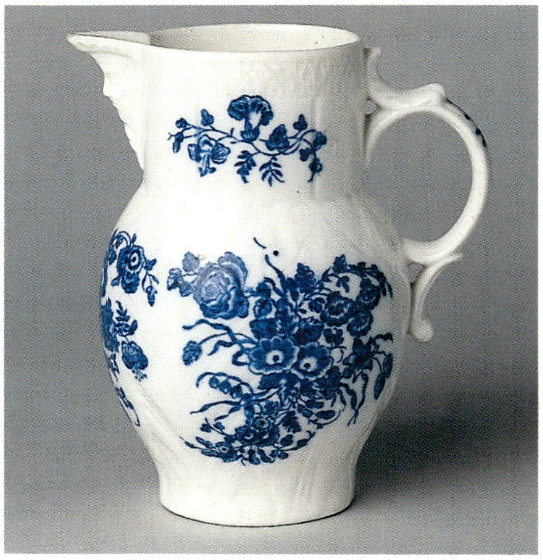

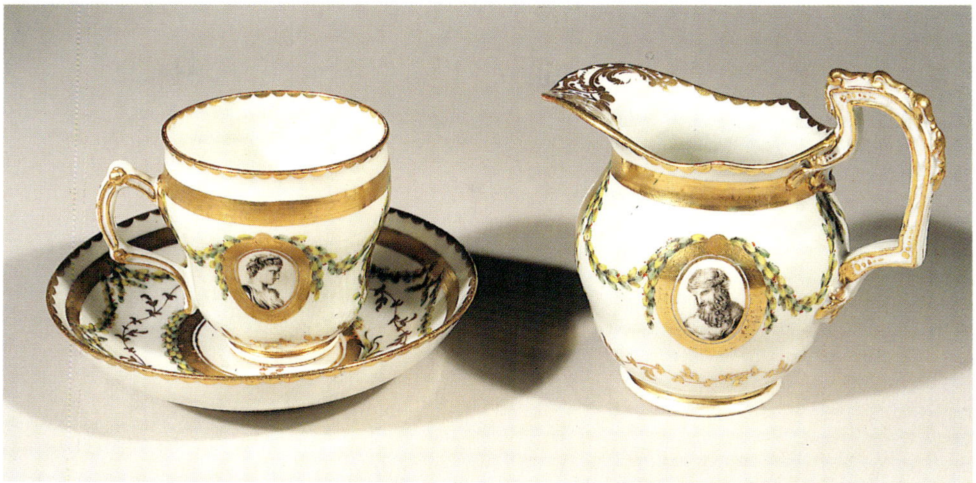

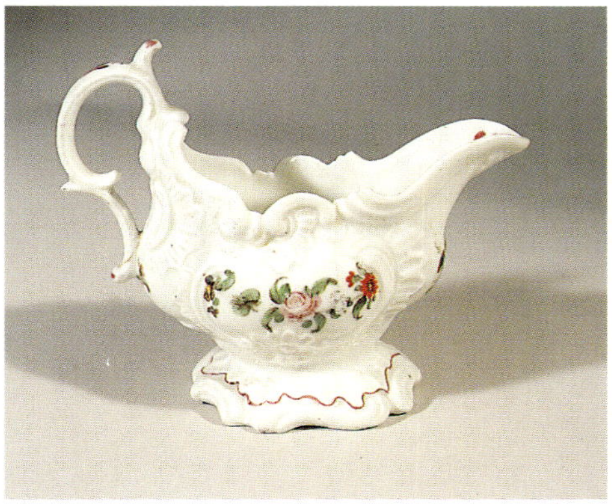

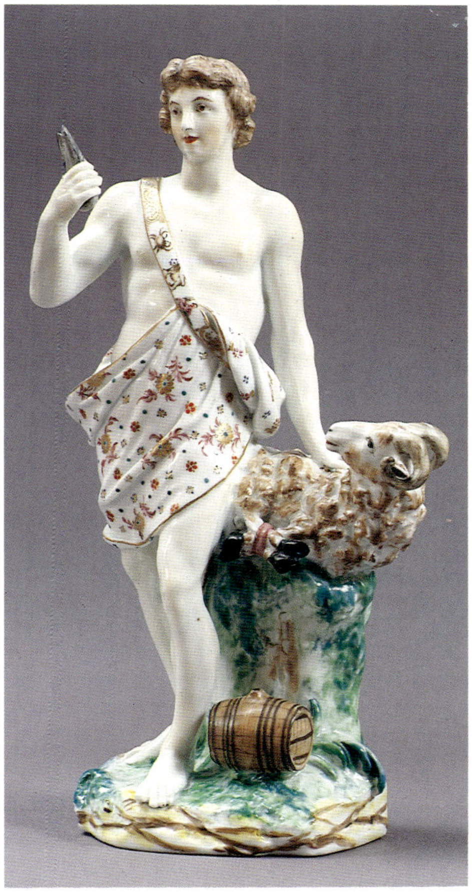

SAUCIERE, PLYMOUTH, ca. 1768-70 (Länge: 14 cm)
Die Rokoko-Form ist typisch für Plymouth und erinnert an eine Silberarbeit. Das Stück trägt eine Zinnmarke. (OBEN)

KRUG, CAUGHLEY, ca. 1775-78 (14,6 cm)
Diese kohlblattartig modellierten Krüge, im 18. Jahrhundert bekannt als »holländische Krüge«, wurden in den meisten größeren Manufakturen hergestellt. Dieses Stück trägt die Marke »SX«. (GANZ OBEN)

TEEWAREN, CHAMPION'S BRISTOL, ca. 1775-76
Eine Kaffeetasse, eine Untertasse und ein Sahnekännchen aus dem Leinster-Service, markiert mit einem blauen »X«. Klassizistisches Dekor und Vergoldung von höchster Qualität sind für die anspruchsvolleren Stile Bristols charakteristisch. (OBEN RECHTS)

FIGUR, CHAMPION'S BRISTOL, ca. 1775 (25,5 cm)
Diese Figur ist emblematisch für den »Herbst« und stammt aus einer Gruppe der »Klassischen Jahreszeiten«. Die Figuren aus Bristol sind meist groß. (OBEN)

fachere, nicht so kostspielige, heimische China-Waren produzieren, die mit einfachen, grünen Girlanden verziert waren. Die individuellste Komponente der Bristoler Produktion waren wohl die Biskuittafeln mit dekorativen Reliefrändern mit Blumengirlanden.

Manche Figuren ähneln zwar den früheren Plymouther Modellen, aber viele zeigen den Einfluß Derbys, besonders des Modelleurs Pierre Stephan. Die Figuren sind meist groß, etwas hölzern und oft auf felsenähnlichen, rechteckigen Sockeln. Klassische Themen wie »Die Jahreszeiten« und »Die Elemente« wurden im Stile Sevres modelliert, während die massiv ausgeführten Figuren »Die Ziegenherde« und »Die Milchmagd« die sentimentale Welt Bouchers erklingen lassen. Unter all diesen nachgeahmten Figuren waren auch kleinere, originelle Stücke wie »Der vom Hund erschreckte Knabe«.

Ein großer Teil der Plymouther Waren wurde mit dem chemischen Zeichen für Zinn markiert, entweder auf der Glasur oder in Unterglasurblau. Die meisten Stükke Bristols weisen ebenfalls eine Marke auf, ein einfaches Kreuz oder seltener ein »B«. Wirtschaftliche Probleme zwangen Champion, die Manufaktur 1781 zu schließen. Das Patent wurde von den Gründern der Newhall-Manufaktur in Staffordshire gekauft.

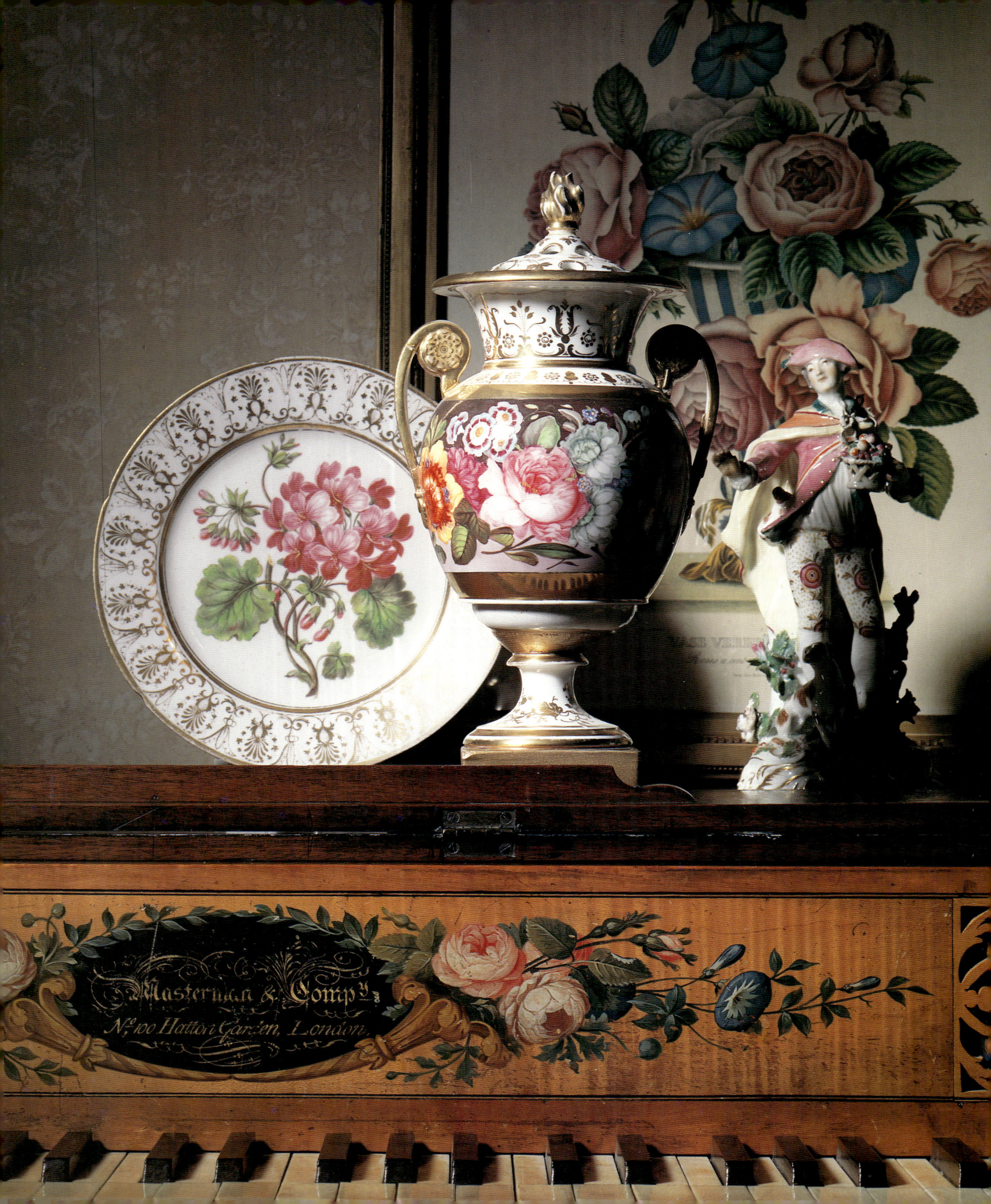
Masterman & Compy
Nº 100 Hatton Garden, London.

Porzellan aus England und Wales von 1780 - 1820

Die in diesem Kapitel beschriebene Periode ist die wichtigste für die Entwicklung des britischen Porzellans – dem Knochenporzellan. Ende des 18. Jahrhunderts wurde die Porzellanproduktion noch immer von verschiedenen Weichporzellanen oder Specksteinporzellanen, die um Staffordshire herum hergestellt wurden, dominiert. Ab ca. 1820 herrschte das Knochenporzellan vor; es wurde hauptsächlich in den Töpfereien Staffordshires produziert, die am Ende dieser Periode gegründet wurden.

Die Veränderung war revolutionär. die Produktionszentren verlagerten sich, das Material sowie die Formen und das Dekor veränderten sich – Ergebnis des Klassizismus um 1780 und der Üppigkeit des Regency, das 1820 endete.

Um 1780 hatte London seine dominierende Stellung in der Porzellanherstellung verloren. William Duesbury von Derby kaufte 1770 die Chelsea-Manufaktur, aber obwohl noch einige Waren in London bis zur endgültigen Schließung 1784 produziert wurden, waren die glanzvollen Tage vorbei. 1776 kaufte und schloß er die Manufaktur Bow. Vauxhall war um 1780 schon längst untergegangen sowie Limehouse und die mysteriöse Manufaktur »Girl-in-the-Swing«.

In der Provinz verloren Manufakturen wie Bristol an Bedeutung. Lowestoft sollte noch zwanzig Jahre existieren, und die alten Liverpooler wurden von den Penningtons abgelöst. Derby und Worcester jedoch florierten in dieser Periode. Das südliche Derbyshire hat seinen Glanz verloren, sowie die Shropshire-Firmen in Caughley und Coalport, die einst beinahe mit Worcester konkurrieren konnten.

Sammlung englischen Porzellans, 18. bis frühes 19. Jahrhundert

Staffordshire-Teller, ca. 1810; Flight, Barr and Barr-Vase, Worcester, 1813-40; Chelsea-Figur, Goldener-Anker-Periode, 1757-69

LOWESTOFT

Im Gegensatz zu den meisten anderen Manufakturen blieb Lowestoft dem Weichporzellan treu, bis die Manufaktur 1799 aufgrund wachsender finanzieller Schwierigkeiten und verschärfter Konkurrenz aus Staffordshire schließen mußte. Es ist jedoch interessant, daß der spätere Lowestoft-Scherben zu 30 bis 45 Prozent aus Knochenasche bestand, woraus allerdings noch kein Knochenporzellan entstand, da die anderen Zutaten nicht denen aus Staffordshire entsprachen.

Die Hinzugabe von Knochenasche gab dem späten Scherben Lowestofts ein sehr weißes Erscheinungsbild, obwohl an den Stellen, wo die Glasur dünn oder gar nicht vorhanden ist, eine leichte, bräunliche Verfärbung erkennbar ist, ein oft hilfreicher Hinweis zur Identifikation. Die Waren waren meist unmarkiert, außer mit Malernummern (1 bis 8 sind dokumentiert), die oft unter dem Fußrand gefunden werden können. Manchmal findet sich ein Halbmond, wohl in Nacheiferung der Marke Worcesters.

Es gibt viele Formen, aber Tafelgeschirr dominiert. Nur wenige Figuren – ob Menschen oder Tiere – sind bekannt. Die berühmtesten Stücke sind verschiedene Tafelgeschirre, die mit einer »Kleinigkeit« aus Lowestoft (oder seltener aus Bungay) dekoriert waren und entweder in Unterglasurblau oder in Famille-rose-Emailfarben bemalt wurden und den Mustern aus Staffordshire, bekannt unter dem Namen »New Hall«, ähneln, aber ihren Ursprung im chinesischen Exportporzellan haben. Es muß darauf hingewiesen werden, daß Begriffe wie »chinesisch« oder »asiatisches Lowestoft« in alten Dokumentationen irreführend sind – es gibt keine solchen Produkte und die abgebildeten Waren sind allesamt chinesische Exportstücke. Allerdings produzierte Lowestoft in der Tat Imitationen von chinesischen Mandarin-Mustern, meist mit rosafarbenen Rändern, wozu einige sehr schöne Vasen gehören.

Wie bei allen Manufakturen dieser Periode stand das Unterglasurblau aus Lowestoft im Wettbewerb mit den immensen Mengen an importierten, blau-weißem chinesischem Porzellan. Die späteren blau-weißen Waren Lowestofts haben etwas von der Lebendigkeit und Kraft der früheren Stücke verloren, und die aufgedruckten Muster waren meist abgeschwächte Versionen Worcesters. Dazu kam, daß das Dekor im asiatischen Stil nicht in Einklang mit dem klassizistischen Stil des letzten Viertels des Jahrhunderts stand. In den späten achziger und neunziger Jahren produzierte die Manufaktur etwas verspätet Waren mit klassischen Konturen. Einige Stücke aus Lowestoft sind datiert: jedes Jahr von 1780 bis 1799, außer 1785, ist dokumentiert; auch Geburtstafeln, die mit Namen und Datum versehen waren, wurden hergestellt.

Lowestoft gehörte nie zu den ersten Manufakturen, aber ihre Erzeugnisse besitzen einen speziellen Charme, der in ihrer mittelmäßigen, etwas provinziellen Naivität begründet liegt. Das Norwich Castle Museum besitzt eine hervorragende Sammlung.

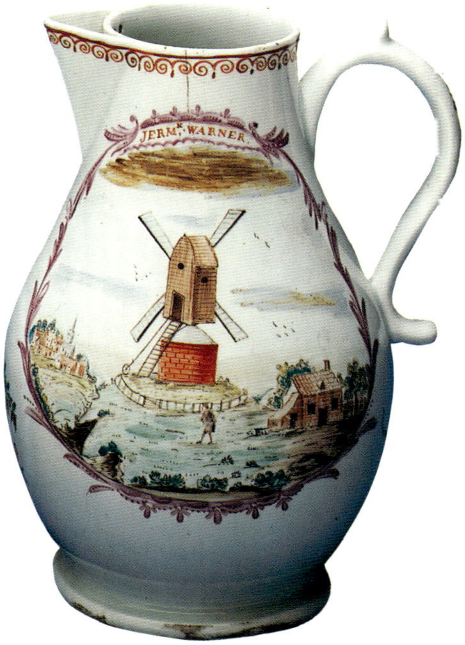

BIRNENFÖRMIGER KRUG, LOWESTOFT, ca. 1780-1800 (19,2 cm)
Die Bemalung wird Robert Allen zugeschrieben und ist typisch für die Manufaktur in dieser Periode. Die Identität Jeremiah Warners ist nicht bekannt. Auf der Rückseite steht der Vers: »Success to the miller. Likewise to his wife. May they live happy. All days of their life.«

DIE MANUFAKTUREN IN WORCESTER

Nachdem sich Dr. Wall aus der Worcester-Manufaktur 1774 zurückgezogen hatte, wurde sie mit nur geringen Veränderungen von William Davis weitergeführt. Die Waren unterscheiden sich fast nicht von denen der Wall-Periode. Dieselbe Marke wurde verwendet, unter Hinzufügung von pseudo-chinesischen Zeichen, die Ziffern verbargen.

1783 kaufte John Flight, der Londoner Vertreter Worcesters, die Manufaktur. Zusammen mit seinen Söhnen Joseph und John produzierte er hauptsächlich Teegeschirr. Der alte Stil und auch die Marke wurden beibehalten, auch wenn manchmal das Wort »Flight« gefunden werden kann. 1792, nach dem Tode seines Vaters, bildete Joseph Flight mit Martin Barr eine Partnerschaft; die Manufaktur firmierte unter Flight & Barr (von 1792 bis 1804) und als Barr, Flight & Barr bis zu Martin Barrs Tod 1813. Dann wurde daraus Flight, Barr & Barr, allerdings ohne große Veränderungen. Während dieser letzten Periode war die Qualität der Produkte hervorragend. Sie reichten vom einfach dekorierten Teegeschirr der neunziger Jahre bis zu großartigen Regency-Vasen und Ziergegenständen. Die Manufaktur stellte einige der führenden Maler ein, darunter Samuel Astles, Henry Stinton und Moses Webster (Blumen), John Barker (Muscheln), Solomon Cole, Thomas Lowe und John Pennington (Figuren), William Doe (Insekten), Jon Pitmann (Tiere), Samuel Smith (Muscheln und Landschaften), Charles Stinton (exotische Vögel und Blumen) und vor allem Thomas Baxter.

Es wird berichtet, daß die Direktoren durch die Manufaktur gingen und die Künstler ermahnten, jedes Stück wie ein Juwel zu behandeln. Diese wurden stundenweise und nicht per Stückzahl bezahlt – eine ungewöhnliche Praktik für damalige Verhältnisse. Reklame war nicht nötig – nur der Name und die Adresse wurden aufgemalt.

Die Waren waren schön emailliert, meist in Reserven auf farbigem Fond, die im Öl-und-Staub-Verfahren aufgetragen wurden, womit ein gleichmäßigerer und dunklerer Effekt als mit dem Pinsel erzielt wurde. Die Vergoldung wurde mit Quecksilber aufgetragen und poliert. Die handgerollten »Perlen« sind viel effektiver als die üblichen. Der Scherben beruhte auf einer Specksteinformel, wirkte aber hart und besaß einen grauen Farbton.

Die Davis/Flight/Barr Manufaktur sollte bald Konkurrenz in Worcester bekommen. Robert Chamberlain, der Chefdekorateur der Manufaktur war, ging 1786 und gründete seine eigene Dekorwerkstätte, hauptsächlich für Waren aus Caughley. Um 1791 begann er auch selbst zu produzieren und benutzte eine hybride Porzellanmasse. Chamberlain produzierte bald eine Vielzahl an Tee- und Dessertgeschirr und Ziergegenständen von höchster Qualität. Zu den schönsten gehören diejenigen mit örtlichen Szenen wie Malvern Abbey oder Ansichten Worcesters und seiner Kathedrale. Die meisten Stücke sind markiert und tragen den Namen der Manufaktur. Auf vielen Stücken befinden sich Musternummern; 1820 wurde die Zahl 860 erreicht.

Die dritte Manufaktur Worcesters gehörte Thomas Grainger, der wohl damit begann, Waren aus Coalport zu dekorieren. Um 1805 begann er selbst zu produzieren und benutzte wie Chamberlain einen harten Scherben. Grainger hatte mehrere Partner und firmierte als Grainger & Wood, Grainger Lee & Co. und Grainger & Co.

Anfangs wurden nur wenige Stücke markiert; ihre Identifizierung ist daher etwas ungewiß. Die Qualität war guter Standard, auch wenn sie nicht ganz mit der der beiden anderen Manufakturen Worcesters konkurrieren konnte. Aufgrund der Musternummern, die 1820 ca. 1350 erreicht hatten, scheint sich die Produktion auf Gebrauchswaren konzentriert zu haben; es wurden aber auch Ziergegenstände hergestellt.

TINTENFASS, CHAMBERLAINS WORCESTER, ca. 1815 (Höhe 8,9 cm)
Ein typisches Beispiel für das schöne Regency, für den die Manufaktur berühmt war. Form, Vergoldung und Bemalung sind alle von höchster Qualität. (UNTEN)

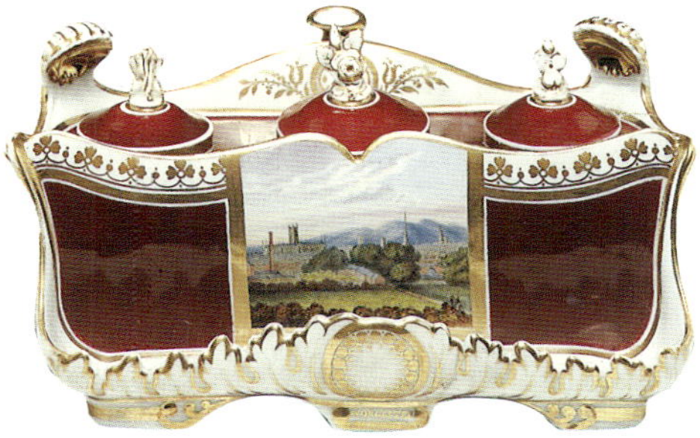

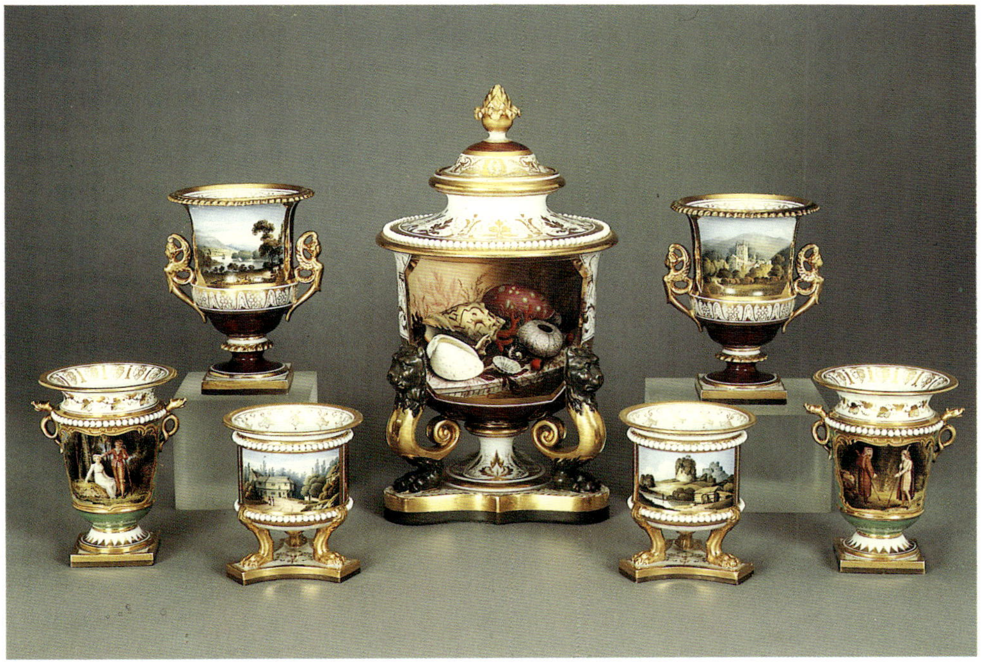

VASEN, FLIGHT, BARR UND BARR, ca. 1810-1840
Die hervorragende Qualität dieser Worcester-Dekoration zeigt sich in den verschiedenen Szenen. Die große Vase entstand ca. 1810. (OBEN)

DIE MANUFAKTUREN IN SHROPSHIRE

1755 wurde die Caughley-Porzellanmanufaktur ca. eine Meile südlich von Broseley von Thomas Turner und Ambrose Gallimore gegründet. Sie beherrschte bald den Markt für blau-weißes Tafelgeschirr der mittleren Preisklasse und war stilistisch sehr nahe an Worcester orientiert. Viele Stücke trugen ein »C«, das leicht mit der Halbmondmarkierung Worcesters verwechselt werden kann. »S« für Salopian wurde ebenfalls benutzt. Die Waren wurden mit Drucken und Bemalung in Unterglasurblau dekoriert. Der Specksteinscherben besaß oft eine orange Durchlässigkeit (der Scherben Worcesters weist meist einen grünen Ton auf), die Glasur sitzt gut und insgesamt entsteht ein ordentlicher Eindruck.

In den späten achtziger und in den neunziger Jahren wurde viel Porzellan aus Caughley in Chamberlains Werkstatt in Worcester mit Emailfarben und Vergoldung dekoriert. Für kurze Zeit, von 1795 bis 1799, stellte die Manufaktur eine Art Hartporzellan her, das aber viele Mängel aufwies und nicht erfolgreich war. 1799 verkaufte Turner seine

Rechte an die Coalport Manufaktur, die bis 1814 auf dem Gelände produzierte; danach wurde die Gesamtproduktion in Coalport konzentriert.

Coalport, das heute eine faszinierende Keramiksammlung als Teil des Ironbridge Gorge Museums besitzt, war von ca. 1725 bis 1926 ein wichtiges Zentrum des Töpferhandwerks. Alle Betriebe aufzuführen, würde zu weit führen, aber man kann sagen, daß es im wesentlichen zwei Manufakturen gab: die John-Rose-Coalport-China-Manufaktur und von 1803-14 die Manufaktur von Anstice, Horton und Thomas Rose. 1814 übernahm John Rose die Anstice-Manufaktur, schloß Caughley und konzentrierte sich auf eine Manufaktur.

Sowohl John Rose wie die Anstice-Partner stellten eine Art Hartporzellan her, aber nach dem Zusammenschluß scheint John Rose auf Knochenporzellan umgeschwenkt zu sein. Die Waren der beiden Manufakturen sind nicht leicht zu unterscheiden und es ist offensichtlich, daß es viele Plagiate untereinander gab. Die Formen sind fast identisch und das Dekor oft erstaunlich ähnlich, obwohl beide Manufakturen ein Musterbuch führten, das eine Zuweisung ermöglicht. Um 1818 erreichte man in der John-Rose-Manufaktur Musternummer 999 und benutzte danach Bruchzahlen, z.B. 2/123. Die Anstice-Manufaktur produzierte mehr als 1400 Muster.

Der Standard beider Manufakturen war hoch, beide stellten gut getöpferte, reich verzierte Waren her. John Rose lieferte undekorierte Stücke an die Londoner Dekorationswerkstätten, besonders an Thomas Baxter.

Die Waren Anstices trugen keine Marke und auch in Coalport waren Marken in dieser Periode selten, allerdings kann man manchmal den Schriftzug »Coalbrookdale« entdecken, obwohl diese Marke sowie alle anderen in der Regel auf die Zeit nach 1820 hinweisen. In dieser späteren Periode entstanden einige der schönsten Stücke der Manufaktur Rose.

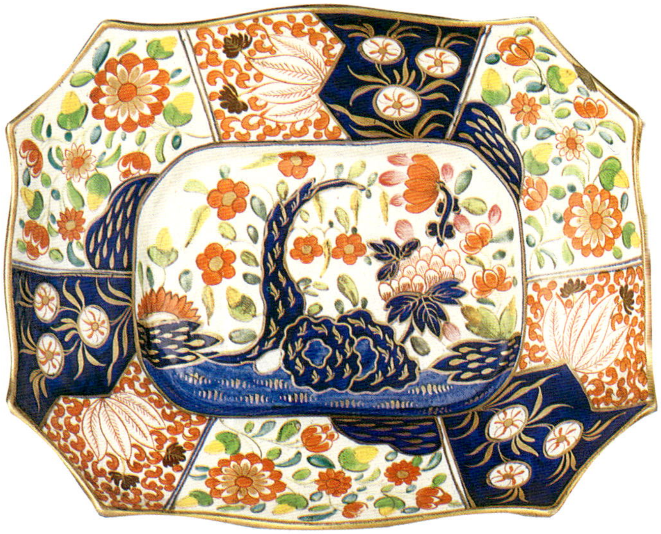

SCHALE AUS HARTPORZELLAN, COALPORT, ca. 1810 (26,3 cm)
Dieses typische Imari-Dekor wurde in der konventionellen Palette aus Unterglasurblau und Aufglasurrot und -grün mit Vergoldung gemalt.

DERBY

Die Manufaktur mit gleichbleibender höchster Qualität befand sich in Nottingham Road in Derby. 1780 hatte William Duesbury I. noch die Leitung inne, nach seinem Tode 1786 erbte sein Sohn William Duesbury II. eine blühende Manufaktur. 1795 wurde Michael Kean sein Partner; als Duesbury zwei Jahre später starb, heiratete Kean dessen Witwe Elisabeth und leitete die Manufaktur bis 1811. Dann kaufte Robert Bloor, ein Angestellter der Manufaktur, den gesamten Betrieb, den er bis 1828 leitete, als er aus Krankheitsgründen aufhören mußte. Trotz all dieser Wechsel blühte die Manufaktur.

Es gibt noch viele Dokumente, die uns die Zuordnung einzelner Stücke zu einzelnen Künstlern ermöglichen. Dazu gehören Richard Askew, James Banford, William Billingsley, Zachariah Boreman, Thomas Brentnall, John Brewer, Robert Brewer, William Coffee, George Complin, Richard Dodson, Jockey Hill, William »Quaker« Pegg, George Robertson, Thomas Steel, Moses Webster und Edward Withers. Diese unvergleichbare Künstlergruppe dekorierte das Weichporzellan aus Derby mit Blumen, Früchten und Landschaften Derbyshires. Szenen der Schiffahrt und des Lagerlebens, Landsitze, literarische Episoden und mythologische Szenen wurden mit wunderschöner Vergoldung geschmückt. Als Hauptmangel der Derby-Waren muß man die Neigung zur Verfärbung des cremefarbenen Scherbens nennen, besonders in der späten Bloor-Periode. Neben Ziergegenständen produzierte die Manufaktur auch Gebrauchsgeschirr, besonders in der Bloor-Periode. Die Klientel war im allgemeinen die obere Mittelklasse und die Aristokratie.

Auch Figuren wurden geschaffen, besonders die berühmten Biskuitfiguren, darunter Schäfer und Schäferinnen von J.J. Spangler und William Coffee nach Vorlagen Sèvres. Das City Museum und das Works Museum in Derby besitzen beide beachtliche Porzellansammlungen.

Die Geschichte William Billingsleys beginnt in Derby, wo er einer der bedeutendsten Blumenmaler war. 1795 eröffnete er eine eigene Porzellanmanufaktur in Pinxton. Er hatte lange mit der Porzellanherstellung experimentiert und glaubte, daß er ein Material produzieren konnte, das mindestens so gut, wenn nicht sogar noch besser als das Weichporzellan aus Sèvres war. Er blieb nur bis 1799 in Pinxton. Die dort hergestellten Stücke weisen einen bemerkenswert feinen Scherben auf; der Dekorstil erinnert an Derby, mit Blumen und Landschaften, die eventuell von Billingsley selbst gemalt wurden. Viele Stücke, meist Tafelgeschirr, wiesen einfache Blumenzweige als Dekor oder Vergoldung auf. Marken waren

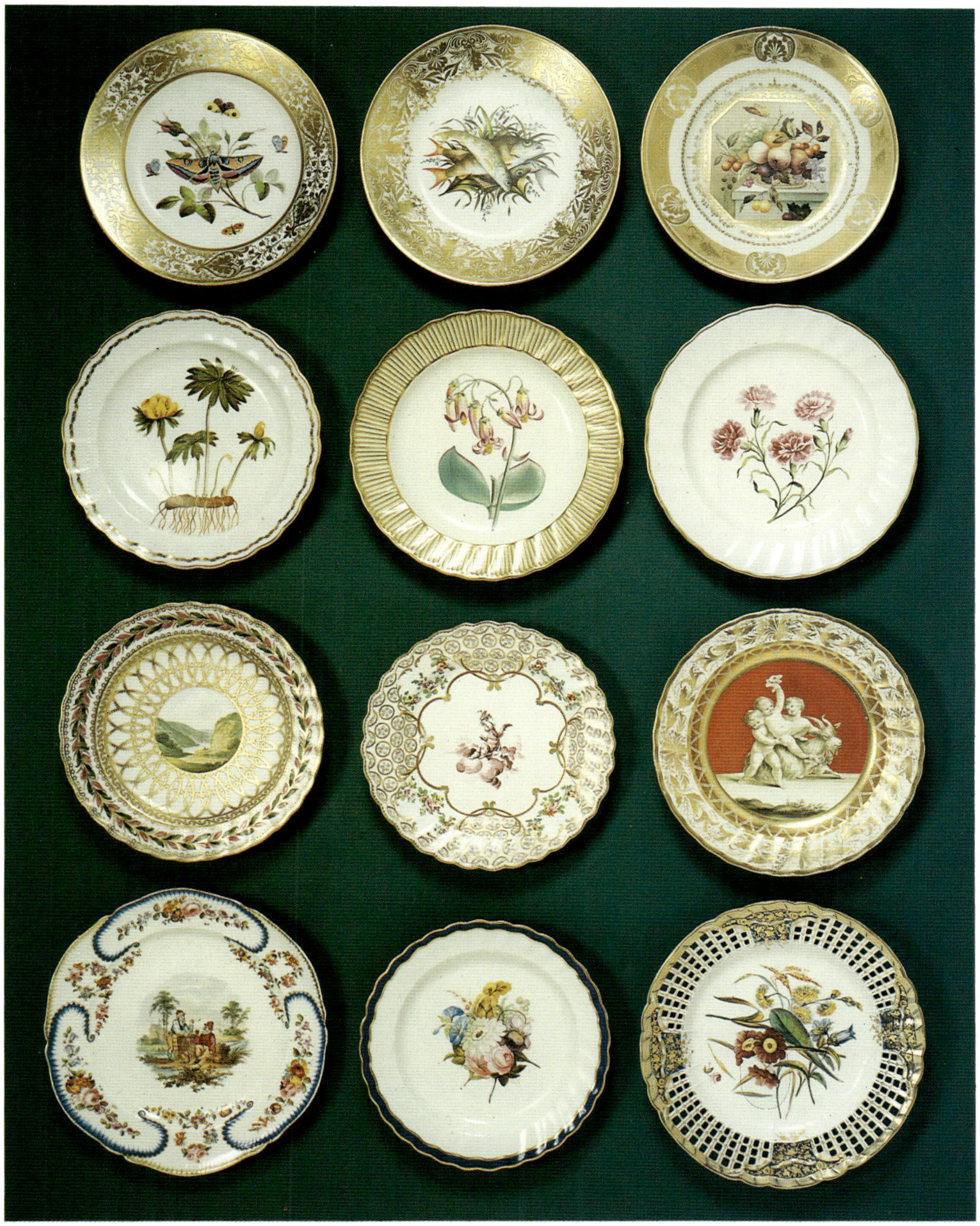

DERBY-TELLER, ca. 1790-1820

Diese Stücke zeigen die bemerkenswerte Produktionsvielfalt der Manufaktur im Regency. Die pittoresken Landschaften, Blumen (von Billingsley) und Figurenmotive werden durch die hervorragende Vergoldung noch stärker betont. (RECHTS)

TEEKANNE, PINXTON, ca. 1800

(Höhe: 15,3 cm)

Die Form der Teekanne nennt sich Neues Oval und ähnelt der von Flight in Worcester; das Dekor ist ein einfacher, französischer Blumenzweig. (UNTEN)

TEEKANNE DES »DR. BOOT-SERVICE«, BRAMPTON, ca. 1805

Das Service ist aus französischem Hartporzellan aus La Courtille getöpfert und in Brampton, Torksey, dekoriert worden. Auf den meisten Stücken sind lokale Ansichten aus Derbyshire zu sehen, darunter auch eine Darstellung der Manufaktur. (UNTEN RECHTS)

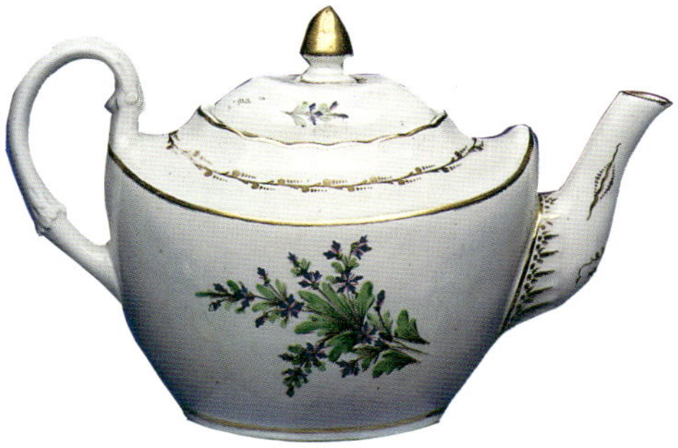

selten, ab und an tauchten Musternummern auf. Nach Billingsleys Weggang, wurden unbehandelte Stücke eventuell nur noch dekoriert, bis die Manufaktur 1813 schloß. Diese seltenen Waren aus Derbyshire repräsentieren die letzte Bastion des Weichporzellans des 18. Jahrhunderts. Das Porzellan aus Pinxton war wirtschaftlich erfolglos, die Zukunft lag bei Spode und seinen Partnern aus Staffordshire, die Knochenporzellan herstellten.

Von Pinxton ging Billingsley nach Mansfield, wo er von verschiedenen Quellen, so auch aus Frankreich, Porzellan zum Dekorieren kaufte. Er blieb von 1799-1801 in Mansfield und ging dann nach Brampton in Torksey, wo er wieder weiß belassenes Porzellan bemalte, wovon er manche Stücke mit »Billingsley, Mansfield« markierte. Danach ging er nach Nantgarw und Swansea.

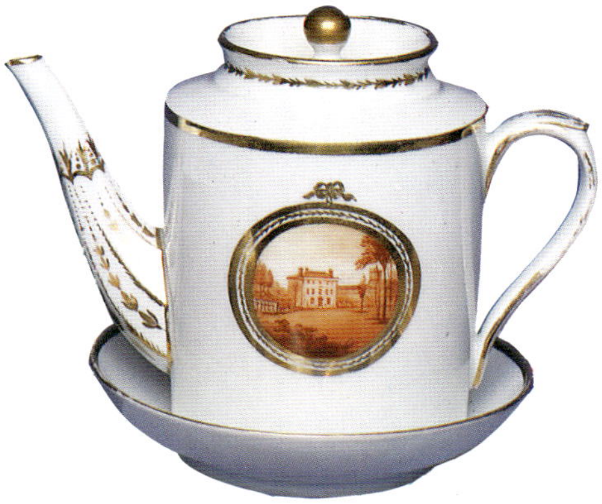

DIE MANUFAKTUREN IN LIVERPOOL

Bis 1780 hatten die frühen Manufakturen von Chaffers, Christian und Gilbody alle geschlossen. Von da an bis 1820 gab es anscheinend vier große Porzellanmanufakturen. Von 1778 bis 1799 ließen sich auf Shaw's Brow Seth Pennington und John Part auf dem ehemaligen Gelände der Chaffers- und Christian-Manufakturen nieder. Pennington bestand dann noch bis 1805 mit anderen Partnern. Die Waren, die Seth Pennington zugeschrieben werden, sind sehr breitgefächert, aber vielleicht müssen einige Stücke doch John Pennington zugeschrieben werden, der die Folly Lane oder Islington Töpferei von 1779 bis 1786 innehatte, die seine Witwe Jane dann bis 1794 weiterführte.

Viele in Unterglasurblau bedruckte Waren werden den Penningtons zugeschrieben, oft von minderer Qualität, vor allem schlecht geformte Krüge mit Henkeln in Form einer beißenden Schlange. Aber auch polychrome Waren, die von zart getöpfertem Teegeschirr bis zu großen Vasen mit maßstabsgetreuen Mustern und floralen und figürlichen Themen reichen, werden derselben Manufaktur zugewiesen. Es mag wohl noch einige Zeit vergehen, bis man die Stücke aus der umfangreichen Produktion dieser späten Manufakturen aus Liverpool auch einzelnen Töpfern zuweisen kann.

Aufgrund der Dokumentation einer Porzellanmanufaktur auf dem Haymarket, die von Zachariah Barnes von 1783 bis 1796 geführt wurde, wird die Situation noch verworrener. Allerdings können ihm keine Waren mit Bestimmtheit zugewiesen werden. Da alle Stücke unmarkiert sind, ist das Problem vielleicht unlösbar.

Zwei Arten Liverpooler Porzellans lassen sich leichter einordnen: Von 1795 bis ca. 1800 war das Islington-Gelände in der Hand von Thomas Wolfe & Co. Das Hartporzellan war ebenfalls unmarkiert, aber ausgegrabene Scherben mit unterglasurblauem Dekor wurden mit erhalten gebliebenen Stücken verglichen; allerdings sind diese sehr selten und beschränken sich momentan auf Teegeschirr.

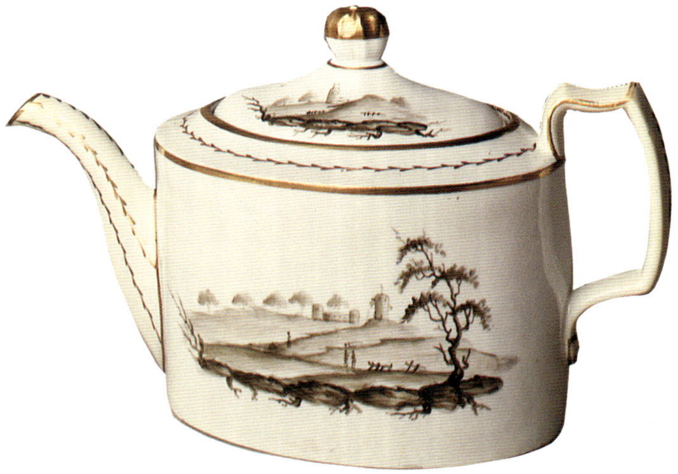

HERCULANEUM-TEEKANNE, LIVERPOOL, ca. 1805 (Länge: 25,5 cm) *Diese Teekanne besitzt die alte ovale Form und ist sehr schön mit einer monochromen Landschaft bemalt. Die Form des Knaufs und des Henkels sind charakteristisch für die Liverpooler Manufaktur.*

Die zweite Gruppe wird mit der von Samuel Worthington 1796 gegründeten Herculaneum-Töpferei in Toxteth in Verbindung gebracht. Die Arbeitskräfte kamen meist aus Staffordshire, und die Waren weisen daher meist das spezifische Flair von Staffordshire auf. Im wesentlichen wurden Irdenwaren erzeugt, Porzellan kam erst nach 1800 hinzu. Marken waren sehr selten, manchmal findet sich das Wort Herculaneum, seltener ein eingeprägtes »L«.

Die frühesten Stücke bestanden wohl aus qualitativem Knochenporzellan, dessen Glasur sich leicht ölig anfühlt. Es waren meist Gebrauchswaren, die mit einfachen Blütenzweigen im Stile New Halls dekoriert wurden. Unter den späteren Stücken befanden sich Vasen im Pariser Stil mit ausgezeichneter Vergoldung und vollendeter Bemalung. Man findet auch charakteristische Teewaren, manche von außergewöhnlicher Form, mit fein gemalten Landschaften und Blumenstudien und auf einem Service meisterhafte mythologische Szenen. Es gab auch einige bedruckte Waren von hoher Qualität, aber ihre Produktion scheint Ende der zwanziger, Anfang der dreißiger Jahre eingestellt worden zu sein. Noch viele Recherchen auf diesem Gebiet werden erforderlich sein, wobei auch große Mengen an Sahnekännchen und -schalen, die in die USA und anderswohin exportiert wurden, zu beachten sein werden. Die Stücke waren meist unmarkiert und trugen oft Musternummern, die wohl von 1 bis ca. 1400 reichten.

NEW HALL

Wie Liverpool war auch Bristol lange Zeit ein wichtiges Zentrum der Töpferindustrie und bedeutender Hafen. Dort produzierte Richard Champion Hartporzellan nach William Cookworthys Formel. Aber Champion machte mit seinen Waren beachtliche Verluste und fuhr 1781 nach Staffordshire, um entweder seine Manufaktur dorthin zu verlegen oder, was wahrscheinlicher ist, sein Patent zu verkaufen. Jedenfalls wurde eine Manufaktur von Töpfern aus Staffordshire gegründet, die schließlich unter dem Namen New Hall bekannt wurde. Es wurde ein etwas abgeändertes Hartporzellan, das sich durch seinen grauen Ton, seltenere Sprünge in der Glasur (obwohl kleine Gasbläschen auftreten können) und seinen dichten, kompakten Scherben unterscheiden läßt. Wirtschaftlich erfolgreich produzierte die Manufaktur ab 1781/2 Hartporzellan, ab 1814 dann Knochenporzellan.

Das meiste war Teegeschirr sowie einige Dessertwaren, schön dekorierte Krüge und Punsch-Schalen, aber keine Ziergegenstände. Zielgruppe war die Mittelschicht. Anfangs waren Form und Dekor klassisch (allerdings gab es gleichzeitig auch chinesisches Dekor, meist mit Famille-rose-Blütenzweigen oder kühnen Mandarin-Mustern). Die Stücke trugen bis weit ins 19. Jahrhundert keine Marke, jedoch besaßen die großen Stücke der Service oft eine Mu-

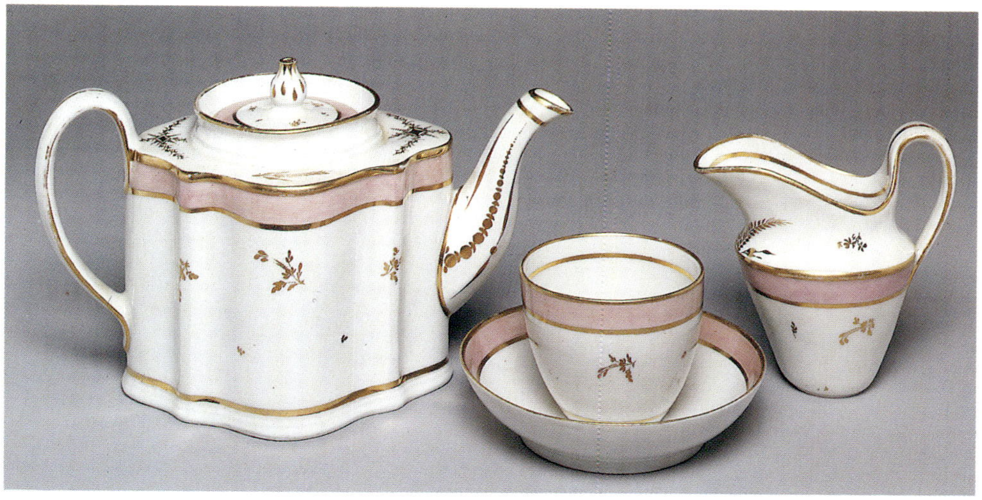

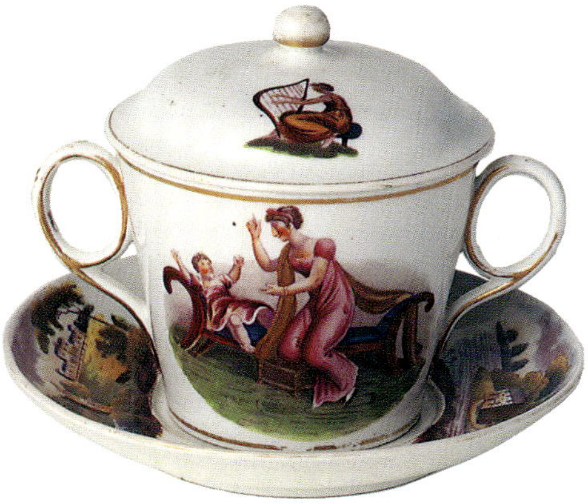

sternummer. Für Hartporzellan reichten sie von 1 bis ca. 1000, obwohl diese Muster auch auf Knochenporzellan gefunden werden können.

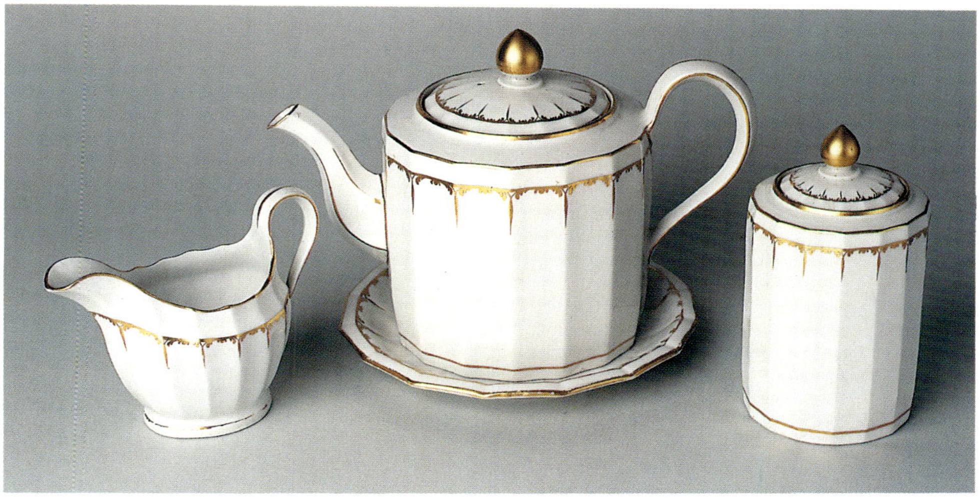

Die begehrtesten Stücke stammen aus der frühen Periode und wurden von dem Franzosen Fidelle Duvivier sehr charakteristisch bemalt. In der mittleren Schaffensperiode der Manufaktur wurden einige schöne Service mit bekannten Landsitzen auf der Glasur bedruckt. Diese wurden manchmal farblos belassen, aber beliebter sind die mit zusätzlicher Aufglasurbemalung. Dieselbe Technik wurde für einige Drucke nach George Morland, für Früchte- und Blumengruppen und attraktiven Studien von Frauen und Kindern im Stile Adam Bucks angewandt.

Beim Knochenporzellan, ungefähr ab 1814, ebneten die Silberarbeiten den Weg zur neuen ovalen Form. Diese späten Waren sind noch relativ unerforscht im Vergleich zu den frühen Stücken aus Hartporzellan. Ganz selten wird die Marke »New Hall« in einem konzentrischen Ring gefunden. Nach Holgate belief sich die Musternumerierung, als die Manufaktur 1835 geschlossen wurde, auf ca. 3600.

Zwischen 1790 und 1810 ahmten einige Manufakturen, sehr wahrscheinlich in Staffordshire, die Hartwaren aus New Hall nach. Diese unmarkierten Stücke sind noch immer nicht identifiziert und wurden in mehrere Gruppen, die Manufaktur X, Manufaktur Y und Manufaktur Z benannt sind, unterteilt. Es spricht jedoch für die Waren aus New Hall, daß andere Manufakturen sowohl Material als auch Formen und Dekor kopierten.

Nicht alle Imitatoren blieben anonym. Es gibt einige seltene Stücke der Turner-Manufaktur (aus der Zeit von 1790-1795) und mehrere aus Davenport, Coalport, Anstice, Horton & Rose, Miles Mason, Chamberlains und Graingers Worcester und aus der mysteriösen, nicht identifizierten Manufaktur, deren Waren ein »W(***)« tragen. Die meisten dieser hybriden Hartporzellane waren von guter Qualität und waren meist gut getöpfert, wie die hier abgebildete Coalport-Schale, das Chamberlain Tintenfaß und die Davenport-Dose. Die wichtigste Entwicklung aber vollzog sich in Spode.

TEEWAREN AUS HARTPORZELLAN, NEW HALL, ca. 1795-1800
Die Teekanne besitzt die typische alte ovale Form, die von vielen damaligen Manufakturen für Teegeschirr aus Hartporzellan kopiert wurde. (OBEN LINKS)

KAKAOTASSE UND UNTERTASSE, NEW HALL, ca. 1815-25 (Höhe: 7 cm)
Dekor ist ein farbiger Druck. New Hall benutzte viele solcher Drucke nach Adam Buck. (GANZ OBEN)

TEEWAREN AUS HARTPORZELLAN, NEW HALL, ca. 1782-87
Diese kannelierte Trommelform ist äußerst selten und ein gutes Beispiel für das verhaltene klassizistische Dekor. (OBEN)

SPODE

Die Manufaktur Spode wurde 1770 auf dem heutigen Gelände gegründet. Kurz vor dem Tode ihres Gründers Josiah Spode I. wurden Experimente zur Porzellanherstellung durchgeführt. Josiah Spode II. hatte dann irgendwann zwischen 1797 und 1798 damit Erfolg. Jüngste Untersuchungen haben ergeben, daß Spode einige Stücke in Hartporzellan herstellte. Die wesentlichen Zutaten des Hartporzellans, Kaolin, Quarz und Feldspat, denen kalzinierter Tierknochen (33 bis 50 Prozent der Mischung) hinzugefügt wurde, bildeten das Knochenporzellan, das Material, das die Porzellanherstellung revolutionieren sollte. In Bow und Lowestoft arbeitete man auch mit dem Hinzufügen von Knochenasche, und es scheint, als ob James Neale aus Hanley in den späten achziger Jahren einen Prototyp des Knochenporzellans geschaffen hat. Form und Dekor seiner sehr seltenen Stücke waren von besonderer Feinheit. Auch wenn die Manufaktur Spode das Knochenporzellan nicht erfunden hat, so führte sie es doch zur Vervollkommnung und vermarktete es so gut, daß sie bis 1820 das Weichporzellan des 18. Jahrhunderts und die Hartporzellane im New Hall-Stil übertrumpfen konnte. Dieses Knochenporzellan wurde in den folgenden zwei Jahrhunderten das Grundmaterial englischen Porzellans. Es läßt sich gut formen, bei niedrigeren Temperaturen brennen, womit Brennmaterial eingespart werden kann, bleibt im Ofen stabil und hat ein tadelloses (manche sagen zu perfektes) sauberes, weißes Aussehen, hervorragende Transparenz und eine enganliegende Glasur, die alle Dekore annimmt. Spodes Triumph besiegelte die Stellung von Staffordshire als Zentrum der englischen Porzellanproduktion.

Spode entwickelte nicht nur das Knochenporzellan, sondern setzte auch den Maßstab für Formen und Dekor, den die anderen Manufakturen zu erreichen suchten. Fast von Anbeginn an war Spodes Porzellan frei von den Mängeln, die manchmal die Konkurrenz heimsuchten. Spodes Glasur springt nicht, der Scherben wird nicht cremefarben, die Emailfarben blättern nicht ab und die Vergoldung ist üppig und leuchtend. Etwa ab 1800, als die Produktion in vollem Schwung war, bis zum Ende der Spode-Periode 1833 (damals entstand die Manufaktur Copeland & Garrett) war Spode führend unter den Porzellanherstellern von Staffordshire. Seine Produktpalette umfaßte Tee-, Dessert- und Tafelgeschirr sowie Tintenfässer, Federschalen, Räuchergefäße, Vasen, Potpourris und Ziergegenstände. Die Stücke waren mit dem Familiennamen markiert und oft auch mit einer Musternummer. Diese reichten von 1 um 1800 und steigerten sich in jährlichen Schritten von ca. 150 auf über 1500 im Jahre 1810, 3000 um 1820 und ca. 4700 um 1833.

Spodes blau bedruckte Irdenwaren waren wahrscheinlich die besten ihrer Art. Auch für Porzellan wurde das Umdruckverfahren eingesetzt, wobei viele Stücke mit attraktiven Aufglasurdrucken von Szenen nach Bartolozzi, George Morland, Richard Westall, Samuel Howitt und anderen dekoriert wurden. Die Drucke findet man in Grau, Rot, Blau und sogar Gold, jedoch am häufigsten in Schwarz. Da die Drucke auf der Glasur angebracht waren, sind sie manchmal durch Abnutzung etwas dünn geworden.

Die polychrom bemalten und vergoldeten Waren von 1805 bis 1822 waren das Werk von Henry Daniel und seinen Mitarbeitern. Auch als Daniel wegging, um seine eigene Manufaktur zu gründen, blieb die Qualität des Dekors hervorragend, da wohl viele Mitarbeiter in Spode blieben und nicht ihrem Meister folgten. Die Dekore umfaßten alle Geschmacksrichtungen, Chinoiserien, japanische Muster, Blumen und Früchte, malerische Landschaften und bäuerliche Szenen, Kopien zeitgenössischer Gemälde oder Motive aus der Literatur usw., wozu dann noch oft eine polierte Vergoldung hinzukam. Spodes Waren sind der Inbegriff besten Regency-Stils.

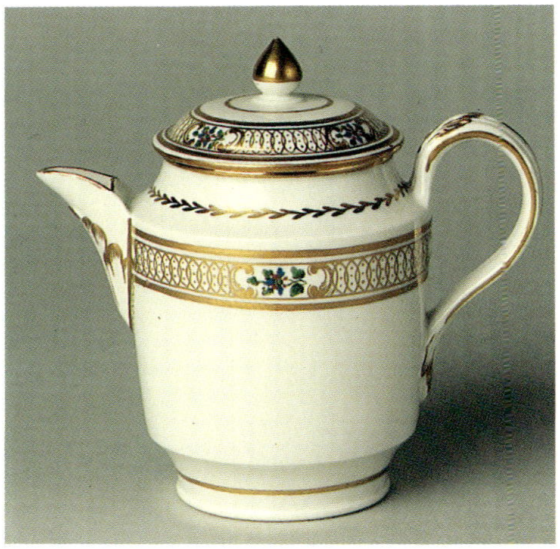

KRUG MIT DECKEL, JAMES NEALE & CO., ca. 1785-95
(11,5 cm)
Die seltenen Teewaren von Neale sind herrlich aus Knochenporzellan getöpfert. Das Dekor ist immer verhalten und klassisch.

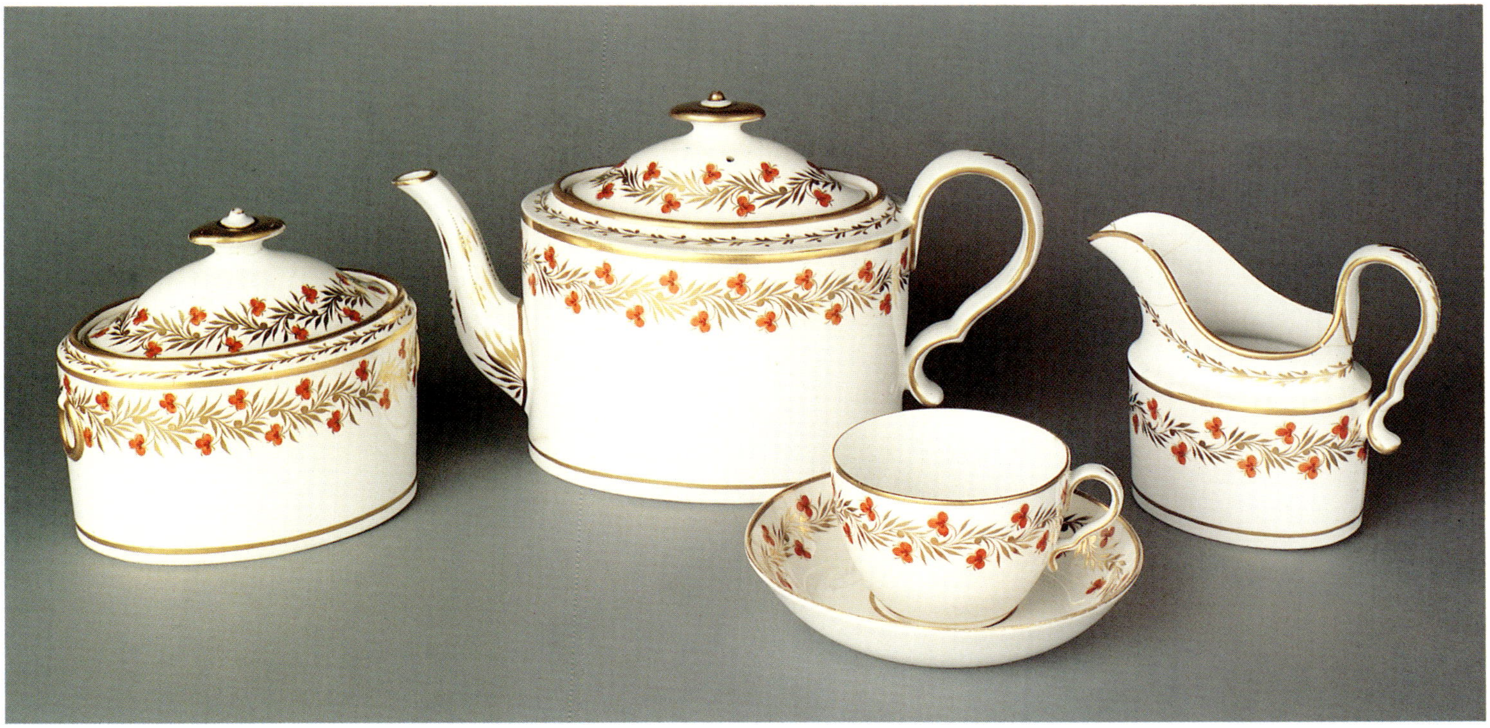

MINTON

In Staffordshire folgten viele Töpfer bald Spodes Führung. Einer der ersten war Thomas Minton. 1793 gegründet, begann die Manufaktur Minton ca. 1800 mit der Porzellanherstellung. Aus einem bis heute noch nicht ganz geklärten Grund wurde sie 1816 aufgegeben, um ca. 1824 weitergeführt zu werden. Während der ersten, sechzehnjährigen Periode wurden mehr als 900 Muster geschaffen, einige im New-Hall-Famille-rose-Stil, andere mit chinesischen Figuren. Muschelaufdrucke sind selten, dafür findet man oft geometrische Muster. Einige Landschaftsmuster und Blumenmotive sind ebenfalls bekannt. Hauptsächlich wurde Teegeschirr hergestellt, und zwar in drei Grundformen – das Alte Oval, das Neue Oval und die Londoner Form. Dessertgeschirr und einige große Punschschalen und ab und an Ziergegenstände zählten ebenfalls zur Produktion. Die frühen Stücke scheinen nicht markiert worden zu sein, auch wenn manchmal eine Musternummer erschien. Ungefähr ab 1805 wurde ein Zeichen, ähnlich dem durchgestrichenen »L« von Sèvres benutzt,

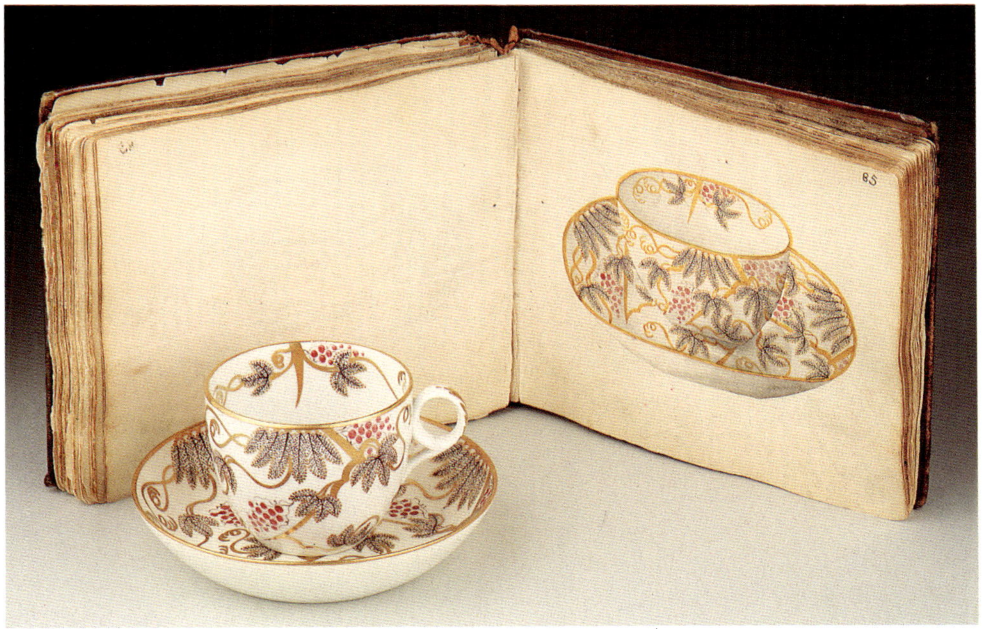

TEETASSE UND UNTERTASSE AUS KNOCHENPORZELLAN MIT MUSTER, MINTON, ca. 1802-05

Hier wird Muster 85 dargestellt. Die Musterbücher Mintons sind bei der Identifizierung von Stücken sehr hilfreich. (OBEN)

TEEWAREN IM ALTEN OVAL AUS KNOCHENPORZELLAN, SPODE, ca. 1806

Muster 857 wurde als Dekor benutzt. Die Formen sind typisch für Spode, besonders die der Henkel. Andere Manufakturen produzierten jedoch ähnliche Formen. (GANZ OBEN)

meist über dem Buchstaben »M« und der Musternummer. Diese seltenen, frühen Waren waren gut getöpfert und angenehm verziert.

DAVENPORT

Die bereits erwähnte, bedeutende Manufaktur John Davenports wurde 1794 gegründet, die ebenfalls bis zu ihrer Schließung 1887 sehr erfolgreich war. Das frühe Davenport-Porzellan ist entweder Hart- oder Knochenporzellan. Das Hartporzellan, das wohl nach 1812 hergestellt wurde, scheint fast ausschließlich für eimerförmige Gefäße benutzt worden zu sein, allerdings gibt es daraus auch ein Teeservice, einige Dessertwaren und Vasen. Diese Stücke sind mit dem Namen Davenport über einem Anker markiert. Man kann noch nicht genau sagen, wann Davenport zum ersten Mal Knochenporzellan produzierte, aber wohl um 1800. 1806 als der Prinzregent, für den die Waren gemacht wurden und ihnen die Bezeichnung »old Seve« verlieh, war es jedenfalls von höchster Qualität.

Auch wenn das Knochenporzellan dieser Periode zu Sprüngen neigte und sich oft zu einem nicht unattraktiven, cremefarbenen Ton verfärbte, gehörte die Manufkatur doch eindeutig zu den Marktführen. Anfangs waren die Waren aus Knochenporzellan unmarkiert, später jedoch taucht das Wort »Longport« in roter Schrift auf, und um 1812 wurden Variationen des Familiennamens Davenport benutzt. Wie ihre Konkurrenten führte Davenport Musterbücher, die aber leider verlorengegangen sind. Die Muster für Teegeschirr hatten um 1820 Nummer 1000 erreicht, die Dessertwaren erreichten nur ca. 400. Die vielen Ziergegenstände aus Knochenporzellan wurden nicht mit Musternummern versehen. Die Motive sind sehr eigenständig, und die Manufaktur scheint sich auf malerische Landschaften spezialisiert zu haben, die ein- oder mehrfarbig von sehr erfahrenen Künstlern gemalt wurden. Die Namen der Künstler sind uns allerdings unbekannt.

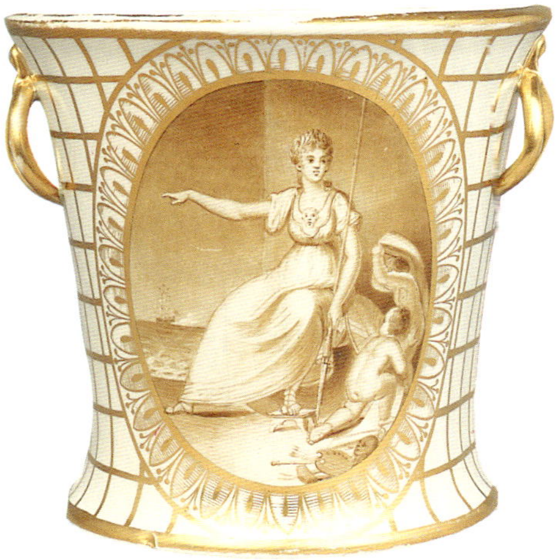

TOPF AUS HARTPORZELLAN, DAVENPORT, ca. 1810-12
(Höhe: 15,3 cm)
Dieser Topf gehört zu einer Dreiergarnitur mit monochromer Figurenbemalung und Vergoldung. Die Quelle für diese Darstellung Britannias wurde noch nicht gefunden. (LINKS)

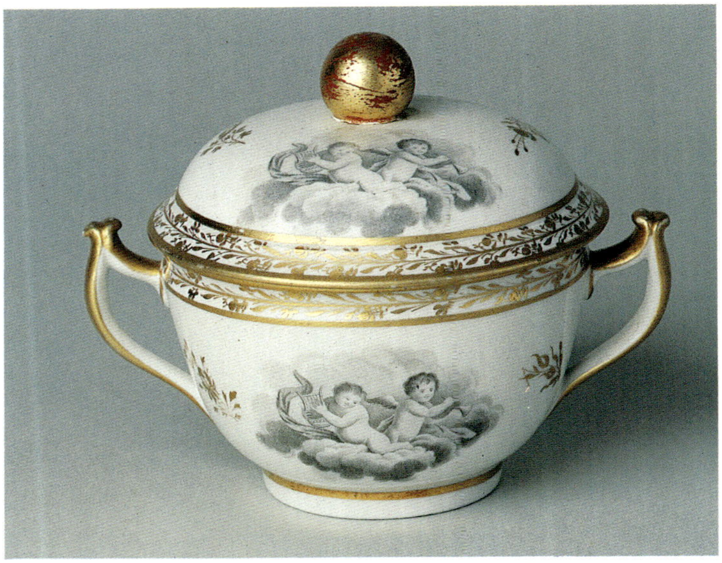

DECKELSCHALE, MILES MASON, ca. 1805-10
(10,4 cm)
Dekor ist ein Druck auf der Glasur mit Putten im Stile Bartolozzis. Umdruckverfahren waren im Regency besonders beliebt und stellten eine Vielzahl von Landschaften und figürlichen Themen sowie Muscheln, Früchten und Blumen dar. (LINKS)

MILES MASON

Nachdem die englische Ostindienkompanie 1791 ihren Handel mit chinesischem Exportporzellan eingestellt hatte, eröffnete Miles Mason, ein Porzellanhändler, seine eigene Manufaktur. Er arbeitete erst in Liverpool mit Thomas Wolfe zusammen und dann ungefähr ab 1802 alleine in Lane Ende, Staffordshire, und später bei den Minerva Works in Frenton. Sein frühes Porzellan ist ein Art Hartporzellan, aber ungefähr 1806 wechselte er auf Knochenporzellan über. Masons Waren sind sehr schön dekoriert; zu den Mustern gehören farbige Landschaften und Blumen mit Vergoldung. Nur selten erscheint der Name am Fußrand von Teekannen, Vasen u.ä. als Marke. Teegeschirr dominiert in zeitgemäßen Formen und Dekoren, dazu gehören aufgedruckte Muster, Mandarin-Muster mit typischen rosa Rändern mit Vignettenlandschaften und reichhaltige Vergoldung. Musternummern werden ebenfalls benutzt, die 1813, als Miles Mason sich zurückzog, 1-986 erreicht haben. Die Söhne Charles James und George führten das Unternehmen noch viele Jahre weiter, aber ihr großer Erfolg mit dem Patent für »Ironstone China« ließ die Porzellanherstellung ins Hintertreffen geraten. Ihr Knochenporzellan wurde bis in die vierziger Jahre produziert und wurde nicht markiert.

NANTGARW UND SWANSEA

In Wales wurde Porzellan nur für die Reichen und die Aristokratie hergestellt, wie bereits Samuel Johnson in der Manufaktur Derby sagte: »Porzellan ist teurer als Silber« – was in Wales auf alle Fälle zutrifft.

Nach den napoleonischen Kriegen kam der Aufschwung: zur Nachfrage nach qualitativen Gütern kamen auch die Mittel, sie zu erstehen. Die Londoner Porzellanhändler verkauften Porzellan aller Manufakturen, und das der Waliser Manufakturen Nantgarw und Swansea gehörte zu den schönsten. Im »London Courier« vom Juli 1816 wurde Swansea als Lieferant der königlichen Prinzessinnen genannt.

Die kreative und treibende Kraft beim Waliser Porzellan war William Billingsley, ein begnadeter Künstler aus Derby, dessen Ehrgeiz eine Porzellanherstellung war, die sich mit der Frankreichs messen konnte. Dafür führte er viele Versuche durch. 1775 verließ er Derby und erreichte über Pinxton, Torksey und Worcester schließlich 1813 Wales mit seinen beiden Töchtern und seinem Schwiegersohn, dem Töpfer Samuel Walker.

Mit der finanziellen Unterstüzung William Weston Youngs, einem wohlhabenden Quäker, errichtete er eine Porzellanmanufaktur in Nantgarw in der Nähe von Cardiff und produzierte herrlich durchscheinendes Porzellan, das dem aus Sèvres sehr nahe kam. Die »glasige« Natur des Scherbens und deren maximal zulässige Brenntemperatur führten zu großen Verlusten im Brennofen. 1814 mußte das Unternehmen aufgegeben werden. Billingsley tat sich mit Lewis Weston Dillwyn von der Cambrian-Töpferei zusammen, um Porzellan in Swansea herzustellen.

Dillwyn stellte bald fest, daß die Nantgarw-Formel nicht brauchbar war, und experimentierte von 1814 bis 1817 damit. Es ist unwahrscheinlich, daß sich Billingsley an diesen Experimenten beteiligte, da er nur an der Nantgarw-Formel interessiert war. Daher wurde er erster Maler und Samuel Walker erster Töpfer.

DESSERTTELLER, SWANSEA, FRÜHES 19. JAHRHUNDERT
Die Bemalung der meisten Stücke dieser Manufaktur ist besonders hochwertig. Beim Design ist der entfernte Einfluß japanischen Imari-Porzellans erkennbar.

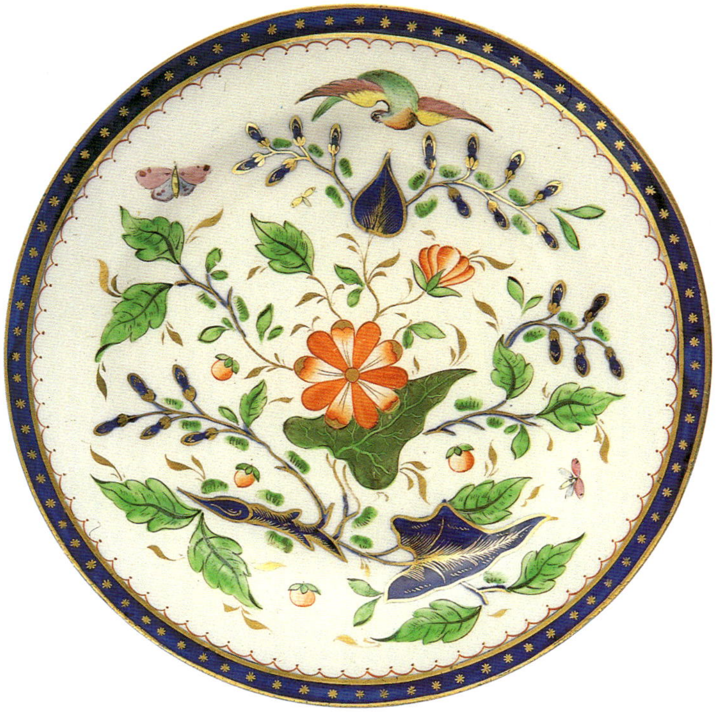

Das Porzellan aus Swansea zerfällt in drei Kategorien. Die erste ist die »glasige« Variante – ein Frittenporzellan von großer Schönheit; seine Transparenz wurde oft als »nasser Schnee« bezeichnet. Seine dünne Glasur erinnert an damaliges französisches Hartporzellan. Die zweite war unter dem Namen »Entenei-Porzellan« bekannt. Seine weiße Transparenz hatte einen leichten Grünstich. Es besaß eine dicke, cremeweiße Glasur, die die Bemalung hervorhob. Die dritte war die mit den sogenannten »Dreizack-Scherben«. Der Scherben besaß eine oliv-braune Transparenz und eine dünne, schmutzig wirkende Glasur, die von allen Londoner Porzellanhändlern abgelehnt wurde.

Neben der hohen Qualität des besseren Swansea-Porzellans gab es für seine Attraktivität noch zwei weitere Gründe: die Formen und das Dekor. Modelleur war Isaac Wood, der unter Billingsleys kreativem Genie Formen von großer Anmut schuf, die nur selten von einer anderen britischen Manufaktur übertroffen wurden. Zu ihnen gehörten Tafel- und Dessertservice mit eleganten Terrinen, Eisbechern und Schalen; schöne Teeservice mit attraktiven Teekannen und Zuckerdosen; Tintenfässer und andere Formen, meist im Empire-Stil.

Im Gegensatz zu Nantgarw ließ Swansea seine Waren an Ort und Stelle dekorieren, verkaufte sie aber auch weiß belassen an die Londoner Händler. Billingsley versammelte einige der begabtesten Keramikkünstler und Vergolder um sich und machte Swansea zu einem außerordentlichen, künstlerischen Zentrum. Die Qualität der Vergoldung, die sorgfältige Blumenbemalung, besonders die Arrangements von Feld- und Wiesenblumen, und der hohe Standard der freigemalten Muster trugen allesamt dazu bei, daß Swansea von den anderen britischen Manufakturen abstach.

Unter den Marken befindet sich ein aufgedrucktes »DILLWYN & Co«, »SWANSEA«, »BEVINGTON & Co« (selten) und gekreuzte Dreizacke. »SWANSEA« erscheint ebenfalls in Rot aufgedruckt oder aufgemalt; »Swansea« erscheint in Rot, Gold und anderen Farben.

Um 1817 wurde Billingsley mit seiner Position in Swansea immer unzufriedener und kehrte nach Nantgarw zurück. Ihm folgte kurz darauf Walker. Zwischen 1817 und 1820 produzierte er sehr viel schönes, durchscheinendes Weichporzellan mit einer reinweißen Glasur, die bei den Londoner Händlern gefragt war. Im Gegensatz zu Swansea wurde die gesamte Produktion undekoriert nach London zur Bemalung und zum Verkauf gesandt.

Es wurden hauptsächlich Teller produziert, aber auch Tafel-, Dessert- und Teeservice hergestellt, jedoch war die Anzahl der Formen limitiert. Auch Federschalen, Tazza-Vasen, Tintenfässer und Ziertassen gehörten zur Produktion. Ein Merkmal der Waren aus Nantgarw ist, daß sie dicker getöpfert und schwerer sind als das Porzellan aus Swansea. Die Teller und die meisten Flachwaren trugen die aufgedruckte Marke »NANTGARW« oder ein »CW«.

1820 entschloß sich Billingsley, aufgrund der Verluste beim Brennen und finanzieller Einbußen, eine von John Rose angebotene Stellung in Coalport anzunehmen, wo er und Walker bis zu seinem Tode 1828 blieben. William Weston Young übernahm die Manufaktur in Nantgarw und stellte den erfahrenen Künstler Thomas Pardoe zur Porzellandekoration ein.

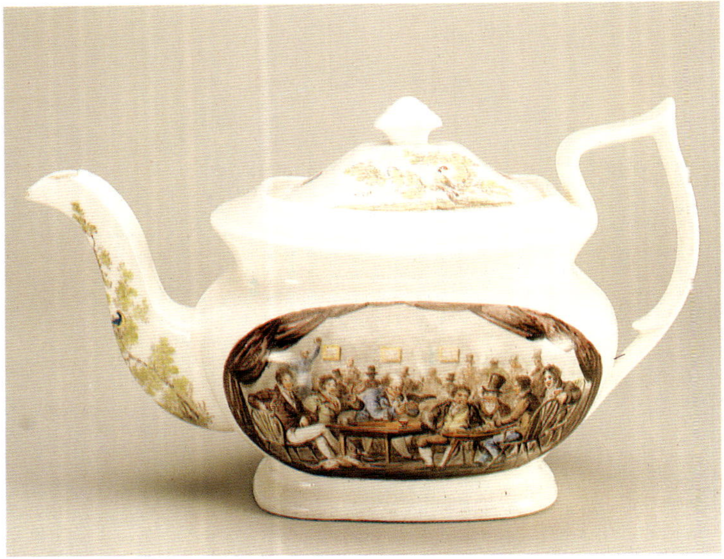

TEEKANNE, NANTGARW, FRÜHES 19. JAHRHUNDERT
Das Service zu dieser Kanne wurde von Thomas Pardoe mit Szenen im Regency bemalt.

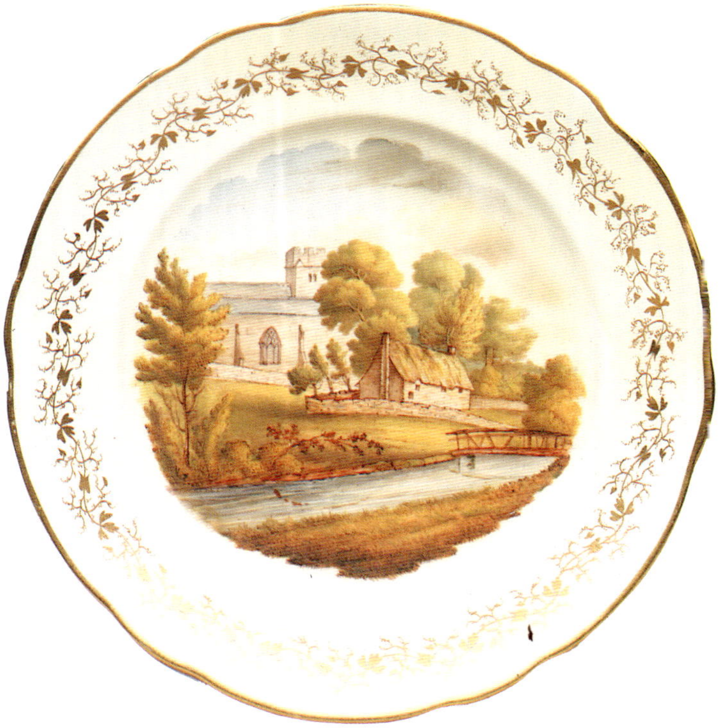

TELLER, NANTGARW, FRÜHES 19. JAHRHUNDERT
(Durchmesser: 24 cm)
William Weston Young malte die Ansicht der Cambridge Kirche.

ANDERE MANUFAKTUREN

Die Handelsregister dieser Periode zeigen, daß um 1820 mehr als siebzig Porzellanmanufakturen registriert waren. Wir haben allerdings nur von einigen der größeren ausreichend Kenntnis. Daher ist die Identifizierung von unmarkiertem Knochenporzellan des frühen 19. Jahrhunderts viel schwieriger als die aus dem 18. Jahrhundert

Hier können nur einige Namen anderer Manufakturen in Staffordshire genannt werden, wie z.B. Machin oder die verschiedenen Ridgway-Firmen von Charles Bourne, der 1817 mit der Herstellung von schönem Knochenporzellan begann, oder Hilditch, Hicks & Meigh, Mayer & Newbould, Peover und Rathbone. Ihre Waren sind selten und eine genaue Identifizierungen schwierig, da sie meist unmarkiert sind.

Ein wichtiger Name aus Staffordshire wurde noch nicht genannt – Wedgwood. Erstaunlicherweise wich die große Firma und ihr Gründer Josiah der Porzellanherstellung aus. Viel zu viel Geld war bei der Porzellanherstellung verlorengegangen, so daß der Unternehmer mittleren Alters dieses Risiko nicht mehr wagen wollte. Nach Josiahs Tod 1795 geriet die Firma in Schwierigkeiten, und erst 1812 wurde unter Josiah Wedgwood II. Knochenporzellan in Etruria hergestellt. Auch wenn diese Stücke heutzutage sehr begehrt sind, scheinen sie keinen großen wirtschaftlichen Erfolg erzielt zu haben; die Produktion verringerte sich nach 1820 und wurde 1829 ganz eingestellt.

Die Stücke sind jedoch von außergewöhnlicher Qualität. Das Dekor weist die üblichen japanischen und chinesischen Figuren, Blumen, Vögel und Landschaften auf, die von John Cutts ausgeführt wurden.

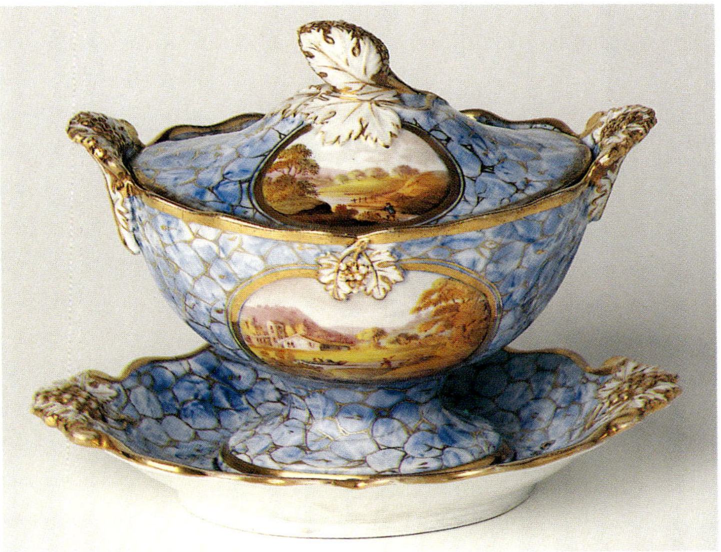

DECKELTERRINE AUS KNOCHENPORZELLAN, RIDGWAY, ca. 1815-20 (Höhe: 15,5 cm)
Die farbigen Landschaften nach Muster 562. (LINKS)

ZUCKERDOSE AUS KNOCHENPORZELLAN MIT MUSTERBUCH, WEDGWOOD, ca. 1815-20
Das Dekor wird John Cutts zugeschrieben. (UNTEN LINKS)

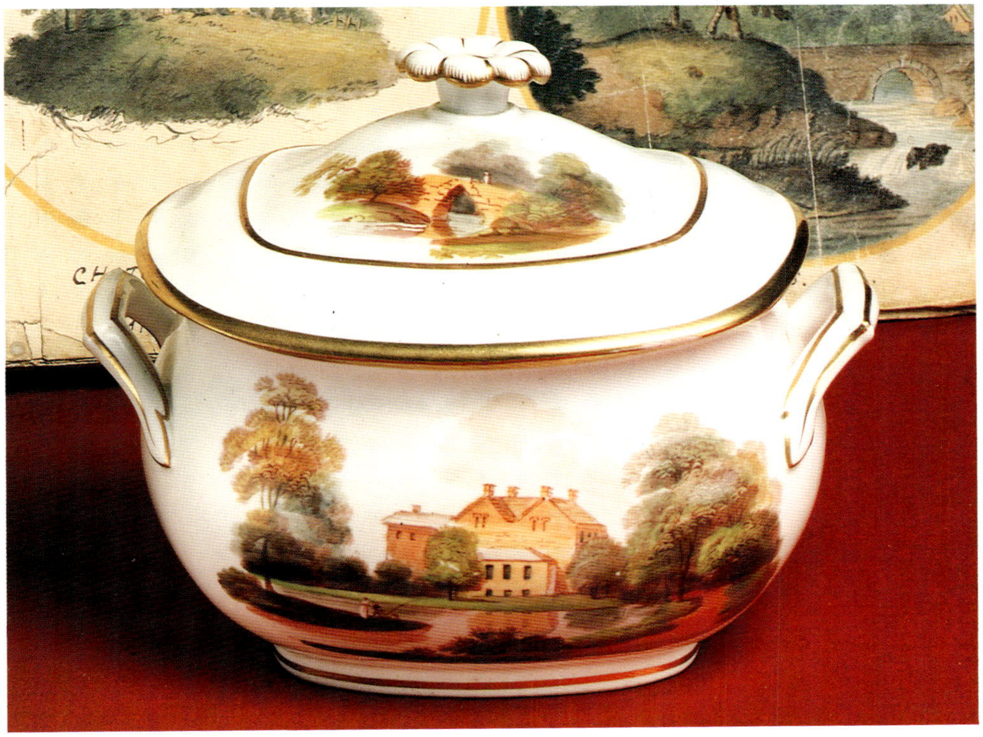

Die Muster reichen von ca. 470 bis 1052, und das Musterbuch ist heute noch im Wedgwood Museum in Barlaston zu sehen. Hauptsächlich wurde Teegeschirr produziert, aber auch einige kleinere Ziergegenstände. Hilfreich ist, daß viele Stücke mit dem Wort »Wedgwood« markiert sind, das meist in Rot aufgedruckt wurde.

Es ist zwar nicht angemessen, dieses Kapitel mit Wedgwood zu beschließen, da das Knochenporzellan dieser Manufaktur nicht sehr erfolgreich war, aber die Akzeptanz dieses Materials ist symbolisch für die Kapitulation der alten Garde und der Einsicht, daß die Zukunft nicht bei Weichporzellan, Hartporzellan oder Varianten davon zu suchen war. Knochenporzellan war das Porzellan der Zukunft, und der wirtschaftliche Erfolg der Industrie in Staffordshire sollte im verbleibenden 19. Jahrhundert darauf beruhen.

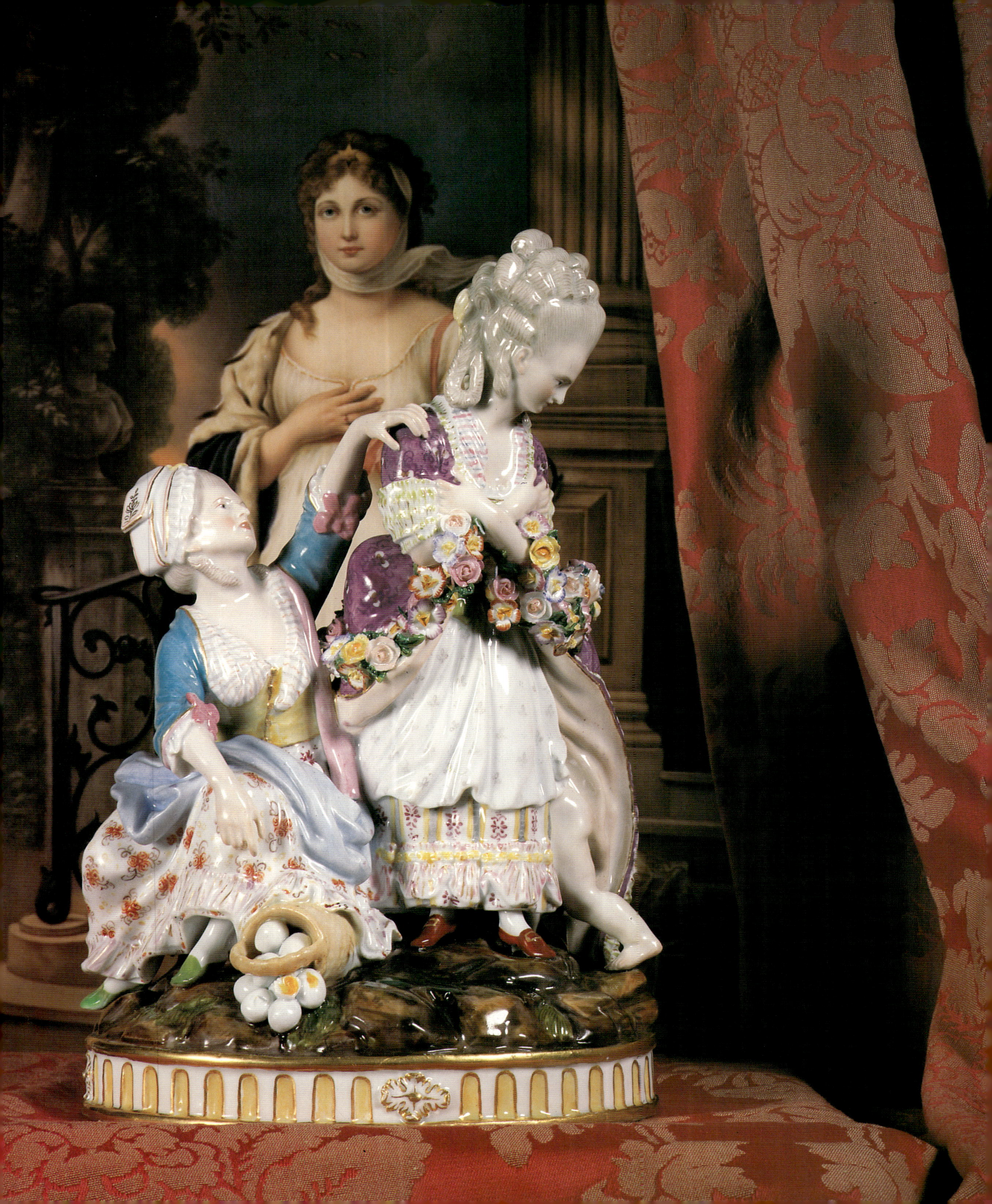

EUROPÄISCHES PORZELLAN VON 1780 - 1930

Die kontinentalen Manufakturen des 18. Jahrhunderts wurden aufgrund des Interesses von Königen und Aristokraten gegründet und waren daher Prestigeobjekte. Die Manufakturen wurden mit Geld überschüttet, und die Qualität des Endproduktes war entscheidender als die Produktionskosten. Von 1760 bis 1830 kann man allerdings von einer Umwälzung sprechen. Porzellan war nicht mehr ein kostbares Material, daß unter dem Patronat des Hofes produziert wurde, sondern ein Material, mit dem Manufakturen einen Gewinn erwirtschaften konnten. Die technische Entwicklung erlaubte die Produktion guter Qualität, so daß sich das Hartporzellan ausbreitete und in ganz Europa viele Manufakturen gegründet wurden, wobei die preisgünstigeren Waren einen riesigen, neuen Markt bei der aufstrebenden Kaufmanns- und Mittelschicht vorfanden. Der Nachteil dieser neuen Produktion bestand in der Verschlechterung des künstlerischen Niveaus.

MEISSENER GRUPPE, ca. 1880

Das Stück wurde urspürnglich von März bis April 1777 von Acier mit der Hilfe Schönheits modelliert und »Die zerbrochenen Eier« genannt. Im Hintergrund ist eine Berliner Platte zu sehen, die 1880, die von Knoeller mit dem Porträt der Königin Luise bemalt wurde.

WIENER PLATTE, ca. 1819 (Höhe: 27,4 cm)
Diese Platte wurde von Joseph Nigg bemalt.
(UNTEN)

KLASSIZISMUS UND EMPIRE-STIL

Der klassizistische Stil erhielt seine Inspiration aus der griechischen und römischen Antike sowie direkt von den Ausgrabungen in Pompeji und Herkulaneum Mitte des 18. Jahrhunderts. Zuerst eiferte Sèvres diesen Kulturen nach, später folgten alle großen Manufakturen Europas. Der entwickelte Stil setzte klassische Motive, darunter Akanthusgirlanden, Draperien, Palmetten und Cherube ein. Aufwendige Bemalung und Vergoldung mit komplexen formalen Rändern mit Medaillons sind ebenfalls typisch für diesen Stil. Der folgende Empire-Stil besitzt auch viele dieser dekorativen Elemente, aber da wo sich klassizistische Formen durch einfache, eckige oder konische Tassen mit winkeligen Henkeln und Vasen à la grecque auszeichnen, werden die Tassen im Empire-Stil breiter mit Klauenfüßen und Karyatide-Henkeln, und die Vasen werden komplexer mit ägyptischer oder etruskischer Formgebung. Es war ein aufwendigerer Stil, der in Imitationen von Edelsteinen, Mosaiken und Arabesken schwelgte.

SORGENTHALER KAFFEETASSEN UND UNTERTASSEN, WIEN, ca. 1800
Die erste Tasse und Untertasse (LINKS) wurde von A. Kothgasser ca. 1804 bemalt. Die unterglasurblauen Schildmarken weisen Datumscode und Malernummer 96 in Violett auf. Die anderen Stücke tragen ähnliche Marken. Das zweite Paar (MITTE) wurde nach einem Bild von Sir Thomas Lawrence ca. 1799 bemalt. Das dritte (RECHTS) wurde ca. 1800 mit dem satten Blau, das 1792 von Joseph Leitner kreiert wurde, bemalt.

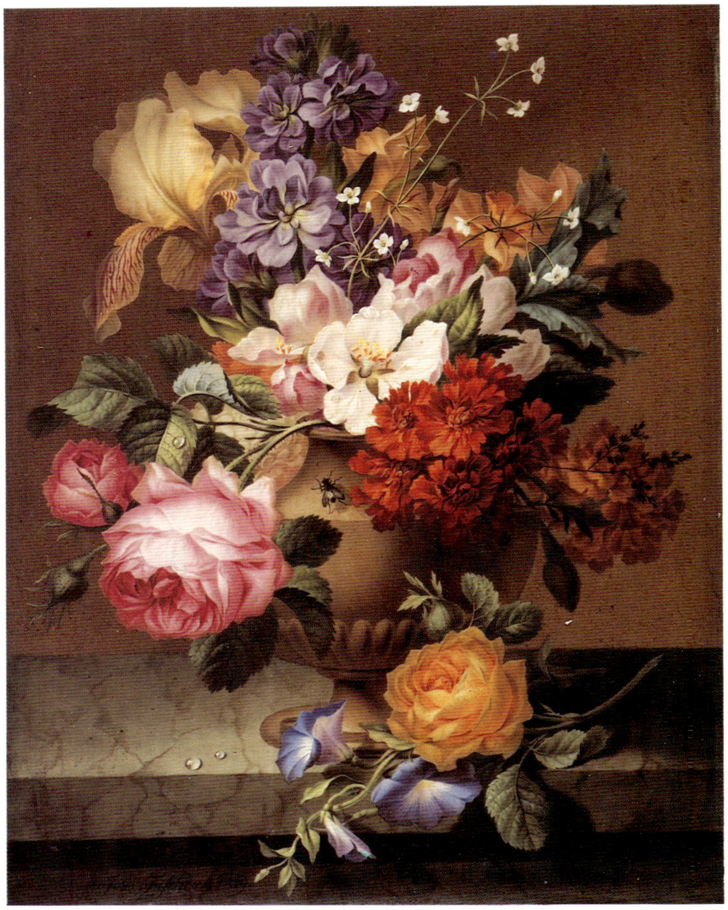

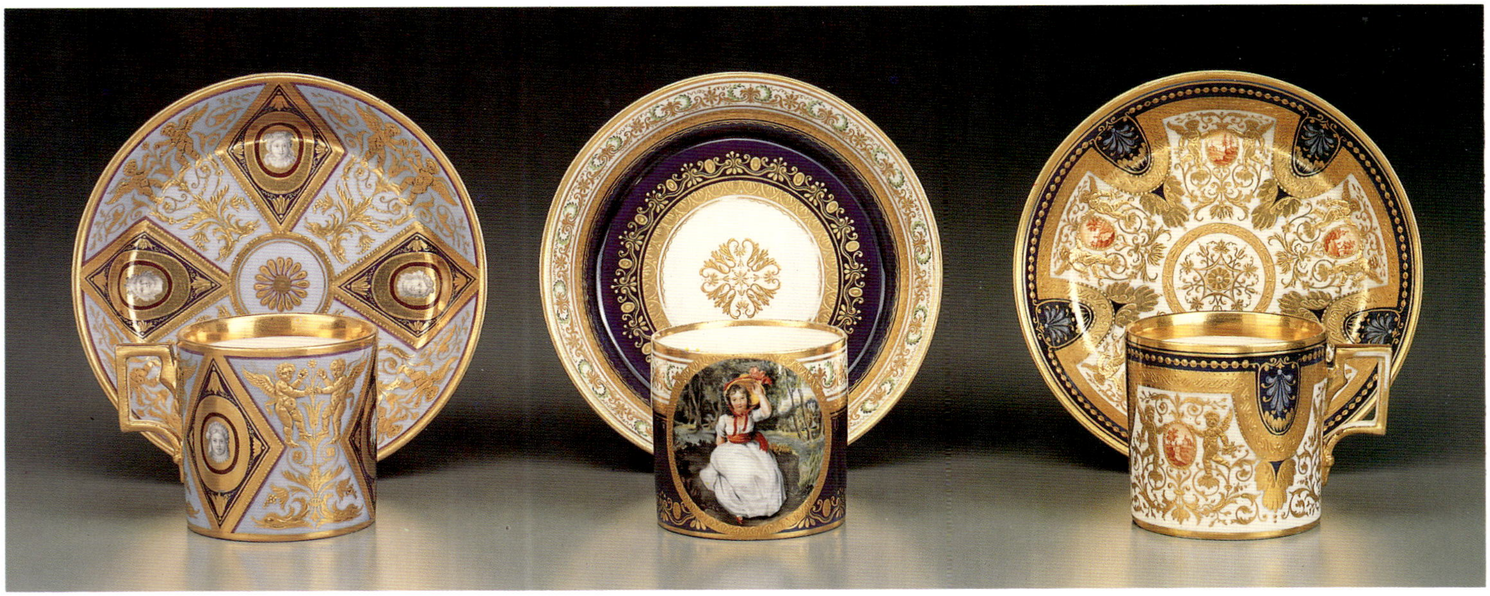

WIEN

1718 wurde die Wiener Manufaktur von Claudius Innocentius du Paquier gegründet. In den sechziger Jahren produzierte man, nur acht Jahre später als Meißen, Hartporzellan und imitierte meist die Produkte anderer Manufakturen, besonders die aus Sèvres. Mit der Benennung Konrad Sörgels von Sorgenthal 1784 begann die Glanzzeit der Manufaktur. Ab 1783 benutzte er einen Datencode, der bis 1799 aus den letzten zwei Ziffern der Jahreszahl und ab 1800 aus den letzten drei Ziffern bestand. Viele Stücke waren auch mit Malernummern in Emailfarben am Fuß oder an der Basis markiert. 1785 stellte er den Modellmeister Anton Grassi ein, der 1792 Rom für mehrere Monate besuchte, um Skizzen der damals ausgegrabenen Stücke zu machen. Die hervorragenden Maler, die Sorgenthal einstellte, waren oft Meister auf anderen Gebieten, so war z.B. Anton Kothgasser (1769-1851) ein bekannter Glasmaler und Moritz Michael Daffinger (1790-1849) ein berühmter Miniaturenporträtist.

Zum typischen Wiener Porzellan der sogenannten Sorgenthal-Periode gehören Tassen und Unterteller für Dèjeuners oder Zierobjekte. Die reich vergoldeten, handbemalten Stücke waren mit klassischen Motiven geschmückt, sowie mit griechischen, roten Figuren, Imitationen der roten oder schwarzen chinesischen Lackarbeiten und zahlreichen Panoramaansichten der Stadt bemalt. Viele neue Farbfonds wurden entwickelt und von Joseph Leithner verfeinert, so z.B. das »Leithner Blau« oder »Leithner Gold«.

DAS ENDE WIENS

Nach dem Tode von Mathias Niedermeyer 1827 versuchte sein Nachfolger Benjamin von Scholz die erlahmende Fortune der Manufaktur wiederzubeleben. Er führte preiswerteres Porzellan und Lohn nach Stückzahl ein und reduzierte die Zahl der Angestellten. 1833 wurde er von Andreas Baumgartner abgelöst, der mit der Produktion von billigeren Waren in großer Anzahl fortfuhr und sogar Druckdekore einführte. Ihm folgte der Chemiker Franz Freiherr von Leithner, der kurz vor Einführung der Hochglanzvergoldung und des Einsatzes von Chromgrün als Grundfarbe ca. 1855 starb. Leider kamen diese Entwicklungen zu spät, und die Manufaktur ging ihrem finanziellen Niedergang entgegen; 1865 war die Produktion fast versiegt, und 1866 wurde die Manufaktur geschlossen.

Trotz der Hinwendung zur Massenproduktion stellte die Wiener Manufaktur bis zuletzt auch Stücke von hoher Qualität her. Der Blumenmaler Joseph Nigg, der gegelegentlich auch auf Leinwand arbeitete, benötigte für seine Kopien alter Meister und seine eigenen Kompositionen große Flächen, so z.B. auf Porzellantafeln und Vasen. Eduard Pollack und andere, darunter F. Poppel, W. Herold, M. Fromhold, A. Doring, J. Geyer und A. Peil malten bis 1864 für die Wiener Manufaktur. Zu ihren hochqualitativen Arbeiten gehörten Ausstellungsstücke, königliche Aufträge (allerdings zu dieser Zeit schon selten geworden) und vor allem Vitrinentassen und -unterteller.

Der große Einfluß und das hohe Ansehen der Manufaktur sollte bis zum Ende des Jahrhunderts noch viele andere Manufakturen inspirieren. Zum Beispiel kaufte die ungarische Manufaktur Herend, 1839 von Moritz Fischer gegründet, einige Formen der Wiener Manufaktur. Wie Samson war Herend auf Reproduktionen von chinesischem Porzellan spezialisiert, machte aber auch Waren im Stil aller großen, europäischen Manufakturen. Das »Wiener Porzellan« war manchmal mit der Schildmarke versehen.

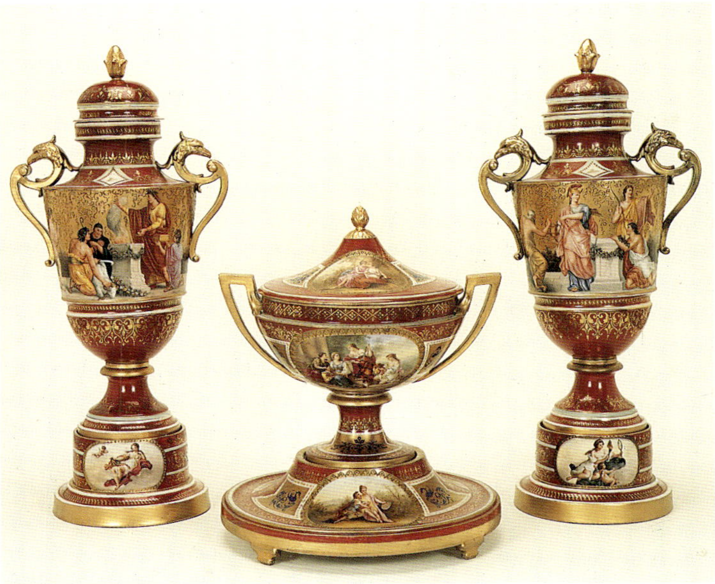

DREIERGRUPPE VON VASEN IM WIENER STIL, ca. 1880 (56 cm)
Diese deutschen Vasen sind Imitationen von Stücken der königlichen Wiener Manufaktur des frühen 19. Jahrhunderts

BERLIN

In Berlin wurde, wie auch in Wien, Porzellan lediglich als Malgrund für Gemälde benutzt, wobei Arbeiten von höchster technischer und künstlerischer Vollkommenheit entstanden. Die königliche Porzellanmanufaktur Berlins (KPM) wurde 1761 von Johann Ernst Gotzkowsky gegründet und wurde nach dem Konkurs 1763 von Friedrich d. Gr. übernommen. Er beteiligte sich an der Leitung der Manufaktur und gab viele Service und große Prunkstücke für seine diversen Schlösser in Auftrag. Zwischen 1770 und 1780 entwickelte die Manufaktur trotz der Vorliebe des Königs für das deutsche Rokoko klassische Formen und Dekore.

Der Nachfolger Friedrich d.Gr., Friedrich Wilhelm II. (1744-97), zeigte wenig Interesse an der Manufaktur, und erst als Friedrich Wilhelm III. (1770-1840) den Thron bestieg, unterstand die Manufaktur wieder dem königlichen Patronat. Dazu kam, daß Anfang des 19. Jahrhunderts das Bürgertum zunahm und große Mengen an Einzelstücken, vor allem Tassen und Unterteller, kaufte.

Dem Sieg über Napoleon 1815 folgten viele Jahre des üppigen Dekors im Empire-Stil. In dieser Periode wurden auch zeitgenössische Künstler engagiert. Die bekanntesten waren Karl Friedrich Schinkel (1781-1841), Friedrich von Gärtner (1792-1847) und Johann Gottfried Schadow (1764-1850). Diese Männer, die auch Bildhauer und Architekten waren, entwickelten gemeinsam mit den Malern der KPM das sogenannte »Berliner Vedutenporzellan«, auf dem detaillierte Stadtansichten, umrahmt von komplexer Vergoldung, zu sehen sind. Die Produktion bemalter Vasen nahm enorm zu und erreichte in den dreißiger und vierziger Jahren ihren Höhepunkt. Nach und nach wurden auch preiswertere Stücke wie z.B. Lithophanien und Pfeifenköpfe hergestellt.

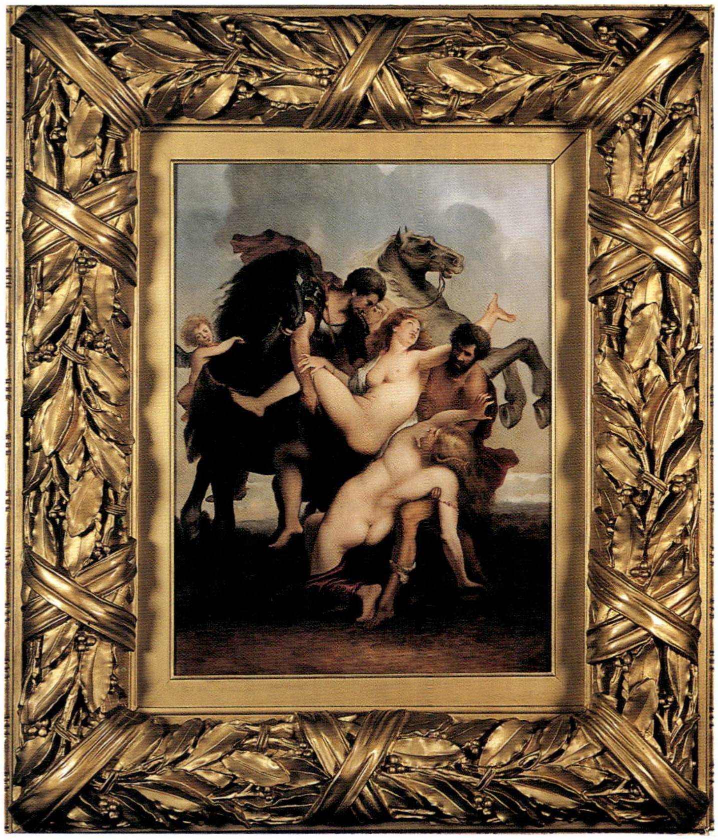

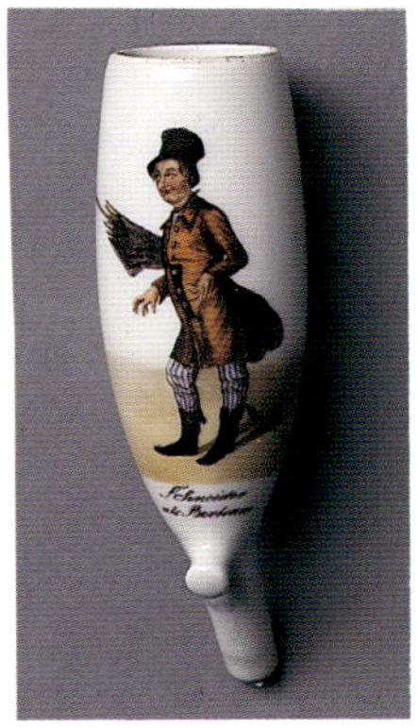

BERLINER PFEIFENKOPF, ca. 1840

BERLINER PLATTE, »DER RAUB VON LEUCIPPOS' TÖCHTERN«, ca. 1850 (Höhe: 54,5 cm) *Auf dieser Tafel findet sich die »KPM- und Zeptermarke«. (LINKS)*

DAS 19. JAHRHUNDERT

Von den zwanziger bis zu den fünfziger Jahren kann Berlin für seine prunkvolle, innovative und stilistische Produktion gerühmt oder aber für die altmodische Tradition, die Porzellan lediglich als Malgrund benutzte, kritisiert werden. Zu einer Zeit, als die meisten anderen Manufakturen Stücke im Neurokoko- und Neurenaissance-Stil produzierten, stellte Berlin sogar noch in den achziger Jahren klassizistische Waren her, deren Bemalung von erlesenster Qualität war. Es wurden Anfang des 19. Jahrhunderts auch Innovationen – wenn auch selten – durchgeführt, wie in Karl Friedrich Schinkels »Lalla-Rookh-Vase« im persischen Stil, 1821 zum Besuch des russischen Kronprinzenpaares angefertigt, ersichtlich.

Die Mehrzahl der Berliner Porzellantafeln wurde unbemalt an externe Werkstätten verkauft. Die Bemalung dieser Tafeln wies ein höheres Niveau auf als die in anderen Manufaktur bemalten Stücke. Sie wurden während des gesamten Jahrhunderts hergestellt. Von 1840 bis 1860 herrschten hauptsächlich Kopien nach alten Meistern vor sowie die berühmten Darstellungen von der Jungfrau der unbefleckten Empfängnis, der Büßerin Magdalena, der Heiligen Nacht usw., von denen damals viele in Dresden, München, Berlin und Florenz ausgestellt wurden.

Einige Stücke wurden 1851 auf der Weltausstellung in London gezeigt; zu den schönsten Arbeiten zählen die von R. Dittrich, Gaude Derounier, A. Lutz und der Familie Wagner.

Später wurden die Themen etwas unbeschwerter, mit leicht bekleideten Nymphen zwischen Blumen oder Haremsdamen und Mädchen des Nahen Ostens in traditionellen Kostümen, die einen Krug hielten oder am Brunnen standen. Die Produktion setzte sich mit einem ausgeprägten Jugendstil bis ins frühe 20. Jahrhundert fort. Die meisten Gemälde spiegelten jedoch die Mode des Historizismus wider und waren somit eine solide Alternative zum avantgardistischen Jugendstil, der sich in den neunziger Jahren entwickelt hatte.

In den sechziger Jahren begann Berlin mit dem Neurenaissance-Stil zu experimentieren; Kopien von italienischen Majolika-Waren und deutschem Steinzeug wurden angefertigt. Aber zu diesem Zeitpunkt wurde der Stil bereits schon wieder unmodern. In den siebziger Jahren sah sich die KPM finanziellen Schwierigkeiten gegenüber, die zur Einstellung Hermann Segers als technischem Direktor und Louis Sussmann-Hellborns als künstlerischem Direktor führten. Hermann Seger war ein sehr fähiger Mann und war für den Wiederaufschwung der Manufaktur mit einer Reihe von neuen Glasuren und anderen technischen Innovationen verantwortlich.

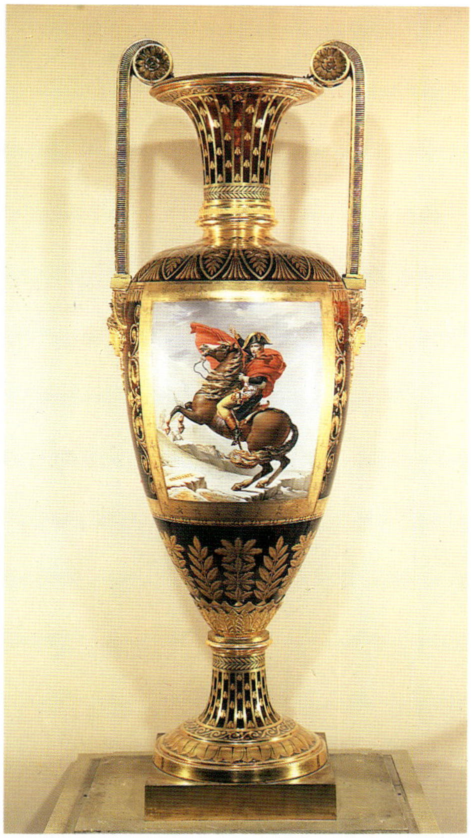

VASE AUS HARTPORZELLAN, SÈVRES, ca. 1810
J. Georget bemalte diese Vase nach einem Bild von David. (LINKS AUSSEN)

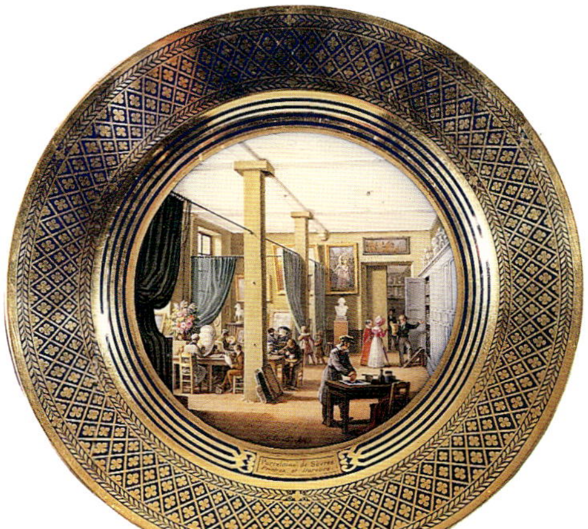

TELLER AUS HARTPORZELLAN, SÈVRES, 1823
Dieser Teller gehört zu einem Service mit dem Thema »Industrielle Kunst« und zeigt das Atelier der Maler und Vergolder von Sèvres. Bemalt hat ihn J.Ch. Develly. (UNTEN LINKS)

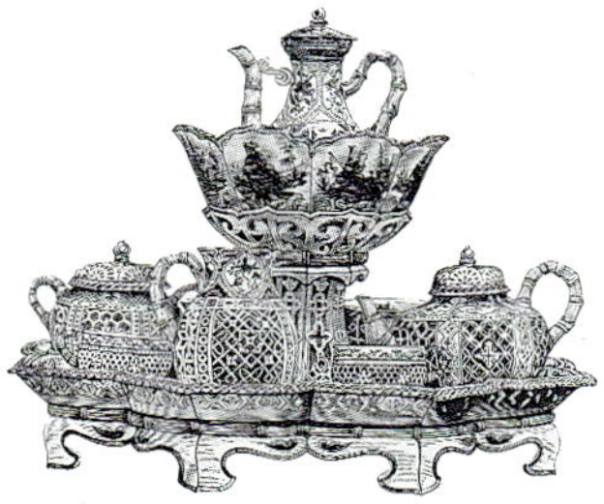

FRÜHSTÜCKSGARNITUR, SÈVRES, VON H. REGNIER, 1832
Diese Illustration ist dem Katalog der Weltausstellung 1862 in Paris entnommen. (UNTEN)

SÈVRES

1800 wurde A. Brongniart von Louis Bonaparte, dem Innenminister, als Direktor für die Manufaktur Sèvres eingesetzt. Brongniart war der Sohn eines berühmten Architekten und verkehrte in den intellektuellen und künstlerischen Kreisen seiner Zeit. Er war auch ein ausgezeichneter Verwalter. Er strukturierte die Finanzen der Manufaktur um, allerdings zu einem hohen Preis: die meisten Angestellten wurden in die frühe Pensionierung entlassen und unmoderne Lagerbestände zu niedrigen Preisen ausverkauft. Sèvres konnte es sich nicht mehr leisten, unrentabel zu sein, und mußte neben den Prunkstücken für Könige und Geschenken für Diplomaten auch einfachere Waren herstellen. Der technische Fortschritt wurde absichtlich eingeschränkt. Gravieren wurde nur für sich wiederholende Muster (Friese) eingesetzt, und nur die großen Tafeln wurden im Gießverfahren hergestellt. Auf der anderen Seite trug Brongniart zur Wiederbelebung des bemalten Glases bei, dem er eine eigene Werkstatt widmete (die an Projekten von Ingres, Delacroix usw. arbeitete).

Formen und Dekor folgten meist dem Stil der jeweiligen Periode. Im Empire entwikkelten Architekten wie C. Percier oder T. Brongniart klassische, fast ernste Linien. Als die französische Monarchie wieder eingesetzt wurde, machte sich der historische Einfluß mittelalterlicher und Renaissance-Themen sowie exotischer Dekore, die von ägyptischen, chinesischen oder türkischen Motiven inspiriert waren, bemerkbar.

Bei der Dekoration waren dieselben Entwicklungen festzustellen. Gerahmte Miniaturen auf Fondfarben, die das strahlende Weiß des Scherbens endgültig verbargen, dominierten. In den Tagen des Empire wurden diese Stücke mit Porträts von Napoleon und seiner Familie sowie mit Landschaftsszenen, die seine militärischen Siege heraufbeschworen, geschmückt; später erschienen Bilder im en-Camaieu-Stil. Das Dekor wurde also von den gleichen Quellen wie die Formen beeinflußt (Gotik, China usw.).

Es wurden nun verschiedene Waren produziert, darunter Vasen, Geschirr, Toilettenartikel sowie Kopien von Gemälden auf großen Tafeln, Dosen, Tischen und sogar Schreibtischen.

Die traditionellen Biskuitfiguren konzentrierten sich hauptsächlich auf Darstellungen von Mitgliedern der königlichen Familie oder anderen Berühmtheiten. Kleine Ziergegenstände verschwanden fast völlig, während im Empire grandiose Tafelaufsätze kreiert wurden, die nach und nach von kunstvollen Körben ersetzt wurden.

Die Leitung der Manufaktur wechselte in der zweiten Hälfte des 19. Jahrhunderts häufig. Die Direktoren waren in der Regel Wissenschaftler, die von hervorragenden Chemikern unterstützt wurden; für das Dekor waren einige exzellente Künstler zuständig, darunter J.P.M. Dieterle (1840-52), J. Nicolle (1856-71) und A. Carrier-

Belleuse (1875-87). Es war eine Zeit wichtiger, technischer Fortschritte, wie z.B. Versuche mit verschiedenen Rezepturen für Weichporzellan und die Einführung des Gießverfahrens für sehr dünne oder sehr große Stücke. Am wichtigsten war 1884 die Perfektion einer neuen Masse, die bei 1280 Grad gebrannt wurde. Diese Temperatur ermöglichte ein besseres Verschmelzen der Farben und die Ausnutzung von flammenförmigen Flecken in der Glasur und von Kristallisation als dekorativem Effekt. Zwei Werkstätten nahmen für kurze Zeit die Arbeit auf. Eine produzierte emailliertes Metall, die andere Fayencen und glasierte Irdenwaren. 1877 zog die Manufaktur in neue Gebäude um.

Nach einer kurzen Vorherrschaft von Formen und Dekoren, die von neu interpretierten klassischen Formen beeinflußt waren, erlebte das zweite Empire einen Triumph des »Louis-Seize-Empire-Stils« (dieser war leicht einzuführen, da die Manufaktur ihre alten Formen aufbewahrt hatte), der kleine, dekorative Skulpturen wieder zum Leben erweckte. Gleichzeitig wurden Pâte-sur-pâte-Dekore beliebt. Nach dem Ende des zweiten Empire wurden barocke Formen und gerahmte Miniaturen zugunsten von japanisch inspirierten Konturen und Dekoren aufgegeben.

Der Eintritt von A. Sandier 1897 als künstlerischer Direktor war der wahre Beginn des Art Nouveau in Sèvres. Alle Formen wurden neu entworfen; dabei zeigte sich eine Vorliebe für geschwungene, aber sanfte Konturen. Das Dekor konzentrierte sich auf stilisierte Blumenmotive in Pastellfarben, wobei Stiele und Blüten subtil den Konturen folgten. Biskuitfiguren stellten fast ausschließlich anmutige weibliche Formen dar. Am Ende des ersten Jahrzehnts des 20. Jahrhunderts gab es eine eindeutige Hinwendung zum sogenannten Art Deco. Die neuen Formen, entworfen von den Architekten H. Patou, J. Ruhlmann und H. Rapin waren geometrisch und eckig, und helle, sogar grelle Farben wurden für das Dekor eingesetzt, das der Direktor G. Lechevallier-Chevignard an externe Künstler in Auftrag gab.

PARIS

In den zwanziger Jahren gab es in Paris einige Porzellanmanufakturen sowie freischaffende Künstler, die weißes Porzellan bemalten. Die Stücke waren nicht so üppig dekoriert wie die der wahrhaft klassizistischen Manufakturen Sèvres, Berlin, Wien und St. Petersburg.

Obwohl die Manufakturen ständig vom Konkurs bedroht waren, abgesehen von ein paar Jahren in den Zwanzigern, wiesen viele Stücke eine sehr hohe Qualität auf. Vor 1820 waren die napoleonischen Kriege und die Dominanz von Sèvres dafür verantwortlich, danach mußten viele Manufakturen Paris aufgrund der steigenden Lohnkosten und der fehlenden oder zu teueren Grundstücke verlassen. Bis 1850 waren die meisten Pariser Manufakturen in Limoges angesiedelt und nur ein kleiner Teil des in Limoges dekorierten Prozellans wurde noch in Paris produziert.

Die bekanntesten Pariser Manufakturen in der ersten Hälfte des 19. Jahrhunderts waren die von Dagoty und Honoré, Dihl und Guérhard und Darte. Sie produzierten alle gelegentlich Stücke, die mit denen aus Wien, Sèvres und Berlin konkurrieren konnten, aber die meisten Stücke wiesen ein einfaches Dekor aus Blütenzweigen und vergoldeten Rändern auf.

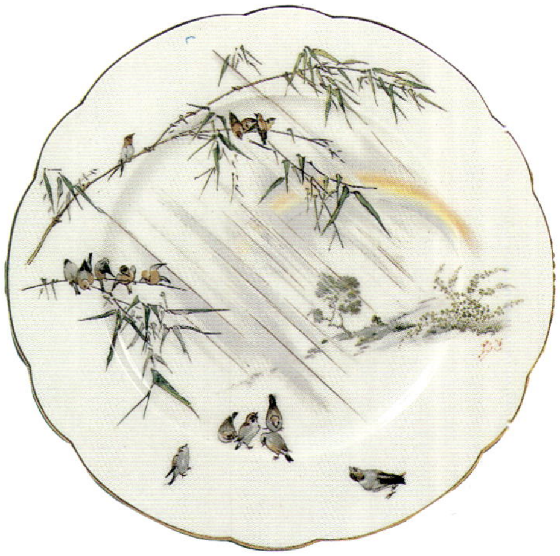

DAS 19. JAHRHUNDERT

Im Jahre 1830 war die einzige bedeutende Pariser Manufaktur die von Jacob Petit bei Fontainebleau, die 1834 gegründet wurde. Petit war ein Meister des Historizismus, indem er den Stil anderer Manufakturen, besonders den von Meißen und Sèvres, nachahmte, ohne sie direkt zu kopieren. Seine Stücke wurden oft von Blumenauflagen, Perlbesatz, geformten Reliefs, großen, be-

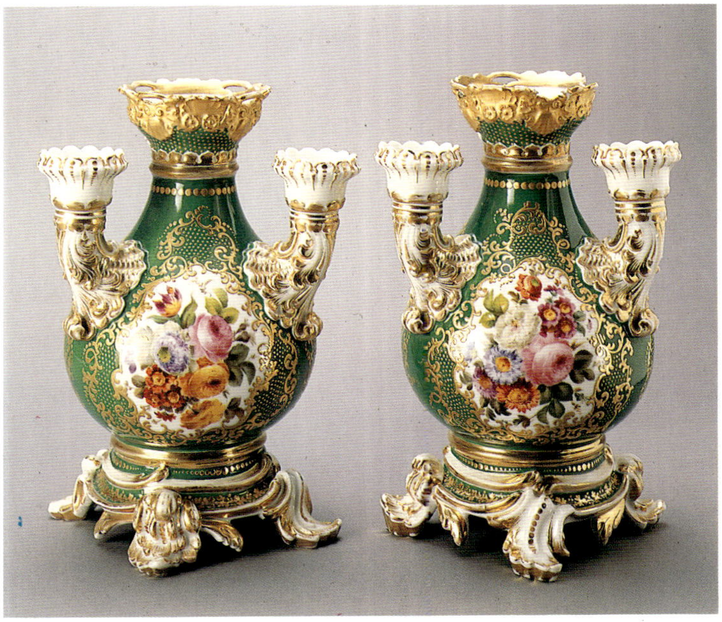

SCHALE, CHARLES HAVILAND, 1876 (25 cm)
Dieser Teller wurde von Felix Bracquemond entworfen und zeigt deutlich den Einfluß des »Japonismus«. (LINKS OBEN)

VASENPAAR, NEUROKOKO, JACOB PETIT, 1840 (Höhe: 25 cm)
»JP-Marke« in Unterglasurblau. (LINKS)

malten Flächen in hellen Farben und üppiger Vergoldung verziert. Seine Übertöpfe sind besonders gute Beispiele dieser Mischung von Stilen: die Form wurde von chinesischen Krokustöpfen inspiriert, die Fondfarbe wurde aus Sèvres entliehen und die bemalten Reserven mit vergoldeten Rokoko-Rändern kamen direkt aus dem 18. Jahrhundert.

Eine weiterer berühmte Porzellanmanufatur dieser Zeit in der Nähe von Paris war die Edmé et Cie., Samson Werke, die 1845 in Saint-Maurice gegründet wurden. Diese Manufaktur war dafür bekannt, daß sie andere Produkte direkt kopierte. Die Vielfalt der Produktion ist erstaunlich, mit hunderten von verschiedenen Kopien von chinesischen Exportwaren des 17. und 18. Jahrhunderts, vielen Figuren aus Meißen, Nymphenburg, Ludwigsburg und Höchst sowie Kopien italienischer Majolika-Waren.

Die Glasur der Porzellanstücke wirkt glasig; die Stücke sind etwas steif modelliert, dies unterscheidet sie von ihren Originalen.

LIMOGES

Nach 1830 entwickelte sich Limoges zum Zentrum des französischen Porzellans. Manufakturen schossen hier aus dem Boden, da geringe Lohnkosten lockten und Rohmaterial und Raum zur Expansion vorhanden waren. Viele dieser Manufakturen entwickelten sich zu gut geführten und modernen Fabriken auf dem neusten Stand der Technik mit effektiver Arbeitskraft.

Am erfolgreichsten war der Haviland-Konzern sowie andere bedeutende Firmen wie Gibus et Cie.; Pouyat; Gérard; Dufraisseix und Abbot und Henri Ardant. Haviland und Co. wurde von den Haviland- Brüdern, Keramikimporteuren aus New York, gegründet. David Haviland ließ sich 1842 in Limoges nieder und exportierte weiterhin die Produkte von Manufakturen wie Gibus et Cie. und Pouyat. Er gründete dann eine Dekorwerkstätte, schließlich die Haviland und Co. Manufaktur und produzierte seine eigenes Exportporzellan sowie das anderer Manufakturen.

Die meisten dieser Manufakturen stellten überwiegend Gebrauchswaren her, aber auch Luxuswaren von hoher Qualität. Diese Flexibilität war eines der Charakteristika der provinziellen Manufakturen außerhalb von Limoges. Charles Pillivuyt gründete z.B. 1851 eine Manufaktur in Mahun-sur-Yèvre in Cher, die hauptsächlich Gebrauchsgeschirr, mit Ausnahme von bestimmten Stücken für die Weltausstellungen, herstellte. Die Nachahmung des japanischen Stils gelang Pillivuyt nicht so gut, auch wenn das Dekor asymmetrisch angeordnet war, so wiesen die Teller doch die tradtionelle Form von Tafelservice auf.

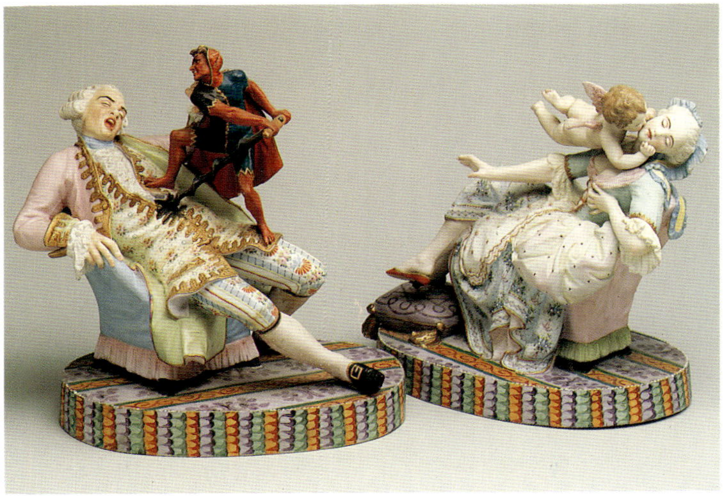

PAAR FRANZÖSISCHER, BEMALTER BISKUIT-GRUPPEN, ca. 1870 (27 cm)
Diese herrlich bemalten Stücke basieren auf historischen Themen und demonstrieren die damalige Moral. *(siehe S.6.)*

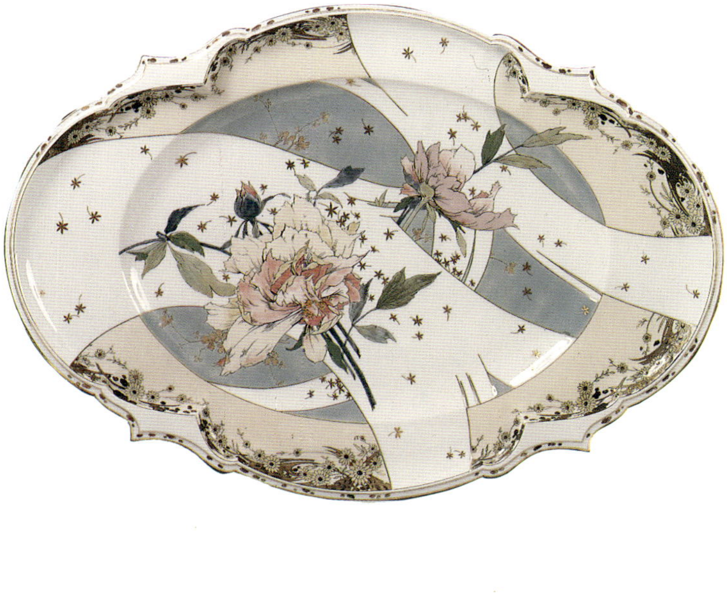

SCHALE, CHARLES PILLIVUYT, ca. 1888 (Breite: 56,8 cm)
Die Schale ist typisch für die Manufaktur von Pillivuyt in Mahjun-sur-Yèvre. Die Form ist traditionell westlich, das Dekor exotisch östlich.

RUSSLAND

Die größte Manufaktur Rußlands, die kaiserliche Porzellanmanufaktur in St. Petersburg, soll 1744 gegründet worden sein. Nach 1800 konzentrierte sie sich auf klassizistische Waren. Anregung hierzu gab der Graf D.A. Guryev, der sie in jenem Jahr neu organisierte. Neue Öfen und andere technische Verbesserungen folgten, sowie die Einstellung mehrerer Porzellankünstler der führenden europäischen Manufakturen, darunter einige aus Berlin und Sèvres. Die Berufung des französischen Töpfers Adam im Jahre 1808 als Direktor und 1803 Franz Gartenbergs aus der Gardner-Manufaktur als Chemiker setzte St. Petersburg an die Spitze des klassizistischen und Empire-Dekors. Elegante Formen, die griechische, römische, etruskische und ägyptische Formen imitierten, wurden mit goldenen Bändern, Adlern und Schwänen bemalt. Das für Graf Guryev kreierte Service, das 1809 begonnen wurde, mehrere Jahre bis zur Fertigstellung benötigte und aus einigen Tausend Stücken bestand, gehört wohl zu den größten Leistungen der Manufaktur. Es ist mit Goldrändern in Form von Lorbeerkränzen, Akanthus- und anderen Blättern auf tiefrotem Fond verziert und mit Ansichten von St. Petersburg und Szenen seiner Bewohner, Bauern und Handwerker bemalt. Die modellierten Stützen für die Körbe, Vasen und Tassen des Services wurden von Stephan Pimenov konzipiert. Szenen aus dem Krieg gegen Napoleon mit einer Huldigung der Siege von 1812 und militärische Motive waren bei vielen Stücken des frühen 19. Jahrhunderts sehr beliebt.

St. Petersburg

Im Gegensatz zu anderen Manufakturen mußte sich St. Petersburg nicht vorrangig um finanzielle Erwägungen kümmern. Nach Alexander I. übernahm Zar Nikolaus I. die Kontrolle über die Manufaktur, die sich damit vom Empire-Stil verabschiedete. In den dreißiger Jahren wurden einige Ziergegenstände, wie Uhren, Körbe und Leuchter im deutschen Stil, hergestellt, wobei das Dekor im Neurokoko-Stil viele Quellen besaß. Besonderen Einfluß hatten Stücke aus Sèvres und Meißen, orientalisches Porzellan und russische Antiquitäten. Viele der von Nikolaus I. in Auftrag gegebenen Service belegen den Rokoko-Einfluß aus Sèvres und Meißen. Gleichzeitig wurden Figurengruppen in Biskuit hergestellt, die oft russische Kostüme trugen.

Unter Alexander II. (1855-1881) wurden neue Direktoren eingestellt, auch der Porzellanmaler Lippold und der Modellmeister August Spiers. Allerdings brachten sie keine großen Neuerungen, und obwohl St. Petersburg 1862, 1867 und 1873 Preise gewann, muß man annehmen, daß sie für technische Perfektion und nicht für Originalität verliehen wurden.

DECKELVASE UND SOCKEL, MEISSEN, ca. 1860 (71 cm)
Das Stück wurde nach einem Original von J.J. Kändler aus dem 18.Jahrhundert gearbeitet und trägt die Schwertermarke in Unterglasurblau.

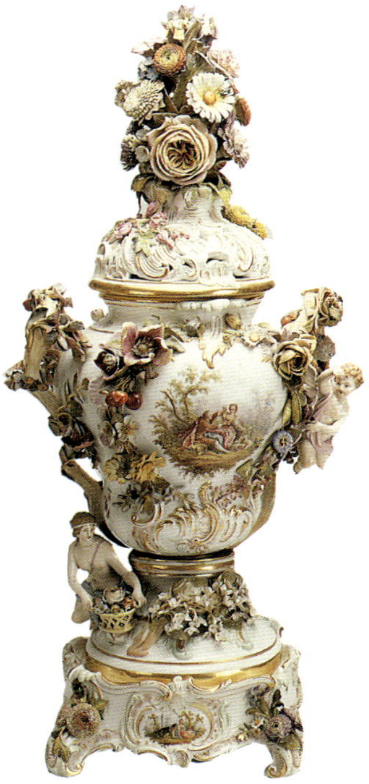

Gardner

Dies war die erfolgreichste Manufaktur in privatem Besitz, die von einem Engländer namens Francis Gardner in Verbilki, nördlich von Moskau, gegründet wurde. Er stellte technische Experten aus Meißen ein, darunter den Maler I. Kestner. Wie in St. Petersburg waren viele Stücke Kopien von Originalen aus Meißen und Sèvres, was sich deutlich in den Ausstellungsservices, die 1777 für Katharina d. Gr. geschaffen wurden, zeigte.

Antoinette Fay-Halle und Barbara Mundt bemerken in »Europäisches Prozellan des 19. Jahrhunderts«, daß eine »wichtige Erweiterung des Figurenrepertoires (von Gardner) auf die Veröffentlichungen im Almanach Laterna Magica oder auf die Zeichnungen von Zelentsovs Petersburger Händlern, Handwerkern und anderen Erwerbstätigen zurückzuführen ist«. Diese Figuren, die ab dem frühen 19. Jahrhundert produziert wurden, waren hell glasiert und standen auf gesprenkelten, runden oder rechteckigen Sockeln. Mitte des 19. Jahrhunderts wurden Biskuitfiguren, die Handwerker darstellten, geschaffen. Das Niveau blieb bis 1891 hoch, als der Konzern von Kuzactov übernommen wurde, der danach auf Massenproduktion mit aufgedruckten Motiven umstellte. 1917 wurde die Manufaktur verstaatlicht.

MEISSEN

Europas älteste, 1710 in der Nähe von Dresden gegründete Manufaktur war im frühen 19. Jahrhundert relativ müßig, nachdem sie während des ganzen 18. Jahrhunderts führend in Bezug auf Innovationen und Produktion gewesen war. Sèvres, Wien und Berlin produzierten alle in großen Mengen klassizistisches Porzellan, das oft die Qualität der in Meißen von 1774 bis 1814, als die Manfuaktur unter der Leitung des Grafen Camillo Marcolini stand, hergestellten Stücke übertraf.

1780 - 1830

In den achziger Jahren engagierte Meißen Johann Gottlieb Matthai und Christoph Gottfried Jüchtzer, die viele Stücke nach antikem Vorbild schufen. Der Manufaktur gehörten einige klassizistische Modelleure, darunter Johann Daniel Schöne, Christian Karl Schiebel, Michel Victor Acier und Johann Carl Schönheit, an. Die heute nur selten anzutreffenden, klassizistischen Waren, Ziertassen, Präsentationsstücke aller Art und Figurengruppen (im Gegensatz zu den vielen Rokoko-Designs, die von J.J. Kändler und P. Reinicke im 18. Jahrhundert modelliert wurden), läßt darauf schließen, daß die Leitung der Manufaktur einer

Veränderung ablehnend gegenüberstand. Der Marktanteil Meißens wurde weiterhin durch das Importverbot von Österreich und Preußen und den hohen Zöllen Englands, Frankreichs und Rußlands auf alle Einfuhrwaren geschmälert.

Als Marcolini sich 1814 zurückzog, war die Produktion beinahe zum Stillstand gekommen, was zum größten Teil auf den napoleonischen Kriegen beruhte. Der neue Direktor Carl Wilhelm von Oppel und sein Assistent Heinrich Gottlob Kühn modernisierten die Manufaktur mit einem Rundofen und entwickelten das Unterglasurgrün und die Hochglanzvergoldung.

Das 1819 für Herzog Wellington begonnene Dessertservice zur Feier seines Sieges bei Waterloo stellt wohl die größte Leistung Meißens im frühen 19. Jahrhundert dar. Das Service kann sich durchaus mit denen von Sèvres, Berlin und Wien messen.

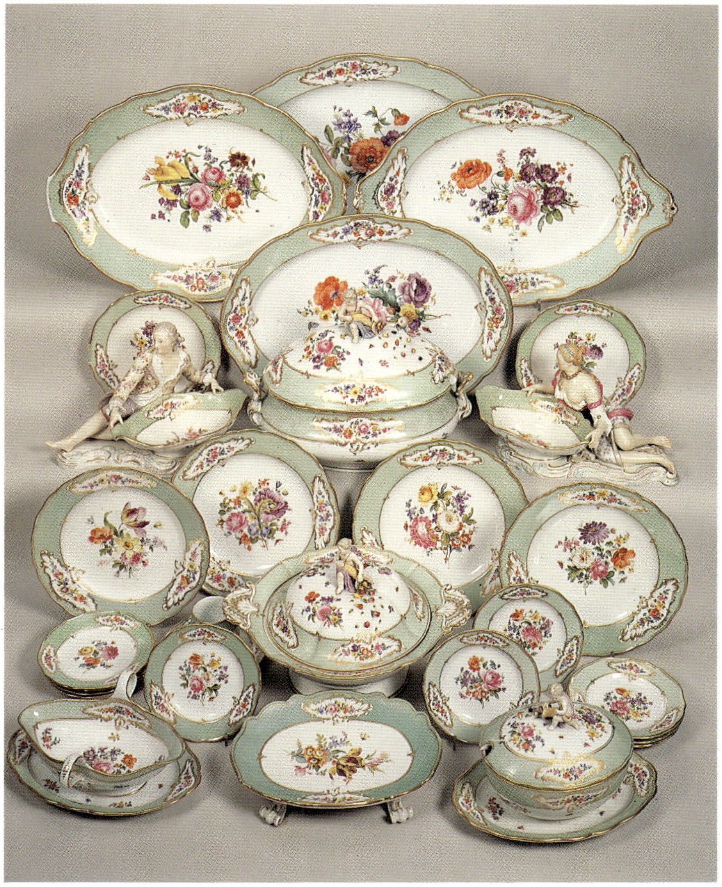

TEIL EINES TAFELSERVICES MIT GRÜNEM FOND, MEISSEN, SPÄTES 19. JAHRHUNDERT
Jedes Stück trägt die Schwertermarke in Unterglasurblau.

1830 - 1870

Die Mitte des 19. Jahrhunderts war vom industriellen Zeitalter und der Massenproduktion geprägt. Wirtschaftlichkeit und Nachfrage traten anstelle von aristokratischem und königlichem Patronat.

Die Weltausstellungen ab 1851 brachten eine weite Verbreitung von Stilen, industriellen Techniken und Wissen über alte Kulturen mit sich. Die Ausstellungen in London, Paris und Wien 1851, 1862, 1867, 1873 und 1889 inspirierten Manufakturen in ganz Europa dazu, das Gesehene zu kopieren und zu verbinden. Wettbewerbe und Regierungsaufträge wurden anläßlich der Ausstellungen ausgeschrieben. Dies führte dazu, daß jeder historische Stil nochmals auftauchte – keine technische Herausforderung war zu groß.

Während der dreißiger Jahre entwickelte sich das Empire-Porzellan zu länglichen Formen, die für das Biedermeier und das Neurokoko stellvertretend waren. Kurz darauf wurden gotische Formen und die Imitationen der Emailfarben aus Limoges modern, und in den sechziger und siebziger Jahren waren klassische Dekore und Muster der Renaissance wieder gefragt. Der Historizismus des 19. Jahrhunderts war bei den meisten Manufakturen keine geordnete Entwicklung von einem Stil zum anderen, stattdessen überschnitten sich viele Stilrichtungen. Dazu kam, daß ein Stil, sobald er sich gut verkaufen ließ, unendlich lange beibehalten wurde, so wie es der Fall war bei den wiederentdeckten klassizistischen und Rokoko-Objekten, die in Meißen ab den vierziger Jahren bis zum frühen 20. Jahrhundert hergestellt wurden.

TECHNOLOGIE

Es gibt wohl kein besseres Beispiel für Meißens Fähigkeit, wirtschaftliche Massenwaren herzustellen, als die Lithophanien, die ab 1829 angefertigt wurden, und zwar zu Zehntausenden zwischen 1830 und 1850. Wenn sie ans Licht gehalten wurden, erkannte man ein schwarz-weißes Kontrastbild. Der religiöse Inhalt dieser Objekte ist typisch für die Porzellanbemalung dieser Periode, so z.B. die Darstellung Raphaels

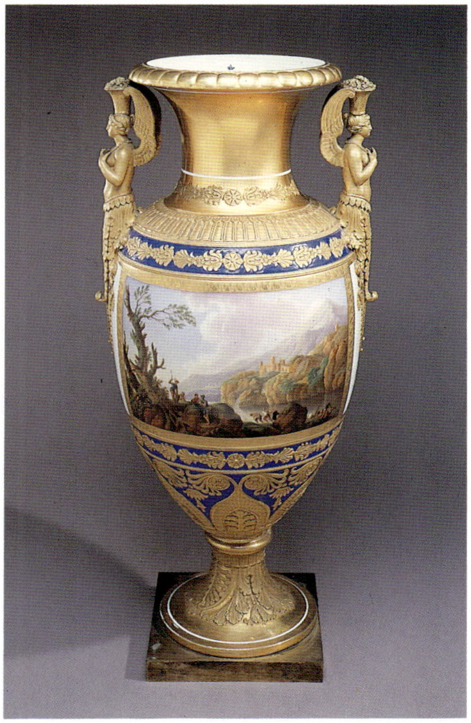

VASE, KAISERLICHE PORZELLANMANUFAKTUR ST. PETERSBURG, ca. 1834
(Höhe: 73 cm)
Diese russische Palastvase wurde mit einer alpinen Seenlandschaft bemalt. (UNTEN)

oder der »Sixtinischen Madonna« oder der »Madonna della Sedia« oder von Correggios »Heilige Nacht«. Die Genreszenen beinhalteten eine Vielzahl an Themen, so z.B. Kinder, Hunde und mütterliche Bildnisse. Kopien der holländischen, fanzösischen und italienischen Schule des 17. und 18. Jahrhunderts wurden ebenfalls sehr populär. Lithophanien wurden in ebenso großer Auflage in Berlin und in kleinerem Maße in Sèvres, Plaue, Volkstedt, St. Petersburg und in Kopenhagen hergestellt.

Das Verfahren der Hochglanzvergoldung, das in den zwanziger Jahren von H.G. Kühn perfektioniert wurde, war ein weiterer Schritt zur Wiederbelebung der Finanzen der Manufaktur. Es erlaubte die Mischung von flüssigem Gold, das so auf Porzellan aufgemalt oder mechanisch angebracht werden konnte, was Arbeitskosten und Zeit sparte und auch die benötigte Menge an Gold verringerte. Des weiteren konnten kunstvoll gefomte Teller nun billig produziert werden, indem man flüssigen Ton in Glasformen goß, anstatt wie früher per Hand den Ton in jede Formhälfte zu pressen, was auch viel zeitaufwendiger war. Diese Teller wurden dann in verschiedenen Farben dekoriert, wobei Unterglasurblau und Vergoldung überwogen.

Ab dem Ende der vierziger Jahre brachte Meißen wieder viele Zierstücke, die mit typischen Händler- und Hafenszenen in der Manier von Christian Friedrich Herold bemalt waren, Rokoko-Figuren, die ursprünglich von J.J. Kändler und T. Reinicke stammten, und klassizistische Porzellanfiguren von Acier und Schönheit heraus. Ernst August Leuteritz, der ab 1849 Leiter der Modellierabteilung war, war hauptsächlich für diese Figuren verantwortlich. Zu ihnen gehörten romantische Figuren eines Galants mit Begleitung, Schäfer und Schäferin, Damen in Krinolinen, allegorische Gruppen der Jahreszeiten, Kontinente und Elemente, mythologische Gruppen, Putten, Tiere, Uhren, Tische, Spiegel, Leuchter, große Vasen, Affenorchester, Musen, musikalische Gruppen, Händler und Tafelservice mit Reliefrändern und Blütenzweigen. Die beliebte Vase mit Schlangenhenkeln im Neurenaissance-Stil wurde ab Mitte der sechziger Jhre in großer Zahl angefertigt. Meißen stellte auch Neurenaissance-Stücke im Stile Limoges her, kopiert nach den Vorbildern aus der Manufaktur Royal Worcester, die auf der Weltausstellung 1862 in London gezeigt wurden. Ab 1878 wurde die zuvor in Frankreich erfundene Pâte-sur-pâte-Technik in Meißen weiter entwickelt; dabei wurden kleine Mengen an Masseschlicker übereinander gelegt, so daß sie ein durchscheinendes Relief ergaben.

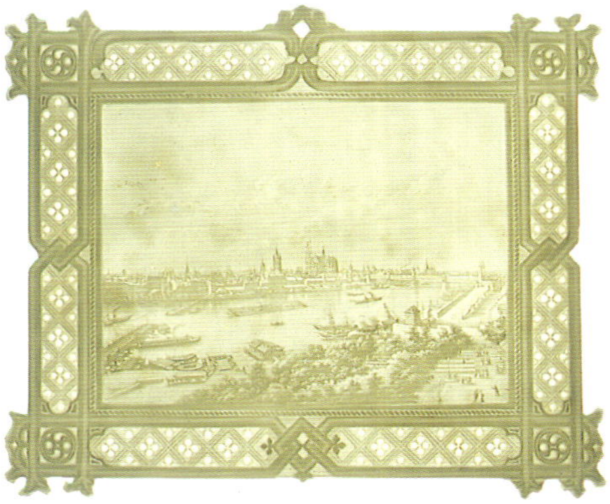

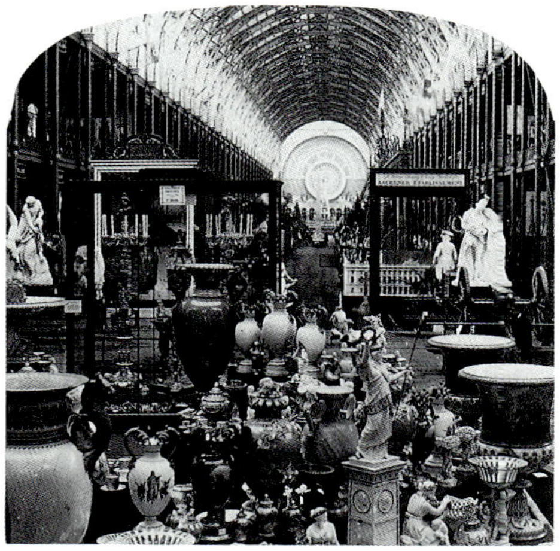

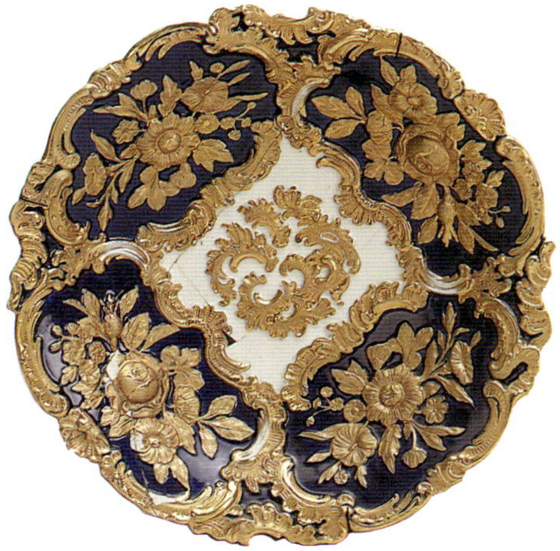

LITHOPHANIE, MEISSEN, 19. JAHRHUNDERT
Dargestellt ist Köln mit seinem geschäftigen Hafen im Herzen der deutschen industriellen Revolution. (UNTEN LINKS)

WELTAUSSTELLUNG, LONDON FOTOGRAPHIE AUS DEM JAHRE 1862
Auf dieser bedeutenden, internationalen Ausstellung wurden viele Stücke der Berliner Porzellanmanufaktur gezeigt. (UNTEN MITTE)

MEISSENER SCHALE MIT GLANZVERGOLDUNG, ca. 1850
Diese Schale belegt die Vorliebe für kunstvolle Stücke im mittleren 19. Jahrhundert

BÖHMEN

Meist wurden die böhmischen Manufakturen Schlaggenwald, Pirkenhammer, Klösterle und Elbogen und die vielen anderen kleinen Manufakturen, von den größeren europäischen Manufakturen wie Berlin, Meißen und Wien inspiriert. Im frühen 19. Jahrhundert produzierten sie Waren im klassiszistischen und Empire-Stil, die mit Kopien alter Meister, Allegorien der Liebe, der Hoffnung und Freundschaft sowie Stadtansichten bemalt waren. Von ca. 1825 bis 1850 fanden sie ihre Marktnische in Ausstellungsstükken von recht guter Qualität, die meist bedruckt und nicht handbemalt waren, was den Verkauf zu annehmbaren Preisen gewährleistete. Meist folgten sie der Mode des Neurokoko zur Neurenaissance, wobei sie gleichzeitig die Dekorstücke anderer Manufakturen, besonders aus dem benachbarten Wien, kopierten.

THÜRINGEN

Sowohl Meißen als auch Wien hatten großen Einfluß auf das Wachstum und die Entwicklung der vielen Manufakturen, die sich in Thüringen ausbreiteten. Sitzendorf, Gotha und Volkstedt gehören zu den bekanntesten. Da waren aber auch C. Teichert in Meißen und Thieme in Potschappel. Letztere wurde 1850 von William Liebman gegründet. Diese beiden Manufakturen produzierten ähnliche Waren, wobei sich letztere auf »Krinolinen-Gruppen« spezialisierte. Diese Figuren entstanden, indem man rote Spitze in den Masseschlicker, der auf die Figur gelegt wurde, tauchte. Beim Brennen blieb das Spitzenskelett erhalten.

1760 wurde Kloster Veilsdorf von Friedrich Wilhelm Eugen gegründet. Hier produzierte man einige sehr bewunderte Stükke im klassizistischen Stil. 1797 trat ein neuer Besitzer an, und von da an konzentrierte man sich auf Gebrauchswaren, Figuren und Vasen im Meißener Stil. Diese Neurokoko-Waren, bemalt mit Reserven mit Liebespaaren in Gärten des 18. Jahrhunderts, umrahmt von üppiger Vergoldung und Blumen nach Watteau, brachten gute Verkaufszahlen. 1863 kaufte Eduard Albert Heubach die Manufaktur, der sowohl den industriellen Keramikaspekt ausbaute als auch Puppenköpfe und Figuren herstellte. Diese wurden ab den dreißiger Jahren auch von der KPM in Berlin produziert, die zu den ersten gehörte, die Porzellanpuppenköpfe machte, sowie von Armand Marseille und Simon und Halbig, die beide bis ca. 1920 tätig waren.

VASE, KÖNIGLICHE MANUFAKTUR KOPENHAGEN, 1885 (Höhe: 57 cm)
Diese »königliche Präsentationsvase« wurde von C.F. Hetsch entworfen und von E. Orth bemalt.

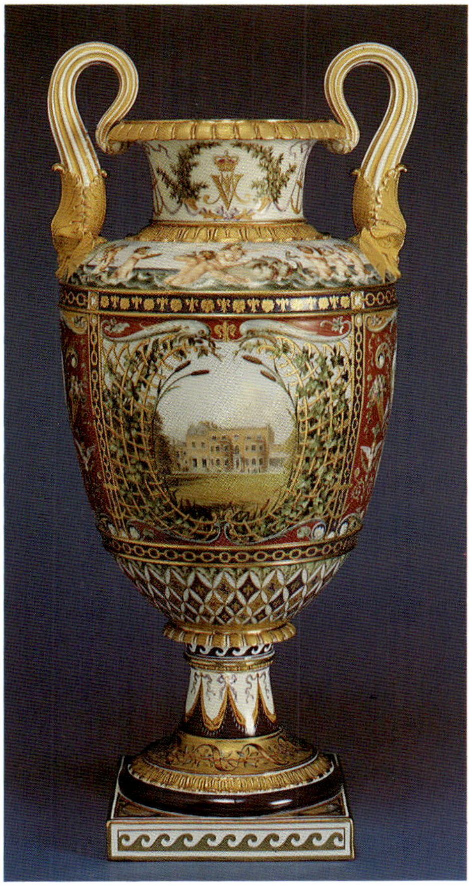

STILRICHTUNGEN – 1860 - 1930

Um 1860 basierten Porzellanobjekte noch immer auf der Mischung verschiedener historischer Stilrichtungen, die sich in den Weltausstellungen manifestierten. Der Eklektizismus oder Historizismus sollte bis ins 20. Jahrhundert hinein auf vielen Gebieten die dominierenden Stilrichtung bleiben und stellte eine bequeme, leicht verständliche Alternative zu den neuen Bewegungen dar. Zu letzteren gehörte vor allem der Jugendstil, eine Bewegung, die viele Kommentatoren als recht unangenehme Neuheit betrachteten.

1862 ging der Anstoß zum Wandel von Japan aus, das nach einer langen Periode der Isolation auf der Weltausstellung 1862 einige Stücke ausstellte. Westliche Besucher sahen einen Dekorstil, der keine Parallele in Europa hatte. Die Extravaganz des Rokoko mit seinen kunstvollen Reserven, umrahmt von Goldbordüren und die Symmetrie im Design der Renaissance, veschwanden und wurden durch einfachere Formen mit spärlich verzierten Flächen und asymmetrisch angeordneten Motiven ersetzt. Hugh Wakefield beschreibt in »World Ceramics« den Wechsel der Stilrichtungen als »...Freiheit, die Fondoberfläche natürlich zu belassen sowie die Befreiung vieler Formen von den tief verwurzelten Konventionen klassischen Ursprungs. Die Vorstellung, sich von dem westlichen Gefühl für Balance abzuwenden, brachte erfrischend einfache, neue Designs hervor. Der neue Stil wurde unterstrichen durch moderne Entwicklungen bezüglich der Materialien, Glasuren und Herstellungstechniken.«

Glasureffekte waren ein weiterer wichtiger Aspekt des Einflusses aus dem Fernen Osten. Es gab bereits einige Sammlungen chinesischen, japanischen und koreanischen Porzellans in allen wichtigen europäischen Museen. Es wurden Versuche unternommen, diese Glasuren, zu denen Seladon, Sang-de-boeuf, Flambé und kristalline Effekte gehörten, wieder herzustellen.

Entwicklungen der neuen Glasurtechniken, die von den asiatischen Monochromen und Seladonen inspiriert wurden, beschränkten sich nicht nur auf Frankreich, auch wenn die ersten Versuche in Sèvres unternommen wurden. Zur selben Zeit, als Theodore Deck in Frankreich experimentierte, arbeitete in Berlin auch Hermann Seger. Seger bestätigte seine Position als Leiter des Technisch-Chemischen-Versuchs-Instituts der KPM, als er den berühmten »Seger-Kegel« entwickelte, der die genaue Kontrolle der Brenntemperaturen zuließ.

Nachdem in Berlin die Flambé-Glasuren entwickelt waren, wurden andere Glasurfarben und Farbkombinationen kreiert. Auch in Meißen wurde unter Leitung des Chemikers Julius Heintze in den siebziger Jahren experimentiert. 1883 schuf er die ersten roten, monochromen Vasen; bis 1890

TASSE UND UNTERTASSE, KÖNIGLICHE MANUFAKTUR KOPENHAGEN, ca. 1886-88

Diese Teile aus dem Reiher- (oder Heron-) Service wurden von Pietro Krohn entworfen und mit Unterglasurblau und Vergoldung dekoriert.

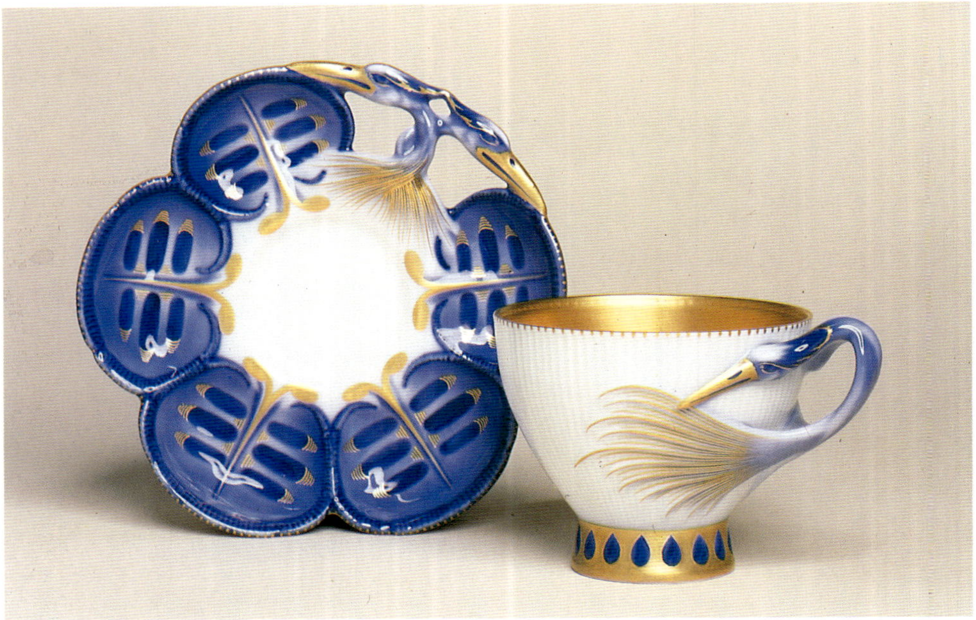

VASE, KÖNIGLICHE MANUFAKTUR KOPENHAGEN, ca. 1900 (10 cm)

Die Glasur dieses Teils wurde von dem Chemiker Valdermar Engelhardt nach einem Design von Arnold Krog hergestellt.

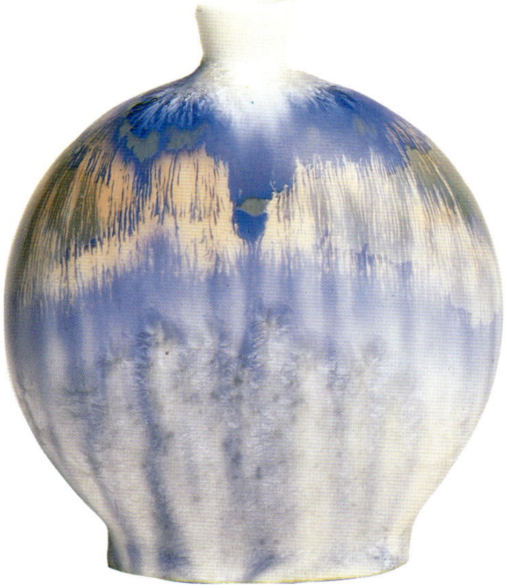

kamen noch kristalline und mehrfarbige Glasureffekte hinzu.

Die königliche Manufaktur in Kopenhagen erlebte ab 1883 so etwas wie eine Renaissance, als sie an die Alumina-Irdenwaren-Gesellschaft verkauft wurde. In den Jahrzehnten zuvor besaß sie nur wenig Dynamik, wurde aber nun von Philipp Schou, der bei Alumina die Leitung innehatte, völlig umgekrempelt. Er investierte in neue Technologien und engagierte 1885 Arnold Krog, einen Architekten, dessen neue Ideen über Glasurtechnik und Malerei einen neuen Stil schufen.

1885 reiste Krog durch Holland, Belgien, Frankreich und England und lernte dort nicht nur zeitgenössische Arbeiten kennen, sondern wurde auch mit der japanischen Kunst vertraut. 1886 besuchte er den bekannten Pariser Händler für asiatisches Porzellan, Siegfried Bing.

Die feinen Grau- und Blautöne in Krogs Arbeiten können in den Arbeiten japanischer Töpfer, wie Miyagawa (Makuzu) Kozan oder Fukagawa wiedergefunden werden. Krog verzierte von 1886 bis 1916 Porzellan, und obwohl die Farben und das Arrangement der Malerei stark aus Japan inspiriert sind, waren die Motive doch oft am europäischen Geschmack orientiert. Gegen Ende des Jahrhunderts gab er die asiatischen Blumen und Tiere zugunsten dänischer Exemplare auf. Neben Krog wurden viele andere begabte Maler in Kopenhagen engagiert, darunter Erik Nielson, Christian Thomson, C.J. Bonnesen und F.A. Hallin, um nur einige zu nennen. Jedes produzierte Stück wurde vom Künstler signiert.

Diese neue Art des Dekors, das eher die gesamte Oberfläche als nur einen Teil bedeckte, stand ganz eindeutig im Gegensatz zu den formalen Designs, die die vorangegangenen zweihundert Jahre dominiert hatten. Auf der Weltausstellung 1889 in Paris erhielten sie den Grand Prix, und kurz darauf versuchten die meisten anderen europäischen Manufakturen, Porzellan im Stile Kopenhagens herzustellen.

Krog kann auch die Entwicklung des modernen Stils bei Figuren zugeschrieben werden. Wie bereits erwähnt, waren die meisten Manufakturen des 19. Jahrhunderts bemüht, Rokoko- oder klassische Figuren zu ersetzen, sei es in Porzellan, Biskuit, Parian-Porzellan oder in Keramik. Kopenhagen ließ all diese Formalitäten hinter sich und konzentrierte sich auf Tiermodelle, deren Form und Glasur zugleich naturalistisch und stilisiert war. Bing und Grondahl produzierten in Kopenhagen das berühmte Heron-Service, das von Pietro Krohn entworfen wurde, einem begeisterten Anhänger des japanischen Stils. Es folgten Rörstrand in Schweden, Meißen und Nymphenburg, die nicht nur Waren im japanischen Stil produzierten, sondern auch die blauen und grauen Glasureffekte Krogs einsetzten.

JUGENDSTIL

Alle vorher im Zusammenhang mit dem japanischen Stil genannten Manufakturen, waren auch mehr oder minder vom Jugendstil beeinflußt, dessen Blüte sich von den frühen neunziger Jahren bis ins frühe 20. Jahrhundert erstreckte. Die Bewegung fand ihren Ursprung bei den ästhetischen Schriftstellern des 19. Jahrhunderts, wie z.B. John Ruskin und William Morris in

England und Leon de Laborde und Eugène-Emmanuel Viollet-le-Duc in Frankreich. Sie lehnten den Historizismus ab und versuchten stattdessen, den Unterschied zwischen den sogenannten Schönen Künsten und den Angewandten Künsten auszumerzen. Sie vertraten die Ansicht, daß die Bedeutung von Kunst nicht in dem eingesetzten Medium lag, sondern eine Reflexion auf das Zeitalter, in dem sie entstand, sein sollte. Seine geschmeidige Linie, die stark von der Natur beeinflußt war, befreite das Design von seinen Bindungen an die Vergangenheit.

Der Jugendstil wurde jedoch von vielen im Vergleich zu dem gewohnten Stil des 18. Jahrhunderts als unangenehme Neuerung empfunden. Es gab daher keine allzu großen Absatzmöglichkeiten. Zu den wenigen Verkaufsstellen zählten Siegfried Bings »L'Art Nouveau-Gallerie«, die 1895 , und »La Maison Moderne«, die 1898 eröffnete, beide in Paris. Siegfried Bings Gallerie stellte eine Erweiterung seiner Vorliebe für orientalische und japanische Kunst im allgemeinen vor. Er verkaufte die schönsten Jugendstilobjekte; unter seinen Keramiken befanden sich Stücke von der königlichen Manufaktur Kopenhagens, von Rörstrand, von Bing und Grondahl und die von Eugène Colonna und George de Feure entworfenen Designs der von Gérard, Dufraisseix und Abbot (G.D.A.) in Limoges ausgeführten Objekte.

Neben Sèvres vertrat die Manufaktur Rozenburg, die 1883 von dem deutschen Töpfer Wilhelm Wolff Freiherr von Gudenburg in Den Haag gegründet wurde, am stärksten den Jugendstil. In Zusammenarbeit mit T.C.A. Colenbrander, der von 1884 bis 1889 künstlerischer Direktor war, entstanden einige japanische Designs. Nachdem Colenbrander gegangen war, führte der neue Direktor S. Kok mit der Unterstützung von J. Schellink schließlich 1889 das einzigartige Eierschalenporzellan ein, das den Jugendstil sowohl formal als auch im Dekor verkörperte.

WEIHNACHTSTELLER, KÖNIGLICHE PORZELLANMANUFAKTUR KOPENHAGEN, 1926 (17,8 cm)
Die Manufaktur stellte jedes Jahr Weihnachtsteller her. (UNTEN)

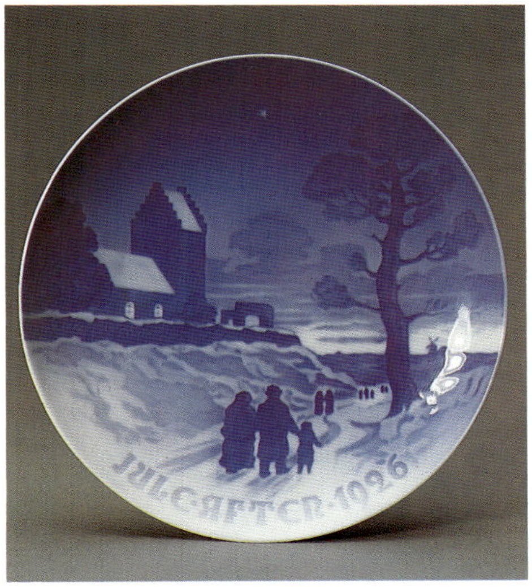

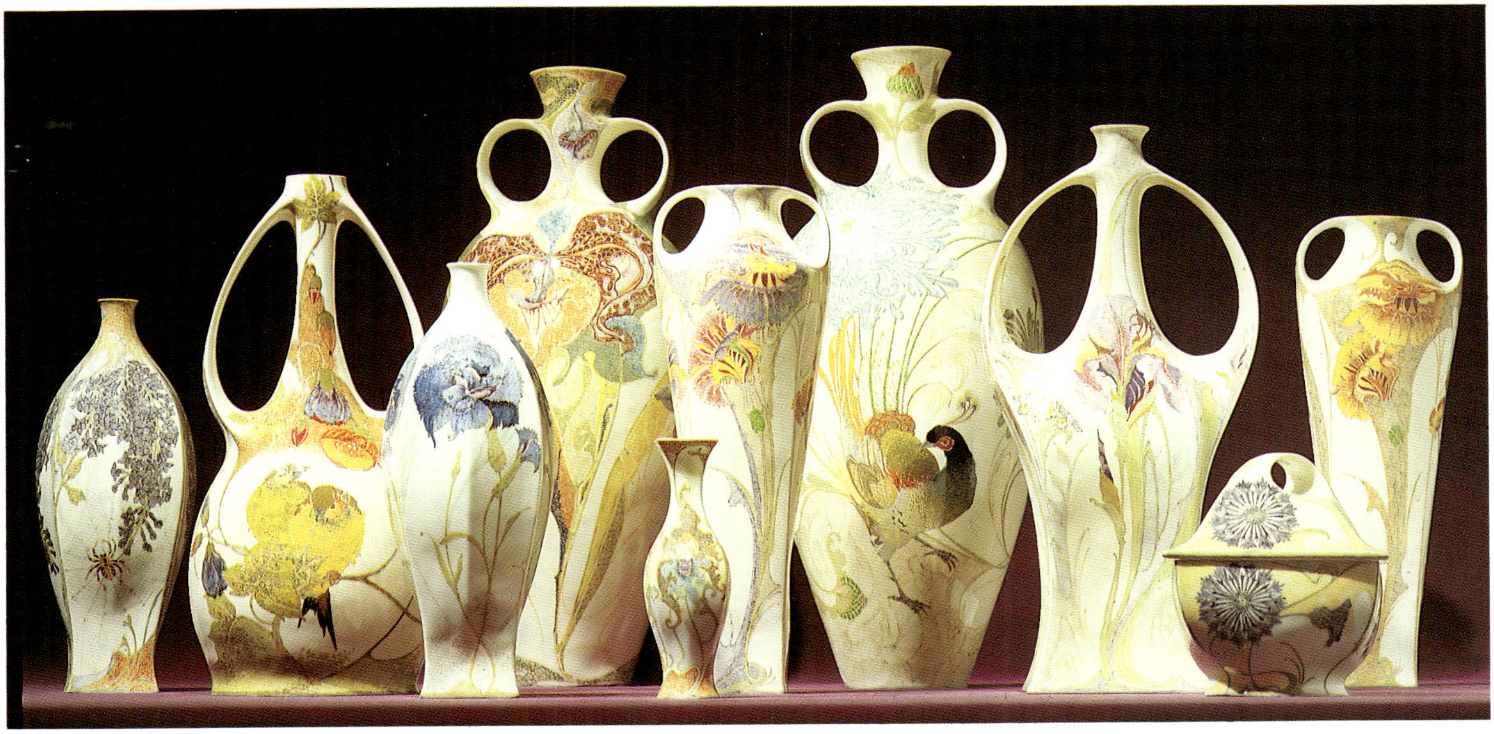

SAMMLUNG VON VASEN AUS EIERSCHALENPORZELLAN, ROZENBURG, ca. 1900
Viele dieser Vasen wurden von S. Kok entworfen und von J. Schellink bemalt.

MODERNISMUS

Der Jugendstil setzte sich bis ins frühe 20. Jahrhundert fort. Jedoch verschlechterte sich der Stil nach der Weltausstellung in Paris im Jahre 1900, da die Hersteller das Design für die Massenproduktion maschinell herstellen wollten. Er wurde dann vom Modernismus und Art Deco ersetzt, die ihren Höhepunkt 1925 auf der Pariser Ausstellung erreichten und bis in die dreißiger Jahre reichten. Im Gegensatz zum Jugendstil konzentrierte sich der Modernismus mehr auf die Form als auf das Dekor.

Die Inspiration für diesen neuen Stil kam aus vielen Richtungen, so z.B. von kubistischen Malern, der Architektur, Zentralamerika, der Kunst primitiver Kulturen, ägyptischer Kunst sowie von modernen, industriellen Designs, zu denen so verschiedene Dinge wie Eisenbahen und Flugzeuge gehörten. Der Stil sollte neu, dynamisch und, wo angebracht, funktionell sein.

Deutschland und Österreich waren führend in der Entwicklung des Modernismus. Die Bewegung basierte auf der Vorstellung, daß das Design moderner Formen durch ihre Funktion bestimmt sei. Zusammen mit den neuen Materialien der Zeit entstand etwas Geordnetes, Funktionelles und nicht etwas Verspieltes. Die Vorstellung, daß angewandte Kunst schlicht und funktionell sein sollte, beruhte auf den Ideen der englischen Arts-and-Crafts-Bewegung, besonders auf C.R. Ashbees Handwerkerzunft. Diese vertrat die Prinzipien einer Zunft des Mittelalters, wo gutes Design und Reinheit der Produktion wichtiger als materielle Fragen und wirtschaftlicher Gewinn waren.

Deutsche Unternehmen waren führend bei der Produktion von Waren in diesem modernen Stil, bei dem sie technisches Know-how mit innovativem und klarem Design vebanden. Viele Künstler und Designer in Darmstadt hatten etwas mit Keramik zu tun. Diese Kolonie, vom hessischen Großherzog unterstützt, wurde 1901 gegründet. Peter Behrens und Hans Christiansen entwarfen beide Gebrauchsgeschirr, das von den Gebrüdern Bauscher und Weiden und Krautheim & Adelberg aus Selb produziert wurde. Andere Manufakturen, die mit der Darmstädter Gruppe zusammenarbeiteten, waren u.a. Meißen, Ohme, Serapis und die Waechtersbacher Steingutfabrik.

In der KPM Berlins führte die Ankunft von Theo Schmuz-Baudiss 1902 zu neuen Designs. Am bedeudendsten sind wohl seine Sgraffito-Arbeiten, wobei die eingravierten Konturen die stilisierten Formen besonders effektiv betonen. Er entwickelte auch einige klare, florale, lineare Kompositionen. Weitere Modelleure waren E. Rutte und Adolf Flad.

Ein Neuling in der Porzellanwelt war Philipp Rosenthal, dessen Manufaktur 1880 in Selb in Bayern gegründet wurde. Dort produzierte er einige bemerkenswerte Tafelservice, am bekanntesten das »Darmstadt«-, »Donatello«- und »Isolde-Design«, die alle zwischen 1904 und 1910 in Weiß hergestellt wurden und später zusätzliche Pâte-sur-pâte- und Unterglasurdekore erhielten. Die Form war von entscheidender Bedeutung und wurde von vielen anderen Porzellanherstellern nachgeahmt.

Figuren erlebten einen neuen Aufschwung und folgten dem in Kopenhagen gesetzten Beispiel. Die verwendeten Glasuren wurden Teil des Objektes im Gegensatz

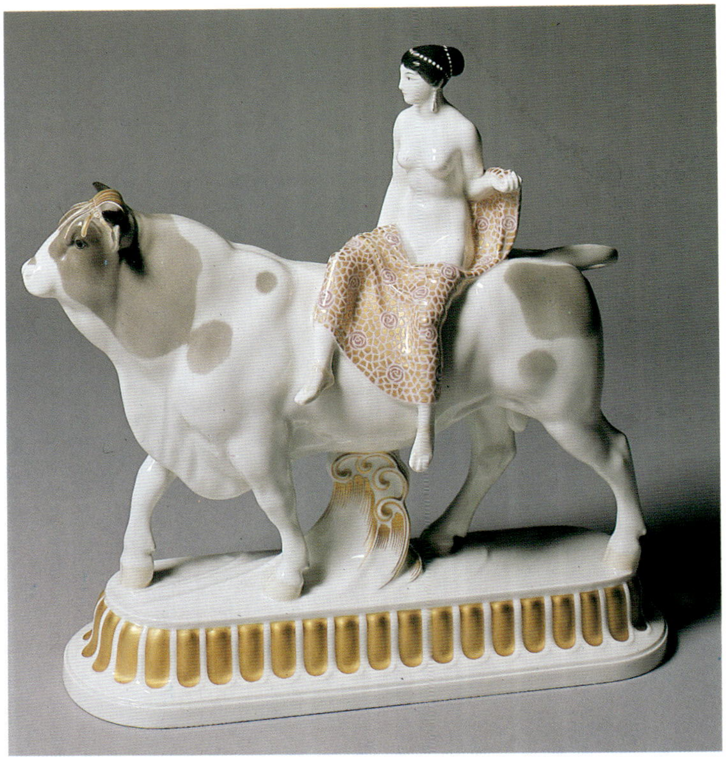

»DIE BRAUT ALS EUROPA AUF DEM STIER«, KÖNIGLICHE PORZELLAN-MANUFAKTUR BERLIN, ca. 1910
Der Bildhauer Adolf Amberg entwarf dieses Stück für die Hochzeit des deutschen Kronprinzen 1905 als Teil einer Figurenprozession.

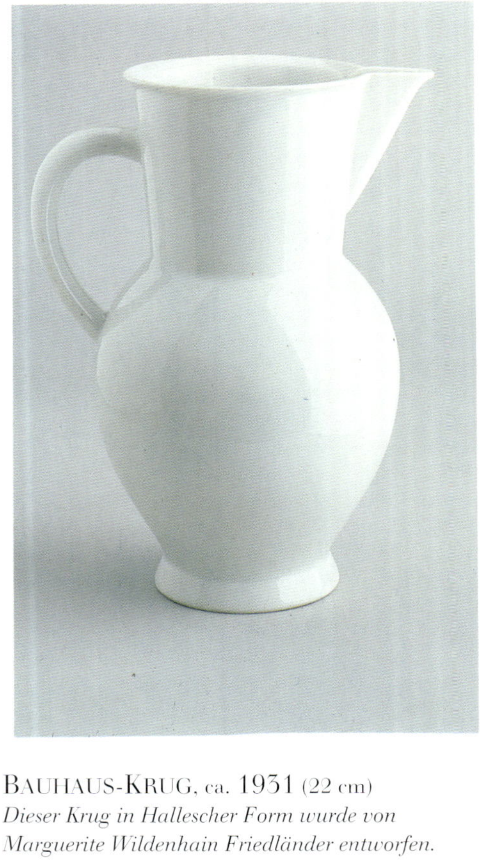

BAUHAUS-KRUG, ca. 1931 (22 cm)
Dieser Krug in Hallescher Form wurde von Marguerite Wildenhain Friedländer entworfen.

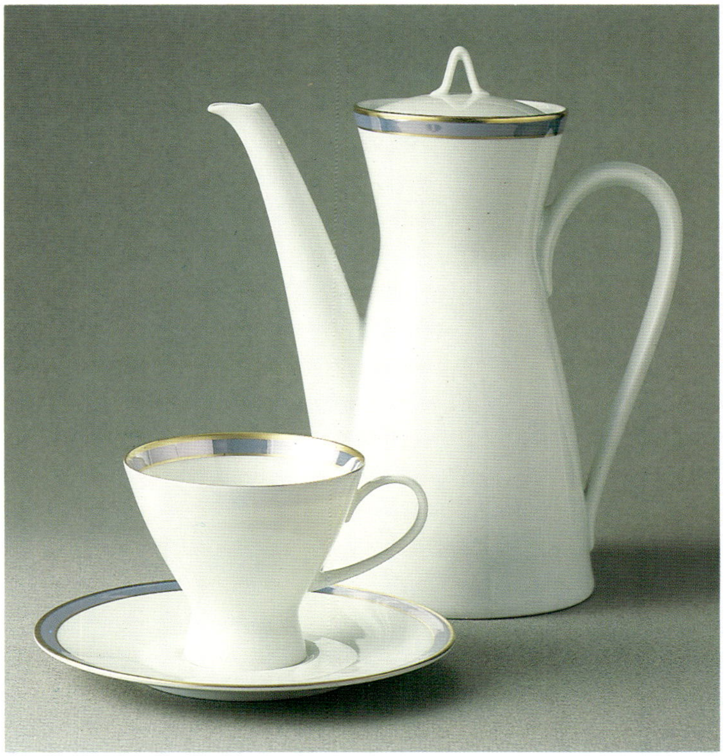

KAFFEEKANNE, TASSE UND UNTERTASSE, ROSENTHAL, 1954
Diese von Raymond Loewy und Richard Latham entworfenen Stücke sind typisch für die klare Linie und das verhaltene Dekor des mittleren 20. Jahrhunderts (RECHTS)

ENTWURF FÜR EINE TEEKANNE, JOSEF HOFFMANN, ca. 1900
Diese Teekanne weist plastisches, organisches Dekor auf und ist mit dem Monogramm »JH« signiert. (UNTEN RECHTS)

erzielen. 1923 erhielten die Designer Otto Lindig und Theodore Bögler ihre eigenen Studios, wo sie Stücke für Porzellanmanufakturen entwarfen, wie z.B. für die Staatliche Porzellan Manufaktur Berlins.

Das Kaiserreich Österreich-Ungarn war auf diesem Gebiet ähnlich aktiv und rief die Wiener Werkstätte ins Leben, die von Josef Hoffmann gegründet wurde, der zusammen mit Gustav Klimt, Koloman Moser und anderen Architekten, Malern und Bildhauern 1897 bereits die »Sezession«, Wiens Version des Jugendstils, etabliert hatte. 1905 wurde die »Wiener Keramik-Werkstätte« von Michael Powolny und Berthold Löffler eröffnet. Die »Serapis-Fayence-Manufaktur« von Ernst Wahliss machte ab 1911 ebenfalls in Wien einige bemerkenswerte, abstrakte Figuren.

1908 gründeten in Prag einige Architekten, von der Wiener Werkstätte beeinflußt, die Künstlerwerkstätte »Artel Organisation«. Die stark kubistischen Objekte von Vlatislav Hormann und Pavel Janak waren

zu dem steiferen Stil der vorangegangenen zweihundert Jahre. Einige der klarsten Designs wurden von dem Bildhauer Ernst Barlach, der eine Serie russischer Figuren modellierte, produziert zwischen 1908 und 1913 von Schwarzburg in Rudolfstadt, geschaffen.

Auch die Figuren Joseph Wackerles sind erwähnenswert: er machte vor 1904 in Partenkirchen eine Holzschnitzerlehre und arbeitete zwischen 1906 und 1925 für Nymphenburg, Meißen und Berlin. Adolf Amberg schuf einige bemerkenswerte Figuren, besonders die Serie von sechzehn Figuren eines Hochzeitszuges, die für den deutschen Kronprinzen 1905 in der Berliner Manufaktur entstanden.

Meißen erlebte ab 1900 aufgrund der Einstellung neuer Designer so etwas wie einen Aufschwung; darunter befanden sich Max Esser, Paul Borner, Paul Walther, Otto Pilz und Hermann Fritz. Paul Scheurichs Figuren, die ab 1914 hergestellt wurden und Tänzer des russischen Balletts darstellen, gehören zu den bekanntesten Kreationen. Meißen beauftragte 1905 auch den Architekten Henri van de Velde, sein berühmtes Tafelservice zu gestalten, das mit floralen Motiven in einem geometrischen Arrangement bemalt war. 1906 entwarf der deutsche Maler, Architekt und Designer Richard Riemerschmid ein Porzellanservice für Meißen mit plastischen Rändern und mit unterglasurblauem Dekor und Vergoldung.

Keramik war ein Fach an der neu gegründeten Weimarer Kunstschule, bekannt als »Bauhaus«, dem geistigen Kind Walter Gropius'. Architekten, Maler, Handwerker und Bildhauer vereinigten sich unter einem Dach; »minimale« und »funktionale« Keramik wurde in der Töpferei des Bauhauses in Dornburg von 1921 bis 1924 entwickelt. Das Bauhaus existierte von 1919 bis 1932 und zog viele radikale Denker der Kunstwelt an, darunter Breuer, Albers, Klee, Kandinsky und Mies van der Rohe, der unter anderem gutes einfaches Design produzieren wollte, das sich auch für die Massenproduktion eignete, damit es erschwinglich wurde. Die Dozenten Gerhard Marcks und Max Krehan hielten Vorlesungen über die Reduzierung des Designs auf das Nötigste, um funktionelle Gebrauchsgegenstände zu

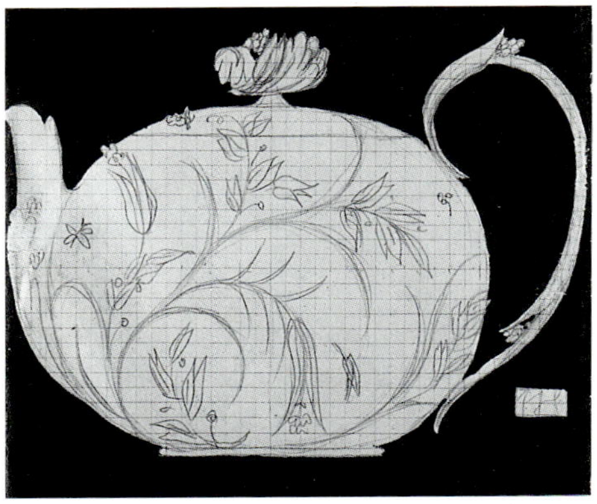

eher von der modernen Architektur als von der Keramik beeinflußt. Vlatislav Hofmann entwarf gerippte und kannelierte Vasen oder Vasen aus ineinandergreifenden Kreisen und Dreiecken, die mit Farbblöcken bemalt waren, um die geometrischen Formen zu betonen. Pavel Janak entwarf ebenfalls einige kannelierte Vasen, die er mit einfachen Streifen verzierte.

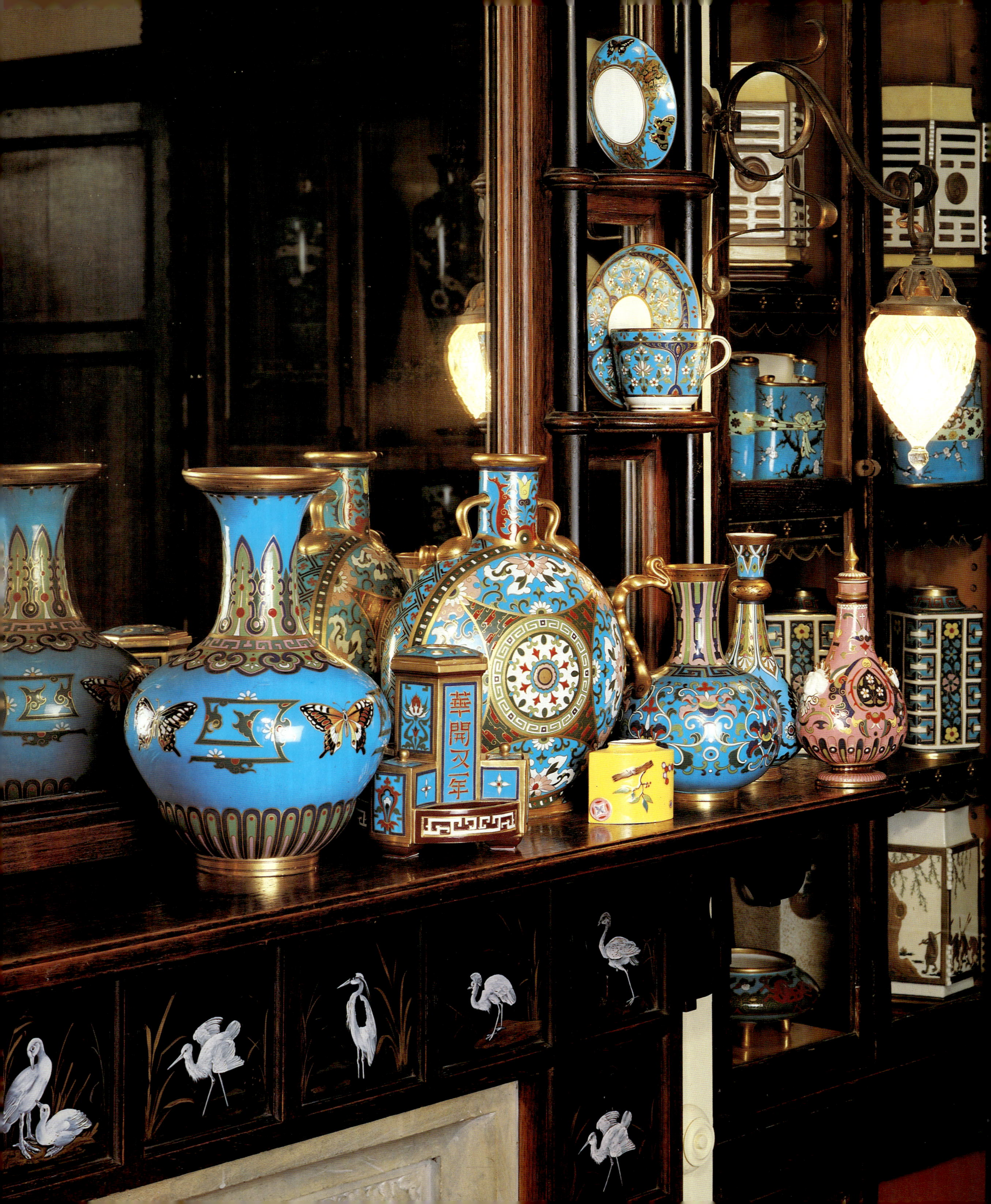
華開又一年

Englisches und Amerikanisches Porzellan nach 1820

In den letzten drei Vierteln des 19. Jahrhunderts dominierten zwei Keramikformeln das englische Porzellan – Knochen- und Parianporzellan. Diese beiden Porzellanarten waren bahnbrechend für die Abwendung von den Regency- oder klassizistischen Formen und Dekoren hin zu einem freieren viktorianischen Stil, der die Dekore der Gotik, des Rokoko, der Renaissance und vieler anderer Perioden umfaßte.

Einige Manufakturen fanden es sehr schwierig, wenn nicht gar unmöglich, sich vom Regency- auf den viktorianischen Stil umzustellen. Derby, Rockingham und zwei der Manufakturen in Worcester – Flight, Barr und Barr und Chamberlain – blieben dem Regency-Stil verhaftet, und auch als sie in den dreißiger und vierziger Jahren des 18. Jahrhunderts versuchten, ihre Designs zu modernisieren, blieb doch der georgianische Einfluß bestehen. Das Ergebnis waren einige monströse Mischungen. Typische Beispiele sind Rockinghams »Rhinozeros«- Vase und Chamberlains Schreibtischschale in der Form des Grabes von König John.

Die China-Manie des 18. Jahrhunderts breitete sich in allen sozialen Schichten aus. Im 19. Jahrhundert konnten die neuen Keramikmassen und mechanischen Erfindungen der wachsenden Mittelschicht das geben, was sie wollte – gut gemachtes Porzellan zu akzeptablen Preisen.

Sammlung von Cloisonné-Waren, Minton und Worcester-Vasen, ca. 1870

Der Einfluß Japans auf die englische Keramik war in dieser Periode sehr stark.

MINTON (S)

Minton, gegründet 1793, wurde die führende Keramikmanufaktur des viktorianischen Zeitalters. Historische Stilrichtungen wurden in einer neuen und oft dramatischen Weise interpretiert, und es wurde ständig nach neuen Techniken gesucht. Herbert Minton sagte: »Ein Moment des Stilstands führt zum sofortigen Verlust unserer Marktposition.«

NEUROKOKO-STIL

Die frühe Produktion von Knochenporzellan konzentrierte sich auf Teewaren, die im verhaltenen Regency-Stil dekoriert waren, meist mit zarten Blumen, englischen Ideallandschaften und Chinoiserien. Langsam gewann der Neurokoko-Stil die Oberhand, ein Stil, der gut zu Mintons Knochenporzellan paßte und dem Geschmack der wachsenden Mittelklasse entsprach.

Ziergegenstände der dreißiger Jahre wurden von üppigen Formen geprägt und verschwenderisch mit plastischen Blumen übersät. Mintons Musterbücher weisen Potpourris, Dresdner Vasen, Uhrengehäuse, Thermometer und Notenständer auf, die nicht nur bemalt, sondern auch mit Blumenauflagen verziert waren. Sollte dies nicht genügen, wurden sie noch mit Spitze versehen. Auch Teegeschirr wurde in aufwenigen Formen mit Reliefprägung produziert; Figuren, in Biskuit oder mit Emailfarben bemalt, waren entweder mit Blumenauflagen versehen oder benutzten sie als Accessoire.

Die Künstler dieser Periode signierten ihre Arbeiten nur selten, aber aufgrund des Stils und der Spezialitäten können Zuweisungen stattfinden – Steel bei Früchten und Blumen, Tatler bei Blumen und Landschaften, Bancroft bei Federn und Blumen, Smith und Wareham bei Vögeln. Wareham malte die Vögel auf dem Déjeuner-Service, das Königin Victoria 1840 in Auftrag gab. Simpson war Mintons erster Figurenmaler und wurde später erster Designer im Marlborough House und Königin Victorias Miniaturenmaler. Pratt malte heraldische Gegenstände und Beard führte Landschaften aus. Till spezialisierte sich auf Vergoldung.

MUSTERBUCH MIT DAZUGEHÖRIGER TASSE UND UNTERTASSE, MINTON, ca. 1830
Man sieht Muster 700, 701 und 702 der zweiten Periode mit Tasse und Untertasse (702). (UNTEN)

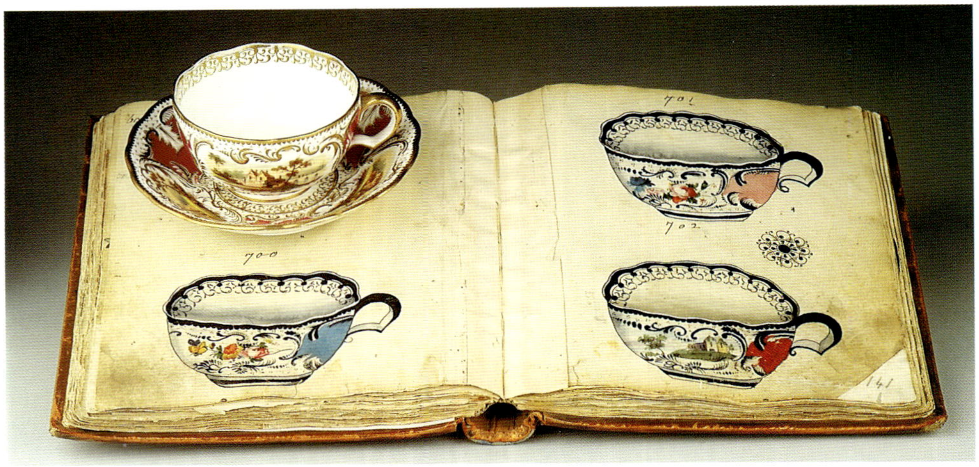

Frühe Teewaren, Ziergegenstände und Figuren können aufgrund des Musterbuches von Minton zugewiesen werden. Ab 1842 wurde eine Serie von aufgedruckten Jahreszahlen eingeführt.

DER SÈVRES-STIL

1849 kam Leon Armoux, ein vielseitig begabter Töpfermeister aus Toulouse, als »technischer Keramikdirektor mit Freiheit zur Initiative« nach Minton. Er war verantwortlich für das verbesserte Weiß und die Transparenz des Mintoner Scherbens, für die schimmernde Glasur und die Entwicklung der Farbpalette. Er perfektionierte Mintons Bleu céleste, ein vibrierendes Himmelblau, und Rose du Barry (auch Rose Pompadour), die Grundfarben, die für das Porzellan im Stile Sèvres im ganzen verbleibenden Jahrhundert benutzt wurden. Viele dieser Stücke wurden von Thomas Allen bemalt.

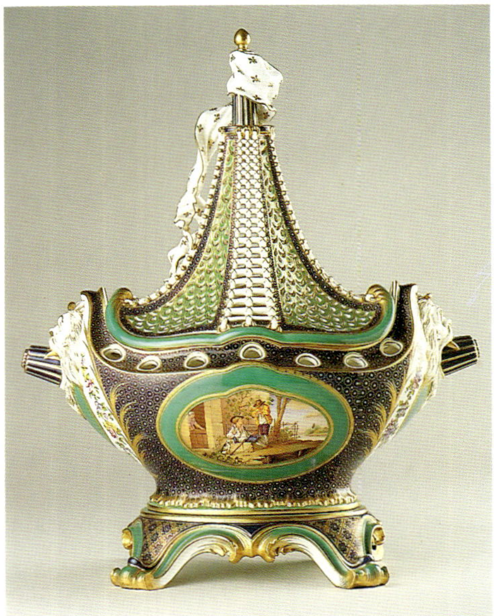

VAISSEAU À MAT, MINTON, ca. 1900
Diese Version des Sèvres-Modells aus Mintoner Knochenporzellan demonstriert die technische Fertigkeit, die zu dieser Zeit erreicht war. Das Weiß des Scherbens, die Klarheit der Fondfarben und die Bemalung und Vergoldung übertrafen sogar das Original. Die ländliche Szene wurde von J.E. Dean gemalt. (OBEN)

Gotischer Einfluss

A.W.N. Pugin, der führende Vertreter des gotischen Stils, und Herbert Minton, Sohn des Gründers der Manufaktur, arbeiteten während der vierziger Jahre gemeinsam an wichtigen, architektonischen Projekten, besonders an der Innenausstattung der neuen Houses of Parliament. Obwohl viele gotisch inspirierte Designs für die Fliesen- oder Irdenwarenproduktion gedacht waren, wurde doch in den sechziger Jahren auch Teegeschirr aus Knochenproezllan mit Pugins »Fleur de Lis« und »gotischem, blauem Rand« dekoriert. Die erste Zierform aus Minton, die von diesem Stil beeinflußt wurde, war Form Nr. 8, »Gotische Sockelvase«, ca. 1830.

Parian-Porzellan

Als Herbert Minton auf der Weltausstellung 1851 gefragt wurde: »Wer war der Erfinder des Parian-Porzellans?« antwortete er: »Ich glaube, mein Neffe Mr. Hollins und Mr. Copeland behaupten beide, die Erfinder zu sein. Ich will jedoch nicht entscheiden, wer der erste war, aber es kann sehr leicht nachgewiesen werden.« Der Streit geht noch heute. Parian-Porzellan, von Minton nach dem weißen Marmor der griechischen Insel Paros benannt, auch als Elfenbeinporzellan bekannt, wurde aus Feldspat und Kaolin hergestellt und 1845 eingeführt. Dieses Material eignete sich sehr gut für Verkleinerungen von klassischen Skulpturen sowie für Themen aus Literatur, Geschichte, Politik, Sport und Religion und für viele zeitgenössische Figuren.

Minton übernahm viele seiner früheren Biskuitformen für seine Modelle aus Parian-Porzellan, aber es wurden auch viele neue Formen produziert, hauptsächlich aufgrund Herbert Mintons Beziehung zu Sir Henry Cole und seinen »Summerly's Art-Manufakturen«. »Dorothea« und »Una und der Löwe« wurden von John Bell modelliert. Weitere bedeutende Modelleure waren Jeannest, Carrier, Klagman, Redgrave und Sir Richard Westmacott. Der Katalog von 1852 für Mintoner Parian-Porzellan führt 226 Parian-Figuren auf, die von zwei Schilling für einen »Windhund« bis zu sechs Guinees für Theseus kosteten.

In den fünfziger Jahren wurde eine Methode zur Tönung des Parian-Scherbens patentiert, und es wurden Figuren mit kontrastierenden Überwürfen in dunklem Schokoladenbraun, Terrakotta, Lachs oder Seladon hergestellt. Er konnte auch vergoldet werden.

Königin Victoria kaufte anläßlich der Weltausstellung mehrere Parian-Figuren und ein von Jeannest entworfenes Dessertservice, das aus einer ungewöhnlichen Mischung aus Parian- und Knochenporzellan bestand. Es kostete tausend Guinees und wurde dem Kaiser von Österreich geschenkt.

Minton erhielt die Bronzenadel für »Schönheit und Originalität im Design« bei der Großen Ausstellung und Gold bei der Ausstellung 1855 in Paris. 1856 ernannte Königin Victoria die Manufaktur zum Hoflieferanten.

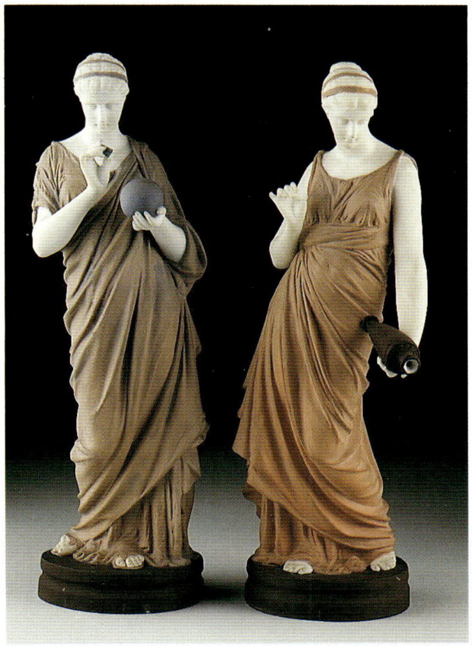

Figuren aus Parian-Porzellan, 1874 (34,5 cm)

Pâte-sur-pâte

Bei der« Pâte-sur-pâte«-Technik (Schicht auf Schicht) wurde Masseschlicker schichtweise auf einen gefärbten Parian-Scherben aufgetragen. Diese Schichten weißen oder polychromen Schlickers mußten auf das noch »bearbeitbare« Gefäß aufgebracht werden, d.h. daß es während des gesamten Dekorprozesses über Nacht in feuchten, bleibeschichteten Behältnissen aufbewahrt werden mußte – einer der wichtigsten Beiträge von Minton zur viktorianischen Keramik. Die Technik wurde von Marc Louis Solon entwickelt, der 1870 nach Minton kam und bereits in Sèvres an diesem Prozeß gearbeitet hatte. Solon baute seine Gegenstände kunstvoll auf und setzte die Transparenz der Technik, die Kleidung, Wasser und andere Materialen durchsichtig erscheinen ließ, vollendet ein. Seine Motive waren

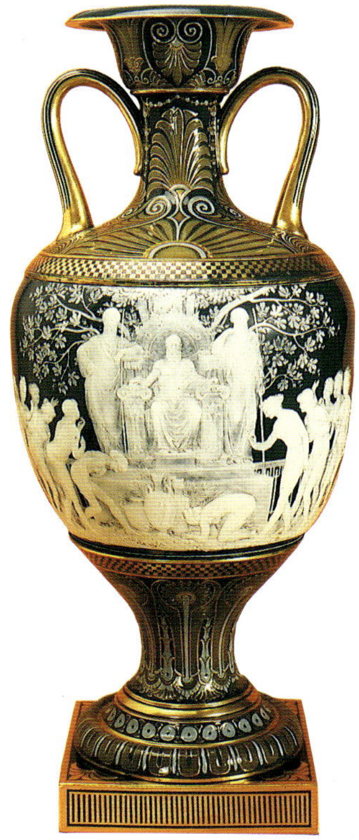

Pâte-sur-pâte-Vase, Minton, mit Mädchen aus Sparta im Kampfe vor Lykurg, M.L. Solon, 1903 (87 cm)

Jungfrauen, die von schelmischen Putten geplagt, eingesperrt, angekettet, ausgepeitscht oder den »ewigen Flammen« geopfert wurden.

Solons Formen wurden entweder von der Antike inspiriert oder waren völlig neu und besaßen sehr komplexe Henkel. Die Auswahl seiner Fondfarben war einzigartig; sein »wechselndes Pink« (pâte changeant) variierte von erdbeer- bis pilzfarben, je nach den Lichtverhältnissen. Einige dieser pinkgrundigen Formen wurden in der Pariser Weltausstellung 1878 gezeigt.

Die Pâte-sur-pâte-Technik war sehr arbeits- und zeitintensiv, dennoch erlaubte Minton Solon viele Jahre lang, seine ganze Zeit auf dieses neue Dekor zu verwenden. Er hatte einige Lehrlinge – A. und L. Birks, Mellor, Rhead, Hollins und Bradbury -, die für das Beiwerk verantwortlich waren, während Solon die Hauptfiguren ausführte. Jedes von Solon signierte Stück ist einzigartig. Die größte, von Minton produzierte Pâte-sur-pâte-Vase wurde von Königin Victoria zu ihrem Jubiläum 1887 in Auftrag gegeben. Solon benötigte nur für die Verzierung sieben Monate.

Pâte-sur-pâte-Objekte wurden bis 1937 produziert, als diese Technik mit besonderer Vorliebe zur Darstellung von königlichen Profilen auf Gedenkobjekten und auf Zigarettenetuis im Art-Deco-Stil angewandt wurde.

Asiatischer Einfluss

In den ersten Musterbüchern aus Minton aus der Periode um 1800 finden sich Chinesenfiguren in Landschaften und reich vergoldete, farbige Imari-Muster. Die zarten Chinoiserie-Dekore sind bis auf den heutigen Tag beliebt. Als weitere Anregung galt die erste größere Ausstellung japanischer Kunstwerke anläßlich der Weltausstellung 1862 in London.

Cloisonné-Waren interessierten eine Gruppe progressiver, junger Designer, darunter Christopher Dresser. Dresser hatte einige Zeit in Japan mit dem Studium japanischer Kunstwerke verbracht; dieses Interesse zusammen mit seiner Ausbildung als Botaniker inspirierte die meisten seiner Entwürfe.

Minton konnte sich glücklich schätzen, Dresser zu gewinnen, der eine Serie dramatischer Designs schuf, indem er Mintons Türkis und kräftiges Pink als Fonds für stilisierte japanische Motive – in Emailfarben gemalt, wobei die Konturen vergoldet wurden – einsetzte. Dies waren keine Repliken, sie waren teilweise kühner als die Originale. Auch Arnoux, Kirkby und Reuter arbeiteten in diesem Stil.

In den Archiven von Minton finden sich Bücher über japanische Vogel- und Blumengemälde von Tsunenobu und Maikawa aus Kyoto, Quelle für viele Porzellanstücke der siebziger Jahre. Figuren im japanischen Stil, wie z.B. »Japanische Dame« und »Japanische Dame und Herr« wurden ebenfalls produziert. Diese japanischen Einflüsse hielten lange an. Auf der Pariser Weltausstellung 1878 wurde ein Flakon gezeigt, der von Toft mit farbigen Tonreliefs, die fliegende Störche und runde Flecken darstellten, dekoriert worden war. Auch neue Muster für Gebrauchsgeschirr wurden ausgestellt, die »Hollins Japan« und »Connaught Japan« genannt wurden.

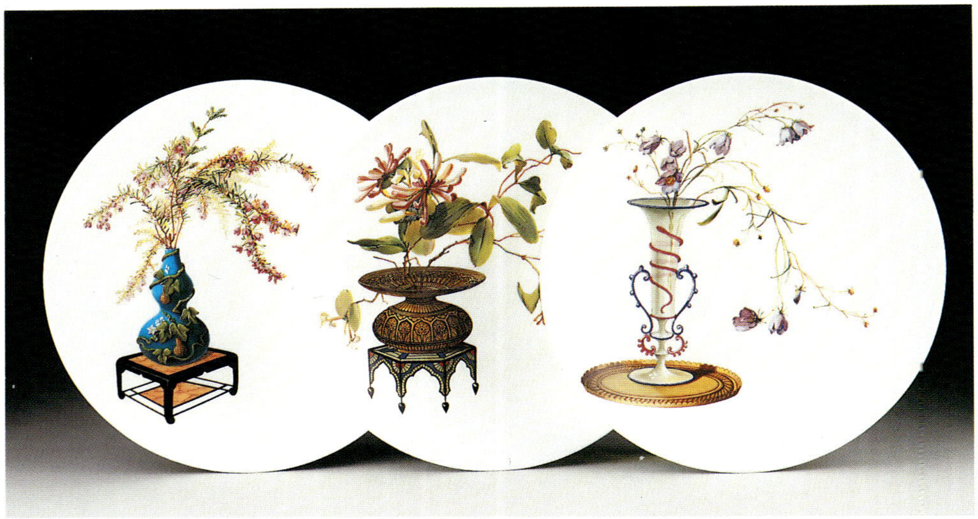

DESSERTTELLER, MINTON, 1879 (24 cm)
Diese Teller eines Dessertservices aus Knochenporzellan zeigen asiatische, maurische und venetianische Einflüße. Andere Serviceteile vertreten deutsche, österreichische und französische Themen. Die Gefäße sind in dem präzisen Stil E. Reuters und die Blumen und Blätter im freien Stil R. Pilsburys gehalten. (LINKS)

SPIELZEUG-TEESERVICE FÜR ERWACHSENE, MINTON, ca. 1871
Dieses französisch inspirierte Service aus Knochenporzellan (Muster A 501) weist aufgedruckte und emaillierte Rosengirlanden, türkis emaillierte Bänder und Golddruckdekor auf. Es war eher ein Sammlerobjekt als ein Spielzeug. (RECHTS)

Eklektizismus

Während des ganzen viktorianischen Zeitalter benutzte Minton ein herrliches Potpourri von Stilen – Rokoko-Formen mit asiatischen Motiven, klassische Formen mit mittelalterlichen Dekoren und Jugendstil-Bordüren befanden sich unter den vielen wunderbaren Kreationen. Neue Kultbewegungen wie die Ästhetische Bewegung, die Präraphaeliten und der Realismus der Renaissance beeinflußten direkt die Produktion Mintoner Irdenwaren, hatten aber auf die Porzellanproduktion einen geringeren Einfluß.

Die großen irdenen Tafeln und Mondflakons, die unter der Aufsicht William Stephen Colemans frei im Londoner Studio von Minton bemalt wurden, eigneten sich hervorragend als Medium für den ästhetischen Dekorationsstil. Die Bemalung auf Prozellan jedoch war verhaltener – da hier eine kleinere Oberfläche zur Verfügung stand und auch noch Platz für die zusätzliche Vergoldung bleiben mußte – dennoch finden sich weibliche Köpfe und halbnackte Jungfrauen vor einem Hintergrund aus Pfauenfedern, japanischen Pflaumen und Sonenblumen auf vielen Dessertservices und Flakons bis in die achziger Jahre hinein.

Es ist jedoch wichtig zu betonen, daß »traditionelle« Muster während des Bestehens der Manufaktur immer ihre Beliebtheit beibehielten. Sie erhielten 1893 eine neue Dimension durch die Einführung der Gold-Ätztechnik, die Goldornamente und -ränder im Niedrigrelief strukturiert erscheinen ließen. Diese Technik wurde besonders für Spezialaufträge und Service, die weltweit an die königliche Familie und die Aristokratie verteilt wurden, angewandt.

Jugendstil

Minton wurde von der Wiener Sezession beeinflußt. Längliche Formen wurden eingeführt, mit riemenartigen oder gewundenen Henkeln aus pflanzenähnlichen oder stilisierten floralen Motiven in Emailfarben in Flieder, Türkis, Grün und Purpur, wobei die Konturen in erhabenem Gold ausgeführt wurden. Andere übertriebene Formen wurden traditionell mit Girlanden oder klassischen Figuren in Pâte-sur-pâte Technik im Stile Adams verziert. Auch Gebrauchsgeschirr wurde mit üppig vegoldeten Jugendstilrändern versehen. Diese Stücke waren für einen luxuriösen Markt bestimmt.

Art Deco

In den dreißiger Jahren wurden von Doris Lindner modische Figuren geschaffen. Ein besonders gewagtes Beispiel sind »Der Badende«, der einen auffälligen, zweiteiligen Badeanzug trägt, und »Die Wanderer«, die in zwei Farbvariationen entstanden.

Neue Formen für Tee- und Kaffeegeschirr wurden eingeführt; bemerkenswert vor allem die würfelförmigen stapelbaren Garnituren, die an Lyons Coffee Houses und die Cunard Steamship Line geliefert wurden. Tulpenförmige Tassen mit eckigen Henkeln wurden eingeführt. Bevorzuge Motive waren Quadrate, Rauten, Halbmonde, Sterne, Rechtecke und Tupfen.

Schimmernde Waren werden ebenfalls mit dieser Periode assoziiert, wobei die ersten Exemplare um 1916 auftauchen. John Wadsworth, seit 1902 künstlerischer Direktor der Manufaktur, entwarf einige schimmernde Obstschalen, Rosenschalen, Vasen und Tassen in irisierenden Farben wie Blau/Lila/Türkis und Pfirsich und Grün. Sie waren mit stilisierten Hähnen, Paradiesvögeln oder Blumenkörben bemalt und am Rand waren sie mit Drachen, Kiefern oder Obst verziert. Lampions wurden in kräftigem Orange, Grün, Silber und Purpur dekoriert, dazu kamen Tupfen, Spiralen, stilisierte Blätter, Wellen und Streifen. Seidenschirme wurden passend dazu geliefert.

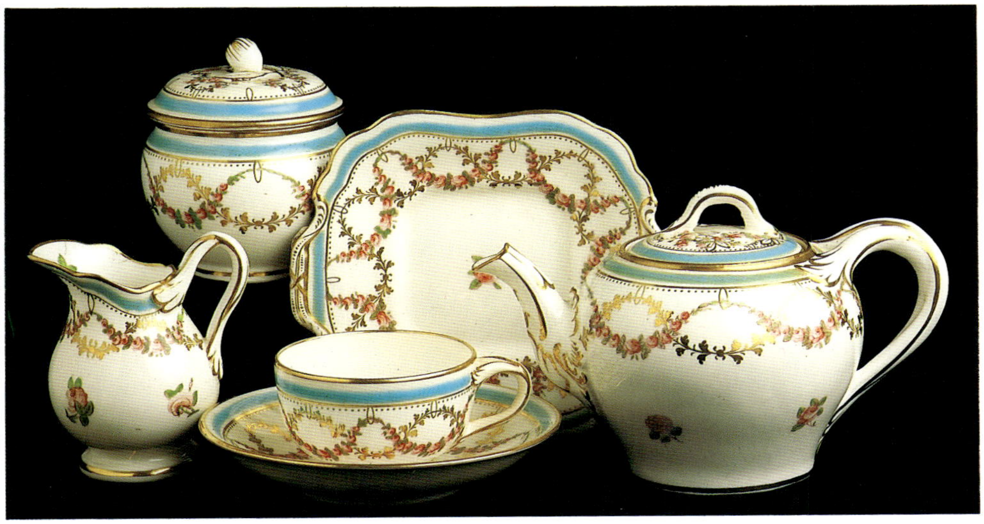

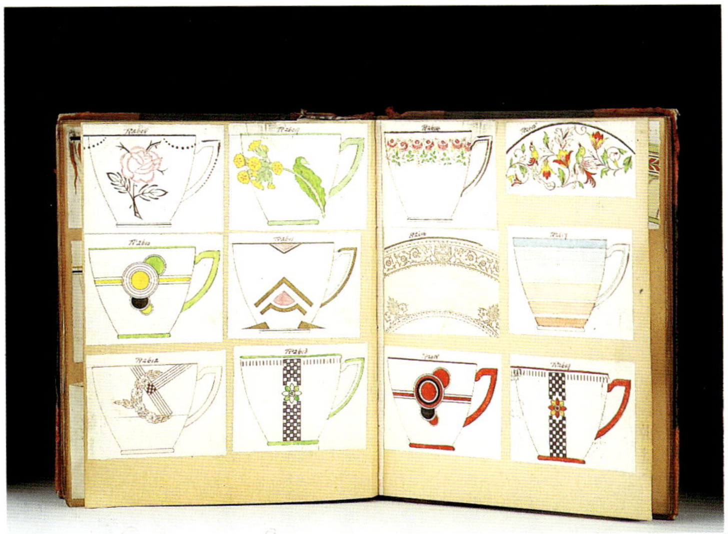

MUSTERBUCH FÜR TAFELGESCHIRR, MINTON, ca. 1930
Dieses neue Musterbuch um 1930 zeigt neue Designs dieser Periode. Unter den Entwürfen von John Wadsworth und Reginald Haggar befinden sich handgemalte geometrische, aufgedruckte und emaillierte florale sowie traditionelle Muster. (RECHTS)

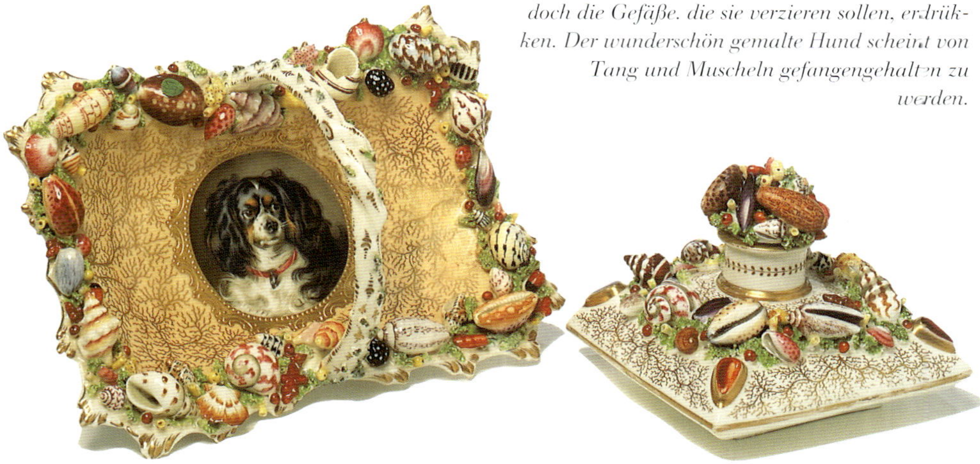

KORB UND TINTENFASS, CHAMBERLAIN'S WORCESTER, ca. 1845 (Korb. Länge: 21 cm)

Hier sieht man, wie handwerkliches Können zur Groteske wird. Beide Stücke weisen gut modellierte und schön bemalte Muscheln auf, die jedoch die Gefäße, die sie verzieren sollen, erdrükken. Der wunderschön gemalte Hund scheint von Tang und Muscheln gefangengehalten zu werden.

CHAMBERLAIN

Robert Chamberlains Manufaktur, auf der Diglis-Seite der Worcester Kathedrale, stand in erbitterter Konkurrenz zur zweiten Manufaktur von Worcester von Joseph Flight. Sie wurde in den achziger Jahren des 18. Jahrhunderts gegründet, hatte sich in den zwanziger Jahren des 19. Jahrhunderts gut etabliert und bereits einige berühmte Service produziert, wie z.B. das für Admiral Nelson und den Prinzregenten. Sie hatte sich sogar auf ein durchscheinendes Frittenporzellan eingelassen, das »Regent-Porzellan« genannt wurde, ein Versuch, mit den schönen Porzellanen aus Wales zu konkurrieren.

Bei Chamberlain arbeiteten einige sehr talentierte Maler. Neben Thomas Baxter, der nach seiner Rückkehr aus Swansea engagiert wurde, gehörten zu diesen Malern Humphrey Chamberlain jr., der einige seiner hervorragenden Figurenthemen signieren durfte; Walter Chamberlain, sein Bruder, der ebenfalls Figuren malte; George Davis, der Maler der Flight Manufaktur für Phantasievögel, bekannt als »Doktor Davis«, Enoch Doe und George Rogers, die Blumen und Landschaften für die Manufaktur malten, aber auch eine eigene Dekorwerkstatt errichteten.

Ein großer Anteil der Dekorarbeiten wurde extern ausgeführt, entweder von Malern der Manufaktur, die wie Doe und Rogers nebenbei arbeiteten, oder von Dekorwerkstätten wie die von Conningsby Norris und Sparkes. Diese Werkstätten kauften ihr Ausgangsmaterial meist von nicht ansässigen Manufakturen, in der Regel von der Manufaktur Coalport, die sich darauf spezialisierte, glasiertes, undekoriertes Knochenporzellan an externe Künstler zu liefern. Sparkes Laden in der Broad Street in Worcester unterstand dem Patronat von Königin Adelaide, der Witwe Williams IV., die einige Jahre in Witley Court, einige Meilen außerhalb von Worcester, lebte. Sparkes Inserat in »Lascelles Gazetteer« für Worcester 1851 liefert einen Kommentar zu den Kaufgewohnheiten der damaligen Zeit:

»Tafel-, Dessert-, Tee- und Kaffeeservice sind immer in allen Preisklassen lieferbar, von einfachster Form bis zu den wertvollsten alten Formen Dresdens und Sèvres, die von den Kennern echten, transparenten Porzellans so bewundert werden. Der Adel, die Geistlichkeit und die Gentry werden höflichst davon in Kenntnis gesetzt, daß Bestellungen für Service mit Wappen und Wahlsprüchen zu günstigen Bedingungen – Wappen ab Sixpence pro Stück – in Auftrag gegeben werden können.«

Ab den zwanziger bis zu den vierziger Jahren versuchte Chamberlains Manufaktur die mittlere Käuferschicht zu gewinnen, indem sie hauptsächlich preiswerte Tee-, Tafel- und Dessertgarnituren produzierte. Die Garnituren, die ca. 42-teilig waren, konnte man ab zwei Guinees erwerben für einfache Druckmuster ohne Vergoldung. Damals gehörten zu einer Teegarnitur auch Kaffeetassen, die dieselben Untertassen wie die Teetassen besaßen. Es gab keine kleinen Teeteller; sie wurden erst im späten 19. Jahrhundert modern. Es wurden viele Dessertservice angefertigt, da man das Abendessen mit Obst auf separaten Services, die aus Tellern und Schalen bestanden, abschloß.

Während Flight, Barr und Barr daran festhielten, für den Adel zu produzieren und letztendlich daran scheiterten, versuchte Chamberlain sowohl exklusive Waren für die Reichen als auch einfachere Waren für die minderbemittelten Kunden herzustellen. Es wurden sogar Irdenwaren und glasartiges Porzellan hergestellt. Im Gegensatz zu Flight produzierte Chamberlain Porzellanfiguren: kleine Tiere, Fünfergruppen der Rainer-Familie, Tiroler Tänzer, die 1827 in England auf Tournee waren, Milchmägde und Theaterleute. Auch Nachtlichter in Form von Cottages wurden kreiert, mit denen Chamberlain der sich verändernden Porzellanmode der dreißiger Jahre begegnen wollte. Doch diese Versuche wirkten altmodisch und halbherzig. Ein extremes Beispiel ist die Serie hervorragend bemalter Tafeln mit Szenen der Houses of Parliament oder Brightons, die mit Rändern aus Porzellanmuscheln »modernisiert« wurden. Obwohl diese Muscheln gut gemacht und naturalistisch gefärbt sind, verleihen sie den Stücken doch nur den Anschein billiger Souvenirs der Badeorte.

Auch die Versuche von Chamberlains Manufaktur, blumenübersäte Vasen und Ziergengestände im »Coalbrookdale-Stil« zu produzieren, waren nicht zufriedenstellend, da die Grundformen noch immer an georgianisches Grandeur erinnerten.

Bei der Weltausstellug 1851 erhielt Chamberlain wenig Anerkennung. Die Kritiker lobten nur die doppelt durchbrochenen Gefäße auf Sèvres-Basis wegen ihrer technischen Raffinesse. Das Porzellan dieser letzten Periode ist meist anspruchslos, schwer und rissig, oft mit der Marke Chamberlain & Co, manchmal mit einer kopflastigen »2«. Chamberlain and Company, wie die Manufaktur von 1840 bis 1851 hieß, gab 1852 auf und wurde von einer neuen Gesellschaft übernommen.

KERR UND BINNS

Diese Partnerschaft brachte neues Leben in die Worcester-Manufaktur. W.H. Kerr, einem Iren, schloß sich 1852 R.W. Binns an. Als erstes stellten sie wieder die alte Qualität des Worcester-Porzellans her, für das es in der Vergangenheit berühmt gewesen war. Die Kunst- und Industrieausstellung 1853 in Dublin war der ideale Rahmen, um die wiedergewonnene Qualität unter Beweis zu stellen.

Kerr und Binns baten den irischen Modelleur W.B. Kirk, ein spezielles Dessertservice mit Motiven aus Shakespeares »Sommernachtstraum« herzustellen. Der Scherben war eine gewagte Kombination aus Knochenprozellan und unglasiertem Parian-Porzellan und benutzte denselben Feldspat der Grafschaft Fermanagh, der auch in Belleek benutzt wurde. Worcester hatte nun auch zum Parian-Porzellan gefunden und sollte ihm weitere achzig Jahre treu bleiben.

Das Shakespeare-Service, das besonders lebhaft modelliert war, hatte beachtlichen Erfolg. Königin Victoria bat um eine spezielle Besichtigung, was wohl zu Kerr und Binns größtem Auftrag führte, einem königlichen Dessertservice, daß auf Wunsch Ihrer Majestät in ihrer Lieblings-Fondfarbe Bleu céleste im Minton-Stil gehalten sein sollte.

Mehrere fähige Maler wurden eingestellt, der wichtigste Thomas Bott, der sich auf »Emailfarben Limoges«, wie er es nannte, spezialisierte – auf weißes Email auf dunkelblauem Fond, das die mittelalterlichen Emailfarben auf Metall, eine Spezialiät von Limoges, imitierte. Die Arbeit war sehr zeitaufwendig, und seine Meisterstücke, ein Wasserkrug und eine Schüssel und zwei Vasen, die zur Erinnerung an den 800. Jahrestag der Normanischen Eroberung hergestellt wurden, sollen zwei Jahre in Anspruch genommen haben, wobei die Anstrengung so groß gewesen sein soll, daß er kurz nach der Fertigstellung starb. Sein Sohn T.J. Bott führte die Arbeit fort und wurde von anderen Künstlern wie John Hopewell, der Vögel malte, und David Bates, der für die Manufaktur Blumen malte und 1880 ausschied, um Ölmaler zu werden, unterstützt.

Die Manufaktur konzentrierte sich nicht auf kunstvolle Stücke, sondern produzierte auch relativ preiswerte Zierstücke in großer Zahl, die allerdings auch oft einem nützlichen Zweck dienten: humorvolle Tiere als Zündholzschachteln und hohle weibliche Figurinen als Kerzenlöscher. Zu diesen Figurinen gehörten Mönche und Nonnen, Äbte und Äbtissinnen.

Einige Waren Kerr und Binns wurden markiert. Es handelte sich entweder um einen Kreis, der vier »W«s umschloß, einen Halbmond (eine der frühen Marken) und die Zahl 51, die sich auf das Gründungsjahr 1751 bezog. Die besten Stücke waren mit einem Schild mit den Initialen »K & B«, dem Wort Worcester und manchmal den beiden letzten Ziffern der Jahreszahl und den Initialen des Malers markiert.

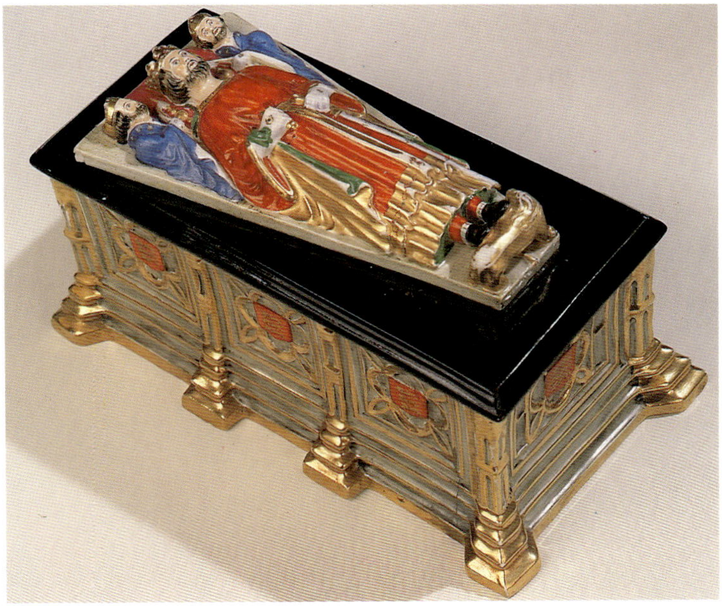

TINTENFASS À LA KÖNIG JOHNS GRAB, CHAMBERLAIN'S WORCESTER, ca. 1846-50 (Länge: 22 cm)
Es wurde nach der Öffnung des echten Grabes 1846 in der Kathedrale von Worcester angefertigt. (LINKS)

»ÄSTHETISCHE« TEEKANNE, KÖNIGLICHES WORCESTER, 1882 (Höhe: 15 cm)
Eine Parodie auf Oscar Wildes Ästhetische Bewegung. (UNTEN)

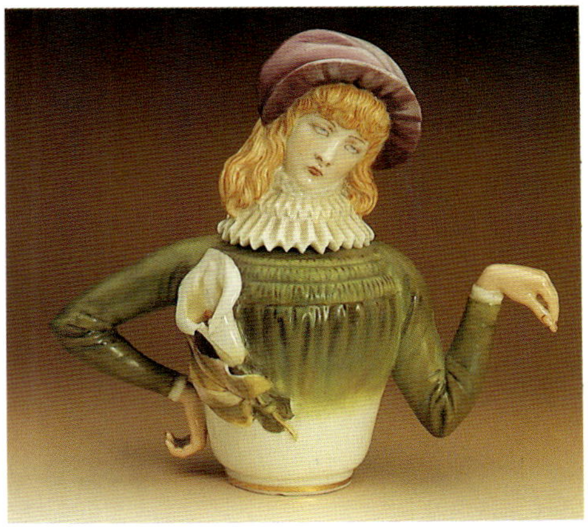

DIE »ROYAL WORCESTER-MANUFAKTUR«

1862 erhielt Worcesters Manufaktur einen neuen Namen und wurde eine GmbH, die auch heute noch existiert. Sie wird oft »Royal Worcester« genannt.

Anfangs war die Manufaktur ganz und gar viktorianisch und übernahm nur langsam die von Minton geschaffenen Richtlinien. Sie hielt mit der Mode Schritt, indem sie unglasierte und glasierte Figuren und Büsten aus Parian-Porzellan, »Capo-di-Monte-Figuren« nach italienischer Art, die

VASE VON GEORGE OWEN, KÖNIGLICHES WORCESTER, SPÄTES 19. JAHRHUNDERT (22 cm)
George Owen wird zu recht als größter Spezialist für durchbrochenes Porzellan angesehen. (RECHTS)

KERZENHALTER, KÖNIGLICHES WORCESTER, SPÄTES 19. JAHRHUNDERT (27 cm)
Aus glasiertem Parian-Porzellan von James Hadley modelliert, die Figuren im Stile Kate Greenaways. (UNTEN)

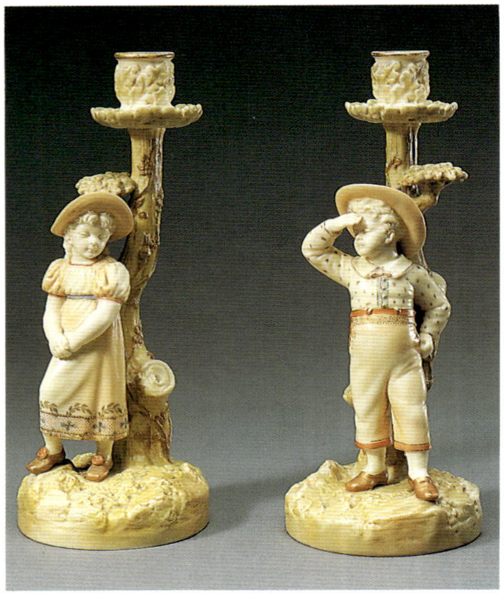

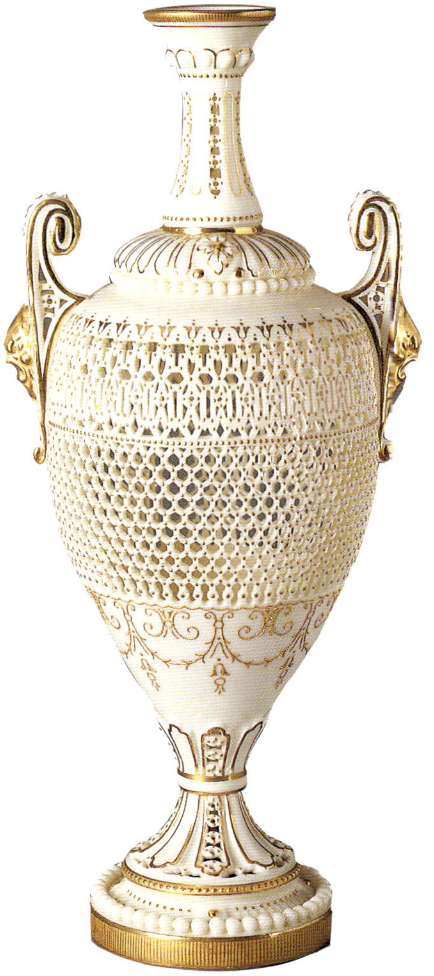

LAUBENGRUPPE, GRAINGERS WORCESTER, ca. 1830 (Höhe: 25 cm)
Diese herrliche Gruppe besteht aus Biskuitporzellan. Die zarten Farben einiger Blumen wurden mit Keramikfarbe und Fritte aufgetragen. (UNTEN)

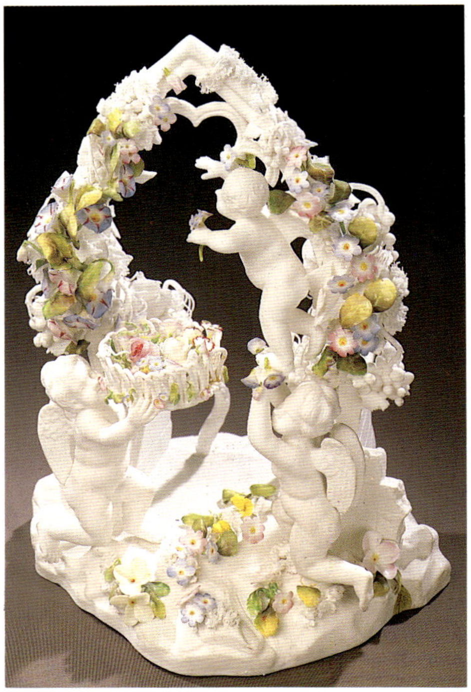

freistehend oder auf Gefäßen modelliert waren, »Henri-Deux-Objekte«, die auf frühen französischen Keramiken basierten und viktorianische Versionen der mittelalterlichen deutschen, italienischen und persischen Stile waren, herstellte.

Ein Stil, auf den die Manfukatur sich spezialisierte, war ein westlich geprägter Japonismus, der von jedermann, selbst den Japanern, kopiert wurde. Die Beliebtheit für alles Japanische beeinflußte das ganze Land: Damen trugen Kimonos und Fächer oder einen japanischen Schoßhund; es gab Tapeten im japanischen Stil und Bambusmöbel.

In ihrer Operette »Patience« machten sich Gilbert und Sullivan über die ästhetische Bewegung lustig. Die ästhetische Teekanne der »Royal Worcester-Manufaktur« beschwört den Spott, den die ästhetische Bewegung hervorrief, eine Parodie auf Oscar Wilde und seine Anhänger. Der Deckel der Kanne ist auf der einen Seite männlich, auf der anderen Seite weiblich; die Figuren tragen große Blumen wie Broschen und sind in den »grünlich-gelblichen« Farben bekleidet, die von den Freunden der Grosvenor Gallerie, dem Londoner Kunstzentrum der Bewegung, favorisiert wurden. Der Tee fließt aus einer der Handflächen, der andere Arm, »in ästhetischer Haltung abgewinkelt«, ist der Henkel, und unter der Standfläche befindet sich die seltsame Inschrift: »Fearful consequences through the laws of Natural Selection and Evolution of living up to one's teapot« – was sich auf eine Ausstellung in der Grosvenor Gallerie bezieht, die den Besuchern nur ein Exponat, eine herrliche chinesische, blau-weiße Teekanne, zeigte. Die Besucher wurden gebeten, sie zu betrachten, heimzugehen und zu versuchen, ihr gerecht zu werden. Die Kanne steht stellvertretend für die damalige, heftige Debatte über Darwins Evolutionstheorie. Zu jener Zeit war James Hadley Modellmeister, der später (1896-1905) seine eigene Firma gründete und ein sicheres Gespür für Vasenformen und besonders beim Modellieren von menschl chen Figuren zeigte. Viele verschiedene figürliche Motive entstanden aus dem herrlich glasierten Parian-Porzellan, die entweder undekoriert, einfach oder kunstvoll dekoriert verkauft wurden. Gute Maler und Vergolder wurden für diese Arbeiten engagiert, wobei die besten als »Dekorateure« galten, die jeden Dekorprozeß beherrschten. Hierzu zählten James und Thomas Scott Callowhill. Unter den Malern, die Vasen, Teller und Tafeln bemalten, waren John Hopewell, der sich auf Vögel spezialisierte, Charles Palmere, der Bauern im Teniers-Stil malte, Robert Perling, der sich auf Landseer-Motive konzentrierte. Edward Raby sr., der Blumen modellierte, Edward Raby jr. der Blumen, und Josiah Rushton, der Figuren malte. Erst ab 1900 waren Signaturen üblich, aber auch nur bei den besten Malern.

1893 stellte die »Royal Worcester-Manufaktur«, wie soviele andere führende britische Unternehmen, auf der Chicagoer Ausstellung beeindruckende Waren aus. Sie hatte bereits bei vielen Kunstausstellungen in Städten wie London, Paris, Wien und Philadelphia Erfolg gehabt. Ausstellungen waren eine Möglichkeit, mit der Präsentation von kunstvollsten Objekten Beachtung und Anerkennung zu erzielen. Die zwei wichtigsten Stücke aus Worcester wurden in Chicago ausgestellt und sind heute im Dyson Perrins Museum in Worcester zu sehen. Sie verkörpern hohes viktorianisches handwerkliches Können, den Wunsch zu beeindrucken und den enormen Einsatz von Zeit und Kosten für ein einziges Stück. Das erste Stück, die riesige Chicagoer Ausstellungsvase, 133 Zentimeter hoch, ist typisch für den Eklektizismus, mit modellierten Amoretten auf einem elfenbeinfarbenen Fond, der italienische Renaissance- und indische Stile vereint. Der Hauptkörper ist von Raby mit Blumen der vier Jahreszeiten bemalt und reich mit erhabener Gold- und Bronzeverzierung versehen. Man benötigte ein Jahr zu ihrer Herstellung.

Das zweite Stück ist völlig anders. Es ist eine glasierte Deckelvase aus Parian-Porzellan, mit fünftausend Löchern durchstochen, ausgeführt von George Owen, dem Meister dieser unglaublich schwierigen Technik, die dann auch mit ihm starb. Die Löcher sind komplizierte, geometrische Formen, die den Eindruck von Spitze entstehen lassen und aus dem Rohton ausgeschnitten werden mußten, solange der Scherben noch feucht war.

1902 erwarb die »Royal Worcester-Manufaktur« die Manufaktur Grainger, die ca. 1806 gegründet worden war. Grainger hatte das viktorianische Rokoko besser absorbiert als die anderen Manufakturen in Worcester und produzierte in den zwanziger und dreißiger Jahren des 19. Jahrhunderts lebhaftes Porzellan, das sogar mit Minton und Coalport konkurrieren konnte. Die meisten dieser Stücke sind nicht markiert. Daher hat Graingers Porzellan nur wenig Aufmerksamkeit bei den Sammlern erregt, die die Objekte anderen Manufakturen zuordnen.

In der zweiten Hälfte des 19. Jahrhunderts befanden sich die Stintons – John sr. und jr. und der Bruder James und Sohn Harry des letzteren – unter den wichtigsten Malern. 1902 wechselten die verbleibenden Stintons zur »Royal Worcester-Manufaktur«, wo John jr. und Sohn Harry Viehszenen des Hochlands malten und James sich auf Federwild spezialisierte. Weder John noch Harry waren je in Schottland gewesen und malten alles nach ihrer Vorstellung und nach Postkarten. Die Stintons schlossen sich einer Gruppe begabter Künstler an, unter denen sich Richard Sebright, der sich auf Früchte spezialisierte, William Hawkins, der sich auf Blumen und Kopien berühmter Gemälde konzentrierte, und Harry Davis, dem eventuell besten Keramikmaler jenes Jahrhunderts, befanden. Davis schuf viele hervorragende Bilder – Kopien von Gemälden Claudes und Corots, Hochlandschafe und englische Landschaften und vor allem schöne Ansichten Londons der zwanziger Jahre. Er brannte seine Stücke stärker als die anderen Maler – manchmal wurden die Metalloxide bis zu zwölf Mal im Ofen gebrannt, was zu einer außergewöhnlichen Farbintensität und Perspektive führte.

In den zwanziger und dreißiger Jahren beherrschten finanzielle Probleme die »Royal Worcester-Manufaktur«, und nur das Geld des Sammlers Dyson Perrins hielt die Manufaktur am Leben. Sie führte ein sehr erfolgreiches Hartporzellan ein und versuchte, mit der Beliebtheit von Doultons Zierfiguren zu konkurrieren, indem sie einige Figurinen im Art-Deco-Stil von unabhängigen Modelleuren schaffen ließ. Die meisten waren jedoch unbeliebt und wurden nicht verkauft, sind aber heute sehr gefragt.

Die Öffentlichkeit verlangte nach Naturalismus. Beliebt waren nur die Arbeiten der Modelleurinnen Doris Lindner, die Hunde, Bauernhoftiere und Pferde schuf, und Freda Doughty, die die Vogelmodelle ihrer Schwester Dorothy in der Manufaktur einführte. Ab 1935 entstand eine langlebige Serie von naturalistischen Vögeln auf Laub, die für den amerikanischen Markt in limitierter Auflage produziert wurden. Ihnen folgte eine Serie von Pferde- und Stiermodellen von Doris Lindner. Das erste Stück stellte in einer limitierten Auflage von hundert Stück Kronprinzessin Elizabeth 1947 auf Tommy bei der Fahnenparade dar. Diese Kreationen aus Knochenporzellan gehören zu den großen Errungenschaften des 20. Jahrhunderts, die aber aufgrund der großen Zahl an »limitierten« Auflagen, als potentielle Investionen verkauft, ihre Beliebtheit verloren haben.

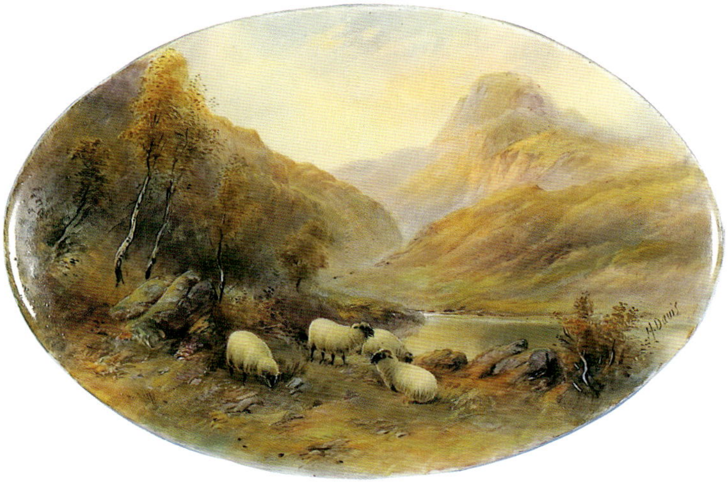

TAFEL, KÖNIGLICHES WORCESTER, BEMALT VON HARRY DAVIS, FRÜHES 20. JAHRHUNDERT (23 cm)
Harry Davis zählt wohl zu den besten Porzellanmalern des 20. Jahrhunderts. Hier sind Schafe im schottischen Hochland abgebildet. Zu dieser Tafel gibt es noch ein Gegenstück.

IMARI-TASSE UND UNTERTASSE, DERBY, 1890

Muster 383 war eines der beliebtesten Entwürfe aus Derby. Imari- oder japanische Dekore sind meist in Unterglasurblau und Aufglasurrot und -gold gehalten. (UNTEN)

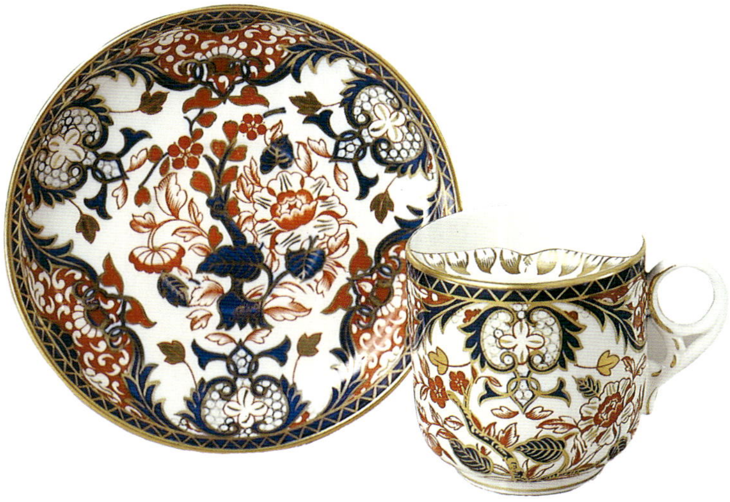

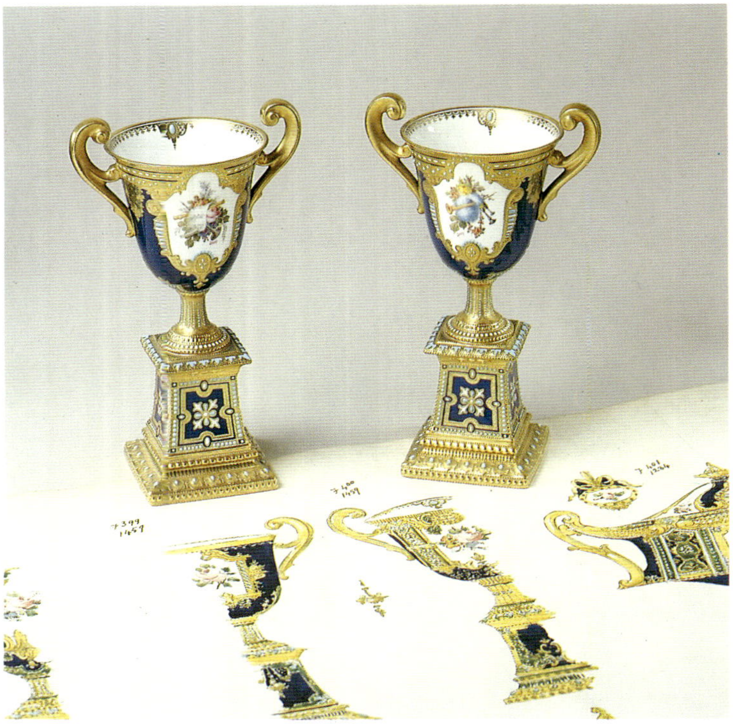

DERBY

Die ursprüngliche Manufaktur Derby wurde 1811 von Bloor gekauft und bis 1848 weitergeführt. Diese Periode gilt allgemein als die »Bloor-Derby-Periode« und hat unter den Sammlern einen schlechten Ruf, da die Qualität des Knochenporzellans sich verschlechterte und die Stücke sich oft gelb oder braun verfärbten. Das Dekor jedoch blieb hervorragend, und die berühmten japanischen und Imari-Muster, die im 18. Jahrhundert eingeführt wurden, sind bis heute Bestandteil der Produktion. Viele Figuren entstanden nach Vorlagen aus dem 18. Jahrhundert und waren beachtenswert, auch wenn sie nicht mehr ganz so schön wie die früheren Exemplare waren. Als Marke wurde eine aufgedruckte Krone und ein »D«, oft mit dem Daumen des Druckers übertragen, und der Name »Bloor Derby« benutzt.

1848 schloß die Manufaktur, eine neue wurde in King Street in Derby eröffnet und bis 1935 betrieben, die sich auf Kopien früherer Derby-Waren spezialisierte. Ab 1862 war die Marke eine Kopie der Krone, der Stäbe und der »D« Marke, mit den Initialen S.H. für Stevenson und Hancock und nach 1866 für Sampson Hancock.

1876 wurde eine neue Manufaktur gegründet, die Derby Crown Porcelain Co., die bis 1890, als sie von der Royal Crown Derby Co. abgelöst wurde, existierte. Derby Crown benutzte eine aufgedruckte Krone und Szepter und ab 1890 zusätzlich die Worte »Royal Crown Derby« als Marke Ein Datumscode wurde eingeführt, somit kann das Herstellungsjahr der einzelnen Stücke ermittelt werden. Es wurden viele Imari-Muster geschaffen, die damals und heute beliebt waren und sind. Die kräftigen Fondfarben und die hervorragende Vergoldung hoben die Royal Crown Manufaktur besonders hervor. Der beste Dekorateur war der Franzose Desiré Leroy, der in Sèvres gearbeitet und sich auf peinlich genaue Bemalung und Vergoldung spezialisiert hatte. Andere begabte Maler waren Rouse und Dean. Ihre Arbeiten können der Betrachtung mit der Lupe standhalten und durchaus mit Meisterstücken anderer viktorianischer Handwerker wie Owen in Worcester verglichen werden. Im allgemeinen aber erreichte die Malerei in Derby nicht den Standard anderer Manufakturen.

VASENPAAR, DEKORIERT VON D. LEROY, 1906 (Höhe: 13,5 cm)

Diese Pokalvasen wurden von Desiré Leroy 1906 hervorragend mit Perlbesatz dekoriert und bemalt; sie sind zusammen mit dem Derby-Musterbuch abgebildet. Leroys Virtuosität und Beherrschung solch schwieriger und zeitraubender Techniken ist erst recht bei genauerem Betrachten atemberaubend. (OBEN)

SPODE COPELAND

Spode wird meist die Erfindung des Knochenporzellans Ende des 18. Jahrhunderts zugewiesen, und obwohl die Prozellanherstellung im Vergleich zu den großen Mengen an gefertigter Irdenware relativ gering war, wurden doch Tee- und Tafelgeschirre von einfacher bis hervorragender Qualität produziert.

Im Gegensatz zu den meisten anderen Manufakturen Staffordshires markierte Spode einen großen Anteil seines Porzel-

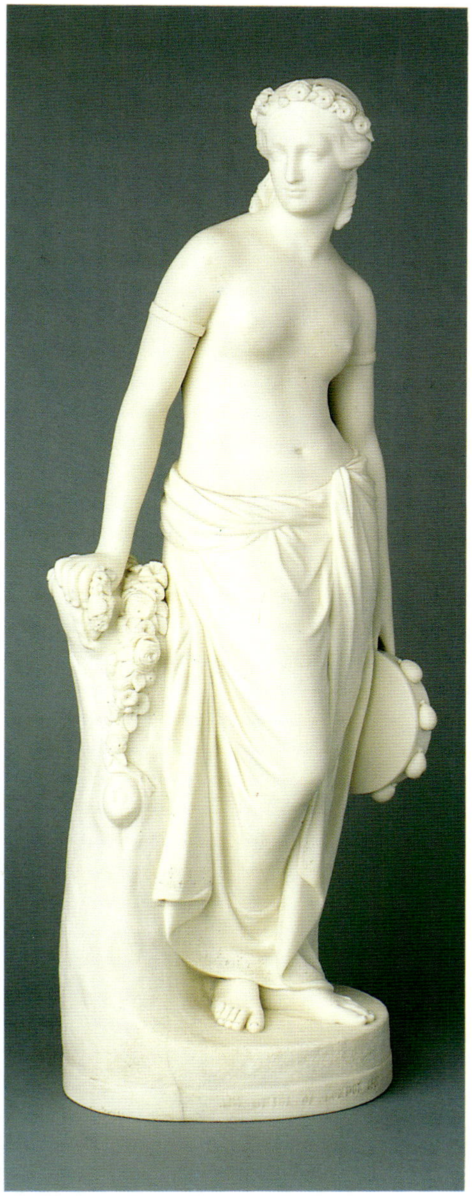

FIGUR EINER TÄNZERIN AUS PARIAN-PORZELLAN, COPELAND, VON W.C. MARSHALL, 1849 (47 cm) *(LINKS)*

TELLER MIT PERLBESATZ UND VERGOLDUNG, COPELAND, ca. 1865 *(UNTEN)*

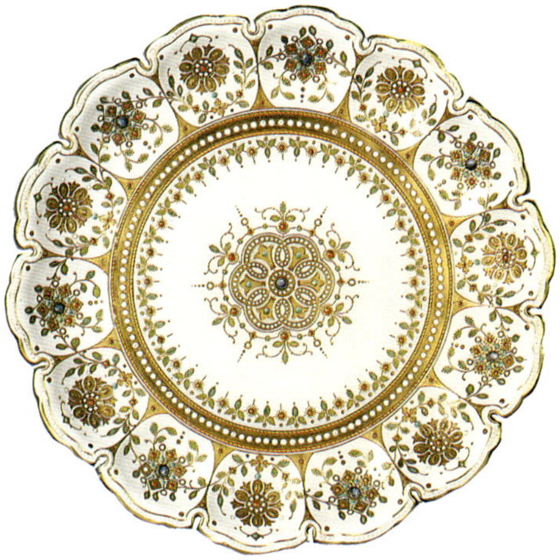

VASE, COPELAND, BEMALT VON HÜRTON, 1862 (70 cm)
Diese Vase wurde für die Weltausstellung in London 1862 angefertigt. Viele Manufakturen stellten spezielle Ausstellungsstücke her, um ihr Können unter Beweis zu stellen. (UNTEN)

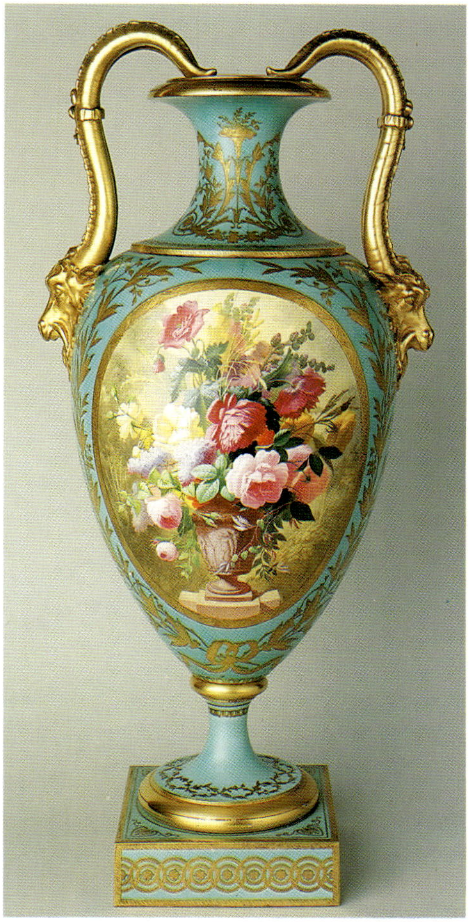

lans mit dem Wort »Spode« und roten Musternummern. Eines der kunstvollsten Muster ist Nr. 1166. Spodes Musternummern gehen von 1 bis 5.000 im Jahr 1833, als sie eine Partnerschaft mit Copeland und Garrett einging.

1847 übernahm William Copeland die alleinige Verantwortung. Zu dieser Zeit war das Parian-Porzellan für Figuren und Büsten bereits eingeführt. Das Parian-Porzellan sollte dem Marmor von Paros, wo die Griechen und Römer Marmor abbauten, ähneln. Die meisten Büsten waren klassisch inspirierte Kopien antiker Marmorstatuen oder mythologische, historische und zeitgenössische Figuren in antiken Gewändern. Berühmte damalige Skulpturen, die auf den diversen Ausstellungen bewundert wurden, wurden benutzt, um Verkleinerung mit Hilfe eines Pantographen, der jede Nuance wiedergab, zu reproduzieren. Die Büsten und komplizierten Figuren waren natürlich viel preiswerter als die Original-Marmorskulpturen und brachten die schönen Künste in die bürgerlichen Haushalte. Wenn man ein oder zwei Guinees zur Verfügung hatte, konnte man seine eigene Kopie von Hiram Powers griechischem Sklaven im Salon haben. Oder man konnte Lose der Kunstvereinigung Londons kaufen und eventuell eine Kopie von Copelands tanzendem Mädchen, das sich ausruht, die von W.C. Marshall geformt und von der Kunstvereinigung 1849 in Auftrag gegeben wurde, gewinnen.

Diese Arbeiten Copelands hatten einen enormen Erfolg auf der Weltausstellung 1851. Obwohl nicht nur Copeland Parian-Porzellan herstellte, gehören die Büsten und Figuren, zusammen mit denen aus Minton, zu den besten. Die Scherben unterschieden sich leicht im Farbton. Mintons war weißer als der Copelands, der einen cremefarbenen Stich hatte. Leider sind viele Stücke aus Parian-Porzellan nicht markiert.

Copeland stellte neben dem Parian-Porzellan auch hervorragend gearbeitete Service und Vasen her; einige der Vasen, die von C.F. Hürton bemalt wurden, könnten kaum verbessert werden. Die Manufaktur Copeland besteht noch heute, allerdings unter dem Namen Spode, und hat sich mit »Royal Worcester« zusammengetan.

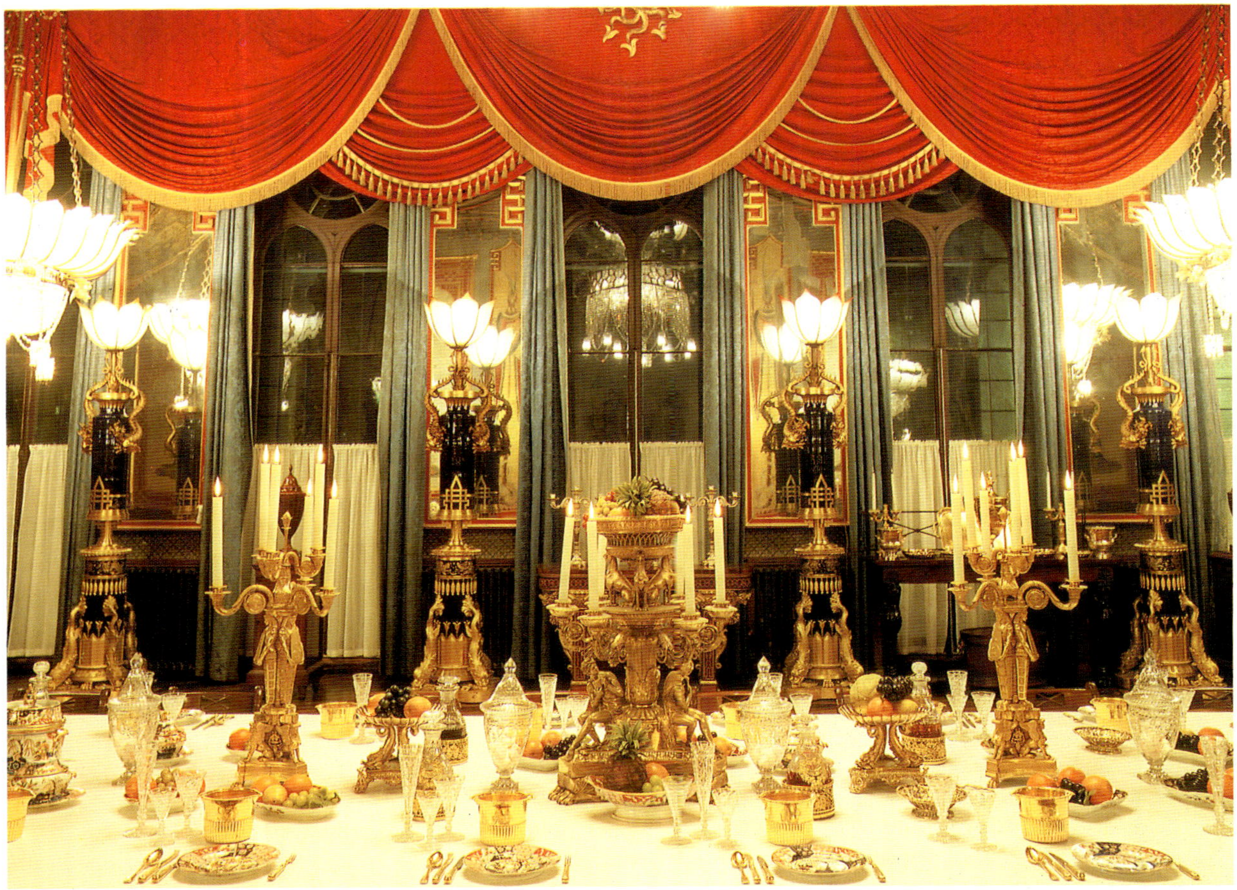

DESSERT-SERVICE, COALPORT, AUSGESTELLT IM BRIGHTON PAVILLON, FRÜHES 19. JAHRHUNDERT.
Dieses Service mit Imari-Dekor in Blau, Pink und Gold war ein Geschenk von George III. an seinen Arzt Dr. Willis.

COALPORT

Ende des 18. Jahrhunderts errichtete John Rose am Ufer des Severn in Coalport in der Nähe der Ironbridge eine Manufaktur und übernahm 1799 Caughley. Bis zu den zwanziger Jahren entwickelte sich Coalport zu einer großen Manufaktur, die hauptsächlich Tee- und Tafelgeschirr, meist nur mit Musternummern markiert, herstellte. Die Serien liefen von 1 bis 999 und dann wieder von 1 mit den nächsten Seriennummern – so folgte auf 999 2/1, auf 2/999 3/1 usw. Die Manufaktur produzierte große Mengen an weißen Waren, die an unabhängige, externe Dekorateure, viele davon in London, verkauft wurden. In den dreißiger Jahren lag das Hauptaugenmerk der Firma auf blumenüberzogenen Stücken im Rokoko-Stil. Einige dieser Stücke sind mit dem Wort »Coalbrookdale«, »CD« oder »C.Dale«, markiert, woraufhin diese Waren »Coalbrookdale« genannt werden. Nicht alle Coalbrookdale-Waren wurden in Coalport geschaffen. Auch viele andere Manufakturen wie Minton, Alcock und Graingers Worcester stellten blumenübersäte Objekte her.

Blumen und Blätter waren die Verkörperung des viktorianischen Rokoko und wurden reichlich auf vielen Objekten angebracht. Sie bedeckten Vasenpaare oder Dreiergarnituren – eine große Vase in der Mitte -, die auf Kaminsimsen standen; sie überzogen Schreibtischgarnituren in Bibliotheken und Potpourris. Sogar Teewaren wurden damit bedeckt, wodurch sie nicht mehr benutzt werden konnten. Die Blumenherstellung ist ein eigenes Handwerk, und nur die geschicktesten, kleinsten Frauenfinger konnten einzelne Blüttenblätter, Staubgefäße und Stiele herstellen, die mit der flüssigen Schlickermasse zum Aufbau der Blumen vereinigt wurden. Viele Blumenstücke wurden glasiert und farbig bemalt; einige blieben unglasiert, und nur

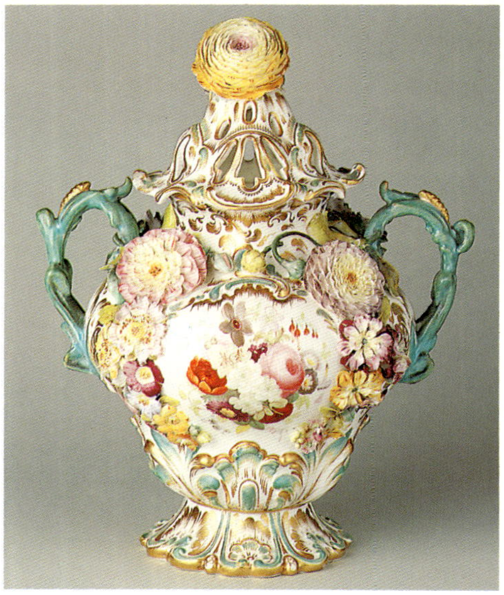

VASE MIT BLUMENDEKOR, COALPORT, ca. 1835 (Höhe: 28,2 cm)
Diese Vase ist ein gutes Beispiel für das Neurokoko der dreißiger Jahre des 18. Jahrhundert.

VASE AUS KNOCHENPORZELLAN, WEDGWOOD, ca. 1885-1890 (22 cm)
Die Manufaktur Josiah Wedgwood produzierte zwar hauptsächlich Töpferwaren, schuf aber auch einige gute Stücke aus Knochenporzellan. Diese Vase ist im viktorianisierten Regency gehalten. (RECHTS)

SCHREIBTISCHGARNITUR, COALPORT, ca. 1835 (Länge: 31 cm)
Auf dem Fond in Bleu céleste finden sich Reserven mit Phantasievögeln und Blumen von Randall und Cook. Die Garnitur ist im Stil Sèvres' des mittleren Jahrhunderts gehalten, wurde aber beinahe ein Jahrhundert später hergestellt. (UNTEN)

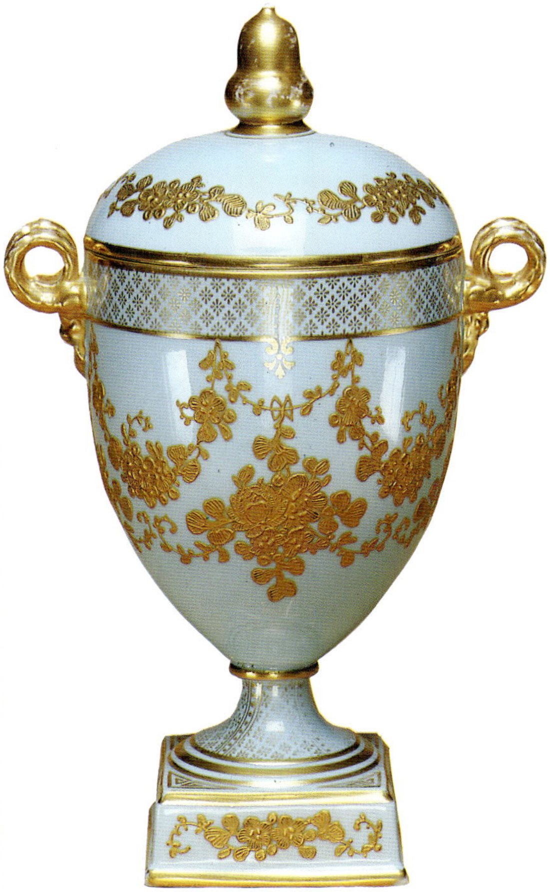

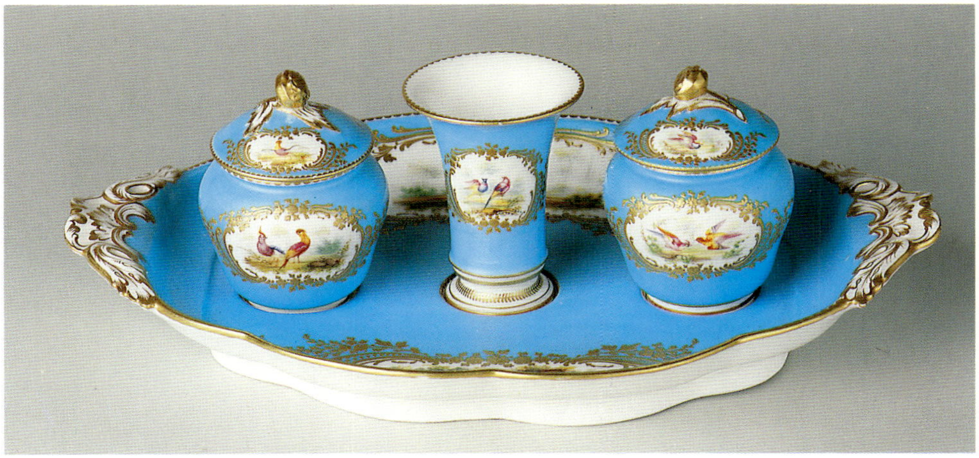

einige Blumen wurden mit Farben, die mit Glas-Schmelzmasse vermischt waren, hervorgehoben. Einige Objekte sind zusätzlich noch mit Früchten verziert, aber sie sind längst nicht so attraktiv.

In den dreißiger Jahren beginnt Coalport mit der Produktion von Vasen und Dessertwaren mit kräftigen Fondfarben in Imitation der zwei berühmten Fondfarben aus Sèvres, Bleu céleste und Rose Pompadour oder Rose du Barry. Damals war der Einfluß von Sèvres auf Coalport beachtlich, besonders bei den beiden Künstlern Cook und Randall. Cooks Spezialität war die Bemalung mit Blumen und Randalls die mit Phantasievögeln. Randall dekorierte neben der Arbeit bei Coalport auch viele undekorierte Stücke aus Sèvres oder fügte Grundfarben bei einfach verzierten Waren hinzu. In den sechziger und siebziger Jahren malte Randall echte tropische Vögel, die sehr gut gelangen.

Coalport wurde nach Stoke-on-Trent verlegt, wo es heute Teil der Wedgwood-Gruppe ist. Zwei der großen Flaschenöfen sind noch immer erhalten und als Teil des Ironbridge Gorge Museums zu betrachten, zusammen mit Randalls Arbeiten, die in dem Ofen ausgestellt sind, in dem sie ursprünglich gebrannt wurden. Ab 1875 kam zur Marke Coalports das Datum AD1750, dem ungefähren Datum der Firmengründung, hinzu; es bezieht sich nicht, wie oft fälschlicherweise angenommen, auf das Entstehungsjahr des Objektes.

WEDGWOOD

Josiah Wedgwood & Söhne produzierten ab 1759 die schönsten und orignellsten Irdenwaren in England und stellten einige Jahre (von ca. 1812 bis 1829) Prozellan her. Ab 1878 produzierte die Manufaktur dann nochmals Porzellan.

Ihr frühes Knochenporzellan ist sehr weiß und geschmackvoll dekoriert. Josiah I. schien eine Abneigung gegen Porzellan zu haben, und obwohl Josiah II. es herstellte, hing er wohl nicht mit Herz und Seele daran. In den letzten hundert Jahren wurden große Mengen an Knochenporzellan produziert, und Wedgwood stellte auch Parian-Porzellan her, das Carrara-Porzellan, nach dem berühmten italienischen Marmor genannt. Dennoch war es nur ein Tropfen auf den heißen Stein im Vergleich zu den in großen Mengen produzierten Irdenwaren.

Die spektakulärsten Stücke des 20. Jahrhunderts waren die sogenannten »Fairy-

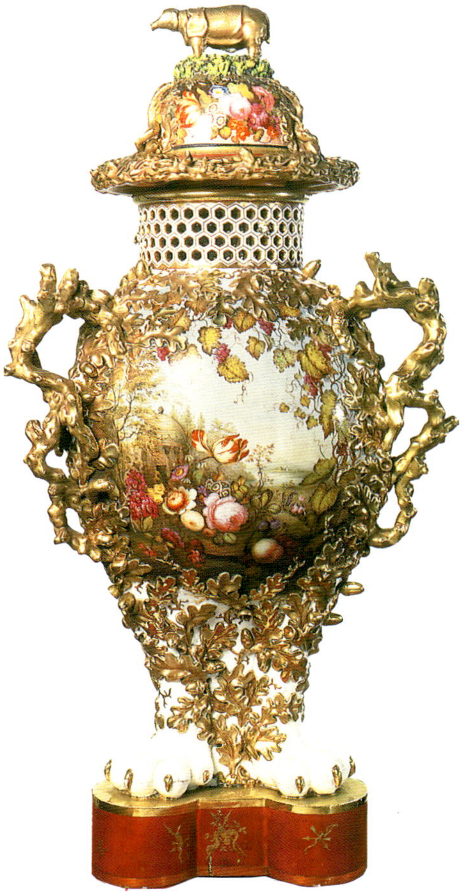

land-Glanzwaren« – Schalen, Vasen oder Tafeln, die mit Gold bemalt und bedruckt, mit Elfen und Feen im Mondschein dekoriert waren und von Daisy Makeig-Jones ab 1914 entworfen wurden. Sie erhielten ihre Inspiration vom Jugendstil, und bald sollten die Designs des Art Deco und die gewagten Entwürfe von Designern wie Clarice Cliff in Stoke-on-Trent vorherrschen.

ROCKINGHAM

Seit 1745 wurde auf dem Besitz von Graf Fitzwilliam (dem späteren Marquis von Rockingham) in Yorkshire Töpferware hergestellt, aber 1825 wurden die Besitzer, die Bramelds, zahlungsunfähig. Der Graf unterstützte sie finanziell, und ab 1826 wurde Porzellan hergestellt. Allerdings befand sich die finanzielle Leitung in schlechten Händen, und das Unternehmen mußte 1842 schließen. Wie Flight und Chamberlain in Worcester blieb Rockingham dem Regency verhaftet, und die Versuche, mit der Zeit zu gehen, waren beinahe lächerlich. In der Glanzzeit produzierte Rockingham hervorragende Tee- und Dessertservice, Vasen und gut modellierte Tiere und Figuren. Nur die Untertassen der Teeservice wurden markiert, und zwar mit der Griffin-Marke, jeweils mit verschiedenem Wortlaut auf der Basis, der bis 1830 rot, danach braunrot aufgedruckt wurde. Musternummern von 1 bis ca. 1586 und dann 2/1 bis 2/220 benutzt; rot gemalte Nummern »CL1« bis »CL14« werden manchmal an der Basis von Ziergegenständen gefunden.

Drei Dinge sollten sich Sammler von Rockingham-Porzellan bewußt machen. Erstens, es wurden viele Reporduktionen in glänzendem Hartporzellan in Paris mit der Griffin-Marke angefertigt. Zweitens werden dank Unkenntnis viele authentische, zeitgenössische Stücke Rockingham zugewiesen. Drittens produzierte Rockingham, soviel man weiß, nie Tiere wie Schafe und Pudel mit plastisch dargestellter Wolle oder Hundehaaren.

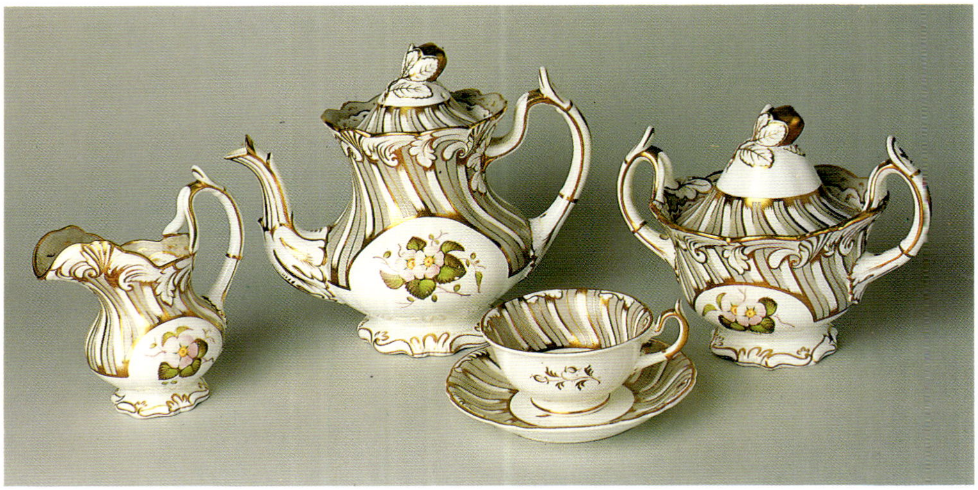

»RHINOZEROS-VASE«,
ROCKINGHAM, ca. 1830
Die Eigenart dieser Vase beruht auf der Mißinterpretation des Rokoko im viktorianischen Zeitalter. (GANZ OBEN)

TEIL EINES TEESERVICES,
ROCKINGHAM, ca. 1830
Eine leicht mißglückte Mischung von Regency und Rokoko. Nur die Untertassen sind mit der Greifvogelmarke versehen. (OBEN)

ANDERE MANUFAKTUREN

Im 19. Jahrhundert gab es viele Porzellanmanufakturen, die oft nur einige Jahre existierten und nur wenig ernsthafte Beachtung verdienen – mit Ausnahme der unten aufgeführten.

CHARLES BOURNE

Diese Manufaktur in Staffordshire machte zwischen 1817 und 1830 so hervorragendes Porzellan, daß es meist mit den Waren bekannterer Manufakturen vewechselt wird. Die Muster waren oft floral und im Imari-Stil und können am besten daran erkannt werden, wie das »CB« über die Musternummern, die von »CB1« bis mindestens »CB1017« reichen, gesetzt wird.

SAMUEL ALCOCK

Ebenfalls in Staffordshire machte diese Manufaktur von ca. 1826 bis 1859 einige sehr gute Teewaren, die erst vor kurzem identifiziert worden sind. Es wurden Musternummern von 1 bis 9990, dann Bruchnummern mit 2, 3, 4 usw. als Nenner benutzt. Am bekanntesten sind die Ziergegenstände, besonders kunstvolle Parian-Porzellanvasen und Büsten, aber auch herrliche Tiere, z.B. Pudel, auf Sockeln. Keramikvasen, im griechisch-römischen Stil mit antiken Themen dekoriert, sind eher mit »S.A. & Co.« markiert. Die Manufaktur bestand unter der Leitung von Sir James Duke und Neffen bis 1864.

H. und R. Daniel

Die Daniels hatten die Dekoration in Spode überwacht und führten dann von ca. 1826 bis 1846 ihr eigenes Unternehmen. Sie spezialisierten sich auf Teeservice im Neurokoko-Stil mit sehr exzentrischen Henkeln und Basen sowie auf sehr schön dekorierte Dessertwaren. Diese Teeservice sind selten markiert, haben aber meist eine Musternummer, die von 3500 bis 8844 reicht.

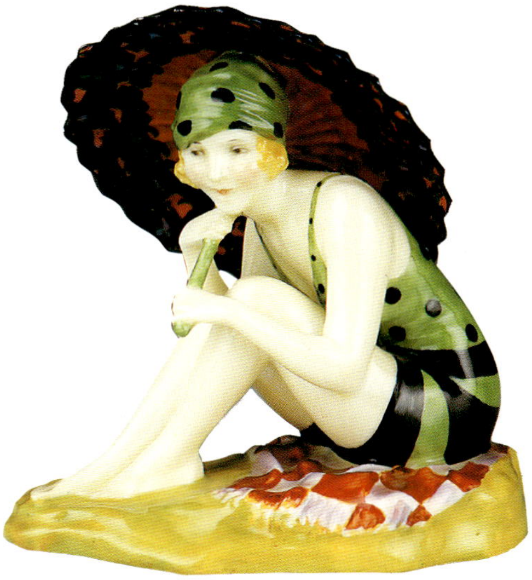

Figur einer Badenden, Royal Doulton, ca. 1930 (12,7 cm)

Die freche, humorvolle, bezaubernde Figur ist im Art-Deco-Stil gefertigt. Modellierung und Bemalung dieser Figuren war in den zwanziger und dreißiger Jahre am vollkommensten.

Davenport

Davenport war mehr für Irdenwaren berühmt, stellte jedoch von 1808 bis 1887 Knochenporzellan her und vollzog damit den Wandel in die viktorianische Ära. Das Wort Davenport, ein Anker oder beides wurde oft als Marke verwendet.

Miles Mason

Mason war ursprünglich Händler für asiatisches Porzellan und gründete um 1800, als es schwierig wurde, Waren zu bekommen, eine eigene Manufaktur. Zuerst produzierte er Hartporzellan, benutzte aber ab 1830 Knochenporzellan. Einzigartige Tee- und Dessertwaren wurden produziert, die Daumenauflagen, die nach hinten zeigten, besaßen. Marken waren selten. »M. Mason« wurde meist nur am Fußrand der Teekannen aufgedruckt. Berühmt wurde Mason durch seinen Hartsteingut-Scherben.

Ridgway

Verschiedene Partnerschaften produzierten in Staffordshire Porzellan. Die bedeutendste war die von John und William Ridgway von 1814 bis 1830. Es wurden sehr schöne Tee- und Tafelwaren hergestellt, die manchmal kunstvolle Marken, die das königliche Wappen integrierten, aufwiesen. Am hilfreichsten jedoch bei der Identifizierung sind die Serienmusternummern von 2/1 bis 2/9999 gefolgt von einer Dreier-Serie bei Ziergegenständen, einer Fünfer Serie bei Teewaren und einer Sechs auf Dessertwaren.

Doulton

Doulton, eine der berühmtesten Manufakturen für Steinzeug und Irdenwaren, begann erst 1882 in Stoke-on-Trent mit der Porzellanproduktion. In den letzten Jahren des 19. Jahrhunderts wurden einige schöne Ziergegenstände und schön bemalte Service hergestellt. Im 20. Jahrhundert stellte sie eine Fülle von Figuren her, z.B. badende Mädchen im Art-Deco-Stil.

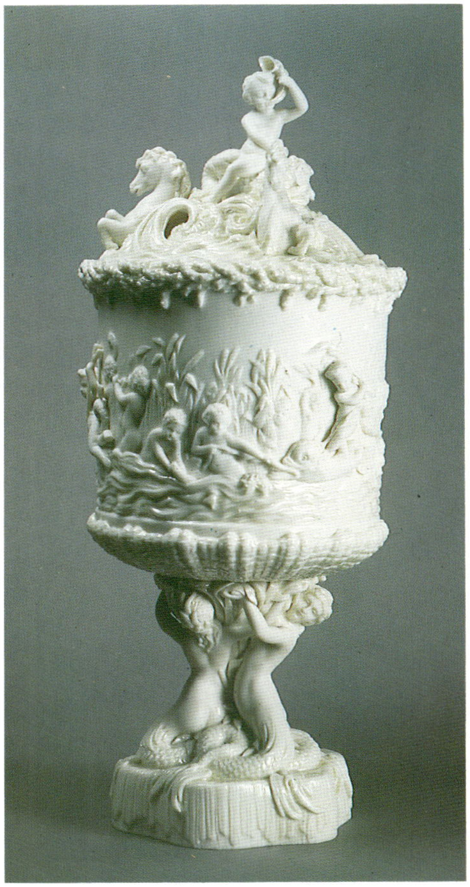

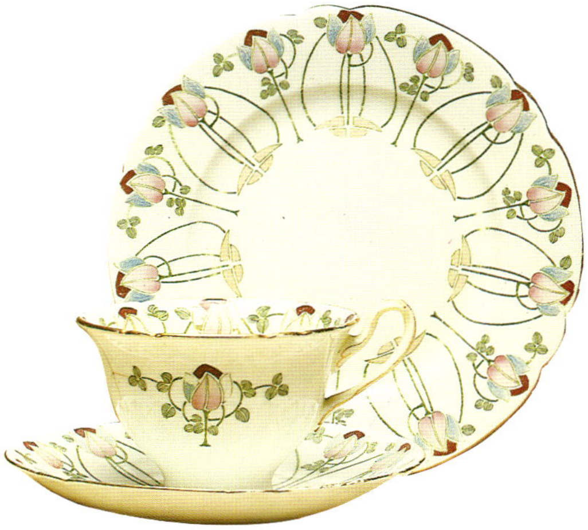

Teegarnitur, Staffordshire, Foley, ca. 1900 *(oben)*

Vase aus Parian-Porzellan, Belleek, spätes 19. Jahrhundert (47 cm) *(oben)*

Kleinere Manufakturen

Während des 19. Jahrhunderts bis zum Ersten Weltkrieg gab es in Stoke-on-Trent Hunderte von kleinen Manufakturen. Die wichtigsten sind: John Bevington (1872-1892), der Porzellanfiguren und -waren im Stile Dresdens produzierte; W.H. Goss (1858-1944), der Büsten und Figuren aus Parian-Porzellan herstellte, die den Markt für massenproduzierte Erinnerungssouvenirs entweder in Form von Miniaturvasen mit Wappen oder berühmten Gebäuden inspirierten; George Jones & Sons ab 1861, deren Pâte-sur-pâte-Produkte von Frederick Schenk hergestellt wurden; Hicks & Meigh, die Knochenprozellan produzierten (ca. von 1816-1835); Hilditch (ca. 1811-1867); Machin (ca. 1803-1848); Mayer & Newbold (1917-1833); Moore Brothers (ca. 1872-1915), die einige gute Künstler wie z.B. Boullemier und Siefert engagierten; und Robinson und Leadbeater (1864-1924).

Auch Belleek in der Grafschaft Fermanagh in Nordirland, die 1863 gegründet wurde und noch heute produziert, ist zu erwähnen. Sie produzierte glasiertes Parian-Porzellan, das in der ganzen Zeit des Bestehens sich nur wenig in Komposition oder Form geändert hat. Belleek-Waren, besonders der sogenannten ersten Periode, ohne die Worte »Co. Fermanagh Ireland«, sind heute sehr gesucht.

AMERIKANISCHES PORZELLAN

Da die meisten von den amerikanischen Töpfern angwandten Techniken bereits außerhalb Amerikas perfektioniert waren, ist die einfachste Art der Identifizierung anhand der Porzellanmasse möglich. Streng genommen sind alle amerikanischen Porzellane aus weichem oder künstlichem Porzellan, allerdings sehen manche wie Hartporzellan aus, und seine Hersteller nannten es »echtes« Porzellan, obwohl Analysen eindeutig Zutaten wie z.B. Knochenasche aufweisen. Die Versuche im späten 19. Jahrhundert, Porzellan aus Sèvres oder Paris zu imitieren, werden daher wohl besser als »abgewandeltes Hartporzellan« bezeichnet.

Während des 18. Jahrhunderts wurde ein Kaolinlager in South Carolina gefunden. Zusammen mit Tonarten aus Delaware und anderen amerikanischen Materialien wurde dies von Gousse Bonnin und George Anthony Morris von 1770 bis 1773 zur Porzellanherstellung in Philadelphia, Pennsylvania, benutzt. Die Masse ähnelte der Bows sehr, und die Formen und Chinoiserien in Blau ähnelten sehr denen anderer damaliger englischer Manufakturen, so daß vor einigen Jahren ein hochangesehener Experte nicht glauben konnte, daß die ihm gezeigten Exemplare nicht in England hergestellt worden waren. Wissenschaftliche Analysen förderten eine Quarzart, die bei englischem Porzellan unbekannt war, zutage.

Schale für Mixed Pickles, Bonnin & Morris, Philadelphia, 1770-72 (Höhe: 14,3 cm)

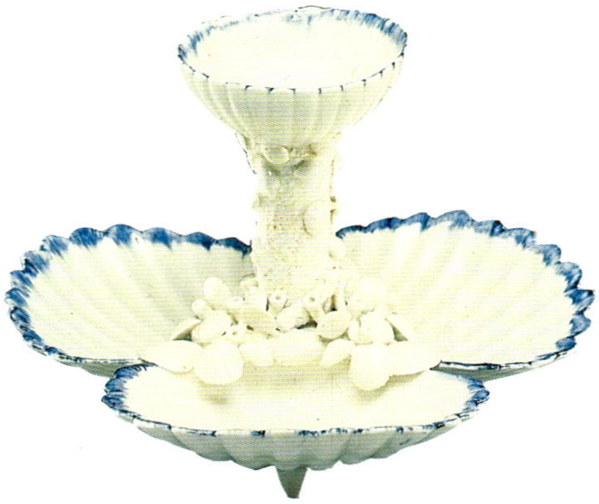

Dr. Henry Mead in New York City stellte Porzellan nach englischen Formen her, aber der Scherben und die Glasur erinnerten an französisches Porzellan. Die Produktion begann 1816 und wurde unter der Leitung Louis Decasses und Nichols Louis Edouard Chanous Mitte der zwanziger Jahre fortgeführt. Das wichtigste, erhaltene Produkt ist eine vergoldete Teegarnitur mit der Marke von Decasse und Chanou und einem rot aufgedruckten, amerikanischen Adler. In der Nähe von Jersey City wurde ebenfalls eine Manufaktur erbaut, aber nur eine kleine Schale ist noch erhalten, die ihr zugewiesen werden kann. Solche frühen Unternehmungen scheiterten teilweise an der Schwierigkeit, amerikanisches Material nutzbar zu machen, aber auch aufgrund des damaligen wirtschaftlichen Klimas. Unternehmen kamen und gingen in schnellen Wechsel aufgrund der finanziellen Panik, die die neue Republik heimsuchte. Des weiteren konnte gleiches, wenn nicht sogar besseres Prozellan billiger aus dem Ausland bezogen werden.

Amerikas erste erfolgreiche Porzellanmanufaktur wurde von William Ellis Tukker in Philadelphia gegründet. Der Ofen wurde 1827 in Betrieb genommen und blieb zwölf Jahre lang in Betrieb. Es wurden viele verschiedene Waren produziert. Das meiste Tucker-Porzellan hat eine grünliche Transparenz, auch wenn spätere Exemplare orange oder strohfarben sind, woraus man schließen kann, daß mindestens zwei Glasurformeln und eventuell mehr als nur eine Porzellanmasse verwendet wurden. Ein vasenförmiger Krug und ein vergoldetes Design – meist »Spinnenmuster« genannt, das sonst auf Tee- und Kaffeeservices gefunden wird – scheinen für Tucker charakteristisch zu sein. Ansonsten ist es schwierig, Tucker-Porzellan von damaligem französischen und besonders von italienischen Porzellan zu unterscheiden. Der Amerikaner Phillip Curtis entwickelte jedoch einen Test mit ultraviolettem Licht für fragliche, vergoldete Stücke. Unter kurzwelligem, ultraviolettem Licht erscheint ein Halo um das Gold. Dieser Effekt kann manchmal bei dekorativen Details auf französischem und deutschem Porzellan des 19. Jahrhunderts erzeugt werden, jedoch nicht bei der Vergoldung.

Die Tucker-Waren der späten dreißiger Jahre wirkten noch viktorianisch. Erst die nächste Töpfergeneration in den fünfziger Jahren begann, wahre amerikanische Formen und Dekore zu entwickeln. Andere malten amerikansiche Designs und Mottos auf ihre Produkte. Charles Cartlidge von Greenpoint, New York, stellte Hotel-Wasserkrüge und andere Krüge mit Reliefadlern unter den Tüllen und Abbildungen der Verfassungseiche an den Seiten her. Er produzierte auch Briefbeschwerer in Adlerform und Tafeln mit Reliefporträts berühmter Amerikaner. Seine Kreationen wurden von anderen amerikanischen Manufakturen wie z.B. die der Brüder Boch, auch aus Greenpoint, und der »American Porcelain Manufacturing Co.« in Gloucester, New Jersey, kopiert.

Die Vorliebe für amerikanische Formen und Symbole blieb bis zur Ausstellung in Philadelphia 1876 bestehen, auf der die neu gegründete Vereinigiung der amerikanischen Töpfer der Welt zeigen wollte, was in Amerika geleistet wird. Aus diesem Anlaß wurden einige außergewöhnliche Stücke geschaffen, darunter ein Paar monumentaler Vasen der Union Porcelain Works von Greenpoint, New York, mit Henkeln in Form von Bisonköpfen, einem Reliefporträt von George Washington auf jeder Seite, umgeben von Illustrationen wichtiger, amerikanischer Erfindungen in polychromen Email sowie plastisch dargestellten Höhepunkten amerikanischer Geschichte an der Basis. Die Firma Ott & Brewer aus Trenton, New Jersey, stelte Skulpturen aus Parian-Porzellan aus, die eigens für die Ausstellung von Isaac Broome kreiert wurden, vor allem eine 86,3 Zentimeter hohe Vase, die von Baseball-spielenden Figuren umgeben war. James Carr aus New York City zeigte große Büsten von Jesus Christus, George Washington, Ulysses S.Grant u.a. in Parian-Porzellan sowie Senator Charles Sumner, eines Gegners des Sklavenhandels.

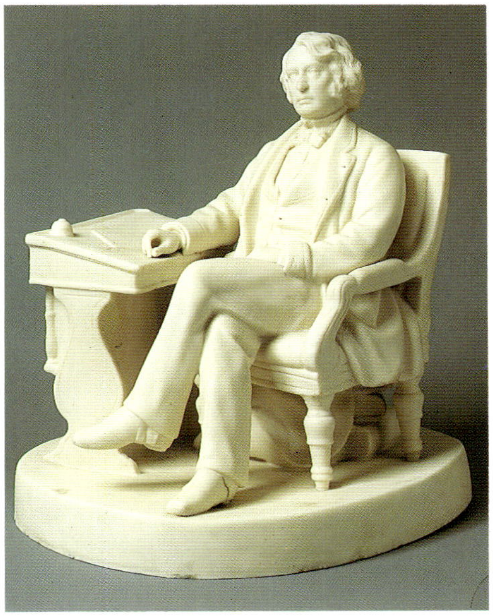

Leider waren die ausländischen Besucher beeindruckter als die Amerikaner selbst. Amerikanische Keramikschüler priesen die ausländischen Erzeugnisse, die auf der Ausstellung in Philadelphia gezeigt wurden, besonders die aus Japan, Frankreich und England, während die Öffentlichkeit bewies, daß ihr Geschmack noch immer am Klassizismus orientiert war. Warum sonst wurden Büsten aus Parian-Porzellan bis ins erste Jahrzehnt des 20. Jahrhunderts produziert? Die Vorliebe für ausländisches Design veranlaßte viele Manufakturen in den späten siebziger und frühen achtziger Jahren, Waren im Stile Belleeks, Imitationen der Waren »Royal Worcesters« in elfenbeinfarbenem Knochenporzellan und Kopien von u.a. Sèvres-Waren zu produzieren. Trenton in New Jersey wurde der Mittelpunkt dieses Phänomens, bis es der Installationsindustrie weichen mußte. Vermehrt ließ Importporzellan, vor allem aus Österreich und Japan nach dem Ersten Weltkrieg, die Herstellung von ausgefallenem Porzellan in Amerika stillstehen und reduzierte auch die Produktion von Tafelgeschirr. Die Depression 1929 verringerte die Zahl der Porzellanmanufakturen noch weiter. Von den Manufakturen, die zur Jahrhundertwende Bedeutung erlangt hatten, besteht heute nur noch Lenox Inc., wobei ein großer Teil in Übersee produziert wird.

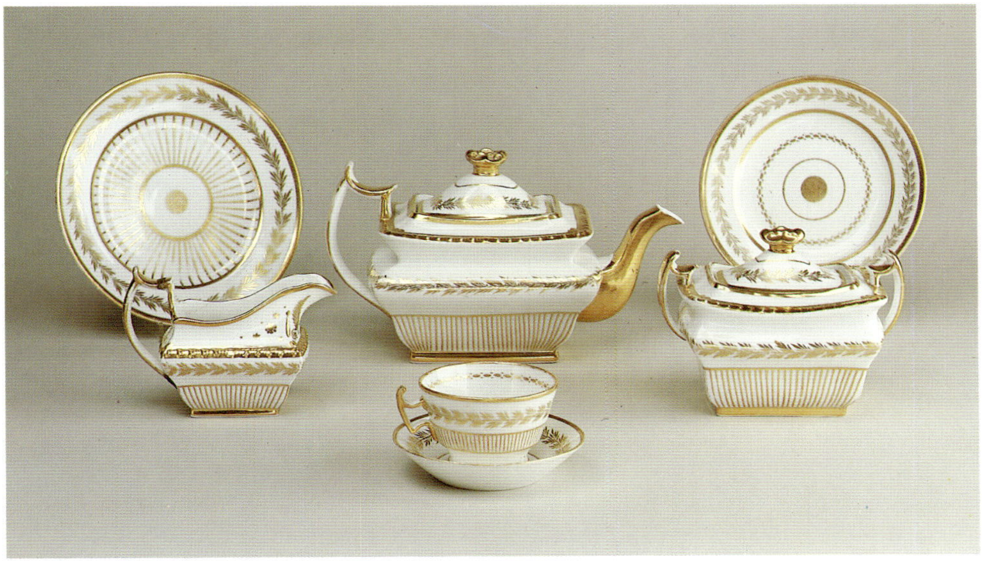

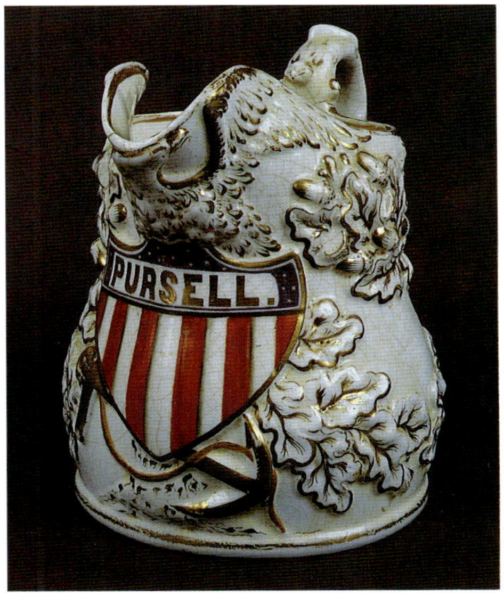

TEESERVICE MIT VERGOLDUNG, DECASSE & CHANOU, NEW YORK, 1824-27 *(OBEN)*

SENATOR CHARLES SUMNER AUS PARIAN-PORZELLAN, NEW YORK CITY, TÖPFEREI VON JAMES CARR, 1875 (Höhe: 32,9 cm) *(GANZ OBEN)*

PRÄSENTATIONSKRUG, CHARLES CARTLIDGE & CO., GREENPOINT, NEW YORK, 1853-56 (Höhe: 30 cm) *(OBEN RECHTS)*

FÄLSCHUNGEN UND KOPIEN

Das Sammeln von Porzellan ist eines der schwierigsten Gebiete, für das man sein Geld und seine Zuneigung verschwenden kann. Von den frühesten Anfängen an wurde diese Sparte durch Objekte verwirrt, die von ehrlichen Kopien bis zu unverfrorenen Fälschungen reichen. Die Chinesen, die Erfinder des wahren Porzellans, orientierten sich immer an älteren Stilen, reproduzierten sie und ehrten die Periode ihrer Entstehungszeit dadurch, daß sie die Originalmarken anbrachten. Die Chinesen hatten damit keine Probleme, aber für spätere, europäische Sammler ist es sehr verwirrend.

Als sich im 17. Jahrhundert der Handel mit China und Japan entwickelte, wurden Dekore verlangt, die der europäischen Nachfrage entsprachen. So wurde die Imari-Palette in Unterglasurblau, Eisenrot und Vergoldung in China kopiert. Diese Dekore wurden dann wieder von den frühen europäischen Manufakturen wie Meißen und Worcester kopiert. Meißen, Chantilly, Chelsea und Bow imitierten chinesisches blau-weißes Porzellan und japanische Kakiemon-Waren.

Aber es wurden nicht nur die Dekore des Fernen Ostens kopiert. Chelsea, Bow und Derby kopierten auch Meißen, wobei die beiden letzteren auch auf Meißens Marke der gekreuzten Schwertern zurückgriffen, so wie es auch Worcester und Lowestoft und andere taten. Man kann davon ausgehen, daß die Verwendung der gekreuzten Schwerter eine absichtliche Täuschung war: die frühen englischen Manufakturen waren Fälscher. In der Gründungsurkunde von Sèvres steht, daß es die Absicht sei, Porzellan im Stile Sachsens (in anderen Worten: Meißens) zu produzieren.

Die Zeit hat diesen Missetaten verziehen: diese Imitationen werden heute als »beeinflußte« Waren betrachtet, und der abwertende Begriff »Imitation« ist ziemlich in Vergessenheit geraten. Die Welt der Sammler ist sogar so kurios, daß viele »Fälschungen« des 18. Jahrhunderts heute begehrter und teurer sind als die Originale, nach denen sie kopiert wurden. Z.B. sind Interpretationen des chinesischen blau-weißen Porzellans, die in Lowestoft, Worcester und Derby entstanden, zehnmal so teuer wie ihre Originale. Eine Longton-Hall- oder Chelsea-Kopie einer Blanc-de-chine-Figur wird zweimal so teuer wie ihr Vorbild gehandelt. Eine Famille-verte-Teeschale und -Untertasse aus Lunds Bristol wird ihr Original drei- oder vierfach ausstechen, wie es auch bei einer Meißener »Imari-Teeschale« mit Unterteller der Fall wäre. Trotz der starken Nachfrage nach echten, japanischen Kakiemon-Waren können Kopien aus Meißen, Chantilly und Chelsea noch immer ihre Originale im Wert übertreffen.

Es ist durchaus wahrscheinlich, daß Kopien der Waren des 18. Jahrhunderts, die im 19. Jahrhundert von Manufakturen wie Samson oder im 20. Jahrhundert von Newland produziert wurden, auch zu Sammelobjekten erhoben werden. Samsons Seligsprechung hat sogar schon begonnen. Die Zeit verändert also unseren Blickwinkel, und das im letzten Jahrhundet in Japan hergestellte Imari-Porzellan wird nun einfach als Weiterentwicklung betrachtet.

Wie können wir eine Fälschung feststellen? Die verläßlichste Methode ist es, anzunehmen, das Objekt sei eine Fälschung, und dann den Beweis zu suchen, daß es doch echt ist. Es gibt mehrere Fragen, die man in Erwägung ziehen sollte. Die erste ist: »Warum sollte man eine Fälschung davon machen?« Wenn die Antwort lautet: »Weil es heute oder früher eine Menge Geld wert ist oder war«, dann folgt die zweite Frage: »Bringt die Mühe des Fälschens einen Gewinn?« Fast jede Fälschung wurde aus Gründen des Profits angefertigt.

Die Materialien zur Porzellanherstellung sind billig: Ton kostet wenig; Wasser, Emailfarben und Gold können für ein paar Pfennige erworben werden; das Brennmaterial, der Ofen und die Drehscheibe sind keine allzu großen Investitionen. Aber Materialien variieren von Ort zu Ort und von Periode zu Periode, und aufgrund dieser subtilen Unterschiede kann eine Fälschung oder Kopie entlarvt werden.

Die folgenden Punkte sollen zur Feststellung der Legitimität eines Obejktes helfen:

- Stimmen alle Details, besonders Gesichtszüge, Finger, Blumen und Marken, mit der kopierten Periode überein?
- Wird die Dekoration übertrieben?
- Warum sollte irgend jemand eine Fälschung anfertigen?
- Sind Farbe, Struktur, Brennfehler, Dicke, Konsistenz und Dichte des Scherbens passend für die Manufaktur/das Land/die Periode? Gibt es Anzeichen, daß jemand an der Glasur herumgepfuscht hat? Ist die Vergoldung im Farbton und in der Verarbeitung passend für die Periode?
- Stimmt der Stil mit der Periode überein? Sind die Details der Ikonographie möglich?
- Stimmen Verschleiß/Kratzer/Absplitterungen mit Alter und Funktion des Stückes überein? Könnten sie künstlich angebracht worden sein?
- Ist der Scherben, das Gewicht, die Farbe, die Transparenz, die Dicke, Form und Methode (Gieß- oder Preßverfahren, Handpressung) passend?
- Wurden in der Manufaktur/in dem Land diese Palette von Emailfarben in der fraglichen Periode benutzt? Ist die Dichte und Oberflächenerscheinung der Farben korrekt? Sitzen sie richtig auf der Glasur/dem Scherben?
- Ist der Preis angemessen?

Nicht jede dieser Fragen wird immer zufriedenstellend beantwortet werden können; man muß die Wahrscheinlichkeiten ausloten. Gibt es dennoch Zweifel, dann kann eine weitere Frage gestellt werden: Zeitpunkt? Das Sammeln von Objekten ist auch der Mode unterworfen, und was sich zu einem Zeitpunkt als Fälschung lohnt, ist zu einem anderen Zeitpunkt uninteressant; Kenntnisse über die Geschichte des Sammelns sind daher von Vorteil.

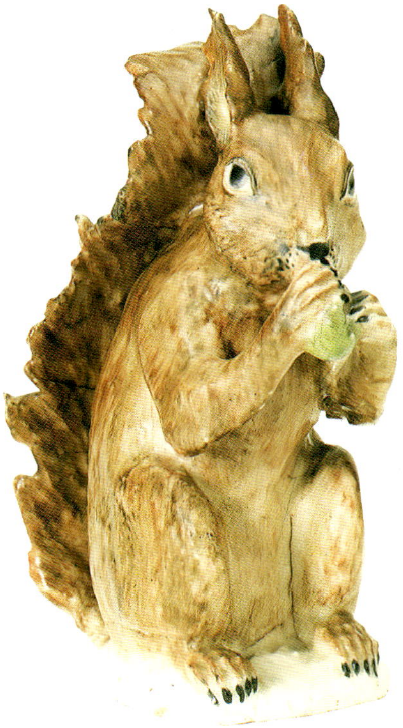

FÄLSCHUNG EINES DERBY-EICHHÖRNCHENS VON REGINALD NEWLAND, TORQUAY, ca. 1955 (17,5 cm)
Diese Fälschung besitzt die Naivität, die man von einem frühen Stück erwartet. Die Figur trägt die Marke des Roten Ankers und des Dolches der Bow-Manufaktur.

ENGLISCHE PFINGSTFLASCHE AUS IRDENWARE MIT ZINNGLASUR, WAHRSCHEINLICH FRÜHES 20. JAHRHUNDERT (19 cm)
Die Fälschung ist leicht an den falschen Abnutzungserscheinungen erkennbar.

FESTSTELLUNG EINER FÄLSCHUNG

Nicht die exakte Kopie eines bekannten Objektes ist am schwersten zu entdecken – es wird immer genug Unterschiede im Vergleich geben, um ein Duplikat relativ leicht abzulehnen. Kluge Fälscher nehmen das richtige Material und den richtigen Stil und füllen eine Lücke – sie stellen ein Produkt her, das möglich sein könnte. Sammler werden nur allzu glücklich sein, eine Lücke in ihrer Sammlung zu schließen und ignorieren ihr Unbehagen in ihrer Euphorie über den Fund.

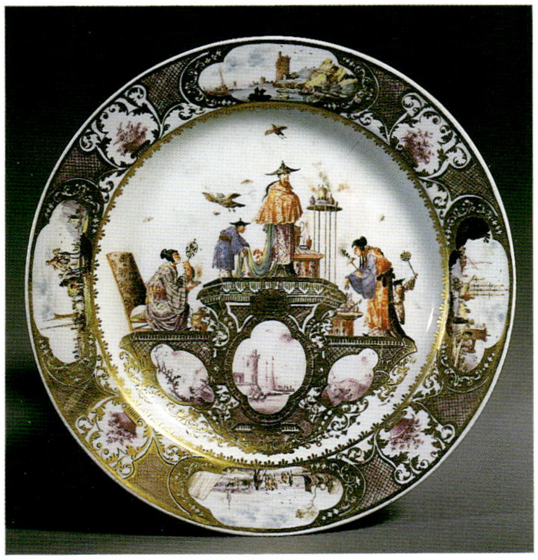

NEUDEKORIERTER MEISSENER TELLER, DER URSPRÜNGLICH MIT BLUMEN BEMALT WAR (22,5 cm)
Von diesem Teller wurde das Dekor entfernt, um dann mit einer Chinoiserie-Szene neu bemalt zu werden. Der Teller stammt etwa aus dem Jahre 1740, aber das Dekor wurde im 20. Jahrhundert angebracht.

BEMALUNG

Porzellanmaler, die eine Fälschung beabsichtigen, müssen sofort entscheiden, ob sie ein Objekt herstellen wollen, das sich zu einem hohen Preis verkaufen läßt, oder ob sie etwas einfacheres machen wollen. Natürlich werden sie sich meist für ersteres entscheiden, da im allgemeinen der Preis mit der Menge des Dekors zunimmt. Viele Porzellanfälscher geben sich zuviel Mühe mit dem Dekor.

Sammler müssen sich davon überzeugen, daß nicht nur der allgemeine Eindruck, sondern auch jede einzelne Komponente stimmt. Ständiges Studium der Materie ist der einzige Weg, das Auge zu trainieren.

In den meisten Perioden und ganz sicherlich in den frühen Jahren haben Porzellanmaler ihren weißen Untergrund mit der Leinwand oder dem Zeichenblatt eines Künstlers verglichen und scheuten auch nicht davor zurück, ihn als Teil ihrer Komposition durchscheinen zu lassen. Fälscher jedoch haben furchtbar Angst vor einer Lücke und füllen jeden Teil ihrer »Leinwand«, wobei oft ein zu geschlossenes Dekor entsteht.

Abnutzungserscheinungen

Da Gegenstände benutzt, gespült und bewegt werden, entstehen Kratzer, splittern und sehen gebraucht aus. Eine sorgfältige Untersuchung muß auf diese Dinge Rücksicht nehmen. Teller werden meist aufeinander gestapelt, so daß man sehen kann, wo der eine auf dem anderen gestanden hat. Kratzer von einem Messer können in der Tellermitte vorhanden sein, selten am Rand, und die Vergoldung wird abgegriffen sein. Unter der Lupe wird man feststellen können, daß bei nachträglichem Dekor die Emailfarben in alte Kratzer laufen. Vasen werden meist an ihrer bauchigsten Stelle verkratzt sein, wo sie an der Wand oder an benachbarten Stücken angestoßen sind. Henkel, Knäufe und Füße werden am ehesten beschädigt sein, und man sollte hier nach Anzeichen für Ausbesserungsarbeiten suchen.

Restaurierung

Die moderne Technik ermöglicht eine sehr anspruchsvolle Restaurierung. Kleber, Modelliermassen und Farben können in einem Ofen stabilisiert werden (die Stücke werden nicht nochmals gebrannt), verderben nicht und verfärben sich nicht, wodurch sie schwer zu erkennen sind. Dennoch wird die restaurierte Fläche immer noch eine etwas andere Oberfläche als das Origianl aufweisen und wird auch immer weicher sein. Wenn man mit einer Nadel über die fragliche Fläche fährt, wird die Nadel gebremst (man muß dabei nicht die Oberfläche verkratzen). Man kann die Oberfläche auch mit den Zähnen testen. Porzellan wird hell klingen, die restaurierte Fläche dumpf.

Studien

Fälscher müssen mit unzähligen Problemen kämpfen, die von der Zusammensetzung bis zur Brenntemperatur reichen. Aber diese Schwierigkeiten sind unbedeutend im Vergleich zur psychologischen Barriere. Es ist eine Tatsache, daß sich Künstler nicht ganz von ihrer eigenen Zeit befreien können: alles, was sie kreieren, wird irgendeinen Hinweis auf ihre Ära liefern, und es wird ihnen auch mit noch so intensiven Recherchen nicht gelingen, eine frühere Periode genau wiederzugeben. Dieser Anachronismus ist jedoch nicht gleich sichtbar und zeigt sich erst nach ein oder zwei Jahrzehnten. Die Fälschungen Newlands sind heute sehr klar erkennbar, aber um 1950, als sie gemacht wurden, haben sie auch das erfahrenste Auge getäuscht.

Jedes Detail, z.B. Kleidung, Werkzeug, Schiffstakelage, Waffen, Blumen, kann für das fragliche Dekor unpassend sein und Hinweise geben, daß der Fälscher seine Studien nicht sorgfältig genug betrieben hat.

Preis

Der Kauf in einem guten Auktionshaus oder bei einem vertrauenswürdigen Händler ist wohl die beste Garantie für die Echtheit des Objektes. Aber leidenschaftliche Sammler durchstöbern auch Antiquitätenmärkte, Messen und kleinere Läden auf dem Lande.

Als erstes fragen Sie immer den Besitzer. Die meisten tun sich schwer, eine blanke Lüge auszusprechen, und jede Ausflucht oder jedes Abstreiten wird Verdacht erwekken. Zweitens, wenn man den Wert eines Gegenstandes kennt, wird man nicht auf einen »günstigen« Preis hereinfallen.

PORZELLANARTEN

Im Folgenden werden einige der gängigeren Fälschungen und die Probleme, die sie für den Sammler bergen, behandelt.

Chinesisches Prozellan

Das früheste chinesische Porzellan, die Yinqing- und Ding-Waren, werden heute wieder produziert, wahrscheinlich in Taiwan und/oder Hong Kong. Es sind sehr gute Kopien. Ihr Auftauchen fiel mit dem Sinken des Marktpreises für Porzellan zusammen, als kürzlich ausgegrabene Waren aller Art aus China geschmuggelt wurden. Es ist unwahrscheinlich, daß sich die Reproduktion üblicherer Yinqing-Stücke lohnt. Jedoch werden die teuren Ding-Waren wohl weiterhin kopiert werden, besonders da der saubere Scherben einfacher zu kopieren ist, als der der leicht spröden Yinqing-Waren. Jedoch ist die kalligraphische Freiheit der eingravierten Dekoration der Ding-Waren schwer zu fälschen, moderne Kopien sollten daher leicht feststellbar sein.

Viele einzigartige Stücke beider Arten zeigen nur wenig Abnutzungserscheinungen, aber fast tausend Jahre unter der Erde lassen die Glasur weicher erscheinen. Moderne Stücke können eine künstliche Abnutzung aufweisen, aber man sollte vorsichtig bei der Beurteilung dieses Kriteriums sein. Es gibt eine Yinqing-Schale mit offensichtlich falschen Abnutzungserscheinungen. Es war ein erst kürzlich ausgegrabenes Stück, aber der Bauer, der die daran haftende Erde entfernte, hatte sie aus Unkenntnis abgeschürft.

Chinesisches blau-weißes Porzellan weist

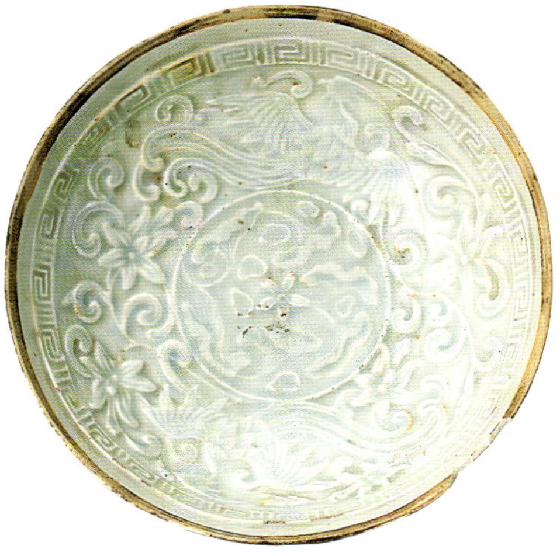

KOPIE EINER CHINESISCHEN YINGQINGSCHALE DER SONG-DYNASTIE, ca. 1920-30 (19 cm)
Das plastische Dekor ist viel zu abgegrenzt und erhaben. Das Stück ist auch viel zu halbkugelig und zu schwer getöpfert.

selbst für die Experten die größten Schwierigkeiten auf. Die Waren der späten Yuan- und frühen Ming-Dynastien wurden während der ganzen Qing-Dynastie bewundert und sogar damals schon reproduziert. Auch Herrschaftszeichen, soweit vorhanden, wurden kopiert, aber genauso wie eine Handschrift der Tudor-Periode von einer des 18. Jahrhunderts unterschieden werden kann, so können auch Zeichen des 15. Jahrhunderts von denen des 18. Jahrhunderts unterschieden werden.

Die Schwierigkeit beginnt mit hervorragenden Kopien von Kopien des frühen 18. Jahrhunderts von Ming-Marken und -Waren. Das genaue Kopieren einer genauen Kopie ist einfacher als das Kopieren des Originals. Bis zum frühen 18. Jahrhundert hatten Scherben und Glasur eine absolute Reinheit erlangt, wohingegen der Ming-Scherben und die -Glasur Fehler und Besonderheiten aufweisen, die nicht kopierbar sind. Jedoch wird blau-weißes Ming-Porzellan in großen Mengen mit unterschiedlichem Erfolg kopiert. Die Formen sind recht gut, aber das Blau ist viel zu blaß und flach.

Die Stücke der Kangxi-, Yongzheng- und Qianlong-Dynastien haben nun alle einen solchen Wert erlangt, daß auch von ihnen schon wieder erneute Kopien im Umlauf sind. Dazu kommt, daß im ganzen 19. Jahrhundert große Mengen an blau-weißen Vasen, Schalen und Krügen für den Export im Stile von Kangxi und Qianlong hergestellt wurden, die die Herrschaftszeichen beider Dynastien und anderer, vor allem von Chenghua, tragen. In den letzten Jahren haben Hersteller in China und Portugal Kopien von Stücken, die im Ming-, Qing-, und Kanton-Stil dekoriert sind, mit mehr oder weniger Erfolg produziert. Die portugiesischen Kopien sind besser und teuerer und werden nur in den besseren Einzelhandelsgeschäften verkauft. Sie tragen Marken der Manufaktur, die ganz sicher irgendwann von skrupellosen Händlern entfernt werden wird. Oft wird ein schmieriger brauner Ton über Körper und Basis von chinesischen Stücken gewischt, der an den Konturen des Designs haften bleibt und das entsprechende Alter vortäuschen soll. Aber das ist nur ein Hinweis auf die fragwürdige Herkunft.

Die ersten emaillierten Dekore der Xuande-Herrschaft auf Palastschalen und Tassen sind über vierhundert Jahre im selben Stil produziert worden. Daher ist z.B. die Zuschreibung einer Hühnertasse mit einer Chenghua-Marke zu einer bestimmten Periode nur einem Experten möglich. Eine Echtheitserklärung auch für einfacher bemalte Tassen und Schalen ist schwierig, da sie in Taiwan sehr gut reproduziert werden.

In der zweiten Hälfte des letzten Jahrhunderts stellten Samson und andere Pariser Hersteller und Herend in Ungarn Reproduktionen von Wappenprozellan und schönen Famille-rose-Tellern und -Vasen her. Samson markierte seine Produkte, aber diese Marken können leicht entfernt werden. Herend benutzte eingedruckte und aufgemalte Marken, die sich nicht entfernen lassen.

Das größte Problem für Sammler sind jüngste Fälschungen mit Dekoren, die fein emailliert oder mit schwarzem Bleistift ausgeführt sind und sich an den beliebteren Mustern des 18. Jahrhunderts orientieren. Dazu gehören Wappen, Jesuitenwaren, das Kap der Guten Hoffnung und große, figürliche Themen. Für den indischen Markt finden sich auch Elefanten mit Reiter. Sie sind alle emailliert und vergoldet, meist sehr gekonnt, und befinden sich auf einzigartigen, undekorierten Stücken des 18. Jahrhunderts oder auf Tellern, deren zarte Dekoration entfernt wurde, aber meist bleibt trotz aller Sorgfalt eine Spur des alten Dekors bestehen, die man in Form von matten oder eingedrückten Flächen oder Geisterbildern bei bestimmtem Lichteinfall entdecken kann.

Wie bei den Qing-Kopien des blau-weißen Ming-Porzellans wird die Identifizie-

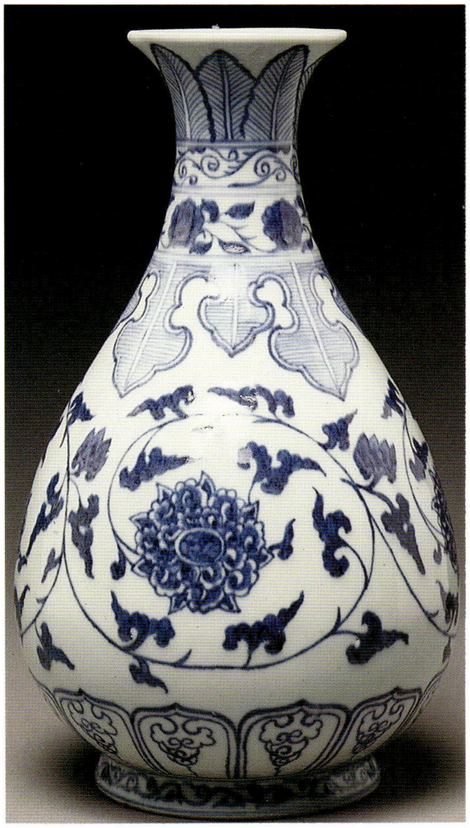

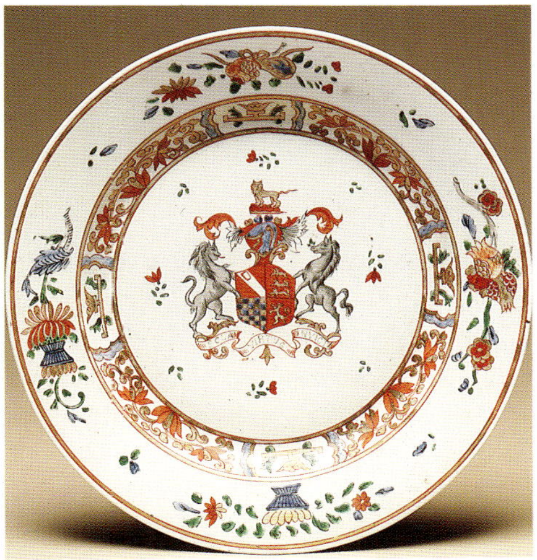

MODERNE KOPIE EINER VASE DER CHINESISCHEN XUANDE-PERIODE (1426-1435) (24 cm)
Wahrscheinlich in Taiwan oder Korea hergestellt. Das Dekor in Unterglasurblau ist im Stil des 15. Jahrhunderts gehalten und trägt die Sechs-Zeichen-Marke von Xuande. Auch wenn die Form etwas gedrungen und das Dekor etwas steif ist, muß man schon genau hinsehen, um die Fälschung zu erkennen. (LINKS)

SAMSON-KOPIE EINES CHINESISCHEN TELLERS MIT EMBLEM DER OSTINDISCHEN KOMPANIE, ca. 1880 (23,2 cm)
Die Samson-Marke zweier verschlungener »S« in Unterglasurblau am Fußrand weist Kratzer auf, die darauf schließen lassen, das irgendwann der Versuch unternommen wurde, sie zu entfernen. (OBEN LINKS)

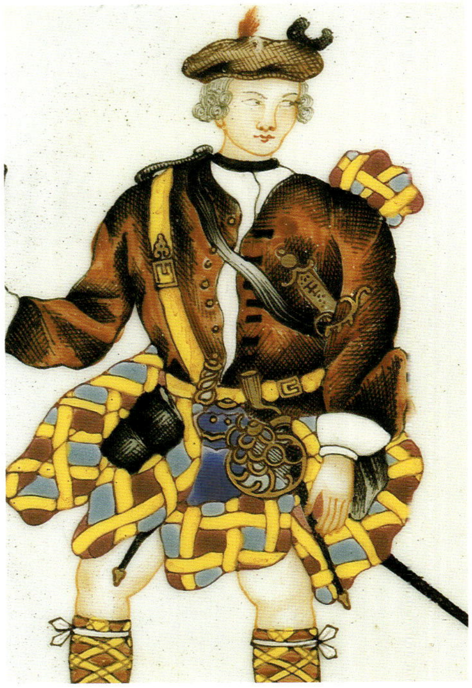

DETAIL EINES CHINESISCHEN EXPORTTELLERS MIT NEUEM EMAILDEKOR IN GESTALT EINES SCHOTTEN.

Der Teller war ursprünglich wohl mit einem einfachen Blütenzweig bemalt. Durch »Manipulation« stieg sein Wert ums Hundertfache. Der Abendländer, der ihn bemalt hat, hat dem Soldaten zu europäischen Augen und schlecht gemalte Finger verliehen – oft Hinweis auf einen unerfahrenen Maler. (RECHTS)

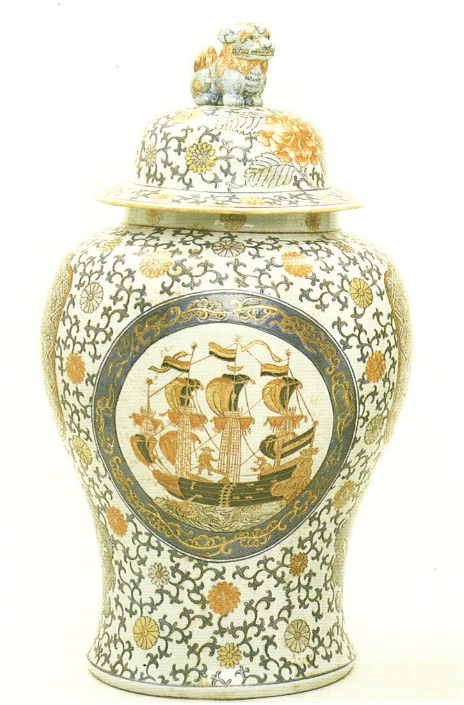

EINE VASE EINES DECKELVASENPAARES IM JAPANISCHEN IMARI-STIL (63 cm)

Solche Vasen sowie Famille-rose- und Kanton-Imitationen, meist aus Südkorea, überschwemmen heute den Markt.

rung durch die Probleme des ursprünglichen Künstlers erschwert. Chinesische Maler arbeiteten nach europäischen Originalen oder Drucken und interpretierten oft Gesichtszüge, mit denen sie nicht vertraut waren, falsch. Diese natürliche Naivität erleichtert die Arbeit des Fälschers, da sein Unvermögen eventuell der Unkenntnis des chinesischen Künstlers zugeschrieben wird.

Eine Fälschung ist oft an den Gesichtszügen erkennbar. Der chinesische Künstler, der ein europäisches Gesicht malen sollte, neigte oft dazu, die Augen zu »chinesisieren«, während ein europäischer Fälscher meist den Fehler begeht, sie zu chinesisch oder zu europäisch zu gestalten. Von chinesischen Künstlern gemalte Finger erinnern oft an Anemonenblätter, wohingegen moderne Kopien einfach schlecht gezeichnet wirken.

Die Farben vieler Fälschungen sind oft nicht ganz korrekt und besitzen keine Dichte, sondern erscheinen eher wie eine fleckige Lasur. Sie wirken oft matt anstatt glänzend.

JAPANISCHES PORZELLAN

Die Kakiemon-Waren des späten 17. Jahrhunderts waren in Europa sofort erfolgreich und viele Manufakturen kopierten sie. Im 19. Jahrhundert, als sie wieder in Mode kamen, wurden sie von Samson u.a. wieder kopiert. Die jüngste Stärke des Yen hat große Preiserhöhungen für Kakiemon-Stücke für die Japaner gebracht, mit dem Resultat, daß Reproduktionen unterschiedlicher Qualität den Markt überschwemmen.

Zu Beginn des 18. Jahrhunderts malten die Holländer Kakiemon-Dekore auf undekorierte Waren, aber dies ist für den unerfahrenen Sammler oft sehr schwer feststellbar. Am ehesten erkennt man sie am charakteristischen, holländischen Eisenrot. Waren im Nabeshima-Stil wurden im 19. Jahrhundert und auch heute noch hergestellt. Da sich selbst die Experten um die Datierung der Nabeshima-Waren streiten, sollte sich der Anfänger sehr vorsehen. Falsche Imari-Waren werden jetzt in China in großen Mengen produziert und weisen dasselbe künstliche Alter wie bei den chinesischen Waren beschrieben auf.

KONTINENTALES PORZELLAN

Von Anfang an verkaufte Meißen weißes, undekoriertes Porzellan an externe Dekorateure. Diese Hausmalerei-Stücke des 18. Jahrhunderts können hohe Preise erzielen und haben moderne Fälscher dazu verleitet, weiße oder vom Dekor befreite Meißener Waren zu dekorieren. Vergoldete Chinoiserien, die Augsburg zugeschrieben werden, und Bleistiftdekore im Stile Meyers aus Preiznitz wurden kopiert. Das größte Problem bergen Meißener Figuren, die oft unbehandelt blieben. Der Preisunterschied zwischen bemalten und unbemalten Figuren zum Beginn dieses Jahrhunderts führte zur nachträglichen Bemalung von unbehandelten Stücken. Es ist nicht leicht, diese Stücke zu beurteilen, aber im allgemeinen sind die Farben zu hell und harmonieren nicht gut miteinander. Rauten-, Streifen- und Blumenmuster auf Kostümen sind typisch. Spätere Kopisten bedenken selten, daß so etwas einfaches wie ein Streifen auch gekonnt sein muß, was oft zur Entlarvung führt. Gesichtszüge auf einer Fälschung sind meist nicht so sorgfältig aufgemalt wie beim Original: die Aguen sollten mit einem einzigen feinen Pinselstrich ausgeführt und die Augenbrauen und Haare ebenfalls sehr fein gezeichnet sein. Die Figuren des 18. Jahrhunderts sind oft lebensechter und die Gesichter bei den Originalen oft zu Grimassen verzogen. Aber Fälscher fürchten, daß dies auf den Käufer abstoßend wirken könnte, und gestalten den Gesichtsausdruck daher viel weicher.

Im 19. Jahrhundert wurde Meißen von vielen Manufakturen, vor allem in Deutschland, aber auch in Paris und Staffordshire, kopiert. Die deutschen Kopien, meist aus Dresden, sind am genauesten, da Porzellanmasse und Glasur ähnlich sind. Sehr viele Vasen und andere Waren wurden von Helena Wolfsohn in Dresden hergestellt, die sehr kunstfertig dekoriert waren und die Marke AR tragen. Sie stellen kein großes Problem dar, ebenso wie die Arbeiten Dresdner Dekorateure wie Donath und Lamm.

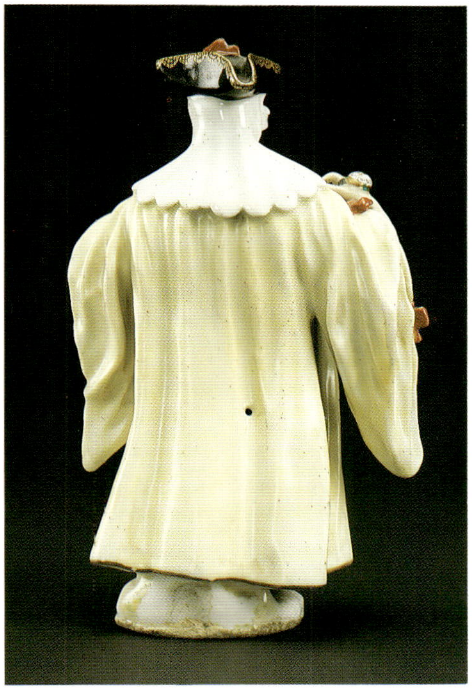

RÜCKSEITE EINER REPRODUKTION SAMSONS VON EINER MEISSENER COMMEDIA-DELL'ARTE-FIGUR VON AVOCATTO, ca. 1870
(13,5 cm)
Die Stelle, an der sich die entfernte Samson-Marke gekreuzter, unterglasurblauer Schwerter befand, ist gut erkennbar. (LINKS)

KLEINERE DEUTSCHE MANUFAKTUREN

Alle sind unter den Fälschungen vertreten, auch wenn meist eher die gefälschten Marken als die gefälschten Objekte Probleme bergen. Die Figuren des 18. Jahrhunderts aus Frankenthal, Fürstenberg, Ludwigsburg, Höchst und Berlin wurden alle mehr oder weniger kopiert. Im Falle Berlins wurden auch die Waren kopiert. Spitz modellierte, knallig bemalte und vergoldete Musen, Jahreszeiten und Kontinente mit verschiedenen deutschen Marken werden in großer Zahl angetroffen. Tänzer und übertrieben gekleidete Damen, die viele Schichten an Porzellanspitze tragen, stammen nie aus dem 18. Jahrhundert, ganz gleich, was die Marke angibt. Die mager modellierten Figuren sollten auf ihre Zerbrechlichkeit hinweisen.

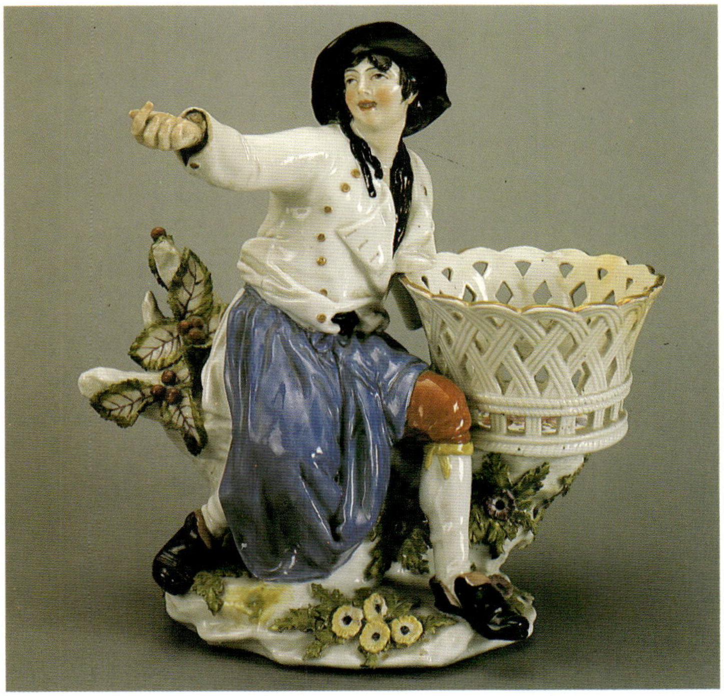

REPRODUKTION SAMSONS EINES CHELSEA-OBSTVERKÄUFERS NACH EINEM MODELL VON JOSEPH WILLEMS AUS DER ROTER-ANKER-PERIODE, ca. 1860-80
(22 cm)
Ein goldener Anker wurde teilweise von der Rückseite entfernt. (LINKS)

WIEN

Die Wiener Manufaktur ist ein Problem, da nach ihrer Schließung 1864 große Mengen an undekorierten Stücken übrigblieben, die später nach älteren Vorlagen dekoriert wurden. Viele der gefälschten Stücke weisen Datumscode bis ca. 1820 auf und tragen meist kunstvolle Dekore im klassizistischen Stil auf tiefblauem Fond mit komplexen Rändern und Vergoldung. Signierte Bemalung ist immer aus einer späteren Periode.

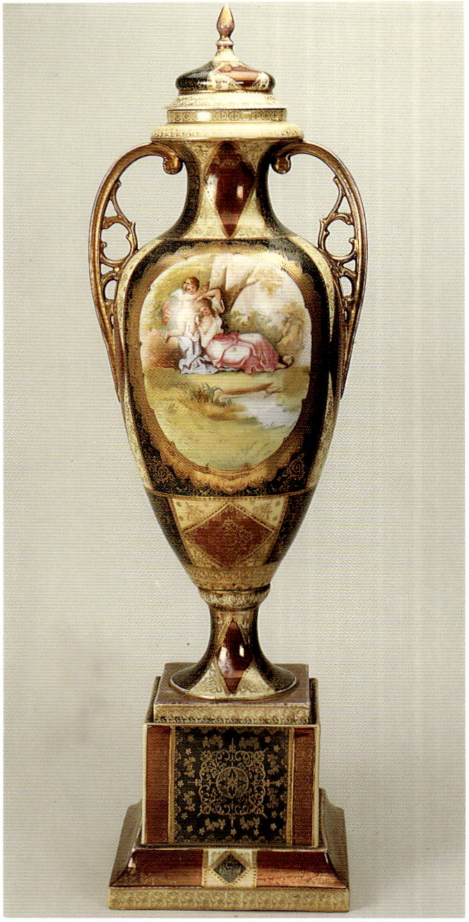

VASE IM WIENER STIL, MIT GROB GEMALTER, KLASSIZISTISCHER SZENE NACH ANGELIKA KAUFFMANN, 20. JAHRHUNDERT (ca. 76 cm)
Sowohl die Bemalung als auch die Vergoldung sind aufgedruckt; allerdings sind beim Motiv weiße Emailfarbe per Hand aufgetragen, um den Eindruck von Echtheit zu erzielen.

Nach der Schließung der Wiener Manufaktur liehen sich andere Manufakturen in Deutschland und Österreich die Schildmarke aus und machten neue Stücke im gleichen Stil. Besonders Kaffeegarnituren, die noch heute hergestellt werden, tragen aufgedruckte, klassizistische Szenen, die oft die »Signatur« von Angelika Kaufmann integrieren. Wie immer bei polychromen Drucken können die einzelnen Bildpunkte mit einer Lupe erkannt werden. Bei modernen Produkten können diese Punkte sogar mit dem bloßen Auge gesehen werden.

ITALIEN

Anscheinend hat niemand versucht, Medici zu kopieren, aber Doccia wurde und wird unendlich oft kopiert. Die Relief- und farbigen Waren, die früher Capodimonte zugeordnet wurden, wurden von zahlreichen Manufakturen im 19. Jahrhundert reproduziert und tragen die bekrönte N-Marke. Einer der produktivsten Hersteller befand sich in Rudolfstadt. Die Manufaktur Capodimonte macht heute sehr kunstvolle Gruppen, meist von zerlumpt gekleideten Bauern, die an Walt Disneys Cartoons erinnern. Diese tragen die Neapel-Marke und sind aus Porzellan, aber es gibt auch eine Untergruppe aus Irdenware, meist Dosen, von entsetzlicher Qualität mit messingartiger Vergoldung, die ähnlich markiert sind und auf Märkten verkauft werden. Auch Fälschungen nach Gricci sind bekannt.

SÈVRES UND VINCENNES

Es gibt keine Fälschungen von Bleu lapis und Golddekor nach Vincennes, aber Kopien von Emaildekoren nach Vincennes und Sèvres sind häufig. Meist sind es Dekore auf undekorierten Stücken, die die Manufaktur zu Beginn des 19. Jahrhunderts verkaufte. Je komplexer das Motiv, desto leichter erkennt man die spätere Dekoration. Einfache Muster wie Blumenzweige in blau-goldener Umrahmung sind viel schwerer auf ihre Echtheit hin zu prüfen. Wenn Weichporzellan später nochmals gebrannt wird, neigt es dazu, aufgenommene Feuchtigkeit auszustoßen, wobei kleine, schwarze Flecken in der Glasur entstehen. Einige sind noch kein Beweis, aber eine große Anzahl ist ein sicheres Zeichen für Manipulationen. Qualitätskontrollen in der Manufaktur hätten ein solches Objekt nie akzeptiert.

Bei den Marken kann ein kalligraphisches »L« eine Warnung sein. Viele Fälschungen weisen Anachronismen zwischen dem Datum und der Marke des Malers auf, wobei die Schaffensperiode des Malers mit dem Datum übereinstimmen sollte. Es gibt auch oft Diskrepanzen zwischen dem Künstlersignet und dem Motiv. Jeder Maler hatte seine Spezialität und malte nicht an einem Tag Blumen und am nächsten Figuren. Waren mit Perlbesatz waren sehr selten und sollten immer mit größter Vosicht behandelt werden. Waren mit aufgemalten Porträts der französischen Könige und ihres Hofes sind sehr selten und wohl fast alle dokumentiert. Sèvres stellte keine Vasen mit signierten Landschaften her, wie sie heute vielfach in Spanien proudziert werden. Alle messingverzierten Stücke sind verdächtig.

CHANTILLY

Samson schätzte die Arbeiten dieser Manufaktur sehr und reproduzierte Dosen, Übertöpfe und andere Waren, meist in Hartporzellan und im Kakiemon-Stil, und markierte sie mit seinen verflochten »S«. Es gibt einige zweifelhafte Chantilly-Objekte aus zinnglasiertem Porzellan, die anscheinend zu Anfang unseres Jahrhunderts gemacht wurden. Die Steifheit der Blumen und Ranken ist ein Warnzeichen, obwohl einige der späteren Originale auch in der Qualität ihrer Bemalung nachgelassen haben.

ANDERE FRANZÖSISCHE MANUFAKTUREN

Mennecy scheint den Fälschern entgangen zu sein, da sie nie so anerkannt wie Chantilly war, aber Samson reproduzierte einige der weißen Saint-Cloud-Waren. Diese stellte er sowohl in Hartporzellan als auch in cremefarbener Irdenware her, die beide nicht von Mennecy benutzt wurden. Für Samson sind sie besonders plump. Bekannt sind ein falscher, unmarkierter, weißer Saint-Cloud-Übertopf und sehr wenige Stücke in Unterglasurblau. Die Pariser Manufakturen des späten 18. und frühen 19. Jahrhunderts sind auch von Fälschungen verschont geblieben, entweder weil sie nie einen hohen Preis erzielt haben oder, wenn teuer, weil sie zu gut bemalt waren, als daß

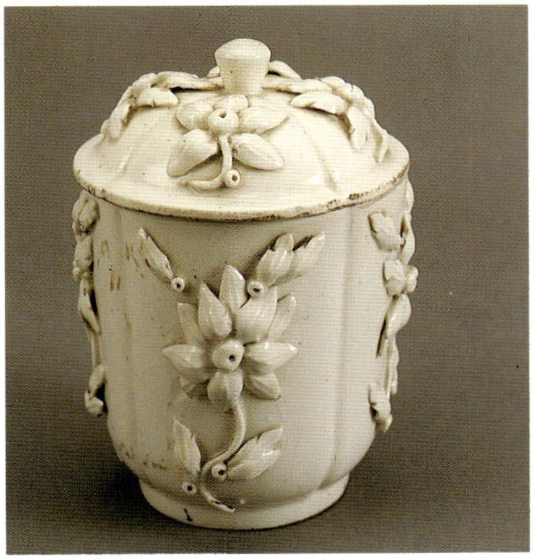

sich die Mühe gelohnt hätte. Diese Manufakturen finden aber nun mehr Beachtung, es kann daher gut sein, daß zukünftig hinzugefügte Marken zum Problem werden, da viele schlampig aufgedruckt wurden und somit leicht zu fälschen sind.

ENGLISCHES PORZELLAN

Das größte Problem bei englischem Porzellan sind nicht die Fälschungen, sondern die falschen Identifizierungen, da sich die Manufakturen untereinander oft kopierten und keine Marken verwendeten. Samson machte viele Kopien von Figuren aus Bow, Chelsea und Derby und anderen Waren der beiden erstgenannten. Sie sind aus Hartporzellan und sollten daher nicht allzu schwer identifizierbar sein. Verschiedene Marken, darunter seine verschlungenen »S«, wurden benutzt, und viele Figuren sind im Gegensatz zu den Originalen mit aufgedruckten Nummern versehen.

Es gibt Fälschungen von Bechern aus Plymouth mit emaillierten Vögeln, sowie Teewaren aus Bristol, beide von ca. 1930 bis 1950 entstanden, als sie viel begehrter als heutzutage waren.

Figuren im Stile Chelseas, die die Goldener-Anker-Marke tragen, werden auf dem Kontinent seit dem Ende des letzten Jahr-

FRANZÖSISCHE KOPIE EINER CHANTILLY-VASE IM KAKIEMON-STIL MIT UNLESERLICHER SCHWARZER, AUFGEMALTER MARKE, ca. 1930 (15,5 cm)
Die Farben sind matt und das Dekor, besonders bei den Girlanden, ist schwerfällig und erinnert etwas an Art Deco. (RECHTS)

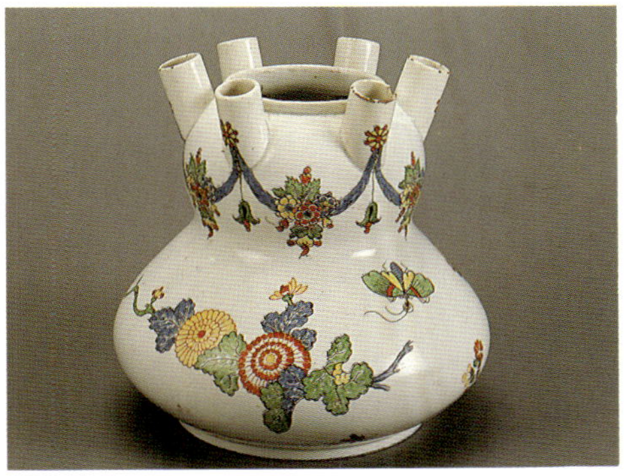

KOPIE SAMSONS EINES DECKELTOPFES AUS ST. CLOUD, ca. 1890 (11,5 cm)
Im Vergleich zu Samsons sonstigen Reproduktionen ist diese sehr plump und wenig überzeugend. Sie wurde aus derber, bei hoher Temperatur gebrannter Irdenware gemacht und ist mit »St C«, »T« und verschlungenen »S« markiert. (LINKS)

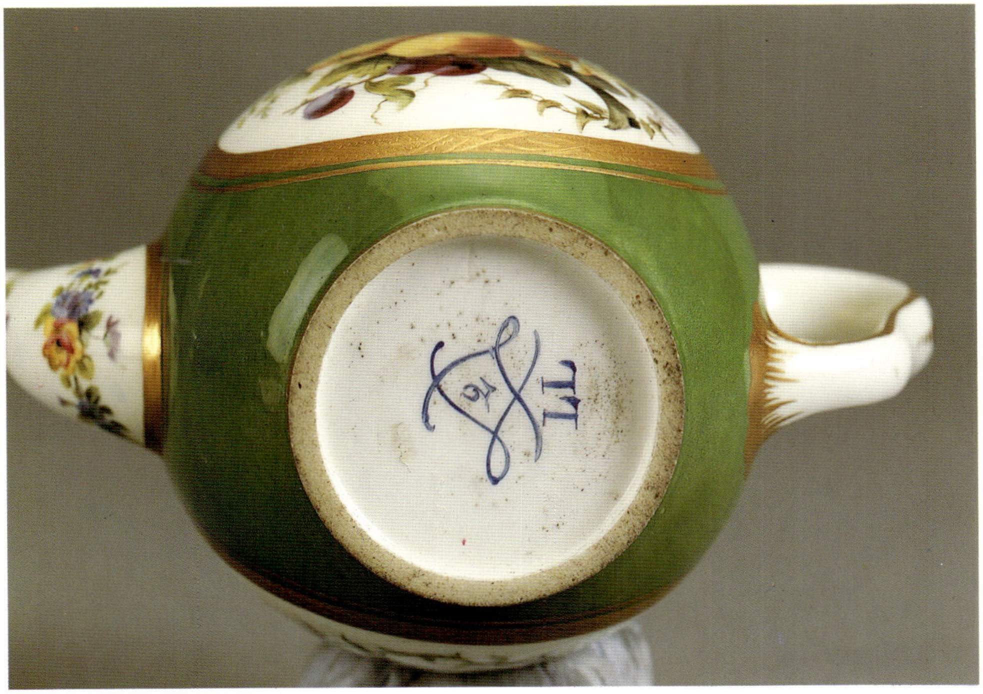

BASIS EINER NEUDEKORIERTEN TEEKANNE AUS SÈVRES
Der Ring von »Rückständen« ist klar erkennbar und findet sich häufig bei nochmals gebranntem Weichporzellan.

MARKE EINER NEUDEKORIERTEN SCHALE AUS SÈVRES
Der Datumsbuchstabe deutet an, daß das Stück vor 1754 angefertigt wurde, aber der Maler, François-Joseph Aloncle, kam erst 1758 nach Sèvres. (RECHTS)

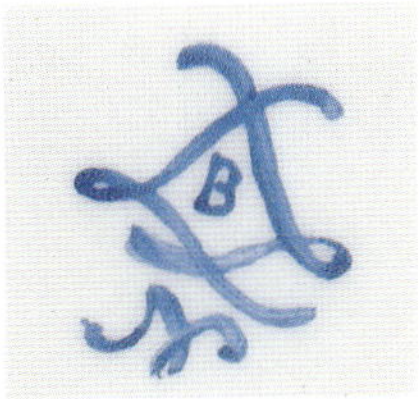

hunderts produziert. Jede Figur mit dieser Marke sollte mit äußerstem Vorbehalt behandelt werden. Die Krüge mit dem »Ziege-und-Biene-Dekor« aus Chelsea wurden von Coalport und anderen Manufakturen kopiert. Die besten Fälschungen wurden wohl von Reginald Newland in Torquay in den fünfziger und sechziger Jahren geschaffen. Der Restaurator Newland wurde von einem Händler überredet, einige Chelsea-, Derby- und Bow-Figuren zu machen, die der Händler dann privat und auf einer Auktion verkaufte. Sie scheinen frühe, experimentelle Stücke der verschiedenen Manufakturen zu sein, einige tragen Manufakturmarken. Sie sind schwer getöpfert, mit einer dicken Glasur, die oft zusammenläuft und springt, wie die von Chelsea. Die Farben sind annehmbar, aber von dünner, schmieriger Qualität.

In den frühen Jahren dieses Jahrhunderts stieg der Wert von farbigen Worcester-Fonds – Weinrot, Türkis, Gelb und Grün. Aufgrund der Nachfrage fügten Fälscher diese Hintergründe auf weißen Stücken hinzu, die nur mit goldumrahmten Blumen- und Vogelreserven dekoriert waren. All dies sollte mit Vorsicht behandelt werden, und man sollte nach Farbe, die auf die Vergoldung übergeht, suchen. Grüne Fonds sind am schwersten zu identifizieren, da diese Farbe schwierig zu brennen war und sich auf die Vergoldung ausbreiten konnte. Am besten geht man ihnen allen aus dem Weg.

Die blau-weißen Waren sind beinahe ungeschoren davongekommen. Es gibt einige wenige Exemplare von Tellern und Tassen aus Bow, Lowestoft und anderen Manufakturen, die vor ca. fünfzig Jahren hergestellt wurden. Moderne Kopien von Worcester-Saucieren sind auf dem Markt aufgetaucht. Diese sind zu dick mit einem toten, zu makellosem Scherben, der eher cremefarben als bläulich-weiß ist. Die Bemalung ist ungewöhnlch gut.

FÄLSCHUNG EINES SWANSEA-TELLERS BEMALT MIT SWANSEA-MARKE, VIELLEICHT AUS PARIS, ca. 1860 (21,4 cm) (UNTEN)

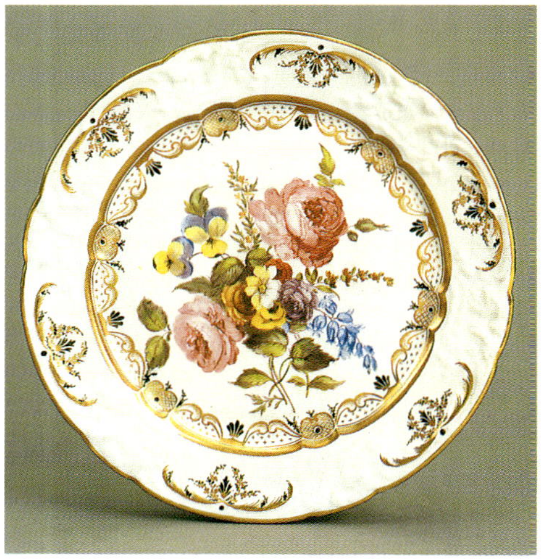

FÄLSCHUNG EINES PLYMOUTH-BECHERS, BLAU EMAILLIERTE ZINNMARKE, KONTINENTALEUROPA, WAHRSCHEINLICH FRÜHES 20. JAHRHUNDERT (11 cm) *(UNTEN)*

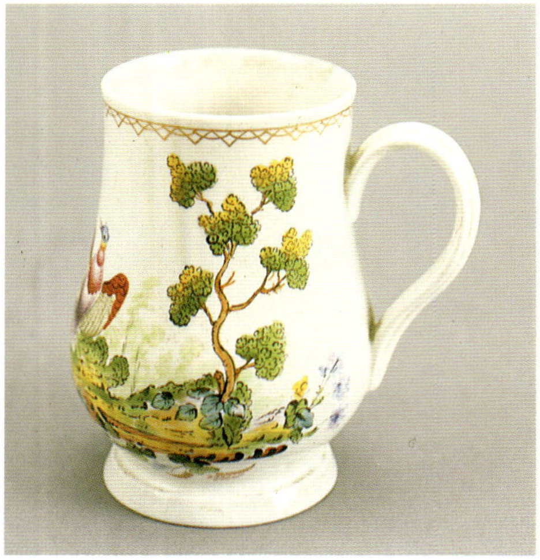

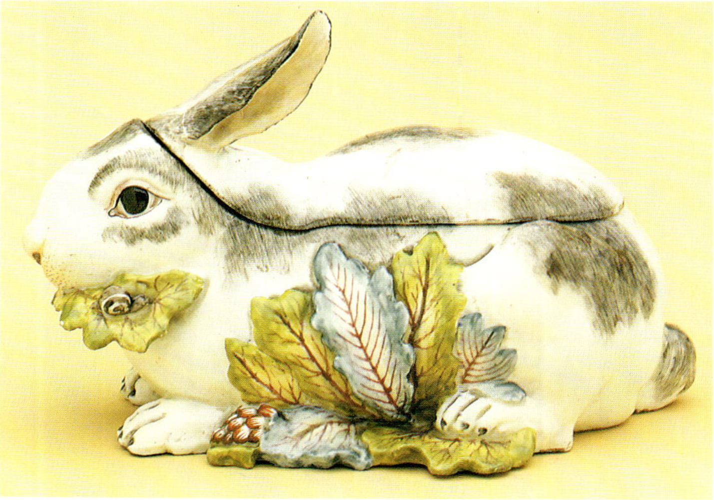

KOPIE SAMSONS EINER HASENTERRINE AUS CHELSEA, BLAU EMAILLIERTE VERSCHLUNGENE »S«, ca. 1870 (21 cm)

Die Kopie ist aus Hartporzellan, das Original aber aus Weichporzellan.

PORZELLAN AUS WALES

Samson hat von Tellern und Geschirr aus Nantgarw und Swansea Kopien angefertigt. Der Swansea-Scherben ist schwer von Samsons Hartporzellan zu unterscheiden, ist aber cremiger, durchlässiger und erinnert an die puderzuckerähnliche Erscheinung von Weichporzellan. Aufgedruckte und eingedrückte Marken sind bekannt. Coalport machte auch viele Swansea-Kopien.

DAS 19. JAHRHUNDERT

Die meisten Objekte des 19. Jahrhunderts sind aufgrund ihrer sehr kunstvollen Dekoration wertvoll, aber der Zeitaufwand, der für ihre Reproduktion erforderlich wäre, rentiert sich nicht. Es gibt ein Problem, auf das Anfänger immer mehr treffen: die Hinzufügung oder Veränderung von Marken. Eingedrückte Marken kann man kaum verändern, aber Aufglasurmarken können leicht mit Säure oder auf der Drehscheibe entfernt und durch die einer anderen Manufaktur ersetzt und dann wieder glasiert werden. Jede Marke sollte daher mit einer Nadel oder Klinge untersucht werden.

BIBLIOGRAPHIE

DIE ENTDECKUNG DES PORZELLANS

Carswell, John: *Chinese Blue and White and Its Impact on the Western World,* Chicago, 1985

Charleston, Robert (Ed.): *World Ceramics,* London, 1981

Garner, Sir Henry: *Oriental Blue and White,* London, 1970

Honey, W.B.: *The Art of the Potter,* London, 1980

Jenyns, Soames: *Later Chinese Porcelain,* London, 1971

Jenyns, Soames: *Ming Pottery and Porcelain,* London, 1953

Medley, Margaret: *The Art of the Chinese Potter,* Oxford, 1981

KAISERLICHES QING-PORZELLAN

Beurdeley, M. and Raindre, G.: *Qing Porcelain: Famille Verte, Famille Rose,* London, 1987

Jenyns, R.S.: *Later Chinese Porcelain,* London, 1951

Kerr, R.: *Chinese Ceramics: Porcelain of the Qing Dynasty 1664–1911,* London, 1986

Kwan, S.: *Imperial Porcelain of the Late Qing,* Hong Kong, 1983

Medley, M.: *The Chinese Potter,* Oxford, 1976

Sato, M.: *Chinese Ceramics: A Short History,* New York and Tokyo, 1981

CHINESISCHES EXPORT-PORZELLAN

Godden, G.A.: *Oriental Export Market Porcelains,* London, 1979

Howard, D.S.: *Chinese Armorial Porcelain,* London, 1974

Howard, D. & Ayers, J.: *China for the West,* London and New York, 1978

Jorg, C.J.A.: *Porcelain and the Dutch China Trade,* The Hague, 1982

Lunsingh Scheurleer, D.F.: *Chinese Export Porcelain, Chine de Commande,* English Translation, London, 1974

Sheaf, C. & Kilburn, R.: *The Hatcher Porcelain Cargoes,* Oxford, 1988

JAPANISCHES PORZELLAN

Jenyns, Soame: *Japanese Porcelain:* London, 1965

Porcelain for Palaces; the story of 'old japan' in Europe, catalogue of an exhibition organised by the Oriental Ceramic Society held in the British Museum, 1990

FRÜHES EUROPÄISCHES PORZELLAN

Brunet, Marcelle and Prèaud, Tamara, *Sèvres, des origines a nos jours,* Fribourg, 1978

Clarke, T.H.: *Marcolini Meissen Figures,* Engraved by Friedrich Elsasser 1785–1792, Off-print of Mitteilungsblatt 103 Journal of the Swiss Ceramic Society, 1988

Honey, W.B.: *Dresden China,* London, 1954

Honey, W.B.: *French Porcelain of the 18th Century,* London, 1950

Honey, W.B.: *European Ceramic Art,* London, 1959

Kingery, W.D. and Vandiver, P.B.: *Ceramic Masterpieces,* New York, 1986

Lane, Arthur: *Italien Porcelain,* London, 1954

Liverani, G.: *Catalogi della Porcellana dei Medici,* Faenza, Lega, 1936

Ruckert, Rainer: *Meissener Porzellan 1710–1810,* Munich, 1966

Savage, George: *Seventeenth and Eighteenth Century French Porcelain,* London, 1960

Savage, George: *18th Century German Porcelain,* London, 1958

Les Porcelainiers du XVIIIe siecle francais, various authors, Paris, 1964

Savill, Rosalind: *The Wallace Collection Catalogue of Sèvres Porcelain,* London, 1988

FRÜHES ENGLISCHES PORZELLAN

Adams, E: *Chelsea Porcelain,* London, 1987

Adams, Redstone: *Bow Porcelain,* London, 1981

Barrett, F.: *Lunds Bristol & Worcester Porcelain,* London, 1966

Bradshaw, P.: *18th Century English Porcelain Figures,* Woodbridge, 1981

Honey, W.B.: *Old English Porcelain,* London, 1977 edition

Watney, B.M.: *English Blue & White Porcelain of the 18th Century,* London 1973 edition

PORZELLAN AUS ENGLAND UND WALES VON 1780–1820

Atterbury, P. and Batkin, M.: *The Dictionary of Minton:* Woodbridge, 1990

Godden, G.A.: *Eighteenth-Century English Porcelain,* London, 1985

Godden, G.A.: *Encyclopaedia of British Porcelain Manufacturers,* London, 1988

Godden, G.A.: (Editor) *Staffordshire Porcelain,* London, 1983

Jones, A.E. (Jimmy) and Leslie, Sir Joseph: *Swansea Porcelain Shapes and Decoration,* Cowbridge, 1988

Llewellyn, Jewitt: *The Ceramic Art of Great Britain,* 1878, 2 Vols. Reprint of 1883 single Vol., London, 1985

EUROPÄISCHES PORZELLAN VON 1780–1930

Fay-Halle, Antoinette and Mundt, Barbara: *Nineteenth Century European Porcelain,* London, 1983

Garner, P. edition: *Encyclopedia of Decorative Arts, 1890–1940,* Oxford, 1978

Jedding, Hermann: *Meissener Porzellan des 19. und 20. Jahrhunderts,* Munich, 1981

Kollmann, Erich: *Berliner Porzellan,* Braunschweig, 1966

Lechevallier-Chevignard, Georges: *La Manufacture de porcelaine de Sèvres:* Paris, 1908

ENGLISCHES UND AMERIKANISCHES PORZELLAN NACH 1820

Barber, Edwin Atlee: *The Pottery and Porcelain of the United States and Marks of American Potters,* combined edition, New York, 1976

Bertoud, M.: *H & P Daniel,* Micawber, 1980

Cox, A. & A.: *Rockingham Pottery and Porcelain,* London, 1983

Curtis, Phillip H.: *Tucker Porcelain 1826–1838: A Reappraisal,* University Microfilms, Michigan, 1972

Frelinghuysen, Alice Cooney: *American Porcelain Factory, 1770–1772,* New York, 1989

Godden, G.: *Coalport and Coalbrookdale Porcelains,* Woodbridge, 1981

Godden, G.: *Chamberlain Worcester Porcelain,* London, 1982

Godden, G. and Lockett, T.: *Davenport Pottery and Porcelain,* London, 1989

Hood, Graham: *Bonnin and Morris of Philadelphia – The First American Porcelain Factory, 1770-1772,* Chapel Hill, 1972

Miller and Bertoud,: *An Anthology of British Teapots,* London, 1985

Sandon, H.: *Flight & Barr Worcester Porcelain:* Woodbridge, 1978

Sandon, H.: *Royal Worcester Porcelain:* London, 1973

Twitchett, John: *Royal Crown Derby,* London, 1976

Whiter, L.: *Spode,* London, 1970

FÄLSCHUNGEN UND KOPIEN

Atterbury, Paul, ed.: *History of Porcelain,* 1982

Battie, David and Turner, Michael: *The Price Guide to 19th and 20th Century British Porcelain,* Woodbridge, 1980

Battie, David: *The Black Arts. The A.J.B. Kiddell Museum of Fakes and Forgeries at Sotheby's,* Ceramics Magazine II, February/March, 1986

Kurz, O.: *Fakes – A Handbook for Collectors,* London, 1948

ALLGEMEINE WERKE IN DEUTSCHER SPRACHE

Bacci, M.: *Europäisches Porzellan,* München, o.J.

Biedrzynski, Effi: *Bruckmanns Porzellanlexikon,* München, o.J.

Dankert, Ludwig: *Handbuch des Europäischen Porzellans,* München 1967

Ducret, Siegfried: *Deutsches Porzellan und deutsche Fayencen,* Baden-Baden 1962

Mields, Martin, und Lauschke, Rudolf: *Praxis der Porzellanmalerei,* Leipzig 1965

Neuwirth, W.: *Porzellanmaler-Lexikon,* Braunschweig 1977

Sterba, Günther: *Meissener Tafelgeschirr. Geschichte, Herstellung, Dekor des berühmten Gebrauchsporzellans,* Stuttgart 1989

Walcha, Otto: *Meißner Porzellan,* Leipzig/ Gütersloh 1975

-: *Porzellan,* Leipzig/Heidelberg 1963

Weiß, Gustav: *Ullstein-Porzellanbuch. Eine Stilkunde und Technikgeschichte des Porzellans mit Markenverzeichnis,* Berlin 1977

GLOSSAR

a galletto italienisches Hahnmuster aus Doccia im chinesischen Stil in Rot und Gold.

Anhua chinesisch für »Geheimdekor« ; zart eingeritztes oder aufgemaltes Muster auf weißem Scherben der Ming-Periode.

ao-Kutani japanische Waren des 17. Jahrhunderts, bei denen Grün dominiert.

Arita japanisches Porzellan aus Arita, einschließlich der **Imari-**Waren. Die polychromen Stücke im Kakiemon-Stil wurden ebenfalls hier produziert.

Art-Deco Stil, der sich Anfang des 20. Jahrhunderts entwickelte und bis zum Zweiten Weltkrieg anhielt. Kennzeichnend waren einfachere und geometrischere Formen und Designs als beim vorangegangenen **Jugendstil.**

a tulipano Muster eines Päonienzweiges, gemalt im asiatischen Stil in Doccia, Italien.

Ätzflüssigkeit wird beim **Vergolden** oder beim Malen als Fixativ benutzt.

Ätzvergoldung ca.1873 von Minton erfunden; hierbei wurde das Muster mit Flußsäure geätzt und dann vergoldet und poliert; erzielt wurde somit ein vergoldetes Flachrelief.

Aufglasurdekor wird auf die gebrannte Glasur aufgemalt oder aufgedruckt und dann bei niedrigerer Temperatur gebrannt.

Batavia-Waren bezieht sich auf den holländischen Handelsposten (heute Djakarta), von dem aus das chinesische Porzellan im 18. Jahrhundert nach Europa exportiert wurde, speziell auf Stücke mit kaffeefarbenem Fond.

Bérainesque Design nach Jean Bérain (1639-1711), meist mit architektonischen Anklängen. Häufig auf Moustiers-**Fayence** des mittleren 18. Jahrhunderts

bianco sopra bianco Technik, die in der Yongzheng-Periode in China entwickelt wurde, bei der weiße Emailmuster auf weißem, glasiertem Porzellan angebracht wurden.

Biskuit-Porzellan oder **-Irdenware,** unglasiert und nur einmal gebrannt; auch unglasierte Ware, die Mitte des 18. Jahrhunderts in Sèvres und in Derby für Figuren benutzt wurde.

Blanc de Chine cremefarbenes, chinesisches Porzellan, das in Dehua in der Provinz Fukien seit der Ming-Dynastie produziert und in Europa imitiert wurde.

Bleu céleste Farbe aus Sèvres, ein Himmelblau, das Jean Hellot 1752 entwickelte und im folgenden Jahr in Vincennes für den Fond einführte.

Bleu lapis heller, kupferblauer Fond, der um 1750 in Vincennes benutzt wurde und wie Lapislazuli geädert ist.

Bleu-soufflé fleckiger blauer Fond, der erzielt wurde indem man trockene Farbe durch Gaze blies; ursprünglich in China benutzt, in Sèvres kopiert. Auch **taubenblau** genannt.

Bonbonniere kleine Konfektdose mit Deckel, oft in phantastischen Formen.

Bossierer Handwerker, der die einzelnen, modellierten Teile einer Figur oder eines Gegenstandes zusammensetzt.

Böttger-Steinzeug rotes Steinzeug, das Böttger im frühen 18. Jahrhundert in Meißen produzierte.

Brennen Porzellan wird im Brennofen bei Temperaturen von: 800 Grad bei **Irdenwaren,** bis zu 1450 Grad bei **Hartporzellan** oder **echtem Porzellan** gebrannt.

Cachepot Übertopf aus Porzellan oder **Irdenware**, um einfache Blumentöpfe zu verbergen.

Campana-Vase glockenförmige Schultervase mit zwei Henkeln an den Schultern.

Cavetto Vertiefung in der Tellermitte, auch **Spiegel** genannt.

China-Erde Begriff für **Kaolin**, weiße Tonart, die zusammen mit Feldspat und Quarz **echtes Porzellan** ergibt. Chemisch gesehen ist es eine Form von Aluminiumsilikat.

China-Waren Begriff, der in England vielfach für chinesisches Exportporzellan des 18. Jahrhunderts benutzt wurde und heute in England oft allgemein für Porzellan benutzt wird.

Chinoiserie europäische Dekorationsform, die chinesisch wirken soll.

Cizhou chinesisches Steinzeug, das im Norden Chinas während der Song-Dynastie hergestellt wurde.

Clair de lune wörtlich »Mondlicht« ; blasse, violett-blaue **Glasur**, die für **Porzellan** des 18. Jahrhunderts benutzt und durch Hinzufügen von **Kobaltblau** bei einer klaren Feldspatglasur erreicht wurde. Meist mit **Craquelé**-Effekt.

Cloisonné Emailtechnik, bei der Metallstege die einzelnen Farbflächen trennen. In Japan in der zweiten Hälfte des 19. Jahrhunderts auf Porzellan benutzt.

Compagnie-des-Indes Porzellan, das von der französischen Ostindienkompanie von China nach Frankreich verschifft wurde.

Cong chinesisches, neolithisches Gefäß, das ein Symbol für Erde ist.

Craquelé Beabsichtigtes, netzartiges Muster einer intakten Glasur, das entsteht, weil sich die Glasur nach dem Brennen stärker ausdehnt als der Scherben. Die Chinesen entwickelten diese Technik während der Song-Dynastie.

cremefarbene Waren gelbliche bleiglasierte **Irdenwaren**, die von Wedgwood und anderen Mitte des 18. Jahrhunderts entwickelt wurden.

Déjeuner Frühstücksservice

Delft-Waren siehe **zinnglasierte Irdenwaren**

Ding Yao chinesisches **Porzellan**, das ab dem 10. Jahrhundert in China hergestellt wurde, mit einem elfenbeinfarbenen Scherben, aber mit oranger Transparenz.

Doucai chinesischer Begriff, der wörtlich genommen »sich ergänzende Farben« bedeutet. Diese Farben werden von unterglasurblauen Konturlinien gegen die kontrastierenden **Aufglasur-Emailfarben** abgegrenzt. Zum ersten Mal erscheinen sie in der Chenghua-Periode (1465-87).

echtes Porzellan siehe **Hartporzellan**

Eklektizismus Bewegung Mitte des 19. Jahrhunderts vorherrschend, bei der Stile mehrerer Perioden imitiert und vermischt wurden.

Elfenbeinporzellan siehe **Parian-Porzellan**.

Emailfarben Farben, die auf der Glasur angebracht wurden und aus einer mit Metalloxiden gefärbten flüssigen Glasmasse bestanden.

Encre de Chine Dekor auf chinesischem **Porzellan**, das beinahe ganz in Schwarz und Grau gehalten war und sich meist an Drucke anlehnte, bekannter unter dem Begriff **Jesuitenware.**

en Grisaille siehe **Encre de Chine**

Etui kleine Schachtel für Nadeln, Scheren, Bleistifte usw.

Fahua chinesisches **Steinzeug** oder Porzellan, das in der Ming-Periode produziert wurde und mit **Glasuren** in verschiedenen Farben, die durch erhabene Stege voneinander getrennt sind, versehen ist.

Famille noire eine Untergruppe des chinesischen **Famille-verte-**Porzellans mit schwarzem Fond.

Famille rose chinesisches Porzellan des 18. Jahrhunderts, bei dem die dominierenden Farben opake Emailfarben in rosafarbenen und karmesinroten Tönen sind.

Famille verte chinesisches Porzellan, dessen Farbpalette von einem leuchtenden Emailgrün dominiert wird, die aber auch Eisenrot, Blau, Gelb und Aubergine enthält.

Fayence siehe **zinnglasierte Irdenware**

Feldspat Hauptbestandteil der meisten echten **Porzellane**, der bei hoher Temperatur (1450 Grad) schmilzt und verglast. Er kann auch als Glasur verwendet werden.

FitzHugh-Muster breiter Rand auf chinesischem, weiß-blauem Porzellan aus Blumen, Früchten und Schmetterlingen auf einem spitzenähnlichen Hintergrund, der im letzten Viertel des 18. Jahrhunderts verwendet wurde. Angeblich wurde er nach einer englischen Familie benannt, die ein Service aus Exportporzellan in Auftrag gab.

flache Waren Teller, Untertassen und Platten im Gegensatz zu Tassen, Terrinen etc.

Flambé-Glasur üppig gefärbte Glasur aus reduziertem Kupfer, das zu einem dunklen Purpur und sattem Rot mit violetten oder türkisen Schlieren führte und oft leicht **craqueliert** war. Diese Glasur wurde erstmals in der Song-Periode hergestellt, erscheint aber auch im 18. Jahrhundert auf chinesischem **Porzellan** und wurde später in Europa imitiert, vor allem in Kopenhagen und Staffordshire. Siehe **Sang-deboeuf.**

Flußmittel Substanz, wie z.B. **Knochenasche**, die der **Glasur** oder dem Scherben hinzugefügt wird, um den Schmelzpunkt beim **Brennen** zu reduzieren.

Fond Grundfarbe, meist monochrom

Frachtaufseher wurden von der ostindischen Kompanie eingestellt, um in China importierte Waren zu verkaufen sowie chinesische Waren zum Verkauf in England einzukaufen.

Fritte zerstoßene, zerschmolzene und glasartige Materialien, die zusammen mit Ton **Weichporzellan** ergeben.

Frittenporzellan siehe **Weichporzellan**

Fußrand abschließender Ring an der Basis eines Tellers, einer Schale usw.

Garniture de cheminé Kamingarnitur aus drei, fünf oder sieben zylindrischen Balusterkrügen oder -vasen, die als Kamindekor ab dem späten 17. Jahrhundert produziert wurden.

Gießverfahren flüssiger Ton wird in Gipsformen gegossen. Die überflüssige Feuchtigkeit wird vom Gips aufgenommen. Dann wird die Form entfernt und der Ton gebrannt.

Glanzvergoldung Hierbei wird eine Goldsuspension per Hand oder machanisch auf **Porzellan** aufgetragen. M.G. Kühn perfektionierte diese Technik in den späten zwanziger Jahren des 18. Jahrhunderts in Meißen.

Glasur glasige Schmelzmasse aus Mineralien und Metallen, die auf den Scherben aufgetragen wird und nach dem **Brennen** glatt, hart und transparent wird und die Oberfläche wasserundurchlässig macht. Es können eine Vielfalt von Farben und Effekten erzielt werden.

Goldchlorid Goldsuspension, die zur **Vergoldung** eingesetzt wird.

Grisaille siehe **Encre de chine**

gros Bleu dunkelblaue **Fond**farbe, die 1749 in Sèvres entwickelt wurde.

Guan chinesische hochschultrige, gedrungene **Krüge.**

Guanyao chinesische, offizielle Waren der Song-Dynsatie. Schönes **Steinzeug** mit **Craquelé-Glasur** in grauen bis blaugrünen Tönen.

Guilloche klassizistisches Muster aus verschlungenen, netzartigen Ornamenten.

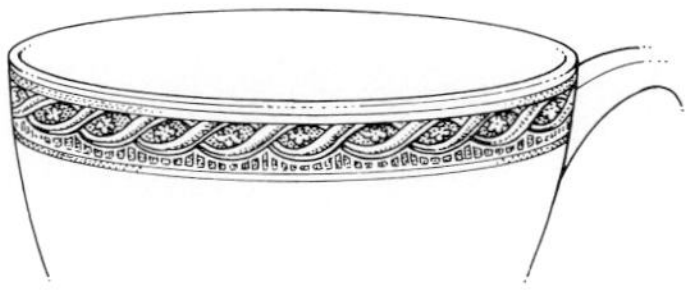

Guilloche

Hartporzellan oder **echtes Porzellan** eine Mischung aus **Kaolin** oder **China-Erde** und **Feldspat**, die in China in der Tang-Dynastie und in Europa von Böttger 1788 in Meißen entdeckt wurde. Es wird bei 1400 Grad gebrannt.

Hausmaler Unabhängige Maler, die undekoriertes Porzellan kauften und es bemalten. Die meisten solcher Stücke wurden in Deutschland während des frühen 18. Jahrhunderts hergestellt.

Historizismus Hinwendung zu Stilen, die vor dem 19. Jahrhundert entwickelt wurden. Siehe **Eklektizismus.**

Hongs europäische Lagerhäuser auf dem chinesischen Festland, Umschlagplatz und Lager für Waren aller Art, darunter auch Porzellan.

Hookah Wasserpfeife

Huashi chinesischer Begriff, der wörtlich »schlüpfriger Stein« bedeutet und benutzt wird, um ein chinesisches **Weichporzellan** zu beschreiben, das ab dem frühen 18. Jahrhundert für kleine, zart dekorierte Stücke verwendet wurde.

Imari-Porzellan japanisches Porzellan aus Arita, das im späten 17. Jahrhundert und im 18. Jahrhundert von **Imari** aus nach Europa verschifft wurde. Charakteristisch ist das Unterglasurdekor in Blau, Eisenrot und Gold.

Indianische Blumen Meißener Dekor zwischen 1720-1740, bei dem Blumen gemalt wurden, die den **Kakiemon-**Stil und die **Famille-verte-**Palette vereinten. Der Name leitet sich von den ostindischen Kompanien ab.

Irdenwaren jede Keramik außer Steinzeug, d.h. Keramik, die nicht verglast ist. Siehe **cremefarbene Waren, zinnglasierte Irdenwaren.**

Irdenware mit Zinnglasur Hierbei wird die **Irdenware** mit einer Zinnoxidglasur glasiert, die glasig ist und an die Oberfläche chinesischen Porzellans erinnert. In England als **Delft-Ware**, in Frankreich und Deutschland als **Fayence** und in Italien als **Majolika** bekannt.

Japonismus europäische Vorliebe für Dekor, das japanischen Einfluß aufwies, vorherrschend ca. 1862-1900.

Jesuitenware siehe Encre de Chine

Jugendstil entwickelte sich ca. 1880 in England mit starken Wurzeln in Kontinentaleuropa und

Amerika; typisch sind organische Muster, vor allem florale Motive mit geschwungenen Ranken.

Kakiemon-Porzellan aus Arita, Waren des späten 17. Jahrhunderts, die in Emailfarben der Kakiemon-Familien dekoriert waren und häufig in Europa kopiert wurden.

Kamm-Muster Nabeshima-Muster, das man auch bei **Arita-** und **Kutani-**Waren in Form eines gezackten Kammes findet, oft in Untergla-surblau.

Kannelierung sich wiederholendes Muster von parallelen, senkrechten Rillen.

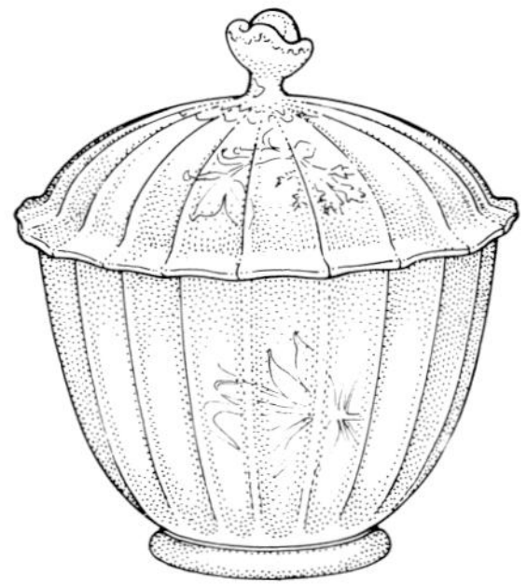

Kannelierung

Kanton-Porzellan in Europa: chinesisches Exportmuster von Blumen und Figuren in Reserven auf vergoldetem, grünumrankten Fond, das in Amerika **Rosenmedaillon** genannt wird. In Amerika: Stil des späten 18. Jahrhunderts und frühen 19. Jahrhunderts, bei dem Landschaften in Unterglasurblau innerhalb eines stilisierten Rahmens dargestellt wurden.

Kaolin wesentlicher Bestandteil **echten Porzellans**; weiße **China-Erde**

Kartusche schildartige, mit halbaufgerollten Blättern gerahmte Fläche.

Kendi Trinkgefäß mit vertikalem Hals und kurzer Tülle.

Kinrande japanischer Begriff für Dekor auf rotem Fond, das in China ab dem mittleren 16. Jahrhundert benutzt und in Japan kopiert wurde.

Knochenasche gebrannte Tierknochen, die in kleinen Mengen der keramischen Materialmischung zugefügt werden, um die einzelnen Komponenten zu verbinden und zu stabilisieren. Wurde ca. 1750 in England eingeführt. Bei Verwendung von mehr als 50 Prozent Knochenasche wurde in England künstliches Porzellan produziert. Ca. 1794 wurde sie echtem Porzellan hinzugefügt, um Knochenporzellan herzustellen.

Knochenporzellan Mischung aus Ton und Kaolin, der **Knochenasche** hinzugefügt wurde, um ein abgeändertes, echtes Porzellan zu erhalten.

Kobaltblau Farbpigment, das aus dem Mineral Kobaltaluminium gewonnen wird; meist für unterglasurblaues Dekor bei blau-weißem Porzellan eingesetzt.

ko-Kutani japanischer Begriff für altes **Kutani** im Gegensatz zu **ao-Kutani**, bei dem grün dominiert.

ko-sometsuke japanischer Begriff für importiertes chinesisches blauweißes Porzellan, das ab dem 16. Jahrhundert bis zum mittleren 17. Jahrhundert hergestellt wurde.

Kraak-porselein holländischer Begriff für chinesisches, blau-weißes Porzellan der späten Ming-Periode, das auf Handelsschiffen, die Karacken genannt wurden, nach Europa verschifft wurden.

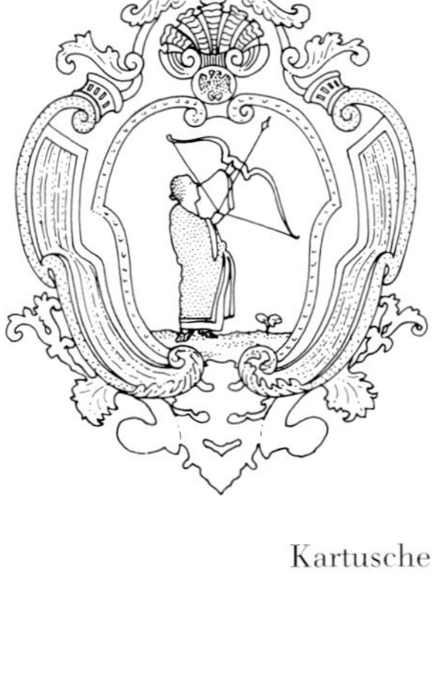

Kartusche

künstliches Porzellan siehe **Weichporzellan**

Kutani Japanisches Porzellan, das in Kutani in der Provinz Kaga ab dem frühen 17. Jahrhundert hergestellt wurde. siehe auch **ko-Kutani.**

Kylin drachenköpfiges, chinesisches Sagentier.

Lambrequins französischer Begriff für barockes Spitzen- und Ranken-Stoffdekor.

Laub- und Bandelwerk barocke Kartuschen, die an Spitzen oder Blätter erinnerten und meist ein Gemälde umrahmten.

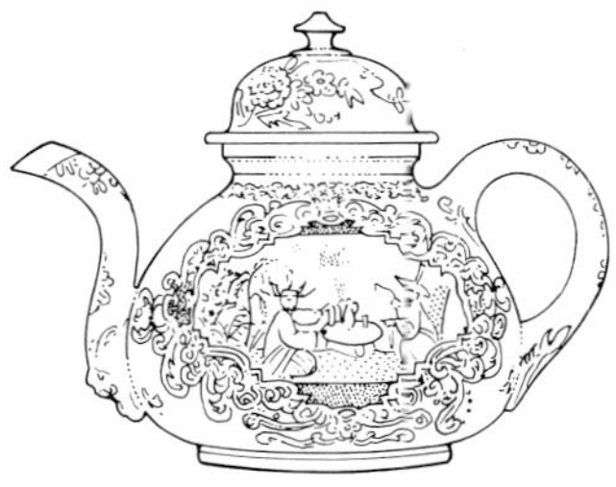

Laub- und Bandelwerk

Lingzhi chinesischer Pilz, der Motiv für Dekorationen war. Er ist ein Symbol für Langlebigkeit.

Lithophanie Biskuitporzellan, dessen eingepreßter Reliefdekor nur im durchfallenden Licht sichtbar ist. Auch unter dem Begriff »Berliner Transparenzen« bekannt.

Majolika siehe **Irdenwaren mit Zinnglasur**

Mandarin-Muster Dekor auf chinesischem Exportporzellan, bei dem Figuren in komplexen geometrischen Umrahmungen dargestellt wurden und die Farben Violett und Rot überwogen.

Mangan Mineral, aus dem eine violett-braune Farbe hergestellt werden kann.

Manier-Blumen »manieriertes« Blumendekor, das im 18. Jahrhundert in Meißen eingesetzt wurde.

Marchand mercier französischer Begriff für Kunsthändler in Frankreich

Masseschlicker flüssiger oder verdünnter Ton.

Masso bastardo italienischer Begriff für hybrides **Hartporzellan,** das im 18. Jahrhundert in Doccia hergestellt wurde. Es war grau, mit einer rauhen, klebrigen, verschmierten Oberfläche, die beim Brennen leicht Sprünge bekam.

Meiping chinesische, hochschultrige Balustervase mit engem, kurzen Hals, die ursprünglich entworfen wurde, um einen Pflaumenzweig aufzunehmen.

Millefleurs französischer Begriff für florales Dekor, das erstmals in der Kangxi-Periode (1662-1722) auftauchte und sich später zu einem dichten, alles überdeckendem Muster entwickelte.

Monteith große, runde oder ovale Schale für eisgekühltes Wasser mit bogenförmigem Rand, so daß die darin stehenden Gläser im Wasser gekühlt werden konnten.

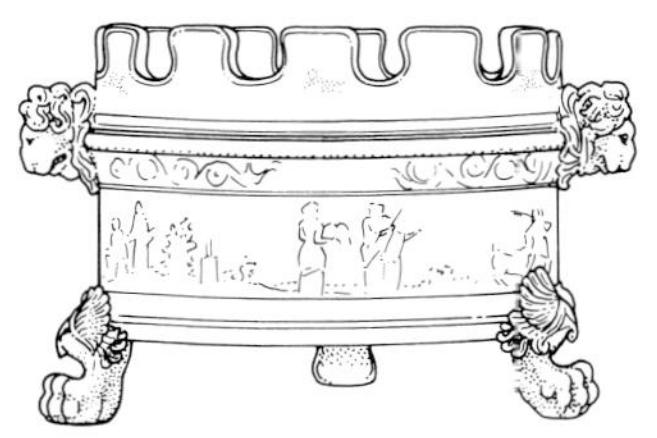

Monteith

Muffel abgetrennter Raum in Brennöfen, um die Stücke vor Rauch und Flammen zu schützen; Muffelfarben werden bei Temperaturen zwischen 700 und 900 Grad gebrannt.

Münzmuster chinesisches Dekormuster, bei dem Münzen mit einem quadratischen Loch in der

Mitte als Muster wiederholt wurden.

Nabeshima japanisches Porzellan, das in der Nähe von **Arita** in Okawachi ab dem mittleren 17. Jahrhundert hergestellt wurde. Zur Farbpalette gehören blasses Unterglasurblau und -rot, Blau und Seladon.

Nankin-Porzellan blau-weißes Exportporzellan, das mit Landschaften mit komplexen Rändern vom späten 18. bis zum frühen 19. Jahrhundert produziert wurde.

Nigoshide japanischer Begriff für milchig-weißes **Kakiemon-Porzellan** mit fast farbloser Glasur.

Noborigama japanischer Ofen, den man an terrassenförmigen Berghängen baute, so daß auf jeder Stufe eine Kammer stand und somit die Atmosphäre und Temperatur während des Brennens genau kontrolliert werden konnten.

Ombrierte Deutsche Blumen Blumenbemalung im botanischen Stil mit Schattierung; 1731 von J.B. Klinger in Meißen eingeführt und ca. 1755 in Chelsea kopiert.

Ozier-Rand Relief gewobener Weidenzweige, das ab ca. 1730 in Meißen als Randbordüre benutzt wurde.

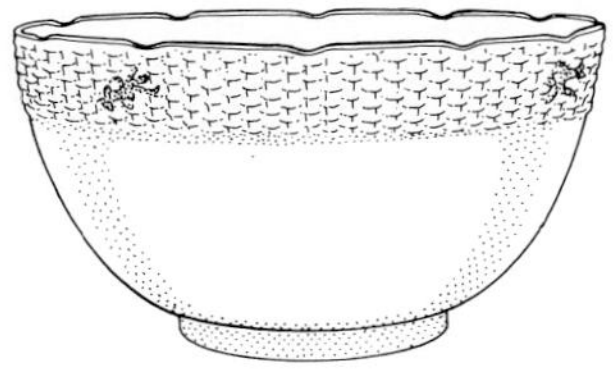

Ozier-Rand

Parian-Porzellan marmorähnliches **Biskuit-Porzellan**, das aus **Feldspat** und **China-Erde** gemacht wird. Es wurde 1845 in England eingeführt und hauptsächlich für Figuren und Kopien antiker Skulpturen benutzt. Es sollte den Marmor der Insel Paros nachahmen. Auch Elfenbeinporzellan genannt.

Pâte-sur-pâte wörtlich »Paste auf Paste« , eine Technik, bei der flüssiger Masseschlicker schichtweise aufgetragen wird, um ein Dekor zu bilden.

Petuntse Bezeichnung für ein Feldspat und Glimmer enthaltendes Tongestein, wesentlicher Bestandteil des **Hartporzellans.**

Pfirsichglasur diese Glasur wurde erstamls bei Kangxi-Waren benutzt und basiert auf Kupfer. Während des **Brennens** nahm die Glasur verschiedne Töne an, die von einem samtigen Pfirsichrot bis zu einem Graugrün reichten.

Pilgerflasche flache Flasche mit zwei Henkeln, die einen kurzen, geraden Hals flankieren.

Porzellan siehe **echtes Porzellan, Knochenporzellan und Weichporzellan**

Preßverfahren hierbei wird Ton in eine Form gepreßt, meist eingesetzt, um kleine Figuren oder Zweigdekor zu formen.

Punch'ong koreanische Variation des Seladon-Steinzeugs, die ab dem frühen 15. Jahrhundert bis zum späten 16. Jahrhundert in Südkorea hergestellt wurde. Sie weist einen grauen Farbton auf und besitzt eine grobe Textur, die normalerweise mit **Masseschlikker** bedeckt ist.

Qingbai siehe **Yingqing**

Reserve ausgesparte Fläche für bildliche Darstellungen

Risse Unbeabsichtigte Sprünge in der Glasur, wenn diese aufgrund von schlechter Übereinstimmung von Scherben und Glasur oder extremen Temperaturen schrumpft.

Rokoko Dekorstil, der unter Louis XV. (1715-74) entwickelt wurde, charakteristisch sind asymmetrische Ornamente sowie Ranken-, Felsen-, Muschel- und Laubdekor.

Rose du Barry siehe **Rose Pompadour**

Rosenmedaillon siehe **Kanton**

Rose Pompadour Glasur in dunklem Rosa, die als Fondfarbe benutzt, 1757, wahrscheinlich von Hellot, in Sèvres entwickelt und auch nach dem Tod von Madame de Pompadour 1764 noch benutzt wurde. In England auch als **Rose du Barry** bekannt.

Ruyao chinesische, kaiserliche Waren der Song-Periode mit gelbbraunem Scherben und blasser, lavendelblauer, **craquelierter Glasur.**

Ruyi herzförmiges Randmuster.

Sang de boeuf wörtlich »Ochsenblut« ; leuchtend rote Glasurfarbe mit dunkleren Flecken, die in China während der Qing-Dynastie entwickelt wurde.

Scherben Materialmischung, aus dem **Irdenware, Porzellan und Steinzeug** hergestellt werden. Siehe auch **Hart- und Weichporzellan.**

Scherben Porzellanstücke, die bei Ausgrabungen oft auf den Geländen von Manufakturen und Brennöfen gefunden werden und die Identifizierung der Waren ermöglichen.

Schwarzlot lineare, schwarze Bemalung, für die meist Drucke als Vorbild dienten.

Seladon in der Regel chinesisches **Steinzeug** mit graugrüner **Glasur**, deren Farbe sich aus einem kleinen Anteil von Eisenoxid ergibt. Allgemein auch jede Glasur dieser Farbe.

Seladon-Fond meergrüner **Fond**, der in den dreißiger Jahren des 17. Jahrhunderts in Meißen benutzt wurde.

Sezession Vereinigung österreichischer Künstler, deren Stil mit dem Art Nouveau in Frankreich und den Jugendstil in Deutschland parallel lief.

Sgraffito Dekor, das durch den Masseschlicker hindurch eingeritzt wurde, um den andersfarbigen Scherben darunter bloßzulegen.

Shoki-Imari frühes, japanisches Imari-Porzellan aus **Arita.**

Shou chinesisches Symbol oder Ideogramm für Langlebigkeit.

Shu-fu chinesisches, weißes Porzellan, das während der Yuan-Periode produziert wurde und mit den Zeichen »shu-fu« gekennzeichnet war, was »zentrale Regierungskanzlei« bedeutet.

Speckstein Steatit, weiches Mineral in verschiedenen Farbtönen; wird er der Porzellanmasse anstelle von Kaolin hinzugefügt, wird es härter und kann plötzlichem Temperaturwechsel widerstehen. Wurde 1750 in Bristol eingeführt.

Spiegel auch **Cavetto**, Mulde in der Tellermitte.

Stampino italienische Dekormethode mittels eines Stempels, die bei blau-weißem Porzellan angewandt wurde.

Steinzeug opake, keramische Warengattung, zwischen **Irdenware** und **Porzellan** anzusiedeln; wird bei höherer Temperatur als Irdenware gebrannt und ist daherauch ohne Glasur wasserdicht. Wurde in England im späten 17. Jahrhundert aus Deutschland übernommen.

Steinzeug mit Salzglasur Steinzeug, dem beim Brennen Salz aufgestreut wird, das sich im Ofen mit dem Ton verbindet und eine klare, undurchlässige **Glasur** bildet.

Stützabdruck grobe Spuren oder Fehler in der **Glasur**, meist an der Basis des Stückes, die durch Stützen beim Brennen entstehen; häufig bei Chelsea-und Imari-Porzellan anzutreffen.

taubenblau siehe **Bleu soufflé**

Tazza italienisch, flache Fußschale, manchmal mit Henkeln, wurde als Dessertschale für Früchte benutzt.

Teestaub-Glasur fleckige, dunkelbraune Glasur mit einem Stich ins Grüne, die von den Töpfern der Qing-Periode verwendet wurde. Hiebei wurden Blei-Silizium- und Eisenoxidglasuren durch feine Gaze auf den braunen **Fond** geblasen. Der dabei entstehende Effekt erinnert an zermahlene Teeblätter.

Temmoku japanische Bezeichnung für eine dunkle, fast schwarze **Glasur** mit hohem Anteil an Eisenoxid, die in China ab der Song-Periode in Henan verwendet wurde.

Übergangsporzellan wurde Ende der Ming-Dynastie und zu Anfang der Mandschu-Periode der Qing-Dynastie in Jingdezhen produziert.

Umdruckverfahren Methode zur Massenproduktion von Dekoren. Dabei wurde eine Kupferplatte mit Keramikfarben getränkt und dann auf präpariertes Papier übertragen. Solange die Farbe noch feucht war, wurde das Dekor auf die Porzellanoberfläche übertragen.

Unterglasur das Dekor wird direkt auf das Biskuitporzellan aufgetragen und dann glasiert und gebrannt.

Vergoldung Anbringen von Gold auf den keramischen Scherben. Das Gold wurde entweder in der Form von Blattgold oder vermischt mit Chemikalien verwandt. Ab 1855 wurde flüsiges Gold benutzt, das beim Brennen eine kräftige Farbe ergab. Dies kann man auf Imari-Waren und Rokoko-Porzellan sehen. Siehe Ätzvergoldung, ziselierte Vergoldung und Glanzvergoldung.

Wappenporzellan mit dem Wappen des Besitzers geschmücktes Porzellan, entweder aufgemalt oder aufgedruckt.

Weichporzellan auch **künstliches Porzellan** wird aus weißem Ton vermischt mit gemahlenem Glas oder Fritte hergestellt und bei 1100 Grad gebrannt. Dieser Scherben wurde für Medici- und Sèvres-Porzellan sowie in Chelsea benutzt.

Wolkenmuster spiralenförmige Ranken, oft in rechteckiger Form, die auf chinesischem Porzellan aufgemalt oder eingeritzt wurden.

Wucai chinesischer Begriff für »fünf Farben« ; Farbpalette, die während der Ming-Dynastie eingeführt wurde, bei der Teil des Dekors in Unterglasurblau und die restlichen Farben – Eisenrot, Türkis, Gelb und Grün – mit Aufglasurfarben aufgetragen werden.

Yingqing chinesischer Begriff für »wolkig« , »neblig« oder »schattiges Blau« , gemeint ist eines der frühesten, chinesischen Porzellane, das in der Song-Periode hergestellt wurde. Lichtdurchlässiger, cremefarbener Scherben mit blaustichiger Glasur, meist mit eingeritztem oder plastischem Blumendekor.

Yueh chinesisches **Steinzeug** mit grüner Seladon-Glasur

»Ziege-und-Biene-Krug« Krug in Form von zwei sitzenden Ziegen, der von einem vasenartigen Körper mit Biene gestützt wird, dessen Henkel die Form eines Zweiges aufweist. Dieser Krug wurde in Chelsea im mittleren 18. Jahrhundert produziert.

ziselierte Vergoldung Vergoldung, die dick aufgetragen wird, um dann mit Mustern ziseliert zu werden, damit das Licht besser reflektiert wird.

VERZEICHNIS DER MANUFAKTUREN UND PERSONEN

Aaron, Michel (gest:1856):Hersteller in Limoges von 1832-45 bei Michel & Valin.

Acier, Michel-Victor (1736-9): Modellmeister in Meißen von 1764-81.

Acora, Portugal: hier wurde in der zweiten Hälfte des 18.Jahrhunderts versucht, Porzellan herzustellen.

Alcock, Samuel & Co., Cobridge, Staffordshire: ca. 1826-53. Von 1830-59 unter dem Namen »The Hill Pottery« in Burslem weitergeführt.

Alluaud, François (1739-99) und Sohn François (1788-1866): Hersteller in Limoges, spätes 18. Jahrhundert-1876; wurde von Haviland übernommen.

Altwasser, Silesia: C. Tielsch & Co., 1845-1918; 1918-heute C.M. Hutchenreuter.

Amstel, Frankreich, 1771-78: stellte meist Tafelgeschirr her.

Annam, Nordvietnam: Halbporzellan, ab der Song-Dynastie.

Anreiter, J.C.W. (ca.1702-1747): Hausmaler aus Wien; arbeitete mit Sohn Anton bis 1746 in Doccia, Italien.

Ansbach, Franken: ca.1758-62; wurde nach Schloß Bruckberg verlegt; 1806 verkauft und 1860 geschlossen.

Arita: Hauptproduktionsstätte für japanisches Porzellan, 1620-heute

Arras, Frankreich: 1770-90; verzierte auch undekorierte Stücke aus Sèvres.

Auffenwerth, Johann (gest:1726): Augsburger Hausmaler, dessen Töchter seine Arbeit fortführten.

Aulikzek, Dominikus (1734-1804): Modellmeister in Nymphenburg von 1765-97.

Aaynsley, John & Sons (Ltd), Longton, Staffordshire: 1864-heute.

Bachelier, Jean-Jacques (1724-1806): kam 1751 als Blumenmaler nach Vincennes; Modelleur, künstlerischer Direktor, Verkäufer in Sèvres; wurde 1793 entlassen.

Baldock, Edward Holmes, 19. Jahrhundert: Londoner Porzellan- und Möbelhändler. Dekorierte Porzellan aus Sèvres neu.

Ball, William: siehe Vauxhall.

Batavia, Java, Handelsposten der holländischen Ostindienkompanie, heute Djakarta.

Bauer, Adam: Modellmeister in Frankenthal von 1775-78.

Beijing (Peking): Hauptstadt Chinas, Sitz des Kaisers und Stätte des Emaildekors für Porzellan für den Kaiser.

Belleek, Grafschaft Fermanagh, Nordirland: Parian-Porzellan, 1863-heute.

Benckgraff, Johann (gest:1753): Maler in Höchst von 1751-53.

Bérain, Jean (1637-1711): belgischer Maler und Designer; sein Sohn Jean führte seine Arbeit fort (1674-1728).

Berlin, 1751-heute: Wilhelm Kaspaar Wegely (1751-57) Johann Ernst Gotzkowsky (1761-63), von Friedrich dem Großen 1763 gekauft, dann Königliche Porzellan Manufaktur (KPM); ab 1918 Staatliche Porzellan Manufaktur (SPM).

Billingsley, William (1730-1823): Blumenmaler in Derby, ging 1795 nach Pinxton, 1799-1801 nach Mansfield, in Worcester von 1808-13. siehe auch Nantgarw.

Boch, William: Ältester einer Porzellanherstellerfamilie, der von ca.1850-1870 mehrere Manufakturen in Green Point, New York betrieb.

Boizot, Louis-Simon (1743-1809): Bildhauer und Modellmeister in Sèvres von 1773-1800, arbeitete noch bis 1809.

Bonnin und Morris, Philadelphia, Pennsylvania, USA, 1770-73.

Böttengruber, Ignaz: Hausmaler in Breslau ca. 1720-1735.

Böttger, Johann Friedrich (1682-1719): Alchemist, entdeckte 1708 mit Tschirnhausen das echte Porzellan in Europa; ab 1710 Direktor in Meißen.

Boullemier, Anton (ca.1840-1900): Designer und Maler in Sèvres, ab 1872 in Minton.

Bourne, Charles, Fenton, Staffordshire: Knochenporzellan von 1817-30.

Bow, London, 1744-75: Leitung: Edward Heylyn und Thomas Fyre, die 1744 den ersten Porzellanscherben in England patentierten.

Bristol:

(i) 1750-52 Benjamin Lund und William Miller. 1752 wurde die Manufaktur von Worcester übernommen.

(ii) 1770 verlegte William Cookworthy seine Hartporzellanmanufaktur von Plymouth hierher. 1774 wurde sie von Richard Champion gekauft und 1781 geschlossen.

Broome, Isaac (1836-1922): Bildhauer, der, in seiner Zeit bei Ott und Brewer in den späten 1870er Jahren einige der schönsten, amerikanischen Büsten und Ziergegenstände aus Parian-Porzellan schuf.

Buen Retiro siehe **Capo di Monte.**

Bustelli, Franz Anton (1723-63): Modelleur in Nymphenburg von 1754-63.

Capo di Monte 1743-59: Weichporzellan, gegründet von Karl III., König von Neapel und Sizilien. Verlegt nach Buen Retiro in Spanien, 1759-1808. Ab 1803 Hartporzellan.

Cartlidge, Charles (gest:1860): Töpfer aus Staffordshire, der in Greenpoint, New York, eine Manufaktur errichtete, siehe Charles Cartlidge und Co.

Caughley, Shropshire, 1772-99: Specksteinscherben, Thomas Turner; 1795-99 hybrides Hartporzellan. 1799 von Coalport übernommen, 1814 geschlossen.

Ceramic Art Co., Trenton, New Jersey, 1889-heute. 1906 als Lenox. Incorporated neu organisiert. Heute einziger bedeutender Porzellanhersteller der USA

Chaffers, Richard (1731-65): Töpfer in Liverpool von 1754-65.

Chamberlain, Robert: Maler in Worcester; ließ sich 1786 als freier Dekorateur nieder; ab ca.1791 Porzellanhersteller.

Champion, Richard (1743-91): experimentierte mit Hartporzellan, übernahm 1774 Cookworthys Manufaktur in Bristol.

Chantilly, Frankreich, 1725-ca.1800: Weichporzellan, gegründet von Graf Louis-Henri de Condé (1692-1740), bis 1751 unter der Leitung von Ciquaire Cirou.

Charles Cartlidge und Co., Greenpoint, New York, USA: 1848-56

Chelsea, ca.1745-84: Charles Gouyn (ca.1745-49), Nachfolger Nicholas Sprimont als Leiter (1749-58) und Eigentümer (ca.1758-69). 1770 an William Duesbury I. verkauft; 1784 geschlossen; Formen gingen nach Derby.

Chicaneau, Pierre: siehe Saint-Cloud.

Christian, Philip: siehe Shaw's Brow.

Coalport, Shropshire, ca.1795-1926: John Rose; Anstice. Horton und Thomas Rose 1803-14.

Cookworthy, William (1705-80): Apotheker aus Devon, der 1758 in Cornwall Porzellanerde entdeckte. Experimente führten 1768 in Plymouth zu Hartporzellan; wurde 1770 nach Bristol verlegt.

Dagoty & Honoré, Paris, bis 1822.

Daniel, H.& R., anfangs Dekorateure in Spode von 1805-22, 1826-46 Herteller.

Darte Frères, Paris, ca.1795-1840.

Davenport, Longport, Staffordshire: 1794, Hartporzellan (bis ca.1812) und Knochenporzellan von ca. 1808-87.

Décasse & Chanou: Porzellanhersteller, Nachfolger von Dr. Henry Mead, New York City, USA, 1825-27.

Dehua: siehe Provinz Fujian

d'Entrecolles, Père (gest.1741): Jesuit und Missionar, der in Jingdezhen lebte und 1712 und 1722 Briefe über die Porzellanherstellung schrieb.

Derby 1750-1848 und ca.1878-heute:
(i) Andrew Planché ca.1750-56; William Duesbury I., 1756-86; Chelsea-Derby 1770-84; William Duesbury II. 1786, mit Michael Kean 1795-97; Michael Kean 1797-1811; Robert Bloor 1811-28; geschlossen 1848.
(ii) Neue Manufaktur in der King Street 1848-1935.
(iii) Derby Crown Porcelain Company 1876; Royal Crown Derby Porcelain Co. Ltd., 1890-bis heute

Dihl & Guérhard: Paris, Förderer Graf d'Angoulême, 1781-1829

Doccia, Italien, 1735-heute: hybrides Hartporzellan, Carlo Ginori und Familie.

Doulton & Co., ca.1858-1956: Irdenware und Steinzeug Burslem Werke, Irdenware und Porzellan 1882, Doulton Fine China Ltd. ab 1955.

Duplessis, Jean-Claude-Chambellan, (ca.1695-1744): Goldschmied, Modellmacher in Sèvres von 1748-74.

Duvivier, H.-J.: Maler in Torunay von 1763-71; bekannt für exotische Vögel.

Eberlein, Johann Friedrich (1696-1749): Modelleur in Meißen von 1735-49.

Ellwangen, Deutschland, unidentifiziert, ca.1758.

Falconet, Etienne-Maurice (1716-91): Bildhauer und Modellmeister in Sèvres von 1757-66, als er nach St. Petersburg ging.

Feilner, Simon (gest. 1798): Maler und Modelleur in Höchst ca. 1750-53; 1770 in Frankenthal; Direktor ab 1775.

Fontainebleau: Hartporzellan ab 1795; Jacob Petit 1836-62.

Fournier, Louis: Modelleur in Vincennes 1747-1749; Chantilly 1752-56 und Kopenhagen 1759-65.

Frankenthal, 1755-94: J.J.Ringler und Charles-François Hannong und Carl und Joseph-Adam Hannong als Direktoren; 1762 von Kurfürst Karl Theodor gekauft, von Simon Feilner 1775-94 geleitet. Nach der Schließung gingen die Formen nach Nymphenburg.

Fujian, Provinz Chinas: *blanc-de-Chine*-Waren ab dem späten 16. Jahrhundert

Fukagawa, Eizaiemon: Gründer der Manufaktur in Arita, ca. 1879.

Fulda, Deutschland, 1764-89

Fürstenberg, Deutschland, 1753-heute.

Gardner, Francis: Engländer, eröffnete 1765 in Verbilki, in der Nähe Moskaus, eine Manufaktur.

Gilbody, Samuel, Liverpool, 1754-61.

Giles, James: Dekorateur in Soho. London, meist für Worcester ca. 1760-76

Girl-in-a-Swing-Manufaktur, Chelsea, ca.1752-54.

Gotha, Deutschland, 1756-1834.

Grainger, Thomas und Familie, Worcester, ca.1805: hybrider Scherben; ab 1812 Knochenporzellan; danach verschiedene Firmennamen.

Gricci, Giuseppe (gest:1770): Modelleur in Capo di Monte 1745-59, Buen Retiro 1750-70, dort künstlerischer Direktor. Gefolgt von seinen Söhnen Carlos (gest:1795) und Felipe (gest:1803).

Großbreitenbach, Thüringen, Deutschland, 1777-heute.

Haag, Holland, 1776-90

Hadley, James (1837-1903):: Designer und Modelleur in Worcester ab ca. 1860. Machte sich 1875 selbständig und gründete 1896 seine eigene Manufaktur; fusionierte 1902 mit Royal Worcester.

Hancock, Robert (1730-1817): Graveur für Umdruckverfahren, Worcester ca. 1757; 1772-74 Teilhaber; Caughley 1775 und anderswo.

Hannong, Joseph-Adam (1734-ca.1800): leitete die Manufaktur Frankenthal ab 1757, ab 1759 Eigentümer; 1762 verkaufte er an Kurfürst Karl Theodor. Ab 1768 Porzellan in Straßburg und Hagenau; geschlossen 1781

Hannong, Paul-Antoine (1700-60): 1752-55 Porzellan in Hagenau; dann Frankenthal.

Hellot, Jean (1685-1766): Chemiker in Vincennes und Sèvres.

Herend, Ungarn: gegründet von Moritz Fischer, 1839-heute, Hartporzellan, besonders nach chinesischem Vorbild.

Herold, Christian Friedrich (1700-79); Maler in Meißen von 1725-77.

Heubach siehe Kloster Veilsdorf.

Höchst, Deutschland, 1743-96: zuerst unter der Leitung von A.F. von Löwenfinck.

Höroldt, Johann-Gregor (1696-1775): Chemiker und *Chinoiserie*-Maler in Meißen von 1720-56 und 1763-76.

Hunger, Christoph Conrad: Arkanist und Vergolder in Meißen ca.1715; Wien 1717-19; Vezzi 1720-24; Kopenhagen 1730er; St. Petersburg ab 1744 und anderswo.

Hürten, Charles Ferdinand (1818-97): deutscher Blumenmaler in Sèvres von 1846-59 und in Copeland von 1859-97.

Imari: japanischer Hafen, von dem aus das Arita-Porzellan verschifft wurde.

Jingdezhen: bedeutendste Produktionsstätte für Porzellan in China während der Yuan-Dynastie bis heute.

Jones, George, Stoke-on-Trent, ca.1864-1957: Irdenware, Knochen- und Parian-Porzellan.

Jüchtzer, Christoph Gottfried (1752-1812): Modelleur unter Kändler, 1781 künstlerischer Direktor.

Kändler, Johann Joachim (1706-75): Modelleur in Meißen von 1731-75, ab 1733 Modellmeister.

Kakiemon, Sakaida: legendäre Figur des 17. Jahrhunderts, von dem die emaillierten Arita-Waren ihren Namen erhielten.

Kanton, China, Hafen in Südchina, von dem aus Porzellan exportiert wurde sowie Zentrum für das Emaillieren von Exportwaren.

Kauffmann, Angelica (1741-1807): schweizer Malerin und Dekorateurin, die von 1750-81 in England arbeitete. Wurde vielfach kopiert.

Kelsterbach, Deutschland: 1761-68 und 1789-1802.

Kirchmayer, J. (1773-1845): Modelleur in Nymphenburg von 1802-19.

Kirchner, Johann Gottlob (geb. 1706): Modelleur in Meißen von 1727-28 und 1730-33.

Kirschner, Friedrich (1748-89): Maler in Ludwigsburg von 1770-83.

Klinger, Johann Gottfried: Blumenmaler in Meißen von 1731-46, dann in Wien bis zu seinem Tode 1781.

Kloster-Veilsdorf, Thüringen: 1760-heute; gegründet von Friedrich Wilhelm Eugen. 1863 von Eduard Albert Heubach gekauft. danach auf Puppenköpfe spezialisiert.

Kopenhagen, Dänemark, 1759-heute:
(i) L. Fournier (1759-65), Weichporzellan.
(ii) F.H. Müller 1774, Hartporzellan; Königliche Manufaktur Kopenhagen ab 1779.
(iii) Bing und Grondahl ab 1854-heute.

Koryu, Korea: Porzellanherstellungszentrum ab dem 12. Jahrhundert

Kothgasser, Anton (1769-1851): Glasemailleur und Maler auf Wiener Porzellan.

Knowles, Taylor und Knowles, Ohio. USA, 1854.

Kozan, Makuzu (Miyakawa) (1868-1912): innovativer Töpfer in Ota, in der Nähe von Yokohama, Japan, spätes 19. und frühes 20. Jahrhundert

Krog, Arnold (1856-1931): künstlerischer Direktor in Kopenhagen ab 1885.

Kutani: Öfen in Kaga, Japan, mittleres 17. Jahrhundert-heute.

Kyushu: südliche Insel Japans, Standpunkt mehrerer Brennöfen.

Le Nove, Italien: Hartporzellan von 1762-ca.1773 und 1781-1835.

Lessore, Emile (1805-76): Maler (meist für Irdenware) in Minton 1858 und in Wedgwood bis 1863, als er nach Frankreich zurückkehrte.

Limbach, Thüringen, Deutschland 1772-ca.1800.

Lille, Weichporzellan ca.1711-ca.1730; Hartporzellan ca.1784-1817.

Limehouse, London; ca.1745-48; Waren, die früher William Reid aus Liverpool zugeschrieben wurden.

Limoges; Zentrum der Porzellanherstellung in Frankreich. Zu den Manufakturen gehören: Grallet, Massie und Fourneirs 1771-84 unter Louis XVI. (1784-96); Baignol 1797-1854; Joubert und Monnerie 1795-1808; Alluard und Familie 1808-76; Michel & Valin 1832-45; David Haviland 1842 (& Co. ab 1892).

Linck, Franz Konrad (1732-93): Modellmeister in Frankenthal von 1762-66.

Littler, William (1725-84): Töpfer in Longton Hall von 1750-60 und in West Pans, Schottland von 1764-77.

Liverpool: siehe Richard Chaffers; Philip Christian; Shaw's Brow; James, John und Seth Pennington; Samuel Gilbody; Vauxhall und Limehouse.

Longton Hall, Staffordshire: Littler, William 1750-60.

Löwenfinck, Adam, Friedrich von (1714-54): Maler in Meißen von 1726-36, 1745-49 in Höchst; später in verschiedenen Fayence-Manufakturen.

Lowestoft, Suffolk, 1757-ca.1799.

Lück, Johann Christoph Ludwig (gest. 1780): Modellmeister in Meißen von 1728-29 und in Wien ca. 1750.

Lück, Karl Gottlieb (gest. 1775): Modelleur in Frankenthal von 1756-75, ab 1766 Modellmeister.

Ludwigsburg 1759-1824: gegründet von Herzog Karl Eugen von Württemberg, geleitet von J.J. Ringler von 1759-99.

Lunéville, Frankreich: Hartporzellan 1766-77, 1780 wurde der Lagerbestand an Niderviller verkauft.

Luplau, Anton Carl (gest. 1795): Modelleur in Fürstenberg 1765-76 und in der königlichen Manufaktur Kopenhagens.

Marieberg, Schweden, 1759-82: Fayence, Weich- und sehr wenig Hartporzellan.

Marseille, Frankreich: mehrere Manufakturen: Fayence ab 1677, Hartporzellan von 1773-93 unter Joseph Gaspard Robert.

Mason, Miles: Liverpool, 1792-1800, Staffordshire ca.1802-16; hybrides Hartporzellan, Knochenporzellan ca. 1806; entwickelte Eisenstein.

Mayer, Franz Ferdinand: Hausmaler in Preßnitz ca. 1745-ca.1770.

Mead, Dr. Henry (1775-1843): stellte von 1816-24 sporadisch in New York City Porzellan her.

Medici, Florenz, Italien: Weichporzellan von 1575-87 unter dem Patronat von Francesco de Medici, Großherzog der Toskana (1541-87).

Meißen, 1710-heute: von 1670-1733 unter dem Patronat von August dem Starken. Experimente Tschirnhausens und Böttgers führten zur Entdeckung des echten Porzellans. Unter der Leitung von Graf Heinrich von Brühl bis 1763. Akademie von 1763-ca.1780. Unter Leitung von Graf Camillo Marcolini von 1780-1814.

Melchior, Johann Peter (1742-1825): Modelleur in Höchst von 1767-79; 1779-93 in Frankenthal und 1797-1822 in Nymphenburg.

Mennecy, Frankreich: gegründet von François Barbin (1689-1765), Förderer Herzog de Villeroy; Dekorarbeiten ab 1734 (Paris); 1748 nach Mennecy verlegt; 1773 (Bourg-la-Reine), geschlossen 1806.

Meyer, Friedrich Elias (1723-85): Modelleur in Meißen von 1748-61, Modellmeister in Berlin von 1762-85.

Minton, Stoke-on-Trent, 1793-heute: gegründet von Thomas Minton (1766-1836), Knochenporzellan ca.1800-16 und 1824-heute. Mintons ab 1873.

Moskau:
(i) Francis Gardner, Engländer, gründete ca. 1765 eine Manufaktur.
(ii) Popoff 1806-72.
(iii) Kusnetsoff 19.Jahrhundert

Muller, Karl: Bildhauer bei Union Porcelain Works, Brooklyn, USA um 1870.

Nabeshima, Okawachi, Japan, ab spätem 17. Jahrhundert

Nanking, China: Hafen, von dem aus das blauweiße Porzellan Jingdezhens exportiert wurde.

Nantgarw, Glamorgan, Wales: 1813 von William Billingsley gegründet, 1814 nach Swansea verlegt. Billingsley kehrte 1817 nach Nantgarw zurück; Produktion wurde 1820 eingestellt (Dekorarbeiten wurden noch weitergeführt).

Neapel, Italien: 1771 von König Ferdinand von Neapel gegründet; 1807 verkauft; in die Nähe von Capo di Monte verlegt, 1834 geschlossen.

Neu, Wenzel (ca.1708-74): Bossierer und Modelleur in Fulda von 1765-74.

New Hall, Shelton, Staffordshire: Hart- oder Knochenporzellan von 1781-1835.

Niderviller, Frankreich: Fayence (ab 1754) und Porzellan (1768-1827).

Niedermayer, Johann Joseph (gest. 1784): Modellmeister in Wien 1747-84; Sohn Matthias von 1805-27 Direktor.

Nigg, Joseph (1800-43): Blumenmaler in Wien.

Noritake, Japan: Massenproduktion von Exportwaren ab ca. 1900-heute.

Nymphenburg, Deutschland, 1753-heute: gegründet von J.J.Ringler.

Nyon, Schweiz: gegründet von F. Müller und Jacob Dortu ca. 1780-spätes 19. Jahrhundert; Hartporzellan.

O'Neale, Jeffryes Hamett: Maler in Chelsea von ca. 1753-55, in Worcester von 1768-70.

Ott und Brewer, Trenton, New Jersey, USA, 1863-92.

Ottweiler, Deutschland, 1764-94.

Paquier, Claudius Innocentius du (gest.1751): Gründer der Wiener Manufaktur.

Pennington, James, John und Seth: Liverpool; mehrere Manufakturen ca. 1765-spätes 18. Jahrhundert

Pennington, Seth: Liverpool 1778-1805.

Petit, Jacob: Belleville, Frankreich, ca. 1830; Fontainebleau 1843-66.

Pfalz-Zweibrücken, Deutschland, 1767-75.

Philadelphia, USA 1770-1838: mehrere Manufakturen, darunter Bonnin und Morris 1770-73, William Ellis Tucker 1827-38.

Pillement, Jean, Franzose (1728-1808): Maler und Designer von Chinoiserien, besonders beliebt in England.

Pillivuyt et Cie: 1817 Händler in Paris, Manufakturen in Foescy, Mehum und Noirlac; 1851 geht Charles Pillivuyt nach Mahun-sur-Yèvre.

Pinxton, Derbyshire 1796-1813; John Coke und William Billingsley (bis 1799); John Cutts ca. 1803-13.

Plymouth, Devonshire: erstes englisches Hartporzellan; 1768 gegründet von William Cookworthy; 1770 nach Bristol verlegt.

Poterat, Louis: siehe Rouen.

Potschappel: siehe Thieme, Carl.

Preissler, Daniel (1636-1733) und Sohn Ignaz (geb. 1676): Hausmaler in Böhmen ca. 1720-39.

Priestman, James: Modelleur in USA um 1880.

Pronk, Cornelis, Holländer (1691-1759): seine Entwürfe wurden als Vorlagen für japanisches und chinesisches Porzellan ab 1734 benutzt.

Reid, William: siehe Limehouse.

Reinicke, Peter (1715-68): Modelleur in Meißen von 1743 bis zu seinem Tode

Ridgway, Staffordshire: mehrere Manufakturen, am bedeutesten die von John und William, die von 1814-30 Knochenporzellan herstellten.

Riedel, Gottlieb Friedrich (1724-84): Maler in Meißen von 1743-54, in Höchst ca. 1756; erster Maler in Frankenthal von 1757-59 und in Ludwigsburg von 1759-79.

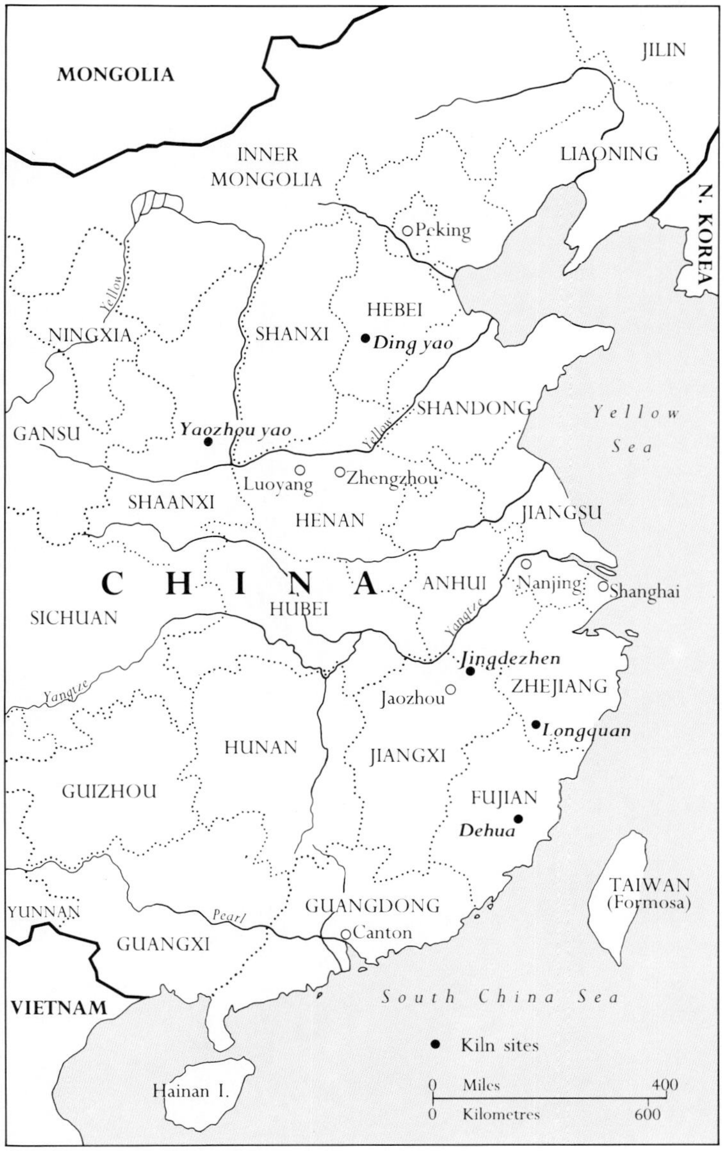

Brennstätten im alten China

CHINESISCHE DYNASTIEN UND PERIODEN

Neolithikum		**8. oder 7. Jahrtausend v.Chr.- 18./16. Jahrhundert v.Chr.**
Shang		**18./16. Jahrhundert v.Chr.- 1028 v.Chr.**
westliches Zhou		**1027-771**
östliches Zhou		**771-256**
Frühlings-und Herbstära		**722-481**
Kriegsära		**481-221**
Qin		**221-206**
westliches Han		**206-12 v.Chr.**
Hsin		**12-23 n.Chr.**
östliches Han		**25-221**
Drei Königreiche und westliches Chin		**219-316**
Östliches Jin und Fünf Fürstentümer		**317-419**
Nan-Pai-Ch'ao I		**420-500**
Nan-Pei-Ch'ao II		**501-580**
Sui		**581-617**
Tang		**618-906**
Fünf Dynastien		**907-960**
Liao		**907-1125**
Song		**960-1279**
Nördliches Song	960-1127	
Südliches Song	1128-1279	
Jin		**1115-1234**
Yuan (Mongolen)		**1280-1368**
Ming		**1368-1644**
Hongwu	1368-1398	
Jianwen	1399-1402	
Yongle	1403-1425	
Xuande	1426-1435	
Zhengtong	1436-1449	
Jingtai	1450-1457	
Tianshun	1457-1464	
Chenghua	1465-1487	
Hongzhi	1488-1505	
Zhengde	1506-1521	
Jiajing	1522-1566	
Longqing	1567-1572	
Wanli	1573-1619	
Taichang	1620	
Tianqi	1621-1627	
Chongzhen	1628-1643	
Qing		**1644-1912**
Shunzhi	1644-1661	
Kangxi	1662-1722	
Yongzheng	1723-1735	
Qianlong	1735-1795	
Jiaqing	1796-1820	
Daoguang	1821-1850	
Xianfeng	1851-1861	
Tongzhi	1862-1874	
Guangxu	1875-1908	
Xuantong	1909-1912	

REGISTER

Kursive Ziffern weisen auf Abbildungen hin

BILDNACHWEIS

Der Verlag dankt den folgenden Fotografen und Institutionen für ihre Erlaubnis, die Fotos in diesem Buch zu veröffentlichen:

1 By courtesy of the Trustees of the Victoria and Albert Museum; **2** National Trust Photo Library/Horst Kolo; **4** The Minton Museum, Royal Doulton; **4-5** Edimedia; **9** Mary Evans Picture Library; **10** The Antique Collector/Ronald W. Raven Collection; **16** oben Ann Roman Picture Library; **20** unten Percival David Foundation of Chinese Art; **21** unten National Museum of Ireland; **23** unten Percival David Foundation of Chinese Art; **26** links Courtesy of the Trustees of the British Museum; **28** oben Percival David Foundation of Chinese Art; **31** links Asian Art Museum of San Francisco, The Avery Brundage Collection (D81 P8); **32** rechts Courtesy of the Trustees of the British Museum; **33** rechts Asian Art Museum of San Francisco, The Avery Brundage Collection (B69 P95L); **34** By courtesy of the Trustees of the Victoria and Albert Museum; **35-39** By courtesy of the Trustees of the Victoria and Albert Museum; **50** Geoffrey Godden; **51** oben The Mansell Collection; **53** oben links Bernheimer Fine Arts; **53** unten National Trust Photo Library/Horst Kolo; **56** Geoffrey Godden; **58** Edimedia/J. Guillot/Connaissance Des Arts; **61** unten Geoffrey Godden; **62** oben Geoffrey Godden; **63** oben links Geoffrey Godden; **66** Geoffrey Godden; **70** Museum het Princessehof; **71** Ashmolean Museum, Oxford; **72** links By courtesy of the Trustees of the Victoria and Albert Museum; **72** Ashmolean Museum, Oxford; **73** links und Mitte Ashmolean Museum, Oxford; **73** rechts Courtesy of the Trustees of the British Museum; **74** links By courtesy of the Trustees of the Victoria and Albert Museum; **74** rechts Courtesy of the Trustees of the British Museum; **75** links By courtesy of the Trustees of the Victoria and Albert Museum; **75** oben rechts The Burghley House Collection; **76** oben links Ashmolean Museum, Oxford; **76** oben rechts By courtesy of the Trustees of the Victoria and Albert Museum; **76** unten Ashmolean Museum, Oxford; **78** The Seattle Museum, Eugene Fuller Memorial Collection, 52.102; **79** links Collection Baur, Geneva/Photographer Pierre-Alain Ferrazini; **79** rechts Ashmolean Museum, Oxford; **80** Ashmolean Museum, Oxford; **81** unten The Mansell Collection; **86** links Réunion des Musées Nationaux; **86** rechts By courtesy of the Trustees of the Victoria and Albert Museum; **87** Réunion des Musées Nationaux; **88** oben Eileen Tweedy/Grassi-Museum, Leipzig; **90** unten links The Trustees, The Cecil Higgins Art Gallery, Bedford; **90** unten rechts The National Trust Photo Library/Jonathan Gibson; **92** oben Angelo Hornak (from Goodwood House by courtesy of the Trustees); **93** oben VEB Staatliche Porzellan-Manufaktur Meißen; **93** unten links VEB Staatliche Porzellan-Manufaktur Meißen; **93** unten rechts Angelo Hornak; **95** Kunsthistorisches Museum, Wien; **96** The National Trust Photo Library/Jonathan Gibson; **98** oben The Trustees, The Cecil Higgins Art Gallery, Bedford; **100** The National Trust Photo Library/Angelo Hornak; **101** oben The Trustees, The Cecil Higgins Art Gallery, Bedford; **102** unten The J. Paul Getty Museum; **103** The National Trust Photo Library/M. Fiennes; **104** A y R MAS; **105** links Christie's Colour Library; **105** rechts Courtesy of the Trustees of the British Museum; **106** links The Trustess, The Cecil Higgins Art Gallery, Bedford; **107** links By courtesy of the Trustees of the Victoria and Albert Museum; **109** unten links The National Trust, Waddesdon Manor; **110** oben links Guy Bouchet/Conran Octopus; **110** unten Manfacture Nationale de Sèvres; **111** By courtesy of the Trustees of the Victoria and Albert Museum; **113** Christie's Colour Library; **116** oben Mary Evans Picture Library; **116** unten Fitzwilliam Museum, Cambridge; **117** By courtesy of the Trustees of the Victoria and Albert Museum;; **118** Courtesy City of Bristol Museum & Art Gallery; **119** oben The Trustees, The Cecil Higgins Art Gallery, Bedford; **119** unten Simon Spero; **120** oben Fitzwilliam Museum, Cambridge; **120** unten By courtesy of the Trustees of the Victoria and Albert Museum; **121** oben links National Trust Photo Library/Jonathan Gibson; **121** oben rechts By courtesy of the Trustees of the Victoria and Albert Museum; **121** unten Bridgeman Art Library/Victoria and Albert Museum; **122** oben Fitzwilliam Museum, Cambridge; **123** links Fitzwilliam Museum, Cambridge; **123** rechts By courtesy of the Trustees of the Victoria and Albert Museum; **124** By courtesy of the Trustees of the Victoria and Albert Museum; **125** oben By courtesy of the Trustees of the Victoria and Albert Museum; **125** unten Simon Spero; **126** oben links City of Bristol Museum & Art Gallery; **126** oben rechts The Dyson Perrins Museum Trust; **128** City of Derby Museums and Art Gallery; **129** oben Lincolnshire County Council, Recreational Services; Usher Gallery, Lincoln; **129** unten The Trustees, The Cecil Higgins Art Gallery, Bedford; **130** The Trustees, The Cecil Higgins Art Gallery, Bedford; **131** Royal Institution of Cornwall county Museum and Art Gallery (From the Edgar Rees Collection); **132** oben By courtesy of the Trustees of the Victoria and Albert Museum; **133** oben By courtesy of the Trustees of the Victoria and Albert Museum; **133** unten Royal Institution of Cornwall County Museum and Art Gallery (From the Edgar Rees Collection); **133** oben rechts City of Bristol Museum & Art Gallery; **133** unten links City of Bristol Museum & Art Gallery; **133** unten rechts National Trust Photo Library/Jonathan Gibson; **138** Norfolk Museums Service (Norwich Castle Museum); **139** oben Fitzwilliam Museum, Cambridge; **141** oben links Lincolnshire County Council, Recreational Services; Usher Gallery, Lincoln; **141** unten Lincolnshire County Council, Recreational Services: Usher Gallery, Lincoln; **142** National Museum & Galleries on Merseyside, Liverpool Museum; **143** oben links Fitzwilliam Museum, Cambridge; **143** oben The Minton Museum, Royal Doulton; **146** oben Christie's Colour Library; **147** Jimmy Jones; **148** oben Jimmy Jones; **148** unten National Museum of Wales; **149** unten By Courtesy of the Wedgewood Museum Trustees, Barlaston, Stoke-on-Trent, Staffordshire; **154** rechts Kölnisches Stadtmuseum; **155** Mitte Réunion des Musées Nationaux; **155** rechts Macdonald/Aldus Archive; **156** oben Musée Nationale Adrien-Dubouche, Limoges; **157** oben Musée Nationale Adrien-Dubouche, Limoges; **162** By courtesy of the Trustees of the Victoria and Albert Museum; **163** unten Edimedia; **164** oben Museum für Angewandte Kunst; **164** unten Bauhaus-Archiv; **165** unten By courtesy of the Trustees of the Victoria and Albert Museum; **168** The Minton Museum, Royal Doulton; **169** oben The Minton Museum, Royal Doulton; **170-171** The Minton Museum, Royal Doulton; **172** Phillips, London; **173** oben The Dyson Perrins Museum Trust; **174** rechts The Dyson Perrins Museum Trust; **176** The Royal Crown Derby Museum; **177** links Susannah Price/Conran Octopus (Private Collection); **178** oben Royal Pavilion, Art Gallery and Museums, Brighton; **179** rechts By Courtesy of the Wedgwood Museum Trustees, Barlaston, Stoke-on-Trent, Staffordshire; **180** oben By courtesy of the Trustees of the Victoria and Albert Museum; **181** links Royal Doulton; **183** oben Collection of the Newark Museum (Gift of Sara Carr 1924); **183** unten links Collection of Mr. & Mrs. George M. Kaufman, courtesy of The Metropolitan Museum of New York; **183** unten links William Doyle Galleries.

Die folgenden Fotos wurden speziell für dieses Buch aufgenommen von:

SUSANNAH PRICE
City Museum and Art Gallery, Stoke-on-Trent
132 unten (4213), **133** oben links (260), **143** oben rechts (169138), **143** unten (courtesy Geoffrey Godden), **144** (courtesy Geoffrey Godden), **146** unten (234P1982), **149** unten 52P1973), **180** unten (Gift of Mary Pratt and Rachel Lorking in memory of Mrs. M. Stewart)

The Ironbridge Gorge Museum Trust
140, **178** unten (collection A31), **179** links (collection 1989 3393)

Spode Museum Trust
145 oben, **177** Mitte und rechts

SIMON LEE
Design Museum
165 oben

Die folgenden Fotos wurden von Sotheby's zur Verfügung gestellt:

Sotheby's London/Photographie Ken Adler, **40**, **48**, **68**, **84**, **114**, **136**, **150**, **166**

Sotheby's Billingshurst 32 links, **82-83**, **173** unten, **175**

Sotheby's Geneva, **11**, **90** oben, **112**, **152** unten

Sotheby's Hong Kong **22**, **23** unten, **42**, **43** rechts, **45** oben, **47**, **99**

Sotheby's London **6**, **13**, **16** unten, **17-19**, **20** oben, **21** oben, **23** oben, **23** Mitte, **24**, **25** oben, **26** rechts, **26** unten, **27**, **28** unten links, **28** unten rechts, **29**, **30**, **31** rechts, **33** links, **44**, **45** unten, **46**, **51** unten, **53** oben rechts, **54**, **55**, **56** oben, **57**, **59** oben, **61** oben und Mitte, **64**, **65** oben rechts, **65** unten, **67**, **73** unten rechts, **77**, **81** oben, **88** unten, **89** rechts, **91**, **94**, **97** rechts, **102** oben, **106** rechts, **107** rechts, **108**, **109** oben, **109** oben, **109** unten rechts, **110** oben rechts, **122** unten, **126** unten, **127**, **139** unten, **141** oben rechts, **152** oben, **153**, **154** links, **155** links, **156** unten, **157** oben, **158**, **159** oben, **160**, **161**, **163** oben, **169** unten, **174** links und Mitte, **181** rechts, **185-191**

Sotheby's Monaco **59** unten, **60**, **62** unten, **63** links

Sothebys New York **63** rechts, **89** links, **92** unten, **96** oben, **97** links, **98** unten, **101** unten, **159** unten, **182**